TENTH EDITION

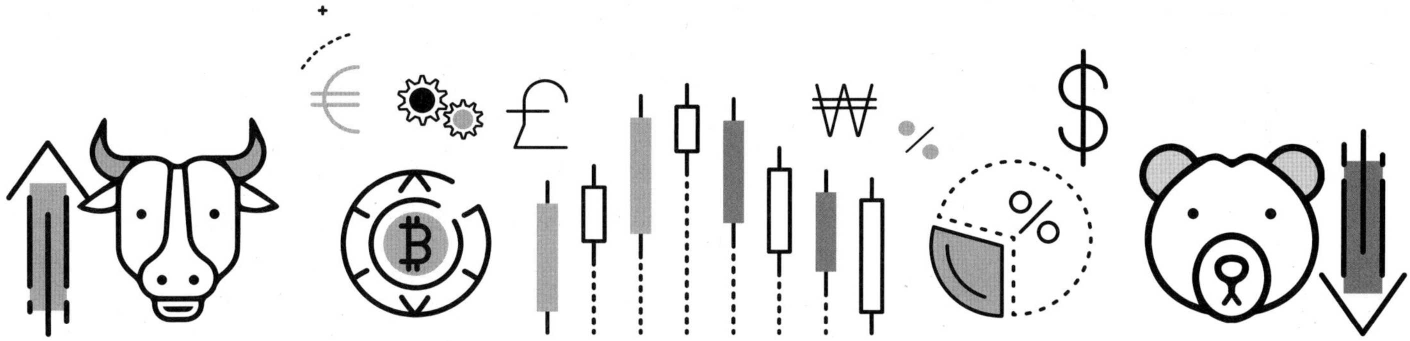

파생상품과 위험관리기초

An Introduction to Derivatives and Risk Management

Don M. Chance · Robert Brooks 공저

박철호 · 김류미 공역

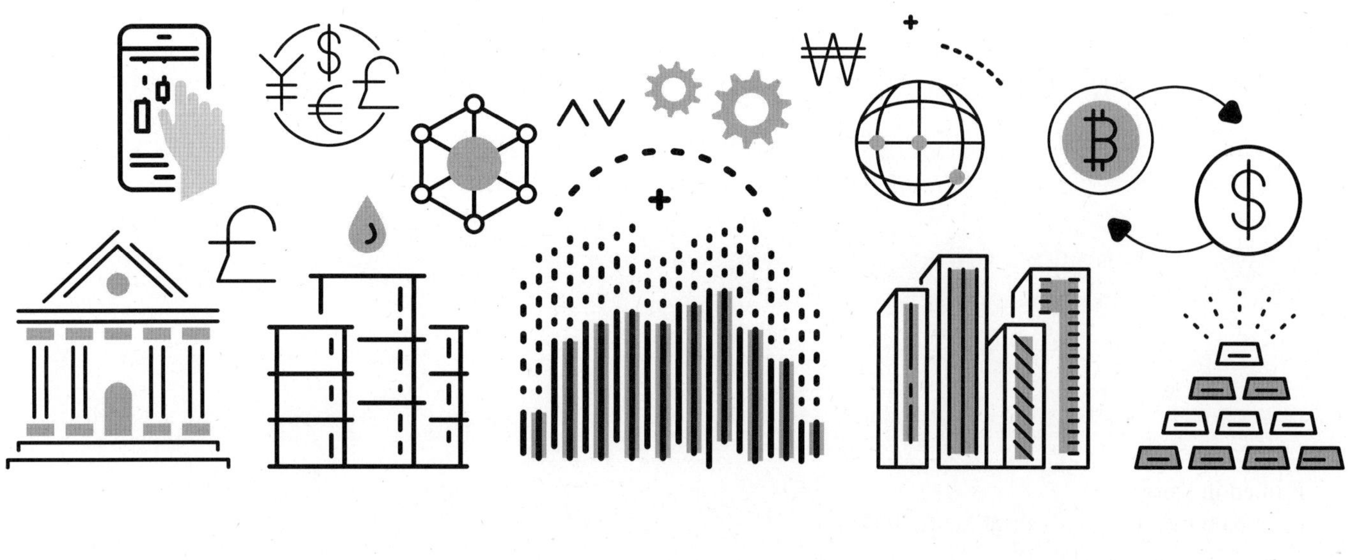

Cengage

Introduction to Derivatives and Risk Management, 10th Edition

Don M. Chance
Roberts Brooks

Original edition © 2016 South Western, a part of Cengage Learning.
Introduction to Derivatives and Risk Management, 10th Edition
by Don M. Chance and Roberts Brooks
ISBN: 9781305104969

This edition is translated by license from South Western, a part of Cengage Learning, for sale in Korea only.

ISBN-13: 979-11-88425-24-2

Cengage Learning Korea Ltd.
14F YTN Newsquare 76 Sangamsan-ro
Mapo-gu Seoul 03926 Korea
Tel: (82) 2 1533 7053
Fax: (82) 2 330 7001

Printed in Korea
Print Number: 1 Print Year: 2023

TENTH EDITION

파생상품과 위험관리기초

An Introduction to Derivatives and Risk Management

Don M. Chance · Robert Brooks 공저　　박철호· 김류미 공역

초아출판사

Cengage

Australia • Brazil • Canada • Mexico • Singapore • United Kingdom • United States

역자 소개

박철호 충북대학교 경영학부 교수

학력 경제학 박사, University of Illinois

논문 Spillover Effects in the Global Copper Futures Markets: Asymmetric Multivariate GARCH Approaches (Applied Economics, 2020) 외 다수

경력 자본시장연구원 연구위원

김류미 충북대학교 경영학부 교수

학력 서울대학교 지구환경과학부 학사, 건설환경공학부 석사, 경영학 박사(석박사통합과정)

저서 경영분석(다산출판사)

논문 Contrarian Profits of the Firm-specific Component on Stock Returns(Pacific-Basin Finance Journal), Product Market Competition, Reputation, and Dividend Policy(Applied Economics) 외 다수

파생상품과 위험관리 기초 제10판

발행일 2023년 8월 31일 10판 1쇄
지은이 Don M. Chance · Robert Brooks 공저
옮긴이 박철호· 김류미 공역
발행인 송자영
발행처 초아출판사
주소 서울시 성북구 정릉로 36길 41
대표전화 070-8739-0036
팩스 0504-178-5627
E-mail choapublish@hanmail.net
디자인 에이팩토리 bikoon73@daum.net

ISBN 979-11-88425-24-2
정가 32,000원

목차 요약

목차

1부 옵션 83

3장 옵션가격결정의 원리 84

4장 옵션가격결정모형 : 이항모형 124

6장 기본적인 옵션전략 222

7장 고급 옵션전략 262

역자 서문

「파생상품과 위험관리 기초」는 Don M. Chance and Robert Brooks의 「An Introduction to Derivatives and Risk Management」(10판)을 번역한 것이다. 이 책은 파생상품에 관한 입문서로서 파생상품시장의 구조와 제도, 이론 및 응용을 상세히 다루고 있으며, 기본적인 파생상품인 선물, 선도, 옵션의 개념과 가격결정 원리, 그리고 이 상품들을 이용한 다양한 거래전략들을 명확하고 알기 쉽게 설명하고 있다.

일반적으로 파생상품은 높은 레버리지(leverage)를 수반하기 때문에 저비용으로 유익하게 활용될 수 있으나, 같은 이유로 잘못 사용될 경우 큰 손실을 초래하기도 한다. 역사적으로 파생상품의 오용이나 부실한 관리로 인해 기업이 곤경에 처하거나 파산한 사례는 수없이 많다. 따라서 파생상품을 정확하게 이해하고 지혜롭게 사용할 필요가 있다.

우리는 기술의 발전, 전염병, 전쟁, 지구온난화 등으로 인해 어느 때보다 사회·경제적으로 불확실성이 큰 시대에 살고 있다. 그중에서도 개인이나 기업이 일상적으로 부딪히는 문제는 금리, 환율, 인플레이션 등의 예상치 못한 변동으로부터 발생하는 재무적 불확실성(위험)일 것이다. 이 책을 통해 파생상품에 입문하는 독자들이 파생상품을 활용하여 재무위험을 관리하는 방법에 대해 보다 확실한 이해를 얻게 되기를 바란다.

2023년 8월
직지(直指)의 고장 청주에서

박철호 교수(optimus@cbnu.ac.kr)
김류미 교수(ryumk@cbnu.ac.kr)

1장

이 장의 목표

- 옵션, 선도계약, 선물계약 및 스왑과 같은 다양한 유형의 파생상품에 대해 간략한 소개를 제공한다.
- 위험 선호, 공매도, 환매 계약, 위험–수익 관계 및 시장 효율성의 개념을 다시 익힌다.
- 이 책 전반에 걸쳐 사용될 이론적 공정 가치의 중요한 개념을 정의한다.
- 차익거래, 보관 및 인도의 메커니즘을 통해 현물시장과 파생상품시장 간의 관계를 설명한다.
- 파생상품시장의 4가지 주요 이점을 통해 그 역할을 파악한다.
- 파생상품에 대한 몇 가지 비판을 다룬다.

서론

"금융의 좋은 점은 자본주의라는 기계에 윤활유 역할을 한다는 것이다."

John Bogle

Journal of Indexes, Fourth Quarter, 2003, p. 41

기업을 운영하는 과정에서 의사결정은 위험(risk)이 있는 가운데 이루어진다. 의사결정자는 두 가지 일반적인 유형의 위험 중 하나에 직면할 수 있다. 일부 위험은 사업의 근본적인 특성과 관련되어 있으며, 장래 매출이나 생산요소 비용의 불확실성과 같은 문제와 관련된다. 이런 위험을 **경영위험(business risks)**이라고 한다. 대부분의 기업은 경영위험을 받아들이는 데 익숙하다. 사실, 경영위험과 그에 따른 잠재적인 보상을 수용하는 것은 자본주의의 토대이다. 다른 종류의 위험은 금리, 환율, 주가, 실물상품가격 등의 불확실성과 관련된다. 이를 **재무위험(financial risks)**이라고 한다.

재무위험은 별개의 문제이다. 기업이 상품과 서비스를 제공할 수 있으려면 합리적인 비용으로 자금을 조달할 수 있어야 한다. 그러나 불안정한 금리의 높은 불확실성은 기업의 그 같은 능력을 약화시킬 수 있다. 해외시장에서 활동하는 기업들은 자국 통화가 강세를 보이면 우수한 판매실적이 상쇄될 수 있다. 원자재를 사용하는 기업들은 수익성이 보장되는 가격에 기본 생산요소를 확보하기 어렵다는 것을 알 수 있다. 주식포트폴리오 운용자들은 극도로 예측 불가능하고 때로는 비이성적으로 움직이는 금융시장을 매일매일 다루어야 한다.

우리의 금융시스템은 위험으로 가득 차 있지만, 위험을 다루는 수단도 제공하고 있다. 한 가지 방법은 파생상품을 활용하는 것이다. **파생상품(derivatives)**은 그 수익이 기초요인(underlying factor)의 수익으로부터 파생되는 금융계약이다. 여기서 '요인'(factor)이란 단어는 유가증권과 금융계약뿐만 아니라 날씨 및 신용손실(credit losses)과 같은 개념까지도 포괄하기 위해 가장 폭넓게 사용된 것이다. 즉, 파생상품의 성과는 다른 어떤 것이 얼마만큼의 성과를 내는지에 달려있다. 파생상품의 성과는 다른 어떤 것의 성과로부터 파생된다. 그렇게 함으로써 파생상품은 재무위험을 관리하는 수단을 제공하는 데 있어서 매우 유용하다. 파생상품을 활용하여 기업과 개인은 어떤 원치 않는 위험을 특정 가격에 다른 상대방에게 전가할 수 있으며, 다른 상대방은 그 위험을 상쇄할 위험을 가지고 있거나 그 위험을 감수하려한다.

파생상품은 지난 수 세기 동안 어떤 형태로든 존재해왔지만, 그 성장이 빠르게 가속화된 것은 불과 지난 몇십 년 동안의 일이다. 이제 파생상품은 기업, 금융기관, 전문투자자, 개인들에 의해 광범위하게 활용되고 있다. 특정 유형의 파생상품들은 공적 시장(public markets)에서 활발히 거래되는데, 이 시장은 아마 여러분도 이미 어느 정도는 친숙한 증권거래소와 유사하다. 다른 파생상품들은 장외시장(over-the-counter markets)에서 사적(private) 거래로 만들어진다. 어떤 기업이 궁극적으로 공장을 세우기 위해 토지를 매입할 수 있는 것처럼, 파생상품 거래에도 참여할 수 있다. 공적 시장과 장외시장 모두 외부인들이 거래의 존재나 거래량을 파악하는 것은 쉽지 않다. 그럼에도 불구하고, 공적 시장에서의 파생상품 거래활동에 대해서는 상당히 정확한 자료가 존재하며, 장외시장에 관해서도 설문조사를 통해 꽤 정확한 자료를 가지고 있다. 거래소시장(exchange-traded market) 데이터를 살펴보기 전에, 먼저 장외시장 데이터를 살펴보도록 하자.

이제 파생상품이 공부할만한 가치가 있다는 확신이 필요하다면, 다음 사실을 고려해 보자: *스위스 바젤(Basel)의 국제결제은행(Bank for International Settlements)은 2013년 말에 전 세계적으로 미결제된 장외파생상품계약의 명목금액을 710조 달러 이상으로 추정했다. 이에 비해 2013년 4분기 미국의 국내총생산(GDP)은 약 17조 달러였다.*

명목원금(notional principal)이라고도 하는 **명목금액(notional amount)**은 파생상품 계약의 규모를 통화 단위로 표시하여 측정하는 척도로서, 이에 따라 지급액이 계산된다. 나중에 보게 되겠지만, 파생상품시장을 이런 식으로 측정하는 것은 시장규모에 대해 그릇된 인식을 줄 수 있다. 명목금액이 파생상품의 기반이 되는 시장규모를 반영하긴 하지만, 실제로 노출된 금액을 반영하는 것은 시장가치이다. 2013년 말에 파생상품계약의 시장가치는 총 19조 달러에 달하였으며, 이에 따라 파생상품시장은 글로벌 경제에서 매우 큰 힘을 발휘한다. 따라서 어떤 척도로 측정하든 파생상품시장은 매우 크다.

[그림 1.1]은 1998년부터 2013년 12월까지 장외파생상품의 명목금액과 시장가치를 보여준다. 역사적으로 명목금액은 대부분의 해에서 증가했다. 그러나 2008년에 발생한 금융위기가 파생상품시장의 규모에 큰 영향을 미쳤다는 사실은 자명하다. 파생상품시장의 규모를 측정하는 두 가지 척도는 분명히 서로 다른 효과를 포착한다. 2008년의 급변하는 시장에서 명목금액은 감소했지만 잔존 시장가치는 증가하였다. 즉, 파생상품 활동은 줄어들었으나 그 가치는 상승한 것이다. 이러한 효과는 놀라운 일이 아니다.

■ 그림 1.1 장외파생상품의 명목금액과 시장가치

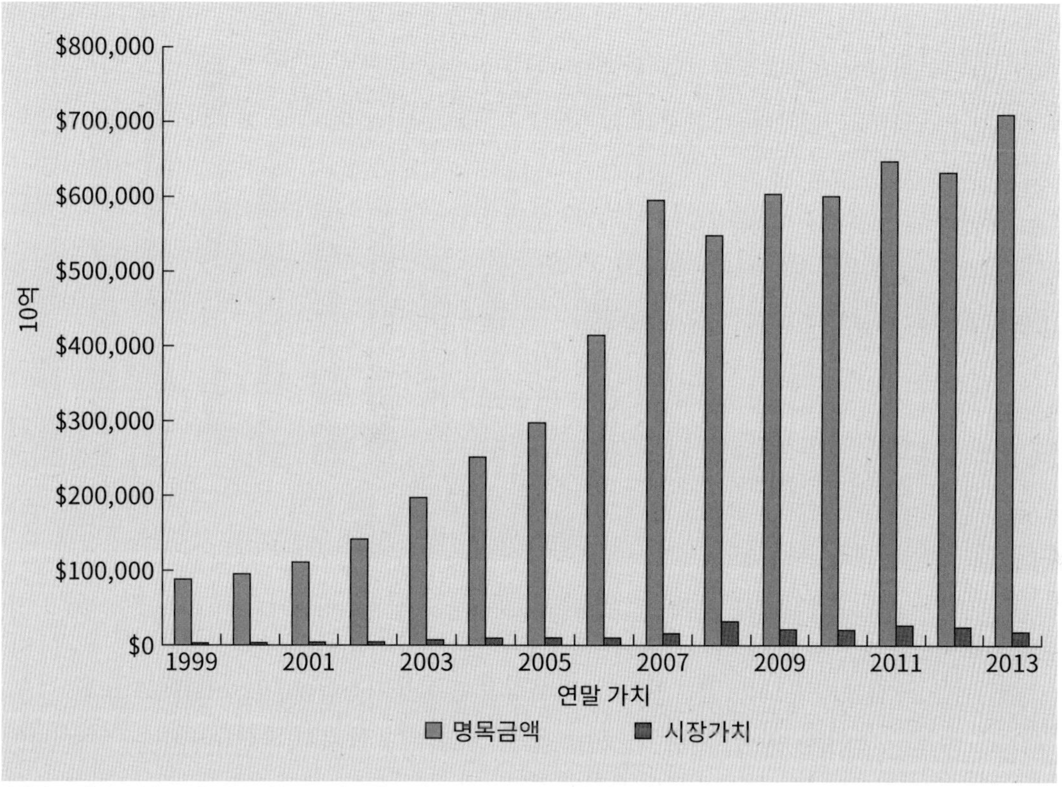

출처: http://www.bis.org/staistics/derstats.htm (Regular OTC Derivatives Market 각호)

명목금액과 시장가치는 장외파생상품시장의 규모를 가늠할 수 있는 좋은 척도이긴 하지만, 전체 파생상품시장을 포함하지는 않는다. 장외(OTC) 거래는 두 당사자 간에 비교적 사적인 방식으로 수행된다. 또한 파생상품은 뉴욕증권거래소(NYSE), Nasdaq 및 전 세계의 많은 주요 증권거래소들에서 주식이 거래되는 방식과 유사한 방식으로 거래소에서 거래된다. 거래소에 상장된 파생상품(장내파생상품)의 경우, 거래량(trading volume)이 널리 사용되는 척도이다. 각 파생상품거래는 계약단위로 표시되고, 거래량은 거래된 계약 수의 합계이다. [그림 1.2]는 1998–2013년 기간 동안 장내파생상품 거래량의 추이를 보여준다.

장외파생상품과 마찬가지로, 장내파생상품 세계도 지난 16년 동안 폭발적으로 성장했음을 알 수 있다. 2004년과 2011년의 거래량 감소에 주목하자. 그러나 2008년의 거래량 증가에도 유의하자. 언급한 바와 같이, 장외거래 활동은 잠재적인 신용손실에 대한 우려로 인해 감소했다. 반면에 장내파생상품 거래량은 증가했는데, 시장참여자들이 신용손실로부터 안전한 상품으로 옮겨왔기 때문이다. 이 문제는 나중에 더 자세히 살펴볼 것이다.

그림 1.2 거래소에 상장된 파생상품들의 거래량

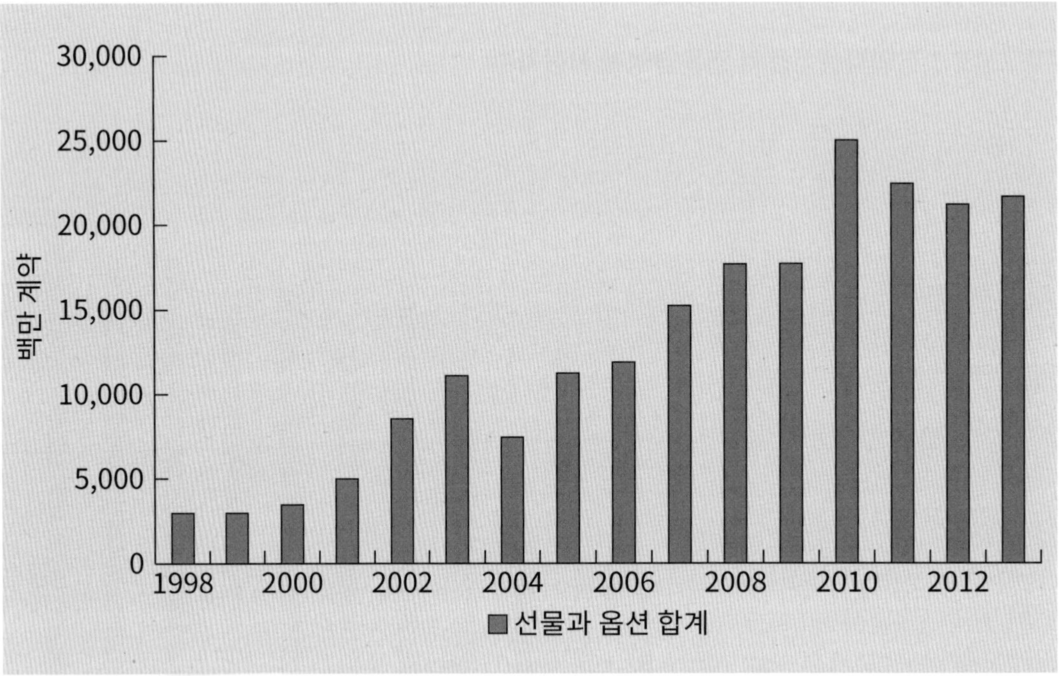

출처: http://www.futuresindustry.org/bibliography.asp ('연례 거래량 설문조사' 각호)

이 책은 파생상품에 대한 입문서이다. 파생상품은 **실물자산(real assets)**에 기초할 수 있다. 실물자산은 농산물, 금속, 그리고 에너지원을 포함하는 물리적 자산(physical assets)이다. 이들 중 일부는 이 책에서 가끔 등장하겠지만, 이 책은 주식, 채권 또는 대출, 그리고 통화와 같은 **금융자산(financial assets)**에 기초한 파생상품에 초점을 맞출 것이다. 이 책에서 여러분은 이러한 상품들이 거래되는 금융기관과 시장의 특성, 파생상품의 가격결정 방식 및 활용 전략에 대해 배울 것이다. 책의 말미에서는 기업의 위험관리를 위해 파생상품을 사용하는 방법에 대해 다룰 것이다.

이 장에서는 여러분이 파생상품의 세계에 온 것을 환영하며, 파생상품을 이해하는데 필요한 일부 재무적인 개념을 소개하거나 검토할 것이다. 파생상품시장에 대해 좀 더 자세히 살펴보고 이런 유형의 상품들이 의미하는 바를 정의하는 것으로 시작해 보자.

1-1 파생상품시장과 파생상품

자산(asset)은 양(+)의 금전적인 가치를 갖는 소유권 항목이며, 부채(liability)는 음(-)의 금전적 가치를 갖는 소유권 항목이다. '상품'(instrument)이란 용어는 자산이나 부채를 설명하는 데 사용된다. 다시 말하자면, 상품은 파생상품계약의 기초 자산이나 부채를 아우를 만큼 충분히 모호하면서도 더욱 일반적인 용어이다. 계약(contract)은 강제할 수 있는 법률적 합의(enforceable legal agreement)이다. 유가증권(security)은 일단의 자산에 대해 청구권을 나타내는 거래 가능한 상품이다.

자산시장에서 일반적으로 기초자산은 거래 즉시 또는 직후에 인도되어야 한다. 때때로 신용거래가 일어나기도 하지만, 보통 대금의 지불은 즉시 이루어진다. 이 같은 특성 때문에 이런 시장을 **현물시장(cash markets** 또는 **spot markets)**이라 한다. 판매가 이루어지고, 대금이 송금되며, 상품이나 증권이 인도된다. 다른 상황에서는 상품이나 증권이 나중에 인도된다. 또 다른 유형의 약정을 통해 매입자나 매도자는 판매를 완수할지 여부를 선택할 수 있다. 이런 유형의 약정은 파생상품시장에서 행해진다. 이 절에서는 파생상품계약의 기본 유형들인 옵션(options), 선도계약(forward contracts), 선물계약(futures contracts), 스왑(swaps)을 간략히 소개한다. 먼저 많은 파생상품계약이 거래되는 현재의 파생상품시장을 검토한다.

1-1a 파생상품시장

자산시장과는 달리, 파생상품시장은 계약상품의 시장으로, 그 성과가 다른 요인이 성과를 내는 방식에 따라 결정된다. 파생상품을 계약으로 언급한 것에 유의하자. 모든 계약이 그렇듯이, 파생상품도 두 당사자(매입자와 매도자) 간 약속으로서, 각 당사자는 상대방을 위해 어떤 일을 한다. 이러한 계약들은 가격이 있으며, 매입자는 가능한 한 저렴하게 사려는 반면, 매도자는 가능한 한 비싸게 팔려고 한다. 모든 파생상품에는 명확한 수명이 있고, 이는 만기일이 있다는 사실로부터 알 수 있다. 언급한 바와 같이, 파생상품은 장외시장에서 두 당사자 간에 사적으로 만들어지거나 거래소 시장인 공적 거래소에서 만들어진다. 사적으로 만들어진 파생상품은 당사자들이 원하는 특정 계약조건에 맞춤화된다. 거래소에 상장된 파생상품은 가격이 두 당사자 간에 협상되기는 하지만 표준화된 계약조건을 가지고 있다.

이제 다양한 유형의 파생상품계약을 소개할 차례이다.

1-1b 옵션

옵션(option)은 매입자와 매도자 두 당사자 간 계약으로, 매입자에게 오늘 합의된 가격으로 나중에 어떤 것을 사거나 팔 수 있는 (의무가 아닌) 권리를 주는 계약이다. 어떤 것을 살 수 있는 옵션을 **콜(call)**이라 하고, 어떤 것을 팔 수 있는 옵션을 **풋(put)**이라 한다. 옵션 매입자는 매도자에게 가격 또는 프리미엄(premium)이라고 하는 금액을 지불한다. 옵션 매도자는 매입자가 원한다면 계약조건에 따라 사거나 팔 준비가 되어 있다. 따라서 콜옵션 매입자는 고정된 가격에 어떤 것을 팔 준비가 되어 있는 콜옵션 매도자로부터 그 고정된 가격에 살 수 있는 권리가 있다. 풋옵션 매입자는 고정된 가격에 어떤 것을 살 준비가 되어 있는 풋옵션 매도자로부터 그 고정된 가격에 팔 수 있는 권리가 있다. 우리는 옵션이 옵션 매입자가 옵션 매도자로부터 구입하는 권리이지 의무가 아니라는 점을 강조한다.

1-1c 선도계약

선도계약(forward contract)은 매입자와 매도자 두 당사자 간 계약으로, 오늘 합의된 가격으로 나중에 어떤 것을 사거나 팔기로 하는 계약이다. 선도계약은 옵션과 매우 비슷하게 들리지만, 옵션은 거래를 완수할 의무가 아닌 권리를 수반한다. 만약 기초상품의 가격이 변한다면, 옵션 보유자는 고정된 가격에 사거나 파는 것을 포기할 수 있다. 한편, 선도계약의 두 당사자는 최종적으로 상품을 사고팔 의무를 부담하게 된다. 즉, 선도계약의 매입자는 거래를 개시할 때 합의된 가격으로 미래 특정일에 기초물을 매도할 의무가 있는 매도자로부터 그것을 매입할 의무가 있다.

1-1d 선물계약

선물계약(futures contract) 또한 매입자와 매도자 두 당사자 간 계약으로, 오늘 합의된 가격으로 미래 특정일에 어떤 것을 사거나 팔기로 하는 계약이다. 선물계약은 선물거래소에서 거래되고, 일일정산(daily settlement) 절차를 따른다. 선물계약은 선도계약으로부터 발전한 것이며, 같은 특성이 많다. 본질적으로, 선물계약은 거래가 많은 선도계약과 비슷하다. 그러나 선도계약과 달리, 선물계약은 **선물시장**이라고 하는 조직화된 거래소에서 거래된다. 예를 들어, 나중에 상품을 매입할 의무가 있는 선물계약 매입자는 선물시장에서 그 선물계약을 매도할 수 있고, 이것은 선물계약 매입자의 상품(the good) 매입 의무를 덜어준다. 마찬가지로, 나중에 상품을 매도할 의무가 있는 선물계약 매도자는 선물시장에서 해당 선물계약을 되살 수 있으며, 따라서 선물계약 매도자의 상품 매도 의무를 덜어준다.

또한 선물계약은 일일정산 절차를 따라야 한다는 점에서 선도계약과 다르다. 일일정산에서 손실을 본 투자자는 이익을 본 투자자에게 매일 그 손실을 지불한다. 선물가격은 매일 변동하며, 선물계약 매입자와 매도자는 이러한 가격변화로부터 이익을 얻고(거나) 기초상품의 거래위험을 낮추고자 한다. 이 절차에 대해서는 나중에 더 배우게 될 것이다.

1-1e 스왑

옵션, 선도 및 선물이 파생상품시장의 기본적인 상품 집합을 구성하지만, 더 많은 결합 및 변형 상품들이 있다. 가장 인기 있는 것 중 하나가 **스왑(swap)**이다. 스왑은 두 당사자가 현금흐름을 교환하기로 합의하는 계약이다. 예를 들어, 한 당사자가 현재의 투자로부터 현금을 받고 있지만 다른 현금흐름을 갖는 다른 유형의 투자를 선호한다. 그 당사자는 장외시장에서 운영되는 회사인 스왑딜러(swap dealer)와 연락하는데, 스왑딜러는 그 거래의 반대편이 되어준다. 회사와 딜러는 사실상 현금흐름을 교환한다. 나중에 가격이나 금리가 어떻게 되는지에 따라, 한 당사자는 다른 당사자를 희생시키고 이익을 볼 수도 있다. 나중에 보게 되겠지만, 스왑은 선도계약들의 결합으로 간주될 수 있으며, 스왑션(swaptions)은 특별한 유형의 옵션이다. 스왑은 아마도 금융업계 외부에 가장 덜 알려진 파생상품일지 모르지만, 금융업계에서는 가장 널리 사용되는 파생상품이다.

각기 다른 유형의 파생상품들은 옵션, 선도, 선물, 선물옵션, 스왑 및 하이브리드 상품을 포함한다.

1-2 기초자산

언급한 바와 같이, 모든 파생상품은 어떤 것의 무작위적 성과를 기초로 한다. 이것이 파생상품이란 단어가 적절한 이유이다. 파생상품은 우리가 설명했던 것과 같은 요인, 즉 다른 것의 성과로부터 그 가치를 도출한다. "다른 것"을 종종 기초자산(underlying asset)이라고 한다. 그러나 기초자산이란 용어는 다소 혼란을 줄 수 있고 오해의 소지가 있다. 가령, 기초자산은 주식, 채권, 통화, 혹은 실물상품(commodity)이 될 수 있으며, 이들 모두는 자산이다. 그러나 기초 "자산"은 또한 날씨와 같은 다른 무작위적 요소일 수도 있으며, 그것은 자산이 아니다. 기초자산은 선물계약이나 옵션과 같은 또 다른 파생상품이 될 수도 있다. 따라서 파생상품이 "기초가 되는 어떤 것"이나 모호하게 명시된 "요인"에 기초한 것이라고 말하는 것을 피하기 위해, 형용사인 "underlying"을 변질시켜 명사처럼 취급한다. 그러므로 우리는 파생상품이 "기초물(underlying)에 근거한다"라고 말한다. 그러나 "underlying"이란 단어를 이렇게 부정확하게 사용하는 것은 모든 파생상품이 자산에 기초한 것이 아니기 때문이며, 자산이란 단어를 사용하지 않을 수 있게 해주기 때문에 좋은 목적에 부합한다.

1-3 금융 및 파생상품시장의 중요한 개념

파생상품시장에 대해 보다 심화된 공부를 시작하기에 앞서 투자 기회 및 투자자와 관련된 몇 가지 기본 개념들을 검토해 보자. 이러한 개념 중 상당수는 이미 익숙할 수 있으며, 일반적으로 주식과 채권을 거래하는 맥락에서 적용된다. 이 개념들은 약간 수정된 후 파생상품 거래에도 적용된다. 또한 파생상품시장에 대해 더욱 심화된 공부를 시작할 때, 또한 중요한 것은 철저한 수리적 검토이다.

TECHNICAL NOTE

금융을 공부하기 위한 수학 복습 www.cengagebrain.com을 방문하여 ISBN 9781305104969를 검색하시오.

1-3a 금융시장에 대한 전제

전제는 미리 가정되는 것으로서, 보통 명확히 명시되지는 않지만 암묵적으로 이해되는 것이다. 금융시장이 잘 작동하는 데는 최소한 세 가지 전제가 있다: 명확한 법치, 깨끗한 재산권, 신뢰의 문화. 복잡하고 모호한 법률과 규정은 특정 규제기관이 자의적으로 집행조치를 취하는 폭압적인 집행을 초래할 수 있다. 이러한 명확성의 결여는 시장이 제대로 작동하는 것을 방해한다. 잘 정의되고 잘 보호된 재산권은 효율적인 금융거래를 위해 필수적이다. 깨끗한 소유권이 나오지 않는다면 쉽게 부동산을 팔 수 없다. 신뢰의 문화는 법률로 제정될 수 없다. 오히려 내부에서 육성될 때 번창할 수 있다. 모든 사업상의 노력과 마찬가지로, 신뢰는 금융거래를 훨씬 더 효율적으로 만든다. 신뢰의 문화가 없는 나라에서 경제개발이 더디게 진행된 것은 새삼 놀라운 일이 아니다. 많은 사람들이 글로벌 금융산업을 신뢰하지 않지만, 현대적이고 성공적인 모든 경제는 높은 수준의 정직성을 특징으로 한다. 수백만 건의 금융거래가 아주 작은 문제도 없이 성공적으로 수행된다. 부정직한 시장참여자들이 언론의 헤드라인을 장식하는 것은 소수의 사례들일 뿐이다.

1-3b 위험선호(Risk Preference)

여러분이 같은 확률로 발생할 수 있는 두 가지 결과에 직면했다고 가정하자. 첫 번째 결과가 발생하면 여러분은 $5를 받고, 두 번째 결과가 발생하면 $2를 받는다. 기초통계학으로부터 여러분은 기대 결과가 $5(0.5)+$2(0.5)=$3.50임을 알며, 이것은 여러분이 그 게임을 여러 번 한 후 평균적으로 받을 것으로 기대하는 금액이다. 여러분은 이 위험을 감수하기 위해 얼마를 지불할 용의가 있는가? $3.50라고 말한다면, 여러분은 그 상황에 내재된 위험을 인식하지 못하는 것이다. 여러분은 단지 평균적으로 $3.50를 벌 수 있는 기회를 위해 $3.50를 포기하는 것이 공정거래라고 말하는 것이다. 여러분은 **위험중립적(risk neutral)**이라고 설명되며, 이는 여러분이 위험에 대해 무차별(indifferent)하다는 의미이다. 그러나 대부분의 개인들은 이것을 공정거래라고 생각하지 않는다. 그들은 여러분이 지불하는 $3.50는 확실히 포기하는 반면, 받을 것으로 기대하는 $3.50는 평균적으로만 벌어들인다는 것을 알고 있다. 사실, 여러분이 그 게임을 두 번 해서 한 번은 $1.50를 잃고, 그 다음에 그만큼을 만회한다면, 게임을 하지 않았을 때보다 기분이 더 나빠질 것이다.

따라서 우리는 대부분의 개인들이 **위험회피(risk aversion)**의 특징을 보인다고 말한다. 이들은 그 위험을 감수하기 위해 $3.50 미만을 지불할 것이다. 금액이 얼마나 적을지는 위험을 싫어하는 정도에 달려있다. 사람마다 위험회피의 정도는 다르다. 그러나 여러분이 $3.25를 지불한다고 가정해 보자. 그렇다면, $3.50와 $3.25의 차이는 **위험프리미엄(risk premium)**으로 간주된다. 이것은 위험감수를 정당화하기 위해 평균적으로 벌어들일 것으로 기대하는 추가적인 수익이다.

대부분의 개인들은 정말 위험회피적이지만, 파생상품시장의 세계에서 가격을 설정하는 시장조성자들(market makers)이 "마치" 위험중립적인 것처럼 실제로 가치를 평가할 수 있다는 사실을 알게 되면 놀랄지도 모른다. 그렇지 않다. 조금 영웅적이지만 비현실적인 가정을 하고 있는 것은 아니다. 위험회피의 세계에서도 위험중립의 세계에서와 같은 가치평가를 얻는 것으로 밝혀졌다. 이것이 파생상품시장을 이해하는데 유용한 점이긴 하지만, 이 책의 수준에서 그것을 더 깊이 탐구하지는 않을 것이다. 그러나 자신도 모르게 아마 여러분은 파생상품 모형과 위험중립성의 미묘한 의미를 받아들이고 이해하게 될 것이다.

1-3c 공매도

이미 투자론을 수강했다면, 아마도 공매도 개념을 접했을 것이다. 공매도는 파생상품 시장조성과 관련된 중요한 거래이다. 그러므로 공매도와 관련된 비용은 파생상품의 가격결정에 직접적인 영향을 미친다. 그럼에도 불구하고, 그 개념은 그리 간단하지 않으므로 약간의 복습이 도움이 될 것이다.

주식시장의 전형적인 거래는 한 당사자가 다른 당사자로부터 주식을 사는 것과 관련된다. 그러나 주식을 매도하는 당사자는 실제로 주식을 소유하고 있지 않을 가능성이 있으며, 중개인(broker)으로부터 주식을 빌릴 수 있다. 그 사람은 **공매도한다(selling short, 때로는 shorting)**고 일컬어진다.[1]

그녀는 주가가 떨어질 것을 예상하여 그렇게 하고 있으며, 이때 공매도자는 더 낮은 가격에 주식을 다시 사들여 이익을 얻고 주식을 중개인에게 상환할 것이다. "Don't sell yourself short(자신을 과소평가하지 말라)"이라는 표현을 들어본 적이 있을 것이다. 단순히 자신을 다른 사람보다 재능이 떨어진다거나 덜 정확하다고 여기지 말라는 의미이다. 마찬가지로, 공매도자는 주식이 시장가격보다 더 낮은 가치를 갖는다고 본다.

공매도 포지션을 설정하면 부채가 발생한다. 공매도자는 언젠가 주식을 다시 매입해서 중개인에게 반환해야 한다. 차입자가 대부자에게 얼마를 갚아야 하는지를 정확히 아는 일반적인 대출과 달리, 공매도자는 주식을 되사기 위해 얼마를 지불하게 될지 알지 못한다. 이것은 공매도를 상당히 위험한 유형의 차입으로 만든다. 사실 공매도는 매우 대담한 투자전략이다.

그러나 공매도 포지션의 위험이 매입 포지션의 위험을 상쇄하는데 유용할 수 있다는 점에서 공매도는 상당히 유익할 수 있다. 대안으로, 파생상품에 매도포지션을 취하는 것이 더 효율적일 수 있다. 주식 공매도는 주식 매입에 비해 꽤 복잡하고 비용이 많이 들 수 있는 반면, 파생상품에 매도포지션을 취하는 것은 파생상품을 매입하는 것만큼이나 간단하다. 주식을 공매도하려면 주식을 빌려주려는 사람을 찾아야 한다. 또한 주식 대부자는 자신의 의결권을 포기할 용의가 있어야 한다. 때로는 주식을 대여하는 것이 비쌀 수 있다. 따라서 주식을 보유하면서

1 공매도하는 사람이 주식을 빌리지 못하면, 이를 무차입 공매도(naked short selling)라고 한다. 이 경우, 주식 매입자가 주식 대부자(lender)도 된다. 무차입 공매도는 2009년 11월 이전까지 널리 용인되었다.

파생상품 거래를 통해 그것을 보호하는 투자자를 발견하는 것은 흔한 일이다.

나중에 어떤 것을 매입할 의무가 있는 사람은 모두 공매도를 하고 있는 것과 같다는 점에 유의해야 한다. 중개인으로부터 주식을 빌리는 것이 꼭 필요한 것은 아니다. 어느 경우든 가격 상승은 해로울 것이다.

공매도란 용어는 혼동을 줄 수 있다. 금융증권의 맥락에서 short selling, shorting 및 going short은 동의어이다. 파생상품계약의 맥락에서 shorting과 going short은 동의어이다. 파생상품계약을 매도하는 것은 기초 증권을 빌리지 않기 때문에 공매도라고 하지 않는다.

1-3d 환매 약정

환매 약정(repurchase agreement, repo로 알려짐)은 매입자와 매도자 간 법적 계약으로, 매도자가 매입자에게 현재 특정 자산을 팔고 (보통) 미래 특정 시점에 합의된 미래 가격으로 그것을 재매입하는 데 합의하는 것이다. 매도자는 매입자로부터 사실상 내재이자율(implied interest rate)로 돈을 빌리고 있다. 일반적으로, 환매 약정에는 미국의 단기 재무부채권(U.S. Treasury bills)과 같은 위험이 낮은 증권들이 포함되며, 차입자(borrower)와 대부자(lender) 모두에게 상당한 유연성을 제공하기 때문에 유용하다.

파생상품 거래자들은 종종 비용 측면에서 가장 효율적인 방법으로 돈을 빌리고 빌려줄 수 있어야 한다. 환매 약정은 특히 기업이 국채를 보유하고 있는 경우 종종 매우 저렴한 비용으로 돈을 빌리는 방법이다. 환매 약정은 (매입자가) 최소 위험으로 단기 자금에 대한 이자를 얻을 수 있는 방법일 뿐 아니라, (매도자가) 단기적인 필요에 따라 비교적 저렴한 비용으로 차입할 수 있는 방법이다.

후속 장들에서 살펴볼 것이지만, 파생상품시장 참여자들은 종종 단기적으로 돈을 빌리고 빌려줄 수 있는 능력에 의존해야 한다. 많은 파생상품 가치평가 모형들이 가격설정 거래자(종종 딜러)가 무위험이자율(risk-free rate)로 돈에 접근할 수 있거나 돈을 빌려줄 수 있다는 가정에 기반한다. 환매 약정 금리는 딜러의 한계자금비용(marginal cost of funds)의 근사치이므로, 딜러의 차입 및 대부 비용에 대한 좋은 근사치이다. 또한 환매 약정 시장에서 사용되는 튼튼한 담보로 인해 환매 약정 금리는 정부 금리와 거의 유사하다.

1-3e 수익과 위험

수익(return)은 투자 성과의 수치적 척도이다. 수익의 두 가지 주요 척도는 화폐 수익(dollar return)과 백분율 수익(percentage return)이다. **화폐 수익**은 총 화폐 이익이나 손실로서 투자 성과를 측정한다. 예를 들어, 주식에 대한 화폐 수익은 주가 변화로 인한 화폐 이익에 지급된 현금배당을 더한 것이다. 화폐 수익은 절대적인 투자 성과를 나타낸다. **백분율 수익**은 투자된 화폐당 투자 성과를 측정하며, 투자의 결과로서 투자자 부(wealth)의 백분율 증가를 나타낸다. 주식의 경우, 수익률은 주가의 백분율 변화에 배당수익률를 더한 것이다. 수익의 개념은 옵션에도 적용되지만, 나중에 보게 되는 것처럼, 선물계약 또는 선도계약에 관한 수익의 정의는 다소 불분명하다.

투자자들의 기본적인 특성 중 하나는 자신의 부를 증가시키려는 욕망이다. 이것은 가장 높은 수익을 얻으려는 것으로 해석되지만, 더 높은 수익에는 더 큰 위험이 따른다. **위험(risk)**은 미래 수익의 불확실성이다. 앞서 언급한 것처럼, 투자자들은 일반적으로 위험을 싫어하며, 동등한 기대수익을 제공하는 무위험 상황이 존재할 때 위험한 상황을 회피함으로써 이 같은 특성을 보여준다. 그러나 투자자들이 항상 불확실성을 회피할 수는 없다. 다행히 금융시장과 파생상품 시장의 경쟁적인 속성으로 인해 투자자들은 투자의 위험 정도에 따라 투자를 식별할 수 있다.

예를 들어, 다른 모든 조건이 같다면, 탐사유정(wildcat oil wells) 시추를 전문으로 하는 회사의 주식은 의료서비스를 제공하는 회사의 주식보다 낮은 가격에 팔릴 것이다.[2] 시추회사의 주가가 더 낮은 이유는 사업부문의 불확실성이 더 높기 때문이다. 물론, 위험의 범위는 최소위험에서부터 고위험까지 다양하다. 유가증권의 가격은 회사의 위험 수준의 차이를 반영할 것이다. 앞서 언급한 바와 같이, 위험을 부담하는 대가로 기대하는 추가적인 수익은 위험 프리미엄(risk premium)이다.

■■그림 1.3 위험-수익 간의 교환관계(Risk-Return Trade-Off)

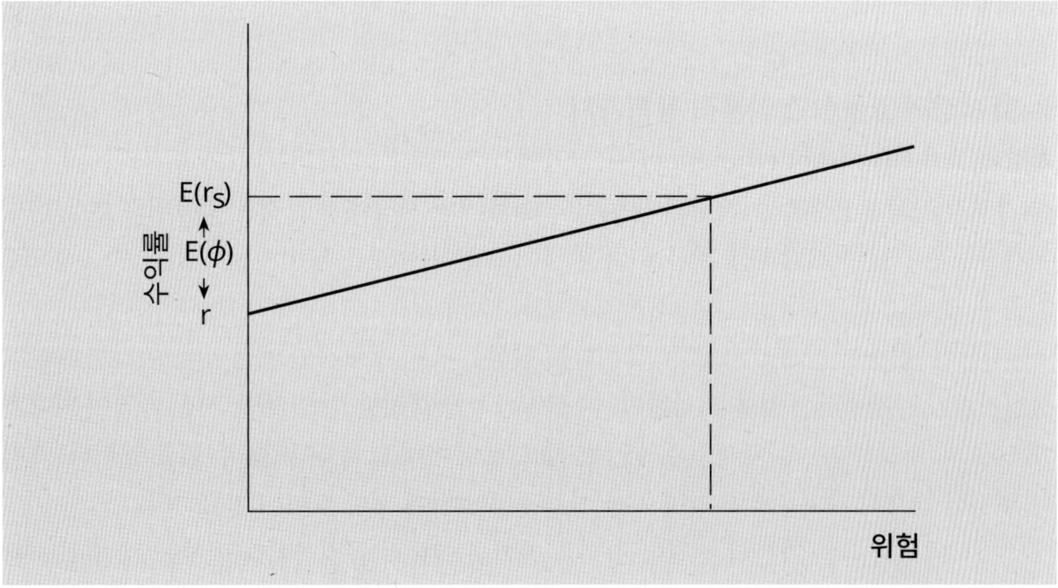

회사의 주가와 기대수익률에 영향을 미치는 다른 요인들은 무엇인가? 위험이 없는 가상의 회사를 고려해 보자. 사람들이 수익을 기대하지 않는다면 이 회사에 돈을 투자할 용의가 있을까? 물론 아니다. 그들은 오늘 돈을 쓸 기회를 포기한 것에 대한 보상으로 충분한, 최소 수익

2 이 맥락에서 "다른 모든 조건이 같다"는 것은 발행주식수나 재무레버리지 금액에 의해 이 비교가 왜곡되지 않았음을 의미한다.

을 요구할 것이다. 이 수익을 **무위험이자율**(risk-free rate)이라 하며, 투자의 기회비용이다.[3]

투자자가 기대하는 수익률은 무위험이자율과 위험프리미엄으로 구성된다. 이런 관계는 [그림 1.3]에 나와 있으며, 여기서 $E(r_S)$는 현물 자산에 대한 기대수익률, r은 무위험이자율, 그리고 $E(\phi)$는 위험프리미엄(무위험이자율을 넘어서는 기대수익률의 초과분)이다.

우리는 위험을 측정하는 방법을 알아보지 않았다는 점에 유의하자. 여러분은 표준편차나 베타(beta)와 같은 위험 척도가 떠오를 수도 있겠다. 이 시점에서 특정한 위험 척도에 관심을 둘 필요는 없다. 중요한 점은 **위험-수익 교환관계**(risk-return trade-off)로 알려진 위험과 기대수익 간 양(+)의 관계이다. 위험-수익 교환관계는 모든 투자자가 최소 위험 수준에서 기대수익을 극대화하려 하기 때문에 일어난다. 주식이 더 높은 위험 수준으로 올라가면, 일부 투자자들은 그것이 너무 위험하다고 생각하고 주식을 팔 것이고, 이것은 주가를 떨어트릴 것이다. 이 주식의 신규 투자자들은 더 낮은 가격을 지불함으로써 더 높은 수익을 얻을 것으로 기대할 것이다.

금융시장은 위험 수준이 다른 기업들을 구별하는 데 매우 효과적이다. 위험이 낮은 기업은 자본이 풍부하고 저렴하다는 것을 알게 될 것이다. 위험이 높은 기업은 자본조달에 어려움을 겪을 수 있으며 비싼 비용을 치를 것이다. 그 안에서 거래되는 금융상품의 가격을 잘 결정하는 시장을 효율적이라고 하며, 자산은 **이론적 공정가치**(theoretical fair value)로 가격이 책정된다고 한다.

1-3f 시장의 효율성과 이론적 공정가치

시장의 효율성(market efficiency)은 그 안에서 거래되는 상품의 가격이 투자지에게 진정한 경제적 가치를 반영하는 시장의 특성이다. 효율적인 시장에서 가격은 무작위로 변동하며, 투자자들은 그들이 부담하는 위험 수준에 대해 보상하는 것을 넘어서는 수익을 지속적으로 얻을 수 없다.

자산이 "진정한 경제적 가치"를 갖는다는 발상은 특히 매력적인 개념이다. 이것은 자산의 실질가치가 존재한다는 것을 시사한다. 이 실질가치를 결정할 수 있다면, 자산 가격이 지나치게 낮을 때 매입하고 지나치게 높을 때 매도함으로써 아마 많은 돈을 벌 수 있을 것이다. 그러나 진정한 경제적 가치를 찾으려면 자산 가격결정 방법에 대한 모형이 필요하다.

이 책에서 우리는 자산의 진정한 경제적 가치를 이론적 공정가치라고 부를 것이다. 자산의 이론적 공정가치를 제공하는 많은 모형들이 있다. 여러분은 아마 자본자산가격결정모형(Capital Asset Pricing Model)과 차익거래가격결정이론(Arbitrage Pricing Theory)에 대해 이미 들어보았을 것이다. 파생상품에도 이론적 공정가치가 있으며, 이 책에서는 파생상품계약

3 무위험이자율과 기회비용의 개념은 세 명의 하인에게 자신의 돈 중 일부를 관리하도록 맡긴 부자에 대한 성서의 비유에 의해 잘 설명된다. 하인들 중 두 명은 100%의 수익을 얻은 반면, 세 번째 하인은 돈을 땅에 묻어 원금만 돌려주었다. 부자는 세 번째 하인이 은행에 돈을 넣지 않아 무위험이자율조차 얻지 못했다는 것에 격분했고, 따라서 다른 하인의 포트폴리오 중 하나에 그 자금을 다시 재배분하였다. 즉시 해고된 세 번째 하인은 분명 투자 운용자로서의 경력을 쌓을 운명이 아니었다(마태복음 25:14-30).

의 이론적 공정가치를 결정하는 데 많은 역점을 두고 있다. 물론, 이러한 모형들과 그 모형들이 제공하는 각각의 값은 기초시장이 효율적인 경우에만 정확하다. 다행히 금융시장이 효율적이라는 개념을 뒷받침하는 상당한 통계적 증거가 있다. 이것은 놀라운 일이 아니다. 시장의 효율성은 정보가 빠르고 저렴하게 확산되는 시장에서 합리적이고 박식한 투자자들의 행위가 만들어 낸 자연스러운 결과이다. 금융시장이 매우 비효율적이었다면, 놀라운 일이었을 것이다.

따라서 파생상품의 세계를 누비고 나아갈 때, 여러분은 기초 금융시장이 대체로 효율적이라는 점을 명심해야 한다. 이 책은 파생상품을 활용하기 위한 수많은 전략들을 제공하지만, 그것들 모두는 투자자가 기초시장의 방향에 대해 이미 기대를 형성했다는 점을 가정한다. 파생상품 투자전략은 그런 기대가 정확한 것으로 판명될 경우 이익을 얻는 방법 그리고 틀린 것으로 판명될 경우 손실위험을 최소화하는 방법을 보여준다. 이러한 전략들은 위험 수준을 관리하기 위한 방법이므로, 효율적인 시장에서 살아남기 위한 필수 수단으로 간주되어야 한다.

금융시장은 잠재적인 미래 결과에 대한 추상적 추정치들과 결합된 복잡한 인간 상호작용의 결과이다. 금융 모형들은 현실을 단순화한 것임을 기억하는 것이 중요하다. 마찬가지로 중요한 것은 금융파생상품에 대한 연구가 물리학이 아닌 인문학의 영역에 속한다는 것이다. 중력에 관한 물리 모형은 쉽게 검정할 수 있고, 그것의 정확성은 입증되거나 기각될 수 있다. 이 중력모형에 대한 여러분의 믿음은 떨어지는 물체의 실제 행위에 영향을 미치지 못한다. 믿음과 물리적 관찰 간의 이러한 독립성이 금융시장에서는 유지되지 못할 수도 있다. 종종 경제모형에 대한 광범위한 믿음은 경제행위에 영향을 미치며, 모형을 입증하거나 무효화한다.[4] 따라서 특정 금융파생상품계약에 대한 새로운 금융 가치평가 모형은 결코 영구적이지 않다. 금융시장 구조가 변화하고 금융시장 참여자들의 이해도가 향상됨에 따라, 특정 모형은 더 이상 유용하지 않은 것으로 판명날 수도 있다. 금융시장에 대한 우리의 이해는 항상 유동적일 것이다. 그러나, 현재의 금융 지형을 빠르게 이해하는 데 도움이 되는 기본모형들이 있으며, 실제로 우리는 이러한 모형들 중 많은 것을 공부할 것이다.

효율적 시장은 자산 가격이 그것의 진정한 경제적 가치(이를 이론적 공정가치라고 한다)와 일치하는 시장이다. 현물 및 파생상품 시장은 일반적으로 매우 효율적이다.

1-4 현물시장과 파생상품시장 간의 근본적인 연계성

지금까지 우리는 현물시장과 파생상품시장 간의 공식적인 관계를 설정하지 않았다. 옵션, 선도 및 선물과 같은 상품들은 주식 및 채권과 같은 현물시장 자산의 매매에 사용될 수 있다. 파생상품 가격은 몇 가지 중요한 메커니즘을 통해 기초 현물시장 상품의 가격과 관련되어 있다. 3, 4, 5, 8장에서는 이러한 연계성에 대해 자세히 검토한다. 그럼에도 불구하고, 여기서 그 프로세스를 전반적으로 개관하는 것은 도움이 될 것이다.

4 다음 책을 참조하라: Donald Mackenzie, *An Engine, Not a Camera: How Financial Models Shape Markets* (Cambridge, MA: The MIT Press, 2006).

연결하기_MAKING THE CONNECTION

위험과 수익, 그리고 차익거래(Arbitrage)

가장 인간적인 개념들 중 하나는 사람들이 수익을 좋아하고 위험을 좋아하지 않는다는 것이다. 따라서 합리적인 사람은 위험을 보상하기에 충분한 수익을 얻을 것이란 기대 없이는 돈을 투자하지 않을 것이다. 투자자가 얻을 것으로 기대하는 수익을 기대수익이라고 하며, 투자 가치와 모든 현금흐름을 더한 것의 투자된 금액 대비 기대 변화이다. 기대수익의 한 부분은 기회비용에 대한 보상이어야 하며, 이는 무위험이자율로 나타낸다. 무위험이자율을 넘어서는 기대수익률의 초과분은 위험프리미엄이라고 한다. 일반적으로 나타내면,

$$E(r_s)=r+E(\phi),$$

여기서 $E(r_s)$는 "s"(흔히 주식이 투자를 나타내는 데 사용되므로 "s"로 표기함)로 알려진 어떤 투자로부터의 기대수익률, r은 무위험이자율, 그리고 $E(\phi)$는 기대 위험프리미엄이다. 위 식이 사실임을 증명할 필요는 없다. 사실이 아니라면, 사람들은 비합리적일 것이다.

그런데 위 등식의 일부분은 다소 모호하다. 기대 위험프리미엄은 무엇으로 구성되어 있는가? 그것은 얼마나 크며, 변화 요인은 무엇인가? 어떤 위험이 중요하며, 어떤 위험이 (있다면) 중요하지 않은가? 이에 대한 답을 얻기 위해 금융경제학자들은 자본자산가격결정모형(Capital Asset Pricing Model, CAPM)에 호소했다. CAPM에서 기대 위험프리미엄은 더욱 구체적인 것으로 대체되며, 기대수익은 다음과 같이 쓰여진다:

$$E(r_s)=r+[E(r_m)-r]\beta_s,$$

여기서 $E(r_m)$은 모든 위험자산들의 조합인 시장포트폴리오의 기대수익률이고, β_s는 해당 자산의 베타라고 한다. 베타는 투자자가 회피할 수 없는 위험에 대한 척도로서 해당 자산이 시장포트폴리오에 기여하는 위험이다. CAPM은 사람들이 분산투자를 통해 가능한 한 많은 위험을 분산시키고 시장포트폴리오를 보유한다고 가정한다. 따라서 문제가 되는 유일한 위험은 주어진 자산이 분산투자된 포트폴리오에 기여하는 위험이다. 언급된 것처럼, 투자자들은 시장포트폴리오를 보유하고 그것을 무위험자산과 결합하거나 또는 무위험이자율로 차입하여 더 많은 시장포트폴리오를 보유함으로써 전체 위험이 원하는 수준이 되도록 조정한다. 그러므로 우리는 CAPM을 통해 위험관리가 의미하는 바를 처음으로 살펴본다. 그것은 실제 포트폴리오 위험을 원하는 포트폴리오 위험과 같게 만드는 것이다.

CAPM은 논란이 있는 이론으로, 실제로 들어 맞는지 여부는 확인할 수 없다. 그럼에도 불구하고 CAPM은 상당한 의미가 있다. CAPM의 변형과 더 복잡한 모형들이 존재하지만, CAPM을 이해하고 받아들이는 것은 파생상품을 이해하는 데 충분한 배경이 되고도 남는다. 그러나 파생상품을 이해하기 위해 CAPM을 완전히 이해해야 하는 것은 아니다. CAPM을 이해하는 것은 위험이 어떻게 설명되는지를 이해하는데 정말 도움이 된다. 그러나 파생상품을 이해하는데 있어서 가장 중요한 것은 파생상품이 위험을 제거하기 위해 어떻게 사용될 수 있는지를 이해하는 것이다. 위험이 문제가 되지 않는다면, 정말 이해가 필요한 것은 차익거래(arbitrage)뿐이다.

차익거래는 두 가지 동일한 자산 조합이 서로 다른 가격에 판매되고 있는 사실로부터 발생하는 조건이다. 그런 기회를 발견한 투자자는 저가 조합을 매입하고 고가 조합을 매도할 것이다. 두 자산 조합은 동일한 성과를 낼 것이기 때문에, 한 조합의 성과가 다른 조합의 성과를 헤지(hedge)하여 위험이 제거된다. 그러나 매도한 조합의 가격이 매입한 조합의 가격보다 더 높았다. 따라서 어떤 사람들은 이를 '돈이 열리는 나무'(money tree) 또는 '돈을 찍어내는 기계'(money machine)라고 부른다. 즉, 아무것도 하지 않으면서 돈을 버는 것이다.

합리적인 투자자들의 세계에서는 차익거래 기회가 존재하지 않는다. 흔히 그런 세계에서는 거리를 걷다 땅바닥에 떨어져 있는 $100짜리 지폐를 줍는 것이 불가능하다고들 한다. 그 지폐가 거기 있었다면, 틀림없이 누군가 이미 주웠을 것이기 때문이다. 선량한 시민이나 인도주의자였더라도 아마 그 돈을 주워서 원래 주인을 찾아주거나 자선단체에 기부하려 했을 것이다. 물론, 우리는 땅바닥에서 $100짜리 지폐를 발견할 가능성이 있다는 것을 알고 있다. 그러나 그것을 기대하지 않는 것은 사람들이 큰 액수의 돈에 부주의하지 않을 뿐만 아니라, 설령 누군가 부주의했더라도 우리가 도착할 때까지 돈이 여전히 거기에 있을 것 같지 않기 때문이다. 금융시장에서도 마찬가지이다. 사람들은 자기 돈에 부주의하지 않으며, 각별한 주의를 기울이고, 차익거래 기회를 제공하지 않는다. 사실, 사람들은 차익거래 기회를 제공하지 않는 방법을 알기 위해 열심히 노력한다. 그리고 정말 누군가가 차익거래 기회를 제공한다면, 사람들은 그것을 재빨리 낚아채 갈 것이다.

이 책을 공부하는 것은 여러분이 차익거래 기회를 제공하지 않도록 도울 것이다. 그리고 누군가가 부주의하게 차익거래 기회를 제공한다면, 여러분은 그것으로부터 이익을 얻는 방법을 알게 될 것이다.

1-4a 차익거래와 일물일가의 법칙

차익거래(Arbitrage)는 같은 상품이 두 가지 다른 가격에 팔리고 있을 때 투자자가 이익을 추구하는 거래 유형이다. 차익거래에 참여하는 개인을 차익거래자(arbitrageur)라고 하며, 낮은 가격에 상품을 사고 그 즉시 높은 가격에 판다. 차익거래는 투자자들에게 매력적인 전략이다. 수많은 개인들이 차익거래 기회를 찾기 위해 시간을 할애한다. 만약에 어떤 주식이 한 거래소에서 한 가격에, 그리고 다른 거래소에서 다른 가격에 팔리고 있다면, 차익거래자는 낮은 가격에 사고 높은 가격에 파는 일에 착수할 것이다. 이는 낮은 가격을 상승시키고 높은 가격을 하락시켜 결국 두 가격은 같아질 것이다.

여러분은 일상생활에서 많은 매매를 한다. 때때로 같은 상품이 다른 가격에 팔리고 있는 경우를 접하기도 한다. 예를 들어, 우편 주문 할인점의 컴퓨터는 지역 컴퓨터 매장의 같은 컴퓨터보다 저렴할 수 있다. 왜 차이가 있는가? 지역 매장은 보다 긴 보증기간, 현지화된 서비스, 그리고 할인점이 제공하지 않는 기타 편의를 제공할 수 있기 때문이다. 마찬가지로, 지역 할인점에서 구입한 운동화는 스포츠 용품점에서 구입한 같은 운동화보다 저렴할 수 있는데, 여러분이 용품점의 서비스 및 제품 지식에 추가금을 지불하기 때문이다. 동일한 상품들 간에 실질적인 차이가 존재하는 경우, 가격은 다를 것이다.

그러나 때로는 실질적인 차이가 없는데도 실제로 가격차이가 나타난다. 두 가지 결과가 발생할 수 있다고 가정해보자. 발생할 수 있는 결과를 상태(states)라고 한다. [그림 1.4]에 나타나 있는 두 자산 A1과 A2에 대한 결과를 보자. 자산 A1의 가치는 상태 1이 발생하면 $100일 것이고, 상태 2가 발생하면 $80일 것이다. 자산 A2의 가치는 상태 1에서 $50일 것이고, 상태 2에서 $40일 것이다. 분명히 자산 A1은 자산 A2 두 주와 동일한 가치가 있다. 즉, 자산 A2 두 주를 매입함으로써 자산 A1 한 주를 매입한 것과 같은 결과를 얻을 수 있다.

그림 1.4 두 가지 자산과 두 가지 상태 세계를 가정한 차익거래

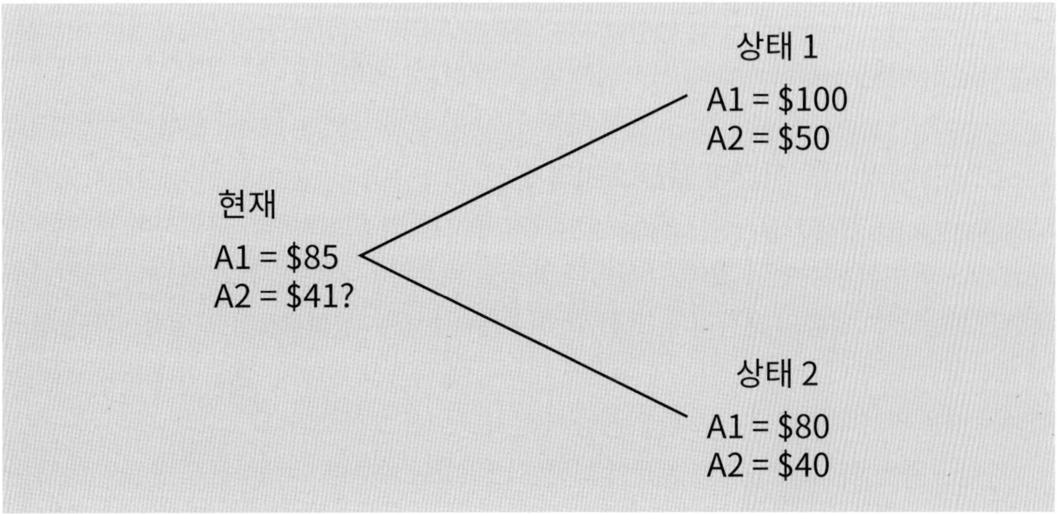

이제 자산 A1이 $85에 판매되고 있다고 가정하자. 자산 A2의 가격은 얼마여야 하는가? 자산 A2의 가격이 $41라고 가정하자. 그렇다면 여러분은 자산 A2 두 주를 $82에 매입하고 자산 A1 한 주를 중개인으로부터 빌려 공매도할 수 있다. 자산 A1을 공매도하는 것은 그 가격인 $85를 선불로 받아 +$3(=+$85–$82)의 순현금흐름(net cash flow)을 얻게 됨을 의미한다. 그런 다음, 실제 상태가 나타났을 때 자산 A2 두 주를 매도하여 자산 A1의 공매도 포지션을 환매수(cover)하는 데 필요한 현금을 정확히 만들어 낼 수 있다. 따라서 이 거래에는 위험이 없지만, $3의 순현금흐름을 선불로 받았다. 이것은 $3를 빌리고 아무것도 갚지 않아도 되는 대출과 같다. 분명히 누구나 이런 거래를 하려 할 것이고, 이는 자산 A1의 가격이 자산 A2 가격의 두 배가 될 때까지 자산 A2의 가격을 올리고 자산 A1의 가격을 내릴 것이다.

일물일가의 법칙은 동등한 가치를 갖는 자산조합들, 즉 동일한 결과를 제공하는 자산조합들이 단일 가격에 판매되도록 요구한다. 그렇지 않으면, 가격 차이를 신속하게 제거하는 수익성 있는 차익거래 기회가 존재하게 된다.

가격이 이런 방식으로 조정되어야 한다는 규칙을 **일물일가의 법칙(law of one price)**이라고 한다. 일물일가의 법칙은 자산 A2의 가격이 자산 A1의 가격과 같아야 한다는 것을 의미하지 않는다. 도리어, 동등한 가치를 갖는 금융상품 조합들은 하나의 가격을 가져야 한다는 것을 말한다. 이 예에서 자산 A2 두 주의 조합은 자산 A1 한 주와 가격이 같아야 한다.

일물일가의 법칙이 지배하는 시장은 다음의 네 가지 특징을 갖는다:

- 투자자들은 항상 적은 것보다 더 많은 부(wealth)를 선호한다.
- 두 가지 투자기회가 주어졌을 때, 투자자들은 항상 모든 상태에서 다른 투자기회만큼 성과를 내고 최소한 한 상태에서 더 좋은 성과를 내는 것을 선호할 것이다.
- 두 가지 투자기회가 동일한 결과를 제공하는 경우, 동일한 가격을 가져야 한다.
- 모든 상태에서 동일한 수익을 내는 투자기회는 위험이 없으며, 무위험이자율을 얻어야 한다.

TECHNICAL NOTE

차익거래원칙
www.cengagebrain.com을 방문하여 ISBN 9781305104969를 검색하시오.

이후의 장들에서 우리는 이 규칙들이 작동하는 것을 보게 될 것이다.

효율적 시장에서는 일물일가의 법칙을 위반하는 일이 결코 일어나서는 안 된다. 그러나 아마도 일시적인 실수로 인해 때로는 가격이 이 법칙을 이탈한다. 차익거래는 가격이 이 법칙을 따르도록 하는 메커니즘이다. 현명한 투자결정을 하려면 적절한 차익거래를 찾는 방법을 배울 필요가 있으며, 이러한 내용은 이후의 장들에서 다룰 것이다.

1-4b 보관 메커니즘: 시간에 걸친 소비의 분산

보관(storage)은 현물시장과 파생상품시장 간의 중요한 연결고리이다. 구입하여 보관할 수 있는 많은 유형의 자산들이 있다. 주식이나 채권을 보유하는 것은 일종의 보관이다. 심지어 대출을 하는 것도 일종의 보관이다. 또한 밀이나 옥수수 같은 실물상품을 구입하여 곡물창고에 보관할 수도 있다. 보관은 일종의 투자로서 나중에 물품을 판매할 것을 기대하고 오늘 판매하는 것을 연기하는 것이다. 보관은 시간에 걸쳐 소비를 분산시킨다.

가격은 지속적으로 변동하기 때문에 보관에는 위험이 따른다. 파생상품은 물품의 미래 판매가격을 오늘 확정짓는 수단을 제공함으로써 그 위험을 줄이는 데 사용될 수 있다. 이는 물품의 보관에 따른 위험이 제거될 수 있음을 시사한다. 그 경우 전체적인 투자는 무위험이자율을 제공해야 한다. 그러므로 보관 가능한 물품과 파생상품계약의 가격, 무위험이자율이 모두 관련되어 있다는 사실은 놀라운 것이 아니다.

1-4c 물품의 인도와 결제

현물시장과 파생상품시장 간의 또 다른 중요한 연결고리는 인도(delivery)와 결제(settlement)이다. 만기에 선도계약이나 선물계약은 물품의 즉각적인 인도 또는 물품과 동등한 가치를 갖는 현금의 지급을 필요로 한다. 따라서 만기를 맞는 선도계약이나 선물계약은 현물거래와 같고, 따라서 그 가격은 현물가격과 같아야 한다. 옵션은 만기에 선도나 선물과 다소 다르지만, 이 금융상품들은 만기에 현물가격에 의해 결정되는 명확한 값을 갖는다.

계약이 만기를 맞을 때까지 포지션을 보유하는 파생상품 거래자는 거의 없다.[5] 그들은 시장 유동성을 이용하여 반대매매에 들어간다. 그럼에도 불구하고, 만기까지 청산되지 않은 포지션에 대해 물품의 인도나 동등한 가치의 현금 지급이 일어난다는 사실은 현물과 파생상품의 가격을 결정할 때 중요한 고려사항이다.

앞서 언급한 특성들은 이들 시장의 성과에 중요한 역할을 한다. 파생상품시장과 현물시장은 불가분의 관계에 있다. 그럼에도 불구하고, 우리는 아직 파생상품시장이 현물시장의 운영에 어떤 역할을 하는지 규명하지 못했다.

1-5 파생상품시장의 역할

1-5a 위험관리

파생상품 가격은 기초 현물시장 상품의 가격과 관련이 있으므로, 현물 상품을 보유하는 데 따른 위험을 줄이거나 늘리는데 파생상품을 사용할 수 있다. 위험을 줄이고자 하는 파생상품시장 참여자를 **헤저(hedgers)**라고 한다. 위험을 증가시키려는 파생상품시장 참여자는 **투기자(speculators)**라고 한다.

예를 들어, 현물 상품을 매입하고 선물계약이나 콜옵션을 매도하면 투자자의 위험이 줄어든다. 상품 가격이 떨어지면, 선물이나 콜옵션 계약의 가격도 떨어질 것이다. 그러면 투자자는 더 낮은 가격에 파생상품계약을 환매수(repurchase)할 수 있고, 그 결과 현물 상품의 손실을 적어도 부분적으로 상쇄할 수 있는 이익을 얻게 된다. 이런 유형의 거래를 헤지(hedge)라고 한다.

5 만기에 인도를 요구하지 않지만 경제적으로 동등한 가치의 현금 지급이 이루어지도록 명시된 파생상품 계약의 경우, 포지션은 만기까지 보유될 가능성이 더 높다.

연결하기_MAKING THE CONNECTION

사우스웨스트(Southwest) 항공의 제트 연료 위험관리

사우스웨스트 항공의 주된 비즈니스 목적은 미국 본토 내에서 승객과 화물을 저렴한 비용으로 운송하는 것이다. 손익계산서에 보고된 가장 큰 비용 항목은 연료와 오일이다. 수년 동안 이 회사는 현재 및 미래의 제트 연료 소비를 적극적으로 관리해왔다. 이 회사의 2013년 연차보고서 10절 "금융파생상품, 연료 계약"에서 경영진은 자사의 현재 금융파생상품 포지션에 대해 부분적으로 설명하고 있다:

"당사는 단기 및 장기 기간 단위로 금융파생상품을 활용해왔으며, 포트폴리오 내에 콜옵션, (콜옵션 매입과 풋옵션 매도를 포함하는) 칼라(collar) 구조, (콜옵션 매입과 콜옵션 매도를 포함하는) 콜스프레드, 그리고 고정가격 스왑계약을 혼합하여 주로 사용하고 있다.... 2013년에 당사는 자사 연료 소비량의 51%에 해당하는 연료 파생상품을 보유했다. 2013년 12월 31일 현재, 당사는 2014년 추정 연료 소비량(시장가격에 따라 달라질 수 있다)의 43%를 커버할 수 있는 연료 파생상품도 보유하고 있다." 사우스웨스트 항공은 2015~2017년 기간에 대해서도 상당한 헤징 포지션을 가지고 있었다.

따라서 사우스웨스트 항공은 연료 가격 상승 위험을 헤지하려는 대규모 연료 헤징 프로그램을 가지고 있는 것으로 보인다. 사우스웨스트 항공사가 향후 수년간 예상되는 연료 소비량을 헤지해왔다는 점에 주목하자. *

이 책의 내용을 공부해가면서 여러분은 사우스웨스트 항공이 사용한 옵션, 칼라, 스프레드 및 스왑과 같은 다양한 파생상품에 익숙해질 것이고, 기업과 개인이 이러한 수단을 사용하여 위험을 관리하는 방법을 배우게 될 것이다.

*사우스웨스트 항공의 연료 헤징 프로그램에 대한 자세한 내용은 다음을 참조하라: Robert Brooks, "The Life Cycle View of Enterprise Risk Management: The Case of Southwest Airlines Jet Fuel Hedging," Journal of Financial Education 38 (Fall/Winter 2012), 11–23.

앞서 언급했던 것처럼, 투자자들은 저마다 위험선호(risk preference)가 다르다. 일부 투자자들은 다른 투자자들보다 위험에 대해 더 관대하다. 그러나 모든 투자자는 허용 가능한 위험 수준에서 투자를 유지하고 싶어 한다. 파생상품시장은 위험을 줄이려는 투자자(헤저)가 위험을 늘리려는 투자자에게 위험을 이전할 수 있도록 한다. 우리는 이러한 후자의 투자자들을 투기자라고 부른다. 파생상품시장은 투자자들 사이에 위험을 재배분하는 데 매우 효과적이기 때문에, 누구도 불편한 수준의 위험을 감수할 필요가 없다. 결과적으로, 투자자들은 금융시장에 더 많은 자금을 공급하고자 한다. 이는 더 많은 기업이 자본을 조달할 수 있게 하고 자본조달비용을 가능한 한 낮게 유지시키기 때문에 경제에 유익하다.

언급한 바와 같이, 헤징(hedging)의 반대편에는 투기(speculation)가 있다. 헤저가 반대의 필요(needs)를 가진 다른 헤저를 찾을 수 없는 한, 그 헤저의 위험은 투기자가 떠안아야 한다. 파생상품시장은 대안적이고 효율적인 투자수단을 제공한다. 투자자는 기초 주식이나 채권을 거래하는 대신, 파생상품계약을 거래할 수 있다. 많은 투자자들이 기초 증권보다 파생상품에 투기하는 것을 선호한다. 결과적으로, 파생상품을 이용해 쉽게 투기할 수 있기 때문에 헤저는 더 쉽게 그리고 저렴한 비용으로 헤지할 수 있다.

그러나 투기는 논란의 여지가 있기 때문에 그대로 둘 수만은 없다. 파생상품시장은 그 거래활동이 합법화된 도박이나 마찬가지라는 비난을 포함하여 외부인들로부터 많은 비판을 받아왔다. 이런 점은 이후의 절에서 살펴보기로 한다.

1-5b 가격 발견

선도 및 선물시장은 가격에 대한 중요한 정보 출처이다. 특히 선물시장은 자산의 현물가격을 결정하는 주요 수단으로 간주된다. 자산에 대한 현물시장이 존재할 것이기 때문에, 이것은 이례적인 것처럼 보일 수 있다. 그러나 선물이 거래되는 많은 자산의 경우 현물시장은 크고 분화되어 있다. 금, 원유 및 실물상품들은 서로 다른 장소와 시간에 거래된다. 각 자산군 내에서도 다양한 종류와 품질 등급이 있다. 그러므로 자산의 "현물"가격에 대한 다양한 잠재적 후보가 있다. 선물시장은 그런 정보를 일종의 합의로 취합하여 선물계약의 기초가 되는 특정 자산의 현물가격을 반영한다. 만기가 가장 일찍 도래하는 선물계약, 즉 **최근월물(nearby contract)**의 가격은 종종 현물가격으로 취급된다.

또한 선물 및 선도가격은 사람들이 예상하는 미래 현물가격에 대한 정보를 담고 있다. 나중에 알게 되겠지만, 현물가격도 그와 같은 정보를 담고 있으나 선물시장보다 현물시장에서 그 정보를 추출하는 것이 더 어려울 수 있다. 더욱이, 대부분의 경우 선물시장이 더욱 활발하기 때문에 선물시장에서 얻은 정보가 현물시장의 정보보다 더 신뢰할 수 있는 것으로 간주되는 경우가 많다. 선물 및 선도가격이 기대 미래 현물가격으로 취급되어서는 안 되지만, 이들 가격은 시장참여자들이 미래 현물가격의 불확실성을 받아들이는 대신에 오늘 확정할 수 있는 가격을 반영한다.

따라서 선물 및 선도시장은 가격발견(price discovery)을 제공한다고 한다. 옵션시장은 미래 현물가격에 대한 예상치를 직접적으로 제공하지는 않지만, 기초 현물자산의 변동성, 따라서 기초 현물자산의 위험에 대한 귀중한 정보를 제공한다.

1-5c 운영상의 이점

파생상품시장은 몇 가지 운영상의 이점을 제공한다. 첫째, 낮은 거래비용을 수반한다. 이는 파생상품시장 거래자들에게 위탁수수료와 기타 거래비용이 더 낮다는 것을 의미한다. 따라서 현물시장 거래 대신 또는 현물포지션에 대한 보완재로 파생상품시장을 사용하는 것이 쉽고 매력적이다.

둘째, 파생상품시장은 흔히 현물시장보다 더 큰 유동성을 가지고 있다. 현물시장은 일반적으로 주요 기업들의 증권에 대해 유동성이 꽤 높지만, 상당한 가격변화 없이는 일부 대규모 거래를 항상 흡수할 수 없다. 경우에 따라서는 대량거래를 보다 쉽게 수용할 수 있는 파생상품시장을 이용하여 동일한 수준의 기대수익과 위험을 얻을 수 있다. 파생상품시장의 유동성이 높은 것은 적어도 부분적으로는 시장 참여에 요구되는 자본이 적기 때문이다. 수익과 위험은 원하는 수준으로 조정할 수 있지만, 적은 자본이 요구되기 때문에 파생상품시장은 더 많은 거래를 흡수할 수 있다.

셋째, 앞서 언급한 바와 같이 파생상품시장에서는 투자자들이 보다 쉽게 매도포지션을 취할 수 있다. 증권시장에는 공매도를 제한하거나 억제하기 위해 만들어진 몇 가지 제약들이 존재하지만, 파생상품시장에는 그런 제약들이 적용되지 않는다. 결과적으로 많은 투자자들이 기초 증권을 공매도하는 대신 파생상품시장에서 매도포지션을 취한다.

1–5d 시장 효율성

파생상품시장이 없더라도 유가증권 현물시장은 효율적일 수 있을 것이다. 그러나 일반적으로 효율적인 시장에서도 약간의 수익성 있는 차익거래 기회는 존재한다. 이러한 기회가 존재한다는 것은 일부 자산의 가격이 일시적으로 공정 가격을 이탈한다는 것을 의미한다. 투자자들은 주어진 위험 수준에 대해 시장이 공정하다고 간주하는 것을 초과하는 수익을 낼 수 있다.

파생상품시장은 위험관리, 가격발견, 비용 절감, 유동성 제고, 공매도 및 시장 효율성 개선의 수단을 제공한다.

앞서 언급했듯이, 현물과 파생상품 가격들 간에는 중요한 연결고리가 있다. 파생상품시장의 거래 편의성과 낮은 거래비용은 차익거래와 빠른 가격조정을 촉진하여 차익거래 기회를 신속히 제거한다. 기초상품의 가격이 그 상품의 진정한 경제적 가치를 보다 정확히 반영하므로 사회에 이익이 된다.

1–6 파생상품시장에 대한 비판

앞서 언급한 것처럼, 파생상품시장은 위험을 제거하거나 감소시키려는 사람들로부터 위험을 감수하거나 증가시키려는 사람들에게 위험이 이전될 수 있도록 한다. 파생상품시장은 위험을 줄이고자 하는 헤저들을 수용하기 위해 기꺼이 위험을 감수하고자 하는 투기자들의 존재를 필요로 한다. 대부분의 투기자들은 실제로 기초상품을 취급하지 않으며, 때때로 기초상품에 대해 아무것도 모른다고들 한다. 결과적으로, 이 투기자들은 도박꾼에 불과한 것으로 특징지어져 왔다.

이러한 견해는 다소 일방적이며, 파생상품시장의 많은 이점을 무시하는 것이다. 더 중요한 것은, 그러한 견해가 파생상품시장이 자본을 매우 투기적인 제도 안으로 끌어들인다는 점을 시사한다는 것이다. 이는 전혀 사실이 아니다. 금융시장과 달리, 파생상품시장은 부(wealth)를 창조하거나 파괴하지 않으며, 단지 위험(risk)을 이전하는 수단을 제공한다. 예를 들어, 주식시장은 부를 창출할 수 있다. 새로운 아이디어를 가진 한 상장기업을 고려해 보자. 투자자들은 그 기업의 주식을 살 것이고 기업은 그렇게 모은 자본을 사용하여 해당 아이디어를 개발하고 마케팅한다. 그러면 고객들은 제품이나 서비스를 구매하고, 기업은 이익을 얻으며, 주가가 오르고, 따라서 모두가 더 좋아진다. 대조적으로, 파생상품시장에서는 한 당사자의 이득이 다른 당사자의 손실이다. 이 시장은 경제에 어떤 추가적인 위험도 더하지 않으며,

단지 한 투자자에서 다른 투자자에게로 위험이 이전될 수 있도록 할 뿐이다. 더 중요한 것은, 파생상품시장이 재화와 서비스의 거래 위험을 원하지 않는 사람들로부터 그 위험을 기꺼이 받아들이려는 사람들에게로 이전될 수 있도록 한다는 것이다.

파생상품시장과 도박의 중요한 차이는 사회에 제공하는 편익에 있다. 도박은 참가자들과 아마도 간접적으로 이익을 얻는 다른 몇몇 다른 사람들에게만 유익하다. 그러나 파생상품시장의 편익은 시장참여자들을 훨씬 넘어선다. 파생상품은 금융시장의 효율성을 높이고 위험을 관리할 수 있는 더 나은 기회를 제공한다. 이러한 편익은 사회 전반에 파급된다.

1-7 파생상품의 오용

파생상품은 때때로 일부 기업, 투자 펀드, 주 및 지방정부, 비영리 투자자, 그리고 개인투자자들에게 큰 손실의 원인이 되었다는 비난을 받아왔다. 파생상품에 정말 잘못이 있는가? 전기에 대해 아는 것이 별로 없는 사람이 전기를 잘못 다루면 전기를 탓해야 할까? 불을 사용하는 사람이 부주의하면 불을 탓해야 할까?

파생상품이 강력한 도구라는 점에는 거의 의문의 여지가 없다. 파생상품은 보통 높은 레버리지(leverage)를 포함하고 있으며, 이것은 작은 가격변화가 큰 손익을 초래할 수 있다는 사실을 의미한다. 이것이 파생상품의 바람직하지 않은 특징으로 보일 수도 있지만, 실제로는 이로 인해 파생상품이 앞서 논의된 편익을 제공하는 데 가장 유용할 수 있다. 이런 점들은 우리가 나중에 공부해야 할 것들이다. 그러나 현 시점에서 여러분은 필수지식 없이 파생상품을 사용하는 것이 위험하다는 것을 알아야 한다. 그것은 여러분이 이 과목을 공부하기로 선택한 것을 기뻐해야 하는 더욱 확실한 이유가 된다.

그러나 그 지식을 습득했다고 해서 현명하게 행동해야 할 책임으로부터 자유로워지는 것은 아니다. 부적절한 상황에서 파생상품을 사용하는 것은 위험하다. 헤징을 해야 할 때 투기하려는 유혹은 지식이 있는 사람이라도 종종 굴복하는 위험이다. 가격이나 금리를 예측하는 본인의 능력에 과도한 자신감을 갖고 파생상품을 사용하여 이러한 예측에 따라 행동하는 것은 매우 위험할 수 있다. 효율적 시장에 대해 언급했던 것들을 절대 잊어서는 안 된다. 유감스럽게도 최근 몇 년 동안 많은 사람들이 이런 점들을 잊어버림으로써 소속 회사를 위험과 파멸의 길로 이끌었고, 그 결과 사람이 아닌 파생상품이 종종 비난을 받는다.

예를 들어, 1990년대 후반 미국경제는 연방준비제도의 확장적 정책에 힘입어 저금리와 주택 붐(boom)을 경험하였다. 주택저당대출 계약에 대한 주택소유자들과 투기자들의 수요가 증가했다. 증권화(securitization) 과정을 통해 주택저당대출이 함께 모아졌고, 이 풀(pools)에 대한 파생 청구권이 광범위한 이해관계를 가진 투자자들에게 판매되었다. 이러한 과정을 증권화라 한다. 신용부도스왑(credit default swaps) 및 기타 신용보증이 주택저당대출 풀(pools)의 신용 품질을 강화하는 데 사용되었다. 따라서 이러한 주택저당대출 상품 중 다수는 신용 품질이 높은 것으로 인식되어 수요가 많았다. 2004년 금리가 상승하자 주택시장은 하락했고 주택저당대출의 채무 불이행이 증가하기 시작했다. 이러한 손실은 유동성 부족과 일부 주택저당대출 상품에 대한 레버리지 거래(leveraged trading)로 인해 확대되었다. 2008년까지 이러한 손실이 담보보충요구(collateral calls)를 유발하고 다른 금융상품 가격이 하락하는 "죽음의 소용돌이"가 이어졌다. 이 같은 금융적 외상(trauma)으로 인해 투자자들은 무위험 금융상품을 찾기 시작하였고, 따라서 단기국채는 실제로 가끔은 음(–)의 만기수익률을 보였다. 또한 많은 금융기관들이 신용부도스왑(CDS)이라고 하는 파생상품의 형태로 사실상 신용보험에 해당하는 것을 판매하였으며, 신용위험도 상해위험처럼 분산 가능하다고 믿었다. 그러나 채무 불이행이 미국 전역과 다른 나라 경제로 확산됨에 따라 신용위험은 분산되지 않았다. 2008년의 금융위기와 이후 수년 동안 이어진 경기침체는 파생상품이 초래한 것이 아니라 일부 파생상품의 오용으로 인해 악화되었다. 다행스럽게도 파생상품은 일반적으로 지식이 풍부한 사람들이 그것의 적절한 목적에 부합하는 상황에 사용하고 있다. 돈을 절약하고, 손실을 피하며, 위험을 성공적으로 재구성한 기업이나 투자자에 대해서는 거의 알려진 것이 없다.

1-8 파생상품과 윤리

윤리강령(code of ethics)은 금융전문가들의 행위를 통제하는 데 중요한 역할을 한다. 모든 주요 실무자 협회가 직무행동기준(standards of professional conduct)뿐만 아니라 윤리강령을 채택해 왔다. 이러한 도덕적 원칙은 종종 경제적 이해관계가 상충되는 어렵고 복잡한 상황에 직면한 전문가들에게 필수적인 지침을 제공한다. 직업에 종사하기 전에 기존의 규범윤리를 완전히 이해하고 이러한 윤리강령에 의해 발생하는 기대치를 준수할 수 있는 여러분의 개인 능력을 고려하는 것이 중요하다.

우리는 3대 주요 전문가 조직의 근간이 되는 윤리강령들을 간략히 소개한다: Chartered Financial Analysts Institute(www.cfainstitute.org), Global Association of Risk Professionals(www.garp.org), Professional Risk Managers' International Association (www.prmia.org). 이들 조직은 윤리강령을 도입할 때 이 문제를 그들이 하는 모든 일의 근간으로 명확히 간주한다. 다음의 인용문을 고려해 보자:

> *미국 공인재무분석사협회(CFA Institute)의 윤리강령과 직무행동기준은 CFA 협회의 가치의 기본이며, 사회의 궁극적인 편익을 위해 최고 수준의 윤리, 교육 및 전문적 우수성*

을 촉진함으로써 투자업계를 국제적으로 선도한다는 사명을 달성하는 데 필수적이다.[6]

국제위험관리전문가협회(GARP)의 행동강령(이하 "강령")은 재무위험관리업계의 발전을 지원하기 위해 ... [구성원들] ...을 위한 직무행동 원칙들을 제시하고 있다. 이 원칙들은 최고 수준의 윤리적 행동과 공시를 촉진하며, 개별 실무자와 위험관리업계 모두에 지침과 지원을 제공한다.[7]

위험 전문가들에 대한 행동기준은 ... 분석방법과 관련하여 최고 수준의 윤리적 행동 및 공시를 촉진할 것이다. 국제위험관리전문가협회(PRMIA) 이사회는 이러한 표준이 개별 실무자와 전체 위험관리업계 모두에게 지침과 지원을 제공할 것이라고 믿는다.[8]

실제 윤리강령은 투자관리 및 재무위험관리의 직무행위에 대해 매우 높은 기준을 설정한다. 직무 윤리강령으로부터 발췌한 다음의 인용문을 고려해 보자:

일반 대중, 고객, 잠재고객, 고용주, 직원, 투자관리업계 동료 및 글로벌 자본시장의 기타 참여자들에게 정직, 실력, 근면, 존중을 가지고 윤리적인 방식으로 행동하라.[9]

고용주, 기존 또는 잠재 고객, 일반 대중 및 금융서비스산업 기타 실무자와의 모든 거래관계에서 전문적이고 윤리적이며 정직하게 행동하라.[10]

PRMIA 회원은 고용주, 기존 또는 잠재 고객, 일반 대중 및 기타 위험관리 실무자와의 모든 거래에서 전문적이고 윤리적이며 정직하게 행동해야 한다. 회원은 위험관리업계와 위험관리 사용자들의 건전성을 자신의 사적인 이해관계보다 우선시해야 한다.[11]

전문가 협회들은 회원들에게 법치를 훨씬 넘어서는 행동기준을 준수하게 한다는 점에 유의해야 한다. 따라서 전문가 협회의 윤리강령이 회원들의 행위를 규율하는 규칙과 법률의 준수를 요구하므로, 윤리강령 내에서 행동하는 전문직 종사자는 기존 법률을 위반할 가능성이 거의 없다.

---

6 *Code of Ethics and Standards of Professional Conduct* 전문을 보라(http://www.cfapubs.org/ toc/ccb/2014/2014/6).

7 GARP Code of Conduct 서문을 보라(www.garp.org/media/59589/code of conduct0610.pdf).

8 Standards of Best Practice, Conduct & Ethics(2009.9)의 Section 1. Purpose of Professional Standards를 보라(http://www.prmia.org/sites/default/files/references/PRMIA_Standards_of_ Best _Practice_Conduct_Ethics_4_1.pdf).

9 *Code of Ethics and Standards of Professional Conduct*에 있는 The Code of Ethics를 보라(http://cfapubs.org/doi/pdf/10.2469/ccb.v2010.n14.1).

10 GARP Code of Conduct에 있는 Section III, Rules of Conduct를 보라(http://www.garp.org/ media/59589/code of conduct0610.pdf).

11 Standards of Best Practice, Conduct & Ethics(2009.9)에 있는 Section 4, Ethical Behaviour를 보라(http://www.prmia.org/sites/default/files/refereces/PRMIA_Standards_of_Best_ Practice_Conduct_Ethics_4_1.pdf).

1-9 파생상품과 여러분의 진로

파생상품은 흥미로운 연구 주제일 뿐이라고 믿고 싶은 유혹이 있다. 언젠가는 여러분의 개인 투자 포트폴리오를 위해 옵션을 사고 싶을 것이라 생각할 수도 있다. 여러분의 비즈니스 경력에서 파생상품을 접할 일은 거의 없을 것이라고 생각할지도 모르겠다. 그것은 전혀 사실이 아니다.

앞서 언급한 것처럼, 파생상품의 주된 용도는 재무위험 관리에 있다. 기업은 본질적으로 위험에 직면한다. 그 위험 중 일부는 받아들일 수 있다. 사실, 기업은 어떤 유형의 위험을 감수해야 한다. 그렇지 않으면 사업을 해야 할 이유가 없다. 그러나 다른 유형의 위험은 받아들일 수 없으며, 제거할 수 없다면 관리해야 한다. 예를 들어, 어떤 소규모 가구 제조업체는 현행 금리를 반영하도록 주기적으로 조정되는 금리로 은행에서 돈을 빌릴 수 있다. 그 가구업체는 가구시장에서 돈을 버는 사업을 하고 있다. 특히, 이 업체는 금리를 예측하는 일에는 적합하지 않다. 그러나 금리의 상승은 가구 사업에서 이익을 창출할 수 있는 이 업체의 역량을 심각하게 저해할 수 있다. 만약 그 기업이 외국에 제품을 판다면, 상당한 외환위험에 직면할 수 있다. 틀림없이 그러겠지만, 구입하는 원자재와 소비하는 에너지의 미래 가격이 불확실하다면, 그 기업은 추가적인 위험에 직면하게 되며, 이 모두는 주된 사업 분야에서의 성공을 저해할 가능성이 있다.

불과 몇 년 전만 해도 소규모 기업이 금리나 외환 위험을 관리하기 위해 파생상품을 사용할 것으로 기대되지 않았고, 사용하길 원했어도 그렇게 할 수가 없었다. 최소 거래 규모가 너무 컸다. 시대가 바뀌었고, 이제 소규모 기업들은 파생상품을 더 많이 사용할 수 있다.

여러분이 투자관리 경력을 시작하게 된다면, 반드시 파생상품을 접하게 될 것이다. 정부 자산을 관리하는 공직자들은 수많은 파생상품 앱(applications)을 찾고 있다. 실물상품과 에너지를 구매하는 기업 담당자들은 파생상품이 사용되고 있거나 사용될 수 있는 상황에 직면하게 될 것이다. 요컨대, 파생상품은 일상화되고 있으며, 가까운 미래에는 더욱 그렇게 될 것이다.

파생상품에 관한 강좌를 듣고(거나) 이 책을 읽음으로써, 여러분은 회사의 가장 핵심에 있는 주제인 위험의 특성과 관리를 이해하는데 필요한 수단을 얻는 첫걸음을 내딛는 것이다.

1-10 파생상품에 관한 정보의 출처

오늘날의 금융시스템에서 파생상품시장은 쉽게 눈에 띄므로 주식 및 채권시장을 다루는 거의 모든 출판물이 파생상품에 관한 내용을 일부 포함하고 있다. 많은 기업과 정부 기관이 다양한 전문 무역 간행물, 학술 및 전문 저널, 인터넷 사이트를 제공한다. 저자들은 이러한 링크들 중 많은 링크뿐만 아니라 다른 사람들이 관리하고 있는 링크 모음에 대한 링크를 포함하는 웹사이트를 관리하고 있다. 이 책의 웹사이트에 있는 “Author Updates” 링크를 통해 사이트에 접속하라: **www.cengagebrain.com**을 방문하여 ISBN 9781305104969를 검색한 후 학생 제품 지원 웹사이트에 접속하라.

1–11 책 개요

이 판의 새로운 특징을 포함하여 책에 대한 간략한 개요를 여기에 제공한다.

1–11a 책의 구성

이 책은 크게 두 부분으로 구성되어 있다. 먼저, 서론 장에서는 책의 주제에 대한 개요를 제공한다. 2장에서는 파생상품시장과 상품에 대한 개요를 제공한다. 그런 다음, 3~7장으로 구성된 I부에서는 옵션을 다룬다. 3장에서는 옵션가격결정의 기본 원리를 제시한다. 이러한 원리를 흔히 경계조건이라고 하며, 이를 기본적이라고 생각하는 경향이 있지만 그럼에도 불구하고 상당히 어렵다. 4장에서는 옵션가격결정을 위한 단순 이항모형을 제시한다. 5장은 옵션가격결정을 위한 최고의 도구이자 1997년에 노벨상을 수상한 Black–Scholes–Merton 모형을 다루고 있다. 6장과 7장은 옵션거래 전략을 다룬다.

II부에서는 선도, 선물, 스왑을 다룬다. 8장에서는 선도, 선물 및 선물계약에 기초한 옵션의 가격결정 원리를 제시한다. 9장에서는 선물가격의 주요 결정 요인인 선물차익거래 전략을 다룬다. 10장에서는 다양한 선물거래 전략을 다룬다.

1–11b 책의 주요 특징

이 책의 주요 특징은 다음과 같다.

- 이론의 실제 적용에 대한 강조; 모든 아이디어와 개념은 명확한 삽화와 함께 제공된다. 여러분은 현실 세계와의 접촉을 결코 잃지 않는다.
- 최소한의 전문적인 수학 사용. 금융파생상품은 불가피하게 전문적인 과목이지만, 이 수준에서 자료를 학습하는 데 미적분학이 반드시 필요한 것은 아니다. (참고: 부록에 일부 미적분이 사용되지만 해당 자료를 이해하는 데 필수적인 것은 아니다.)
- 전략과 가격결정에 대한 균형 잡힌 강조.
- 삽화의 자유로운 사용. 이 책에는 120개 이상의 그림이 포함되어 있으며 약 100개의 표가 지원된다.
- 두 그룹으로 구성된 문제. ‘개념 확인’에서 정답은 책의 말미에 제공된다. ‘질문 및 문제’에서 정답은 출판사 웹사이트에 디지털 형식으로 제공된다. 각 장에 추가 문제가 추가되었다.

- 여러분의 기량을 시험할 수 있는 75개 이상의 개념 확인 질문과 문제 (학생들이 자신의 이해도를 확인할 수 있도록 장의 소제목에 대한 중요 해답이 부록 A에 제공된다.)
- 이 책을 채택한 강사에게는 450개 이상의 객관식 문제와 450개 이상의 참/거짓 문제가 제공된다.
- 여러분의 기량을 시험할 수 있는 추가적인 375개의 장의 말미에 있는 질문 및 문제(채택 강사는 장의 소제목에 대한 중요 해답을 사용할 수 있음)
- 200개 이상의 여백 노트. 핵심 요점에 대한 이러한 짧은 요약(몇 문장)은 이 책 전체에서 찾아볼 수 있다.
- 핵심 용어. 각 장의 끝에는 다음 장으로 넘어가기 전에 정의할 수 있어야 하는 중요한 용어 목록이 있다. 이 책에는 각 장에서 굵은 글씨로 표시된 단어에 해당하는 약 400개의 핵심 용어가 포함되어 있다. 이들 중요 핵심 용어는 이 업계에서 어휘를 쌓는 데 도움이 될 것이다.
- 각 장을 시작하는 인용문. 입문 학생이 이러한 인용문 뒤에 숨겨진 의미를 항상 이해하지는 못할 수도 있지만 모든 인용문은 해당 장의 주제와 관련이 있다. 인용된 개별 저자는 다양한 그룹이지만 대부분은 해당 분야의 실무자이다.
- 박스형 삽입물의 자유로운 사용, 연결하기(Making the Connection)는 파생상품 및 위험관리 이론과 실제 간의 더 나은 연결을 확립하도록 고안되었다.
- 이 책에서 다루는 것보다 한 단계 더 나아간 온라인 유도 및 증명을 제공하는 Technical Notes. 이를 통해 강사는 더 고급 수준의 자료를 쉽게 배정할 수 있으며, 특정 학생들은 더 높은 수준을 학습할 수 있다. 이 항목의 수는 9판보다 증가했다. 이제 전 장에 20개 이상의 Technical Notes 참조가 포함되어 있으며, 이를 통해 다른 사람들의 주의를 산만하게 하지 않으면서 책의 주제를 더 깊이 탐구하려는 교수진과 학생들이 더 복잡한 자료를 이용할 수 있다.
- 3장의 '개념 확인'에는 이 책의 웹사이트 **www.cengagebrain.com**(ISBN 9781305104969를 검색)에서 이용할 수 있는 옵션가격결정 원리에 대한 자세한 설명으로 독자를 안내하는 질문이 포함되어 있다. 이 프레젠테이션(presentation)은 중요한 옵션가격결정원리의 많은 부분에 대해 시각적이고 역동적인 설명을 제공한다.
- 다운로드 가능한 소프트웨어. 제품 지원 웹사이트 **www.cengagebrain.com**(ISBN 9781305104969를 검색)에는 다운로드할 수 있는 Excel 스프레드시트가 포함되어 있다. 책 전체에 걸쳐 소프트웨어 데모 부분에는 소프트웨어 사용 방법에 대한 삽화가 포함되어 있다.
- '개념 확인'에 대한 공식, 참조 및 해답 목록이 포함된 부록.
- 수백 개의 용어를 정의하는 용어집.

- 포괄적인 색인.
- 이 책을 채택한 강사가 사용할 수 있는 PowerPoint 프레젠테이션. 재무 교과서와 함께 제공된 다른 PowerPoint 프레젠테이션 중 일부는 대부분 개요이다. 그러나 이 책의 프레젠테이션에는 훨씬 더 자세한 내용이 포함되어 있으며 제품 지원 웹사이트에서 이용할 수 있다.
- 장의 끝에 있는 질문 및 문제에 대한 해답과 참-거짓 및 객관식 문제에 대한 정답. 이러한 항목은 출판사 웹사이트에서 디지털 형식으로 제공된다.
- PowerPoint 슬라이드, Excel 스프레드시트 및 관련 인터넷 사이트에 대한 링크가 포함된 웹사이트 **www.cengagebrain.com**(ISBN 9781305104969를 검색). 이 사이트는 또한 전자 버전의 해답에 대한 제한된 접근을 제공한다. 또한 사이트에는 업데이트된 정보와 정오표가 포함되어 있다. 그렇다. 이 책에는 약간의 오류가 있을 수 있지만 최소한 오류에 대해 기꺼이 알려주고자 한다.
- 마지막으로 이 장의 뒷부분에서 논의된 '인생에서 위험을 감수하기'라는 새로운 특징이다.

이 책에서 우리의 초점은 이론이 실제로 작동하도록 하는 것이다. 모든 사항이 가능한 한 실제 상황을 사용하여 설명된다. 전략이 다루어질 때, 독자들은 이론을 배우고, 무슨 일이 일어나고 있는지 설명하는 대수 방정식을 검토하며, 표나 그래프를 사용하여 그 결과를 관찰한다.

1-11c 10판의 특정 새로운 특징

이전 판에 익숙한 독자들에게 다음은 새로운 특징이다.

- 최신 시장 데이터 참조, 웹사이트 및 규제기관의 업데이트.
- 파생상품 및 위험관리 분야의 급변하는 특성을 반영하기 위해 모든 자료의 일반적인 업데이트.
- 금융 파생상품 거래소의 급변하는 소유 구조와 함께 현재의 소유 구조를 반영하는 업데이트된 참조.
- 업데이트되고 개선된 스프레드시트 소프트웨어.
- 2장에서는 최근의 몇 가지 변화를 반영한 파생상품시장 구조를 한 곳에서 설명한다. 옵션(2장)과 선도 및 선물(8장)을 다룬 이전 판의 2장과 8장을 통합한 것이다. 이러한 변화는 이들 시장이 다양한 상품에 대해 세분화된 시장이 아닌 전체로서 파생상품에 대한 단일 시장으로 점차 통합되고 있는 것을 반영한다.
- '인생에서 위험을 감수하기'라는 7개의 새로운 특징이 책 전체에 산재되어 있어 학생들이 인생에서 직면하는 다양한 위험을 더 잘 이해할 수 있도록 돕는다.

1-11d 책의 사용

이 책(그리고 대부분의 재무 교과서)을 사용하는 이상적인 방법은 두 학기 과정이다. 전체 학년도는 엄청난 속도로 비행하지 않고도 해당 주제를 다룰 수 있는 훌륭한 기회를 제공한다. 각 학기는 8개 장으로 구성될 수 있으며, 퀴즈, 시험, 그리고 비디오 시청 또는 거래 연습과 같은 다른 수업 활동에 일부 시간을 할애할 수 있다. 그러나 이 책이 한 학기 과정에만 사용되는 경우, 강사는 장을 까다롭게 고를 수 있을 만큼 충분히 유연한 자료를 찾아야 한다. 그러나 한 학기 과정은 나타난 순서대로 장을 포함하는 경향이 있다.

주요 독자는 대학 수준의 학부생이지만 이 책은 일부 명문 대학의 MBA 프로그램을 포함하여 MBA 수준에서 널리 사용되어 왔다. 강사들은 주저하지 말고 이 책을 MBA 과정에 적용해야 한다. 이 책은 기업 교육 프로그램에서도 사용되었다.

연습문제

1. 잘 작동하는 금융시장에 대한 세 가지 전제를 밝히시오.

2. 효율적 시장이란 무엇인가? 왜 효율적 시장이 사회에 이익이 되는가?

3. 차익거래와 일물일가의 법칙을 정의하시오. 이들은 미국의 시장 시스템에서 어떤 역할을 하는가? 자산의 "단일 가격"을 무엇이라고 하는가?

4. 당신이 새 자동차를 쇼핑한다고 가정하자. 당신은 두 딜러에서 같은 차를 찾았지만 가격은 다르다. 일물일가의 법칙을 위반한 것인가? 왜 그런가 또는 왜 그렇지 않은가?

5. 보관(storage)이란 무엇인가? 그것은 왜 위험한가? 그것은 경제에서 어떤 역할을 하는가?

6. 인도(delivery)로 끝나는 선물계약이 적다면, 왜 인도가 중요한가?

7. 경제에서 파생상품시장의 주요 기능은 무엇인가?

8. 투기가 논란이 되는 이유는 무엇인가? 그것은 도박과 어떻게 다른가?

9. 파생상품이 오용될 수 있는 세 가지 방법은 무엇인가?

10. 당신이 우주 공간의 문명을 방문할 기회가 있다고 가정하자. 그 사회는 지금 미국 사회와 거의 같은 발전 단계에 있다. 경제 시스템은 미국과 거의 동일하지만 파생상품 거래는 불법이다. 이 경제를 미국경제와 비교하고 대조하되, 미국경제에 파생상품시장이 있기 때문에 생기는 차이를 강조하시오.

11. 달러 수익과 백분율 수익을 대조하시오. 투자를 비교할 때 어떤 수익이 더 유용한지 꼭 밝히시오.

12. 옵션 딜러는 유가증권 구매에 자금을 조달해야 하고 미국의 단기 재무부 채권 재고를 보유하고 있다. 이 딜러가 유가증권 구매 자금을 조달하기 위해 환매조건부채권(repo) 시장을 어떻게 사용할 수 있는지 설명하시오.

13. 옵션과 선도계약을 비교하고 대조하시오.

14. 모든 파생상품은 어떤 것의 무작위 성과를 기초로 한다. 이 "어떤 것"을 파악하고 논의하시오.

15. 두 당사자가 현금흐름을 교환하기로 동의하면, 어떤 계약을 활용하는가? 이 거래는 어떻게 진행될 수 있는가?

16. 당신이 동일한 가능성이 있는 세 가지 결과로 구성된 기회에 직면해 있다고 가정하자. 첫 번째 결과가 발생하면 $10를 받는다. 두 번째 결과가 발생하면 돈을 받지 못한다. 세 번째 결과가 발생하면 $1를 지불해야 한다. 당신이 위험중립적인 것으로 특징지어질 수 있다면, 이 위험을 감수하기 위해 얼마를 지불하겠는가? 이 기회에 대해 더 혹은 덜 지불할 의향이 있는가? 설명하시오.

17. 개인이 주가 하락을 예상한다면 이익을 얻기 위해 어떻게 주식을 공매도할 것인가? 그의 공매도 포지션이 어떻게 부채를 만드는가?

18. 파생상품시장이 제공하는 운영상의 이점 세 가지를 설명하시오.

19. 사람들이 재무 경력을 관리하는 방법을 통제하는 데 있어서 직무 윤리강령은 어떤 역할을 하는가?

더 읽어볼 거리

다음의 자료는 전문적이지 않은 방법으로 파생상품을 다루거나 파생상품 세계에 대한 흥미 있는 통찰을 제공한다:

Boyle, P., and F. Boyle. *Derivatives: The Tools ThatChanged Finance*. London: Risk Books, 2001.

Brooks, R. "The Life Cycle View of Enterprise Risk Management: The Case of Southwest Airlines Jet Fuel Hedging," *Journal of Financial Education* 38 (Fall/Winter 2012): 11–23.

Chance, D. M. *Essays in Derivatives: Risk–Transfer Tools and Topics Made Easy*. Hoboken, NJ: John Wiley & Sons, 2008.

Derman, E. *My Life as a Quant: Reflections on Physics and Finance*. New York: Wiley, 2004.

Durbin, M. *All about Derivatives*. New York: McGraw– Hill, 2005.

Fenton–O'Creevy, M., N. Nicholson, E. Soane, and P. Willman. *Traders Risks, Decisions, and Management in Financial Markets*. Oxford: Oxford University Press, 2005.

Johnson, P. M. *Derivatives: A Manager's Guide to the World's Most Powerful Financial Instruments*. New York: McGraw–Hill, 1999.

Klein, R. A., and J. Lederman. *Derivatives Risk and Responsibility*. Chicago: Irwin, 1996.

Lindsey, R. R., and B. Schachter. *How I Became a Quant: Insights from 25 of Wall Street's Elite*. New York: Wiley, 2007

MacKenzie, D. *An Engine, Not a Camera: How Financial Models Shape Markets*. Cambridge, MA: The MIT Press, 2006.

McLaughlin, R.M. *Over–the–Counter Derivative Products: A Guide to Business and Legal Risk Management and Documentation*. New York: McGraw–Hill, 1999.

Mehrling, P. *Fischer Black and the Revolutionary Idea of Finance*. New York: Wiley, 2005.

Modern Risk Management: A History. London: Risk Books, 2003.

Osband, K. *Pandora's Box: Uncertainty at the Core of Finance*. New York: Columbia University Press, 2011.

Patterson, S. *The Quants: How a New Breed of Math Whizzes Conquered Wall Street and Nearly Destroyed It*. New York: Crown, 2010.

Schwager, J. D. *The New Market Wizards: Conversations with Americas Top Traders*. New York: Collins Business, 2005.

Taleb, N. N. *Antifragile: Things That Gain from Disorder*. New York: Random House, 2012.

Taleb, N. N. *The Black Swan: The Impact of the Highly Improbable*. New York: Random House, 2007.

Taleb, N. N. *Fooled by Randomness: The Hidden Role of Chance in the Markets and in Life*. New York: Texere, 2001.

Weatherall, J. O. *The Physics of Wall Street*. Boston: Houghton Mifflin Harcourt, 2013.

부록 B는 도서, 논문, 기타 자료와 같은 좀 더 광범위한 참고문헌을 포함하고 있으며, 이 책의 동반 사이트에 있다. 접속하려면, www.cengagebrain.com을 방문하여 ISBN 9781305104969를 검색한 후 "Free Materials", "Access Now" 탭을 차례로 클릭하라.

2장

이 장의 목표

- 풋 및 콜옵션, 선도, 선물 및 스왑을 정의하고 예시를 제공한다.
- 파생상품시장의 기원과 발전을 검토한다.
- 장내파생상품과 장외파생상품의 특성을 살펴본다.
- 파생상품거래의 청산 및 결제 프로세스를 논의한다.
- 파생상품시장에서 다양한 유형의 참여자를 알아본다.
- 파생상품거래의 기본적인 거래비용과 세무상 고려사항들을 살펴본다.
- 파생상품의 근본적인 규제 이슈들을 조사한다.

파생상품시장의 구조

"파생상품을 이해하는 열쇠는 그 기초가 되는 모든 것을 더 깊이 이해하는 것이다."

Morgan Stanley Dean Witter

Advertisement in Derivatives Strategy, October 1997, p. 15

1장에서는 파생상품의 개념을 소개하였다. 파생상품은 한 당사자가 다른 당사자에게 금전을 지불하는 두 당사자 간 금융계약으로, 그 지불금은 기초물이라고 하는 다른 요인에 의해 결정된다. 파생상품은 그 가치를 다른 것으로부터, 특히 기초물로부터 이끌어낸다(derive)고 한다. 우리는 파생상품의 정의와 기본적인 특성에 대해 간략한 소개를 접하였다. 이제 파생상품에 대해 좀 더 자세히 살펴보고 파생상품시장과 파생상품거래의 특징에 대해 알아볼 것이다.

2-1 파생상품의 종류

언급한 바와 같이 파생상품에는 두 당사자가 있다. 그들은 일반적으로 매입자(buyer)와 매도자(seller)로 식별되며, 매도자는 때때로 발행자(writer)라고도 한다. 매입자는 'long'이라고 하며, 때로는 'the long'이라고도 한다. 매도자는 'short'이라고 하며, 때로는 'the short'이라고도 한다. 매입자와 매도자는 때때로 서로에 대한 거래상대방(counterparties)으로 언급되기도 한다. 따라서 매입자의 입장에서는 거래상대방이 매도자이고, 매도자의 입장에서는 거래상대방이 매입자이다. 파생상품이라고 하는 상품에는 옵션, 선도, 선물, 스왑과 이들의 다양한 조합, 그리고 파생상품이 내재된 금융상품이 포함된다는 것을 배웠다. 우리의 초점은 주요 파생상품인 옵션, 선도, 선물 및 스왑에 있다. 먼저 옵션을 살펴보자.

2-1a 옵션

우리는 옵션(option)의 개념을 어떤 고정된 가격에 기초물을 사거나 팔 수 있는 권리를 매입자가 매도자로부터 구입하는 두 당사자 간 계약으로 소개하였다. 모든 계약에서와 마찬가지로, 각 당사자는 상대방에게 무언가를 부여한다. 옵션 매입자는 매도자에게 **프리미엄(premium)**이라고 하는 수수료를 지불하는데, 그것은 옵션의 가격이며 때로는 옵션의 가치라고도 한다. 나중에 선도, 선물, 스왑에 대해서는 가격과 가치를 명확히 구분할 것이다. 옵션 발행자는 매입자에게 고정된 가격으로 기초물을 사거나 팔 수 있는 권리를 부여한다.

살 수 있는 권리는 **콜옵션(call option)**이다. 팔 수 있는 권리는 **풋옵션(put option)**이다. 옵션 매입자가 기초물을 사거나 팔 수 있는 고정된 가격은 **행사가격(exercise price, strike price, striking price, strike)**이라고 한다. 또한 옵션은 수명이 정해져 있다. 고정된 가격으로 기초물을 사거나 팔 수 있는 권리는 지정된 **만기일(expiration date)**까지 존재한다. 콜옵션을 사용하여 기초물을 사거나 풋옵션을 사용하여 기초물을 파는 과정을 옵션 **행사(exercise)**라고 한다.

다양한 유형의 기초물에 대한 옵션이 존재하지만, 지금은 보통주(common stocks)에 기초한 옵션에 집중할 것이다.[1] 다음의 예를 고려해보자. 2014년 4월 29일, 몇몇 거래소들이 $40.72에 매도되고 있던 마이크로소프트(Microsoft) 주식에 기초한 옵션을 제공하였다. 한 특정 콜옵션은 행사가격이 $43이고 만기일이 2014년 6월 21일이었다. 이 옵션의 매입자는 6월 21일까지 언제든지 주당 $43에 그 주식을 살 수 있는 권리를 받게 된다. 그러므로 해당 옵션의 발행자는 6월 21일까지 매입자가 원할 때는 언제든지 주당 $43에 그 주식을 팔아야 할 의무가 있다. 이 특권을 위해 옵션 매입자는 발행자에게 $0.33의 프리미엄 또는 가격을 지불한다.

콜옵션은 매입자에게 특정 조건 하에서 기초물을 살 수 있는 권리를 부여하는 반면, 풋옵션은 매입자에게 특정 조건 하에서 기초물을 팔 수 있는 권리를 부여한다.

두 당사자는 왜 콜옵션 계약을 체결했을까? 그 주식은 시장에서 $43의 행사가격보다 낮은 $40.72에 살 수 있기 때문에, 콜옵션 매입자가 옵션을 즉시 행사하려고 그렇게 하지는 않았을 것이다. 콜옵션 매입자는 옵션 만기 전에 주가가 $43보다 높이 오를 것으로 예상했을 것이다. 그렇지 않으면, 옵션의 행사를 기대하지 않았을 것이고, 따라서 옵션을 살 이유가 없었을 것이

1 1장에서 언급한 것처럼, 파생상품은 자산뿐만 아니라 자산으로 간주되지 않은 금리, 선물계약, 날씨를 기초로도 만들어진다. 따라서 업계에서는 보통 파생상품이 기초로 하는 어떤 것을 나타내기 위해 기초물(underlying)이란 용어를 사용한다.

다. 반대로, 콜옵션 발행자는 옵션의 만기 전에 주가가 $43를 넘지 않을 것으로 예상했다. 그는 콜옵션이 행사되지 않기를 바라고 있다. 거래가 이 가격에 이루어지면, 프리미엄 $0.33는 6월 21일까지 주가가 $43보다 높아진다는 것에 콜옵션 매입자가 베팅한 돈으로 볼 수 있다.[2] 그러나 투기하는 대신, 콜옵션 매입자 및/또는 발행자는 주식이나 다른 파생상품의 포지션을 보호하기 위해 옵션을 활용했을 수 있다. 이는 헤징(hedging)이라고 하는 전략으로 이 책의 뒷부분에서 자세히 살펴볼 것이다.

콜옵션을 매입한 직후 주가가 상승했다고 가정해보자. 행사가격이 일정하기 때문에 이제 콜옵션의 가치는 더 높아진다: 콜옵션으로 고정된 가격에 기초물을 살 수 있고, 기초물은 이제 더 높은 가치가 있다. 따라서 같은 조건의 새로운 콜옵션은 더 높은 프리미엄에 팔릴 것이다. 그러므로 같은 만기와 행사가격을 가진 이전의 콜옵션도 더 높은 프리미엄에 팔려야 한다. 마찬가지로, 만약 주가가 하락한다면 콜옵션가격도 떨어질 것이다. 분명히 콜옵션 매입자는 주식에 대해 강세를 예상하고 있다.

주가가 행사가격을 초과하는 콜옵션은 **내가격(in-the-money)** 상태에 있다고 말한다. 3장에서 보겠지만, 내가격 콜옵션이라고 해서 만기 전에 꼭 행사될 필요는 없다. 주가가 행사가격보다 낮으면, 그 콜옵션은 **외가격(out-of-the-money)** 상태에 있다고 말한다. 외가격 콜옵션은 절대 행사되어서는 안 된다. 내가격 콜옵션은 행사될 수도 있으나, 나중에 더 깊은 내가격 상태가 될 때까지 보유하는 것이 더 나을 수도 있다. 주가가 행사가격과 같으면, 그 옵션은 **등가격(at-the-money)** 상태에 있다. 이러한 내용들은 3장에서 더 자세히 살펴볼 것이다.

풋옵션은 기초물을 팔 수 있는 권리이다. 2014년 4월 29일, 행사가격이 주당 $43이고 만기일이 2014년 6월 21일인 마이크로소프트 주식에 기초한 풋옵션을 고려해 보자. 이 풋옵션 보유자는 6월 21일까지 언제든지 주당 $43에 주식을 팔 수 있다. 언급한 바와 같이, 그 주식은 $40.72에 판매되고 있었다. 그러므로 풋옵션 보유자는 옵션을 행사해서 주식을 주당 $43에 옵션 발행자에게 팔 수도 있었다. 그러나 풋옵션 보유자는 주가가 행사가격 아래로 더 떨어지는지 기다려 보는 것을 선호할 수도 있다. 풋옵션 매입자는 주가가 하락할 것으로 예상하는 반면, 발행자는 주가가 그대로 유지되거나 오를 것으로 예상한다.

그 풋옵션에 대한 프리미엄은 $2.91였으며, 옵션 매입자가 매도자에게 지불했을 것이다. 이 풋옵션 프리미엄은 6월 21일까지 주가가 $43보다 높이 오르지 않는다는 것에 풋옵션 매입자가 베팅한 돈으로 볼 수 있다. 이 프리미엄은 6월 21일까지 언제든지 주당 $43에 주식을 매입하려는 용의에 대한 공정한 보상으로 간주되기 때문에 풋옵션 발행자는 그것을 받으려 한다. 콜옵션의 경우와 마찬가지로, 풋옵션 매입자나 발행자 또는 둘 다 주식이나 다른 파생상품의 포지션을 헤지(hedge)하기 위해 풋옵션을 사용할 수도 있다.

풋옵션 보유자는 고정된 가격에 주식을 팔 수 있으므로, 주가가 하락하면 풋옵션의 가치는 더 높아진다: 그는 고정된 가격에 주식을 팔 수 있는 권리가 있고, 주식은 이제 더 낮은 가

2 6장에서 살펴보겠지만, 콜옵션 매입자가 이익을 내기 위해서는 기초물의 가격이 최소한 프리미엄만큼 행사가격을 초과해야 한다.

격에 판매되고 있다. 반대로, 만약 주가가 오르면, 풋옵션의 가치는 떨어진다. 풋옵션 매입자는 그 주식에 대해 약세를 예상하고 있는 것이 분명하다.

주가가 행사가격보다 낮으면, 풋옵션은 내가격 상태에 있다고 한다. 3장에서 내가격 풋옵션을 만기 전에 행사하는 것이 항상 그렇지는 않지만 최적인 경우가 있음을 보게 될 것이다. 풋옵션 보유자는 풋옵션이 더 깊은 내가격 상태가 되는지 기다려 볼 수도 있다. 주가가 행사가격보다 높으면, 풋옵션은 외가격 상태에 있다. 외가격 풋옵션은 행사되어서는 안 된다. 주가가 행사가격과 같을 때, 풋옵션은 등가격 상태에 있다.

옵션의 주된 행사방식은 두 가지이다: 미국식과 유럽식.[3] 미국식 옵션은 만기 이전에 언제든지 행사될 수 있다. 유럽식 옵션은 만기가 되었을 때만 행사될 수 있다. 이 용어들은 옵션이 만들어지거나 거래되는 장소와는 아무런 관련이 없다. 단지 행사방식에 붙여진 이름들일 뿐이다.[4] 옵션은 종종 미국식 콜, 미국식 풋, 유럽식 콜, 유럽식 풋으로 불리게 된다.

미국식 옵션은 만기 이전에 언제든지 행사될 수 있는 반면, 유럽식 옵션은 만기가 되었을 때만 행사될 수 있다.

2-1b 선도계약

주가가 $40.72인 마이크로소프트의 예에서, 6월 21일까지 $43에 그 주식을 살 수 있는 콜옵션을 $0.33에 살 수 있다고 언급하였다. 또는 6월 21일까지 $43에 그 주식을 팔 수 있는 풋옵션을 $2.91에 살 수 있다. 두 상품 모두 옵션을 행사할 권리를 제공하지만 의무를 부여하지는 않는다. 만기까지 주가가 $43 아래로 떨어진다면, 콜옵션 매입자는 옵션을 행사하지 않고 만기를 맞도록 내버려 둘 것이다. 만기까지 주가가 $43보다 높이 오른다면, 풋옵션 매입자는 옵션을 행사하지 않고 만기를 맞도록 내버려 둘 것이다. 각각의 경우에 옵션을 행사하는 것보다 시장에서 더 좋은 가격을 얻을 수 있다.

선도계약(forward contracts)은 권리의 개념을 생략하고 그것을 의무의 개념으로 대체한다. 선도계약은 각 당사자가 미래 특정일에 고정된 가격으로 거래하기로 약속하는 두 당사자 간 합의이다. 두 당사자인 매입자와 매도자는 단순히 만기일에 기초물을 돈과 교환하는 것에 합의한다. 마이크로소프트의 예를 사용하자면, 두 당사자는 6월 21일에 매입자가 매노자로부터 주식을 $41에 사는 것에 합의할 수 있다. $41의 금액을 **선도가격(forward price)**이라 하며 옵션의 행사가격과 어느 정도 유사하다. 그러나 매우 중요한 점은 옵션과 달리 일반적으로 거래가 시작될 때 돈이 오가지 않는다는 것이다. $41의 금액은 매입자가 매도자에게 진 의무의 가치와 매도자가 매입자에게 진 의무의 가치가 정확히 일치하는 고유한 가격이다. 이 가치가 어떻게 도출되는지는 8장에서 살펴볼 것이다.

선도계약은 각 당사자가 미래 특정일에 고정된 가격으로 거래하기로 약속하는 두 당사자 간 합의이다.

이제 당신이 행사가격이 $43인 콜옵션을 매입하고 행사가격이 $43인 풋옵션을 매도했다면, 사실상 당신은 주식을 $43에 사야 한다. 즉, 옵션 만기에 주가가 $43보다 높다면, 당신은

3 이러한 특성은 때때로 "미국식(American style)"과 "유럽식(European style)"으로 언급된다.

4 이 이름들이 어떻게 생겨났는지는 알려져 있지 않다. 아마도 프렌치 프라이(French fries), 이탈리안 드레싱(Italian dressing), 캐나다식 베이컨(Canadian bacon), 독일식 초콜릿 케이크(German chocolate cake)처럼 생각하면 될 것 같다. 이들은 이름이 이러한 음식과 관련된 국가에 대해 아무것도 의미하지 않는다.

콜옵션을 행사하여 $43에 주식을 살 것이다. 옵션 만기에 주가가 $43보다 낮다면, 풋옵션을 매입했던 당사자가 옵션을 행사하여 당신에게 $43에 주식을 팔 것이다. 따라서 두 경우 모두 만기 시 당신은 $43에 주식을 사게 될 것이다. 이 합의는 콜옵션에 대해 $0.33를 지불하고 풋옵션에 대해 $2.91를 받는 결과를 낳고, 당신은 $2.58의 현금 순유입(net inflow)을 얻게 될 것이다. 이제 서로 다른 옵션을 사고팔면서 행사가격을 조금 변경하면 어떻게 될까? 행사가격이 $41인 콜옵션이 행사가격이 $41인 풋옵션과 동일한 프리미엄을 갖는다고 가정해보자. 그렇다면, 프리미엄이 상쇄됨에 따라 순현금 유출이나 순현금 유입이 없을 것이다. 그러나 옵션을 거래하는 대신 한 당사자가 6월 21일에 다른 당사자로부터 주식을 $41에 사는 것에 합의했다고 가정해보자. 이 경우 우리는 방금 선도계약을 체결한 것이다.

따라서 선도계약은 콜옵션 프리미엄과 풋옵션 프리미엄이 동일한 특별한 가격에 콜옵션을 매입하고 풋옵션을 매도한 것과 같다. 이런 이슈들에 대해서는 나중에 더 자세히 공부하게 될 것이다. 다만, 지금은 선도계약이 각 당사자에게 만기에 선도가격으로 기초물을 사고 팔도록 의무화한다는 점을 알아야 한다. 또한 옵션을 특정 방법으로 결합하면 옵션을 사용하여 같은 결과를 얻을 수 있다는 점도 알아야 한다.

2-1c 선물계약

선물계약(futures contracts)은 선도계약과 매우 유사하지만 몇 가지 중요한 특징이 추가된다. 선도계약은 일반적으로 두 당사자 간에 맞춤화된다. 두 당사자는 가격을 제외한 모든 조건에 합의한다. 또한 서로를 신뢰해야 한다. 마이크로소프트의 예에서 선도가격이 $41인 경우 매입자는 $41에 주식을 사야 하고 매도자는 $41에 주식을 팔아야 한다. 만기일이 도래했을 때, 한 당사자가 의무를 다하지 못하면 어떻게 되는가? 선도계약이라면, 그 당사자는 채무를 불이행하는 것이 되는데, 이것은 대출금을 갚지 못한 것과 같다. 돈을 받아야 하는 당사자는 다른 채권자보다 나을 게 없다. 파산절차를 통해 차례를 기다려야 한다.

선물계약은 본질적으로 계약조건이 표준화된 선도계약을 만들고 선물거래소와 청산소(clearinghouse) 조직 내에서 이러한 계약을 실행함으로써 이 문제를 해결한다. 표준화(standardization)는 선물거래소가 선물거래의 기초자산과 허용되는 계약 만기일 및 기타 특정 조건을 지정하는 것을 의미한다. 그러나 거래소는 당사자들이 거래하는 가격을 지정하지는 않는다. 협상과정에서 매입자와 매도자는 선물가격에 합의한다. 나중에 우리는 선도가격과 선물가격이 다를 수 있지만, 두 가격이 매우 밀접하며 사실상 같을 수조차도 있다는 점을 공부할 것이다.

선물거래소는 이런 유형의 계약을 표준화함으로써 매입자와 매도자 간에 계약이 거래되고, 따라서 유동성이 있는 시장을 조성한다. 유동성이란 계약이 비교적 쉽게 매매된다는 의미이다. 예를 들어, 어떤 당사자는 마이크로소프트 주식에 기초한 선물을 $41에 매입해서 다른 가격에 다시 매도할 수 있다. 여기서 $41를 **선물가격**이라고 한다. 선물거래소는 모든 매도자에 대해 매입자가 있고 모든 매입자에 대하여 매도자가 있을 것임을 보장한다. 그러나 거래소가 가격을 보장하는 것은 아니며, 거래자들은 분명히 가격변동 위험에 노출된다. 이 주제는 이 책의 뒷부분에서 많은 시간을 할애하여 논의할 것이다.

앞서 언급한 것처럼, 선도계약은 한 당사자가 다른 당사자에게 채무를 불이행하는 결과를 초래할 수 있다. 선물계약에는 신용보증이 있으며, 이것은 한 당사자가 다른 당사자로부터 돈을 벌었을 때 돈을 받는 것에 대해 걱정할 필요가 없다는 의미이다. 만약 한 당사자가 채무를 불이행한다면, 선물거래소는 청산소를 통해 돈을 받아야 하는 당사자에게 돈을 지불한다. 선물거래소와 청산소는 증거금계정(margin account)이라고 하는 특별계정에 거래당사자들이 자금을 유지하도록 요구함으로써 이를 수행할 수 있다. 매일매일 청산소는 돈을 잃은 당사자의 계좌에 돈을 청구해서 돈을 번 당사자의 계좌에 그 돈을 입금한다. 일일정산(daily settlement)이라고 하는 이 프로세스는 손실이 발생하면 그 즉시 갚아야 한다는 것을 의미한다. 이런 식으로 당사자는 빚을 갚기 전에는 빚더미에 빠질 수 없다. 우리는 이 장의 뒷부분에서 이 프로세스를 자세히 다룰 것이다.

선물계약은 시장성이 있는 선도계약으로, 표준화되고, 거래소에서 거래되며, 청산소에 의해 보증된다.

2-1d 스왑

스왑(swaps)은 두 당사자가 맞춤화한 모든 조건으로 미래 날짜에 거래하기로 하는 확약(firm commitment)이라는 점에서 선도계약과 유사하다. 그러나 스왑은 선도계약의 개념에서 한 발 더 나아간다. 선도계약은 두 당사자가 한 미래 날짜에 단일 거래를 하기로 약속하는 것이다. 스왑은 두 당사자가 여러 지정된 미래 날짜들에 일련의 거래를 하기로 약속하는 것이다. 스왑은 종종 두 당사자가 일련의 현금흐름을 교환하기로 하는 합의로 정의된다. 그러나 더 정확하게는 두 당사자가 일련의 거래에 참여하고 있다.

마이크로소프트의 예를 계속해보면, 두 당사자는 일련의 지정된 미래 날짜들에 한 당사자가 다른 당사자에게 $44를 지불하고 다른 당사자는 일련의 미래 날짜들에 마이크로소프트 주가와 동일한 금액을 첫 번째 당사자에게 지불하는데 동의하는 스왑을 체결할 수 있다. 이 합의를 주식스왑(equity swap)이라고 하며, 손익은 일반적으로 한 당사자가 다른 당사자에게 주가와 $44 간 차액을 지급한다는 점에서 현금결제된다. 이런 특징은 이 책의 뒷부분에서 더욱 자세히 살펴볼 것이다. 지금은 다른 유형의 스왑, 즉 가장 일반적인 유형의 스왑인 금리스왑(interest rate swaps)으로 돌아가 보자.

일련의 미래 날짜들에 한 당사자가 다른 당사자에게 합의된 특정 원금에 대해 고정된 이자를 지불하고 다른 당사자는 첫 번째 당사자에게 변동금리에 따라 이자를 지불하기로 두 당사자가 합의한다고 가정해보자. 변동금리는 두 당사자가 합의할 수 있는 어떤 금리라도 되지만, 보통은 잘 알려진 금리이다. 중요한 점은 금리가 유동적이라는 것이며, 이는 금리가 변동한다는 의미이다. 따라서 변동금리는 미래의 마이크로소프트 주가처럼 불확실하다. 그래서 첫 번째 당사자는 두 번째 당사자에게 일련의 고정된 이자를 지불하고, 두 번째 당사자는 첫 번째 당사자에게 일련의 변동 이자를 지불한다. 실제 절차에서는 한 당사자가 다른 당사자에게 두 이자 지불액의 차이를 지불한다.

스왑은 두 당사자가 여러 지정된 미래 날짜들에 일련의 거래를 하기로 약속하는 계약으로, 일반적으로 일련의 현금흐름의 교환을 수반한다.

또한 스왑은 한 당사자가 한 통화로 지불하고 다른 당사자는 다른 통화로 지불하는 외환 이자 지불을 기초로 만들어질 수 있다. 또는 원유나 금과 같은 실물상품의 가격에 따라 결정되는 지불에 기초할 수 있다. 중요한 요소는 적어도 하나의 지불 세트가 불확실해야 한다는 것이다.

2-1e 다른 유형의 파생상품들

옵션, 선도, 선물 및 스왑이 주요 유형의 파생상품들이지만, 더 많은 파생상품들이 있다. 그러나 모든 파생상품은 자산과 파생상품의 결합이거나 기초물이 파생상품인 파생상품들이다. 자산이 파생상품과 결합될 때, 우리는 흔히 파생상품이 자산에 내재되어(embedded) 있다고 말한다. 예를 들어, 수의상환채권(callable bonds)은 발행자가 채권을 조기에 상환할 수 있는 채권으로, 본질적으로 채권에 붙어 있는 콜옵션이다. 수의상환청구채권(puttable bonds)은 보유자가 조기에 채권을 상환할 수 있는 채권으로, 본질적으로 채권에 붙어 있는 풋옵션이다. 전환사채(convertible bonds)는 보유자가 주식으로 전환할 수 있는 채권이다. 이 채권은 본질적으로 회사가 발행한 채권에 붙어 있는 기초주식(underlying stock)에 대한 콜옵션이다. 또한 주가지수와 같은 어떤 다른 자산에 기초한 콜옵션과 결합되어 본질적으로 무위험수익률을 제공하는 채권상품들도 많다. 더욱이 기초물이 파생상품인 파생상품들도 있다. 특히, 나중에 우리는 기초물이 선물이나 스왑인 옵션을 공부할 것이다. 파생상품의 또 다른 주요 유형은 신용파생상품으로, 이는 한 당사자의 의무 불이행 여부에 따라 손익이 결정되는 파생상품이다.

파생상품은 또한 다른 많은 금융상품들이 어떻게 기능하는지를 이해하는데 있어서 역할을 한다. 특히, 나중에 우리는 발행자가 유한책임으로 채무를 불이행할 수 있는 채권은 옵션과 같다는 것을 알게 될 것이다. 파생상품은 또한 기업이 제공할 제품들을 결정할 때 기업의 선택을 이해하는데 유용하다. 예를 들어, 기업이 새로운 제품라인을 출시할지 여부를 분석하는 전통적인 접근방법은 순현재가치(제품으로부터 기대되는 모든 현금흐름, 특히 처음과 이후의 모든 현금투자의 할인된 가치)의 개념을 기반으로 한다. 할인율은 자금을 묶는 비용, 인플레이션 및 투자 위험도를 반영한다. 이 계산된 순현재가치가 양(+)이라면, 기대 현금유입의 현재가치가 기대 현금유출의 현재가치를 초과한다는 것을 의미하며, 이는 일반적으로 기업이 제품을 출시해야 한다는 신호이다. 그러나 이것은 처음에 모든 결정을 내리는 선형분석(linear analysis)이다. 일부 프로젝트는 시작을 지연하거나, 기간을 연장하거나, 규모를 축소 또는 증가시키거나, 조기에 종료할 수 있는 기회를 제공한다. 이러한 결정은 정보가 도착함에 따라 이루어지며, 모든 정보가 처음에 도착하는 것은 아니다. 기업의 투자를 수정할 수 있는 유연성을 **리얼 옵션(real option)**이라고 한다. 리얼 옵션은 기업들에 매우 가치가 있다. 경제적으로 실행 불가능할 수도 있는 프로젝트를 실행 가능하게 만들 수 있다. 전통적인 옵션의 가치평가 방법에 관한 지식은 리얼 옵션의 가치를 이해하는 데 큰 도움이 된다. 이 책에서는 리얼 옵션은 다루지 않을 것이지만, 전통적인 옵션의 가치평가는 분명히 다룰 것이며, 이 내용은 나중에 리얼 옵션을 접할 때 도움이 될 것이다.

2-2 파생상품시장의 기원과 발전

오늘날의 파생상품시장이 어떻게 작동하는지 이해하려면 파생상품의 역사와 진화를 되돌아보는 것이 중요하다. 파생상품이 주식이나 채권만큼 오래되지는 않았지만, 중세시대에 선도계약이 존재했다는 증거가 있다. 또한 17세기 일본의 쌀시장에는 선물계약과 유사한 상품이 존재했다. 공식적인 파생상품시장에 대한 최초의 잘 문서화된 증거는 1848년 시카고상품거래소(Chicago Board of Trade; CBOT)의 설립이다.

시카고상품거래소는 도착조건부 계약(to-arrive contracts)의 거래를 허용하기 위해 만들어졌다. 이 계약은 선물계약과 유사한 표준화된 상품으로, 19세기 중엽 미국 시카고 지역에서 발달한 곡물시장의 부산물이었다. 농부들은 최고 수확기에 곡물을 시카고로 가져와 곡물을 사용해 식품을 생산하는 회사에 팔았다. 곡물은 계절성이 매우 높기 때문에, 수확으로부터 공급량이 들어오면 가격이 급락하고 공급량이 고갈되면 가격이 상승한다. 일단의 사업가들은 이익을 얻을 뿐만 아니라 시장기능을 개선할 수 있는 기회를 보았다. 그들은 이른바 도착조건부 계약을 만들었으며, 이를 통해 농부는 곡물을 나중에 판매하는 계약을 체결할 수 있었고 미래 특정 날짜와 장소에서 곡물을 인도하였다. 이 도착조건부 계약을 이용하여 농부들은 심지어 파종 전에 곡물을 팔 수 있었다. 이 수단은 농부들에게 상당한 유연성뿐만 아니라 가격 확실성을 제공하였으며, 같은 방식으로 최종 구매자에게도 혜택을 주었다. 또한 수확기에 유입되는 대량의 곡물을 수용해야 하는 시카고시의 부담도 덜어주었다. 농부는 정상적인 시기에 곡물을 수확해서 시카고 외부 어딘가에 저장할 수 있었고, 그런 다음 나중에 시카고나 다른 곳으로 인도할 수 있었다. 도착조건부 계약의 결과로 계절성에 따른 가격변동은 크게 줄어들었다.

2-2a 실물파생상품(Commodity Derivatives)의 발전

도착조건부 계약이 매우 매력적인 수단이라는 것이 곧 분명해졌다. 누군가 장래에 상품 가격이 더 오를 것이라고 믿었다면, 지금 당장 곡물을 살 수 있으나 그 곡물을 저장해야 하므로 그렇게 하는 데 상당한 비용이 들었을 것이다. 대신에 그 사람은 단지 종이 한 장에 불과한 도착조건부 계약을 살 수 있었으며, 따라서 본질적으로 저장비용이 들지 않았을 것이다. 상품 가격이 정말 올랐다면, 도착조건부 계약을 산 사람은 곡물을 인도받고 처음에 약정한 고정가격을 지불한 다음 그 곡물을 시장에서 더 높은 가격에 팔 수 있었다. 더 좋은 생각은 단순히 도착조건부 계약을 다른 사람에게 더 높은 가격에 파는 것이었다. 따라서 곡물 가격이 오를 것이라고 믿었던 사람은 도착조건부 계약을 샀을 것이다. 곡물 가격이 오르면, 곡물의 인도를 요구하는 신규 도착조건부 계약의 가격도 동시에 오를 것이다. 그러면 이전에 매입해둔 도착조건부 계약을 보유한 당사자는 그것을 다른 사람에게 더 높은 가격에 팔 수 있다. 신규 구매자는 만기에 곡물을 인도받거나 다른 사람에게 그 계약을 팔아야 한다. 이러한 계약이 거래될 수 있게 함으로써 당사자들은 그 계약이 만기가 될 때까지 곡물을 실제로 물리적으로 다루지 않고도 위험을 전가할 수 있었다. 사실상 그들은 실제 상품을 거래하지 않고도 위험을 거래할 수 있었다.

이러한 유형의 거래가 번성하기 시작했다. 투기자들은 날씨와 수확량에 대한 기대를 바탕으로 가격의 상승 또는 하락을 예측하고 도착조건부 계약에 포지션을 취함으로써, 예측의 정확성에 따라 이익이나 손실을 보았을 것이다. 그러나 더 중요한 점은 투기자들이 곡물을 소유하거나 인도할 필요가 없었다는 점이다. 물론, 곡물은 궁극적으로 만기에 매도계약을 가진 사람이 인도하고 매입계약을 가진 당사자가 인수할 것이지만, 대부분의 시장참여자들은 곡물을 거래할 필요가 전혀 없다.[5] 따라서 이 투기자들은 시장에 막대한 유동성을 제공하였고, 그들이 가격위험을 감수하려는 용의는 지금처럼 그때도 시장이 기능하는 데 중요한 역할을 하였다.

이 도착조건부 계약은 곧 선물(futures)로서 알려지게 되었다. CBOT가 설립된 후 처음 120년 동안 모든 선물거래는 본질적으로 농업 및 광업 생산물인 실물상품에 관한 것이었다. 사실, 이 상품은 대개 **상품선물(commodity futures)**로 불리었고, 밀, 옥수수, 대두, 금, 은과 같은 상품에 관한 것이었다. 19세기 말엽까지 CBOT는 선물거래를 독점하였다. 그러나 농산물 선물계약은 대부분 곡물에 국한되었다. 그러다 1898년 CBOT는 달걀, 우유, 육류와 같은 동물성 제품에 기초한 선물에 전문화한 시카고 버터·달걀거래소(Chicago Butter and Egg Board)를 첫 경쟁자로 맞게 되었다. 이 거래소는 곧 시카고상업거래소(Chicago Mercantile Exchange; CME)라는 이름을 갖게 되었고 세계 최대의 거래소가 되었다.

선물산업에서 극히 중요한 발전은 1920년대 중반에 일어났다: 청산소(clearinghouse)의 설립. 앞서 설명한 것처럼, 청산소는 각 거래당사자에게 거래상대방이 채무를 불이행하는 경우 청산소가 그 손실을 보상할 것임을 보장한다. 언급한 바와 같이, 우리는 나중에 이것이 어떻게 수행되는지를 다룰 것이다. 지금은 1925년경 현대 선물계약의 개념이 확고히 자리 잡았고, 그 이후로 이 개념은 본질적으로 변하지 않았다는 점을 알아두자.

2-2b 금융파생상품의 도입과 발전

미국에서 상품파생상품의 엄청난 성장은 의심할 여지 없이 미국 농업의 성장을 반영한다. 미국 중서부는 지구상에서 가장 생산적인 농지 중 일부가 되었다. 식량생산의 이러한 성장은 상품선물의 엄청난 성장을 촉진하는 데 도움이 되었다. 선물을 사용하여 식품 가격의 변동위험에 투기하고 헤지하는 이러한 능력은 미국 시민과 기업들에게 엄청난 기회를 가져다 주었

5 이론적으로 만기 전에 모든 매입포지션이 모든 매도포지션을 상쇄하는 것이 가능하지만, 실제로는 그런 일이 발생하지 않는다.

다. 식품의 구매자와 판매자 모두 그들이 받거나 지불할 가격을 알고 있을 때 계획하기가 훨씬 더 수월하다는 점을 알게 된다. 그리고 변동하는 상품 가격은 투기자들에게 큰 기회를 제공했는데, 그들은 가격위험을 부담하지 않으려는 당사자들이 흘린 위험을 떠안는 데 중요한 역할을 했다.

그러나 변동하는 가격이 소비자와 기업의 관심사인 자산은 실물상품만이 아니다. 1970년대 초 미국 선물거래소들은 화폐가 궁극의 실물상품일 수 있으며 화폐의 가격이 변동성이 있다는 점을 인식하였다. 이자가 단일 통화로 표시된 화폐의 가격이지만, 파생상품 업계는 먼저 한 통화를 다른 통화로 환산한 화폐의 가격으로 눈을 돌렸다.

대략 1970년 이전에는 일반적으로 환율이 정부에 의해 고정되었으며, 이는 2차 세계대전의 종전 단계에서 연합국이 합의한 결과였다. 어느 누구도 나중에 한 통화를 다른 통화로 변환할 비율에 대해 걱정할 필요가 없었다. 그 비율은 정해져 있었다. 이 방식은 매우 편리해 보였지만 사실은 대단히 비효율적이었다. 한 통화에 대한 수요가 다른 통화의 공급을 초과했다면, 고정환율은 초과 통화를 가진 당사자들이 시장에 그 통화를 제공하도록 유도하지 못하는 시장을 초래할 것이다. 통화의 부족과 잉여가 최종 결과였을 것이다. 또한 투자자들은 정상적인 환율보다 인위적으로 더 높은 환율에 설정된 통화에 대해 더 쉽게 신뢰를 잃었을 것이다. 1970년에 그 제도는 막을 내리게 되었다.

그 결과, 공급이 수요와 더 일치하게 되었으나 이제 환율이 변동하였다. CME는 이 사건을 몇몇 주요 외환에 기초한 선물계약을 도입할 기회로 보았다. 이상하게도 외환선물은 그 뒤를 이은 일부 선물의 거래량 수준에 도달한 적이 없지만, 실제로는 선구자였다. 외환선물은 화폐가 실제로 궁극의 실물상품이고, 화폐에 기초한 파생상품은 위대한 혁신이었으며, 앞으로도 그럴 것이란 사실을 입증하였다. 화폐에 관한 파생상품은 **금융선물(financial futures)**로 알려지게 되었다.

1973년은 Black-Scholes-Merton의 옵션가격결정모형의 발표와 시카고 옵션거래소 (CBOE)의 개장으로 파생상품시장에 중추적인 해였다.

1973년, 파생상품 역사상 가장 중요한 두 가지 사건이 발생했다. Fischer Black, Myron Scholes, Robert Merton이 옵션의 적정 가치를 찾는 데 도움이 되는 모형을 개발하였다. 5장에서 다뤄지고 이 책의 나머지 많은 부분에서 사용되는 이 모형은 옵션과 파생상품 전반에 엄청난 거래량을 자극했으며, 1997년에 노벨상 수상을 이끌었다. 또한 1973년에는 CBOT가 시카고옵션거래소(Chicago Board Options Exchange; CBOE)라는 새로운 거래소를 기업분리하여 표준화된 옵션거래를 위한 최초의 조직화된 거래소를 제공하였다.

1975년, CME의 같은 도시 내 경쟁업체인 CBOT는 주택저당증권(mortgage-backed securities)에 관한 계약을 출시함으로써 금융선물 게임에 뛰어들어야 한다고 결정했다. 이런 유형의 상품은 미국의 주택 대출 이자율에 대해 헤징과 투기를 할 수 있도록 설계되었다. 그러나 이 계약의 거래량은 평범한 수준에 그쳤으며, 결국에는 거래가 중단되었다.[6]

금융선물에서 치열한 경쟁을 감지한 CME는 1976년 미국 정부가 발행하는 단기 재무부

6 이 계약은 여러 번 개선되어 부활했으나, 어떤 화신도 많은 거래량을 달성하지 못했다.

채권(Treasury bills)에 관한 선물계약을 출시하였다. 이 선물계약은 여러 해 동안 큰 성공을 거두었으나, 결국 곧 논의할 유로달러(Eurodollar) 선물계약에 의해 빛이 바랬다. 미국 단기 재무부채권 선물계약은 거래량이 점차 감소하여 결국 상장폐지되었다. CBOT는 1977년 미국 장기 재무부채권(Treasury bonds)에 관한 선물계약을 출시하여 중장기 재무부채권(Treasury securities)의 틈새시장을 구축하기 위해 다시 돌아왔다. 그 선물계약은 즉각적인 성공을 거두었고 그 이후로도 활발히 거래되었으며, 중기 재무부채권에 기초한 몇 가지 비슷한 선물계약들을 만들어냈는데 이들은 지금까지 매우 성공적으로 거래되고 있다.

그러나 모든 금리선물 중에서 가장 성공적인 것은 CME의 유로달러 선물계약이다. 1982년에 출시된 이 계약은 기초물이 유로달러금리인 선물로, 유로달러금리란 한 런던 은행이 다른 런던 은행에 대출해 준 달러에 대한 금리이다. 런던은행간금리(London Interbank Offered Rate; LIBOR)로도 알려진 이 금리는 금융시장에서 중요한 역할을 하며, 나중에 자세히 다룰 것이다. 이 계약에 엄청난 거래량이 일어난 것은 나중에 배울 내용이지만 LIBOR가 많은 맞춤형 선도, 스왑, 옵션의 기초물로서 흔히 사용되는 금리가 되어 왔기 때문이며, 이 계약은 그 같은 맞춤형 파생상품을 헤지(hedge)하기 위해 자주 사용된다. 또한 1982년 미국의 선물규제당국인 상품선물거래위원회(Commodity Futures Trading Commission; CFTC)는 거래소들이 새로운 상품, 즉 기초물이 선물인 옵션을 거래할 수 있도록 허가했다. 유사한 상품이 이전에 거래되었었고 상품옵션으로 불렸지만, 1920년대와 1930년대에 일부 파렴치한 중개인들(brokers)이 사용했기 때문에 불법화되었었다. 1982년 이래 선물옵션(options on futures)은 시장에서 중요한 영향력을 유지해왔다. 이 상품은 책의 뒷부분에서 자세히 다룰 것이다.

또한 1982년 CBOE는 100개의 대형주들로 새롭게 구성된 지수인 CBOE 100에 기초한 옵션으로 주가지수에 관한 최초의 파생상품을 출시하였다. 이 옵션은 매우 성공적인 것으로 입증되었으며, OEX라는 티커심볼(ticker symbol)로서 널리 알려지게 되었다. 그 지수의 유지관리는 결국 Standard and Poor's에 양도되었고, S&P 100으로 개명되었다. 1983년에는 최초의 주가지수 선물계약이 놀랍게도 캔자스시티상품거래소(Kansas City Board of Trade)에 의해 제공되었으며, 이 거래소는 소맥(wheat) 선물을 전문적으로 취급하는 작은 거래소였다. 이 계약은 투자분석회사인 Value Line이 만든 지수에 기초한 것으로, 평범한 수준의 성공에 그쳤고 지금은 더 이상 존재하지 않는다. 수개월 후 CME는 S&P 500 주가지수 선물계약을 출시했는데, 이 계약은 매우 성공적이었으며 오늘날 가장 널리 거래되고 있는 선물계약 중 하나이다. CBOE는 또한 S&P 500에 기초한 옵션을 만들어 큰 성공을 거두었고, 이 계약은 오늘날 시장에서 가장 활발한 옵션계약 중 하나로 남아있다. CBOE는 또한 1993년에 유연한 교환(FLEX) 옵션을 도입하여 사용자들에게 그들이 선호하는 행사가격과 만기일을 선택할 수 있는 기능을 제공하였다. FLEX 옵션은 옵션시장의 표준화에서 극적으로 이탈한 것이었다.

당연히 미국 파생상품거래소들의 초기 성과는 미국 외 지역에서 많은 수의 매우 성공적인 거래소들을 낳았다. 높은 수준의 성공을 거둔 최초의 비미국 거래소는 아마도 1982년에 설립된 런던국제금융선물거래소(London International Financial Futures Exchange; LIFFE)였을 것이다. 다른 파생상품거래소들이 1980년대에 파리, 브뤼셀, 암스테르담에 생겨났고, 이들 세 거래소는 2000년에 합병하여 Euronext로 알려진 단일 거래소가 되었다. 2001년, Euronext는 LIFFE를 인수했고 엄청나게 크고 강력한 거래소가 되었으며, CBOE, CBOT, CME가 주도하는 세계 파생상품시장의 미국 지배에 주요 경쟁적 위협이 되었다. 2007년에는 역사상 가장 오래되고 권위 있는 금융시장 중 하나였던 215년 된 뉴욕증권거래소(New York Stock Exchange; NYSE)까지 인수하였다. 이 결합 기관은 현재 NYSE Euronext로 알려져 있다. 1998년, Deutsche Terminbörse로 알려진 독일 파생상품거래소와 스위스옵션금융선물거래소(Swiss Options and Financial Futures Exchange)라고 하는 스위스 파생상품거래소가 합병하여 EUREX라는 강력한 단일 거래소가 되었다.

이때까지 세계 경제의 세계화 증가는 미국 거래소에서 거래를 실행할 수 있는 당사자가 미국 이외의 거래소에서 사실상 동일하거나 또는 적어도 유사한 거래를 쉽게 할 수 있다는 것을 의미하였다. 이러한 유럽 거래소들의 경쟁적 위협의 압력에 직면한 CBOT와 CME는 2007년 그들의 합병을 허용해주도록 미국 법무부를 설득하여 CME Group이라는 단일 거래소가 되었다. CBOT는 CME Group의 자회사로 계속 운영되고 있으나, 두 거래소는 사실상 단일 법인이다.[7] 1년 후 미국에서 세 번째로 큰 거래소이자 거대 에너지 파생상품시장인 뉴욕상업거래소(New York Mercantile Exchange; NYMEX)도 CME Group의 일원이 되었다. 따라서 사실상 미국에서 가장 큰 3개의 선물거래소들이 단일 거래소가 되었다.

2013년, NYSE Euronext 거래소의 소유권이 Intercontinental Exchange(ICE)에 인수되었다. ICE는 미국에 본사를 둔 거래소로서 2000년에 설립되었고 거래소 장내거래(pit trading)가 아닌 전자거래에 집중해왔다.[8] OMX는 노르웨이, 스웨덴, 핀란드 거래소들의 매우 성공적인 컨소시엄(consortium)으로 2008년 미국 증권거래소인 나스닥(Nasdaq)을 인수했다.

일본, 인도, 브라질, 중국, 그리고 기타 여러 국가의 거래소들도 엄청난 성장을 이뤘다. 거래소 간의 수많은 국제적인 합병과 개발도상국의 성장으로 인해 파생상품산업은 더욱더 통합되었다. 따라서 서로 다른 법률제도와 사업상의 관행이 충돌하기 시작하면서 파생상품산업은 다소 더 복잡해졌다. 그럼에도 불구하고, 이러한 변화는 꾸준한 활력과 고도의 경쟁을 가져옴으로써 파생상품산업을 혁신적으로 유지시켰다.

2-2c 장외파생상품시장의 발전

그러나 거래소 파생상품시장(exchange-listed derivatives markets)만이 파생상품을 만들 수 있는 유일한 장치는 아니다. 거래소 파생상품들은 표준화되어 있지만, 많은 시장참여자들

7 두 거래소는 CME Group이라는 단일 거래소로 합병하였지만, 이 두 거래소의 운영은 시카고에 있는 유명한 랜드마크 건축물인 CBOT 빌딩에서 이뤄지고 있다.

8 이 장의 뒷부분에서 전자거래와 물리적 장내거래에 대해 논의할 것이다.

은 파생상품 계약조건들을 그들의 특정한 요구에 맞게 맞춤화할 수 있는 유연성을 필요로 한다. 장외시장으로 알려진 딜러들(dealers)의 커뮤니티가 이런 계약 맞춤화를 제공한다.

장외시장(over-the-counter market)이란 용어는 투자자들이 증권거래소 밖에서 주식과 채권을 샀던 오래된 관행을 말한다. 투자자는 단순히 중개인의 사무실에 가서 그 자리에서, 문자 그대로 "계산대 너머로(over a counter)" 증권을 사고팔곤 했다.[9] 주식시장에서 장외(OTC) 개념은 주요 거래소에서 거래되지 않는 증권을 말한다. 따라서 미국에서는 일반적으로 나스닥(Nasdaq) 시장을 증권의 장외시장으로 간주하지만, 그것은 오해의 소지가 있다. 나스닥은 거래소이다; 단순히 NYSE처럼 중앙집중적인 물리적 시장에서 운영하는 거래소가 아닐 뿐이다. 장외시장의 개념은 다소 구식이며 때때로 딜러시장(dealer market)이라고도 하지만, 이 용어조차도 오해의 소지가 있는 것이 대부분의 거래소 시장에는 딜러들이 있기 때문인데, 여기서 딜러란 대중 참여자들의 요구를 충족시키기 위해 매입 또는 매도할 준비가 되어 있는 당사자들을 의미한다. 장외파생상품시장에 대한 좀 더 정확한 기술은 그것이 맞춤형 비표준 파생상품의 시장이라는 것이다. 그럼에도 불구하고, 우리는 이 시장을 기술하기 위해 장외(OTC)라는 용어를 계속 사용할 것인데, 그것이 일반적인 용어이기 때문이다.

장외파생상품시장이 어떻게 발전했는지 정확히 파악하는 것은 불가능하다. 이 시장은 공식적인 시장이 아니다. 기술적으로, 어떤 두 당사자든지 파생상품거래를 할 수 있으며, 그런 거래는 장외시장에서 일어난 것으로 간주된다. 회원자격이나 면허 요건이 없다. 따라서 시장의 기원은 최초의 파생상품계약이 제공되었던 때로 거슬러 올라가야 할 것이다. 거래소 파생상품시장의 발전을 이끈 상품 중 일부는 그 자체가 장외파생상품이었다. 약간은 조잡한 형태의 파생상품이 성서시대와 초기 그리스 문명시대에 존재했을 수 있음을 암시하는 몇 가지 증거가 있다. 미국에서는 CBOT가 시작될 무렵인 19세기에 옵션이 존재했다는 사실이 잘 알려져 있다. 또한, Put and Call Brokers and Dealers Association(PCBDA)이라고 하는 옵션거래에 종사하는 기업들의 네트워크가 1970년대까지 존재했다. 이 기업들은 매입자와 매도자를 위해 시장을 조성하고 거래를 주선하였다. 그러나 1973년 CBOE가 설립되면서 결국 이 조직은 사라졌다.

1970년대 초부터 환율이 변동할 수 있었다는 점을 상기하자. 이에 대응하여 CME는 통화선물시장을 개발했다. 병행하여 많은 금융기관이 선물환(foreign currency forwards) 시장을 조성하기 시작했다. 오늘날까지 남아있는 것처럼 이 시장은 궁극적으로 매우 커졌다.

그러나 대략 1980년대 중반까지 선물환시장은 사실상 유일한 장외파생상품시장이었다. 1981년경에 만들어졌던 스왑(swaps)은 점점 더 많은 금융기관들이 딜러가 되어 작지만 빠르게 성장하는 시장의 한 부분을 차지할 수 있는 기회를 보게 되면서 1980년대 중반에 도약하기 시작했다. 장외파생상품시장은 1980년대 이래 급속히 성장해왔으며, 다양한 맞춤형 옵션, 스

9 대중에게 서비스를 제공하는 은행과 많은 사무실처럼, 이러한 건물들의 대부분에는 직원과 고객을 구분하는 계산대가 있었다. 고객은 걸어 들어와서 현금을 건네고 증권을 받곤 했다. 이 증권은 "계산대 너머로(over the counter)" 거래되었다고 전해진다.

연결하기_MAKING THE CONNECTION

대학 미식축구 옵션

미국에서 대학 미식축구는 가장 인기 있는 스포츠 중 하나이다. 주요 대학 스포츠의 관리기구인 NCAA(National Collegiate Athletic Association)는 2013년 5,000만 명 이상의 사람들이 대학 미식축구경기를 관람했다고 보고하였다. 수억 명 이상이 그 경기들을 텔레비전으로 시청한다. 2013년, 앨라배마(Alabama) 대학의 Crimson Tide 축구팀은 650만 명이 넘는 팬들이 경기를 관람하면서 전국 최고의 시청률을 기록했다. 대학 미식축구는 미국경제에 수십억 달러를 기여한다.

많은 경기장이 90,000명이 넘는 팬들을 수용할 수 있지만, 팬이 경기, 특히 가장 중요한 경기들의 입장권을 확보하는 것은 여전히 매우 어려울 수 있다. 2015년 1월부터 NCAA는 상위 4개 팀이 전국 챔피언을 가리기 위해 세 경기를 치르는 공식 플레이오프(play-off) 시스템을 시작할 것이다. 수년 동안 열등한 형태로 존재해온 것이 거의 틀림없는 이 플레이오프 시스템은, 한 경기, 즉 챔피언 결정전이 팬들의 관심을 최고 수준으로 끌어 올리는 새로운 시대를 연다.

챔피언 결정전은 항상 대형경기장에서 열릴 것이지만, 입장권 수요는 공급을 훨씬 초과할 가능성이 높다. 물론, 경제학에서 수요가 공급을 초과할 때 가격은 오르고 공급자들은 시장에 더 많은 재화를 내놓도록 유도된다. 그러나 입장권 공급을 증가시킬 수 있는 여력은 극히 제한적이다. 어쨌든 제한된 수의 좌석만 있다. 경기 입장권임에도 생산자들은 단순히 생산을 증가시킬 수 없다.

이러한 입장권에 대한 유통시장이 존재하지만, 몇 가지 심각한 제약이 있다. 많은 팬들이 어떤 가격에도 그들의 입장권을 포기하지 않을 것이고, 이 점은 수요와 공급의 법칙을 거스르는 것처럼 보인다. 이 법칙은 일반적으로 모든 공급자가 자신의 상품을 판매할 가격을 찾을 것이라고 주장한다. 그러나 미국 대학 미식축구 열기는 기본 경제모형의 요소가 아니다. 더욱이, 경기 입장권은 어떤 측면에서 농산물과도 같다. 농부들은 옥수수 일부를 시장에 가져올 수 있지만, 자신들이 옥수수 애호가이기 때문에 일부는 먹기 위해 보관한다. 더 높은 가격이더라도 현재 소비량 중 포기할 의향이 있는 수량에는 아마 한계가 있을 것이다.

게다가 미국에서는 경기 주최측이 제시한 원래의 가격보다 높은 가격에 입장권을 판매하는 것을 법적으로 금지하고 있다. 이런 행위를 스캘핑(scalping)이라고 하며, 많은 지역에서 불법이지만 제한적으로는 존재한다. 스캘핑은 수요가 공급을 크게 초과하는 조건에 대한 자유시장의 반응에 지나지 않음에도 불구하고, 일반적으로 매우 인기가 없는 것 같다. 더욱이, 가격은 종종 경기 주최측이 정한 원래 가격의 2~3배이다.

요컨대, 수년 동안 그들 팀의 모든 경기를 참관해온 많은 충성팬들은 사실상 입장권을 구입할 기회가 없거나 적어도 그들이 감당할 수 있는 것보다 더 많은 돈을 지불하지 않고서는 구입할 기회가 없다.

그러나 파생상품의 사용과 결합된 Forward Market Media라는 회사의 약간의 창의력은 이 팬들에게 얼마간의 희망을 제공한다. Forward Market Media는 수년 동안 운영되어 왔으며, 이 챔피언 결정전보다 다소 권위가 떨어지는 다른 중요한 경기들에서 그 프로그램을 성공적으로 운영해왔다.

2014년 5월부터 팬들은 온라인에서 $20를 지불하고 챔피언 결정전 입장권을 예약할 수 있다. 팬은 자신이 베팅하는 팀, 아마도 가장 좋아하는 팀을 선언해야 한다. 그녀의 팀이 챔피언 결정전에 진출하면, 그녀는 $450에 입장권을 구입할 수 있다. 각 팀에는 1,250장의 입장권이 할당된다. 따라서 이 입장권 중 2,500장만이 가치를 갖게 될 것이다.

이 입장권의 각각은 본질적으로 $20의 비용이 드는 콜옵션이며, 특정 팀이 챔피언 결정전에 진출하면 만기가 된다. 이것은 이 장에서 설명된 것보다 약간 더 복잡한 옵션이다. 프리미엄이 $20인 것은 아주 명확하다. 그것은 선불이며 회수할 수 없다. $450의 금액은 행사가격인 것으로 보인다. 경기 관람이 $450보다 더 가치가 있다고 믿는다면, 그 팬은 옵션을 행사하여 $450를 지불하고 입장권을 획득할 것이다. 그러나 옵션을 행사할 수 있는 조건은 팬에 대한 그 경기의 가치가 아니다. 옵션은 팬의 팀이 챔피언 결정전에 진출하는 경우에만 행사될 수 있고, 오직 두 팀만이 그 결정전에 진출할 수 있다.

그리므로 이 옵션은 본질적으로 두 가지 기초자산을 갖는다. 하나는 팬이 생각하는 경기의 가치이고, 다른 하나는 팬의 팀이 챔피언 결정전에 진출하는지 여부의 조건이다. 둘 이상의 자산과 관련된 옵션은 금융시장에서 흔히 볼 수 없지만, 실제로 존재한다. 예를 들어, 다른 주식의 가격이 특정 수준보다 높거나 낮으면, 옵션 보유자가 고정된 가격에 어떤 주식을 살 수 있는 콜옵션을 매입할 수 있다. 이런 유형의 옵션은 이색옵션(exotic options)이라는 파생상품군에 속한다. 우리는 이러한 다중 자산 옵션을 다루지는 않을 것이다.

여기서 중요한 점은, 파생상품의 개념을 사용함으로써 충성팬이 그녀의 팀이 챔피언 결정전에서 경쟁하는 것을 볼 수 있는 공정한 기회를 얻을 수 있다는 것이다.

출처 : Rachel Bachmann, "Reserve a Ticket to the College Football Playoff, with a Stock Market Twist," Wall Street Journal, May 23, 2014.

왑, 선도계약을 제공하고 있다.

나중에 다루겠지만, 장외시장은 최근 수년간 거래소 시장과 어느 정도 통합되기 시작했다. 2008-2009년 금융위기 이후에 제정된 법규들은 장외시장의 투명성 강화와 청산소를 통한 거래의 운영을 요구하기 시작했으며, 이에 따라 증거금의 설정과 징수, 계정의 일일정산, 신용손실에 대한 보증이 도입되었다. 이 점은 나중에 다시 살펴볼 것이다.

2-3 거래소 파생상품 거래

우리는 파생상품거래소들이 어떻게 존재하기 시작했는지에 대해 간단한 개요를 제공하였다. 이제 그들이 지금 누구이며 어떻게 운영되는지 자세히 살펴보도록 하자.

2-3a 파생상품거래소

앞서 논의한 것처럼, 파생상품거래소는 CBOT의 설립과 함께 19세기 중엽 그 기원으로부터 발전하였다. 우리는 수년에 걸친 수많은 합병과 미국 밖 거래소들의 엄청난 성장에 주목했다. [표 2.1]은 Futures Industry라는 잡지에 보고된 것으로, 2013년 거래량을 기준으로 순위가 매겨진 세계 최대 파생상품거래소 20개를 보여준다. 미결제약정(open interest)을 보여주는 마지막 열은 체결되었으나 아직 청산되지 않은 계약 수를 반영한다. 나중에 우리는 이 개념에 대해 논의할 것이다.

파생상품거래소의 전 세계 거래량은 2013년에 8개 거래소가 10억 건을 넘을 만큼 막대하다.

표에서 알 수 있는 것처럼, 2013년에 8개 거래소가 10억 계약의 거래량을 초과하였다. 그러나 거래소들이 합병하고 다른 거래소들이 성공적인 신규 상품들을 출시함에 따라 이 목록은 매년 극적으로 바뀐다는 점에 유의해야 한다. 예를 들어, ICE는 이제 지난 몇 년 동안 목록에서 매우 높은 순위를 차지했던 NYSE Euronext를 포함한다. 그리고 물론, 한때 CME Group은 CME, CBOT, NYMEX였는데, 이들 각각은 거래량 상위권을 차지했다.

단일 계약이 거래의 기본 단위이지만, 거래량 수치의 해석에 다소 문제가 될 수 있는 중요한 요소가 있다. 나중에 더 자세히 논의되는 것처럼, 계약은 정해진 크기를 갖는다. 예를 들어, CME Group의 유로달러 선물계약은 $1,000,000의 유로달러 예금을 커버한다. CME의 자회사인 CBOT의 장기 재무부채권 선물계약은 $100,000의 미국 장기 재무부채권을 커버한다. 동일한 명목금액을 나타내려면, 유로달러선물 1계약과 일치하는 장기 재무부채권 선물 10계약 필요하다. 1,000배럴(barrels)의 원유선물 단일 계약과 특정 주식 100주를 살 수 있는 권리를 나타내는 단일 계약을 비교하는 것도 어렵다. 거래량은 기초물에 관계없이 계약 수에 따라 동일하게 계산되며, 정말이지 다른 계산 방법은 없다.

표 2.1 최대 파생상품거래소

순위	거래소	2013년 거래량	2013년 말 미결제약정
1.	CME Group	3,161,476,638	83,904,116
2.	Intercontinental Exchange	2,807,970,132	135,377,377
3.	EUREX	2,190,548,148	77,090,544
4.	National Stock Exchange of India	2,135,637,457	7,786,961
5.	BM&F BOVESPA (Brazil)	1,603,600,651	56,666,689
6.	CBOE Holdings	1,187,642,669	351,428
7.	Nasdaq OMX	1,142,955,206	7,196,312
8.	Moscow Exchange	1,134,477,258	5,233,255
9.	Korea Exchange	820,664,621	2,683,821
10.	Multi Commodity Exchange of India	794,001,650	745,474
11.	Dailan Commodity Exchange (China)	700,500,777	3,153,905
12.	Shanghai Futures Exchange (China)	642,473,980	2,093,921
13.	Zhengzhou Commodity Exchange (China)	525,299,980	1,998,727
14.	Japan Exchange Group	366,145,920	5,436,115
15.	Hong Kong Exchanges & Clearing	301,128,507	8,183,801
16.	ASX Group (Australia)	261,514,098	13,956,878
17.	BSE (India)	254,845,929	32,801
18.	JSE South Africa	254,514,098	17,857,396
19.	China Financial Futures Exchange	193,549,311	123,166
20.	TMX Group (Canada)	155,753,473	4,329,062

출처: http://www.futuresindusty.org/files/css/magazineArticles/article-1612.pdf

일부 거래소는 회원권을 보유한 거래자들이 소유한 영리법인으로 운영되고, 일부 거래소는 그 자체가 공개적으로 거래되는 상장법인이다. 예를 들어, CME Group과 CBOE는 Nasdaq 거래소에 상장된 주식들이다.[10]

모든 거래소에는 회원들이 있으며, 그들의 회원권은 자리(seats)라고 한다. 이 회원권은 매매될 수 있고 가격이 변동한다. 회원권을 통해 소유자는 시장에 접근할 수 있으며, 이것은 우리가 나중에 논의할 활동들인 투기(speculation), 중개(brokerage), 또는 시장조성(market making)에 참여할 수 있는 능력을 의미한다.

1장에서 우리는 거래소 파생상품 거래량의 과거 패턴을 살펴보았다. [그림 1.2]에서는 2013

10 흥미롭게도, CBOE는 옵션거래를 위한 시장이고 그 자체가 상장주식이므로, CBOE에서 실행되는 거래를 통해 CBOE 주식에 기초한 옵션거래가 가능하다. 따라서 "trade an option on the CBOE"라는 말은 한 가지 이상의 의미를 가질 수 있다.

년에 전 세계 거래소에서 200억 계약이 넘게 거래된 것을 보았다. [그림 2.1]은 거래소 옵션과 선물의 과거 거래량을 별도로 보여준다. 2013년 옵션거래량은 약 94억 계약이었고 선물거래량은 약 122억 계약이었다. 1998년 이래, 옵션 거래량은 2012년과 2013년을 제외하고 매년 선물 거래량을 초과했지만, 앞서 언급한 것처럼 거래량 비교에는 약간의 편의(biases)가 존재한다.

그림 2.1 전 세계 거래소 옵션 및 선물의 과거 거래량

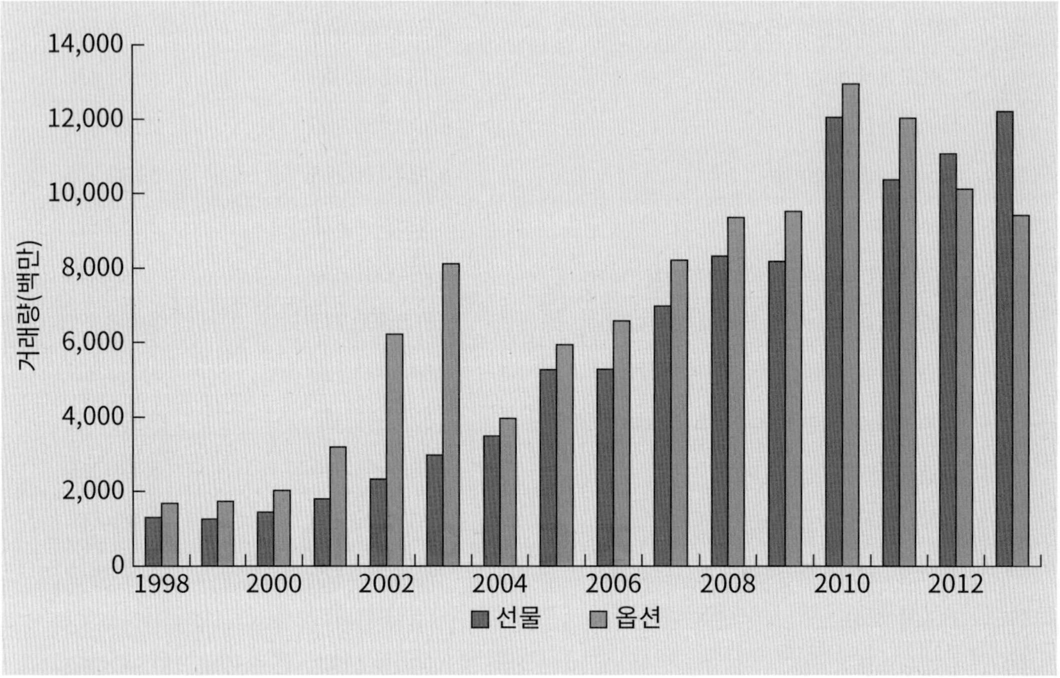

출처: http://www.futuresindustry.org/bibliography.asp (연간 거래량 조사의 각 호).

2-3b 계약의 표준화

파생상품거래소의 주요 특징들 중 하나는 계약의 표준화이다. 표준화는 소비재 세계에서는 잘 이해되는 개념이다. 모든 생산자는 표준 제품 세트(set)를 생산한다. 예를 들어, 아이폰 5c는 흰색, 분홍색, 노랑색, 파랑색, 녹색의 5가지 색상으로 출시되며, 치수는 124.4 × 59.2 × 9mm이다. 애플은 그 제품을 어떤 표준화된 특징으로 제한하기로 의도적으로 결정했다. 더 크거나 더 작거나, 또는 다른 색상의 아이폰 5c는 구입할 수 없다. 표준화는 분명히 어떤 이점을 가져오며, 주된 이점은 비용을 절감한다는 것이다. 또한, 표준화는 재판매를 위해 제공되는 제품들의 특성을 인식 가능한 특성들의 잘 정의된 세트로 제한하여 구매자의 비용을 절감한다는 점에서 중고시장의 효율성을 향상시킨다. 즉, 재판매용으로 제공되는 아이폰 5c는 잘 알려져 있고 쉽게 이해되는 어떤 특성들만을 가질 것이다. 어느 누구도 이베이(eBay)에서 제공되는 아이폰 5c가 표준 제품보다 크거나 작은지, 또는 다른 색상인지 궁금해할 필요가 없다.[11]

11 물론, 우리는 그것이 가짜가 아닌 진짜 아이폰이라고 가정하고 있다.

파생상품거래소들은 그들의 계약에 대해 같은 일을 한다. 기초물과 만기를 결정하고, 옵션의 경우 거래에 이용할 수 있는 행사가격을 결정한다. 거래소는 최소한의 거래량을 일으킬 만큼 충분한 위험을 가진 기초물을 찾기 위해 노력한다. 가장 인기있는 기초물은 금리, 채권, 주식, 통화, 그리고 실물상품이다. 그러나 거래소는 각 기초물 유형 내에서 구체적인 기초물을 결정해야 한다. 예를 들어, 무수히 많은 금리, 채권, 주식, 통화, 그리고 실물상품들이 있다. 거래소는 시장참여자들이 파생상품 거래에 관심이 있을 것이라고 생각하는 기초물을 찾기 위해 노력한다. 특정한 규칙이나 공식은 없다. 그러나 대부분의 거래소는 어떤 기초물이 거래에 가장 높은 관심을 유발할 것인지를 파악하기 위해 시장의 흐름을 쫓는 경제전문가와 시장전문가들을 고용하고 있다.

파생상품계약이 제공될 기초물을 식별하는 대로, 거래소는 기초물을 언급할 때 그것이 무엇을 의미하는지 정확히 명시해야 한다. 예를 들어, 미국 장기 재무부채권에 기초한 계약은 그 계약이 어떤 장기 재무부채권을 커버하는지 정확히 명시해야 한다. 원유(oil)에 기초한 계약은 그 계약이 어떤 종류의 원유를 커버하는지 정확히 식별해야 한다. 금에 기초한 계약은 금의 최소 순도를 명시해야 한다. 밀(wheat)의 종류는 다양하므로, 소맥선물계약은 어떤 종류의 밀이 기초물인지 정확히 명시해야 한다.

모든 파생상품에는 만기가 있으므로, 각 거래소는 만기일을 지정해야 한다. 대부분의 거래소는 공식을 따른다. 많은 거래소가 1월, 2월, 3월과 같은 주기(cycles)를 사용한다. 많은 파생상품이 이 세 주기 중 하나로 분류된다. 1월 주기로 분류된 기초물은 1, 4, 7, 10월에 만기가 된다. 2월 주기의 기초물은 2, 5, 8, 11월에 만기가 된다. 3월 주기는 3, 6, 9, 12월을 포함한다. 또한, 많은 거래소가 단기적인 옵션을 이용할 수 있도록 하고 있다. 따라서 지금이 1월 초라면, 3월 주기로 분류된 기초물에 대해 1월 및 2월 파생상품을 찾을 수도 있다.

만기를 결정하는 다른 두 가지 중요한 요소들이 있다: 만기가 연장되는 기간과 파생상품의 만기가 도래하는 달의 날짜. 대부분의 거래소 파생상품 활동은 만기가 6개월 미만으로 상당히 짧지만, 일부 거래소는 만기가 몇 년 동안 지속되는 파생상품을 제공한다. 예를 들어, CME의 유로달러 선물계약은 만기가 10년까지 존재한다. 두 번째 요소는 파생상품이 특정 날짜에 만기가 되어야 한다는 것이다. 따라서 3월물 유로달러선물에 대한 언급은 3월의 특정 날짜를 의미한다. 한 예로, CME는 특정 유로달러선물 계약월의 만기일을 해당 월의 세 번째 수요일 이전 두 번째 런던은행 영업일(세 번째 월, 화요일이 런던은행 영업일인 경우 세 번째 월요일; 역자 주)로 지정한다. 거래는 만기일에 런던시간으로 오전 11시에 종료된다.[12]

옵션의 경우, 거래소는 이용할 수 있는 행사가격을 지정해야 한다. 대부분의 거래 활동은 기초물의 가격이 행사가격 근처에 있는 옵션들에 집중된다. 옵션이 처음으로 상장될 때, 거래소는 일반적으로 현재의 기초물 가격과 가까운 행사가격을 선택한 다음 현재의 기초물 가격을 둘러싼 행사가격들로 다른 옵션들을 제공한다. 이 추가적인 행사가격들은 일반적으로

12 대부분의 계약은 하루의 끝 무렵에 만기가 되지만, 유로달러 계약의 경우 기초물이 런던에서 결정되므로 만기는 런던시간을 기준으로 한다.

고정된 값에 따라 간격이 벌어진다. 예를 들어, S&P 500이 약 1,870이라면, CBOE는 5포인트(points) 간격을 갖는 옵션들(1,865, 1,860 등과 1,875, 1,880 등)을 제공한다. 더 멀리 떨어져 있는 행사가격의 경우 행사가격이 10 또는 25포인트 간격일 수 있으며, 만기가 더 긴 옵션들은 25포인트 간격일 수 있다. 거래소들이 그들의 규칙에 정해진 방식으로 간격을 유지하는 한, 언제든지 특정 행사가격을 갖는 옵션들을 추가할 수 있다.

거래소는 또한 계약 크기와 가격이 표시되는 단위를 지정한다. 옵션은 일반적으로 100주를 커버하지만, 다른 크기도 존재할 수 있다.[13] 각 거래소는 단순히 시장참여자들에게 합리적인 계약 크기를 지정하려고 시도한다. 앞서 언급한 것처럼, 비정상적으로 작은 계약 크기는 더 많은 거래량으로 이어질 수 있지만, 전문거래자들은 계약당 비용이 발생하므로 계약 크기를 지나치게 작게 설정할 수 없다. 계약 크기는 기초물이 일반적으로 거래되는 단위와 일치한다. 따라서 원유 파생상품은 특정 수의 배럴(barrels)을 커버한다. 밀은 부셸(bushels)로 지정된다. 채권 파생상품은 일정 금액의 채권액면가를 커버한다. 지수에 기초한 파생상품은 보통 승수(multiplier)로 명시된다. 예를 들어, S&P 500 지수의 단위를 고려하는 것은 불가능하다. 그 경우, 파생상품은 승수에 기반한다. 예를 들어, CBOE의 S&P 500 지수옵션의 승수는 100이다. 따라서 이 옵션은 사실상 S&P 500 지수의 100 가상 단위에 기초한 옵션이 된다. 이러한 절차가 어떻게 작동하는지는 이 책의 뒷부분에서 살펴볼 것이다.

거래소는 가격을 표시하는 단위도 결정한다. 한때 CBOE의 옵션은 일반적으로 1달러의 1/8 및 1/16로 호가되었지만, 지금은 대부분의 호가가 페니(pennies, 1/100달러)이다. 가격표시에 근거하여 거래소는 최소가격변동폭도 지정한다. 페니로 호가되는 옵션은 최소가격변동폭이 5센트(cents)일 수 있다. 가격표시 단위는 보통 기초물 시장의 단위와 같다.

거래소는 또한 시장참여자가 보유할 수 있는 최대 계약 수인 **포지션 한도(position limits)**를 지정할 수 있다. 이런 한도는 종종 규제기관이 요구한다. 거래소는 하루에 행사할 수 있는 옵션의 수에 한도를 부과할 수도 있으며, 이를 **행사 한도(exercise limits)**라고 한다. 일부 선물계약에는 **가격 제한(price limits)**이 있으며, 이는 특정일 동안 계약이 거래될 수 있는 최고 및 최저 가격이다. 이 제한은 가격이 너무 빠르게 많이 움직이면 거래를 중단시킨다. 가격 제한의 목적은 시장이 냉각할 수 있는 기회를 주고 청산소가 손실을 보고 있는 당사자로부터 돈을 회수할 기회를 주는 것이다. 가격이 상한(upper limit)에 도달하면 시장이 한도까지 올랐다**(limit up)**고 하고, 가격이 하한(lower limit)에 도달하면 시장이 한도까지 내렸다**(limit down)**고 한다. 어느 하나의 한도에 도달케 한 가격변화를 한도 이동(limit move)이라고 한다. 한도를 초과하는 거래는 할 수 없다. 거래자가 한도를 넘겨 거래하고 싶어도 거래할 수 없기 때문에 거래가 중단되면, 시장은 **'한도에 잠겼다(locked limit)'**고 한다. 한도는 매일 변하므로 한도에 잠긴 시장은 그다음 날 새로운 한도로 개장할 수 있다. 새로운 한도는 가

13 주식분할이 발생하면, 비표준적인 크기가 존재할 수 있다. 예를 들어, 당신이 100주의 주식을 커버하는 옵션 1계약을 보유하고 그 기초주식이 1:1.5의 주식분할을 선언한 경우, 옵션계약은 이제 행사가격의 비례적인 감소와 함께 150주를 커버하게 된다.

격이 이전 한도에 도달했을 때 향하고 있던 방향으로 점진적으로 움직일 수 있도록 한다. 일부 선물계약에는 자동거래중단 장치도 있다. 때때로 **서킷브레이커(circuit breakers)**라고 하는 이 장치는 단시간에 상당한 가격변동이 발생하면 거래를 중단시킨다.

거래소는 또한 만기에 계약이 인도되고 결제될 방법을 지정한다. 이 주제에 대해서는 나중에 더 자세히 논의할 것이다. 거래소가 부과하는 다른 많은 규칙과 규정이 있지만, 앞서 언급한 것들이 여러분이 알아야 할 주요한 것들이다.

2-3c 물리적 거래 vs. 전자거래

거래소 파생상품 거래는 대면(face-to-face) 방식으로부터 비롯됐다. 거래자들은 중앙의 장소에서 만나 매매를 제안했다. 결국 미국 거래소들은 8각형 모양의 핏(pit)으로 세분화된 넓은 거래장(trading floor)을 만드는 아이디어를 생각해냈다.[14] 각 핏은 특정 기초물의 파생상품을 거래하는 장소로 지정되었다. 따라서, S&P 500 핏이나 유로달러 핏이 있었을 것이다. 거래량이 적은 계약들은 모아져 같은 핏에서 거래되곤 했다. 핏의 다양한 위치는 특정 만기를 가진 파생상품을 거래하는 장소로 지정되었다. 따라서, 당신이 3월물 장기 재무부채권 선물을 거래하길 원했다면, 핏의 특정한 위치에 서 있어야 했을 것이다.

핏거래는 **공개호가(open outcry)** 시스템으로 기술된다. 거래자들은 구두 및 지정된 수신호 체계로 거래할 의사를 알린다. 거래는 1미터 미만의 거리에 있는 두 사람이 할 수도 있으나 꽤 멀리 떨어져 있어서 서로의 수신호만을 볼 수 있는 두 사람이 할 수도 있다. 거래자들은 일반적으로 그들이 누구를 위해 일하는지 식별하는 데 도움이 되는 특정 색상의 재킷을 입는다. 또한 그들을 개별적으로 식별하는 두문자어(acronyms)가 있는 배지(badges)를 착용한다.

핏거래는 100년 이상 파생상품 산업에 상당한 도움이 되어 왔지만, 단점도 많다. 우선 한 가지는 그것이 매우 물리적이라는 것이다. 떠밀고 밀치는 것과 신체적 압박은 허용되지 않으나, 키가 크고 목소리가 큰 사람들이 다른 거래자들에게 더 쉽게 눈에 띄고 들릴 수 있기 때문에 엄청난 이점이 있다는 데는 의문의 여지가 없다. 그런 이유로 여성들은 특히 불리하다. 거래 핏들 역시 극도로 시끄럽고, 빠르게 움직이는 광란의 시장에서 누군가가 말한 것을 듣거나 핏을 가로질러 누군가와 비언어적으로 소통하는 것이 종종 쉽지만은 않기 때문에 자주 오류가 발생한다. 거래소가 밤사이에 거래를 처리할 때 잡히는 이러한 불일치는 **부정확한 거래(out-trade)**라고 하며, 다음 날까지 두 당사자가 조정해야 한다. 부정확한 거래는 공개호가 시스템의 일상적인 그러나 거의 알려지지 않은 비용이다.

1980년대에 데스크탑 컴퓨터의 출현과 함께, 거래소들은 전자거래 시스템으로 옮겨가기 시작했다. 이를 통해 중앙 컴퓨터에 매입/매도 제안을 입력할 수 있으며, 중앙 컴퓨터는 시장에 대한 접근이 허용된 사람들에게 그 제안을 보여준다. CME는 자사의 GLOBEX 시스템으

14 핏(pit)은 일반적으로 각각의 높이가 다른 일련의 동심 팔각형들(concentric octagons)이다.

로 전자거래를 개척하였으며, 이 시스템은 여전히 사용 중이다. 주로 핏거래를 사용했던 거래소들은 처음에는 핏이 개장되지 않은 시간, 즉 정상적인 영업시간 이외의 시간에만 전자거래 시스템이 작동하도록 허용했다. 핏거래자들은 이들 거래소에서 상당한 영향력을 가지고 있었고, 그들의 핏거래 활동이 전자거래 때문에 사람들의 관심에서 멀어지는 것을 원치 않았다.

기술의 발전과 어린 시절부터 컴퓨터로 모든 일을 처리하는 데 익숙한 신세대 거래자들로 인해 핏거래는 결국 인기가 시들해졌다. 오랜 핏거래 역사가 없는 미국 외 거래소들은 전자거래의 이점을 빠르게 수용했다. 경쟁 압박과 고객 요구의 증가에 따라 CME는 GLOBEX 거래시간을 확대하기 시작했다. 오늘날, CME GLOBEX 거래량은 자사 핏거래량의 약 10배이며, 일부 계약들은 GLOBEX 시스템에서만 거래된다. 핏거래는 일부 거래소에서 여전히 사용되고 있지만, 오늘날의 시장에서는 분명히 지배력이 작다.

파생상품 거래는 핏거래(pit trading)와 같이 매우 물리적인 프로세스로 시작했지만, 전자 플랫폼으로 빠르게 옮겨가고 있다.

모든 형태의 전자상거래와 마찬가지로, 전자거래가 완벽한 것은 아니나 핏거래에 비해 엄청난 이점을 제공한다. 앞서 언급한 것처럼, 핏거래자는 주문을 쉽게 오해할 수 있고 그가 생각하기에 정반대 포지션으로 같은 거래에 들어간다고 생각하는 다른 당사자와 거래에 들어갈 수 있다. 전자거래는 이런 부정확한 거래를 크게 줄인다. 전자거래는 또한 키와 목소리가 큰 사람들이 갖는 이점을 줄인다. 모든 사람이 시장에 거의 동등하게 접근할 수 있다. 거래자들이 직접 특정 장소에 올 필요도 없다. 인증된 컴퓨터 단말기만 있으면 된다.[15]

2-3d 거래 방법

옵션이나 선물을 거래하려는 개인은 먼저 중개회사(brokerage firm)에 계좌를 개설해야 한다. 그런 다음 중개인에게 특정 옵션을 사거나 팔도록 지시한다. 중개인은 해당 옵션이 거래되는 거래소의 자사 장내 중개인(floor broker)에게 주문을 보낸다. 모든 주문은 정규 거래시간에 실행되어야 하며, 그 시간은 기초물에 따라 다르다. 개인은 여러 유형의 주문 중 하나를 낼 수 있다. **시장가 주문(market order)**은 장내 중개인에게 최상의 가격을 얻도록 지시한다. **지정가 주문(limit order)**은 매입 시 지불할 최고 가격 또는 매도 시 수취할 최저 가격을 지정한다. 지정가 주문은 **취소될 때까지 유효한 주문(good-till-canceled order)**이 되거나 그 날의 잔여 시간 동안 유효한 **당일 주문(day order)**이 될 수 있다. 끝으로, 특정 옵션을 보유한 사람은 현재 가격보다 낮은 가격에 **역지정가 주문(stop order)**을 낼 수 있다. 시장가격이 지정된 가격으로 떨어지면, 중개인은 가능한 최상의 가격에 옵션을 매도하도록 지시받는다. 다른 우발 상황을 처리하도록 고안된 몇 가지 다른 유형의 주문들도 있다.

투자자가 매입하거나 매도하려는 옵션을 지정하는 것 외에도, 주문에는 원하는 계약 수를 표시해야 한다. 경우에 따라서는 요청된 가격에 원하는 양을 거래하려는 사람이 없어 주문이 완전히 체결되지 않을 수 있다. 이런 유형의 주문체결이 투자자에게 바람직하지 않은 경우,

15 그러나 인증된 터미널들은 거래소 회원들에게만 주어진다. 비회원들은 중개인(brokers)을 통해 거래해야 하며, 중개인은 자신이 회원이거나 회원에게 만든 계정을 가지고 있다. 회원자격에 대해서는 나중에 논의할 것이다.

투자자는 중개인이 한 가격으로 모든 주문을 체결하거나 그중 어떤 것도 체결되지 않도록 지정하는 **전량체결주문(all or none order)**을 낼 수 있다.

2-3e 주문의 개시 및 청산

현재 파생상품 포지션이 없는 시장참여자가 파생상품에 대해 주문하길 원하면, 그는 신규주문을 하는 것이다. 5월 초에 한 투자자가 현재 주당 약 $595에 거래되고 있는 애플 주식에 기초한 6월물 콜옵션 10계약을 매입하려 한다고 가정하자. 투자자가 $600의 행사가격을 선택한다고 하자. 이 옵션은 CBOE에서 거래되고 있었으며, 약 $14에 매입할 수 있었다. 각 계약은 주식 100주를 커버한다. 투자자는 중개인을 통해 주문을 하고, 그 중개인은 옵션거래소에 있는 자사의 중개인에게 연락하여 주문을 입력할 것이다. 애플에 기초한 옵션은 매우 활발하게 거래되기 때문에, 그 주문은 빠르게 체결될 것이다. 투자자가 시장가 주문을 내고 $14의 가격을 받았다고 가정하자. 그러면 이 투자자는 애플의 6월물 600 콜옵션에 대해 10계약의 신규 매입포지션을 설정한 것이다. 이 거래의 반대편에는 매도자가 있을 것이다. 매입자는 매도자에게 $\$14 \times 100 \times 10 = \$14{,}000$를 지불할 것이다. 이 돈은 청산시스템으로 들어갈 것이며, 이에 대해서는 나중에 논의할 것이다.

시장 상황이 변함에 따라, 가격 또한 변동할 것이다. 이후의 장들에서 살펴보겠지만, 애플 주식의 가격변화, 애플 주식의 변동성에 대한 시장의 인식 변화, 그리고 단순한 시간의 경과는 모두 옵션의 가치를 변화시킬 것이다. 애플 콜옵션 보유자는 콜옵션 매도를 결정해서 이익이나 손실을 실현할 수 있다. 6월 1일에 콜옵션가격이 주당 $15로 상승하고, 콜옵션 보유자는 콜옵션을 매도하여 이익을 취하기로 결정한다고 가정해보자. 그런 다음, 그는 매도주문을 낸다. 그의 중개인이 주문을 제출하고, 그가 주당 $15에 전체 주문을 체결한다고 가정하자. 원래 $14,000가 청구되었던 그의 계좌에는 이제 $15,000가 입금될 것이고, 그의 옵션포지션은 없어진다.[16]

신규 거래의 다른 당사자인 원래의 옵션매도자는 청산 거래의 당사자가 아닐 수 있다. 실제로, 옵션매입자가 신규 포지션을 취했을 때, 매도자는 이전에 애플의 6월물 600 콜옵션을 10계약 보유한 사람이었고, 단지 그의 포지션을 청산하려고 했을 가능성도 있다. 우리 투자자가 6월 1일에 그의 포지션을 청산했을 때, 그 콜옵션을 매입했던 당사자는 이 옵션에 대해 신규 매입포지션을 설정하길 원했던 사람이었을 수 있다. 또는, 이전에 콜옵션을 매도했고 그 콜옵션을 매입하기를 원했던 사람, 따라서 자신의 옵션포지션을 없애려는 사람이었을 수 있다. 투자자가 이전에 취한 포지션과 반대포지션을 취하는 파생상품거래를 **반대매매(offset 또는 offsetting transaction)**라고 한다.

신규 거래는 **미결제약정(open interest)**이라는 새로운 활동 척도를 생성할 수 있다. 방금 논의했던 애플의 6월물 600 옵션을 고려해보자. 아직 아무도 옵션을 거래하지 않았다면, 첫 거래는 미결제약정 10계약을 생성했을 것이다. 어떤 사람이 자신의 포지션을 반대매매하

16 물론, 그는 그의 옵션 전부가 아닌 일부만을 매도할 수도 있었다.

면, 미결제약정은 감소할 수도, 그렇지 않을 수도 있다. 신규 포지션을 취하는 사람과 반대매매를 한다면 미결제약정은 감소하지 않을 것이다. 포지션을 청산하는 사람과 반대매매를 한다면 미결제약정은 감소할 것이다. 마찬가지로, 신규 포지션은 미결제약정을 증가시킬 수도, 그렇지 않을 수도 있다. 신규 포지션을 취하는 당사자가 포지션을 청산하는 사람과 거래를 수행하면, 미결제약정은 동일하게 유지된다.

동일한 파생상품 계약이 한 당사자로부터 다른 당사자에게 실제로 이전될 수 있다는 것이 분명해야 한다. 이러한 이전은 다양한 가격에서 발생하고, 그 결과 각 당사자에게 이익과 손실이 발생한다. 이러한 이전 외에도, 신규 계약이 생성될 수 있다. 이 신규 계약들은 미결제약정의 증가를 초래한다. 미결제약정의 감소는 두 거래당사자가 이전에 설정된 포지션을 반대매매할 때 발생한다. 한 당사자만 포지션을 반대매매하는 경우, 파생상품계약은 한 당사자로부터 다른 당사자에게 이전되는 것일 뿐이므로 미결제약정은 감소하지 않는다. 거래의 이러한 특성은 기본적으로 선물뿐만 아니라 옵션에 대해서도 같다. 미결제약정의 개념은 옵션과 선물에 대해 동일하다.

거래량은 활동량의 좋은 척도이지만, 미결제약정은 유동성의 좋은 척도이며 얼마나 많은 계약이 신규로 취해졌고 반대매매되지 않았는지를 의미한다. 미결제약정은 유동성의 유일한 척도가 아니며 반대매매의 의도를 나타내지도 않으나, 시장의 깊이에 대한 기본적인 척도를 제공한다. [표 2.1]을 다시 참조하면, 20개 최대 파생상품거래소의 미결제약정 수치를 볼 수 있다. 가장 큰 거래소인 CME Group은 2013년 말 약 8,400만 계약의 미결제약정을 보유했지만, 두 번째로 큰 거래소인 ICE는 13,500만 계약이 넘는 미결제약정을 보유했다.

2-3f 만기와 행사 절차

앞서 언급했던 것처럼, 신규로 생성된 파생상품계약은 나중에 반대매매에 들어감으로써 종료될 수 있다. 반대매매는 단순히 파생상품을 다른 사람에게 전달하는 결과를 초래할 수 있으며, 이때 인수자는 파생상품의 권리와 의무를 인수하게 된다. 아니면, 반대매매는 파생상품계약의 완전한 제거를 초래할 수 있는데, 이는 두 거래당사자 모두가 반대매매를 할 때 발생한다. 파생상품계약은 만기까지 보유하거나, 옵션의 경우 옵션을 행사함으로써 종료될 수도 있다.[17]

거래소는 표준화된 계약조건의 일부로서 만기와 행사 절차를 설정한다. 만기에 옵션과 선물은 해당 계약에 대한 표준 절차로서 거래소가 선택한 방법에 따라, **실물인도(physical delivery)**나 **현금지불(cash settlement)**로 결제될 수 있다. 실물인도 거래는 한 당사자가 다른 당사자에게 기초물을 실제로 인도하는 것과 관련된다. 원유(crude oil)를 구매하기 위한 선물계약을 고려해보자. 뉴욕상업거래소(NYMEX)에서 거래되는 원유 선물계약의 표준 크기는 1,000배럴(barrels)이다.[18] 계약이 만기가 될 때, 한 계약을 매도한 당사자는 매입한 당사자에게 1,000배럴의 원유를 인도해야 한다. 특정 당사자가 옵션을 행사하기로 선택한 경우, 원래 거래

17 계약이 종료되거나 제거된다고 말할 때, 새로운 동일 계약을 거래할 수 없다는 의미는 아니다. 단지 문제의 특정 포지션을 종료시킴으로써 미결제약정이 감소한다는 의미이다.

18 1배럴은 원유 42갤런(gallons)이다.

가 이루어졌을 때 거래상대방이었던 당사자가 반드시 그 계약의 행사 대상이 되는 것은 아니다. 물론, 만기에 이점은 중요하지 않다. 내가격 옵션을 보유한 모든 당사자가 옵션을 행사해야 할 것이기 때문이다. 그러나 미국식 옵션의 경우 만기 전에 행사가 일어날 수 있다. 그러면 파생상품거래소는 동등한 매도포지션을 보유한 당사자를 찾는다. **배정(assignment)**이라고 하는 이 과정은 무작위로 또는 선입선출(first-in, first-out) 기준으로 행해질 수 있다. 배정이 되면, 콜옵션을 매도한 당사자는 원유를 인도해야 하며, 풋옵션의 경우 매도자는 원유를 인수해야 한다.

계약은 인도가 실행되는 방법을 정확히 명시한다. 매도포지션 보유자는 일반적으로 기초물의 여러 변형 중 하나를 인도할 수 있는데, 이 점은 이후 장들에서 자세히 논의될 것이다. 일반적으로 매도포지션 보유자는 허용된 다양한 장소로 기초물을 인도할 수 있다. 매입포지션 보유자는 인도를 수락해야 하며, 따라서 기초물을 소유하게 되고 당연히 대금을 지불해야 한다.

옵션의 경우, 인도는 매입포지션 보유자가 옵션을 행사하는 프로세스에 의해 이루어진다. 가령, 애플의 6월물 600 옵션의 경우, 만기일에 애플의 주가가 $604라고 하자. 콜옵션 보유자는 옵션을 행사할 것이고, 따라서 애플 주식에 대해 주당 $600를 지불하는 데 동의할 것이다. 매도포지션 보유자는 주식을 인도할 의무가 있으며, 그것은 전자장부 입력을 통해 수행되고 그에 대한 대가로 주당 $600를 받는다. 10계약이 모두 행사되었다면, 이 행사로 인해 주식 1,000주가 인도되고 대금이 지불되었을 것이다. 만기에 주가가 $600 아래라면, 매입포지션 보유자는 그냥 옵션이 만기가 되도록 내버려 둘 것이다. 거래소가 기록에서 옵션을 제거하더라도 거래는 발생하지 않을 것이다. 옵션이 더 이상 존재하지 않으므로, 어떤 당사자도 해당 옵션에 대한 포지션을 보유하지 않을 것이다.

선물거래소들은 일반적으로 실물인도에 참여하는 또 다른 방법을 제공하는데, **EFP (exchange-for-physicals)** 또는 **AA(against actuals)**로 알려진 것이다. 매입자와 매도자가 대안적인 인도 절차에 동의할 경우, 거래소는 이를 승인할 것이다. 예를 들어, 매도자가 미국 오클라호마주 쿠싱에서 원유를 인도할 의무가 있지만 필라델피아에 원유를 비축하고 있는 경우, 매입자가 필라델피아의 한 장소에서 원유를 받고자 한다면, 매도자는 그곳으로 원유를 인도할 수 있다. 또한, 두 거래당사자는 가격 차이를 협상할 수도 있다.

일부 파생상품 계약의 경우, 실제 기초물을 인도하는 것이 상대적으로 비현실적이다. 거래량이 많은 CME의 유로달러 선물계약은 유로달러 정기예금에 기초한 파생상품으로, 이 예금은 한 런던 은행이 다른 런던 은행에 달러로 대출을 하는 것이다. 만기에 유로달러 선물계약은 거래에 참여하는 여러 런던 은행들에 의해 호가된 평균 대출금리에 기초해 결제된다. 유로달러 정기예금은 런던 은행만 소유할 수 있기 때문에, 실제 기초물을 인도하는 것은 현실적이지 않다. 다른 시장참여자들은 인도할 기초물을 얻을 수 없다. S&P 500과 같은 주가지수에 기초한 파생상품도 비슷한 문제가 있다. S&P 500은 가치가중 주가지수로서, 발행주식수에 따라 주식들을 결합하는 가상의 포트폴리오를 의미한다.[19] 투자자가 S&P 500을 인도하는 것은 현실적이지 않을 것이다.

19 S&P 500과 같은 많은 지수들은 상장되어 거래되는 발행주식수를 기준으로 만들어진다. 비공개로 보유되고 거래된 적이 없는 일부 주식들은 제외된다. 나머지 주식들은 유통주식이라고 한다.

이런 유형의 상황과 몇 가지 상황을 더 수용하기 위해 거래소들은 현금결제로 알려진 일종의 인도절차를 만들었다. 누군가가 행사가격이 1,875인 S&P 500 콜옵션을 매입했다고 가정하자. 그리고 만기에 S&P 500이 1,890이었다고 하자. 이론적으로 콜옵션 보유자는 1,890의 가치가 있는 자산에 1,875를 지불하고 15의 이득을 얻을 것이다. 현금결제 절차는 그러한 자산을 인도하는 개념을 생략하고, 단순히 매도포지션 보유자가 매입포지션 보유자에게 단위당 $15를 지불하도록 한다. 이 계약의 공식 크기는 100단위이므로, 매입포지션 보유자는 매도포지션 보유자로부터 현금 $1,500를 받게 된다. 그러면 계약은 종료된 것으로 간주된다.

현금결제는 파생상품을 결제하는 매우 효율적인 방법이다. 현금을 이전하는 비용은 증권 및 특히 실물상품을 이전하는 비용보다 훨씬 적기 때문에, 의심할 여지 없이 현금결제는 두 당사자의 비용을 줄인다. 인도를 쉽게 이행할 수 있는 계약이라도 현금결제가 가능하다. 앞서 논의했던 애플의 6월물 600 옵션을 고려하자. 만기에 애플의 주가가 $604였다면, 콜옵션 보유자는 주당 $600를 지불하고 $604의 가치가 있는 주식을 받을 것이다. 따라서 주식 100주에 대한 순이득은 $400이다. 대신, 옵션이 현금으로 결제되었다면, 매입포지션 보유자는 매도포지션 보유자로부터 단순히 $4 × 100 = $400를 받게 될 것이다. 매입포지션 보유자가 실제로 애플 주식을 소유하기를 원했다면, 시장에서 주당 $604에 주식을 살 수 있었을 것이다. 매도포지션 보유자로부터 주당 $4를 받으므로 그는 사실상 주당 $600를 지불하는 것이 되고, 이는 계약이 그에게 부여한 것(주당 $600에 주식을 살 수 있는 권리)과 정확히 일치한다.

현금결제가 제공하는 단순성에도 불구하고, 그것은 약간의 논란을 불러일으켰다. 일부 규제당국과 정치인들은 현금결제 계약들이 기초물 시장과 동떨어진 부차적인 내기(side bets)일 뿐이라고 생각하였다. 그러나, 실물인도 계약들은 한 당사자가 실제로 자산을 취득하거나, 옵션의 경우 최소한 자산을 취득할 권리를 갖도록 설계된 것으로 본다. 그러나 대부분의 실물인도 계약들은 실제 인도를 초래하지 않으므로, 그런 견해는 잘못된 것이다. 실물인도 계약들은 대개 만기 전에 반대매매된다.

2-4 장외파생상품 거래

장외파생상품시장은 비공식 시장으로, **딜러(dealers)**라고 하는 한 무리의 기업들과 **최종사용자(end users)**라고 하는 또 다른 무리로 구성된다. 파생상품 딜러는 파생상품으로 시장을 조성한다. "시장을 조성한다"라는 것은 **매입호가(bid price)**라고 하는 딜러가 사려는 가격과 **매도호가(ask price)**라고 하는 딜러가 팔려는 가격을 제시한다는 것을 의미한다.[20] 대부분의 딜러들은 금리, 주요 통화 및 주가지수 파생상품과 같은 일반적인 거래에서 일상적으로 시장을 조성한다. 그러나 딜러들은 일반적이지 않은 파생상품 포지션에도 가격을 제시할 능력이

20 매도호가는 때때로 "offer" 가격이다.

있다. 예를 들어, 한 통화가 덴마크 크로네(krone)이고 다른 통화가 남아프리카공화국의 란드(rand)인 통화스왑을 원하는 경우, 대규모 다국적 운영을 하는 딜러는 이 특정한 거래에 대해 시세를 제시할 가능성이 높다. 딜러는 또한 복잡한 파생상품 거래에 대한 시세를 제안하도록 요청받을 수 있는데, 그런 거래는 한 아시아 주가지수가 특정 수준 이상으로 상승하면 조기에 종료되는 유럽 주가지수 옵션 같은 것이다. 우리는 이 책의 뒷부분에서 이런 복잡한 파생상품들 중 일부를 살펴볼 것이다.

거래의 반대편에는 최종사용자가 있다. 일반적으로 최종사용자는 딜러에게 접근하여 특정 거래에 대한 시세를 요청한다. 따라서 최종사용자는 보통 거래를 하는 데 가장 먼저 관심을 표하는 당사자이다. 딜러는 거래를 희망하는 당사자들을 어느 정도 기다린다. 최종사용자를 기업 및 투자관리회사로 생각하는 경향이 있으나 최종사용자는 정부, 고액 순자산 보유자, 또는 마침 파생상품이 특별히 필요한 다른 딜러일 수도 있다.

한때 최종사용자는 딜러로부터 전화로 시세를 받곤 했다. 기술의 발전, 특히 블룸버그(Bloomberg) 및 안전한 인터넷 사이트들과 같은 서비스의 발전으로 시세를 전자적으로 전송할 수 있게 되었다. 실제로 딜러와 최종사용자에게 시세를 보여주고 거래의 실행을 도와주는 많은 수의 전자시스템이 있다. 스왑시장에서는 이를 **스왑체결기구(swap execution facilities; SEF)**라고 하며, 일반적으로는 **거래플랫폼(trading platforms)**이라고 한다.

스왑체결기구는 스왑거래를 용이하게 하는 전자거래 플랫폼이다.

두 당사자가 장외거래에 참여하기로 합의하면, 그들은 각자가 상대방을 위해 무엇인가를 하겠다고 약속하는 양자 간 계약(bilateral contract)을 체결한다. 분명히 한 당사자가 해야 할 일을 하지 않을 가능성이 있으며, 이런 위험을 파산위험(default risk) 또는 신용위험(credit risk)이라고 한다. 최근 몇 년간 법적인 요건이 변경되기 전까지 장외거래 당사자들은 다양한 수단을 통해 이 위험을 관리하였다. 하나는 두 당사자가 법적 분쟁으로 끝날 경우 법률제도에 의해 뒷받침될 것으로 예상되는 명시적인 계약서를 작성하는 것이다. 장외파생상품시장 초기에는 계약 체결에 몇 주가 소요될 수 있었고 변호사들의 값비싼 작업이 상당히 필요할 수 있었다. 그 프로세스의 속도를 높이기 위해 주요 장외파생상품시장 참여자들은 두 가지 주요 조치를 취했다. 그들은 먼저 국제스왑파생상품협회(International Swaps and Derivatives Association, ISDA)라는 조직을 결성하였다.[21] 그런 다음, ISDA는 모든 거래에 공통적인 모든 법적 이슈들이 변호사들에 의해 공인된 **ISDA 기본계약서(Master Agreement)**라고 하는 표준계약서 견본을 만들었다. 그러면 일반적으로 재무적인 조건과 날짜만을 포함하는 계약서 공란들은 계약별로 입력될 수 있었다. ISDA는 또한 기본계약서에서 참조된 일련의 정의를 만들었다. 용어의 정의에 대한 모든 의문은 ISDA 정의에서 찾아봄으로써 간단히 해결되었을 것이다. ISDA 기본계약서의 가장 중요한 사항 중 하나는 상계(netting) 프로세스에 관한 것이다. 한 당사자가 다른 당사자에게 채무를 이행하지 못하는 경우, ISDA 기본계약서는 두 당사자가 서로에게 빚진 모든 의무를 상계한다고 명시한다. 상계는 전체 신용위험을 크게 감소시키며, 이

21 처음 결성되었을 때, ISDA는 국제스왑딜러협회(International Swap Dealers Association)라고 하였다.

에 대해서는 나중에 더 자세히 논의할 것이다. ISDA는 또한 담보예치로 신용위험을 관리하는 방법을 다루기 위해 신용보강부속서(Credit Swap Annex)라는 문서를 만들었다.

거래를 수행하고 신용위험을 관리하기 위해 본질적으로 두 거래당사자가 서로 직접 관여하는 경우, 그 프로세스를 **양자 간 청산(bilateral clearing)**이라고 한다. 이 장의 뒷부분에서 우리는 다자 간 청산(multilateral clearing)에 대해 논의할 것이다. 2010년에는 파생상품시장 규제 구조의 큰 변화로 인해 해당 규제가 보다 면밀한 규제 대상이 되기 시작했다. 더 많은 장외거래가 이제 청산소를 통해 실행되고 있고, 따라서 다자 간으로 청산된다. 이 장의 뒷부분에서 이러한 변화에 대해 논의할 것이다.

1장에서 우리는 장외시장의 규모를 측정하는 두 가지 척도를 설명하였다. 2013년 말 현재 모든 장외파생상품의 명목금액은 약 710조 달러, 시장가치는 약 19조 달러였다. 명목금액은 기초물의 규모를 측정하는 척도이다. 1억 달러에 대한 이자지급을 요구하는 스왑은 명목금액이 1억 달러이며, 이 숫자는 계약서에 기록된다. 파생상품의 시장가치는 해당 거래의 현재가치를 측정하는 척도로서, 현금유입액의 가치에서 기대 현금유출액을 뺀 값을 의미한다. 시장가치는 추정치이지만 위험에 노출된 금액을 더 잘 반영한다. 그림 2.2, 2.3, 2.4는 세 가지 주요 유형의 장외파생상품인 선도, 스왑, 옵션의 명목금액과 시장가치를 보여준다. 이 자료는 국제결제은행(BIS)이 실시한 반기별 조사에서 가져온 것이다. 데이터를 모으는 방식 때문에 선도와 스왑 그래프는 금리 및 통화 선도만을 반영하지만, 이들이 시장의 압도적인 부분을 차지한다. 옵션 데이터는 실물상품 옵션을 제외한 금리, 통화, 주식 옵션만을 반영한다.

■■ 그림 2.2 장외 외환 및 금리 선도계약의 명목금액과 시장가치

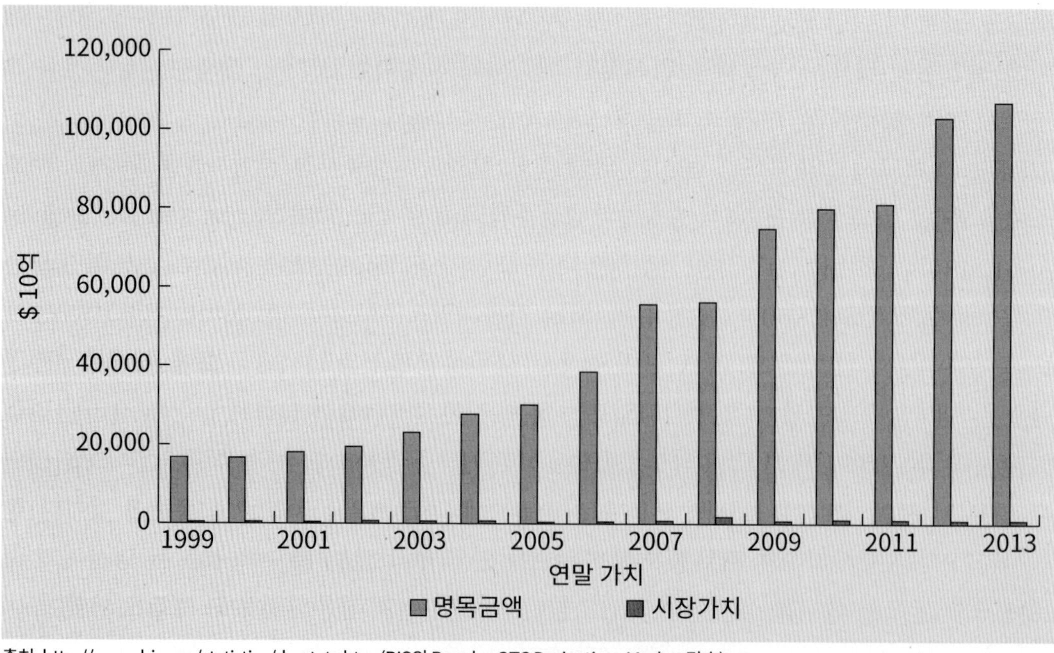

출처: http://www.bis.org/statistics/derstats.htm (BIS의 Regular OTC Derivatives Market 각호)

■■ 그림 2.3 장외 외환 및 금리 스왑의 명목금액과 시장가치

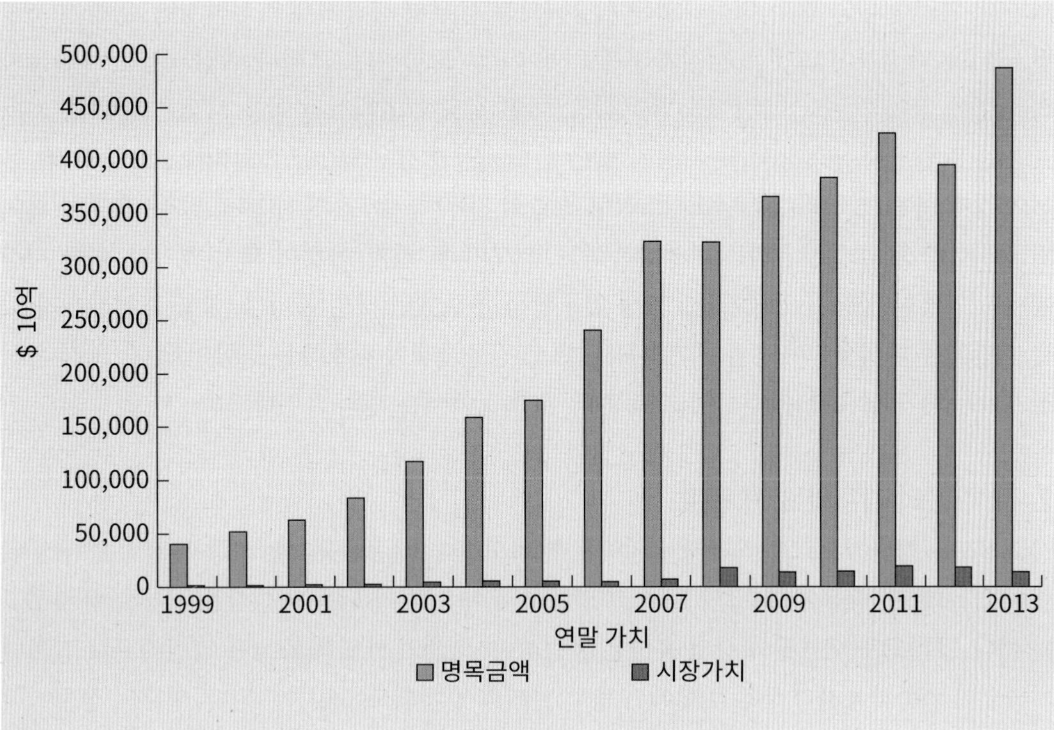

출처: http://www.bis.org/statistics/derstats.htm (BIS의 Regular OTC Derivatives Market 각호)

■■ 그림 2.4 장외 외환, 금리, 주식 옵션의 명목금액과 시장가치

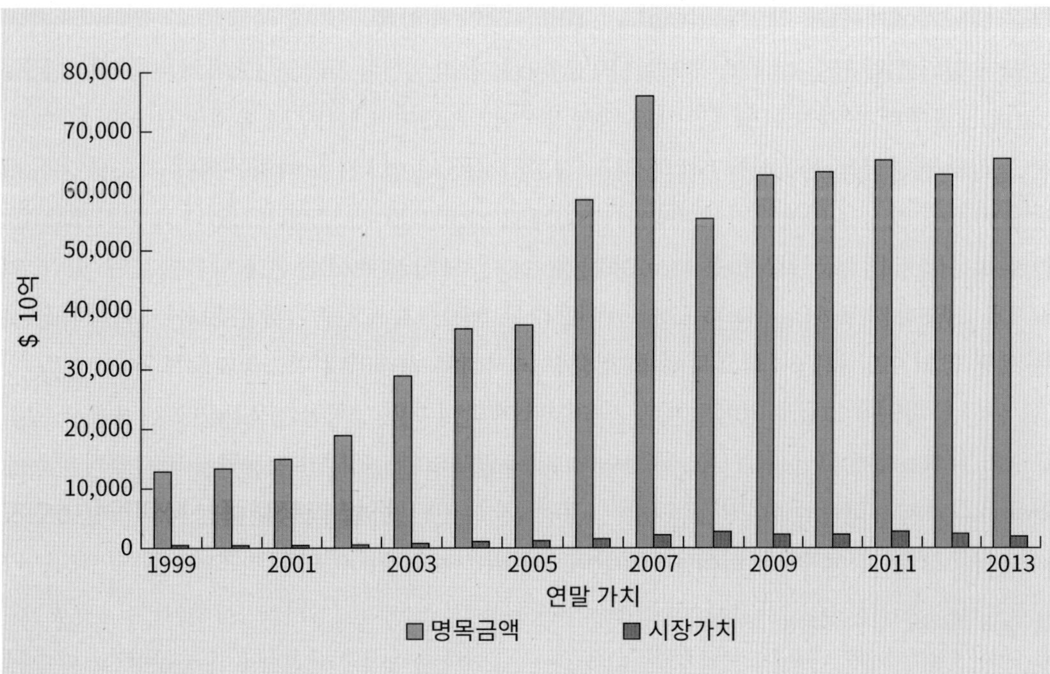

출처: http://www.bis.org/statistics/derstats.htm (BIS의 Regular OTC Derivatives Market 각호)

먼저, 1장에서 언급했던 점으로 시장가치는 명목금액의 작은 부분에 불과하다는 점에 유의하자. 언급한 바와 같이 명목금액은 시장규모를 상당히 정확하게 측정하지만, 위험에 노출된 금액을 과장하며 그것은 시장가치에 의해 더 잘 포착된다. 그러나 시장가치는 추정오차의 영향을 많이 받는다. 그럼에도 불구하고, 어떤 척도에 의해서건 이들 시장은 상당히 크다. 2013년 12월 현재 명목금액(및 시장가치)은 선도계약의 경우 약 107조 달러(9,320억 달러), 옵션의 경우 약 65조 달러(2조 달러), 그리고 스왑의 경우 약 487조 달러(14조 달러)였다. 스왑이 지금까지 가장 널리 사용되는 파생상품이고, 선도가 두 번째, 옵션이 세 번째이다. 이들 시장에서도 엄청난 성장이 있었지만, 그 성장이 항상 꾸준했던 것은 아니다. 금융 스트레스가 있는 기간에는 파생상품이 종종 적게 사용되므로 명목금액이 감소하는 경향이 있다. 그러나 시장가치는 쉽게 상승할 수 있으며, 변동성이 큰 시장에서는 흔히 그런다.

2-4a 주문의 개시와 조기 종료

장외거래는 일반적으로 만기까지 유지되도록 의도된다. 최종사용자는 보통 특정일에 특정 위험이 있는데, 이 때문에 그 날짜 또는 그 날짜 전후에 만기가 되는 파생상품 거래를 유지하고자 한다. 그러므로 대부분의 장외 옵션은 유럽식이다. 장외 선도 및 스왑은 일반적으로 만기나 지급일이 최종사용자가 특정 위험에 노출된 날짜와 일치되도록 맞춤화된다. 이후의 장들에서 왜 그것이 정말 중요한지, 그리고 어떻게 작동하는지 정확히 알게 될 것이다.

그러나 대부분의 장외 계약은 최종사용자의 요구가 변할 수 있고, 최종사용자가 만기 전에 포지션의 종료를 원할 수도 있다는 점을 인정한다. 상품은 표준화되어 있지 않기 때문에 다른 당사자에게 쉽게 양도될 수 없다. 그러나 장외 계약을 조기에 종료할 수 있는 두 가지 방법이 있다. 8월 1일, 미국의 제약회사인 Merck가 파생상품 딜러인 도이치은행(Deutsche Bank)으로부터 만기가 11월 1일이고 행사가격이 $1.55이며 100MM 유로(euro)를 살 수 있는 권리를 제공하는 콜옵션을 매입한다고 가정하자.[22] Merck가 도이치은행에 기초물인 유로당 $0.075의 가격을 지불하여 총비용이 €100MM × $0.075 = $7,500,000였다고 하자. Merck는 유로존에서 생산을 확대하는 데 사용할 유로를 확보하기 위해 옵션을 사용했을 수 있다. 이제 9월 15일에 유로화의 가치가 크게 하락했다고 하자. Merck는 이제 유로화가 저렴해진 것을 깨닫고 더 이상 옵션이 필요치 않으며 옵션 포지션을 반대매매하고 싶다고 결정할 수 있다.

거의 틀림없이 그랬을 터이지만, 두 당사자가 계약에 특정 조항을 넣었다면 Merck는 도이치은행과 반대매매에 들어갈 수 있었을 것이다. 8월 1일부터 9월 15일까지 유로가 하락했기 때문에 콜옵션의 가치는 하락했을 것이고, 따라서 Merck가 포지션 청산을 선택한다면 이 회사는 틀림없이 손실을 보게 될 것이다.[23] 이제 9월 15일에 옵션의 가치가 $0.062이고 기초물 유로당 $0.013의

22 MM은 금융의 문맥에서 백만의 표준약어이다.

23 다음의 몇 장들에서 우리는 콜옵션의 가치가 하락할 것이라고 알고 있는 이유를 좀 더 공식적으로 살펴보겠지만, 최소한 Merck가 유로화를 $1.55에 살 수 있는 옵션을 매입했다는 점을 알아야 한다. 이제 유로화의 가치가 $1.55보다 낮으므로, $1.55를 지불할 권리는 확실히 가치가 떨어진다.

손실이 있다고 가정하자. Merck가 반대매매를 선택하면, 도이치은행은 계약을 종료하고 Merck에 €100MM × $0.062 = $6,200,000를 지불할 것이다. 따라서 Merck는 130만 달러의 손실을 볼 것이다. 물론, 그 손실은 매입할 유로화 환율의 하락으로 부분적으로 상쇄될 수 있지만, Merck가 가질 수 있는 다른 거래와 상관없이 두 당사자는 더 이상 이 옵션을 가지고 있지 않다.

그러나 대안으로 Merck는 옵션계약을 반대매매하기 위해 다른 딜러를 자유롭게 찾을 수 있다. 반드시 도이치은행과 반대매매를 할 필요는 없다. 그러나 다른 딜러와 반대매매를 하게 되면, 재무위험은 상쇄되겠지만 또 다른 위험이 남게 된다. 어떻게 그렇게 되는지 살펴보자.

Merck가 해당 옵션을 $0.065에 살 의향이 있는 아메리카은행(Bank of America)으로부터 약간 더 나은 시세를 제안받았다고 가정하자. Merck가 아메리카은행에 옵션을 매도한다면, 아메리카은행은 Merck에 €100MM × $0.065 = $6,500,000를 지불한다. 그러나 이 경우 원래의 옵션은 새로운 옵션과 함께 여전히 살아있게 된다. 아메리카은행은 Merck의 옵션을 인수하지 않는다. 이 은행은 동일하면서도 별개의 옵션을 만든다. 기초물의 가격 움직임이 완전히 상쇄될 것이므로, 더 이상의 가격위험(price risk)은 없다. 만기에 유로가 $1.58라고 가정하자. Merck는 첫 번째 옵션을 사용하여 도이치은행으로부터 $1.55에 1억 유로를 산다. 그러나 아메리카은행은 Merck에 대해 옵션을 행사하여 유로의 인도(delivery)를 요구할 것이고 그 대가로 Merck에 $1.55를 지불할 것이므로, 만기에 사실상의 상쇄가 발생할 것이다. 만기에 환율이 $1.55보다 낮다면, 두 옵션은 모두 행사되지 않을 것이다. 따라서 설령 Merck가 두 번째 거래를 첫 번째 거래당사자가 아닌 다른 당사자와 했더라도, 옵션에 내재된 시장위험(market risk)은 완전히 제거된다.

그러나 Merck가 아메리카은행에 옵션을 매도할 때 상쇄되지 않는 다른 위험이 있는데, 바로 신용위험(credit risk)이다. 옵션이 $1.55보다 높은 기초물 가격으로 만기를 맞는다면, Merck는 도이치은행이 유로를 인도할 것으로 기대하는 반면, 아메리카은행은 Merck가 유로를 인도할 것으로 기대할 것이다. 국제적으로 충격적인 사건이 되겠지만 도이치은행이 채무를 불이행하더라도 Merck는 여전히 아메리카은행에 유로를 인도해야 할 의무가 있다. 법적으로 두 거래는 완전히 독립적이다. Merck가 도이치은행으로부터 들어올 유로를 받지 못했다고 주장함으로써 아메리카은행에 대한 의무를 피할 수는 없다.

선도 및 스왑에 대해 동일한 문제가 존재하며, 이 경우 채무불이행은 양자 간이다.[24] 옵션의 경우 적어도 일부 기간에서는 만기에 행사할 가치가 없을 것이므로 채무불이행이 발생하지 않을 수 있다. 선도나 스왑은 항상 한 당사자가 다른 당사자에게 지불하게 되므로 채무불이행의 가능성이 더 많다. Merck가 도이치은행과 반대매매를 하는 경우, 두 번째 거래가 완료되자마자 계약은 더 이상 존재하지 않는다. 그러나 다른 딜러와 반대매매를 하는 이점은 Merck가 시장을 둘러볼 수 있고 아마도 다른 딜러들이 더 나은 가격을 제시하기 위해 서로 경쟁하도록 할 수 있다는 데 있다.

24 양자 간 채무불이행은 쌍무적(bilateral)이라고 하며, 동시에는 아니지만 양측이 모두 채무를 불이행할 수 있다는 것을 의미한다.

2-4b 만기 및 행사 절차

장외 계약은 또한 행사와 만기 절차를 명시한다. 현금결제는 장외 계약에서 매우 보편적이지만 배타적으로 사용되지는 않는다. 절차는 본질적으로 거래소 파생상품에 대한 것과 같다. 현금결제 장외거래의 경우, 계약서에 최종가격이 어떻게 결정되는지 정확히 명시해야 한다. Merck가 도이치은행과 체결한 행사가격이 $1.55인 옵션계약을 고려하고, 이 계약이 현금결제된다고 가정하자. 옵션계약은 만기까지 유지된다고 하자. 만기에 환율을 결정할 필요가 있을 것이다. 이런 맥락에서 '만기에(at expiration)'가 의미하는 것은 정확히 무엇인가? 일반적으로 그런 계약에는 만기에 기초물의 공식적인 가격이 특정일 특정 시간에 결정된다는 조항이 있을 것이다. 종종 그 시점에서의 가격은 블룸버그(Bloomberg)와 같은 시장정보 제공자로부터 가져오거나 지정된 딜러 집단에 의해 제공되는 시세의 평균이 될 것이다. 어느 경우든, 계약은 만기에 계약이 정산되는 가격이 어떻게 결정되는지 명확하게 명시해야 한다.

2-5 청산 및 결제

우리는 계약의 개시와 반대매매 그리고 행사 및 만기 절차에 대해 살펴보았다. 그러나 계약의 시작과 종료 사이에는 많은 일들이 발생한다. 거래소 시장이 가장 큰 편익을 제공하는 지점이 바로 여기다: 신용손실에 대한 보장.

거래소 상장 파생상품 거래가 시작되면, 그것은 시장에서 신규 포지션을 설정한다. 앞서 언급한 것처럼, 파생상품거래소는 신용보증을 제공한다. 그것은 한 당사자가 다른 당사자로부터 돈을 벌면, 돈을 번 당사자는 그 돈을 회수할 걱정을 하지 않아도 된다는 것을 각 당사자에게 보장한다. 이런 보증을 제공하기 위해 각 파생상품거래소는 청산소의 서비스를 구축하거나 구입한다. 언급한 바와 같이, 모든 거래에 대한 중개인 및 보증인으로서의 청산소 개념은 선물시장 자체만큼 오래되지는 않았으며, 1925년 시카고상품거래소(CBOT)에서 최초로 조직되었다.

청산소는 단순히 파생상품거래소의 기업구조 내 한 부서일 수 있고, 또는 별도의 법인일 수도 있다. CBOT가 선도적인 파생상품거래소들 중 하나였을 때, 이 거래소는 현재의 모기업과 분리하여 Board of Trade Clearing Corporation(BTCC)이라는 별도의 청산법인을 설립하였다. CBOT의 주요 경쟁자였던 시카고상업거래소(CME)는 CME 기업구조 내에서 청산법인을 운영하였다. CBOT는 이제 CME의 일부이며, CME의 청산서비스를 통해 거래를 청산한다. BTCC는 현재 Clearing Corp으로 알려져 있으며, ICE가 소유하고 있고, 다른 많은 거래소의 거래를 청산한다. 1973년 거래소 옵션이 처음 만들어졌을 때, 몇몇 거래소가 컨소시엄을 구성하여 옵션거래를 위한 청산소를 만들었다. Options Clearing Corporation(OCC)으로 알려진 이 법인은 오늘날 많은 옵션거래소들에 의해 계속 사용되고 있다.

따라서 파생상품 청산소들의 법적 및 소유 구조는 다소 다르지만, 그들이 작동하는 기본 원칙은 본질적으로 같다. 우리는 선물계약을 사용하는 예를 통해 공부한 다음, 옵션이 어떻게 약간 다른 방식으로 청산되는지를 논의할 것이다.

2-5a 청산소의 역할

각 거래에 대해 분명히 매입자(the long)와 매도자(the short)가 있다. 청산소가 없을 경우, 각 당사자는 상대방에 대해 책임을 지게 될 것이다. 한 당사자가 채무를 이행하지 않으면, 다른 쪽은 가치 없는 청구권만 남게 될 것이다. 청산소는 각 거래에 대해 중개인의 역할을 맡는다. 청산소는 매도자가 이행할 것임을 매입자에게 보증하고 매입자가 이행할 것임을 매도자에게 보증한다. 사실상 청산소는 채무불이행 당사자가 해야 할 의무가 무엇이든 개입하여 그 의무를 이행함으로써 이를 수행한다. 선물거래의 모든 당사자는 청산회사 또는 청산회사에 계정이 있는 회사에 계정을 가지고 있어야 한다. 청산소의 재무계정에는 소유된 계약들과 그들 각각의 청산회사 그리고 매도된 계약들과 그들 각각의 청산회사에 대해 분리된 기록이 포함되어 있다. 청산소는 자체 회원사들만을 추적한다. 차례로, 청산회사는 개별 거래자와 기업의 매입 및 매도 포지션을 모니터링한다.

그림 2.5는 선물거래가 완료되고 청산될 때 돈과 정보의 흐름을 보여준다. 그림의 윗부분에는 매입자와 매도자가 있다. 그들은 각자의 중개인(brokers)을 통해 파생상품거래소에서 거래를 실행한다. 매입자와 매도자는 그들의 중개인에게 증거금(margin)을 예치하며, 각 중개인은 청산회사에 계정을 가지고 있다. 매입자와 매도자의 중개인들은 그 증거금을 청산회사에 전달한다. 각 청산회사는 청산소에 자금을 예치한다. 경우에 따라 매입자나 매도자, 또는 둘 다 거래소의 회원이므로 중개인이 필요 없으나, 그 경우 매입자와(나) 매도자는 청산회사에 계정이 있어야 하고 같은 방식으로 증거금을 예치해야 할 것이다.

그림 2.6은 옵션거래에 대해 동일한 프로세스를 보여준다. 옵션에 대한 청산소의 절차는 선물의 경우와 매우 유사하지만 한 가지 중요한 차이점이 있다. 옵션매입자는 거래 시작 시점에 현금 프리미엄 전액을 지불하며, 그것은 일반적으로 매도자에게 직접 전달될 것이다. 대신, 청산소가 개입하여 매도자의 프리미엄을 보유하고 매도자에게 거래의 위험에 따른 추가적인 자금을 예치하도록 요구한다. 기초물이나 관련 파생상품에 대해 다른 포지션이 없는 매도자는 위험에 완전히 노출된 것으로 간주되며, 기초물 가격과 행사가격의 관계에 따라 추가적인 자금을 예치해야 한다. 옵션포지션과 위험이 반대인 기초물이나 기초물에 대한 파생상품에 또 다른 포지션을 가지고 있는 매도자는 증거금 요건이 경감될 수 있다.

> 청산소는 파생상품거래에 대한 두 당사자의 계약이행을 보증한다. 계약위반이 발생하면, 청산소는 먼저 청산회사의 지불을 기대할 것이고, 그러면 청산회사는 중개인의 지불을 기대할 것이며, 중개인은 궁극적으로 매입자와 매도자의 지불을 기대할 것이다.

청산소는 두 거래당사자의 계약이행을 보증한다. 따라서, 어느 쪽도 상대방이 손실을 보상할 수 있을지 걱정할 필요가 없다. 청산소는 청산회사의 지불을 기대할 것이고, 차례로 청

■■ 그림 2.5 파생상품거래소 선물거래

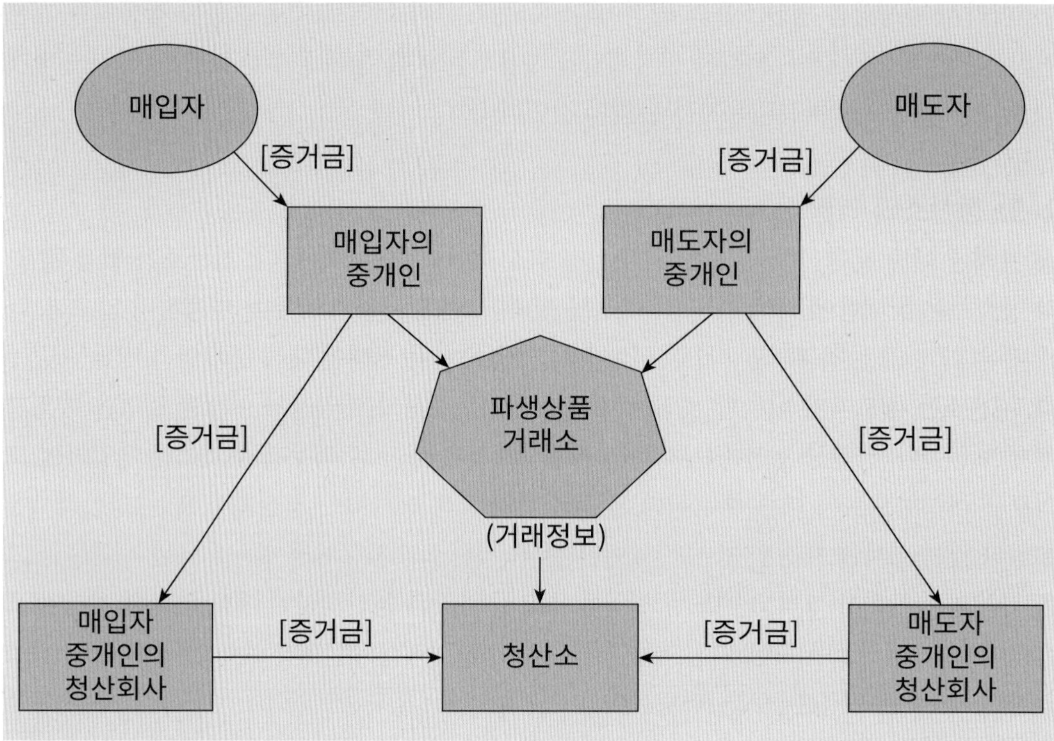

■■ 그림 2.6 파생상품거래소 옵션거래

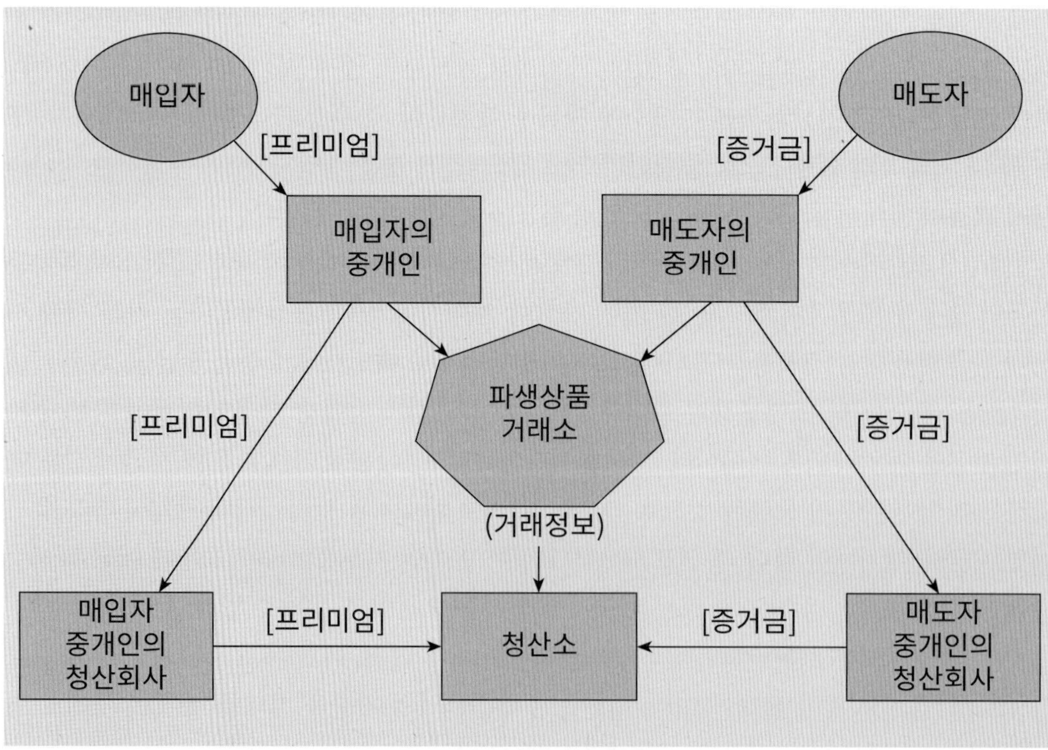

산회사는 중개인의 지불을 기대할 것이며, 중개인은 매입자와 매도자의 지불을 기대할 것이다. 다음으로, 우리는 일일정산(daily settlement) 프로세스를 통해 이것이 어떻게 작동하는지 살펴볼 것이다.

2-5b 일일정산

청산소가 신용보증을 하고 스스로의 생존을 보장하는 주요 수단은 증거금과 계정의 일일정산을 사용하는 것이다. 각 계약에는 거래가 개시되는 날 예치해야 하는 금액인 **개시증거금(initial margin)**과 이후 매일 유지되어야 하는 금액인 **유지증거금(maintenance margin)**이 있다. 스프레드(spread) 및 헤지(hedge) 거래에 대해서도 개시증거금과 유지증거금이 있으며, 이 거래들은 어느 정도 위험을 상쇄하므로 각 증거금이 일반적으로 순수 투기 포지션에 대한 증거금보다 낮다.

선물거래에 대한 예치증거금은 주식거래에 대한 증거금과 다르다. 주식거래에서 투자자는 증거금을 예치하고 중개인으로부터 나머지 주식 매입비용을 빌린다. 선물거래에서는 증거금 요건이 훨씬 작을 뿐만 아니라, 나머지 자금도 빌리지 않는다. 선물거래의 예치증거금은 신의성실에 입각한 보증금에 가깝다. 실제로 일부 거래소는 구분이 명확하도록 이 돈을 증거금(margins)이라기보다 **계약이행 보증금(performance bonds)**으로 부르는 것을 선호한다. 어쨌든, 거래 규모가 크고 적극적으로 거래하는 일부 투자자들은 유동성이 높은 단기증권을 증거금으로 예치할 수 있다. 다른 투자자들은 현금을 예치해야 한다.

> **TECHNICAL NOTE:**
> 증거금거래 및 공매도
> www.cengagebrain.com을 방문하여 ISBN 9781305104969를 검색하시오.

하루가 끝날 때마다 청산소 임원들로 구성된 위원회가 **정산가격(settlement price)**을 정한다. 이 가격은 일반적으로 그날의 마지막 몇 거래 가격들의 평균이다. 그런 다음, 정산가격을 사용하여 각 계정이 시가평가된다. 시가평가(marking to market)는 현재의 정산가격과 전일의 정산가격 간 차이가 결정되고, 이익 및 그에 상응하는 손실이 거래자들의 각 계정에 입금되고 청구된다는 것을 의미한다. 만약 정산가격이 상승(하락)했다면, 매입자(매도자)에게는 이득이, 매도자(매입자)에게는 손실이 발생한다. 이 금액은 손실이 발생한 당사자의 계정에서 이득이 발생한 당사자의 계정으로 이체된다. 따라서, 계정을 시가평가하는 것은 실제로 이익과 손실이 입금되고 지불되는 것을 의미한다. 때때로 **일일정산(daily settlement)**이라고도 하는 이 프로세스는 일반적으로 매일 저녁에 수행된다. 이 메커니즘은 시장 건전성을 보장하는 데 도움이 되는데, 큰 손실이 만기에 모두 상환되기보다는 따로따로 조금씩 상환되기 때문이다. 만기에 모두 상환하는 경우 손실 포지션 보유자는 손실을 상환하지 못할 수도 있다.

> 정산가격은 위원회에서 결정되며, 종종 그날의 마지막 몇 거래의 평균을 기반으로 하고, 시가평가 지불액을 계산하는 기준이 된다.

일일정산 절차를 설명하기 위해 한 예를 살펴보자. 8월 1일 금요일에 당신이 9월물 장기재무부채권 선물 한 계약을 116 27/32의 시가(opening price)에 매도한다고 가정하자. 이 선물의 한 계약은 액면가가 $100,000이므로 가격은 1.1684375($100,000) = $116,843.75이다. 개시증거금 요건은 $5,490이고 유지증거금 요건은 $4,400라고 가정하자. 당신은 8월 18일

연결하기_MAKING THE CONNECTION

청산소가 신용위험을 줄이는 방법

선물시장에 네 명의 참가자가 있다고 가정하자: 투자자 A, B, C, D. 다음 도표에서 볼 수 있듯이, 투자자 A는 B에게 $100, B는 C에게 $50, C는 D에게 $40, 그리고 D는 A에게 $30를 빚지고 있다.

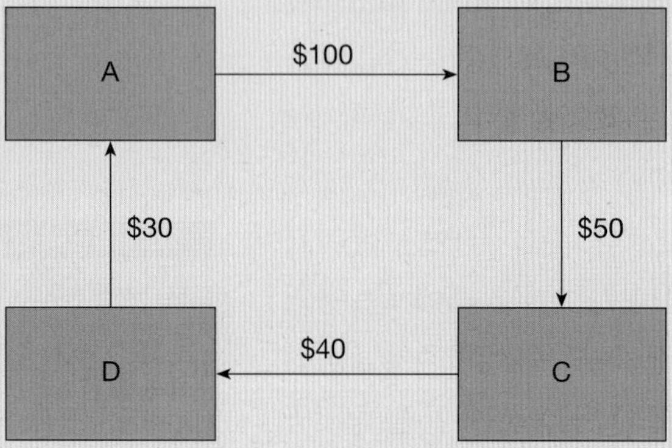

A가 B에 대한 채무를 이행하지 않는다고 가정하자. 그러나 B는 A로부터 받아야 할 $100가 절실히 필요하고, 따라서 어쩔 수 없이 C에 대한 채무를 이행하지 못하게 된다. 마찬가지로, C도 B로부터 $50가 필요하고 D에 대한 채무를 이행하지 못하게 된다. 차례로 D 또한 A에 대한 채무를 이행하지 못하게 된다. 시장 전체에서 훨씬 더 대규모로 발생하는 이런 채무불이행 사슬을 시스템 위험(systemic risk)이라고 한다.

청산소는 이런 위험을 크게 줄일 수 있다. 이 그림에 청산소를 넣어보자. 우리가 CLH이라 부를 청산소는 다음의 방식과 같이 빚진 모든 현금흐름이 청산소에 지불되고, 받아야 할 모든 현금흐름이 청산소로부터 나올 수 있도록 설정된다.

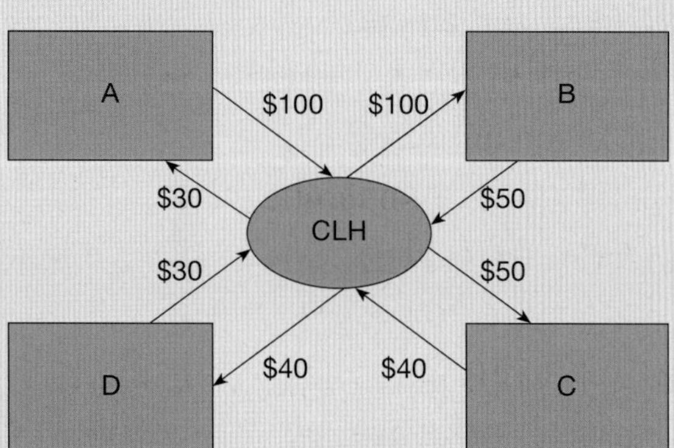

청산소는 이 모든 포지션을 통합해서 다음과 같이 빚지고 받아야 할 순금액을 산출한다.

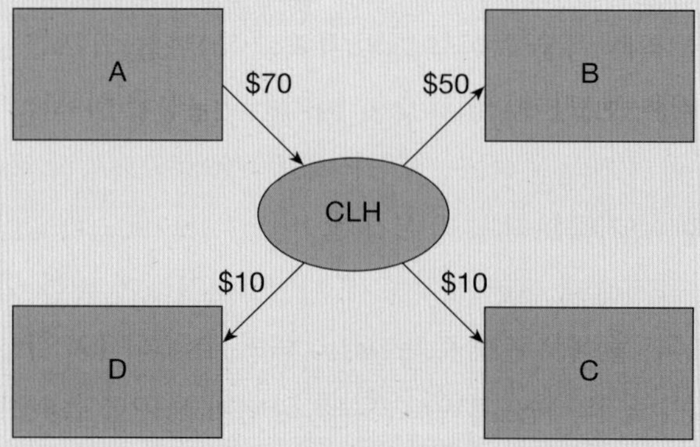

청산소의 포지션은 균형을 이룬다. A로부터 $70를 받아야 하고, B에게 $50, C에게 $10, 그리고 D에게 $10를 빚지고 있다. B, C, D는 이 당사자들 중 다른 이에게 돈을 빚지고 있지 않기 때문에 채무불이행을 할 수 없다는 점에 유의하자.

물론, 어떤 청산소도 채무불이행에 대해 완전한 보험을 제공할 수는 없다. A가 청산소에 대한 채무를 이행하지 못하면, 청산소는 B, C, D에게 돈을 지불하지 못할 수도 있다. 그 경우, B, C, D는 청산소 밖의 다른 당사자에 대한 채무를 이행하지 못할 수 있다. 그러나 청산소는 청산소를 통해 수행되는 거래 내에서 신용위험을 크게 줄일 수 있는 다자간 조직이다. 여기의 예에서 청산소가 없다면 네 당사자는 서로에 대한 채무를 이행하지 못할 수 있다. 청산소가 있으면 한 당사자만 채무불이행을 할 수 있다. 청산소와 함께 신용위험은 분명히 훨씬 적다.

120 16/32 또는 $120,500의 시가에 이 선물계약을 환매(repurchase)할 때까지 포지션을 유지한다. [표 2.2]는 포지션이 열려있는 동안 계정에 대한 시가평가 거래를 보여준다.

계정이 거래 당일에 처음으로 시가평가되는 것에 주목하자. 그리고 당신은 첫날에 $437.50의 이익을 냈다. 그 후 매일 당신은 계정에 $4,400를 유지해야 잔액이 $4,400보다 많은 특정일에 개시증거금을 초과하는 금액을 인출할 수 있다. 그러나, 당신이 초과금을 인출하지 않는다고 가정하자. 잔액이 유지증거금 요건인 $4,400 아래로 떨어지면, 당신은 **마진콜(margin call)**을 받게 되고 잔액을 개시증거금 요건까지 다시 채우도록 충분한 자금을 예치해야 한다. 예치되는 추가적인 자금을 **변동증거금(variation margin)**이라고 한다. 변동증거금은 공식적으로 며칠 내에 예치되어야 하지만, 보통은 즉시 예치해야 한다. 마진콜을 받은 날 거래 시작 전에 그 돈이 예치된다고 가정하자. 8월 8일 금요일 하루가 끝날 때까지 계정의 잔액은 $3,111.88이다. 월요일 아침에 당신은 $2,828.13에 대한 마진콜을 받고 그 금액을 즉시 예치한다. $2,718.75에 대한 또 다른 마진콜이 8월 14일에 이어진다. 당신은 굴하지 않고 궁극적으로

표 2.2 일일정산 예

8월 1일 금요일에 당신이 9월물 장기 재무부채권 선물 한 계약을 116 27/32 ($116,843.75)의 시가(opening price)에 매도한다고 가정하자. 개시증거금 요건은 $5,490이고 유지증거금 요건은 $4,400이다. 당신은 8월 15일 금요일까지 매일 매도포지션을 유지한 다음, 8월 18일 월요일 시가에 계약을 되산다. 다음의 예는 일별 가격변화와 증거금 계정의 유출입 흐름을 보여준다.

날짜	결제 가격	결제 가격 ($)	시가 평가 ($)	기타 입출금($)	계좌 잔액($)	설명
8/1	116-13	116,406.25	437.50	+5,940.00	+6,377.50	개시증거금 $5,940 예치. 가격이 14/32 하락하여 장 마감까지 $437.5 이익을 남김.
8/4	116-25	116,781.25	-375.00		6,002.50	가격이 12/32 상승하여 $375 손실을 봄. 잔액은 유지증거금 요건을 초과.
8/5	115-185	115,578.13	+1,203.13		7,205.63	가격이 1 6.5/32 하락하여 $1,203.13 이익을 얻음. 잔액은 유지증거금 요건을 훨씬 초과.
8/6	115-07	115,218.75	359.38		7,565.00	가격이 11.5/32 하락하여 $359.38 이익을 얻음. 잔액은 유지증거금 요건을 훨씬 초과.
8/7	116-05	116,156.25	-937.50		6,627.50	가격이 30/32 상승하여 $937.50 손실을 봄. 잔액은 여전히 유지증거금 요건을 초과.
8/8	119-215	119,671.88	-3,515.63		3,111.88	가격이 3 16.5/32 상승하여 $3,515.63 손실을 봄. 잔액이 $1,288.12만큼 부족.
8/11	121-01	121,031.25	-1,359.38	+2,828.13	4,580.63	$2,828.13 예치됨. 가격이 1 11.5/32 상승하여 $1,359.38 손실을 봄. 잔액은 유지증거금 요건을 초과.
8/12	119-25	119,781.25	1,250.00		5,830.63	가격이 1 8/32 하락하여 $1,250 이익을 얻음. 잔액은 유지증거금 요건을 훨씬 초과.
8/13	122-125	122,390.63	-2,609.38		3,221.25	가격이 2 19.5/32 상승하여 $2,609.38 손실을 봄. 잔액이 $1,178.75만큼 부족. $2,718.75 예치됨.
8/14	120-25	120,781.25	+1,609.38	+2,718.75	7,549.38	가격이 1 19.5/32 하락하여 $1,609.38 이익을 얻음. 잔액은 유지증거금 요건을 초과.
8/15	120-255	120,796.88	-15.63		7,533.75	가격이 (1/2)/32 상승하여 $15.63 손실을 봄.
8/18	120-16	120,500.00	+296.88	-7,830.63	0.00	9.5/32 또는 $296.88 이익을 얻고 계약을 환매. 남은 잔액을 인출.

상황을 반전시킬 자신이 있기 때문에, 8월 14일 입금한다. 8월 18일 당신이 최종적으로 계약을 되살 때, 인출되는 계좌 잔액은 $7,830.63이다. 모두 합쳐 당신은 $5,490, $2,828.13, $2,718.75를 입금했고, 합계는 $11,486.88이다. 따라서 거래의 전체 손실은 $3,656.25이다.

앞의 예는 전혀 이상하지 않다. 그것은 실제 계약에 대한 일련의 실제 가격들로부터 무작위로 선택되었다. 이 계약의 매도자인 당신은 순식간에 상당한 손실을 보았다. 그러나 손실을 본 달러마다 다른 사람이 이득을 본 달러가 있다. 8월 1일부터 18일까지 장기 재무부채권 선물을 매입한 거래자들은 꽤 좋은 성과를 거두었다. 그럼에도 불구하고, 하루하루 일어나는 큰 금전 흐름은 선물계약이 제공하는 상당한 레버리지 요소를 극명하게 상기시킨다.

선물계약의 경우 처음에 투자했던 것보다 더 많은 돈을 잃을 수도 있다는 점에 유의하는 것이 중요하다. 시장이 투자자에게 크게 불리하게 움직인다고 가정하자. 계정 잔액은 격감되고, 중개인은 투자자에게 추가 자금을 예치하도록 요구한다. 투자자에게 자금이 없다면, 중개인은 포지션 청산을 시도할 것이다. 이제 계약이 종료될 수 있기 전에 시장이 빠르게 움직인다고 가정하자. 궁극적으로 계약은 반대매매 되겠지만, 투자자가 추가 손실을 본 후에야 그렇게 될 것이다. 손실은 현금으로 커버되어야 한다. 한도 내에서 매입포지션은 궁극적으로 계약의 전체 가격을 잃을 수 있으며, 그런 일은 가격이 영(0)이 되면 발생할 것이다. 그러나 매도포지션에서는 가격의 상한(upper limit)이 없다. 그러므로 이론적으로 손실은 무한대이다. 그런 손실은 궁극적으로 투자자의 책임이지만, 청산소는 청산회사에 지불을 기대하고, 청산회사는 중개인에게 기대하며, 또는 투자자가 거래소 회원인 경우 청산소가 투자자에게 직접 지불을 기대한다.

언급한 바와 같이, 파생상품거래소가 자금이 회수되기 전 특정일에 발생한 손신을 제한하기 위해 사용하는 한 가지 방법은 앞서 간략하게 논의된 일일가격제한(daily price limit)이다. 또한, 청산소는 하루가 끝날 때까지 기다리지 않고 거래 세션(trading session) 중에 추가 증거금을 예치하도록 요구할 수 있다. 기술적으로, 청산소는 언제든지 증거금을 요구할 수 있다.

옵션 또한 가격이 움직임에 따라 매도자가 추가 자금을 예치해야 하거나 자금을 인출할 수도 있다는 의미에서 시가평가된다. 그러나 매입자에게 이 프로세스는 투명하다. 프리미엄을 지불한 후에 매입자는 더 이상 아무것도 할 필요가 없으므로 어떤 추가 자금도 예치할 필요가 없을 것이다. 따라서 매입자의 포지션을 시가평가해야 할 이유가 없다.

두 당사자가 단순히 서로의 신용도를 믿어서 장외거래에 참여하는 경우, 앞서 언급한 바와 같이, 그들은 본질적으로 서로 간에 청산을 하며, 이 프로세스를 **양자 간 청산(bilateral clearing)**이라고 한다. 당사자들이 청산소를 통해 청산하는 경우, 그 청산 프로세스는 독립적인 제3자에게 넘겨지고 그 기관이 여러 당사자에 대해 여러 계약을 청산한다. 이 프로세스를 **다자간 청산(multilateral clearing)**이라고 한다. 66페이지의 [연결하기]에서 설명된 것처럼, 청산소는 신용위험을 크게 줄인다. 거래소 파생상품의 역사에서 받을 돈을 받지 못한

다자간 청산은 어떤 방식으로든 청산소와 관련이 있는 여러 당사자에 대해 여러 계약을 청산하는 독립적인 제3자의 프로세스를 말한다.

채 거래소 파생상품 거래로부터 이익을 얻은 당사자는 아무도 없었다는 사실을 고려해보면, 청산소가 효과적인 것은 자명하다.

2008년에 시작된 금융위기는 장외거래(주로 신용부도스왑(credit default swap))에 대한 심각한 채무불이행을 초래하였으며, 채무불이행으로 이어질 수 있었던 많은 금융회사들에게 상당한 압력이 가해졌다. 미국과 세계 여러 국가가 주요 법률을 개정한 결과, 2010년에는 많은 장외파생상품 계약들이 청산되고 시가평가되어야 했다. 그 결과 많은 거래소 내 청산소와 일부 독립적인 청산소들이 이런 비표준 거래를 청산하는 서비스를 제공하기 시작했다. 장외거래의 청산은 지극히 초기 발전단계에 있으며, 청산 대상에 관한 규정에 많은 예외가 존재한다.[25]

일반적으로 청산소는 매우 효과적이며 재무적으로도 튼튼한 기관으로 간주된다. 청산소는 회원인 청산회사들로부터 지불금을 신속하게 회수하고, 청산회사는 중개인으로부터 그리고 중개인은 거래에 참여하는 당사자들로부터 지불금을 신속하게 회수한다. 그러나 그 과정 어디에서든 한 당사자가 지불하지 못할 수 있다. 청산소는 최후의 보증인이므로, 대부분의 청산소는 현금준비금을 보유한다. 그 준비금이 고갈되었다면, 대부분의 청산소는 거래소에 과세할 수 있고, 거래소는 회원들에게 과세할 수 있다. 이러한 조치가 채무불이행을 막지 못한다면, 무슨 일이 일어날지는 분명하지 않지만, 청산소의 실패는 대형은행의 실패와 매우 유사하므로 납세자 구제금융에 대한 호소가 뒤따를 가능성이 높다. 다행히도 지금까지 의무적인 지불을 이행하지 못한 청산소는 없었으며, 신용평가회사들은 전통적으로 청산소에 최고 등급을 부여한다.[26]

2-6 시장참여자

주식시장과 채권시장 참여자들처럼 파생상품시장 참여자는 자신이나 고용주를 대표하고 다양한 목적과 방법으로 거래하는 사람들로 구성된다. 장외시장과 마찬가지로 금융거래소도 딜러나 시장조성자의 존재에 대한 의존도가 매우 높으며, 일반적으로 딜러들을 제공하려고 한다. 이 당사자들은 언제든지 매입 또는 매도 제안을 할 책임이 있다. 거래를 원하는 누군가는 시장조성자가 반대포지션을 취하기 위해 거기에 있을 것이라는 사실을 알 것이란 점에서, 그들은 시장에 막대한 양의 유동성을 제공한다. 따라서 당신이 매수하길 원하면 시장조성자는 기꺼이 매도하고자 하고, 당신 매도하길 원하면 시장조성자는 기꺼이 매입하고자 한다.

25 예를 들어, 이 책이 인쇄에 들어갔을 때는 장외스왑만 청산되어야 했고, 어떤 스왑이 청산되어야 하는지에 대해서도 몇 가지 예외가 존재한다. 장외 외환파생상품들도 미국의 청산 요건에서는 면제된다. 장외옵션은 아직 청산할 필요가 없지만 아마 언젠가는 청산이 요구될 것이다.

26 청산소 시스템은 신용위험을 줄이는 효과적인 장치로 간주되지만, 신용위험의 집중을 초래한다. 따라서 청산소 자체는 절대적으로 안전해야 한다. 청산소는 공항 허브와 매우 유사하게 작동한다. 대부분의 경우 시스템은 효과적이지만, 허브에 부정적인 사건이 일어난다면 문제가 확대된다.

일부 거래소들은 일반적으로 스페셜리스트(specialist)라고 하는 하나의 시장조성자만을 제공하는 반면, 다른 거래소들은 거래를 위해 서로 경쟁하는 여러 시장조성자를 사용한다. 다수 시장조성자 시스템이 더 잘 작동하는 것 같은데, 시장조성자들이 거래를 원하는 당사자들에게 최상의 가격을 제공하기 위해 경쟁하기 때문이다. 그러나 스페셜리스트 시스템 지지자들은 경쟁이 없을 때 시장조성자가 다른 사람들에게 저비용으로 풍부한 유동성을 제공하는데 가장 적합하다고 믿는다. 그런 주장은 조금 미심쩍어 보이지만, 스페셜리스트 시스템은 살아남았고 몇몇 거래소에서는 꽤 잘 작동한다.

어느 경우이건 시장조성자(또는 스페셜리스트)는 그가 사려는 가격(매수호가, the bid)과 팔려는 가격(매도호가, the ask)을 제시하며, 후자가 전자보다 높다. 매수호가와 매도호가의 차이를 호가스프레드(bid-ask spread)라고 하며, 이것은 시장조성자와 거래하길 원하는 사람들에게 상당한 거래비용이다. 그러나 이 비용은 반대포지션을 취하고 싶어하는 사람을 기다리거나 찾을 필요 없이 즉시 거래할 수 있는 기회를 제공한다. 나중에 거래비용에 대해 논의할 때 우리는 이 주제로 돌아갈 것이다. 지금은 가능한 최저 매도호가와 가능한 최고 매수호가로 대표되는 좁은 호가스프레드가 투자 대중에게 더 매력적이란 점을 이해해야 한다. 시장조성자들 간에 담합이 없다면, 그들 간의 경쟁으로 매도호가는 가능한 한 낮게 그리고 매수호가는 가능한 한 높게 유지될 것이며, 이것은 투자자에게 좋은 일이다.[27]

일부 시장조성자들은 스캘퍼(scalpers)라고 한다. 스캘퍼는 매우 짧은 시간 동안 자신의 포지션을 유지한다. 스캘핑(scalping)은 빠르게 사고파는 과정으로 간주되며, 각 거래에서 작은 이익을 낸다. 다른 사람들은 기초물, 기초물에 대한 파생상품, 또는 기초물과 밀접한 관련이 있는 자산에 대한 파생상품에 대해 상계포지션(offsetting position)을 매입하고(기나) 매도함으로써 자신들의 포지션을 헤지(hedge)한다. 어떤 거래소에는 약간 다른 유형의 시장조성자들이 있다. 예를 들어, CBOE에는 선도(lead) 시장조성자와 지정된 주요 시장조성자들이 있으며, 이들의 책무는 조금 다르다.

앞서 언급한 바와 같이, 일부 투자자들은 시장가 주문을 내고 일부는 지정가 주문을 낸다. 시장가 주문은 현재의 시장가격이 무엇이든 그 가격에 거래하려는 주문이다. 지정가 주문은 최고가격 이하에 매입하거나 최저가격 이상에 매도하려는 주문이다. 지정가 주문은 일반적으로 체결하는데 시간이 좀 걸리며, 실제로 주문이 체결되지 않을 수도 있다. 이 거래자들은 지정가 주문을 관리하고, 이런 가격에 거래할 의향이 있는 시장조성자와 주문을 일치시키려고 한다.

또 다른 중요한 부류의 거래자들은 장내 중개인으로, 선물시장에서는 FCM(futures commission merchant)으로 불린다. 이 거래자들은 거래소 회원이 아닌 당사자들을 위해 주문을 실행한다. 물론, 전자시스템에서 장내 중개인이 실제로 거래소 장내(floor)에 있는 것

27 호가스프레드는 거래소가 설정한 최소가격변동(minimum price change)과 상호 작용한다. 최소가격변동은 가능한 가장 낮은 호가스프레드이다. 거래소가 최소가격변동을 더 높게 설정하면, 호가스프레드가 더 커질 가능성이 높아진다. 물론, 투자자들도 이 사실을 알고 있기 때문에 거래소가 최소가격변동을 무분별하게 너무 높은 수준으로 설정할 수는 없다.

은 아니지만, 거래소 자리(seat) 또는 회원권 보유자로서 시장에 접근할 수 있다. 여러분이 중개회사에 계정을 개설했다면, 그 중개회사에는 시장에 접근할 수 있는 장내 중개인이 있어야 한다. 장내 중개인은 수수료를 부과하여 이익을 얻는다.

파생상품거래소에는 단순 거래자들인 참여자도 있다. 이들은 자신이나 자신이 대표하는 회사를 위해 거래를 실행한다. 이들은 순수 투기자들일 수 있으며, 매입하는 파생상품의 가치가 상승하거나 매도하는 파생상품의 가치가 하락하기를 바라고 포지션을 취한다. 또는 헤지(hedge) 포지션을 취할 수 있는데, 이는 기초물 또는 동일 기초물이나 밀접하게 관련된 기초물에 대한 다른 파생상품을 거래함으로써 종종 수행된다. 일부 시장에서는 이런 거래자들을 포지션 거래자들이라고 하며, 그들은 상당한 기간 동안 포지션을 유지할 수 있다. 일부는 하루가 끝날 때까지 자신들의 모든 포지션을 청산하기 때문에 일일거래자(day traders)로 불린다.[28] 다른 투기자들은 주로 차익거래자들로, 1장에서 설명한 것처럼, 가격의 불일치로부터 이익을 얻으려고 한다. 또 다른 사람들은 스프레드 거래자들(spreaders)로, 이들은 하나의 파생상품과 동일 자산에 기초한 다른 파생상품을 서로 반대 방향으로 거래하는 데 집중한다.

앞에서 언급된 모든 당사자는 거래소에서 일하는 전문가이거나 거래소 회원권이 있어서 거래소 장내(trading floor)나 전자시장에 접근할 수 있는 회사에서 일하는 전문가이다. 선물시장에서는 이 당사자들을 총칭하여 로컬(locals)이라고 한다. 이 그룹 외부에는 파생상품을 거래하는 수많은 개인 및 기업 투자자들이 있다. 개인투자자들은 보통 소매시장 또는 소매투자자들이라고 하는 반면, 기업들은 기관시장 또는 기관투자자들이라고 한다.

소매시장과 기관시장 둘 다 중요하지만, 후자가 시장에 연료를 공급하는 많은 거래량을 제공한다. 기관투자자들은 뮤추얼펀드(mutual funds), 연금기금, 기부금, 헤지펀드, 상장지수펀드(exchange-traded funds, ETFs) 및 금융기관일 수 있다. 뮤추얼펀드, 연금기금 및 기부금은 파생상품의 주요 사용자는 아니지만, 때때로 헤징(hedging)이나 투기목적으로 파생상품을 사용하며, 투기목적의 경우 주로 기초물 포지션에 대한 대체재로 사용한다. 이런 유형의 거래가 어떻게 수행되는지는 이후 장들에서 살펴볼 것이다. 헤지펀드는 종종 파생상품, 단기 거래 및 때로는 높은 수준의 레버리지를 포함하는 매우 투기적인 전략에 관여하는 투자펀드이다. 헤지펀드는 보통 일정기간 동안 투자금을 인출하지 않는데 동의하는 부유한 투자자들에게만 제공된다. 또한, 헤지펀드는 극도로 비밀스러우며, 투자자들은 그들의 돈이 어떻게 투자되고 있는지 거의 알 수 없다. 헤지펀드는 일반적으로 매우 높은 수수료를 청구하는데, 기본수수료 약 2%에 수익의 약 20%로 구성된다. 헤지펀드를 약간 변형시킨 것이 실물상품펀드(commodity funds)이며, 때때로 선물펀드 또는 managed futures라고도 한다. 이들은 약간 덜 공격적이고 더 많은 투자자들에게 개방되어 있다. 당연히 이 펀드는 파생상품을 대단히 많이 사용한다. ETFs는 종종 주식, 채권, 통화, 또는 실물상품의 지수를 복제하려

28 인터넷의 등장 이후 일일거래자란 용어는 새롭고 완전히 다른 의미를 갖게 되었다. 일일거래자는 보통 집에서 인터넷으로 자신을 위해 거래하는 개인투자자이다.

고 시도하는 특수한 형태의 증권이다. 예를 들어, S&P 500을 사고 싶다면, S&P 500을 복제하는 ETF를 살 수 있다. 이 ETF는 S&P 500의 증권들을 보유하고 있지만, 그 자체로 매매가 가능한 일반적인 증권들처럼 거래될 수 있다. ETF를 만드는 사람들은 파생상품을 빈번히 사용한다.[29] 주요 금융기관들도 파생상품을 사용하여 스스로를 위해 거래한다. JPMorgan Chase와 같은 은행은 상업은행 활동, 투자은행 활동 및 파생상품 시장조성을 포함한 다양한 기타 금융서비스에 관여한다. 그러나 이 은행은 자신의 주주들을 위한 거래에도 관여한다. **자기자본거래(proprietary trading)**란 용어는 금융기관이 고객과 시장조성 활동을 위해 수행하는 막대한 거래와는 달리 금융기관 스스로를 위해 수행하는 거래를 구분하도록 발전되어왔다.[30]

장외시장도 비슷한 방식으로 작동한다. 수많은 금융기관들이 시장조성자 역할을 하여 거래의 어느 쪽이든 받아들일 준비가 되어있고, 그렇게 함으로써 호가스프레드를 얻는다. 최종사용자와 거래에 들어갈 때, 금융기관들은 기초물, 다른 파생상품, 또는 매우 밀접하게 관련된 파생상품을 반대매매함으로써 해당 거래를 거의 즉시 헤지한다. 한때 최종사용자는 시세를 얻기 위해 장외딜러와 대화를 해야 했지만, 지금은 딜러들이 시세를 입력할 수 있는 전자거래 시스템이 있어서 최종사용자들이 그 시세에 접근할 수 있다. 장외시장에는 중개업에 종사하는 일부 기업들도 있으며, 이들은 종종 복잡한 맞춤형 거래와 같은 독특한 니즈(needs)를 가진 최종사용자들과 반대포지션을 취할 의향이 있는 당사자들을 연결하여 준다.

2-7 거래비용

모든 금융시장 거래와 마찬가지로 파생상품거래는 일정한 거래비용이 든다. 그 비용은 거래자가 거래소 회원인지, 비회원 기관투자자인지, 또는 중개인을 통해 거래하는 일반인 중 하나인지에 달려있다. 이 섹션에서는 다양한 유형의 거래비용에 대해 논의한다.

2-7a 장내거래 및 청산 수수료

장내거래(Floor trading) 및 청산 수수료는 거래소, 청산소, 청산회사가 서비스를 제공하는 대가로 부과하는 최소한의 요금이다. 다음 섹션에서 논의되는 것처럼, 중개인을 통한 거래의 경우 이런 수수료는 중개인 수수료에 포함된다. 시장조성자의 경우, 시장조성자의 청산회사가 수수료를 징수한다. 청산회사는 보통 계약당 기준으로 명시된 수수료를 받고 거래를 청산하기 위해 시장조성자와 계약상의 협약을 체결한다. 시장조성자에 대한 비용은 일반적으로 거래당 $1.00 미만이지만, 거래량에 따라 달라질 수 있다. 게다가 시장조성자들은 그들 기관을 운영하기 위한 인력 및 인프라와 같은 많은 고정비용이 든다. 장외 시장조성자의 경우, 이

29 ETFs에 대한 옵션도 있으며, 이것은 개별 증권에 대한 옵션과 매우 유사하지만, ETFs 자체는 다른 증권들의 조합이다.

30 자기자본거래는 때때로 “프랍 트레이딩”(prop trading)이라고도 한다.

런 유형의 비용이 발생하지 않지만, 기업의 거래 운용 및 이들 맞춤형 거래의 처리와 관련하여 더 높지는 않더라도 비슷한 비용이 발생한다.

2-7b 수수료(Commissions)

거래소 회원권을 소유하는 주요 이점 중 하나는 각 거래에 수수료를 지불하는 것을 피할 수 있다는 점이다. 시장조성자는 회원권 가격에 묶인 자금과 관련된 기회비용, 거래와 관련된 노동, 그리고 다른 일에서 실현되었을 수익을 포기하는 것을 통해 간접적으로 비용을 지출한다. 그러나 수수료 절감액은 대량거래자들에게 상당히 크다.

일반인의 경우 할인 중개인이 가장 저렴한 수수료율을 제공하지만, 할인 중개인의 가격을 이용하려면 때때로 잦은 거래나 대량거래가 필요하다. 또한, 할인 중개회사는 자문과 리서치를 제공하지 않는데, 이런 서비스는 더 높은 수수료율을 부과하는 풀서비스(full-service) 중개인으로부터 받을 수 있다. 옵션 및 선물 수수료는 상당히 단순하며, 일반적으로 고정된 최소 수수료와 계약당 수수료를 기준으로 한다. $5 미만의 인터넷 요금을 이용할 수 있고, 때때로 이 요금은 거래당 최소 $10~$15이다. 일부 중개인은 거래의 총 달러 규모를 기준으로 요금을 정할 수 있으며, 일부 중개인은 거래에 더 적극적인 고객에게 할인을 제공한다. 선물 수수료는 때때로 신규매매와 반대매매를 모두 커버한다. 이 수수료에는 앞서 언급된 장내거래 및 청산 수수료가 포함된다. 매우 적극적인 거래자는 대량거래 할인을 받을 수 있어서 $1 미만의 수수료를 지불할 수도 있다.

주식옵션을 행사하는 경우, 투자자는 주식을 사거나 파는 수수료를 지불해야 한다. 투자자가 현금결제되는 파생상품을 행사한다면, 그 거래는 부기입력(bookkeeping entry)만을 수반한다. 일부 중개회사는 현금결제되는 옵션의 행사에 대해 비용을 청구하지 않는다. 어떤 유형의 옵션이든 행사되지 않은 채로 만기가 되면, 일반적으로 수수료는 없다. 장외 옵션의 경우, 보통 옵션 매입자나 매도자가 상대방과 직접 거래하기 때문에, 일반적으로 수수료가 들지 않는다.

2-7c 호가스프레드(Bid-Ask Spread)

앞서 언급한 바와 같이, 시장조성자의 스프레드는 상당한 거래비용이다. 시장조성자가 어떤 옵션에 대해 €3의 매수호가와 €3.25의 매도호가를 제시하고 있다고 가정하자. 그 옵션을 매입하려는 투자자는 호가스프레드 또는 €0.25 포인트의 비용이 즉시 발생한다. 즉, 투자자가 옵션을 즉시 매도하면, 매수호가인 €3에 팔리게 될 것이고 투자자는 그 즉시 €0.25 포인트의 손실을 보게 될 것이다. 그러나 이것이 투자자가 이익을 낼 수 없다는 것을 의미하지는 않는다. 옵션이 매도되기 전에 옵션가격이 오를 수 있으나, 스프레드가 일정하다면 매수호가는 적어도 호가스프레드 금액만큼 상승해야 이익을 낼 수 있다. 선물거래를 비롯하여 사실상 모든 금융거래에 대해 유사한 점이 적용된다.

시장조성자들은 호가스프레드 거래비용을 피할 수 있는 것처럼 보일 수 있다. 일부의 경우 이것은 사실이다. 그러나 시장조성자가 옵션이나 선물을 매입 또는 매도해야 하는 경우, 반대 포지션의 일반인 주문이 없을 수 있다. 그 경우, 시장조성자는 다른 시장조성자와 거래해야 할 것이므로 호가스프레드 비용이 들게 될 것이다. 또한, 시장조성자들은 다른 시장에서 그들의 거래를 헤지해야 할 수 있으므로, 해당 시장에서 호가스프레드 비용이 들 수 있다.

장외시장에서 매입자나 매도자는 상대방과 직접 거래한다. 많은 경우, 당사자 중 하나는 고객이 원하는 파생상품이 무엇이든 그것으로 시장을 조성하는 금융기관이다. 따라서 아마도 고객은 상당히 큰 호가스프레드에 직면할 수 있지만, 물론 고객은 다른 딜러를 자유롭게 찾을 수 있다.

2-7d 인도 비용(Delivery Costs)

인도할 포지션을 보유한 선물이나 옵션 거래자는 상당한 인도비용이 발생할 가능성에 직면한다. 대부분의 금융상품의 경우, 이 비용은 상당히 작다. 그러나 실물상품의 경우 실물상품의 물리적인 운송, 인도 및 보관을 준비할 필요가 있다. 잠에서 깬 부주의한 선물거래자가 그의 집앞 잔디밭에 버려진 수천 파운드의 삼겹살을 발견했다는 유명한 이야기는 확실히 과장된 것이지만, 인도월에 매입포지션을 보유하고 있는 사람은 인도 가능성을 알고 있어야 한다. 이것이 현금결제 계약의 인기를 일부 설명한다는 것은 의심의 여지가 없다.

선도시장에서 거래는 당사자들의 니즈에 맞게 조정된다. 결과적으로 계약조건은 보통 인도비용을 최소화하도록 설정된다. 현금결제가 자주 사용된다.

2-7e 기타 거래비용

파생상품 거래비용에는 장내거래 비용, 청산 수수료, 중개인 수수료, 호가스프레드, 인도비용 및 기타 비용이 포함된다.

파생상품 거래자들은 몇 가지 다른 유형의 거래비용이 든다. 앞서 언급한 것처럼, 증거금 요건이 있을 수 있으므로 거래가 진행되는 동안 자금이 묶일 수 있다. 파생상품 포지션을 헤지하는 데 따른 비용도 있을 수 있다. 예를 들어, 애플 주식에 기초한 콜옵션을 매도하는 딜러는 애플 주식을 매입하여 헤지하길 원할 수도 있다. 그러면 딜러는 주식 매입에 따른 거래비용이 들게 될 것이며, 이는 적어도 호가스프레드와 잠재적 중개인 수수료로 구성될 것이다.

2-8 세금

세금은 모든 투자결정의 한 요소이다. 일반적으로 세금은 거래가 이루어지는 경우에만 부과되므로 일종의 거래비용이다. 세금은 그 복잡성과 나라마다 다른 처리 방법 때문에, 모든 경우에 세무 전문가의 자격을 갖춘 자문이 필요하다. 미국 세법에 근거한 몇 가지 일반적인 규칙은 여기서 주목할만한 가치가 있다.

투자 거래로부터의 얻은 이익은 세 가지 범주로 분류된다: 경상소득, 단기자본이득, 장기자본이득. 경상소득은 개인이 노동을 제공하여 벌어들인 소득 및 기업이 이익으로 벌어들인 소득과 비슷한 소득의 분류이다. 장·단기자본이득 간의 구분선은 거래가 12개월 동안 유지되었는지 여부이다. 단기자본이득은 일반소득세율로 과세된다. 미국 시민에 대한 일반소득세율은 과세표준액(taxable income)에 따라 10, 15, 25, 28, 33, 35, 39.6%이다. 장기자본이득은 15%를 최고세율로 하여 소득 구간에 따라 더 낮은 세율로 과세된다. 따라서, 장기자본이득에는 유리한 과세 혜택이 있다.

옵션을 매입해서 차익을 얻기 위해 매도하는 투자자는 앞서 설명한 것처럼 보유기간의 길이에 따라 단기 또는 장기 자본이득세를 납부할 것이다. 투자자가 콜옵션을 행사하면, 행사가격에 옵션의 비용을 더한 금액이 기초물의 매입가격이 된다. 옵션이 풋이라면, 행사가격에서 풋옵션의 비용을 차감하여 기초물의 매도가격을 구성한다. 그런 다음 기초물에 대한 이익이나 손실을 기준으로 과세될 것이다.

옵션 매도자는 프리미엄을 수취하고, 나중에 옵션이 반대매매되거나 행사됨에 따라 이익 또는 손실을 보게 된다. 거래를 개시하고 마감하는 매도자는 보유기간에 관계없이 단기 세율로 과세된다. 콜 매도자가 행사되는 옵션을 가지고 있다면, 기초물이 매도되는 순가격(net price)을 반영하기 위해 행사가격에서 프리미엄을 차감하게 된다. 풋 매도자의 경우, 기초물의 매입가격을 결정하기 위해 행사가격에 프리미엄을 더한다. 그런 다음 기초물의 가격변화를 바탕으로 과세된다.

대부분의 선물계약과 지수, 채권 및 통화 옵션의 이익은 장기자본이득이 60%, 경상소득이 40%인 것으로 간주된다. 흔히 Section 1256으로 알려진 이 규칙은 특정 파생상품 전략이 제공하는 일부 세제상의 이점을 막기 위해 1980년대 중반에 채택되었다. 한 가지 이점은 한 파생상품을 매입하고 동일 기초물에 대한 다른 파생상품을 매도하여 손실은 1년 내에 실현하고, 사실상 위험 부담 없이 이익은 다음 해로 이연할 수 있다는 것이었다. Section 1256은 모든 선물거래 이익에 대해 시가평가 규칙을 따르도록 요구함으로써 이런 세금 장난을 제거하였는데, 이 규칙에서는 계약이 종료되지 않았더라도 누적 이익이 현재 연도에 과세된다.[31] 이 규정들은 투기거래에만 적용된다. 헤지거래에 대한 과세는 훨씬 더 복잡하며, 이 책에서는 다루지 않는다.

이 모든 규칙은 과세되는 이익에 적용된다. 손실은 이익에서 공제될 수 있지만, 손실이 이익을 초과하는 경우 손실을 미래 연도들로 이월할 수 있는 일부 단서 조항과 함께 다른 소득에 대해 공제될 수 있는 금액에 제한이 있다.

31 어떤 불분명한 이유로 지수 및 통화 옵션도 연말 시가평가 규칙을 적용받지만, 이 계약들이 실제로 시가평가되는 것은 아니다. 그러나 이 옵션들을 이용하는 대부분의 거래가 최소 12개월 동안 유지되지 않았더라도 해당 규칙이 일부 이익에 대해 더 낮은 장기세율로 자동 과세하기 때문에 거래자들은 이 혜택을 누린다.

2-9 파생상품시장 규제

파생상품 규제의 역사는 다소 다채로운 이야기이다. 이 역사를 통틀어 일부 규제기관들과 입법자들은 파생상품 거래를 도박에 비유하며 부정적인 관점을 취해왔다. 미국에서는 선물거래를 불법화하려는 수많은 시도가 있었고, 그중 일부는 어느 정도 성공적이었다.[32] 사실상 모든 국가에서 선물시장이 허용되지만 중앙정부 차원에서 강력히 규제된다. 영국의 파생상품 규제기관은 FSA(Financial Services Authority)이다. 캐나다에서는 선물규제가 지방정부 차원에서 이루어지므로 다양한 규제기관들이 존재한다. 일본의 규제기관은 FSA(Financial Services Agency)이다. 다른 나라에도 유사한 규제기관이 존재한다.

미국의 파생상품 규제 구조는 대부분의 다른 국가의 구조와 조금 다르다. 금융시장은 몇몇 다른 기관들에 의해 규제된다. 증권거래위원회(Securities and Exchange Commission, SEC)는 1934년에 설립된 이래 증권시장을 규제해 왔으며, 주식 및 통화 옵션시장도 규제해 왔다.[33]

상품선물(futures on commodities)의 개발과 성장으로 인해 미국의 파생상품 규제는 농무부에서 시작되었다. 1974년, 미국은 CFTC의 설립과 함께 파생상품시장의 전문화된 규제를 향한 첫걸음을 내디뎠다. SEC가 주식 및 주식옵션을 규제하고 CFTC가 선물 및 선물옵션(options on futures)을 규제함에 따라, 미국의 규제 구조는 다소 분리되어 있다. 더욱이, 파생상품을 가장 많이 사용하는 은행들은 연방은행준비제도(Federal Reserve System), 통화감독국(Comptroller of the Currency) 및 연방예금보험공사(Federal Deposit Insurance Corporation)의 규제를 받고 있으며, 이들 모두는 은행의 파생상품 사용을 규제할 기득권과 간접적인 권한이 있다. 그러나 실질적인 문제로서 미국의 규제체계는 최근까지 장외파생상품시장을 적어도 직접적으로는 규제하지 않았다. 거기서 영업하는 은행들이 은행당국의 규제를 받았다는 점에서 간접적으로만 규제하였다. 따라서 어떤 의미에서 장외파생상품시장은 본질적으로 규제되지 않았다.

2008년 전 세계를 뒤흔들고 많은 유명 금융기관들을 무너뜨린 금융위기로 모든 것이 바뀌었다. 실패가 소비자들에게 많은 손실을 가져다줬을 가능성을 고려하여, 미국 정부는 납세자의 돈을 사용하여 많은 금융기관들을 구제하였고, 다른 금융기관들에게는 인수합병을 주선하여 더욱 안정된 기반을 제공하였다. 대부분의 전통적인 파생상품들은 금융위기에 아무런 역할도 하지 않았으나, 신용부도스왑(credit default swaps), 주택저당증권(mortgage-backed securities) 및 부채담보부증권(collateralized debt obligations)은 많은 금융기관들을 좌절

32 미국에는 특정 유형의 선물거래를 금지하는 두 가지 흥미로운 법률이 있다. 1955년 미시간주 하원의원 Gerald R. Ford(훗날 미국의 38대 대통령)는 양파선물을 금지하는 양파선물법(Onion Futures Act)을 발의하였다. 2010년 도드-프랭크법(Dodd-Frank Act)은 영화에서 발생하는 수입에 대한 모든 형태의 파생상품거래를 금지하는 조항을 포함하였다. 다른 모든 것은 잠재적으로 파생상품거래의 기초물로 사용될 수 있다.

33 2002년에 개별주식에 대한 선물이 만들어지면서 SEC는 선물시장의 작은 부분을 규제해 왔지만, 이 시장은 상대적으로 작다. 대부분의 경우 SEC는 주식, 채권 및 옵션 시장만을 규제한다.

시키고 약화시킨 스모킹 건(smoking gun)으로 밝혀졌다. 전통적인 선물, 선도, 옵션, 스왑 및 거래소 파생상품들은 어떠한 잘못에도 관여하지 않았다. 그럼에도 불구하고, 미국 정부와 다른 많은 국가의 정부는 장외파생상품시장을 보다 안정적으로 만들기 위해 더 강력한 규제가 필요하다고 믿었다.

2010년 미국 정부는 도드-프랭크법(Dodd-Frank Wall Street Reform and Consumer Protection Act)을 제정하였다. 이 법의 목적은 다양하지만, 주요 목적은 시장을 보다 투명하게 만들고, 더 많은 다자간 청산을 요구하며, 더 많은 포지션 공시를 가능하게 하고, 시스템 위험(systemic risk)을 줄이는 것이다.

금융에서 투명성은 거래가 쉽게 숨겨지지 않는다는 것을 의미한다. 모든 사람이 시세를 알 수 있도록 더 많이 공개될 것이다. 도드-프랭크 요건이 발효되기 전까지 장외시장은 매우 불투명했고, 바로 거기에 문제가 있었다. 당사자들은 금융거래에서 어느 정도의 프라이버시(privacy)를 누릴 권리가 있지만, 그 권리는 정부가 금융시스템이 실패하도록 그냥 내버려 두지 않겠다고 시민들에게 제공하는 묵시적 보증과 충돌한다. 앞서 언급한 바와 같이, 도드-프랭크법은 파생상품이 스왑체결기구(swap execution facilities)나 전자거래플랫폼에서 체결되도록 요구함으로써 투명성을 높인다. 이들 전자시장을 통해 참여자들은 모든 사람이 알 수 있도록 매입 및 매도 호가를 게시할 수 있다.

도드-프랭크법은 또한 다자간 청산의 확대를 요구한다. 앞에서 설명한 것처럼, 다자간 청산은 신용위험을 크게 줄인다. 몇 가지 예외가 있지만, 도드-프랭크법은 보통 **중앙거래상대방(central counterparty)**이라고 하는 청산소를 통해 파생상품거래를 청산하도록 요구한다. 따라서 장외시장 참여자는 증거금을 예치해야 하고 일일정산을 받아야 할 것이다. 이 글을 쓰고 있는 시점에서는 스왑만 청산되고 있지만, 다른 파생상품들도 결국 청산될 것이다.

도드-프랭크법은 또한 보다 높은 수준의 공시를 요구한다. 모든 파생상품거래는 **중앙거래정보저장소(central trade repository)**라고 하는 그룹에 보고되어야 한다. 중앙거래정보저장소는 기본적으로 거래 데이터를 수집하는 기관이다. 이 데이터는 규제기관이 위험이 어디에 집중되어 있는지 알 수 있도록 규제기관에 제공될 것이다. 미국에서는 증권예탁결제원(Depository Trust and Clearing Corporation)이라는 회사가 중앙거래정보저장소로서 지정되었다.

도드-프랭크법의 전반적인 목적은 **시스템 위험(systemic risk)**을 줄이는 것으로, 시스템 위험이란 전체 시스템이 붕괴위험에 놓일 때까지 한 기관의 실패가 다른 기관의 실패로 이어지고 또 다른 기관의 실패로 이어지는 위협이다. 많은 금융기관들이 서로 거래를 하고 서로의 지불에 의존하기 때문에, 시스템 위험은 금융계에서 심각한 문제이다. 이 금융기관들 중 다수는 소비자 예금을 보유하고 소비자 위험을 보장하는 대형은행 및 보험회사이기 때문에, 일련의 실패는 소비자 경제와 가계의 재무적 생존에 심각한 영향을 미칠 것이다. 궁극적으로, 정부가 개입해서 납세자의 돈을 사용하여 이런 주요 금융기관들을 지원하므로, 정부당국은 엄격한 규제를 부과할 권리를 주장한다.

기존 규제는 거래소 파생상품들에만 적용되었다. 그 규제의 목적은 다음과 같다: 파생상품거래소의 운영 승인, 신규 계약 및 기존 계약의 수정 승인, 대중에게 가격정보의 제공 보장(투명성), 개인들의 파생상품거래 관련 서비스 제공 허가, 조작 및 불공정 관행을 방지하기 위한 시장의 감독. 따라서 규제기관들은 시장 활동과 거래포지션을 모니터링하고 다양한 규칙과 규정을 제정하여 반드시 그들의 권한이 충족되도록 하였다.

도드-프랭크법은 금융시장 역사상 가장 극적인 개혁 중 하나이다. 800페이지가 넘는 이 법에는 수백 개의 새로운 규칙들이 포함되어 있으며, 다소 모호한 용어들로 규제기관들의 목적을 명시하는 전례없는 조치를 취함으로써 기본적으로 해당 기관들이 규칙을 작성하도록 요구하고 있다. 현재까지, 이 규칙들은 14,000페이지가 넘게 구성되었으며, 규칙의 제정이 아직 완료된 것이 아니기 때문에 더 많은 규칙이 나올 예정이다.

무엇이든, 특히 파생상품처럼 복잡한 금융장치를 규제하는 것은 여러 국경을 넘는 활동을 포함해야 할 때 어렵다. 각국이 일관된 방식으로 파생상품을 규제하지 않으면, 거래는 규제가 가장 약한 국가로 흘러가게 될 것이다. 이 프로세스를 **규제차익거래(regulatory arbitrage)**라고 하는데, 이는 본질적으로 소비자가 자국산 제품 대신 외국 제품을 사는 것과 같다. 각국이 파생상품 규제를 조화시키려고 시도하는 한 가지 중요한 메커니즘은 국제결제은행(Bank for International Settlements, BIS)의 바젤은행감독위원회(Basel Committee on Banking Supervision)를 통하는 것이다. 우리는 이미 파생상품시장 활동에 관한 데이터의 출처로 BIS를 접하였다. 바젤위원회는 많은 규정들을 발표하였으며, 이들은 1988년에 발효되고 흔히 바젤협약으로 알려진 Basel I, 2004년에 발효된 Basel II, 작업이 진행 중이고 2018년까지 발효되지 않을 예정인 Basel III로 일컬어진다. 이 규정들은 무엇을 은행자본으로 간주할지를 정의하는 것뿐만 아니라 은행 자본요건의 일관된 수준을 설정하고, 은행의 다양한 활동을 반영하는 위험측정 방법들을 개발하는 데 그 목적이 있다. 불행히도 바젤위원회는 실질적인 규제 권한이 없으므로, 그 규칙들은 그저 자발적인 규제일뿐이다.[34]

34 물론, 모든 법률 문제에 대해 단일한 글로벌 기구(authority)는 없다. UN, 국제재판소, 인터폴은 모두 국제 법률 표준을 적용하려는 시도의 예이지만, 어느 것도 완전히 효과적인 것은 아니다. 단순히 민주적으로 선출된 글로벌 기구는 없다.

연습문제

1. 어떤 자산에 대해 행사가격이 $100인 콜옵션과 풋옵션, 그리고 동일 자산에 대해 행사가격이 $100인 선도계약을 고려하자. 세 상품 모두 만기가 같다. 만기에 자산 가격이 다음의 각 값이라고 가정하자. 각 파생상품에 대한 매입포지션의 관점에서 어떤 일이 발생하는지 설명하시오.
   a. $105
   b. $95

2. 내가격 콜과 풋 및 외가격 콜과 풋의 예를 제시하시오.

3. 스왑은 선도계약의 조합과 얼마나 유사한가?

4. 리얼 옵션(real option)이란 무엇인가? 기업이 의사결정을 내리는 방식을 이해하는데 있어서 왜 그것이 중요한가?

5. 다음 거래소 조합 중 동일 기관의 소속이 아닌 것은?
   a. Chicago Mercantile Exchange와 Chicago Board Options Exchange
   b. New York Stock Exchange와 London International Financial Futures Exchange
   c. Chicago Board of Trade와 New York Mercantile Exchange

6. 거래소 파생상품계약의 표준화가 적용되지 않는 것은?
   a. 만기
   b. 계약의 크기
   c. 상품의 종류
   d. 파생상품 가격

7. 일일가격제한은 무엇이며, 선물거래소에서 어떻게 사용되는가?

8. 당신이 증권사에 옵션계좌를 가지고 있는 개인투자자라고 가정하자. 당신은 옵션거래소에서 콜옵션 20계약을 각각 $2.25의 가격에 매입한다. 누가 당신의 프리미엄을 받는지 설명하시오.

9. 실물인수도와 현금결제를 예를 들어 비교하고 대조하시오.

10. 양자 간 청산과 다자 간 청산의 차이점은 무엇인가?

11. 자기자본거래(proprietary trading)란 무엇인가?

12. 호가 스프레드(bid-ask spread)가 거래 비용인 이유는 무엇인가?

13. 호가 스프레드가 일정하다고 가정할 때, 호가 스프레드에 비추어 거래에서 어떻게 이익을 얻을 수 있는가?

14. 도드-프랭크법(Dodd-Frank Act)의 네 가지 목적은 무엇인가?

15. 개시증거금과 유지증거금의 차이점은 무엇인가? 변동증거금이란 무엇인가?

16. 공개호가와 전자거래시스템의 기본적인 차이점을 설명하시오.

17. 신물계약을 종료히는 세 가지 방법(반대매매, 현금결제, 실물인수도) 간의 차이점을 설명하시오.

18. ISDA 마스터 계약의 목적은 무엇인가? 그것은 신용위험을 줄이는 수단을 어떻게 제공하는가?

19. 7월 1일 당신이 452.25의 시가(opening price)에 주가지수 선물계약을 매입했다고 가정하자. 계약의 승수는 500이므로 가격은 $500(452.25) = $226,125이다. 당신은 7월 16일 435.50의 시가에 매도할 때까지 포지션을 유지한다. 개시증거금 요건은 $9,000이고 유지증거금 요건은 $6,000이다.

당신이 개시증거금을 예치하고 어느 날이든 초과분을 인출하지 않는다고 가정하자. 증거금 계정에 대한 입출금을 보여주는 테이블 구성하시오. 중간 날짜의 일별 가격은 다음과 같다:

날짜	정산가격
7/1	453.95
7/2	454.50
7/3	452.00
7/7	443.55
7/8	441.65
7/9	442.85
7/10	444.15
7/11	442.25
7/14	438.30
7/15	435.05
7/16	435.50

20. 뉴욕상업거래소(NYMEX)의 원유 선물계약은 1,000 배럴의 원유를 커버한다. 이 계약은 배럴당 달러와 센트(예: $27.42)로 호가되며, 최소가격변동은 $0.01이다. 개시증거금 요건은 $3,375이고 유지증거금 요건은 $2,500이다. 당신이 $27.42에 계약을 매입하여 개시증거금을 예치했다고 가정하자. 당신은 어떤 가격에 마진콜을 받게 되는가?

21. 파생상품 규제에서 바젤은행감독위원회의 역할은 무엇인가? 그것은 왜 완벽하게 효과적이지 않은가?

22. 장외파생상품 시장 활동 측정 시 시장가치와 비교하여 명목금액의 장단점을 설명하시오.

참고문헌

파생상품시장의 존재와 역할에 관한 세 논문은 다음과 같다:

Chance, D. M. "Competition and Innovation in U.S. Futures Markets." *The Journal of Alternative Investments* 11 (Summer 2008): 97–109.

Telser,L.G. "Why There AreOrganized FuturesMarkets." *Journal of Law and Economics*24 (1981): 1–22.

Telser, L. G., and H. N. Higinbotham. "Organized Futures Markets: Costs and Benefits." *Journal of Political Economy* 85 (1977): 969–1000.

선물거래의 성과와 수익성에 관한 연구는 다음과 같다:

Hartzmark, M. L. "Luck versus Forecasting Ability: Determinants of Trader Performance in Futures Markets." *Journal of Business* 64 (1991): 49–74.

Hartzmark, M. L. "Returns to Individual Traders of Futures: Aggregate Results." *Journal of Political Economy* 95 (1987): 1292–1306.

Hieronymus, T. A. *The Economics of Futures Trading.* New York: Commodity Research Bureau, 1977.

Jones, T., and R. Brooks. "An Analysis of Single-Stock Futures Trading in the U.S." *Financial Services Review* 14 (June 2005): 85–96.

Kuserk, G. J., and P. R. Locke. "Scalper Behavior in Futures Markets: An Empirical Examination." *The Journal of Futures Markets* 13 (June 1993): 409–431.

Moran, M. T. "Taking a Ride on the Volatile Side." *Journal of Indexes*(October/November 2004): 16–19.

Silber, W. L. "Marketmaker Behavior in an Auction Market: An Analysis of Scalpers in Futures Markets." *The Journal of Finance* 39 (September 1984): 937–953.

다음은 옵션에 관한 정보에 대해 훌륭한 자료를 제공한다:

Boyle, P., and F. Boyle. *Derivatives: The Tools That*

Changed Finance. London: Risk Books, 2001.

Lakonishok, J., I. Lee, N. D. Pearson, and A. M. Poteshman. "Option Market Activity." *Review of Financial Studies* 20 (2006): 813–857.

Levy, J. *Your Options Handbook: The Practical Reference and Strategy Guide to Trading Options*. Hoboken, NJ: John Wiley & Sons, 2011.

McMillan, L. G. *McMillan on Options*, 2nd ed. New York: Wiley, 2004.

The Options Institute. *Options: Essential Concepts and Trading Strategies*, 3rd ed. New York: McGraw-Hill, 1999.

Shover, L. *Trading Options in Turbulent Markets: Master Uncertainty through Active Volatility Management*. New York: Bloomberg Press, 2010.

Thomsett, M. C. *Getting Started in Options*, 8th ed. New York: Wiley, 2009.

파생상품거래소에서의 거래에 대한 연구는 다음을 포함한다:

Kuserk, G. J., and P. R. Locke. "Market Maker Competition on Futures Exchanges." *The Journal of Derivatives* 1 (Summer 1994): 56–66.

Kuserk, G. J., and P. R. Locke. "Market Making with Price Limits." *The Journal of Futures Markets* 16 (September 1996): 677–696.

Lambert, E. *The Futures: The Rise of the Speculator and the Origins of the World's Biggest Markets*. New York: Basic Books, 2011.

Manaster, S., and S. C. Mann. "Life in the Pits: Competitive Market Making and Inventory Control." *Review of Financial Studies* 9 (Fall 1996): 953–975.

Melamed, L. *For Crying Out Loud*. Hoboken, NJ: John Wiley & Sons, 2009.

Olson, E. S. *Zero-Sum Game: The Rise of the World's Largest Derivatives Exchange*. Hoboken, NJ: John Wiley & Sons, 2011.

Pirrong, C. "The Clearinghouse Cure." *Regulation* (Winter 2008–2009): 44–51.

Pirrong, C. "Market Liquidity and Depth on Computerized and Open Outcry Trading Systems." *The Journal of Futures Markets* 16 (August 1996): 519–543.

부록 B는 도서, 논문, 기타 자료와 같은 좀 더 광범위한 참고문헌을 포함하고 있으며, 이 책의 동반 사이트에 있다. 접속하려면, www.cengagebrain.com을 방문하여 ISBN 9781305104969를 검색한 후 "Free Materials", "Access Now" 탭을 차례로 클릭하라.

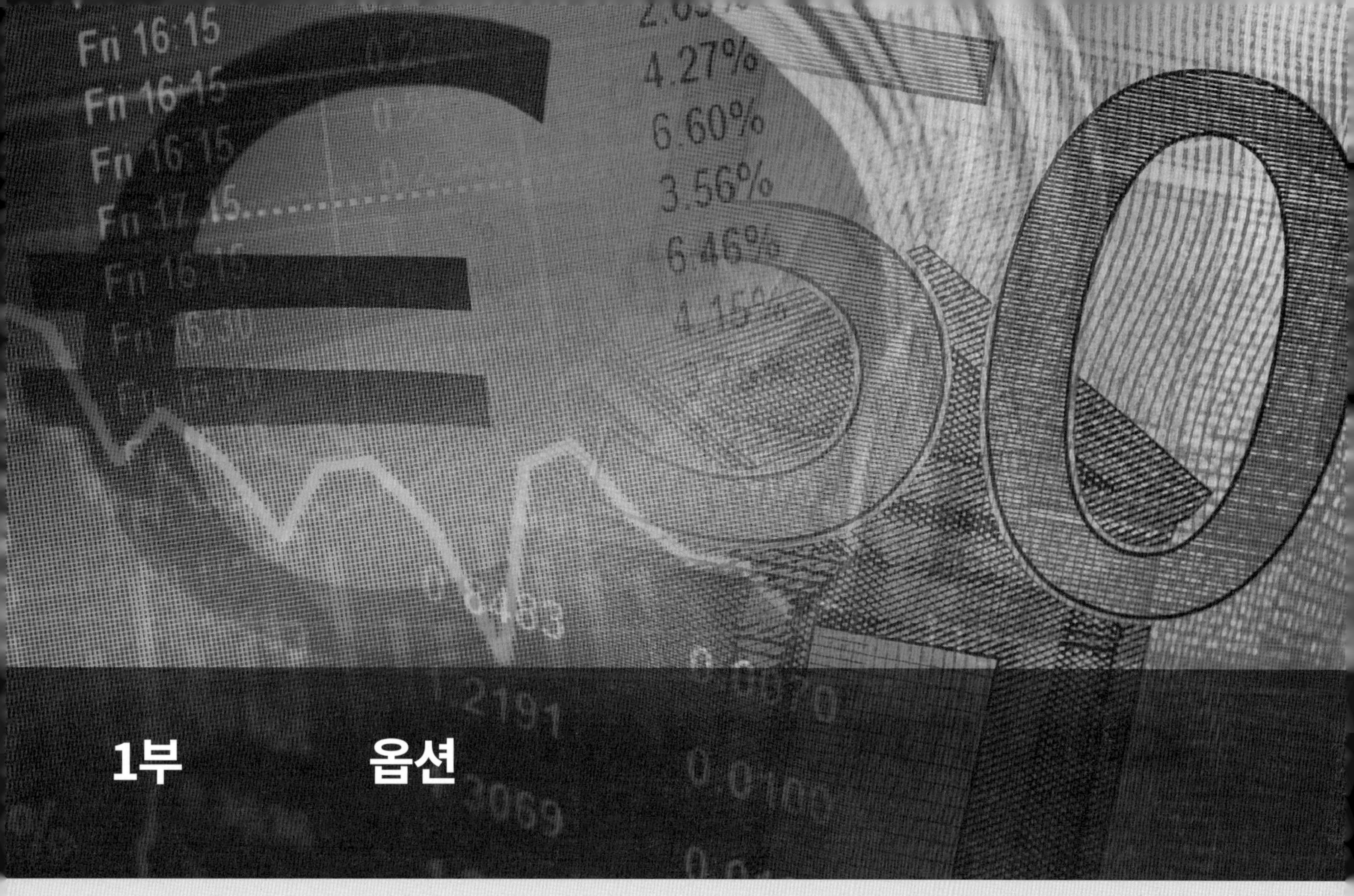

1부 옵션

3장

이 장의 목표

- 최소가치, 최대가치, 만기에서의 가치, 하한과 같은 옵션가격을 결정하는 기본적 원리들을 이용하여 옵션가격결정에서 차익거래의 역할을 설명한다.
- 옵션가격에 영향을 미치는 요인에 대한 이론적 근거를 알아보고 설명한다. 요인에는 주식가격, 행사가격, 만기까지의 기간, 무위험이자율, 변동성이 있다.
- 미국식 옵션과 유럽식 옵션 사이의 차이점을 설명하고, 조기행사가 발생하거나 또는 발생하지 않는 이유에 대해 설명한다.
- 풋–콜 등가식을 이해한다.

옵션가격결정의 원리

파생상품을 원자 (atom)처럼 보는 것은 도움이 된다. 원자를 어떤 방식으로 나누면 열과 에너지–유용한 것을 얻는다. 그러나 다른 방식으로 자르면 폭탄을 얻게 된다. 이 미묘함을 이해해야 한다.

Kete Jennings

Moral Hazard, Fourth estate, 2002, p.8

이 장에서는 여러 요인들을 알아보고 이 요인들이 왜 옵션가격에 영향을 미치는지 제시한다. 그리고 합리적인 옵션가격을 나타내는데 원칙이 되는 옵션의 상한과 하한 조건을 살펴본다. 그런 뒤, 행사가격이 다른 옵션과 만기까지의 기간이 다른 옵션들 사이의 관계를 분석한다. 마지막으로, 풋옵션과 콜옵션 사이의 관계와 다른 중요한 원칙들에 대해 논한다. 이 장에 걸쳐, 그리고 이 책 전반에 걸쳐 무엇보다 중요한 점은 차익거래기회(arbitrage opportunity)는 투자자들에 의해 빠르게 사라진다는 것이다.

어떤 사람이 당신에게 다음의 제안을 한다고 가정하자: 당신은 게임I을 할 수 있는데, 이 게임은 빨간 공 3개와 파란 공 3개가 들어있다고 알려진 모자에서 공 1개를 꺼내는 것이다. 만약 당신이 빨간 공을 꺼낸다면, 받는 것은 아무것도 없다. 만약 당신이 파란 공을 꺼낸다면,

$10를 받는다. 게임I을 할 것인가? 제안자가 참가비를 말하지 않았으므로, 대부분의 사람들은 이 게임을 할 것이다. 당신은 선불로 현금 경비를 지불하지 않고 $10를 벌 기회가 있다. 당연히, 이는 너무 좋은 기회이고, 비합리적인 사람만이 참가비를 부과하지 않고 그런 제안을 할 것이다.

이제 게임I을 하기 위한 타당한 수수료가 $4라고 하자. 그리고 새 게임인 게임II를 고려하자. 게임II는 당신이 파란 공을 꺼내면 $20을 지급하고, 빨간 공을 꺼내면 아무것도 지급하지 않는다. 참가비는 더 높은 것인가, 낮을 것인가? 당신이 빨간 공을 꺼낸다면 게임I과 같은 수익을 얻는다. 파란 공을 꺼낸다면 게임I보다 더 높은 수익을 받는다. 게임II의 수익들은 게임I보다 우월하기 때문에, 당신은 게임II를 하기 위해 기꺼이 더 많이 지불해야 한다.

이러한 단순 게임과 기회로부터, 합리적인 사람들이 위험한 상황에 직면했을 때 어떻게 행동하는지에 대한 기본적인 원칙들을 쉽게 볼 수 있다. 동일한 방식으로 합리적인 투자자들의 집단행동이 옵션가격결정의 기본적인 원칙들을 결정한다. 이 장에서 옵션가격결정에 대한 기본적인 규칙들을 수립하는데 이용되는 여러 차익거래 예시를 읽을 때, 그 투자 상황과 방금 설명한 게임과의 유사성을 기억하자. 그럼, 합리적인 결과가 명확해질 것이다.

이 장에서 옵션의 정확한 가격을 유도하지는 않는다. 그 보다는 상한과 하한, 그리고 옵션가격에 영향을 미치는 요인들을 알아보는 것에 국한된다. 제4장과 제5장에서 어떻게 정확한 옵션가격이 결정되는지 설명할 것이다.

3-1 기본적인 기호와 용어

다음의 기호들은 책 전반에 걸쳐 사용된다.

S_0 = 현재 주식가격(시점 0 = 현재)
X = 행사가격
T = 만기까지의 기간
r = 무위험이자율
S_T = 옵션 만기일의 주식가격 (즉, T기간이 지난 뒤)
$C(S_0, T, X)$ = 주식가격이 S_0, 만기까지의 기간이 T, 행사가격이 X일 때, 콜옵션의 가격
$P(S_0, T, X)$ = 주식가격이 S_0, 만기까지의 기간이 T, 행사가격이 X일 때, 풋옵션의 가격

상황에 따라서, 미국식 콜옵션(American call option)과 유럽식 콜옵션(European call option)을 구별해야 할 수도 있다. 그런 경우, 미국식 콜옵션의 가격은 $C_a(S_0, T, X)$으로, 유럽식 콜옵션의 가격은 $C_e(S_0, T, X)$으로 나타낼 것이다. a 또는 e의 아래첨자가 없다면, 콜옵션은 미국식이나 유럽식 콜옵션이 될 수 있다. 두 옵션이 행사가격만 다른 경우, X_1는 X_2보다 작으

며 각각의 콜옵션가격은 $C(S_0, T, X_1)$과 $C(S_0, T, X_2)$으로 한다. 이를 기억하는 좋은 방법은 낮은 행사가격의 아래첨자는 높은 행사가격의 아래첨자보다 작다는 것을 명심하는 것이다. 두 옵션이 만기까지의 기간만 다른 경우, 만기까지의 기간, T_1과 T_2은 $T_1 < T_2$이 될 것이고, 각각의 콜옵션가격은 $C(S_0, T_1, X)$과 $C(S_0, T_2, X)$이 된다. 풋옵션가격도 동일하게 조정된다.

대부분의 예에서 주식은 배당을 지급하지 않는다고 가정할 것이다. 배당을 지급한다면, 옵션의 수명이 끝나기 전에 주식은 D_1, D_2 등의 배당을 지급하고, 간단하게 조정하여 비슷한 결과를 얻을 수 있다. 조정을 위해, 단순히 주식가격에서 배당의 현재가치, $\sum_{j=1}^{N} D(1+r)^{-t_j}$을 차감한다. 여기서 N은 배당의 지급 횟수이고, t_j는 각각의 배당락일 (ex-dividend day)까지의 기간이다. 배당은 미리 알려져 있다고 가정한다.

만기까지의 기간은 1년에 대한 소수로 표현된다. 예를 들어, 현재 날짜가 4월 9일이고 옵션 만기일이 7월 18일이라면, 단순히 두 날짜 사이의 일수를 세어, 4월에 21일이 남아있고, 5월에 31일, 6월에 30일, 7월에 18일이 남아있어 총 100일이 된다. 따라서 1년이 365일이라고 가정하면, 만기까지 남은 기간은 100/365 = 0.274가 될 것이다.

무위험이자율, r은 위험이 없는 투자로 얻은 이자율이고, 여기서는 연간복리로 가정하였다. 또한 적절한 연간복리 무위험이자율에 대한 알맞은 추정치를 이미 얻었다고 가정하였다. 여기서는 미국 Treasury bill, 즉, T-bill을 이용하여 분석할 것이지만, 런던 은행 간 대출이자율(London Interbank Offered Rate, LIBOR)과 오버나이트 지수 스왑 이자율(overnight index swap rate, OIS)과 같은 다른 금리들도 때때로 고려된다. LIBOR와 OIS는 각자 고유의 계산 방법이 존재한다. Treasury bill은 위해 미국 정부가 발행하는 증권이다. 발행 시 만기가 91일과 182일인 T-bill은 매주 연방준비제도이사회(Federal Reserve)에 의해 경매로 판매된다. 만기가 365일인 T-bill은 4주에 한 번 경매로 판매된다. 모든 T-bill은 목요일이 만기가 된다.[1] 거래소에서 거래되는 옵션의 대부분은 금요일에 만기가 되기 때문에, T-bill은 언제나 옵션 만기 전날에 만기가 된다. 6개월 이하의 만기를 가진 다른 옵션에 대해서는, T-bill은 옵션 만기의 일주일 이내에 만기가 된다. 비슷한 만기의 T-bill의 수익률은 무위험이자율의 대용치가 될 것이다.[2]

TECHNICAL NOTE

이자율과 파생금융상품
www.cengagebrain.com을 방문하여 ISBN 9781305104969를 검색하시오.

T-bill은 액면이자(coupon)를 지급하지 않고, 할인(discount)하여 판매함으로서 이자를 지급한다. 즉, T-bill은 액면가(face value)보다 낮게 구입하게 된다. 매입가격과 액면가의 차이를 할인이라고 한다. 투자자가 만기까지 T-bill을 보유한다면, 액면가가 상환된다. 그러므로 할인은 T-bill에 의해 얻는 수익이 된다.

옵션가격결정의 원리를 설명하기 위해, NASDAQ에서 거래되는 가상의 첨단기술(high-tech) 산업의 대기업 DCRB의 옵션가격을 고려해보자. 옵션의 가격은 표 3.1에서 제시하고

1 목요일이 추수감사절과 같은 공휴일인 경우, Treasury bill은 그 주 수요일이 만기가 된다.

2 금융 파생상품을 이용할 때 적절한 할인율에 대한 논의는 계속 진행되고 있다. 이용 가능한 다른 이자율로는 LIBOR와 OIS 이자율이 있다. LIBOR와 OIS는 소수 딜러(dealer)들의 펀드비용에 대한 좋은 대용치이기 때문에 고려된다. 이 책은 입문서이고 T-bill은 금융의 대부분의 학생들에게 친숙하기 때문에 여기서는 T-bill 이자율을 이용할 것이다. LIBOR와 OIS를 이용하는 것은 이후에 다루게 될 것이다.

표 3.1 DCRB 옵션 자료(5월14일)

행사가격	콜옵션			풋옵션		
	5월	6월	7월	5월	6월	7월
120	8.75	15.40	20.90	2.75	9.25	13.65
125	5.75	13.50	18.60	4.60	11.50	16.60
130	3.60	11.35	16.40	7.35	14.25	19.65

현재 주식가격: 125.94
만기일: 5월 21일, 6월 18일, 7월 16일

있으며, 5월 14일에 관찰했다고 가정한다. 5월 옵션은 5월 21일에, 6월 옵션은 6월 18일에, 7월 옵션은 7월 16일에 만기가 된다.

많은 미국 시장에서, 주식가격의 호가단위는 $0.01이다. 옵션가격이 $3보다 작으면 옵션의 호가단위는 $0.01, $3보다 크면 $0.05이다. DCRB 옵션 자료에서 옵션가격의 호가단위는 $0.01으로 가정한다.

5월 만기 옵션에 이용할 무위험이자율은 4.57%, 6월 만기와 7월 만기 옵션에 이용할 무위험이자율은 각각 4.56%, 4.63%로 가정한다. 만기까지의 기간은 5월 만기 옵션에 대해서는 0.0192 (7일/365), 6월 만기 옵션에 대해서는 0.0959 (35일/365), 7월 만기 옵션에 대해서는 0.1726(63일/365)이 된다.

3-2 콜옵션가격결정의 원리

이 장에서는, 콜옵션가격이 어떻게 결정되는지에 대해 잘 이해할 수 있게 해주는 규칙들을 다룬다.[3] 여기서 목적은 만기일 *전의* 콜옵션가격결정이라는 점을 기억하자.

3-2a 콜옵션의 최소가치

콜옵션은 행사하지 않아도 되기 때문에, 최소가치는 0이다.

콜옵션은 유한책임(limited liability)을 가진다. 콜옵션 보유자가 옵션을 행사하는 것이 유리하다고 판단한다면, 콜옵션을 행사할 것이다. 또는 옵션을 행사하는 것이 콜옵션 보유자의 부(wealth)를 감소시킨다면, 행사하지 않을 것이다. 옵션을 행사해야만 하는 것은 아니므로, 옵션은 음수의 가치를 가질 수 없다. 따라서,

$$C(S_0, T, X) \geq 0.$$

3 '가격결정'이라는 단어를 이용할 때, 현재의 관례를 따른다. 엄밀히 말하면, 가격은 시장에서 관찰되고, 가치는 관찰되기 보다는 모형이나 이론에 의해 종종 내재된다. 그러므로 엄밀히 말하면 '가치평가'이지만, 일상적인 관례에 따라 '가격결정'이라 한다.

표 3.2 DCRB 콜옵션의 내재가치와 시간가치

		시간가치		
행사가격	내재가치	5월	6월	7월
120	5.94	2.81	9.46	14.96
125	0.94	4.81	12.56	17.66
130	0.00	3.60	11.35	16.40

미국식 옵션에 대해서는, 최소가치가 0이라는 표현이 다음의 더 강한 표현으로 지배된다.

$$C_a(S_0, T, X) \geq Max(0, S_0 - X).$$

Max(0, S_0–X)은 "0과 S_0–X, 둘 중에서 최대값을 택하는 것"을 의미한다.

미국식 콜옵션의 내재가치는 0, 또는 주가와 행사가격의 차이 중에 큰 값이다.

옵션의 최소가치는 **내재가치(intrinsic value)**라고 한다. 또는 **패리티 가치(parity value), 패리티(parity), 행사가치(exercise value)**로 표현되기도 한다. 내가격(in-the-money) 콜옵션의 내재가치는 양수, 외가격(out-of-the-oney) 콜옵션의 내재가치는 0으로, 내재가치란 콜옵션 보유자가 옵션을 행사함으로서 받게 되는 가치이자, 옵션이 행사될 때 콜옵션 매도자가 양도하는 가치이다. 여기서는 옵션을 즉시 행사하는 것이 타당한지에 대해서는 고려하지 않다고 있다. 수익이 발생할 기회를 잡을 수 있다면, 그렇게 한다는 것만 논하고 있다.

내재가치 원칙을 증명하기 위해 DCRB의 6월만기 행사가격 120의 콜옵션을 생각해보자. 주가는 $125.94이고 행사가격은 $120이다. 식으로 계산하면 Max(0, 125.94 – 120) = 5.94 이다. 이제 콜옵션가격이 $5.94보다 낮다면, 예를 들면 $3이라면 어떻게 될지 생각해보자. 옵션 거래자는 콜옵션을 $3에 매입해서 행사할 수 있다. 이는 주식을 $120에 구입하는 것을 의미하며, $125.94에 주식을 팔게 된다. 이러한 차익거래로 위험 없이 주당 $2.94의 순이익을 즉시 얻는다.[4] 모든 투자자들은 이를 행할 것이고 그 결과 옵션가격을 끌어올릴 것이다. 옵션가격이 $5.94에 도달할 때, 이 거래는 더 이상 수익성이 있지 않다. 따라서, $5.94는 콜옵션의 최소가치이다.

행사가격이 $130인 옵션처럼 행사가격이 주식가격보다 높다면 어떻게 될 것인가? 이 경우 Max(0, 125.94–130)=0이 되어, 최소가치는 0이 될 것이다.

이제 모든 DCRB 콜옵션을 보자. 행사가격이 $120인 옵션들은 최소가치가 Max(0, 125.94–120)=5.94가 된다. 행사가격이 $120인 세 옵션 모두 참으로 가격이 $5.94 이상이다. 행사가격이 $125인 옵션들의 최소가치는 Max(0, 125.94–125)=0.94이고, 이 옵션들의 가격은 0.94 이상이 된다. 행사가격이 $130인 옵션들의 최소가치는 Max(0, 125.94–130)=0이다. 이 모든 옵션들은 확실히 음이 아닌 가치를 가진다. 따라서 모든 DCRB 콜옵션은 내재가

4 사실, 주식을 매도할 필요는 없다. 거래비용이 없을 때, $125.94의 가치를 가지는 주식으로 보유하든지, $125.94 가치의 다른 자산(현금 등)으로 전환하든지는 중요하지 않다. 둘 다 $125.94의 동일한 부(wealth)를 가진다.

그림 3.1 유럽식 콜옵션과 미국식 콜옵션의 최소가치

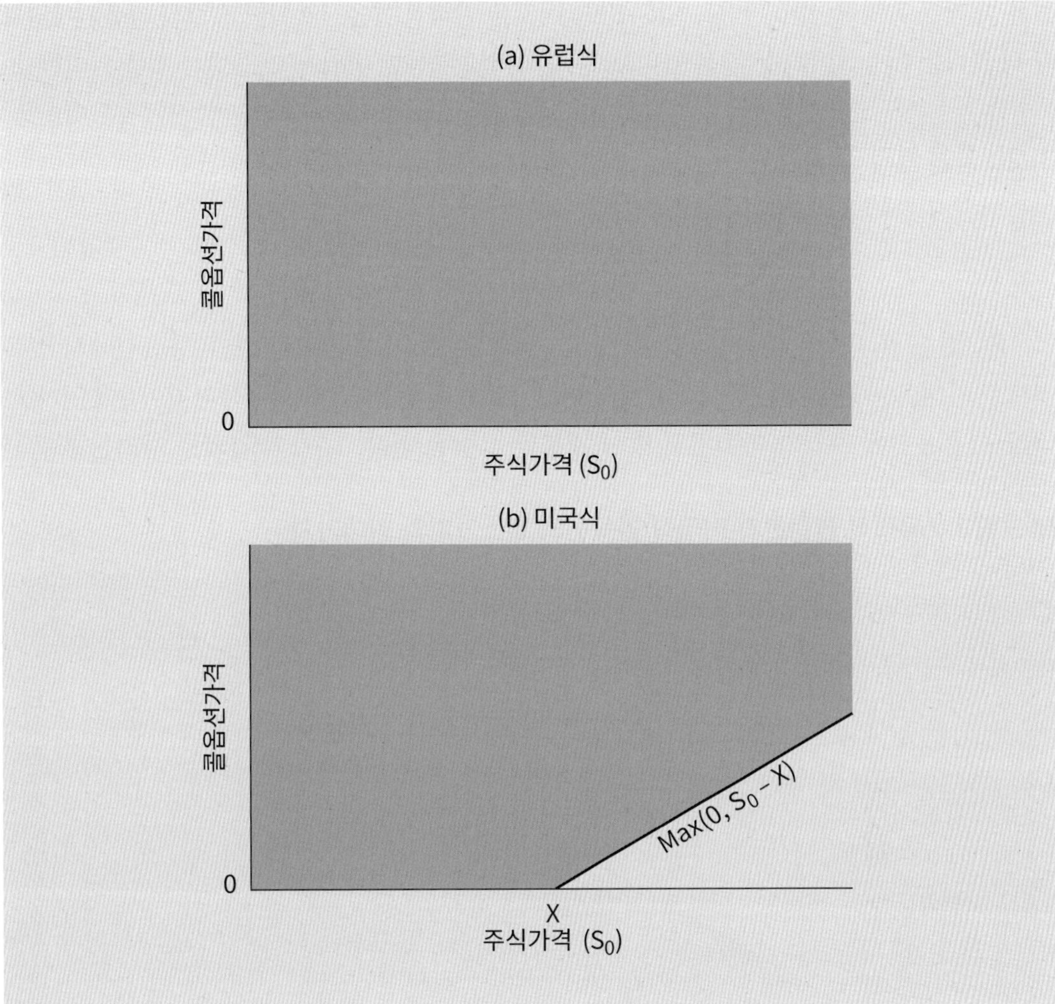

치 원칙을 따른다. 사실, 옵션이 일반적으로 이러한 원칙을 따른다는 것을 많은 실증분석들이 밝히고 있다.

내재가치 개념은 미국식 콜옵션에만 적용된다. 유럽식 콜옵션은 만기일에만 행사될 수 있기 때문이다. 유럽식 콜옵션의 가격이 Max(0, S_0–X) 보다 작아도, (만기일 전이라) 행사할 수 없으므로 앞서 언급한, 콜옵션가격을 끌어올릴 수 있는 차익거래를 거래자들은 하지 못한다.

미국식 콜옵션의 가격은 보통 그 내재가치보다 높다. 가격과 내재가치의 차이는 콜옵션의 **시간가치(time value)**, 또는 **투기적가치(speculative value)**라고 하며, $C_a(S_0, T, X)$–Max(0, S_0–X)으로 정의한다. 시간가치는 콜옵션의 불확실성에 대해 거래자들이 기꺼이 지불할 가치를 반영한다. 표 3.2는 DCRB 콜옵션의 내재가치와 시간가치를 보여준다. 만기까지의 기간이 길어질수록 시간가치는 증가하는 것을 알 수 있다.

미국식 콜옵션의 시간가치는 옵션가격과 내재가치의 차이이다.

그림 3.1은 지금까지 논의한 것을 보여준다. 콜옵션가격은 어두운 부분에 있게 된다. 그림

3.1(a)은 유럽식 콜옵션가격이 전체 구역에 존재할 수 있다는 것을 보여준다. 반면에 미국식 콜옵션은 더 작은 구역에 있게 된다(그림 3.1(b)). 이것은 미국식 콜옵션가격이 유럽식 콜옵션가격보다 더 작다는 것을 의미하는 것은 아니고, 단지 가치의 가능한 범위가 더 좁다는 것을 의미한다.

3-2b 콜옵션의 최대가치

콜옵션은 또한 다음의 최대가치를 가진다.

$$C(S_0, T, X) \geq S_0.$$

콜옵션의 최대가치는 주식의 가격이다.

콜옵션은 투자자가 주식을 획득할 수 있게 해주는 매개체 역할을 한다. 콜옵션에서 얻을 것으로 기대되는 최대치는 주식가치에서 행사가격을 차감한 값이다. 행사가격이 0이 된다 하더라도, 콜옵션에 주식가격보다 더 많이 지불할 사람은 없다. 주가의 가치를 가지는 콜옵션

그림 3.2 유럽식 콜옵션과 미국식 콜옵션의 최소가치와 최대가치

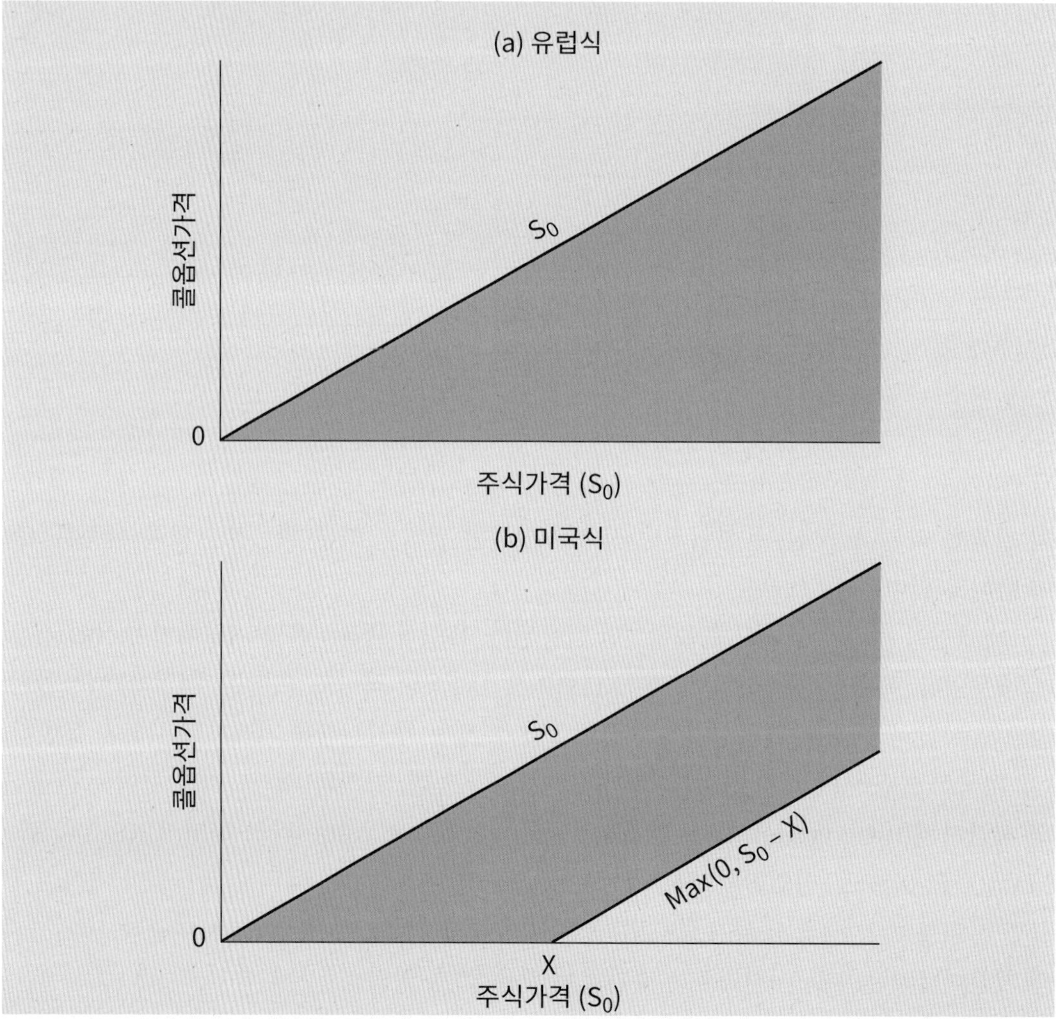

그림 3.3 만기에서 콜옵션의 가치

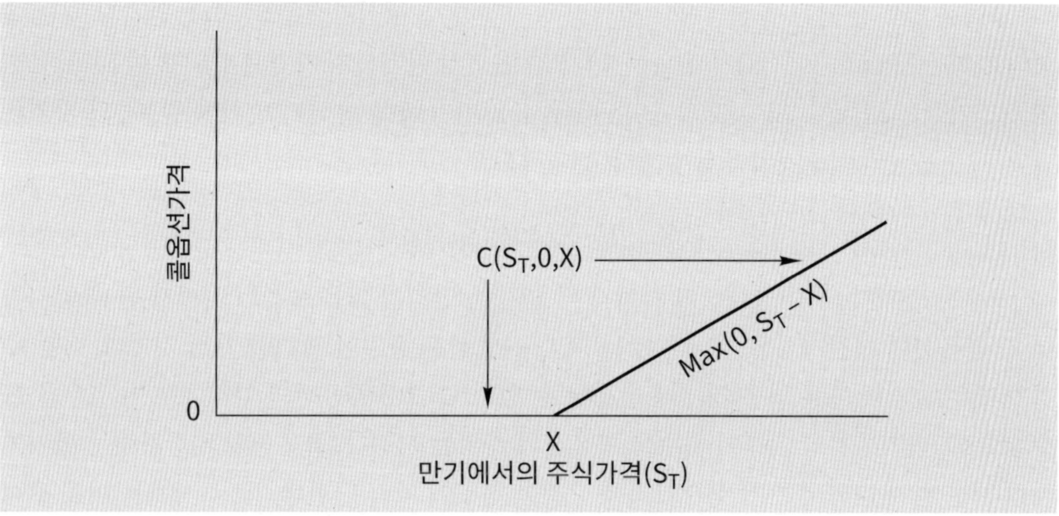

은 무한의 만기를 가진 콜옵션이다. 따라서, 모든 DCRB 콜옵션은 주식 가치보다 더 높은 가치를 갖지 않는다는 것은 분명하다.

그림 3.2는 그림 3.1에 최대가치 기준을 추가하였다. 최대가치 기준으로 가능한 옵션가치 범위가 상당히 줄었음을 알 수 있다.

3-2c 만기에서의 콜옵션가치

만기에서의 콜옵션가격은 다음과 같이 주어진다.

$$C(S_T, 0, X)=Max(0, S_T-X).$$

만기에서, 콜옵션가치는 내재 가치와 동일하다.

옵션의 수명에 남은 시간이 없기 때문에, 콜옵션가격에 시간가치는 포함되지 않는다. 미래 주식가격이 오를 것이라는 기대는 만기가 되는 옵션의 가격과 무관하므로, 옵션가격은 단순히 그 내재가치가 될 것이다.[5]

만기에, 미국식 옵션과 유럽식 옵션은 동일해진다. 따라서 이 원칙은 두 옵션 종류 모두에게 적용된다.

그림 3.3은 만기에 콜옵션의 가치를 제시하고 있다. 여기서 콜옵션의 가치는 모호하지 않다. 그러나 이를 만기 *전에* 콜옵션의 가치를 발견하려는 우리의 목적과 혼동해서는 안 된다.

3-2d 만기까지의 기간의 효과

만기까지의 기간만 다른, 두 미국식 콜옵션을 고려해보자. 하나는 만기까지의 기간이 T_1이고, 가격은 $C_a(S_0, T_1, X)$이다. 다른 하나는 만기까지의 기간이 T_2이고, 가격은 $C_a(S_0, T_2, X)$이다.

5 옵션 행사에 대한 거래비용 때문에, 옵션가격은 내재가치보다 약간 작은 가치를 가질 수 있다.

앞에서 언급한 바와 같이, T_2는 T_1보다 크다. 두 옵션 중에 어떤 옵션의 가치가 더 큰가?

오늘은 만기가 짧은 옵션의 만기일이라고 가정하자. 주식가격은 S_{T_1}이고, 만기가 되는 옵션의 가치는 Max(0, S_{T_1} – K)가 된다. 만기가 긴 옵션의 만기까지 기간은 $T_2 - T_1$ 이 되고, 옵션의 최소가치는 Max(0, S_{T_1} – K)가 된다. 따라서, 만기가 짧은 옵션이 만기가 될 때, 그 가치는 만기가 긴 옵션의 최소가치와 동일하다. 결과적으로,

$$C_a(S_0, T_2, X) \geq C_a(S_0, T_1, X).$$

보통은 만기가 더 긴 콜옵션이 가치가 더 높지만, 만기가 짧은 옵션이 만기가 될 때 만기가 더 긴 콜옵션이 시간가치를 지니지 않는다면, 두 옵션은 동일한 가격을 가질 것이다. 이는 주가가 매우 높거나 매우 낮은 경우에 발생할 수 있다. DCRB 콜옵션의 가격에서 이 경우를 볼 수 있는데, 만기까지의 기간이 길수록 콜옵션의 가치는 커진다. 콜옵션의 시간가치는 만기까지의 기간 뿐 아니라 주가가 행사가격에 근접한 정도에 따라 변한다. 즉, 투자자는 미래 주식가격의 불확실성에 기초한 콜옵션의 시간가치에 지불하게 된다. 만약 주식가격이 매우 높다면 콜옵션은 **심내가격(deep-in-the-money)**에 있다고 하며 시간가치는 낮을 것이다. 또는 주식가격이 매우 낮다면, 콜옵션은 **심외가격(deep-out-of-the-money)**에 있다고 하며, 비슷하게 시간가치는 낮을 것이다. 이러한 극단에서 콜옵션이 만기에 내가격 또는 외가격이 될 불확실성이 낮으므로, 시간가치는 낮을 것이다. 주식가격이 행사가격에 가까울 때 불확실성은 커지고, 이 때 시간가치는 높게 된다.

만기가 긴 미국식 콜옵션은 다른 것은 동일한, 만기가 짧은 미국식 콜옵션보다 언제나 가치가 같거나 크다.

왜 주식가격이 행사가격에 가까울 때 시간가치가 가장 높은지 이해하기 위해서는 단순한 비유가 유용하다. 뉴욕 닉스(New York Knicks)와 보스턴 셀틱스(Boston Celtics)의 중요한 농구 경기를 관람하고 있다고 하자. 좋은 경기를 즐기고는 있지만, 어떤 팀에도 감정적인 애착은 없다고 가정한다. 이제 하프타임(halftime)이다. 뉴욕은 65–38로 앞서고 있다고 하자. 지금 경기는 얼마나 흥미로운가? 뉴욕이 이길 가능성은 얼마인가? 동시에 더 흥미로운 일이 있다면 계속 관람할 것 같은가? 아니면, 점수가 55–55로 동점이라고 가정해보자. 이제 경기는 훨씬 더 흥미롭지 않은가? 후반전을 관람할 가능성이 높지 않은가?

주가가 행사가격에 가까운 옵션은 막상막하의 경기와 같다. 심내가격 또는 심외가격 옵션은 어느 팀이 훨씬 앞서가는 경기와 같다. 막상막하인 경기와 거의 등가격(at-the-money)인 옵션은 사람들이 희소 자원(예를 들면, 경기를 볼 시간 또는 옵션을 매입할 자금)을 기꺼이 더 할당하려는 상황이다.

시간가치의 이러한 특성과 앞 장의 결과들은 콜옵션가격이 주가에 따라 어떻게 되는지에 대한 일반적인 아이디어를 제공한다. 그림 3.4는 미국식 콜옵션에 대해 보여주고 있다. 곡선은 콜옵션의 가격이며 내재가치, Max(0, S_0–X) 위쪽에 있다. 만기가 다가옴에 따라 콜옵션가격에서 시간가치는 줄어들며 이 과정을 **시간가치소멸(time value decay)**이라 하고, 곡선은 점차 내재가치 쪽으로 이동한다. 만기에 콜옵션가격곡선은 내재가치 위로 겹쳐지고 곡선

그림 3.4 미국식 콜옵션의 가격곡선

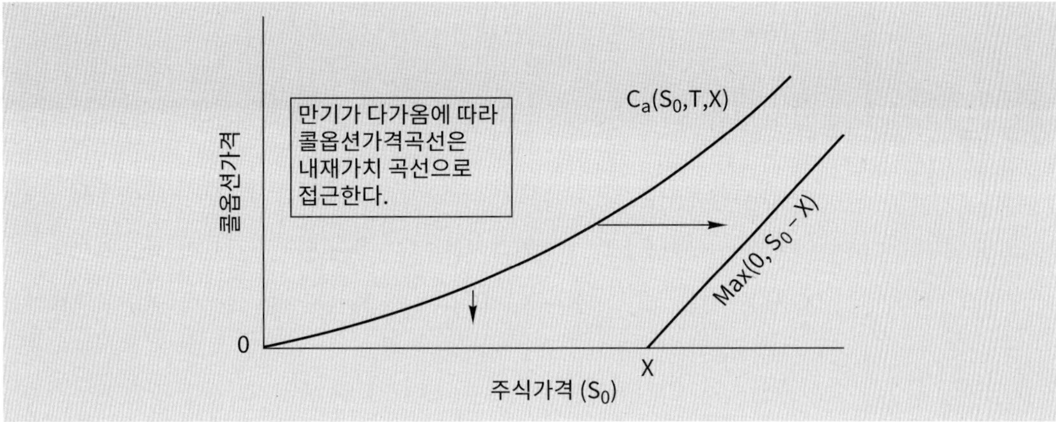

은 정확하게 그림 3.3과 같아진다.

시간가치 효과는 DCRB 콜옵션에서 분명하다. 표 3.2를 보면, 동일한 행사가격에서 시간가치는 만기까지의 기간이 길수록 증가한다. 또한 동일한 만기까지의 기간에서, 행사가격이 $125인 콜옵션의 시간가치가 가장 높은데 이 행사가격은 주가에 가장 가깝다.

만기까지의 기간과 옵션가격 사이의 관계는 유럽식 옵션에 대해서도 동일하다. 그렇지만 유럽식 옵션의 최소가치에 대해 아직 규명하지 않았으므로 아직은 이를 공식적으로 사실로서 인정하지는 않겠다.

3-2e 행사가격의 영향

옵션가치에 대한 영향 다른 모든 점은 동일하고 행사가격이 X_1과 X_2으로 다른 두 유럽식 콜옵션을 생각해보자. 앞서 언급한 바와 같이 X_2가 X_1보다 크다. $C_e(S_0, T, X_1)$과 $C_e(S_0, T, X_2)$ 중에서 어떤 옵션의 가격이 높은지 알아보자.

이제 포트폴리오A와 B를 고려해보자. 포트폴리오A는 행사가격이 X_1인 콜옵션을 매입하고 행사가격이 X_2인 콜옵션을 매도하여 구성하였다. 이런 종류의 포트폴리오는 머니스프레드(money spread)라고 불리며 제7장에서 논의할 것이다. 포트폴리오A를 구성하기 위해 $C_e(S_0, T, X_1)$를 지급하고 $C_e(S_0, T, X_2)$를 받기 때문에 이 포트폴리오는 $C_e(S_0, T, X_1)-C_e(S_0, T, X_2)$의 초기가치를 가질 것이다. 이 초기가치는 포트폴리오를 획득하기 위해 지불해야 하는 현금흐름의 음수 값이다. 아직까지는 초기가치가 양수인지 음수인지 알지 못한다. 이는 어떤 옵션의 가격이 높은지에 달려있다.

포트폴리오B는 단순하게 X_2-X_1의 액면가를 가지는 무위험채권이다. 이 채권은 Treasury bill과 같은 순수할인채(pure discount bond)이고 만기는 옵션의 만기와 같은 것으로 한다. 그럼 이 포트폴리오의 가치는 채권 액면가의 현재가치, 또는 $(X_2-X_1)/(1+r)^{-T}$가 된다.[6]

6 '만기'까지의 기간은 T로 나타냈었다. 엄밀히 말하면, T는 시간 T와 현재인 시간 0의 차이이다. 따라서 여기서는 T - 0 = T로 사용한다. 또한, 여기서는 쉬운 설명을 위해 연간복리를 이용한다. 이자율은 다른 여러 형태로 명시될 수 있는데, 예를 들면 제5장에서는 연속복리(continuous

표 3.3 콜옵션가치에 대한 행사가격의 영향: 포트폴리오A와 B의 만기 시 수익

		만기에서 주가에 따른 포트폴리오 수익		
포트폴리오	현재 가치	$S_T < X_1$	$X_1 \leq S_T < X_2$	$X_1 < X_2 \leq S_T$
A	$+C_e(S_0,T,X_1)$	0	$S_T - X_1$	$S_T - X_1$
	$-C_e(S_0,T,X_2)$	0	0	$S_T + X_2$
		0	$S_T - X_1 \geq 0$	$X_2 - X_1 > 0$
B	$(X_2 - X_1)(1+r)^{-T}$	$X_2 - X_1 > 0$	$X_2 - X_1 > 0$	$X_2 - X_1 > 0$

우선 포트폴리오A에 집중해 보자. 먼저, 만기 때 포트폴리오의 가치를 결정해야 한다. 포트폴리오의 가치는 옵션이 만기가 될 때의 현금흐름이나 수익(payoff)이 될 것이고, 만기 시의 주식가격, S_T에 따라 달라진다. 만기 시 주식가격은 세 가지 범위가 가능하다: (1) $S_T < X_1$, (2) $X_1 \leq S_T \leq X_2$, (3) $X_1 < X_2 < S_T$. 표 3.3은 만기에서 포트폴리오A와 B의 가치를 보여주고 있다.

S_T가 X_1보다 높아질 때, 행사가격이 X_1인 콜옵션은 $S_T - X_1$의 가치를 가질 것이다. S_T가 X_2보다 높다면, 행사가격이 X_2인 콜옵션의 가치는 $S_T - X_2$가 될 것이다. 그런데 여기서 행사가격이 X_2인 콜옵션을 매도하였다. 매입자는 이 옵션이 만기에서 등가격일 때 $S_T - X_2$의 수익을 받기 때문에, 매도자는 $- S_T + X_2$의 수익을 갖게 된다. 두 옵션으로부터의 수익을 더하면 포트폴리오A의 수익은 언제나 0보다 작지 않으며, 경우에 따라서는 0 이상의 수익을 낸다. 따라서,

$$C_e(S_0, T, X_1) \geq C_e(S_0, T, X_2).$$

유럽식 콜옵션의 가격은 행사가격이 더 높고 다른 것은 동일한 유럽식 콜옵션의 가격 이상이어야 한다.

이는 왜 그런가? 이 규칙을 이해하는 가장 좋은 방법은 반대 상황을 살펴보는 것이다. $C_e(S_0, T, X_1) < C_e(S_0, T, X_2)$ 이라고 가정해보자. 옵션 매입을 위해 $C_e(S_0, T, X_1)$를 지급하고 옵션 매도에서 $C_e(S_0, T, X_2)$을 받기 때문에, 거래 초에 순현금유입이 있게 된다. 그리고 만기에서의 수익은 음수가 아니라는 것을 보였었다. 처음에 양(+)의 현금유입이 있고 만기에 현금유출 가능성이 없는 포트폴리오를 구성할 기회는 누구든지 덥석 잡으려 할 것이다. 이를 이용해서는 돈을 잃지 않는다. 모두 이 거래를 실행하기 위해 노력할 것이고, 이는 행사가격이 X_1인 콜옵션의 가격은 끌어올리고 행사가격이 X_2인 콜옵션의 가격은 내리게 할 것이다. 낮은 행사가격의 콜옵션이 적어도 높은 행사가격의 콜옵션만큼의 가치를 가질 때, 포트폴리오는 더이상 양의 현금흐름을 초기에 제공하지 않을 것이다.

지금까지 유럽식 콜옵션에 대해서만 이 결과를 증명하였다. 미국식 콜옵션에 대해서는, 매입한 콜옵션은 행사될 필요가 없고 따라서 매도한 콜옵션이 조기행사한다면 어떻게 되는지만 고려할 필요가 있다.

compounding)가 적용된다.

만기 전 주가가 S_t이고 X_2보다 크다고 가정하자. 이유가 뭐든, 매도된 콜옵션은 행사되고, 음수의 현금흐름, $-(S_t-X_2)$이 발생한다. 그 뒤에 거래자는 매입한 콜옵션을 행사하고 양수의 현금흐름, S_t-X_1이 발생한다. 이 두 현금흐름의 합은 X_2-X_1이고, $X_2>X_1$이므로 양수이다.

따라서, 조기행사는 음수의 현금흐름을 내지 않을 것이다. 그러므로 미국식 콜옵션이라 하더라도 포트폴리오A는 만기에 음수의 현금흐름을 결코 발생시키지 않는다. 따라서 이 결과는 유럽식 콜옵션 뿐 아니라 미국식 콜옵션에도 해당된다.

미국식 콜옵션의 가격은 행사가격이 더 높고 다른 것은 동일한 미국식 콜옵션의 가격 이상이어야 한다.

이러한 결과는 낮은 행사가격의 콜옵션가격이 높은 행사가격의 콜옵션가격보다 낮지 않음을 보인다. 그런데 두 콜옵션가격은 동일할 수도 있다. 주가가 너무 낮아 두 콜옵션 모두 심외가격이라면, 그럴 수 있다. 어느 것도 만기에 내가격이 될 것으로 기대되지 않고, 둘 다 내재가치는 0일 것이다. 따라서 두 가격은 0에 가까울 수 있다. 그러나, 주가가 너무 높다면, 행사가격이 낮은 콜옵션이 더 높은 내재가치를 가진다. 그러므로 그 가격은 행사가격이 높은 콜옵션가격보다 더 높을 것이다.

DCRB 콜옵션의 가격은 이렇게 예상된 관계를 잘 따른다. 행사가격이 낮을수록, 콜옵션 가격은 더 높다.

행사가격만 다른 두 유럽식 콜옵션의 가격 차이는 행사가격 차이의 현재가치를 초과할 수 없다.

프리미엄 차이의 한계 이제 포트폴리오A와 B의 결과를 비교해보자. 표 3.3에서 포트폴리오B의 수익은 포트폴리오A보다 결코 낮지않다. 따라서 투자자는 포트폴리오A보다 포트폴리오B에 덜 지불하지 않은 것이다. 포트폴리오A의 가격은 매입한 옵션가격에서 매도한 옵션가격을 차감한, $C_e(S_0, T, X_1)-C_e(S_0, T, X_2)$ 이다. 포트폴리오B의 가격은 채권 액면가의 현재가치인 $(X_2-X_1)(1+r)^{-T}$이다. 따라서,

$$(X_2-X_1)(1+r)^{-T} \geq C_e(S_0, T, X_1)-C_e(S_0, T, X_2).$$

이에 대한 유용한 표현은 다음과 같다.

$$(X_2-X_1) \geq C_e(S_0, T, X_1)-C_e(S_0, T, X_2).$$

행사가격의 차이는 행사가격 차이의 현재가치보다 크기 때문에 이러한 결과가 나온다. 두 옵션은 행사가격만 다르기 때문에, 프리미엄의 차이는 행사가격의 차이를 초과할 수 없다.

이러한 결과에 대한 직관은 단순하다. 행사가격이 높은 옵션으로 낮은 행사가격의 옵션을 매입하는 것의 이익은 행사가격의 차이보다 크지 않을 것이다. 예를 들어, 행사가격이 125인 6월만기 DCRB 콜옵션을 보유하고 있고, 이를 행사가격이 120인 6월만기 옵션으로 교체하려 한다면, 얻을 수 있는 최대치는 $5이다. 따라서, 125 옵션으로 120 옵션을 얻기 위해서 추가적으로 $5보다 더 많이 지불하지는 않을 것이다. 이러한 결과는 스프레드 전략을 논의할 제7장에서 유용할 것이다.

TECHNICAL NOTE

옵션경계조건에 대한 현금흐름접근
www.cengagebrain.com을 방문하여 ISBN 9781305104969를 검색하시오.

미국식 콜옵션에 대해서는, 낮은 행사가격을 가지는 콜옵션은 높은 행사가격의 콜옵션

표 3.4 DCRB 콜옵션에 대한 행사가격과 옵션가격 사이의 관계

행사가격	행사가격 차이	콜옵션가격 차이 (괄호는 행사가격 차이의 현재가치) 5월	6월	7월
120, 125	5	3.00 (4.9957)	1.90 (4.9787)	2.30 (4.9611)
120, 130	10	5.15 (9.9914)	4.05 (9.9573)	4.50 (9.9222)
125, 130	5	2.15 (4.9957)	2.15 (4.9787)	2.20 (4.9611)

주: 무위험이자율은 4.57%(5월), 4.56%(6월), 4.63%(7월)이다. 만기까지의 기간은 0.0192(5월), 0.0959(6월), 0.1726(7월)이다.

이상의 가치를 가진다. 그러나 프리미엄의 차이가 행사가격 차이의 현재가치를 넘을 수 없다는 것은 미국식 콜옵션에 대해서는 적용되지 않는다. 두 옵션 모두 만기 전 시점t에 행사되고 X_2-X_1의 수익은 무위험채권에 투자된다면, 포트폴리오A의 수익은 $(X_2-X_1)(1+r)^{(T-t)}$가 될 것이고 이는 포트폴리오B의 수익인 X_2-X_1보다 높을 것이다. 그러므로 포트폴리오B는 언제나 포트폴리오A보다 성과가 낮을 것이다.

그러나 포트폴리오B에 매입된 채권의 액면가가 $(X_2-X_1)(1+r)^{-T}$이고 따라서 현재가치는 X_2-X_1이라면, 포트폴리오B는 언제나 포트폴리오A보다 성과가 높다. 이러한 경우에, 포트폴리오A의 현재시점 가치는 포트폴리오B보다 높을 수 없다. 이에 따라, 미국식 콜옵션은 다음과 같이 표현할 수 있다.

$$(X_2-X_1) \geq C_e(S_0, T, X_1) - C_e(S_0, T, X_2).$$

행사가격만 다른 두 미국식 콜옵션의 가격 차이는 행사가격 차이를 초과할 수 없다.

표 3.4는 이러한 특성을 알아보기 위해 DCRB 콜옵션을 이용하여 계산한 결과를 보여주고 있다. 행사가격이 120과 125인 5월만기 콜옵션을 고려해보자. 두 옵션의 프리미엄 차이는 3이다.

행사가격 차이의 현재가치는 $5(1.0457)^{-0.0192}$=4.9957이다. 적정한 무위험이자율과 옵션의 만기까지의 기간을 이용하여 단순히 계산하였다. 미국식 콜옵션이기 때문에, 가격 차이는 행사가격 차이보다 크지 않아야 한다.

표 3.4에서 보이는 바와 같이, 모든 콜옵션은 이 조건을 따른다. 그리고 모든 콜옵션가격 차이는 행사가격 차이의 현재가치보다 작다. 미국식 콜옵션은 조기행사될 수 있으므로, 이러한 결과가 미국식 콜옵션에 적용될 필요는 없다는 것을 기억하자.

표 3.5 유럽식 콜옵션의 하한: 포트폴리오A와 B의 만기 시 수익

포트폴리오	현재시점 가치	만기 시 주가에 따른 포트폴리오 수익	
		$S_T \le X$	$S_T > X$
A	S_0	S_T	S_T
B	$C_e(S_0, T, X) + X(1+r)^{-T}$	X	$(S_T - X) + X = S_T$

3-2f 유럽식 콜옵션의 하한

미국식 콜옵션에 대해 다음을 알고 있다.

$$C_a(S_0,\ T,\ X) \geq \text{Max}(0,\ S_0 - X).$$

즉시 행사할 수도 있다는 요건 때문에, 이 식이 유럽식 콜옵션에 적용가능한지 확신할 수 없다. 그렇지만 유럽식 콜옵션의 하한은 미국식 콜옵션의 내재가치보다는 높을 것으로 전개시킬 수 있다.

다시, 두 포트폴리오A, B를 고려해보자. 포트폴리오A는 현재 가격이 S_0인 1주로 구성되어 있고, 포트폴리오B는 가격이 $C_e(S_0,\ T,\ X)$인 유럽식 콜옵션과 액면가가 X이고 따라서 현재가치가 $X(1+r)^{-T}$인 무위험채권으로 구성되어있다. 그러므로 포트폴리오B의 현재시점 가치는 $C_e(S_0,T,X)+X(1+r)^{-T}$이다. 두 포트폴리오로부터의 수익은 표 3.5에 제시되었다.

표에서 제시하는 바와 같이, 포트폴리오B의 수익은 언제나 적어도 포트폴리오A 수익만큼 이거나 때에 따라 더 크다. 투자자들은 이 사실을 인지하고 포트폴리오B의 가격을 적어도 포트폴리오A 가치만큼으로 매길 것이다. 즉,

$$C_e(S_0,\ T,\ X) + X(1+r)^{-T} \geq S_0$$

이 식을 다시 정리하면,

$$C_e(S_0,\ T,\ X) \geq S_0 - X(1+r)^{-T}.$$

$S_0 - X(1+r)^{-T}$이 음수라면, 콜옵션의 최소가치는 0이라는 원칙을 적용한다. 이러한 결과들을 종합하면 하한은 다음과 같다.

$$C_e(S_0,\ T,\ X) \geq \text{Max}[0,\ S_0 - X(1+r)^{-T}].$$

유럽식 콜옵션의 가격, 0 또는 주식가격에서 행사가격의 현재가치를 차감한 값 중 큰 값보다 크거나 같다.

콜옵션가격이 주식가격에서 행사가격의 현재가치를 차감한 값보다 작다면, 차익거래 포트폴리오를 구성할 수 있다. 콜옵션과 무위험채권을 매입하고 주식을 매도한다. 콜옵션가격과 채권 가격의 합이 주식가격보다 낮으므로, 이 포트폴리오의 초기 현금흐름은 양수이다. 만기에 $X > S_T$이라면, 수익은 $X - S_T$이다. 그렇지않으면, 수익은 0이다. 포트폴리오는 현재 양수의

■■그림 3.5 유럽식 콜옵션의 가격곡선

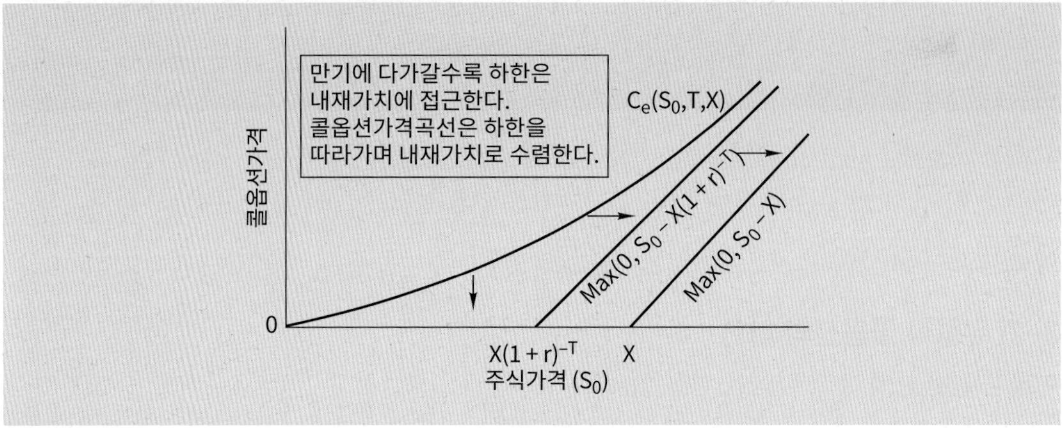

현금흐름을, 만기에 0 또는 양수의 현금흐름을 가진다. 다시 말하자면, 절대 돈을 잃지 않는다.

그림 3.5는 이러한 유럽식 콜옵션의 결과를 보여주고 있다. 곡선은 콜옵션가격으로 하한보다 위에 놓여야 한다. 만기에 다가갈수록, 만기까지의 기간은 줄어들고 하한은 오른쪽으로 이동한다. 옵션에서 시간가치도 감소하며 하한을 따라가고, 결국엔 만기에 내재가치 Max(0, S_0–X)로 수렴한다.

미국식 콜옵션의 내재가치가 Max(0, S_0–X)임을 보였을 때, 유럽식 콜옵션에 대해서는 조기행사할 가능성이 없어 적용하지 않았었다. 이제 이 제약은 전혀 중요하지 않다는 것을 볼 수 있다. 행사가격의 현재가치는 행사가격 그 자체보다 작으므로, 유럽식 콜옵션의 하한은 미국식 콜옵션의 내재가치보다 크다.

유럽식 콜옵션의 경우, 만기가 긴 콜옵션은 다른 것은 동일하지만 만기가 짧은 콜옵션보다 가치가 크거나 같다.

만기까지의 기간이 미국식 콜옵션가격에 어떻게 영향을 미치는지에 대한 이전 설명에서, 유럽식 콜옵션에 대해서는 동일한 관계를 이끌어낼 수 없었지만 이제는 가능하다. 만기까지의 기간이 T_1과 T_2으로 다른 두 유럽식 콜옵션을 고려해보자. 가격은 각각 $C_e(S_0, T_1, X)$, $C_e(S_0, T_2, X)$ 이다. 시점T_1에, 만기가 짧은 옵션은 만기가 되고 Max(0, S_0–X)의 가치를 가진다. 반면에, 만기가 긴 옵션의 최소가치는 Max $[0, S_{T_1}-X(1+r)^{-(T_2-T_1)}]$이다. 그러므로 만기가 짧은 옵션의 가치는 만기가 긴 옵션의 하한보다도 낮다. 따라서 만기가 긴 콜옵션은 만기가 짧은 콜옵션보다 가격이 적어도 같거나 높아야 한다.

주식이 배당을 지급하고 주가에서 배당의 현재가치를 차감한 값을 $S_0' = S_0 - \sum_{j=1}^{N} D(1+r)^{-t_j}$이라 한다면, 하한은 다음과 같이 수정된다.

$$C_e(S_0, T_1, X) \geq Max[0, S_0' - X(1+r)^{-T}].$$

주식옵션 대신 통화옵션을 생각해보자. 환율은 S_0으로 표현한다. 그러나 통화는 이산복리 이자율 ρ로 이자를 지급한다는 것을 알아야 한다. 이는 통화의 무위험이자율이다. 통화 1단위를 매입한다면, T기간 동안 $(1+\rho)^T$로 증가할 것이다. 포트폴리오A가 통화 $(1+\rho)^{-T}$단위로 구성되어있다고 다시 정의해보자. 이자가 발생하므로 통화 $(1+\rho)^{-T}$ 단위는 $(1+\rho)^{-T}(1+\rho)^{T}=1$ 단위로 증가할 것이다. 그러면, 수익은 표 3.5과 같게 된다. 이 경우에 차이점은 포트폴리오A의 초기가치가 $S_0(1+\rho)^{-T}$으로 정의된 것뿐이다. 결과적으로 콜옵션의 하한은 다음과 같다.

$$C_e(S_0, T_1, X) \geq Max[0, S_0(1+\rho)^{-T} - X(1+r)^{-T}].$$

통화가 지급하는 이자와 주식이 지급하는 배당은 비슷하다. 각각의 경우, 자산은 보유자에게 지불한다. 하한을 설정하기 위해서는 자산의 가치에서 이 지불금을 제외해야 한다.

혹자는 유럽식 옵션의 하한을 일종의 내재가치로 보기도 한다는 것을 생각해봐야 한다. 주식이나 통화의 가격은, 정의에 따르면, 만기 시 가치의 현재가치이다. 행사가격의 *현재가치*는 명백하게 만기에서 할인된 행사가격이다. 그 점을 염두에 두면, 이들은 등가격 옵션을 배당이나 이자가 조정된 주식이나 통화 가격이 행사가격 그 자체가 아닌, 행사가격의 현재가치와 동일한 상태로 정의하는 것을 선호할 것이다. 그러면 시간가치는 옵션가격에서 하한을 뺀

연결하기_MAKING THE CONNECTION

비동시적인 종가와 명확한 경계조건 위배

실제 시장 자료를 분석하기 시작할 때, 경계조건(boundary condition)을 분명하게 위배하는 사항들을 많이 보게 된다. 예를 들면, 뉴욕증권거래소(New York Stock Exchange, NYSE)와 시카고옵션거래소(Chicago Board Options Exchange, CBOE)의 정규 거래 시간은 미국 중부 표준시(Central time)로 오전 8:30부터 오후 3:00이다(또는 동부 시간으로 오전 9:30부터 오후 4:00). CBOE와 NYSE 모두 옵션과 주식 종가를 발표하며 이는 대략 그 날의 마지막 거래의 실거래가격과 동일하다.

NYSE가 특정 주식의 종가를 $100으로 발표한 것을 관찰했다고 가정하자. CBOE는 동일한 주식에 대한, 행사가격이 $95이고 3개월 후 만기인 옵션의 마지막 거래가격을 $5.90으로 발표하였다. 이 옵션은 유럽식이고 배당은 없으며 거래비용은 없다고 가정한다. 적절한 연간복리 이자율은 4.32%이다. 경계조건에 위배되는 바가 있는가?

위배되는 것으로 보이지만, 거의 그렇지 않다. 앞에서 논의한 바에 따르면, 하한 조건은 다음과 같았다.

$$C_e(S_0, T, X) \geq Max[0, S_0 - X(1+r)^{-T}]$$

따라서, 이 예에서 하한은 다음과 같다.

$$C_e(S_0, T, X) \geq Max[0, 100 - 95(1+0.0432)^{-0.25}] = 6.00$$

마지막 거래는 $5.90으로 발표되었으므로, $0.10의 차익거래 이익을 가지는, 경계 위배가 있는 것 같다.

그러나 이는 거의 그렇지 않다. 발표된 주가와 옵션가격은 비동시적이며, 이는 실제로 동시에 관찰되어 이익을 위해 이용가능한 것이 아니라는 것을 의미한다. 주가가 훨씬 낮을 때(예를 들면, $99.50), 당일 마지막 거래의 옵션가격은 오후 3:45에 관찰되었을 것이고, 주가는 오후 4:00까지 활발히 거래되다가 마지막 15분에 $100로 가격이 상승했을 수도 있다.

따라서, 실시간(동시적) 가격은 외부에서 관찰하기 어렵기 때문에, 경계조건 위배가 종종 나타나 보이지만 실제로는 존재하지 않다. 이 점은 파생상품시장을 이해하는데 매우 중요한데, 그 이유는 기초자산에 대한 시장과 파생상품에 대한 시장이 존재하고, 이 둘은 다른 시간대에 있는 경우가 흔하며 종종 다른 시간에 개시와 종료를 하기 때문이다. 이러한 문제는 옵션과 주식가격을 보통 하루 지난 신문에서 얻었던 인터넷 이전 시대에 더 심각하다. 인터넷은 주식과 옵션 시장의 거의 실시간 가격을 얻을 수 있게 해주고 있다. 그러나 단지 몇 분 차이가 나는 실시간 가격이라도 동시적인 것은 아니다. 거래자들이 흔히 말하는 것처럼, "몇 초는 이 시장에서 영원이다."

것으로 정의될 것이다. 이 책에서는 이러한 정의들을 이용하지 않지만, 다른 책에서 그런 정의를 보더라도 놀랄 일은 아니다.

3-2g 미국식 콜옵션 대 유럽식 콜옵션

지금까지 보였던 많은 결과들은 유럽식 콜옵션에만 적용된다. 예를 들면, 하한의 도출은 유럽식 콜옵션에 한정했었다. 이는 미국식 콜옵션의 조기행사로 인해 만기 때 포트폴리오로부터 기대되는 현금흐름이 더는 의미 없게 될 수 있기 때문이다.

미국식 콜옵션은 동일조건의 유럽식 콜옵션의 가치와 같거나 크다.

그러나 많은 경우 미국식 콜옵션은 정확하게 유럽식 콜옵션처럼 행동한다. 사실, 미국식 콜옵션은 조기행사 가능하다는 추가된 특성이 있는 유럽식 콜옵션처럼 볼 수 있다. 옵션을 행사하는 것은 전혀 의무적인 것이 아니므로,

$$C_a(S_0, T, X) \geq C_e(S_0, T, X).$$

앞에서 이미 미국식 콜옵션의 최소가치는 $\text{Max}(0, S_0-X)$로 증명했었지만, 유럽식 콜옵션의 하한은 $\text{Max}\,[0, S_0-X(1+r)^{-T}]$이다. 그림 3.5에서 보여진 것처럼 $S_0-X(1+r)^{-T}$는 S_0-X보다 크므로, 미국식 콜옵션의 하한가치는 또한 $\text{Max}[0, S_0-X(1+r)^{-T}]$이어야 한다.

이제 DCRB 옵션들의 가격들이 하한보다 높은지 알아보자. 표 3.6은 DCRB 콜옵션 각각의 하한을 보여주고 있다. 어떻게 계산되었는지 보기 위해, 5월 만기이고 행사가격이 120인 콜옵션을 생각해보자. 만기까지의 기간은 0.0192, 무위험이자율은 0.0457이다. 따라서,

$$\text{Max}\,[0, S_0-X(1+r)^{-T}]=\text{Max}[0, 125.94-120(1.0457)^{-0.0192}]=6.0428$$

표 3.6 DCRB 콜옵션의 하한

행사가격	만기		
	5월	6월	7월
120	6.0428	6.4520	6.8738
125	1.0471	1.4733	1.9127
130	0.0000	0.0000	0.0000

주: 무위험이자율은 4.57%(5월), 4.56%(6월), 4.63%(7월)이다. 만기까지의 기간은 0.0192(5월), 0.0959(6월), 0.1726(7월)이다.

표 3.1에 따르면, 콜옵션가격은 $8.75이다. 그러므로 이 옵션은 하한 조건을 만족한다. 표 3.1과 3.6은 다른 콜옵션도 하한에 따르는 것을 보여준다. 일반적으로, 여러 연구들은 콜옵션 가격이 하한 규칙에 밀접하게 따르는 것을 보여준다.

무배당 주식의 미국식 콜옵션은 결코 조기행사되지 않을 것이고, 유럽식 콜옵션처럼 다룰 수 있다.

미국식 콜옵션의 하한을 확립했으니 이제 미국식 콜옵션이 조기행사될 수 있는지 알아보자. 먼저, 콜옵션이 내가격 옵션이라고 가정하자. 그 외에는 행사할 것을 고려하지도 않을 것이다. 주가가 S_0이라면, 콜옵션을 행사하여 S_0-X의 현금흐름을 얻는다. 그러나 콜옵션가격은 최소 $S_0-X(1+r)^{-T}$이어야 한다. 행사로 인한 현금흐름인 S_0-X은 콜옵션의 하한인 $S_0-X(1+r)^{-T}$보다 결코 높을 수 없으므로, 시장에 콜옵션을 매도하는 것이 언제나 더 유리할 것이다. 행사의 거래비용을 콜옵션 매도의 거래비용과 비교하면, 콜옵션은 조기행사하지 않아야 한다는 것이 확실해진다. 따라서 주식이 배당을 지급하지 않는다면, 그림 3.5는 또한 미국식 콜옵션의 가격곡선이 된다.

무배당주식(non-dividend-paying stock)의 미국식 옵션은 결코 조기행사되지 않을 것임을 많은 사람들이 믿기 어려워하지만, 비유를 통해 꽤 쉽게 이해할 수 있다. 잡지를 구독하자마자 매력적인 요금을 제시하는 구독 갱신 안내를 받아 본 적이 있는가? 이제 막 잡지를 받기 시작하여 잡지가 마음에 드는지 아마도 아직 모르지만, 갱신할 수 있는 선택권이 당신에게 주어졌다. 즉시 갱신할 것인가? 합리적인 사람은 거의 갱신하지 않을 것이다. 갱신하는 것은 잡지 회사에게 당신의 돈에 대한 이자를 지급할 뿐 아니라, 이후에 당신이 갱신하기를 원할 때 결정할 권리를 포기하는 것이다. 일반적으로 한참 뒤에 동일한 요금으로 갱신할 권리를 여전히 갖게 된다. 비슷하게, 콜옵션을 조기행사하는 것은 당신의 돈에 대한 이자를 매도자에게 지급할 뿐 아니라, 이후에 주식을 보유할지 결정할 권리를 포기하는 것이다.

이러한 논의에 설득되지 않는다면, 이를 고려하라. 단순히 주식이 올라갈 가격까지 올라간 것으로 생각되서 심내가격 콜옵션을 행사하고 싶은 충동을 억제해야 한다. 주식에 대한 견해가 정확하다면, 콜옵션을 보유하는 것보다 상승하지 않을 주식을 보유하는 것을 더 원하지는 않을 것이다. 그러나 주식이 배당을 지급한다면 이야기는 달라진다.

3-2h 배당을 지급하는 주식에 대한 미국식 옵션의 조기행사

기업이 배당을 선언할 때, 배당은 배당기준일(holder-of-record date)로 불리는 특정 날짜 기준으로 모든 주주에게 지급해야 한다고 명시한다. 배당기준일 2영업일 전이 배당락일(ex-dividend date)이다.[7] 배당기준일까지 주주명부상의 주주가 되기 위해서, 배당락일 전에 주식을 매입해야 한다. 주가는 배당락일에 배당금만큼 떨어지는 경향이 있다.

주식 배당락일이 될 때, 콜옵션가격은 주가와 함께 내려간다. 지금까지의 옵션가격결정에 대한 우리의 이해 안에서는 콜옵션가격이 내려가는 정도를 알아낼 수 없다. 그러나 콜옵션은 주식을 획득하는 수단이기 때문에, 주가 변동보다 콜옵션가격이 더 변동할 수 없다. 그러므로 콜옵션가격은 배당금보다 더 감소하지 않을 것이다. 주식 배당락일이 되기 직전에 옵션을 행사하는 것으로 투자자는 이 가치손실을 피할 수 있다. 이때가 콜옵션이 조기행사되어야 하는 유일한 시점이다.

7 역주: 우리나라는 배당락일이 배당기준일 1영업일 전이다.

배당락일에 가까워졌다면, 미국식 콜옵션을 조기행사 하는 것이 최선일 수도 있다.

조기행사가 발생할 수 있는지 보는 다른 방법으로, 배당 지급하는 주식에 대한 유럽식 콜옵션의 하한이 $Max[0, S_0'-X(1+r)^{-T}]$이었던 것을 기억해보자. 여기서, S_0'는 주가에서 배당의 현재가치를 차감한 값이다. 간단한 설명을 위해, 배당금이 D인 하나의 배당만 있고, 직후에 주식 배당락일이 된다고 가정하자. 그럼 S_0'는 거의 S_0-D와 같다(D의 현재가치는 거의 D이므로). 내가격 옵션의 행사만 고려하고 있으므로, S_0는 X보다 높다. 그러므로 S_0-X는 S_0'에서 X의 현재가치를 뺀 값보다 높을 수 있다고 쉽게 생각할 수 있다. 옵션을 행사함으로서 콜옵션 보유자는 S_0-X을 얻는다. 하한보다 약간만 높은 가치를 가지는 유럽식 콜옵션을 보유하고 있다고 가정하자. 그러면, 미국식 콜옵션은 행사되어 S_0-X의 가치를 차지할 수 있으니 이 옵션이 미국식 옵션이기를 바랄지도 모른다. 유럽식 콜옵션을 보유하고 있고, 적어도 그 순간에 이것이 미국식 콜옵션이길 바란다면, 조기행사할 수 있는 권리는 가치를 가진다는 것은 명백하다. 따라서 미국식 콜옵션은 유럽식 콜옵션보다 가치가 높을 수 있다. 이는 행사가 절대적으로 배당락 순간에 발행함을 의미하는 것은 아니다. 단지 행사를 *할 수 있다*는 의미이다. 조기행사할 권리의 가치는 미국식 콜옵션을 유럽식 콜옵션과 구별 짓는 것이다. 그 권리는 주식에 배당이 있을 때만 가치가 있다. 비슷한 논의를 이자를 지급하는 통화가 기초자산일 때 적용된다.

조기행사할 권리가 가치를 갖지 않는지 판단할 수 있는 다른 상황이 있다. 옵션 전체 기간 동안의 모든 배당의 현재가치가 $X[1-(1+r)^{-T}]$보다 작다면, 조기행사가격을 지불하여 놓치게 된 이자손실을 상쇄할 만큼 배당이 충분히 크진 않기 때문에, 옵션은 결코 조기행사되지 않을 것이다.

제4장과 제5장에서는, 옵션의 정확한 가격을 알려주는 옵션가격결정모형에 대해 배울 것이다. 그럼 조기행사가치에 대해 보다 명쾌하게 알 수 있을 것이다.

3-2i 이자율의 영향

콜옵션가격은 이자율과 직접적으로 관련되어 있다.

이자율은 여러 가지 방법으로 콜옵션가격에 영향을 미친다. 첫 번째, 이자율은 하한에 영향을 미친다. 극단적으로 이자율이 0인 경우에, 하한은 내재가치와 동일할 것이다. 이자율이 0이라면 옵션가격에는 특별한 영향을 미치치는 않는다. 옵션은 하한/내재가치로 제한된 가치를 여전히 가질 것이다. 그러나 또한 다른 좀더 복잡한 효과가 있다. 아마도 이자율이 콜옵션에 미치는 영향을 이해하는 가장 쉬운 방법은 주식의 액면가보다 적은 액수를 지불하고 주식을 매입하는 방법으로써의 콜옵션을 생각하는 것이다. 콜옵션 프리미엄을 지불함으로서, 콜옵션가격과 주식 매입을 위해 기꺼이 지불할 의향이 있는 가격인 행사가격 차이를 절약할 수 있다. 이자율이 높을수록 콜옵션 매입으로 절약되는 금액에 대한 이자를 더 벌 수 있다. 따라서 이자율이 증가할 때, 콜옵션은 매입자에게 더 매력적이므로 가격은 더 높을 것이다.[8]

8 그러나 이자율과 콜옵션가격 사이의 정확한 관계는 이보다 더 복잡하다. 그 이유는 콜옵션 매입이 실제로는 단순히 주식 매입을 연기할 수 있는 선택권 이상이기 때문이다. 주식 대신에 콜옵션을 보유하는 것은 주식을 매입했을 때보다 손실을 훨씬 제한한다. 콜옵션은 보험가치를 가진다고 한다. 이자율은 부정적으로 콜옵션의 보험가치에 영향을 미치지만, 콜옵션가격에 대한 전반적인 영향은 여전히 긍정적이다. 다음을 참고하라. D. M. Chance, "Translating the Greek: The Real Meaning of Call Option Derivative," Financial Analysts Journal 50(July–August 1994): 43–49

생활에서 위험 감수하기_TAKING RISK IN LIFE

약의 효능 유효성 효력

삶에서 많은 불확실성이 있지만, 우리가 선택한 약이 실제로 도움이 될지의 가능성에 대한 이해만큼 중대한 것은 드물다. 많은 약은 부작용을 가지고 있고, 심각한 부작용이 없는 약이라도 비용이 상당히 많이 들 수 있다. 적어도 우리에게 좋지 않은 약을 복용하는 것을 누구도 원하지 않는다. 약의 효능에 대한 과학적인 테스트 결과를 보고하는 많은 방법이 있으나, 유감스럽게도 어떤 방법들은, 기술적으로 정확할지라도, 약이 실제로는 작용하지 않지만 사람들이 약이 작용한다고 편견을 가지게 할 수 있다.

이 이야기는 Gerd Gigerenzer의 Calculated Risk: How to Know When the Numbers Deceive You(Simon and Schuster, 2002, pp. 34–35)에 수록되어 있다.[9] 1995년 연구 결과에 따르면, 콜레스테롤을 낮추는 약은 심장마비 위험을 22% 줄인다. 아마 대부분의 사람들은 22%라면 위험이 상당히 유의하게 감소한다고 생각할 것이다. 제약회사는 이 약이 돈을 지불하고 복용할 가치가 있다고 많은 의사와 환자들을 설득할 수 있을 것이다. 그러나 숫자를 다른 시각으로 보면 달리 시사한다.

임상실험에서, 콜레스테롤이 높은 1,000명의 사람들에게 약이 주고, 콜레스테롤이 높은 다른 1,000명에게 플라시보(placebo)를 줬다. 5년간 두 그룹을 추적한 결과, 약을 복용한 사람 중 32명은 심장마비로 인해 사망하였고, 반면에 플라시보를 복용한 사람 중 41명이 심장마비로 사망하였다. 41명에서 32명으로 9명이 줄어든 것은 22%이다. 따라서 어떤 의미에서, 22% 감소는 정확한 통계이다. 그러나 이는 잘못된 해석에 의한 것이다.

1,000명의 사람들이 약을 복용하였고 그들 중 9명이 약을 먹지 않았다면 심장마비가 일어날 수도 있었지만 약 덕분에 사망하지 않았다고 가정하자. 그러므로 1,000명 중 9명을 구한 것과 같다. 또는, 바꿔말하면, 약 111명의 사람이 한 명의 생명을 구하기 위해 약을 복용해야 한다.

약을 복용한 111명 중 오직 1명에게만 도움이 된다고 제약회사가 광고한다면, 판매가 얼마나 부진하였을지 상상할 수 있다. 보통의 처방전 없이 살 수 있는 일반의약품(over–the– counter)이 매 111명 중 오직 한 명에게만 효과가 있다고 상상해보자. 또는, 어느 상품이 그것을 이용하는 매 111명 중 오직 한 명에게만 작동한다고 상상해보자.

물론, 생명은 생명이고 엄청난 가치를 가진다. 이 9명의 사람들에게 약 복용에 대한 논쟁은 꽤 주목할 만하다. 그러나 이는 사후 분석이다. 약을 복용한 1,000명 그룹에서 본인이 생명이 구해진 9명 중 한 명이 될지는 아무도 모른다. 우선, 실제로는 위험이 정말 작다. 콜레스테롤이 높은 1,000명 중 32 또는 41명이 심장마비로 사망한다면, 심장마비의 확률은 단지 3%에서 4%라는 것은 분명하다. 따라서 구해진 생명의 수가 얼마 안 되므로 위험 감소 비율은 크다. 이러한 상황에서 약의 효능에 대한 논의는, 위험이 낮은 주식의 위험을 줄인 뒤 위험 감소가 상당하다고 주장하는 것과 비슷하다. 그런데 엄밀히 말하면, 위험이 낮을 때 위험을 크게 감소하는 것은 위험이 클 때와 완전히 다른 문제이다.

위험에 대한 정보는 기술적으로는 정확한 방법으로 표현될 수 있지만 왜곡되게 해석될 수 있고, 숫자 하나는 전체를 거의 보여주지 못한다. 이러한 가능성을 조심해야 한다.

9 역주: 국내에는 번역본 '숫자에 속아 위험한 선택을 하는 사람들: 심리학의 눈으로 본 위험 계산법'으로 출판되었다.

3-2j 주식변동성의 영향

투자자 행동의 기본적인 원칙 중에 하나는 개인은 많은 위험보다 적은 위험을 선호한다는 것이다. 주식 보유자에게 높은 위험은 낮은 가치를 의미한다. 그러나 주식 내 높은 위험은 그 주식에 대한 콜옵션의 높은 가치로 이전된다. 이는 변동성이 높은 주가는 행사가격보다 상당히 높아질 수 있고, 주가가 증기한다면 콜옵션으로 인한 수익이 증가하기 때문이다. 반면에, 더 높은 변동성은 주가가 행사가격보다 훨씬 낮아질 수 있다는 것을 의미한다. 그러나 이는 콜옵션 보유자에게 문제가 되지 않는데 잠재적 손실이 제한되어 행사가격만큼으로 줄여지기 때문이다. 예를 들어, 행사가격이 125인 7월 만기 DCRB 콜옵션을 고려해보자. 주가는 만기에 동

콜옵션가격은 기초자산인 주식의 변동성과 직접적으로 관련되어 있다.

일한 확률로 110, 120, 130, 또는 140일 것으로 가정한다. 그러면, 콜옵션은 만기에 동일한 확률로 0, 0, 5, 또는 15의 가치를 가질 것이다. 이제 주식의 변동성이 증가하여 주가는 동일한 확률로 100, 120, 130, 또는 150이 된다고 가정하자. 주주 관점에서 주식은 매우 위험하고 덜 바람직하다. 옵션 보유자의 관점에서는, 만기에 옵션가격이 동일한 가능성으로 0, 0, 5, 또는 25이고 이는 더 바람직하다. 사실 옵션 보유자는 주식 가격이 얼마나 하락할지 상관하지 않을 것이다. 주가가 하락할 가능성과 주가가 상승할 가능성이 모두 있다면, 옵션 보유자는 유리하고, 옵션은 변동성이 더 높을 때 더 높은 가격이 된다.

콜옵션가격에 대한 변동성의 영향을 이해하는 다른 방법으로 변동성이 0인 극단적인 경우를 고려할 수 있다.[10] 주가가 행사가격보다 낮다면, 변동성이 없으므로 옵션은 만기에 외가격이 될 것이다. 그러므로 누구도 이 옵션을 위해 어떤 비용도 지불하지 않을 것이다. 만약 주가가 행사가격보다 높고 변동성이 0이라면, 옵션은 만기에 내가격이 될 것이고 가치는 $S_T - X$이 된다. 여기서 S_T는 S_0의 미래가치이다. 그럼 이 경우에, 콜옵션은 단순히 S_0에서 X의 현재가치를 뺀 가치를 가지는 무위험자산이 될 것이다. 변동성은 하한에 영향을 미치지 않기 때문에, 옵션이 만기까지 행사되지 않을 것이라는 사실을 반영하면, 콜옵션가격과 하한은 내재가치가 된다. 반면에, 높은 변동성은 콜옵션을 매력적으로 만들어 주고, 투자자들은 더 높은 변동성을 가진 옵션에 더 높은 프리미엄을 기꺼이 지불할 의향이 있다.

제4장에서는 변동성이 어떻게 옵션가격에 영향을 미치는지 더 자세하게 분석하기 시작할 것이다. 제5장에서는 변동성을 더 자세히 살펴보고, 주식수익률의 표준편차(standard deviation)로 계산한 변동성을 알아볼 것이다.

3-3 풋옵션가격결정의 원리

콜옵션에 적용한 많은 규칙들이 풋옵션에도 단순하게 적용된다. 그러나 몇 가지 큰 차이가 있다.

3-3a 풋옵션의 최소가치

풋옵션은 행사하지 않아도 되기 때문에, 최소가치는 0이다.

풋옵션은 주식매도에 대한 선택권이다. 풋옵션 보유자는 풋옵션을 행사할 의무가 없고, 행사하는 것이 부(wealth)를 감소시킨다면 하지 않을 것이다. 따라서 풋옵션은 결코 음의 가치를 갖지 않는다.

$$P(S_0, T, X) \geq 0.$$

미국식 풋옵션은 조기행사될 수 있다. 따라서,

$$P(S_0, T, X) \geq \text{Max}(0, X - S_0).$$

10 단순한 논의를 위해 무위험이자율도 0으로 가정한다.

DCRB 주식의 행사가격이 130인 6월만기 풋옵션이 $X-S_0$보다 낮은 가격에 판매되고 있다고 가정하자. 풋옵션이 \$3에 매도된다고 하자. 그럼, 주식은 \$125.94에 매입하고, 풋옵션은 \$3에 매입한 뒤 풋옵션을 행사하는 것은 가치가 있을 것이다. 이 결과 위험 없이 즉시 \$1.06의 순수익을 낸다. 이 차익거래를 하는 모든 투자자의 행동이 합해지면 풋옵션의 가격을 적어도, 행사가격과 주가의 차이인 \$4.06까지 올릴 것이다.

그림 3.6은 풋옵션의 이러한 특징을 보여준다. 유럽식 풋옵션가격은 그래프(a)의 어두운 부분에 놓인다. 미국식 풋옵션가격은 그래프(b)의 어두운 부분에 놓인다.

미국식 풋옵션의 내재가치는 0 또는 행사가격과 주가의 차이 중에 큰 값이다.

풋옵션의 *내재가치*는 $\text{Max}(0, X-S_0)$이다. 내가격 풋옵션의 내재가치는 양수이지만, 외가격 풋옵션의 내재가치는 0이다. 풋옵션가격과 내재가치의 차이는 *시간가치* 또는 *투기적가치*이다. 시간가치는 $P_a(S_0, T, X)-\text{Max}(0, X-S_0)$으로 정의된다. 콜옵션처럼, 시간가치는 최종 성과의 불확실성에 투자자가 기꺼이 지불할 수 있는 가치이다.

표 3.7은 DCRB 풋옵션의 내재가치와 시간가치를 보여준다. 만기까지의 기간이 증가할수록 가치가 얼마나 증가하는지 생각해보자.

그림 3.6 유럽식 풋옵션과 미국식 풋옵션의 최소가치

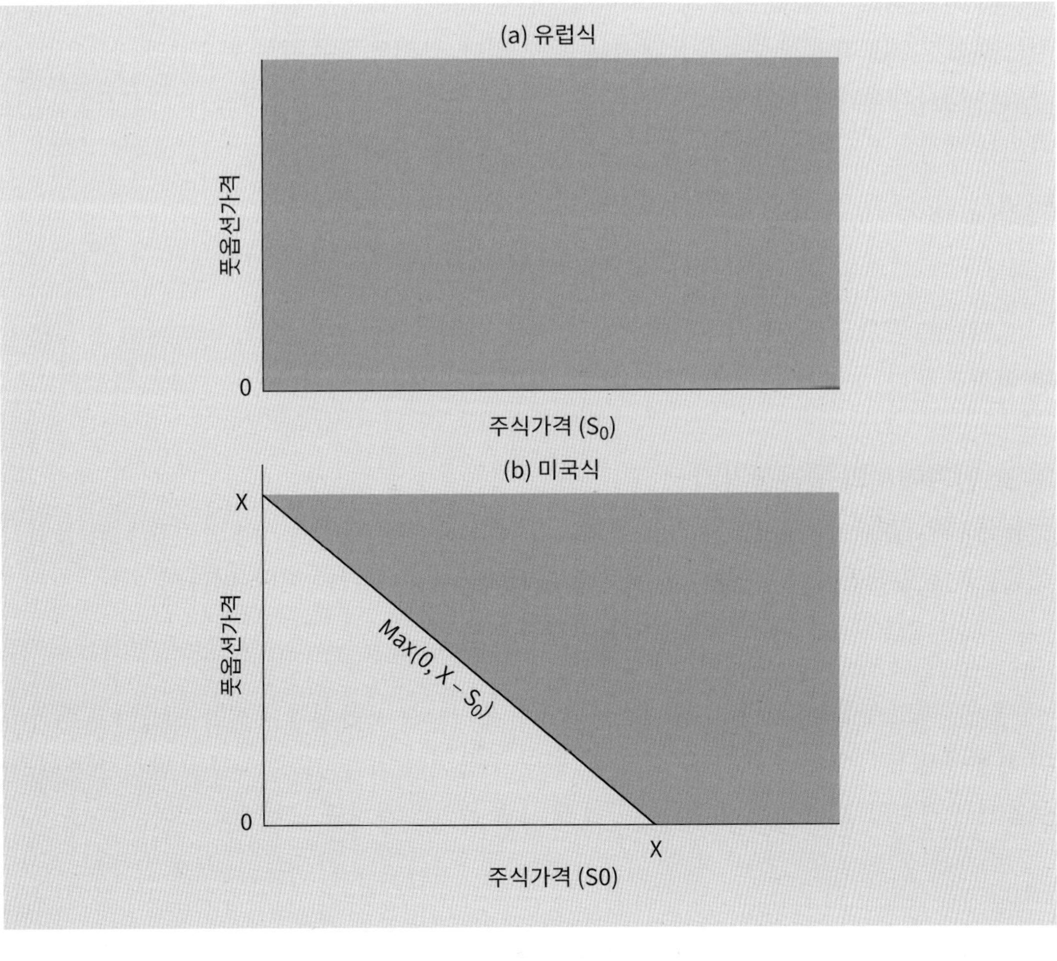

미국식 풋옵션의 시간가치는 풋옵션가격과 내재가치의 차이이다.

내재가치에 대한 표현인 $Max(0, X-S_0)$은 유럽식 풋옵션에는 맞지 않다. 이는 이전에 설명한 바와 같이, 투자자가 차익거래를 수행할 수 있도록 옵션이 행사될수 있어야 하기 때문이다. 유럽식 풋옵션은 실제로 내재가치보다 낮게 매도될 수 있다. 이는 이후에 미국식 풋옵션의 조기행사를 이해하는 데 도움이 될 것이다.

표 3.7 DCRB 풋옵션의 내재가치와 시간가치

행사가격	내재가치	시간가치		
		5월	6월	7월
120	0.00	2.75	9.25	13.65
125	0.00	4.60	11.50	16.60
130	4.06	3.29	10.19	15.59

3-3b 풋옵션의 최대가치

유럽식 풋옵션의 최대가치는 행사가격의 현재가치이다. 미국식 풋옵션의 최대가치는 행사가격이다.

만기에 유럽식 풋옵션의 수익(payoff)은 $Max(0, X-S_T)$이다. 풋옵션 보유자가 기대할 수 있는 최고의 결과는 기업이 파산하는 것이다. 이 경우에 주식은 가치가 없어지고, 풋옵션 보유자는 풋옵션 매도자에게 주식을 X 달러에 팔 수 있다. 그러므로 유럽식 풋옵션의 가능한 최대가치는 행사가격의 현재가치이다. 미국식 풋옵션은 언제라도 조기행사될 수 있으므로, 최대가치는 행사가격과 같다.

$$P(S_0, T, X) \leq X(1+r)^{-T},$$
$$P(S_0, T, X) \leq X.$$

그림 3.7은 그림 3.6에 최대가치 식을 추가한 것이다. 가능한 가치의 범위는 다소 줄었지만 여전히 넓다.

3-3c 만기에서의 풋옵션가치

만기에서 풋옵션의 가치는 내재가치이다.

풋옵션 만기일에는 시간가치가 없을 것이다. 그러므로 미국식 풋옵션이 만기가 되면 유럽식 풋옵션과 동일해진다. 두 풋옵션 모두, 가치는 내재가치와 같아야 한다. 따라서,

$$P(S_0, T, X) = Max(0, X-S_T).$$

$X>S_T$ 이고 풋옵션가격은 $X-S_T$ 보다 낮다면, 투자자는 풋옵션과 주식을 매입하고 행사하여 위험이 없는 수익을 즉시 얻을 수 있다. 만약 풋옵션이 외가격으로($X<S_T$) 만기가 된다면, 풋옵션은 가치가 없게 된다. 그림 3.8은 만기 시 풋옵션의 가치를 보여주고 있다.

■■ 그림 3.7 유럽식 풋옵션과 미국식 풋옵션의 최소가치와 최대가치

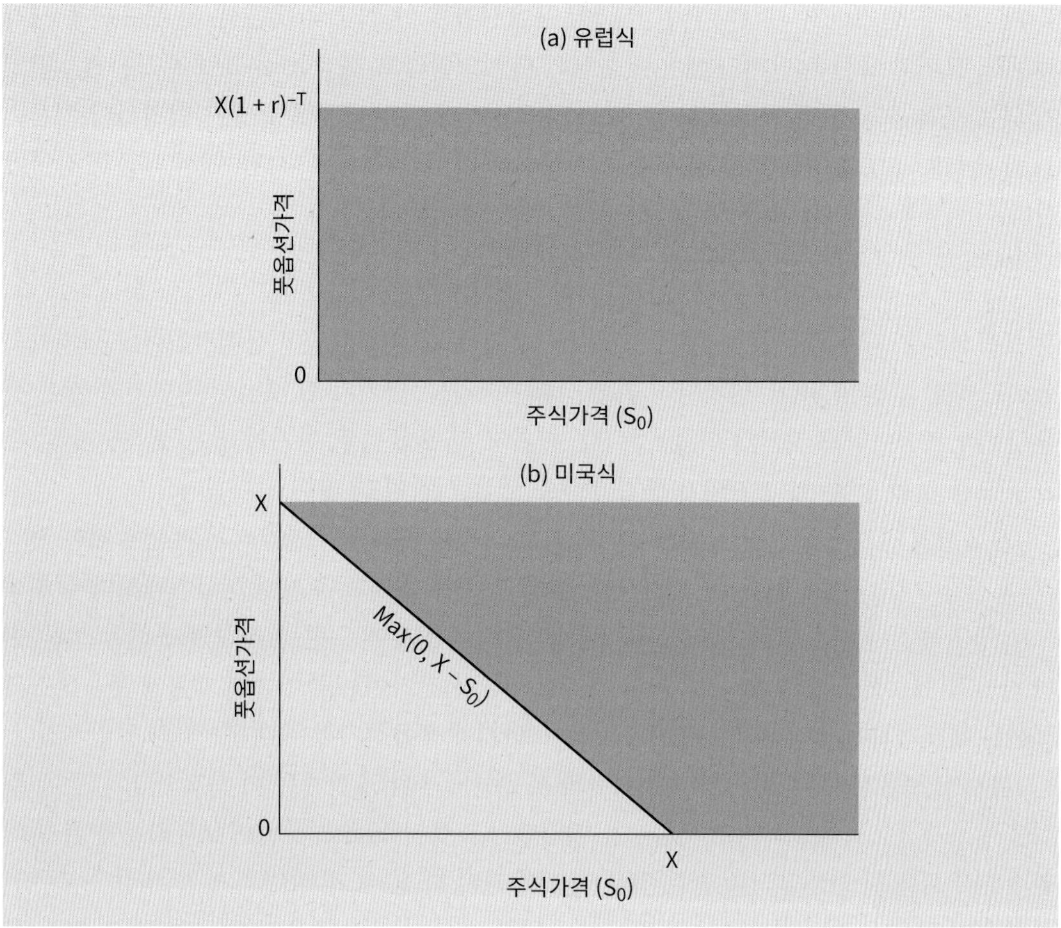

■■ 그림 3.8 만기에서 풋옵션의 가치

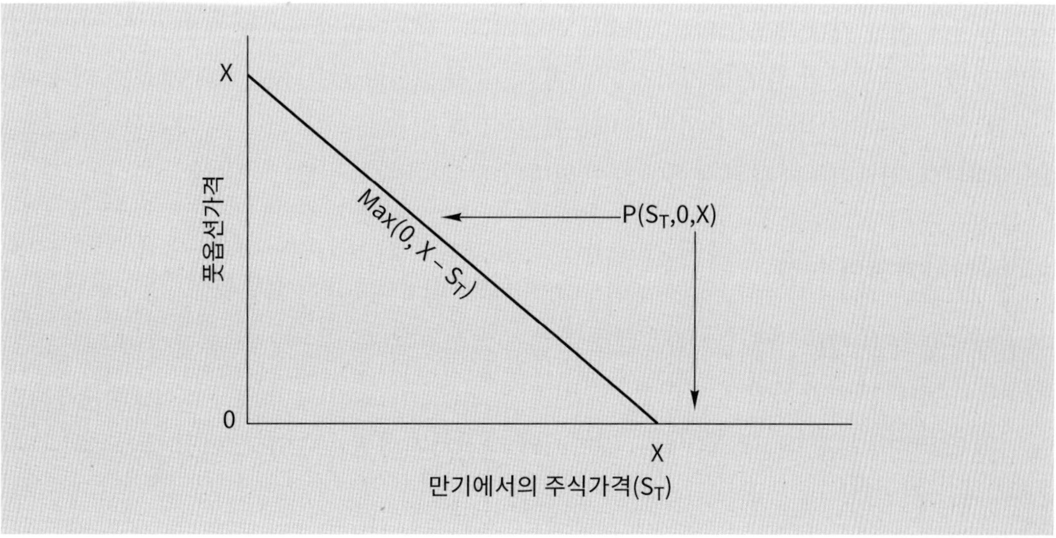

3-3d 만기까지 기간의 영향

$T_2>T_1$ 일 때, 만기까지 기간이 T_1인 미국식 풋옵션과 T_2인 미국식 풋옵션, 두 풋옵션을 생각해보자. 그리고 오늘은 만기가 짧은 풋옵션의 만기일이라고 가정한다. 그럼 주가는 S_{T_1}, 만기가 되는 풋옵션의 가치는 Max(0, X–S_{T_1})이 된다. 만기가 긴 다른 풋옵션은 만기까지 기간이 T_2-T_1 남게 되며, 가치는 Max(0, X–S_{T_1})이상이 된다. 결과적으로, 시점0에서 다음과 같아야 한다.

$$P_a(S_0, T_2, X) \geq P_a(S_0, T_1, X).$$

만기가 긴 미국식 풋옵션은 만기가 짧고 나머지는 동일한 미국식 풋옵션 이상의 가치를 가져야 한다.

두 풋옵션의 가치가 같을 수는 있다. 그러나 이는 두 풋옵션이 상당한 심내가격이나 심외가격 상태일 때만 그렇게 된다. 심지어 이러한 상태이더라도, 만기가 긴 풋옵션은 만기가 짧은 풋옵션보다 조금이라도 가치가 더 클 것이다. 만기가 긴 풋옵션은, 만기가 짧은 풋옵션이 할 수 있는 모든 것을 할 수 있고 가치가 증가할 수도 있는 시간이 더 많이 남아있다.

풋옵션의 만기까지 기간에 대한 기본적인 원리들은 콜옵션의 만기까지 기간에 대한 것과 같다. 시간가치는 주가가 행사가격에 가까워질 때 가장 커지고 주가가 행사가격보다 상대적으로 매우 높거나 매우 낮을 때 가장 작아진다. 이 점을 염두에 두면, 미국식 풋옵션이 그림 3.9와 같아진다는 것을 알 수 있다. 만기에 다가갈수록, 시간가치는 줄어들기 때문에 풋옵션가격 곡선은 내재가치에 근접한다. 그림 3.8과 같이, 만기에 풋옵션가격은 내재가치와 동일해진다.

유럽식 풋옵션의 경우, 만기까지 기간과 풋옵션가격 간의 관계는 더 복잡하다. 나중에 주식을 행사가격 X로 매도하려고 풋옵션을 매입했다고 생각해보자. 풋옵션 보유자는 만기가 더 멀수록 주식을 팔고 X 달러를 받는 것을 더 기다려야 한다. 이 경우 만기가 긴 유럽식 풋옵션은 만기가 짧은 옵션보다 가치가 더 감소하게 된다. 이는 미국식 풋옵션에는 해당하지 않는데, 미국식 옵션 보유자는 언제든지 당장 옵션을 행사하여 X 달러를 받을 수 있기 때문이다. 유럽식 풋옵션에서 만기까지 기간이 더 길다는 것은, 시간가치가 더 크다는 점에서 장점이자, 행사가격을 받으려면 기다려야 한다는 점에서 단점이다. 그렇지만 시간가치 효과가 더 지배적인 경향이 있고, 대부분의 경우 만기까지 기간이 더 긴 풋옵션이 짧은 옵션보다 가치가 더 높다.

DCRB 풋옵션은 미국식 옵션이기 때문에, 만기가 긴 풋옵션은 더 높은 가격을 가질 것으로 기대된다. 표 3.1에 제시된 풋옵션의 프리미엄 통해 이를 확인할 수 있다.

3-3e 행사가격의 영향

유럽식 풋옵션의 가격은 다른 것은 동일하고 행사가격이 낮은 유럽식 풋옵션의 가격 보다 크거나 같다.

옵션가치에 대한 영향 행사가격을 제외한 다른 부분은 모두 동일한 두 유럽식 풋옵션을 고려해보자. 하나는 행사가격은 X_1이고 프리미엄은 $P_e(S_0, T, X_1)$이다. 다른 하나는 행사가격이 X_2이고 프리미엄은 $P_e(S_0, T, X_2)$이다. 앞에서와 마찬가지로 $X_2>X_1$이다. 어떤 풋옵션의 가치가 더 높을 것인가?

■■ 그림 3.9 미국식 풋옵션의 가격곡선

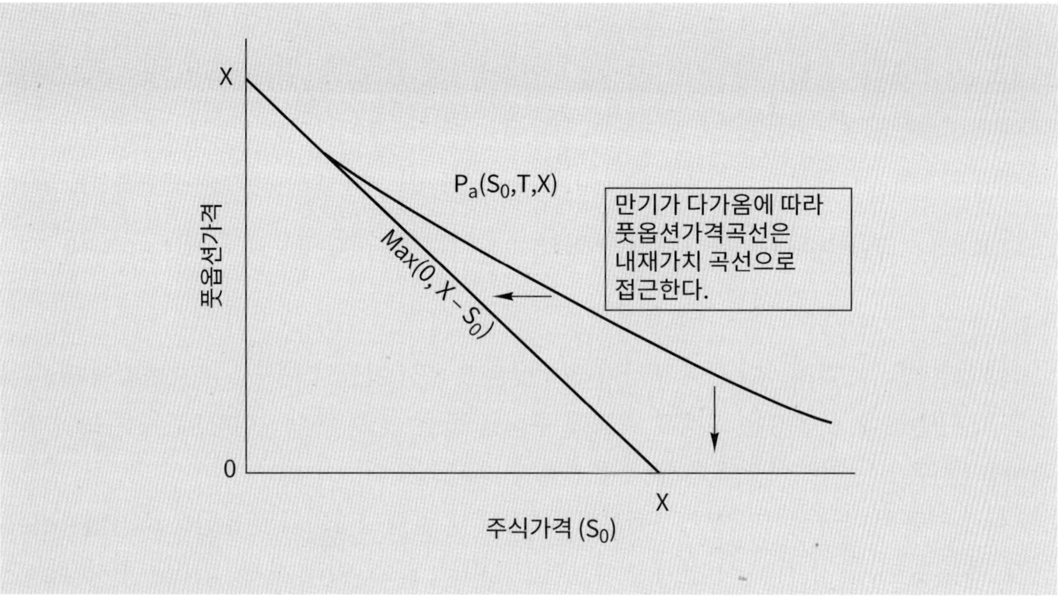

A와 B, 두 포트폴리오를 고려해보자. 포트폴리오A는 가격이 $P_e(S_0, T, X_2)$인 풋옵션에 매입포지션을, 가격이 $P_e(S_0, T, X_1)$인 풋옵션에는 매도포지션을 취하여 구성하였다. 포트폴리오 B는 액면가가 X_2-X_1이고 현재가치가 $(X_2-X_1)(1+r)^{-T}$인 무위험채권을 매입하여 구성하였다. 표 3.8은 이 포트폴리오들의 만기 시 수익을 제시하고 있다.

포트폴리오A에 대해서는, 모든 결과가 0 이상이다. 이 포트폴리오는 보유자로부터 현금유출을 발생시키지 않으므로, 매입한 풋옵션의 가격은 매도한 풋옵션의 가격보다 작을 수 없다. 즉,

$$P_e(S_0, T, X_2) > P_e(S_0, T, X_1).$$

이 관계를 이해하기 위해, 그렇지 않다면 어떻게 되는지 생각해보자. 매도된 풋옵션의 가격이 매입된 풋옵션의 가격보다 크다고 가정해보자. 그럼, 투자자는 풋옵션을 매입하기 위해 지불한 금액보다 매도하면서 더 많이 받는다. 이는 초기에 양수의 순현금흐름을 발생시키고, 표 3.8과 같이 만기에는 어떠한 현금유출의 가능성도 없다. 이 거래는 갚을 필요가 없는 차입과 같다. 확실히 이 포트폴리오는 상당히 매력적이라, 다른 투자자들은 행사가격이 높은 풋옵션을 매입하고 행사가격이 낮은 풋옵션을 매도하려 할 것이다. 이는 행사가격이 높은 풋옵션의 가격을 끌어올리고 행사가격이 낮은 풋옵션의 가격을 낮추게 할 것이다. 높은 행사가격의 풋옵션이 낮은 행사가격의 풋옵션 이상의 가치를 가질 때, 이 거래는 더이상 매력적이지 않다.

표 3.8 풋옵션가치에 대한 행사가격의 영향: 포트폴리오A와 B의 만기 시 수익

포트폴리오	현재 가치	만기에서 주가에 따른 포트폴리오 수익		
		$S_T < X_1$	$X_1 \le S_T < X_2$	$X_1 < X_2 \le S_T$
A	$-\ P_e(S_0, T, X_1)$	$-X_1 + S_T$	0	0
	$+P_e(S_0, T, X_2)$	$X_2 - S_T$	$X_2 - S_T$	0
		$X_2 - X_1 > 0$	$X_2 - S_T > 0$	0
B	$(X_2 - X_1)(1+r)^{-T}$	$X_2 - X_1 > 0$	$X_2 - X_1 > 0$	$X_2 - X_1 > 0$

왜 높은 행사가격의 풋옵션이 행사가격이 낮은 풋옵션 이상의 가치를 가지는지에 대한 직관은 꽤 단순하다. 풋옵션은 고정된 가격에 주식을 팔 수 있는 선택권이다. 풋옵션 보유자가 주식을 팔 수 있는 가격이 높을수록, 풋옵션은 더 매력적이다.

미국식 풋옵션의 가격은 다른 것은 동일하고 행사가격이 낮은 미국식 풋옵션의 가격 보다 크거나 같다.

이 옵션들이 미국식이라고 가정해보자. 이 경우 낮은 행사가격의 풋옵션은 조기행사될 수 있다. 예를 들어, 만기 전인 시점t에 주식가격은 S_t이고, $S_t<X_1$이라 하자. 그러면 투자자는 단순하게 행사가격이 X_1인 풋옵션을 조기행사할 것이다. 이 두 거래로부터의 현금흐름은 $-(X_1-S_t)+(X_2-S_t)=X_2-X_1$이고, 양수이다. 조기행사는 음수의 현금흐름을 발생시키지 않는다. 따라서 앞의 결과는 유럽식 풋옵션뿐 아니라 미국식 풋옵션에도 해당된다.

프리미엄 차이의 한계 이제 포트폴리오A와 B의 성과를 비교해보자. 포트폴리오B의 성과는 포트폴리오A의 성과보다 결코 작을 수 없다는 것을 안다. 그러므로 누구도 포트폴리오B보다 포트폴리오A에 더 지불하지 않을 것이다. 즉,

$$(X_2-X_1)(1+r)^{-T} \geq P_e(S_0,\ T,\ X_2)-P_e(S_0,\ T,\ X_1).$$

행사가격만 다른 두 유럽식 풋옵션 가격의 차이는 행사가격 차이의 현재가치보다 높을 수 없다.

그러나 이 결과는 미국식 풋옵션에는 해당되지 않는다. 두 풋옵션 모두 미국식이고 행사된다면, 투자자는 X_2-X_1 달러를 받을 것이다. 그리고 이 금액은 무위험채권에 투자하고 옵션 남은 기간 동안 이자를 받을 것이다. 만기에 투자자는 포트폴리오B의 수익인 X_2-X_1이상을 벌게 된다. 행사가격의 차이는 행사가격의 차이의 현재가치보다 크기 때문에, 유럽식 풋옵션에 대해 다음과 같이 표현할 수 있다.

$$X_2-X_1 \geq P_e(S_0,\ T,\ X_2)-P_e(S_0,\ T,\ X_1).$$

이는 프리미엄의 차이는 행사가격의 차이보다 높을 수 없다는 것을 의미한다. 이 결과는 유럽식 풋옵션뿐 아니라 미국식 풋옵션에도 해당된다. 이를 알아보기 위해, 포트폴리오B의 채권의 액면가는 $(X_2-X_1)(1+r)^T$이고 현재가치는 X_2-X_1라고 하자. 포트폴리오A 보유자가 시점 t에 조기행사하면, 만기에 받을 수 있는 최대값은 $(X_2-X_1)(1+r)^{T-t}$이다. 반면 포트폴리오B 보유자는 더 큰 $(X_2-X_1)(1+r)^T$를 얻는다. 따라서, 포트폴리오A의 현재시점에서의 가치인 $P_e(S_0,$

$T, X_2)-P_e(S_0, T, X_1)$는 포트폴리오B의 현재시점 가치인 X_2-X_1 보다 클 수 없다. 그러므로,

$$X_2-X_1>P_a(S_0, T, X_2)-P_a(S_0, T, X_1).$$

표 3.9는 DCRB 풋옵션의 프리미엄과 행사가격 사이의 차이를 보여준다. 이 옵션들은 미국식 풋옵션이기 때문에, 프리미엄 차이는 행사가격 차이를 넘지 않을 것으로 기대되고, 실제로 그러하다. 그리고, 프리미엄 차이는 행사가격 차이의 현재가치를 넘지 않는다.

행사가격만 다른 두 미국식 풋옵션 가격의 차이는 행사가격 차이보다 높을 수 없다.

표 3.9 DCRB 풋옵션에 대한 행사가격과 옵션가격 사이의 관계

		풋옵션가격 차이(괄호는 행사가격 차이의 현재가치)		
행사가격	행사가격 차이	5월	6월	7월
120, 125	5	1.85 (4.9957)	2.25 (4.9787)	2.95 (4.9611)
120, 130	10	4.60 (9.9914)	5.00 (9.9573)	6.00 (9.9222)
125, 130	5	2.75 (4.99571)	2.75 (4.97871)	3.05 (4.96111)

주: 무위험이자율은 4.57%(5월), 4.56%(6월), 4.63%(7월)이다. 만기까지의 기간은 0.0192(5월), 0.0959(6월), 0.1726(7월)이다.

3-3f 유럽식 풋옵션의 하한

미국식 풋옵션의 최소가치는 $Max(0, X-S_0)$으로 보였었다. 유럽식 풋옵션은 조기행사될 수 없기 때문에 이는 유럽식 풋옵션에게는 해당되지 않는다. 그러나 양수의 유럽식 풋옵션 하한을 유도하는 것은 가능하다.

다시, 두 포트폴리오 A와 B를 생각해보자. 포트폴리오A는 주식 1주로 구성되어 있다. 포트폴리오B는 가격이 $P_e(S_0, T, X)$인 유럽식 풋옵션에 매도포지션을, 액면가가 X이고 현재가치가 $X(1+r)^{-T}$인 무위험채권에 매입포지션을 취하여 구성되었다. 두 포트폴리오로부터의 만기 시 수익은 표 3.10에 제시되었다.

표 3.10 유럽식 풋옵션의 하한: 포트폴리오A와 B의 만기 시 수익

		만기 시 주가에 따른 포트폴리오 수익	
포트폴리오	현재시점 가치	$S_T < X$	$S_T \geq X$
A	S_0	S_T	S_T
B	$X(1+r)^{-T} - P_e(S_0, T, X)$	$X - (X - S_T) = S_T$	X

포트폴리오A의 성과는 언제나 포트폴리오B 성과와 같거나 더 유리하다. 그러므로 누구도 포트폴리오A보다 B에 더 지불하려 하지 않을 것이다. 포트폴리오A의 현재시점 가치는 포

트폴리오B 이상이어야 한다. 즉,

$$S_0 \geq X(1+r)^{-T} - P_e(S_0, T, X).$$

이 식을 다시 정리하면,

$$P_e(S_0, T, X) \geq X(1+r)^{-T} - S_0.$$

만약 행사가격의 현재가치가 주가보다 작다면, 이 하한은 음수일 것이다. 그러나 풋옵션은 0보다 작은 가치를 가질 수 없다는 것을 알고 있으므로, 다음과 같다고 할 수 있다.

$$P_e(S_0, T, X) \geq Max[0, X(1+r)^{-T} - S_0].$$

유럽식 풋옵션가격은 0과 행사가격의 현재가치에서 주가를 뺀 값 중에 더 큰 값과 같다.

그림 3.10은 이 결과를 보여준다. 곡선은 유럽식 풋옵션가격이고 하한보다 위에 놓여야 한다. 만기에 다가갈수록 만기까지의 기간은 줄어든다. 그래서 하한은 오른쪽으로 이동하고 만기에 내재가치에 수렴한다. 만기에 다가갈수록 시간가치는 줄어들기 때문에 풋옵션가격곡선은 아래로 이동하지만, 여전히 하한보다 위에 있다. 만기에 풋옵션가격, 하한, 내재가치는 모두 같아진다.

이제, 미국식 풋옵션의 최소가치, 즉 내재가치인 Max(0, $X-S_0$)와 유럽식 풋옵션의 하한, Max[0, $X(1+r)^{-T}-S_0$]을 비교해보자. $X-S_0$는 $X(1+r)^{-T}-S_0$보다 크므로, 미국식 풋옵션의 내재가치는 유럽식 풋옵션의 하한보다 크다. 따라서 그림 3.10과 같이, 유럽식 풋옵션의 하한은 미국식 풋옵션의 최소가치보다 더 작으므로 미국식 풋옵션의 가격과 무관하다. 그러나 Max[0, $X(1+r)^{-T}-S_0$]은 유럽식 풋옵션가격과 관련되어 있다.

그림 3.10 유럽식 풋옵션의 가격곡선

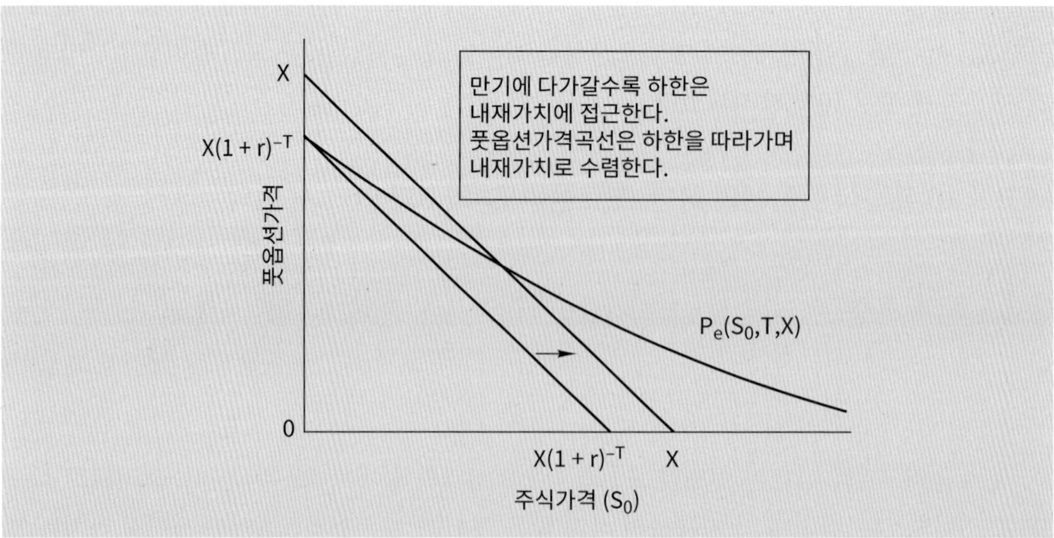

이제 유럽식 풋옵션의 하한을 만기까지 기간이 옵션에 미치는 영향을 분석하는데 이용할 수 있다. 앞서 이 효과의 방향이 불확실하다고 했었다. $T_2 > T_1$ 일 때, 만기까지 기간이 T_1과 T_2인 두 유럽식 풋옵션을 생각해보자. 시점T_1에 주가는 S'_T이고, 만기가 짧은 풋옵션은 만기가 되며, 그 가치는 $Max(0, X-S'_T)$이다. 만기가 긴 풋옵션은 만기가 T_2-T_1 남고, 하한은 $Max[0, X(1+r)^{-(T_2-T_1)}-S'_T]$이다. 만기가 긴 풋옵션의 하한은 만기가 짧은 풋옵션의 내재가치보다 작지만, 주가가 변동할 수 있는 추가적인 시간에 대한 가치가 그 차이를 메울 수 있다. 따라서 만기가 긴 풋옵션과 짧은 풋옵션 중에 어느 것이 더 가치가 높은지 명확히 말하기는 어렵다.

만약 주식이 배당을 지급하여 $S'_0 = S_0 - \sum_{j=1}^{N} D_j(1+r)^{-t_j}$(즉, 주가에서 배당의 현재가치를 차감)이 된다면, 식은 다음과 같다.

$$P_e(S_0, T, X) \geq Max[0, X(1+r)^{-T} - S'_0].$$

콜옵션에서처럼 기초자산이 통화라면, 포트폴리오A를 통화 $(1+\rho)^{-T}$ 단위로 구성되어있다고 조정한다. 그러면 통화는 시점T에 1 단위로 증가할 것이고, 수익은 표 3.10과 같아진다. 결국은풋옵션 하한은 다음과 같아진다.

$$P_e(S_0, T, X) \geq Max[0, X(1+r)^{-T} - S_0(1+\rho)^{-T}].$$

3-3g 미국식 풋옵션 대 유럽식 풋옵션

유럽식 콜옵션에 적용된 모든 것은 미국식 풋옵션에도 적용된다. 추가적으로, 미국식 풋옵션은 만기 전 언제라도 조기행사될 수 있다. 따라서 미국식 풋옵션가격은 유럽식 풋옵션가격 이상이다. 즉,

미국식 풋옵션은 다른 것은 동일한 유럽식 풋옵션 이상의 가치를 가진다.

$$P_a(S_0, T, X) \geq P_e(S_0, T, X).$$

3-3h 미국식 풋옵션의 조기행사

주식 배당락일이 다가오면 미국식 콜옵션을 조기행사하는 것이 유리할 수도 있다는 것을 기억해보자. 반면에 주식이 배당을 지급하지 않는다면, 콜옵션은 조기행사되지 않을 것이고 미국식 콜옵션은 유럽식 콜옵션과 동일한 가치를 가질 것이다. 그러나 미국식 풋옵션에 대해서는 동일하다고 할 수 없다.

배당이 없다고 가정해보자. 그리고 미국식 풋옵션을 보유하고 있으며 기업은 파산되어 주가는 0이 된다고 가정하자. 즉, 주식을 X 달러에 팔 수 있는 권리를 가지고 있는 것이다. 이때, 행사해서 X 달러를 받기 위해 만기까지 기다릴 이유가 없다. 지금 행사하는 것이 낫다. 따라서 파산은 미국식 풋옵션이 조기행사 될 확실한 경우 중 하나이긴 하지만, *조기행사를 꼭 파산의 경우에만 하는 것은 아니다.* 그림 3.10을 다시 보자. 유럽식 풋옵션을 나타내는 곡선은 미국식 풋옵션의 내재가치를 나타내는 직선을 교차한다. 이는 교차점의 주가에서 유럽식 풋옵션

보유자는 미국식 풋옵션 보유를 원하고 이를 위해 기꺼이 더 지불할 것임을 의미한다. 그러나 이 주가가 미국식 풋옵션 조기행사를 시작하는 가격은 아니다. 왜냐하면, 미국식 풋옵션이라면 좀 더 주가가 내려갈 때까지 보유하는 것이 최적이기 때문이다.

주가가 임계수준으로 떨어진다면, 미국식 풋옵션은 조기행사될 것이다. 배당을 지급하는 주식이라면, 조기행사 가능성은 줄어든다.

배당을 지급하는 주식이라면, 여전히 조기행사할 가치가 있겠지만, 배당은 주가를 떨어뜨리기 때문에 미국식 풋옵션 조기행사 가능성이 줄어든다. 사실 배당이 충분히 크다면 풋옵션이 결코 조기행사되지 않다는 것을 가끔 볼 수 있고, 따라서 유럽식 풋옵션과 실질적으로 같아진다. 통화옵션이라면 외국의 이자가 비슷한 효과가 있다.

지금까지의 내용으로는 미국식 풋옵션이 조기행사되는 정확한 상황을 명시할 수는 없다. 이 주제는 제4장에서 더 자세하게 다룰 것이다.

3-3i 풋-콜 패리티

풋-콜 패리티는 콜옵션가격, 풋옵션가격, 주식가격, 행사가격, 무위험이자율, 그리고 만기까지 기간 사이의 관계이다.

동일한 행사가격과 만기일을 가진, 동일한 주식에 대한 유럽식 풋옵션과 콜옵션가격은 특별한 관계를 가진다. 풋옵션가격, 콜옵션가격, 주식가격, 행사가격, 만기까지 기간, 그리고 무위험이자율은 모두 **풋-콜 패리티(put-call parity)**라는 식으로 연관되어있다. 이 식이 어떻게 유도되는지 알아보자.

포트폴리오A는 주식 1주와 유럽식 풋옵션 하나로 구성되어 있다. 이 포트폴리오의 투자비용은 $S_0+P_e(S_0, T, X)$이다. 포트폴리오B는 동일한 행사가격의 유럽식 콜옵션과, 액면가가 X인 무위험 순수할인채권으로 구성되어있다. 포트폴리오 B의 투자비용은 $C_e(S_0, T, X)+X(1+r)^{-T}$이다. 이제 만기에 어떻게 되는지 살펴보자. 표 3.11은 그 성과를 보여준다.

주식의 가치는 S_T가 되고, S_T는 X보다 클 수도 작을 수도 있다. 무위험채권은 결과 상관없이 X의 가치를 가진다. 만약 S_T이 X보다 높다면, 만기에 콜옵션은 내가격이 되며 가치는 S_T-X이고, 풋옵션은 가치가 없어진다. 만약 S_T이 X보다 낮거나 같다면, 만기에 풋옵션은 내가격으로 가치는 $X-S_T$ 이고, 콜옵션은 가치가 없다. 결과적으로, 포트폴리오A와 B의 총가치는 동일

표 3.11 풋-콜 패리티

포트폴리오	현재시점 가치	만기 시 주가에 따른 포트폴리오 수익	
		$S_T \le X$	$S_T > X$
A 주식	S_0	S_T	S_T
풋옵션	$P_e(S_0, T, X)$	$X - S_T$	0
		X	S_T
B 콜옵션	$C_e(S_0,T,X)$	0	$S_T - X$
채권	$X(1+r)^{-T}$	X	X
		X	S_T

하다. 1장에서의 일물일가의 법칙을 떠올리면, 두 포트폴리오의 현재시점 가치는 같아야 한다. 따라서, 다음과 같다.

$$S_0+P_e(S_0, T, X)=C_e(S_0, T, X)+X(1+r)^{-T}.$$

이 식은 풋-콜 패리티로 불리며, 옵션을 이해하는 가장 중요한 결과 중 하나일 것이다. 그리고, 주식 1주와 풋옵션 1단위는 콜옵션 1단위와 무위험채권과 같다는 것을 말한다. 또한 콜옵션가격과 풋옵션가격, 주식가격, 만기까지 기간, 무위험이자율, 행사가격 사이의 관계를 보여준다.

풋옵션과 주식 조합이 콜옵션과 채권 조합보다 가치가 작다고 가정해보자. 그러면 풋옵션과 주식을 매입하고 콜옵션과 채권을 공매도해야 한다. 콜옵션을 공매도한다는 것은 단순히 콜옵션 매도를 의미하고, 채권 공매도는 단순히 X의 현재가치를 빌린 후 옵션 만기에 X를 갚을 것을 의미한다. 콜옵션과 채권 가치의 현금유입은 풋옵션과 주식 가치의 현금유출보다 크다. 만기에 가치가 S_T인 주식을 보유하고 채권 원금 X를 갚아야 하며, 또한, 가치가 $X-S_T$인 풋옵션과 0인 콜옵션을 보유하거나 가치가 $-(S_T-X)$인 콜옵션과 0인 풋옵션을 보유하게 된다. 이 모두의 합은 0이 된다(확인해보라). 다시 말해서, 선불로 약간의 금액을 얻고, 만기에 지불해야 할 것이 없다. 그러나 모든 사람들이 이 거래를 시작할 것이므로, 가격은 풋-콜 패리티에 따르도록 조정될 것이다.

식에서, 각 항 앞의 부호(sign)를 보면, 어떤 조합이 다른 조합을 복제하는지 쉽게 알 수 있다. 부호가 양수면 옵션이나 주식, 채권을 매입해야 한다. 부호가 음수면 매도해야 한다. 예를 들어, 콜옵션가격을 따로 떼어 보면,

$$C_e(S_0, T, X)=S_0+P_e(S_0, T, X)-X(1+r)^{-T}.$$

콜옵션 한 단위를 보유하는 것은 풋옵션 한 단위와 그 주식을 보유하고 채권을 (차입하여) 공매도하는 것과 동일하다. 풋옵션가격을 떼어 본다면,

$$P_e(S_0, T, X)=C_e(S_0, T, X)-S_0+X(1+r)^{-T}.$$

이는 풋옵션 한 단위를 보유하는 것은 콜옵션 한 단위를 보유하고 그 주식을 공매도, 채권은 매입함을 의미한다.

식의 우변 조합들이 좌변의 조합과 동일함을 이해하기 위해, 표 3.11과 같은 표를 만드는 것은 도움이 된다. 만기 시 성과를 분석해보면, 다양한 우변 조합들이 좌변 포지션을 실제로 복제한다는 것을 알 수 있다.

배당을 지급하는 주식이라면, 다시 S_0 대신 주식에서 배당의 현재가치를 차감한 S_0'를 간단하게 대입한다. 기초자산이 통화라면, 포트폴리오A은 통화 $(1+\rho)^{-T}$ 단위로 조정된다. 이는 시점T에 한 단위로 증가하고 수익은 표 3.11과 같다. 그러면 통화옵션에 대한 풋-콜 패리티는 다음과 같다.

$$S_0(1+\rho)^{-T}+P_e(S_0, T, X)=C_e(S_0, T, X)+X(1+r)^{-T}.$$

풋–콜 패리티는 굉장히 중요하고 유용한 결과임에도, 미국식 옵션에는 거의 해당되지 않는다. 미국식 옵션에 대한 풋–콜 패리티는 부등식으로 표현된다.

$$C_a(S_0', T, X)+X+\sum_{j=1}^{N} D(1+r)^{-t_j}\geq S_0+P_a(S_0, T, X)$$
$$\geq C_a(S_0', T, X)+X(1+r)^{-T}.$$

여기서 S_0'는 주가에서 배당의 현재가치를 차감한 값이다. 이 식에 대한 공식적인 증명은 생략하지만, 이 식이 위배되는지 알아보기 위한 계산은 쉽다.

TECHNICAL NOTE

미국식 풋-콜 패리티의 증명 www.cengagebrain.com을 방문하여 ISBN 9781305104969를 검색하시오.

풋–콜 패리티가 DCRB 옵션에 부합하는지 보자. 주식은 배당을 지급하지 않고, DCRB 콜옵션은 사실상 유럽식 콜옵션이다. 하지만 풋옵션은 엄밀하게 미국식이다. 그러나 우선유럽식 풋–콜 패리티에 적용해보자. 표 3.12의 Panel A는 알맞게 계산된 값을 보여준다. 각 칸은 행사가격과 만기에 따른 값들로 두 가지 숫자를 보여준다. 위의 숫자는 주식과 풋옵션 가치의 합이고 아래 숫자는 콜옵션과 채권 가치의 합이다. 만약 풋–콜 패리티가 옳다면, 두 숫자는 동일해야 한다. 물론, 거래비용으로 인해 차익거래 가치가 줄어들어, 풋–콜 패리티가 완벽히 부합됨을 기대하진 않을 것이다. 그래도 대부분의 경우에, 두 숫자는 매우 가깝다.

이제 미국식 풋–콜 패리티에 적용해보자. Panel B는 각각의 칸에 세 숫자가 있다. 배당을 지급하지 않는다는 것을 기억하면, 가장 위 숫자는 $C_a(S_0, T, X)+X$, 가운데 숫자는 $S_0+P_a(S_0, T, X)$, 가장 아래 숫자는 $C_a(S_0, T, X)+X(1+r)^{-T}$이다. 이 숫자는 내림차순으로 정렬되어야 한다. 즉, 각 칸마다, 가장 위 숫자는 가운데 숫자보다 작으면 안 되며, 가운데 숫자도 가장 아래 숫자보다 작으면 안 된다. 그러나 이는 행사가격이 120인 5월만기와 6월만기 옵션에 대해서만 만족하는데, 값의 차이들은 차익거래를 정당화할 만큼 충분히 크지는 않다.

풋–콜 패리티는 콜옵션, 풋옵션, 기초자산, 무위험채권 사이의 연결이다. 그림 3.11은 이 관계들을 보여준다. 교재 전체에 걸쳐, 파생상품 계약과 기초자산, 무위험채권 시장 사이의 다른 중요한 관계들을 보이기 위해 이 그림을 확장해 나갈 것이다.

3–3j 이자율의 영향

풋옵션의 가격은 이자율과 역의 관계가 있다.

이자율은 여러 가지 방법으로 풋옵션에 영향을 미친다. 먼저, 이자율은 하한에 영향을 미친다. 이자율이 낮을수록, 행사가격의 현재가치는 증가하여 하한은 높아진다. 극단적인 예로서 이자율이 0인 경우, 하한은 내재가치와 같아진다. 그럼에도 풋옵션가격은 하한보다 여전히 높은데, 이자율이 0이라도 풋옵션에는 별다른 것이 없기 때문이다. 그러나 이자율은 풋옵션가격에 다른 영향이 있다. 풋옵션은 행사하여 주식을 최종적으로 매도할 때 X 달러를 받게 된다. 만약 이자율이 높다면, X 달러의 현재가치는 낮아진다. 따라서 풋옵션 보유자는 옵션을 행사하여 행사가격을 받기를 기다리는 동안 높은 이자를 포기하게 된다. 그래서 높은 이자율은 풋

표 3.12 DCRB 콜옵션에 대한 풋–콜 패리티

A 유럽식 풋–콜 패리티

첫 번째 행: $S_0 + P_e(S_0, T, X)$

두 번째 행: $C_e(S_0, T, X) + X(1 + r)^{-T}$

행사가격	5월	6월	7월
120	128.69 128.6472	135.19 134.8880	139.59 139.9662
125	130.54 130.6429	137.44 137.9667	142.54 142.6273
130	133.29 133.4886	140.19 140.7953	145.59 145.3884

B 미국식 풋–콜 패리티

첫 번째 행: $C_a(S_0,T,X) + X$ (주: 무배당이므로 $S_0' = S_0$.)

두 번째 행: $S_0 + P_a(S_0, T, X)$

세 번째 행: $C_a(S_0, T, X) + X(1 + r)^{-T}$

행사가격	5월	6월	7월
120	128.75 128.69 128.6472	135.40 135.19 134.8880	140.90 139.59 139.9662
125	130.75 130.54 130.6429	138.50 137.44 137.9667	143.60 142.54 142.6273
130	133.60 133.29 133.4886	141.35 140.19 140.7953	146.40 145.59 145.3884

주: 무위험이자율은 4.57%(5월), 4.56%(6월), 4.63%(7월)이다. 만기까지의 기간은 0.0192(5월), 0.0959(6월), 0.1726(7월)이다.

그림 3.11 콜옵션, 풋옵션, 기초자산, 무위험채권 사이의 관련성

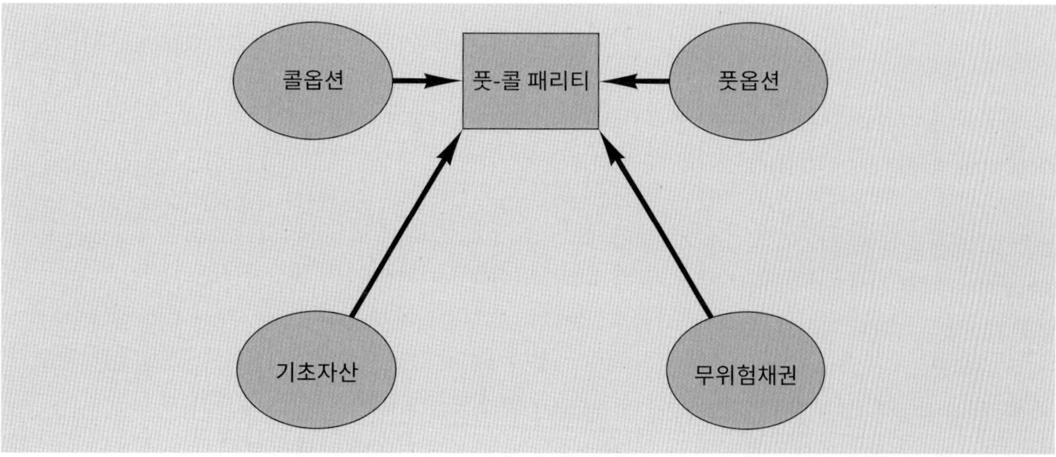

연결하기_MAKING THE CONNECTION

풋-콜 패리티 차익거래

유럽식 옵션에 대한 풋-콜 패리티 식은 다음과 같다.

$$P(S_0, T, X) + S_0 = C(S_0, T, X) + X(1+r)^{-T}$$

이 식에 대한 해석은, 좌변은 풋옵션과 주식의 매입이고 우변은 콜옵션과 무위험채권의 매입이다. 양의 부호는 매입포지션을, 음의 부호는 매도포지션을 말한다. 다음과 같이, 다양하게 풋-콜 패리티를 다시 표현할 수 있다.

$P(S_0, T, X) = C(S_0, T, X) - S_0 + X(1+r)^{-T}$
(풋옵션 매입 = 콜옵션 매입, 주식 매도, 채권 매입)

$S_0 = C(S_0, T, X) - P(S_0, T, X) + X(1+r)^{-T}$
(주식 매입 = 콜옵션 매입, 풋옵션 매도, 채권 매입)

$C(S_0, T, X) = P(S_0, T, X) + S_0 - X(1+r)^{-T}$
(콜옵션 매입 = 풋옵션 매입, 주식 매입, 채권 매도)

$X(1+r)^{-T} = P(S_0, T, X) + S_0 - C(S_0, T, X)$
(채권 매입 = 풋옵션 매입, 주식 매입, 콜옵션 매도)

$-P(S_0, T, X) = -C(S_0, T, X) + S_0 - X(1+r)^{-T}$
(풋옵션 매도 = 콜옵션 매도, 주식 매입, 채권 매도)

$-S_0 = -C(S_0, T, X) + P(S_0, T, X) - X(1+r)^{-T}$

(주식 매도 = 콜옵션 매도, 풋옵션 매입, 채권 매도)

$-C(S_0, T, X) = -P(S_0, T, X) - S_0 + X(1+r)^{-T}$
(콜옵션 매도 = 풋옵션 매도, 주식 매도, 채권 매입)

$-X(1+r)^{-T} = -P(S_0, T, X) - S_0 + C(S_0, T, X)$
(채권 매도 = 풋옵션 매도, 주식 매도, 콜옵션 매입)

양변에 각각 두 금융상품씩 묶어 더 만들 수도 있다. 또한, 네 금융상품을 식의 한 변에 모두 둘 수도 있다. 중요한 점은, 차익거래 기회가 있다면 이를 활용하기 위해 이 식 중 어느 것이든 이용할 수 있다는 것이다.

예를 들어, 풋-콜 패리티에 따르면, 풋옵션가격은 콜옵션가격에서 주식가격을 빼고 행사가격의 현재가치를 더한 값과 같아야 한다. $C(S_0, T, X_2) - S_0 + X(1+r)^{-T}$를 계산했다고 하자. 그리고 풋옵션가격은 시장에서 관찰하여 $P(S_0,T,X)^*$이었고, 이 값은 너무 높다는 것을 알았다. 즉, $P(S_0, T, X)^* > C(S_0, T, X_2) - S_0 + X(1+r)^{-T}$이다. 그렇다면 무엇을 해야 하는가?

직관적으로 말하면, 풋옵션가격은 너무 높으므로 매도해야 한다. 앞의 식 중 첫 번째 식에 따르면, 풋옵션은 콜옵션 매입, 주식 매도, 채권 매입 조합과 동일하다. 즉, 이 조합은 풋옵션과 동일하고, 때때로 합성풋옵션(synthetic put)으로 부른다. 그래서 실제 풋옵션을 매도하고 합성풋옵션을 매입한다면, 헷지하게 된다. 그러나 합성풋매입으로 지불하는 금액보다 실제 풋옵션의 매도로 받는 금액이 더 많다. 다음은 그 성과이다.

거래	만기 시 가치	
	$S_T \le X$	$S_T > X$
풋옵션 매도	$-(X - S_T)$	0
콜옵션 매입	0	$S_T - X$
주식 매도	$-S_T$	$-S_T$
채권 매입	X	X
합계	0	0

수익이 항상 0이라는 것은 완전히 헷지되었다는 것을 의미한다. 그러나 사실, 앞의 식 중 어느 것을 이용해도 이 가격오류(mispricing)를 알아낼 수 있다. 예를 들어 두 번째 식인 $S_0=C(S_0, T, X_2)- P(S_0, T, X)+X(1+r)^{-T}$을 이용해보자. 우변의 $P(S_0, T, X)$은 시장가격을 이용한다. $P(S_0, T, X)^*$은 너무 크기 때문에, 우변은 너무 큰 값을 빼게 된다. 그러면, 우변은 좌변에 비해 상대적으로 너무 작다. 그러므로 좌변은 매도하고(주식을 매도) 우변은 매입(콜옵션 매입, 풋옵션 매도, 채권 매입)해야 한다. 사실, 이는 앞에서 제시한 전략이다.

더 중요한 것은, 풋옵션가격이 잘못 결정되었는지는 아는 것은 중요하지 않다는 점이다. 풋옵션이나, 콜옵션, 채권, 주식의 가격이 잘못되었는지를 알아볼 필요가 없다. 앞의 거래에서, 풋옵션을 매도하고 콜옵션을 매입, 주식을 매도했었다. 이는 풋옵션이 과대평가(overpricing) 되었거나, 콜옵션이 과소평가(underpricing) 되었거나, 또는 주식이 과대평가 되었다면, 동일한 거래를 한다는 것을 의미한다. 이때 어떤 금융상품가격이 잘못 결정되었는지 알아낼 필요는 없다. 그저 공식에 대입하면, 식은 무엇을 해야 할지 알려줄 것이다. 우리가 해야 할 것은 오직 과대평가된 금융상품은 매도하고 과소평가된 것은 매입함을 기억하는 것이다.

옵션을 투자자에게 덜 매력적으로 만든다.

3-3k 주가변동성의 영향

풋옵션의 가격은 주식의 변동성과 직접적으로 연관되어 있다.

풋옵션가격에 대한 변동성의 영향은 콜옵션에 대한 것과 같다. 변동성이 높아지면 풋옵션 보유자가 얻을 이익 가능성이 증가한다. 예를 들어, 콜옵션에 대한 변동성의 영향에 대한 논의에서, 만기에 DCRB 주가가 110, 120, 130, 140이 될 확률이 동일한 것으로 가정했다. 따라서 만기에 행사가격이 125인 풋옵션가격은 15, 5, 0, 0이 가능하다. 만약 변동성이 증가하여 만기에 가능한 주가가 100, 120, 130, 150이라면, 만기에 풋옵션가격은 25, 5, 0, 0이 가능하다. 풋옵션 보유자에게 변동성 증가는, 현재 풋옵션가격을 매우 높게 올릴 수 있으므로 바람직하다. 심지어 만기에 풋옵션이 심외가격이 될 수 있다는 점은 중요하지 않다. 왜냐하면, 가능한 가장 낮은 가치는 여전히 0이기 때문이다. 따라서 풋옵션 보유자의 손실은 한정된다. 결과적으로 풋옵션은 변동성이 높을 때 더 높은 가격을 가진다.

변동성의 효과를 이해하는 다른 방법으로 변동성이 0인 주식의 유럽식 풋옵션을 고려해 보자. 현재 풋옵션이 내가격 상태라면, 주가 변동은 무위험수익률 정도일 것으로 기대되므로 그 가치는 $X - S_0$의 현재가치이다. 만약 풋옵션이 외가격 상태라면, 만기에 내가격이 될 가능성이 없으므로 그 가치는 없다. 이러한 두 경우는 무위험자산처럼 되거나, 헛저나 투기자에게 쓸모없게 된다. 그리고 만기까지 유럽식 풋옵션은 행사될 수 없다는 사실로 인해, 하한과 풋옵션가격은 내재가치보다 낮게 된다.

콜옵션에 대한 장에서 언급한 바와 같이, 제4장과 제5장에서 변동성의 역할과 측정을 배울 것이다.

연습문제

1. 만약 미국식 콜옵션의 가격이 Max(0, S –X)보다 작다면, 옵션 시장에서는 어떤 일이 일어나겠는가? 유럽식 옵션이라면 답은 어떻게 달라지는가? 이에 대해 설명하시오.
2. 유럽식 콜옵션가격이 $\mathrm{Max}[0, S_0–X(1+r)^{-T}]$보다 낮다는 것을 관찰하였다. 이익을 최대로 얻기 위해서는 어떠한 거래를 해야 하는가? 만기 시 성과를 보여주는 수익표를 그려서 전략이 옳음을 설명하시오.
3. 왜주식가격이 행사가격에 가까울 때 옵션의 시간가치가 가장 큰지 설명하시오. 또, 옵션이 심내가격이거나 심외가격 상태일 때, 왜 시간가치는 거의 사라지는지 설명하시오.
4. 옵션 투자자의 다음 서술에 대해 평가하시오: "보유한 콜옵션이 상당한 심내가격 상태이다. 주가가 얼마나 올라갈지 알 수 없으니 옵션을 행사해야 한다고 생각한다."
5. 콜옵션가격은 주식의 변동성과 직접적으로 관련되어 있지만, 주식변동성이 높다는 것은 주가가 내려갈 수 있다는 것도 의미한다. 이 역설을 어떻게 풀 수 있는가?
6. 유럽식 풋옵션의 가능한 최저가치는 $\mathrm{Max}[0, X(1+ r)^{-T} – S_0]$이다. 이 값은 왜 미국식 풋옵션과 무관한가?
7. 이자율이 높으면 콜옵션가격이 높아지게 되지만 풋옵션가격은 낮아지는 이유는 무엇인가?
8. 유럽식 풋옵션가격이 풋–콜 패리티로 예측한 가치보다 높다고 가정하자. 투자자의 이익은? 만기 시 성과를 보여주는 수익표를 그려서 전략이 옳음을 설명하시오.
9. 미국식 콜옵션이 조기행사되는 근거가 왜 미국식 풋옵션에는 해당되지 않는가?

다음은 어느 해 7월 6일에 관찰된 어떤 주식에 대한 옵션가격이다. 이 정보를 이용하여 10번~14번 문제를 푸시오. 별도의 언급이 없으면, 배당은 무시한다. 주가는 165.3이고 만기일은 7월 17일, 8월 21일, 10월 16일이다. 무위험이자율은 각각 0.0516, 0.0550, 0.0588이다.

	콜옵션			풋옵션		
행사가격	7월	8월	9월	7월	8월	9월
155	10.50	11.80	14.00	0.20	1.25	2.75
160	6.00	8.10	11.10	0.75	2.75	4.50
165	2.70	5.20	8.10	2.35	4.70	6.70
170	0.80	3.20	6.00	5.80	7.50	9.00

10. 행사가격과 만기가 다음과 같은 콜옵션에 대한 내재가치, 시간가치, 하한을 계산하시오. 그리고 이익이 발생하는지 알아보시오. 내재가치와 시간가치 계산을 위해서는 콜옵션을 미국식 콜옵션으로 가정하고, 하한 계산을 위해서는 유럽식 콜옵션으로 가정하시오.
    a. 행사가격 160, 7월 만기
    b. 행사가격 155, 10월 만기
    c. 행사가격 170, 8월 만기
11. 행사가격과 만기가 다음과 같은 콜옵션과 풋옵션을 살펴보고 유럽식 옵션에 대한 풋–콜 패리티가 성립하는지 밝히시오. 성립하지 않는다면, 적절한 전략을 제시하시오.
    a. 행사가격 155, 7월 만기
    b. 행사가격 160, 8월 만기
    c. 행사가격 170, 10월 만기
12. 미국식 옵션에 대한 풋–콜 패리티를 이용하여, 11번과 동일한 문제를 푸시오. 전략을 제시할 필요는 없다.
13. 만기와 행사가격이 다음과 같은, 행사가격만 다른 두 콜옵션에 대해 분석하시오. 행사가격만 다른 미국식 옵션 사이의 관계와 관련된 규칙에 위배되는

것은 두 옵션 중 어떠한 것인가?

a. 행사가격 155과 160, 8월 만기

b. 행사가격 160과 165, 10월 만기

14. 만기와 행사가격이 다음과 같은, 행사가격만 다른 두 풋옵션에 대해 분석하시오. 행사가격만 다른 미국식 옵션 사이의 관계와 관련된 규칙에 위배되는 것은 두 옵션 중 어떠한 것인가?

a. 행사가격 155과 160, 8월 만기

b. 행사가격 160과 165, 10월 만기

15. 어느 해 12월 9일, 행사가격이 46인 1월 만기 스위스 프랑(Swiss franc) 콜옵션가격은 1.63이다. 그리고 행사가격 46의 1월 만기 풋옵션가격은 0.14, 현물가격은 47.28이다. 모든 가격단위는 스위스프랑의 센트이다. 옵션만기일은 1월 13일이고 미국의 무위험이자율은 7.1%, 스위스의 무위험이자율은 3.6%이다. 옵션은 유럽식일 때, 다음을 계산하시오.

a. 콜옵션의 내재가치

b. 콜옵션의 하한

c. 콜옵션의 시간가치

d. 풋옵션의 내재가치

e. 풋옵션의 하한

f. 풋옵션의 시간가치

g. 풋 콜 패리티가 성립하는가?

16. 현재 주가는 $100, 행사가격은 $100, 연간복리 이자율은 5%이고, 주식은 바로 다음 순간에 $1의 배당을 지급한다고 가정하자. 1년 만기 옵션의 콜옵션 시장가격은 $3.50이다. 적절한 차익거래 기회가 있는지 알아보고 적절한 차익거래 전략을 설명하시오.

17. 현재 주가는 $90, 행사가격은 $100, 연간복리 이자율은 5%이고, 주식은 바로 다음 순간에 $1의 배당을 지급한다고 가정하자. 1년 만기 옵션의 풋옵션 시장가격은 $6이다. 적절한 차익거래 기회가 있는지 알아보고 적절한 차익거래 전략을 설명하시오.

18. 모든 만기에 대해 연간복리 무위험이자율은 5%로 가정하자. 무배당 보통주(common stock)는 $100에 거래되고 있다. 행사가격이 $110인 유럽식 콜옵션에 대해 고려하고 있다고 하자. 한계조건이 0이 초과되기 시작했을 때 이 옵션의 만기까지 기간은 얼마인가?

19. 무배당 보통주는 $100에 거래되고 있다. 행사가격이 $110인 유럽식 풋옵션에 대해 고려하고 있고, 만기까지 1년 남았다고 하자. 한계조건이 0이 초과되기 시작했을 때 연간복리 무위험이자율은 얼마인가?

20. 2월 5일에 유럽식 풋옵션의 행사가격은 $110이다. 풋옵션은 45일 뒤 만기가 된다. 만기가 44일 남은 Treasury bill의 적절한 할인율(discount rate)은 7.615%이다. 유럽식 풋옵션의 최대가치는 얼마인가? 만약 미국식 풋옵션이라면, 최대가치는 얼마인가?

21. 미국식 풋옵션은 $16.50에 거래되고, 미국식 콜옵션은 $15에 거래되고 있으며 두 옵션은 동일한 만기를 가지고 있다고 하자. 기초자산인 주식의 가격은 $99이고 행사가격은 $100이다. 연간 무위험이자율은 5%이고 두 옵션의 만기까지 기간은 1년이다. 주식은 배당을 지급하지 않는다고 가정하여 적절한 차익거래 전략을 설명하시오.

22. Apple Inc 주식의 옵션을 고려하고 있으며 다음의 상태로 거래되고 있음을 관찰하였다.

$S_0+P_a(S_0,\ T,\ X)<C_a(S_0,\ T,\ X)+X(1+r)^{-T}$

차익거래자는 이를 자본화하기 위해 어떻게 할지 설명하시오.

23. 인도 루피(rupee, ₹)로 거래되는 미국 달러 콜옵션에 대해 고려해보자. 현재 현물환율(spot exchange rate)은 ₹70/$, 인도 이자율은 7%, 미국 이자율은 5%, 이자율은 모두 연간복리이다. 만약 1년 만기 등가격 콜옵션이 ₹1.2/$에 거래되는 것을 관찰하였다면, 차익거래자는 어떠한 거래를 하겠는가? (콜옵션은 유럽식으로 가정한다.)

참고문헌

다음은 이 장에서 다루었던 규칙에 대해 탁월하게 논의하고 있다:

Billingsley, R. S. *Understanding Arbitrage*. Upper Saddle River, NJ: Wharton School Publishing, 2006.

Hull, J. C. *Options, Futures, and Other Derivatives*, 9th ed. Upper Saddle River, NJ: Prentice Hall, 2014.

Jarrow, R. A., and A. Chatterjea. *An Introduction to Derivative Securities, Financial Markets, and Risk Management*. New York: W. W. Norton, 2013.

Jarrow, R., and S. Turnbull. *Derivative Securities*, 2nd ed. Cincinnati, OH: South-Western Publishing, 2000.

Stoll, H. R., and R. E. Whaley. *Futures and Options: Theory and Application*. Cincinnati, OH: South-Western Publishing, 1993.

Whaley, R. E. *Derivatives: Markets, Valuation, and Risk Management*. New York: Wiley, 2006.

The classic articles where the rules presented in this chapter were developed are as follows:

Merton, R. C. "The Relation between Put and Call Option Prices: Comment." *Journal of Finance* 28 (1973): 183–184.

Merton, R. C. "Theory of Rational Option Pricing." *Bell Journal of Economics and Management Science* 4 (Spring 1973): 41–73.

Stoll, H. R. "The Relationship between Put and Call Option Prices." *Journal of Finance* 31 (May 1969): 319–332.

다음은 옵션가격이 이러한 규칙에 따르는지에 대한 실증연구이다:

Bhattacharya, M. "Transaction Data Tests of Efficiency of the Chicago Board Options Exchange." *Journal of Financial Economics* 12 (1983): 161–185.

Galai, D. "A Convexity Test for Traded Options." *Quarterly Review of Economics and Business* 19 (Summer 1979): 83–90.

Galai, D. "Empirical Tests of Boundary Conditions for CBOE Options." *Journal of Financial Economics* 6 (1978): 187–211.

Gould, J. P., and D. Galai. "Transaction Costs and the Relationship between Put and Call Prices." *Journal of Financial Economics* 1 (1974): 105–129.

Hemler, M. L., and T. W. Miller, Jr. "Box Spread Arbitrage Profits Following the 1987 Market Crash: Real or Illusory?" *Journal of Financial and Quantitative Analysis* 32 (March 1997): 71–90.

Kaushik, A., J. D. Coval, and H. N. Seyhun. "Index Option Prices and Stock Market Momentum." *Journal of Business* 77 (October 2004): 835–874.

Klemkosky, R. C., and B. G. Resnick. "An Ex-Ante Analysis of Put-Call Parity." *Journal of Financial Economics* 8 (1980): 363–378.

Klemkosky, R. C., and B. G. Resnick. "Put-Call Parity and Market Efficiency." *Journal of Finance* 34 (December 1979): 1141–1155.

부록 B는 도서, 논문, 기타 자료와 같은 좀 더 광범위한 참고문헌을 포함하고 있으며, 이 책의 동반 사이트에 있다. 접속하려면, www.cengagebrain.com을 방문하여 ISBN 9781305104969를 검색한 후 "Free Materials", "Access Now" 탭을 차례로 클릭하라.

4장

이 장의 목표

- 옵션가격결정모형의 개념을 소개한다.
- 1기간과 2기간 이항옵션가격결정모형(binomial option pricing model)에 대해 자세히 설명하고, 주식과 옵션의 무위험헷지가 시간에 따라 어떻게 유지되는지 설명한다.
- 이항모형이 풋옵션과 콜옵션의 조기행사 효과를 이해하는데 어떻게 이용될 수 있고, 이 효과를 옵션가격에 적절하게 반영할 수 있는지 보인다.
- 기간연장에 따라 이항모형이 어떻게 확장될 수 있는지 보여준다.
- 이항모형을 구체화하는 다른 방법을 제시한다.

옵션가격결정모형 : 이항모형

옵션 거래자는 생각하는 것보다 수학을 덜 이용하여 해결해나갈 수 있다. 투르 드 프랑스(Tour de France) 사이클선수는 커브를 돌기 위해 뉴턴(Newton)의 법칙을 어떻게 푸는지 알 필요가 없다. 말을 타거나 테니스 치는 동안 물리학에 대해 지나치게 고려하는 것은 방해가 된다. 그러나 좋은 거래자라면, 거래하고 있는 요인들을 복제하는 본질적인 메커니즘(mechanism)을 이해하는데 인내심을 가져야 한다.

Emanuel Derman

The Journal of Derivatives, Winter 2000, p.62

이 장에서는 옵션가격결정모형(option pricing model)의 두 가지 일반적인 유형 중 첫 번째 모형(model)을 알아본다. **모형**은 실제 상황을 단순화하여 나타낸 것으로, 어떤 것을 입력하여 출력 또는 결과가 나오게 한다. **옵션가격결정모형**은 옵션가격을 결정하는 요인들을 입력하는 수식 또는 계산과정이다. 출력되는 것은 옵션의 이론적인 공정가치(fair value)이다. 모형이 제대로 작동한다면, 옵션의 시장가격은 이론적 공정가치와 동일할 것이다. 이론적 공정가치를 얻는 것이 옵션가격결정 과정이다.

제3장에서는 옵션가격결정과 관련된 기초적인 개념에 대해 알아보았다. 그러나 옵션을 다른 옵션과 관련하여 가격결정하는 방법만 살펴본 것이다. 예를 들어, 풋-콜 패리티는 콜옵션가격이 주어지면 풋옵션가격이 결정되는 것을 보여준다. 또한, 행사가격이 다른 옵션들의 가격 사이의 관계와, 콜옵션과 풋옵션의 상한과 하한에 대해 알아보았다. 그러나 옵션가격에 영향을 미치는 요인들로부터 직접적으로 정확한 옵션가격을 결정하는 방법을 배우지는 않았다. 옵션가격결정에 대한 많은 연구들이 존재한다. 이 중 다수는 본 교재가 목표로 하는 수준을 넘는다. 모형들은 상대적으로 간단한 것부터 극도로 복잡한 것까지 있다. 모든 모형은 공통점이 많이 있지만, 좀 더 복잡하고 좀 더 현실적인 모형을 다루기 전에 기초적인 모형을 이해하는 것이 필요하다.

여기서는 **이항옵션가격결정모형(binomial option pricing model)**이라는 간단한 모형으로 시작한다. 이는 공식이라기보다 계산과정에 가깝다. 이항모형을 여러 단계로 익힌 후에, 제5장에서 수식인 **블랙-숄즈-머튼모형(Black-Scholes-Merton option pricing model)**을 다룬다. 그러나 두 모형은 동일한 목적을 가진다. 거래되어야 하는 가격인, 옵션의 이론적 공정가치를 얻는 것이다.

4-1 1기간 이항모형

먼저, 1기간 세계(one-period world)가 의미하는 바를 생각해보자. 옵션은 미리 정해진 만기를 가지며, 일반적으로 일(day)로 표시된다. 옵션 만기를 기간의 한 단위로 가정해보자. 이 기간은 필요한 만큼 짧거나 길 수 있다. 만약 기간은 하루이고 옵션 만기가 하루 이상 남았다고 가정한다면, 뒤에서 살펴볼 다기간(multiperiod) 모형이 필요할 것이다. 지금은 옵션 만기는 1기간으로 가정할 것이다.

여기서 다룰 모형은 **이항모형(binomial model)**이라 한다. 모형에 따르면 주가는, 아마도 다른 변화율로, 오르거나 떨어질 수 있다. 이항확률분포(binomial probability distribution)는 결과 또는 상태가 두 가지인 분포이다. 오르거나 떨어질 확률은 이항확률분포에 의해 좌우된다. 이러한 이유로 **2상태모형(two-state model)**이라 부르기도 한다.

이항모형을 기초자산에 적용하는 것에 대해, 가능한 결과 범위는 이항분포가 제공할 수 있는 두 상태보다 더 크다는 것은 직접적으로 분명하다. 그러나 충분히 가치 있는 모형이다. 모형의 간단함과, 옵션결정모형의 기본적인 개념을 분명하고 간결하게 제시할 수 있다는 것이 장점이다. 이를 통해, 블랙-숄즈-머튼모형을 이해할 수 있는 기반을 구축할 수 있다.

가격이 S인 주식이 있으며, 이에 대한 콜옵션이 이용가능한 세계를 생각해보자.[1] 콜옵션은 만기까지 한 기간이 남아있다. 기간의 시작은 오늘이고 시점0으로 표시한다. 기간의 끝은

1 모형으로 풋옵션가격도 결정할 수 있다. 다음 장에서 그 과정을 알아볼 것이다.

시점1로 표시한다. 콜옵션 만기가 되었을 때, 주식은 두 가치 중 하나가 된다. 가격은 u만큼 증가하거나, d만큼 감소할 수 있다. 가격이 오른다면 주가는 uS가 될 것이고, 가격이 떨어진다면 주가는 dS가 될 것이다.

예를 들어, 주가가 현재 \$50이고 10% 증가하거나 8% 감소할 수 있다고 하자. 그럼 u=1.10, d=1−0.08=0.92이다. 변수 u와 d는 1.0에 주식의 수익률을 더한 값이다. 콜옵션 만기가 되었을 때, 주식은 50(1.10)=55 또는 50(0.92)=46이다.

주식에 대한 콜옵션의 행사가격이 X, 현재 가격은 C이라고 하자. 옵션 만기에, 옵션가치는 C_u 또는 C_d가 될 것이다. 만기에 콜옵션가격은 내재가치와 동일하므로,

$$C_u = \text{Max}(0,\ uS - X)$$
$$C_d = \text{Max}(0,\ dS - X).$$

그림 4.1은 주식가격과 콜옵션가격을 보여준다. 이 도표는 간단하지만, 2기간모형을 소개할 때는 더 복잡해진다.

두 주식가격으로 옵션이 모두 만기에 내가격이 된다면, 옵션은 상당히 투기적이진 않을 것이다. 그래도 옵션은 모형에 의해 가격이 정확하게 매겨져야 한다. 매도자는 옵션이 행사됨에 따라 기대되는 미래 현금유출에 대한 보상으로 프리미엄(premium)을 받는다. 그런데 흥미롭게도, 옵션은 만기에 외가격 상태가 될 가능성을 이용하여 변수들을 정의한다. dS는 X보다 낮다고 가정하자. 즉, 주식가격이 하락한다면, 옵션은 외가격 상태로 만기가 된다. 또한, uS는 X보다 크다고 가정하면, 주식가격이 상승할 때 옵션은 만기에 내가격 상태가 된다.

■■ 그림 4.1 1기간 이항과정

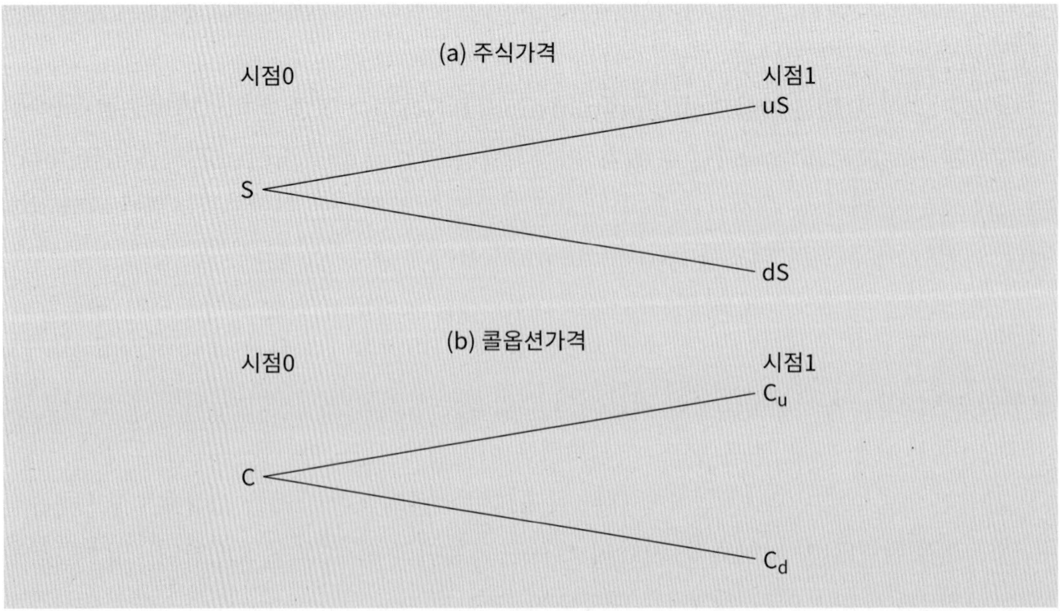

1기간 무위험이자율을 r로 표기하자. 무위험이자율은 옵션의 남은 기간 동안 무위험투자로 얻게 되는 이자를 나타낸다. 무위험이자율은 주식이 오를 때의 수익률과 떨어질 때의 수익률 사이 값이다. 따라서 $d<1+r<u$ 이다.[2] 여기서 모든 투자자들은 무위험이자율로 대출하거나 차입할 수 있다고 가정한다. 이자율을 처리할 방법은 매우 다양하다. 예를 들어, 제5장에서는 연간복리와 연속복리를 이용할 것이다. 여기서는 쉬운 설명을 위해 단순 기간이자율을 이용한다.

모형의 목적은 옵션의 이론적 공정가치, 변수 C에 대한 공식을 유도하는 것이다. 그리고 이론적 공정가치를 실제 가치와 비교하여 옵션은 과대평가되었는지, 과소평가 되었는지, 또는 정확하게 평가되었는지를 밝힌다. C에 대한 공식은 주식과 옵션의 무위험포트폴리오(riskfree portfolio)를 구성하여 전개된다. 무위험포트폴리오의 수익률은 무위험이자율이어야 한다. 주어진 주식의 가치와 포트폴리오의 무위험수익률 하에서, 콜옵션의 가치는 다른 변수로부터 도출될 수 있다.

무위험포트폴리오는 **헷지포트폴리오(hedge portfolio)**라 하며, 주식 h주와 콜옵션 1단위 매도로 구성된다. 모형으로 **헷지비율(hedge ratio)**, h가 계산된다. 포트폴리오의 현재시점 가치는 h주의 가치에서 콜옵션 매도의 가치를 뺀 것이다. 주식은 자산이고 콜옵션 매도는 부채이기 때문에 h주 가치에서 콜옵션의 가치를 차감한다. 그러므로 헷지포트폴리오 가치는 자산에서 부채를 뺀 값, 또는 간단히 순가치(net worth)이다. 현재의 헷지포트폴리오 가치는 V로 나타내며, $V = hS - C$이다. 또는, 1주당 S인 주식을 h주 매입하고 이 중 일부는 C의 콜옵션 1단위 매도로 상쇄하는 것으로 헷지포트폴리오를 생각할 수도 있다. 따라서 $V = hS - C$는 헷지포트폴리오를 구성하는데 필요한 자금이다. 투자를 헷지포트폴리오를 위해 지출하는 현금흐름의 반대라고 생각하자. 헷지비율이 양수인 것은 주식에 대해 투자는 양수이고, 그에 따라 현금흐름은 음수라는 것을 의미한다. 콜옵션 앞의 음의 부호는 음수의 투자 또는 양수의 현금흐름을 의미한다. 그래서 헷지포트폴리오에 따르면 콜옵션을 매도해야 한다.

만기에 헷지포트폴리오 가치는 주가가 상승하면 V_u, 주가가 하락하면 V_d가 된다. 앞의 정의를 이용하면,

$$V_u=huS-C_u,$$
$$V_d=hdS-C_d.$$

V_u과 V_d를 옵션 만기에 헷지포트폴리오를 청산하면서 얻을 수 있는 금액으로 생각하라. 주식가격에 상관없이 동일한 성과를 얻는다면, 이 포지션은 위험이 없고, 이를 만족시키는 h 값을 결정할 수 있다. 단순히 $V_u=V_d$ 이라 한다면,

2 이 조건이 만족하지 않으면 차익거래의 기회가 있다. 만약, 주식을 공매도할 수 있다면, 무위험채권에 투자하고 (최악의 경우) 공매도된 주식을 다시 매입하면서 가능한 가장 높은 수익 이상을 벌 수 있다. 만약 이자율 r로 차입할 수 있다면, 주식에 투자하고 항상 차입비용 이상을 벌 수 있어, 어떠한 자금도 대지 않고 무한한 이익을 벌 수 있다.

$$huS-C_u=hdS-C_d.$$

h에 대해 풀면,

$$h=\frac{C_u-C_d}{uS-dS}.$$

옵션은 주식과 옵션으로 구성된 무위험 헷지포트폴리오로 가격결정되며 옵션가격은 다른 변수들의 주어진 값으로 도출될 수 있다.

S, u, d의 값을 이미 알고 있으므로 C_u, C_d, h를 결정할 수 있다.

무위험투자는 무위험이자율과 동일한 수익률을 벌어야 한다. 그러므로 1기간 뒤의 헷지포트폴리오 가치는 현재시점 가치를 무위험이자율로 1기간 복리계산 한 것과 같다. 그렇지 않다면, 헷지포트폴리오는 정확하게 평가되지 않으며 잠재적 차익거래 기회가 있다. 이후에 차익거래가 어떻게 실행되는지 알아볼 것이다.

헷지포트폴리오의 초기가치가 무위험이자율로 증가한다면, 옵션 만기 가치는 (hS−C)(1+r)가 된다. 만기 시 헷지포트폴리오의 두 가치, V_u와 V_d는 동일하고, 따라서 이 중 하나를 택할 수 있다. V_u를 선택하고, 이 값이 헷지포트폴리오 초기가치를 무위험이자율로 복리계산한 것과 동일하다고 하면,

$$V(1+r)=V_u$$
$$(hS-C)(1+r)=huS-C_u.$$

h의 식을 대입하고 식을 C에 대해 풀면 옵션가격결정식이 된다.

$$C=\frac{pC_u+(1-p)C_d}{1+r}.$$

여기서 p는 (1+r−d)/(u−d)로 정의되고, 이항확률이라 한다.

1기간 이항옵션가격결정식에 따르면 옵션가격은 만기에 가능한 두 콜옵션가격의 가중평균을 무위험이자율로 할인한 값이다.

식에 따르면, 콜옵션가격은 변수 C_u, C_d, p, r의 함수이다. 그런데 C_u와 C_d는 변수 S, u, d, X에 의해 결정된다. 따라서 콜옵션가격에 영향을 미치는 변수들은 현재 주식가격 S, 행사가격 X, 무위험이자율 r, 그리고 만기에 가능한 미래주식가격을 정의하는 매개변수(parameter)인 u와 d이다. 콜옵션가격은 다음 기에 가능한 두 콜옵션가격의 가중평균을 무위험이자율로 할인한 값이라는 점에 주목해 보자. 또한, 여기서 두 주식가격 변동에 대한 실제 확률을 명시하지 않았다는 것을 주목해 보자. 이러한 확률을 모형에 입력하지 않았다. 이항확률은 이미 주어진 것으로, 특정 거래자가 부여한 주식가격이 상승할 실제 확률이 아니다. 옵션은 주식에 관련되어 가격이 결정된다. 그러므로 주어진 주식가격하에서 옵션가격을 얻을 수 있다. 그러나 주식은 옵션에 독립적으로 가격이 결정된다. 따라서 주식가격 변동에 대한 확률은 주식 가격결정을 위한 요인이 되지만, 주식가격결정은 우리의 관심 대상이 아니다. 여기서 주식가격은 S로 이미 주어진다.

TECHNICAL NOTE

헷지포트폴리오를 이용한 콜옵션가격 도출
www.cengagebrain.com을 방문하여 ISBN 9781305104969를 검색하시오.

제1장에서 위험중립성의 개념을 소개하고 파생상품 가격결정에 이를 이용한다고 언급했었다. 위험에 대한 투자자의 태도는 증권의 가격결정에서 중요한 역할을 하지만, 위험중립 옵션가격결정 프레임에서 위험에 대한 투자자의 민감도는 중요하지 않다. 그러나 이는 모형이 투자자를 위험중립적(risk-neutral)으로 가정한다는 것은 아니다. 주식가격은 투자자가 위험을 어떻게 느끼는가로 결정된다. 만약 투자자가 위험중립적이고 주식가치를 $20으로 평가한다면, 모형은 $20을 이용하고 투자자의 위험에 대한 태도는 무시한다. 만약 투자자가 위험회피(risk-averse) 성향이고 주식가치를 $20으로 평가한다면, 마찬가지로 모형은 $20을 이용하고 투자자의 위험에 대한 태도는 무시한다. 이는 위험회피적인 투자자와 위험중립적인 투자자에게 주식이 동일하게 가격결정된다고 의미하는 것은 아니다. 더 정확히 말하면, 모형은 주식가격을 주어진 것으로 받아들이고, 주식가격을 알아내는데 위험을 어떻게 이용할지는 고려하지 않는다. 다시 말하면 주어진 주가 하에서, 공격적인 투자자와 보수적인 투자자 모두 그 주식의 옵션에 동일한 가격을 부여한다.

4-1a 예시

현재 가격이 $100인 주식을 고려해보자. 1기간 후에 주가는 25% 상승하여 $125가 되거나, 20% 감소하여 $80이 된다. 콜옵션의 행사가격은 $100으로 가정하고, 무위험이자율은 7%이다. 이를 요약하면 다음과 같다.

$$S=100 \qquad d=0.80$$
$$X=100 \qquad r=0.07$$
$$u=1.25.$$

먼저, C_u과 C_d를 계산한다.

$$\begin{aligned} C_u &= \text{Max}(0,\ uS-X) \\ &= \text{Max}\,[0,\ 100(1.25)-100] \\ &= 25 \\ C_d &= \text{Max}(0,\ dS-X) \\ &= \text{Max}[0,\ 100(0.80)-100] \\ &= 0. \end{aligned}$$

헷지비율, h는

$$h=\frac{25-0}{125-80}=0.556.$$

헷지를 위해서는 콜옵션 1단위 당 주식 0.556주가 필요하다.[3] p의 값은

3 최소매매단위보다 적은 수의 주식을 매입할 수 있다고 가정하지만, 주식분할매매를 허용한 것은 아니다.

$$p = \frac{1+r-d}{u-d} = \frac{1.07-0.80}{1.25-0.80} = 0.6.$$

따라서

$$1-p = 1-0.6 = 0.4.$$

C에 대한 식에 대입하면,

$$C = \frac{(0.6)25+(0.4)\ 0}{1.07} = 14.02.$$

따라서, 콜옵션의 이론적 공정가치는 $14.02이다.

4-1b 헷지포트폴리오

콜옵션 1,000단위에 매도포지션을, 주식 556주에 매입포지션을 취하여 구성한 헷지포트폴리오를 고려해보자. 주식 수는 매도된 콜옵션당 0.556주의 헷지비율로 결정되었다. 헷지포트폴리오의 현재시점 가치는

$$556 \times 100 - 1{,}000 \times 14.02 = 41{,}580.$$

그러므로 투자자는 주식을 1주당 $100에 556주 매입하고 $14.02의 콜옵션 1,000단위를 매도한다. 이 거래로 주식에 대해 556×$100=55,600을 지급하고 콜옵션에 대해 1,000×$14.02 =$14,020을 받는다. 순현금지출은 $55,600–$14,020=$41,580이다. 이 합계는 자산(주식)에서 부채(콜옵션)을 차감한 것으로 보여준다. 따라서 이 값은 순가치, 또는 투자자가 거래에 지급해야 하는 액수이다. 그림 4.2는 그 과정을 보여준다.

주식가격이 $125로 상승하면, 콜옵션은 행사되고 가치는 $125–$100=$25이다. 그리고 주식가치는 556×$125=$69,500가 된다. 따라서 헷지포트폴리오 가치는 556×$125–1,000×($125–$100)=$44,500이다. 만약 주식가격이 $80으로 하락하면, 콜옵션은 만기에 외가격 상태가 된다. 그리고 헷지포트폴리오 가치는 556×$80=$44,480이다. 만기 시 헷지포트폴리오에 대한 이 두 가치는 본질적으로 동일하다. $20 차이는 단지 헷지비율의 반올림으로 인한 것이다. 헷지포트폴리오의 수익률은

$$r_h = \left(\frac{\$44{,}500}{\$41{,}580}\right) - 1 \approx 0.07,$$

이 값은 무위험이자율과 같다. 초기 투자인 $41,580는 $44,500으로 증가하고 수익률은 무위험이자율인 약 7%이다.

만약 콜옵션가격이 $14.02가 아니라면, 차익거래 기회가 존재한다. 먼저, 콜옵션이 고평가(overprice)된 경우에 대해 생각해 볼 것이다.

그림 4.2 1기간 이항과정 예시

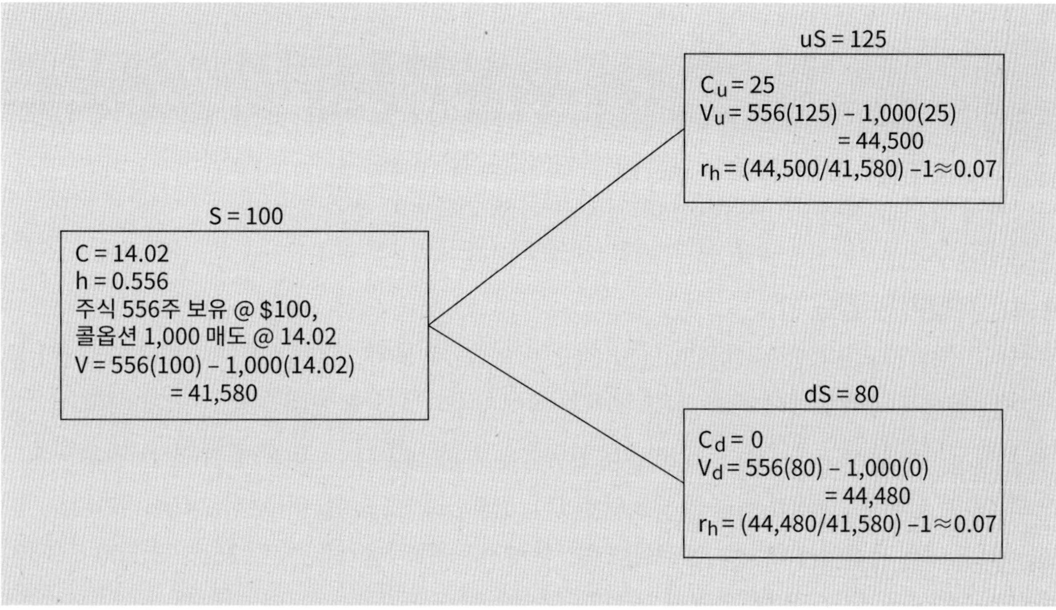

4-1c 고평가된 콜옵션

만약 콜옵션이 고평가되었다면, 무위험헷지로 무위험이자율을 초과하는 무위험수익이 발생한다. 콜옵션의 시장가격이 $15이라 하자. 주식을 556주 매입하고 콜옵션을 1,000단위 매도한다면, 현재 투자의 가치는

$$556 \times \$100 - 1{,}000 \times \$15 = \$40{,}600$$

만약 만기에 주식가격이 $125로 오른다면, 콜옵션가격은 $25가 되고 헷지포트폴리오의 가치는 556×$125–1,000×$25=$44,500이다. 만약 주식가격이 $80로 떨어지면, 콜옵션은 가치가 없고 헷지포트폴리오의 가치는 556×$80=$44,480이다. 두 경우에서 헷지포트폴리오의 가치는 동일하며, $20의 차이는 다시 말하면 반올림으로 인한 것이다. 초기 투자인 $40,600은 $44,500으로 증가하게 되고 무위험수익률은

$$r_h = \left(\frac{\$44{,}500}{\$40{,}600}\right) - 1 \approx 0.096,$$

이는 무위험이자율보다 상당히 높다. 사실, 투자자는 무위험이자율로 $40,600을 빌릴 수 있다. 그러므로 투자자는 어떠한 자금을 지불하지 않고 이 무위험 거래를 할 수 있다.

무위험이자율 이상의 수익이 나는 무위험포트폴리오는 일물일가의 법칙(law of one price)에 위배된다. 무위험채권과 헷지포트폴리오는 동일한 결과를 보여주지만, 가격이 다르다. 무위험채권 가격은 $41,580이지만 헷지포트폴리오는 $40,600이다. 확실히 이는 매우 매

력적인 기회이다. 모든 투자자는 이를 인식할 것이고, 서둘러 거래를 이행할 것이다. 이로 인해 주식에 대한 수요와 콜옵션에 대한 공급이 증가할 것이다. 결과적으로, 옵션가격이 정확하게 될 때까지 주식가격은 증가하고 옵션가격은 감소하게 될 것이다. 예시로, 주가가 $100로 유지된다고 가정하자. 그럼 옵션가격은 $15에서 $14.02로 떨어져야 한다. 옵션가격이 $14.02일 때만, 무위험포트폴리오 수익률은 무위험이자율과 동일하다.

이제 옵션이 저평가(underprice)된다면 어떻게 되는지 생각해보자.

4-1d 저평가된 콜옵션

옵션이 저평가되었다면, 옵션을 매입할 필요가 있다. 옵션매입포지션을 헷지하기 위해서 투자자는 주식을 공매도해야 한다. 콜옵션가격이 $13이라 하자. 투자자는 주당 $100에 주식 556주 공매도하여, 556×$100=$55,600의 현금유입이 발생한다. 그리고 콜옵션 한 단위당 $13으로 1,000 단위 매입하면 비용은 $13,000이다. 결과적으로 순현금유입은 $42,600이다.

만약 주식가격이 $125로 상승한다면, 투자자는 주식을 556×$125=$69,500에 매입한다. 콜옵션을 행사하면 1,000×($125-$100)=$25,000을 얻는다. 그 결과 순현금유입은 -$69,500+$25,000=-$44,500이다. 만약 주식가격이 $80으로 하락한다면, 투자자는 556×$80=$44,480를 지불하여 매입하지만 만기에 콜옵션의 가치는 없다. $20의 차이는, 반복해서 말하지면, 반올림으로 인한 것이다.

두 결과의 수익률은 근본적으로 동일하다. 전반적으로 거래는, 투자자가 먼저 $42,600을 받고 이후에 $44,500을 상환하는 대출과 같다. 수익률은 ($44,500/$42,600)-1=0.0446의 이자율과 같다. 이 거래는 4.46%의 이자율로 차입하는 것과 같은데 무위험이자율은 7%이므로 매력적인 차입 기회이다. 투자자는 원금 $42,600을 무위험이자율로 빌려줄 수 있고, 그로 인해 위험 없고 자금투입 없이 이익을 낼 수 있다. 모든 투자자는 이를 인지하고 거래를 실행할 것이다. 이로 인해 균형에 도달할 때까지 콜옵션가격을 끌어올릴(또는 아마도 주가를 내릴) 것이다. 만약 주식가격이 $100로 유지되면, 콜옵션가격이 $14.02로 올라갈 때 균형에 도달할 것이다.

이 모형은 단일기간만을 고려했었다. 다음 장에서는 2기간 세계로 모형을 확장한다.

4-2 2기간 이항모형

단일기간 세계에서, 주식가격은 상승하거나 하락한다. 따라서 미래주식가격은 두 값만 가능하다. 보다 현실적으로, 여기서는 기간을 더 추가할 것이다. 그럼 만기에 가능한 결과의 수가 증가한다. 따라서 모형은 현재 또는 시점0, 시점1, 시점2의 세 가지 시점을 가진다.

■■ 그림 4.3 2기간 이항과정

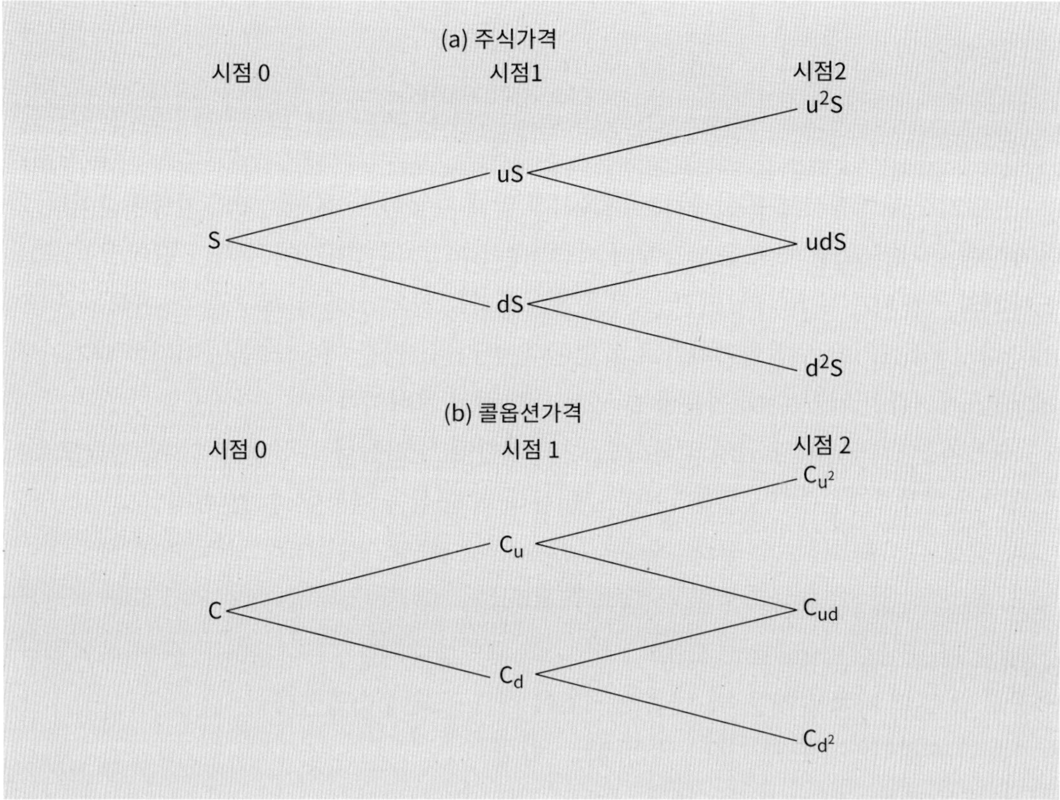

첫 번째 기간의 끝에 주식가격은 uS로 상승한다고 하자. 두 번째 기간 동안에 주가는 올라가거나 떨어질 수 있고 결국엔 u^2S 또는 udS가 될 것이다. 만약 첫 번째 기간에 주가가 dS로 하락한다면, 두 번째 기간 동안에 또 하락하거나 다시 상승할 것이며 결국엔 각각 d^2S 또는 duS가 될 것이다. 예를 들어 d=1/u로 하면, udS=duS=S이다.

그림 4.3은 주식가격과 그에 대한 콜옵션가격의 경로를 보여준다. 이 도표는 이항나무(binomial tree)라고 불리기도 한다. 만기에 옵션가격은

$$C_{u^2}=\text{Max}(0,\ u^2S-X)$$
$$C_{ud}=\text{Max}(0,\ udS-X)$$
$$C_{d^2}=\text{Max}(0,\ d^2S-X).$$

첫 번째 기간 말에서 가능한 옵션가격인 C_u와 C_d는 처음에 알지 못하지만 찾아낼 수 있다.

첫 번째 기간 동안 주가는 uS으로 상승한다고 하자. 이제 남은 다음 한 기간은 두 결과가 가능하므로, 1기간이항모형으로 옵션가격 C_u을 찾을 수 있다. 만약 첫 번째 기간 말에 주가가 dS로 하락하면, 이 역시 두 결과가 가능한 다음 1기간만 남게 된다. 이 때 1기간이항모형을 이용하여 C_d의 값을 얻을 수 있다. 1기간모형을 이용하면 옵션가격 C_u와 C_d은

$$C_u = \frac{pC_{u^2} + (1-p)C_{ud}}{1+r}$$

$$C_d = \frac{pC_{ud} + (1-p)C_{d^2}}{1+r}.$$

단일기간 세계에서 콜옵션가치는 다음기간 말에 가능한 두 옵션가치의 가중평균이다. 다음기간에 주가가 오를 때 콜옵션가치의 가중치는 p이고, 다음기간에 주가가 떨어질 때 콜옵션가치의 가중치는 1-p이다. 기간 초의 콜옵션가격을 얻기 위해서, 두 가능한 미래옵션가격의 가중평균을 1기간 무위험이자율로 할인한다. 따라서 1기간 이항모형은, 어떠한 다기간 세계에서도 1기간만 남았을 때 이용할 수 있는 일반적인 공식이다.

다음기간 말에 만기가 되지 않더라도, 다음 기간에 두 가능한 옵션가격의 가중평균으로서 현재의 옵션가격, 이론적인 공정가치를 구하는데 이 공식을 이용할 수 있다. 즉,

$$C = \frac{pC_u + (1-p)C_d}{1+r}.$$

먼저 C_u와 C_d의 가치를 찾은 뒤, 이를 앞의 C에 대한 공식에 대입한다.

좀 더 직접적인 식으로 다음을 이용할 수 있다.

$$C = \frac{p^2C_{u^2} + 2p(1-p)C_{ud} + (1-p)^2C_{d^2}}{(1+r)^2}.$$

2기간 이항옵션가격결정 모형식은 다음 기간의 두 가능한 옵션가격의 가중평균을 무위험 이자율로 할인하여 옵션가격을 규정한다. 두 미래옵션가격은 1기간 이항모형으로 계산된다.

이 식은 콜옵션가치가 2기간 이후 만기에 가능한 세 가치의 가중평균이라는 것을 보여준다. 이 수치를 분모인 $(1+r)^2$로 현재까지 2기간 할인한다.

사실 헷지포트폴리오를 구성하는 것으로 식을 유도하지 않았다. 그렇지만 이는 가능하며, 이후 장에서 헷지포트폴리오가 어떻게 되는지 알아볼 것이다. 먼저, 헷지는 처음에 콜옵션 1단위 매도마다 주식 h주 보유하여 구성된다. 첫 기간 말에 주가는 uS 또는 dS이다. 이 시점에서 헷지비율을 조정해야 한다. 주가가 uS일 때 새로운 헷지비율을 h_u로, 주가가 dS일 때 새로운 헷지비율을 h_d로 표기하자. h_u와 h_d에 대한 식은 1기간모형에서 h의 식과 일반적인 형태는 같다. 식에서 분자는, 다음 기에 주가가 상승할 경우의 콜옵션가치에서 주가가 하락할 경우의 콜옵션가치를 차감한 것이다. 분모는 다음 기에 상승한 주가에서 하락한 주가를 차감한 것이다. 식으로 표현하면,

$$h = \frac{C_u - C_d}{uS - dS}, \; h_u = \frac{C_{u^2} - C_{ud}}{u^2S - udS}, \; h_d = \frac{C_{ud} - C_{d^2}}{duS - d^2S}.$$

4-2a 예시

앞 장의 예를 가지고 2기간 세계를 고려해보자. 투입되는 모든 값은 동일하다. 만기에 가능한 주가는

$$\begin{aligned} u^2S &= 100(1.25)^2 \\ &= 156.25 \\ udS &= 100(1.25)(0.80) \\ &= 100 \\ d^2S &= 100(0.80)^2 \\ &= 64 \end{aligned}$$

만기에 콜옵션가격은

$$\begin{aligned} C_{u^2} &= \text{Max}(0, u^2S - X) \\ &= \text{Max}(0, 156.25 - 100) \\ &= 56.25 \\ C_{ud} &= \text{Max}(0, udS - X) \\ &= \text{Max}(0, 100 - 100) \\ &= 0 \\ C_{d^2} &= \text{Max}(0, d^2S - X) \\ &= \text{Max}(0, 64 - 100) \\ &= 0. \end{aligned}$$

p의 값은, 모형에서 기간의 수와 관계없이 동일하게 (1+r–d)/(u–d)이다.

앞 장에서 논의한 두 방법 중 하나를 이용하여 콜옵션가치를 알 수 있다. 먼저 C_u와 C_d의 가치를 계산하면

$$C_u = \frac{(0.6)56.25 + (0.4)0}{1.07} = 31.54$$

$$C_d = \frac{(0.6)0 + (0.4)0}{1.07} = 0.$$

주가가 80일 때 시점1에서 콜옵션가치가 $0.00인 이유를 생각해보자. 콜옵션은 시점2에서 만기에 내가격이 될 수 없다. 그러므로 시점1에서 가치는 0가 되어야 한다. 시점0에서 콜옵션의 가치는 1기간 후의 두 가능한 콜옵션가치의 가중평균이다.

$$C = \frac{(0.6)31.54 + (0.4)0}{1.07} = 17.69.$$

1기간 세계에서 분석한 동일한 콜옵션보다 2기간 세계에서 가치가 더 높다. 그 이유는? 제 3장에서 만기가 더 긴 콜옵션은 만기가 짧은 옵션보다 가치가 결코 낮지 않았고, 보통은 가치가 더 높았던 것을 기억하라. 모형이 잘못된 것이 아니라면 이 원리에 부합된다.

4-2b 헷지포트폴리오

이제 헷지포트폴리오를 생각해보자. 그림 4.4는 이 과정을 보여준다. 예를 따라가면서 그림에서 눈을 떼지 않는 것이 도움이 될 것이다. 콜옵션이 시장에서 이론적 공정가치인 $17.69에 거래되고 있다고 하자. 헷지를 위해 콜옵션 1,000단위 매도할 것이다. 시점0에서 매입된 주식 수는 h식에 의해

$$C_u = \frac{31.54 - 0.00}{125 - 80} = 0.701$$

따라서 주식 701주를 매입하고 콜옵션 1,000단위 매도한다. 거래를 요약하면 다음과 같다.

$100에 주식 701주 매입 = $70,100 (자산)
$17.69에 콜옵션 1,000단위 매도 = –$17,690 (부채)
순투자 = $52,410 (순가치)

주식가격이 125인 경우 헷지포트폴리오는 주당 $125의 주식 701주와 $31.54인 콜옵션 1,000단위로 구성된다. 헷지포트폴리오의 가치는 701($125)–1,000($31.54)=$56,085이다. 투자금은 $52,410에서 $56,085로 증가하였고 이는 무위험이자율인 7%의 수익률이라는 것을 확인할 수 있다. 다음 기까지 헷지가 유지되기 위해서는 헷지비율이 수정되어야 한다. 새로운 헷지비율, h_u는,

$$h_u = \frac{56.25 - 0.00}{156.25 - 100} = 1.$$

새로운 헷지비율은 콜옵션당 주식 1주이다.

새로운 헷지비율을 설정하기 위해서는 701단위의 콜옵션이나 주식 1,000주가 필요하다. 이를 위해 콜옵션 299단위를 매도하여 701단위를 남기거나, 주식 299주를 매입하여 1,000주 보유할 수 있다. 콜옵션 매입이 비용이 덜 들기 때문에, $31.45의 콜옵션 299단위를 매입하여 총비용은 $9,430이 된다. 이 비용은 무위험이자율로 차입하여 본인 자금을 더 지불하지 않도록 한다.

주식가격이 80인 경우 헷지포트폴리오는 주당 $80의 주식 701주와 $0.00인 콜옵션 1,000단위로 구성된다. 헷지포트폴리오의 가치는 70×($80)–1,000×($0.00)=$56,080이고, 이는 주식가격이 $125인 경우의 결과와 반올림오차 정도만 차이난다. 수익률은 주가 변동과 상관없이 동일하기 때문에, 헷지포트폴리오는 위험이 없다. 다음 기까지 헷지를 유지하기 위해서,

연결하기_MAKING THE CONNECTION

이항옵션가격결정, 위험프리미엄, 그리고 확률

이항모형이 주가 상승과 하락에 대한 실질 확률을 요구하지 않는다는 것을 관찰하였다. 그러나 주가 상승과 하락에 대한 실질 확률을 가진다면 어떻게 될까? 이항과정은 이 정보에 부합되지 않을까? 살펴보도록 하자.

앞의 예시로 돌아가자. 주가는 100, u = 1.25, d = 0.80, r = 0.07 이었다. 주가가 오를 확률은 0.7, 하락할 확률은 0.3으로 알고 있다고 가정한다. 그럼 시점1에서 기대되는 주가는 다음과 같다.

$$(0.7)125 + (0.3)80 = 111.50.$$

현재 주가가 100이라면, 투자자는 기대주가를 11.5%로 할인했을 것이다. 즉, 111.50/ 1.1115 = 100이므로 주식의 요구수익률(required return)은 11.5%이 된다. 무위험이자율은 7%이므로 투자자는 이 주식에 4.5%의 위험프리미엄(risk premium)을 요구하는 것이다.

이와 같은 주식가치평가 방법을 콜옵션가치평가에 이용할 수 있는가? 앞의 예시에서 행사가격이 100인 1기간 콜옵션의 가치는 14.0이었고, 시점1에서 수익은 25와 0이었다. 그럼, 기대콜옵션가격은

$$(0.7)25 + (0.3)0 = 17.50.$$

주식에 적용한 것과 동일한 할인율을 콜옵션에도 적용한다면, 현재의 옵션가격은 다음과 같을 것이다.

$$\frac{17.50}{1.07} = 15.70.$$

그러나 콜옵션가격이 15.70이라면, 차익거래 손익을 쉽게 얻을 수 있다. 가치가 14.02가 되어야 하는 이 옵션이 15에 매도되고 있다면, 9.6%의 무위험 수익을 낼 수 있음을 앞서 보였었다. 그러므로 콜옵션이 15.70에 매도되고 있다면, 더 많은 수익을 낼 수 있다. 분명히, 무언가 잘못되었다.

잘못된 것은 옵션에 대한 요구수익률은 주식에 대한 요구수익률과 같을 수 없다는 것이다. 옵션가격이 14.02가 되기 위해서는 요구수익률은 다음과 같아야 한다.

$$\frac{17.50}{14.02} - 1 = 0.248.$$

다시 말하면, 옵션에 대한 요구수익률은 약 25%가 되어야 하고, 이는 주식에 대한 요구수익률의 두 배 이상이다.

옵션은 주식보다 위험하다. 그러므로 옵션의 요구수익률이 더 높아야 한다. 이항모형을 이용하면 옵션의 요구수익률이 주식의 요구수익률과 어떠한 관계가 있는지 증명할 수 있다.

주가가 상승 또는 하락하는 경우에 헷지포트폴리오의 수익률은 무위험이자율이었던 것을 기억하자. 각각의 경우에, 다음과 같다.

$$\frac{V_u}{V} - 1 = \frac{huS - C_u}{hS - C} - 1 = r$$

$$\frac{V_d}{V} - 1 = \frac{hdS - C_d}{hS - C} - 1 = r.$$

각각의 두 결과에서 주식수익률은 다음과 같이 정의된다.

$$\frac{uS}{S} - 1 = r_s^u \text{ and } \frac{dS}{S} - 1 = r_s^d.$$

각각의 두 결과에서 콜옵션의 수익률은 다음과 같이 정의된다.

$$\frac{C_u}{C} - 1 = r_c^u \text{ and } \frac{C_d}{C} - 1 = r_c^d.$$

이는 $C(1 + r_c^u) = C_u$와 $C(1 + r_c^d) = C_d$로 정리된다. 헷지포트폴리오의 초기가치 $hS - C$는 무위험이자율로 증가하여 헷지포트폴리오 가치 상승 시 가치인 $huS - C_u$과 같아진다.

$$(1 + r)(hS - C) = huS - C_u.$$

C_u를 $C(1 + r_c^u)$로 치환하고 r_c^u에 대해 풀면, $r_c^u = r + (r_s^u - r)\ h\ (S/C)$가 된다.

주가가 하락할 경우에 대해서도 동일하게 풀면, $r_c^d = r + (r_s^d - r)\ h\ (S/C)$가 된다.

정의에 따라, 콜옵션의 기대수익률은 상승시 수익률과 하락시 수익률의 가중평균이고, 가중치는 각각 상승시 수익률과 하락시 수익률의 확률이다.

$$E(r_c) = qr_c^u + (1 + q)\ r_c^d.$$

r_c^u를 $r + (r_s^u - r)\ h\ (S/C)$로 r_c^d를 $r + (r_s^d - r)\ h\ (S/C)$로 치환하고, 주식의 기대수익률 $E(r_s)$이 $qr_s^u + (1 - q)\ r_s^d$가 되면, 콜옵션의 기대수익률은 주식 기대수익률에 대해 다음과 같이 표현된다.

$$E(r_c) = r + [E(r_s) - r]h(S/C)\ .$$

이 결과로부터 콜옵션의 기대수익률은 무위험이자율에 위험프리미엄을 더한 값이라는 것과 위험프리미엄은 주식의 위험프리미엄인 $E(r_s) - r$과 콜옵션의 레버리지(leverage)를 반영하는 비율인 hS/C과 관련되어 있다는 것을 알 수 있다.

예시에서 h = 0.556이다. 이를 대입하면,

$$E(r_c) = 0.07 + (0.115 - 0.07)0.556(100/14.02) = 0.248.$$

자산가격이 시장에서 정확하게 결정되었다면, 기대수익률은 투자자의 요구수익률과 동일하다. 따라서 옵션의 요구수익률은 무위험이자율과, 주식의 위험프리미엄과 옵션의 레버리지와 연관된 프리미엄의 합이다. 여기서 옵션의 요구수익률이자 기대수익률은 24.8%이고, 이 요구수익률은 옵션가격인 14.02이 타당하다는 것을 보여준다.

즉, 주식과 콜옵션의 기대수익률이나 주가 상승과 하락의 실질 확률과 상관없이, 이 장에서 제시된 차익거래 접근법을 이용하여 콜옵션의 가격을 결정할 수 있다.

헷지비율이 다음과 같이 조정된다.

$$h_u = \frac{0.00 - 0.00}{100.00 - 64.00} = 0.$$

따라서, 콜옵션 1,000단위에 대해 주식 0주가 필요하다. 현재 701주를 보유하고 있으므로, $80에 모든 주식을 매도하여 $56,080을 취할 수 있다. 이 금액은 무위험이자율을 지급하는 무위험채권에 투자한다. 두 번째 기간 말에 채권은 $56,080에 7% 이자를 합한 수익을 낸다.

주식가격이 125에서 156.25로 상승한 경우 주식을 주당 $156.25에 701주 매도하고, 콜옵션을 $56.25에 행사하며, 차입에 대해 $9,430과 7% 이자를 합하여 상환한다. 그럼, 헷지포트폴리오의 가치는 701($156.25)–701($56.25)–$9,430(1.07)–$60,010이고, 이전 기간 대비 수익률은 7%이다.

주식가격이 125에서 100으로 하락한 경우

주당 $100인 주식 701주와 $0.00의 가치인 콜옵션 701단위를 보유하고, 차입 $9,430과 그에 대한 7% 이자를 상환하면 헷지포트폴리오의 총가치는 701($100)–701($0.00)–$9,430(1.07) =$60,010이고, 이전 기간 대비 수익률은 7%이다.

■■ 그림 4.4 2기간 이항과정 예시

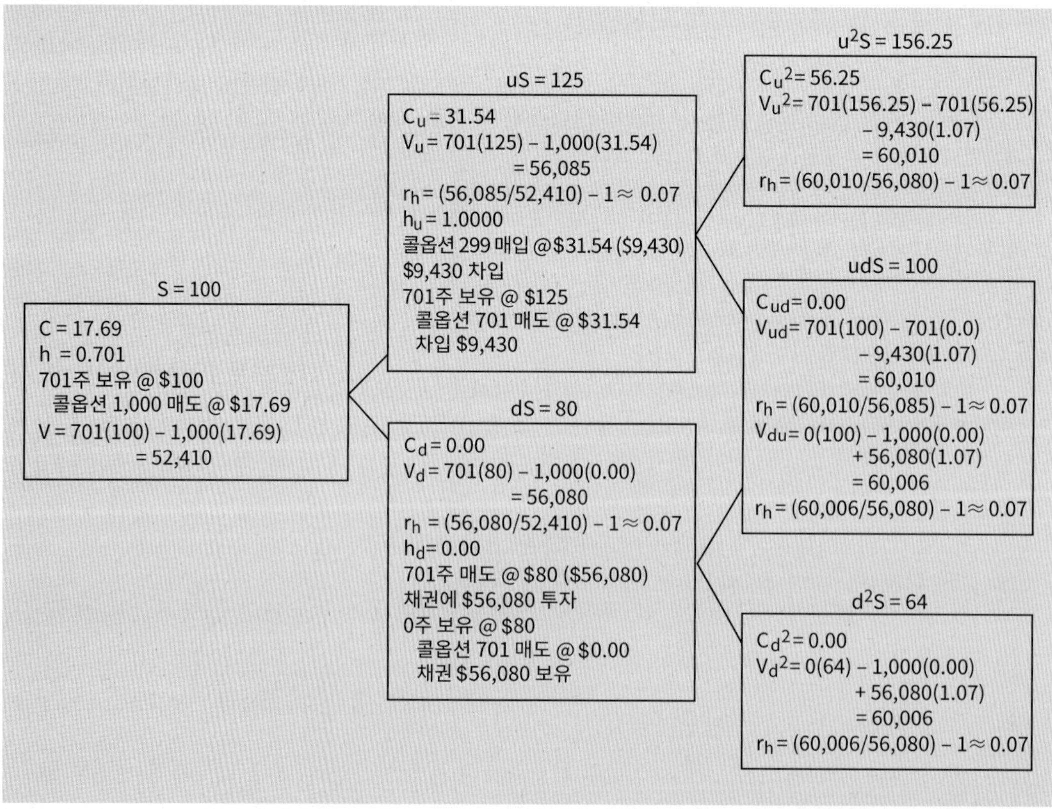

주식가격이 80에서 100으로 상승한 경우

헷지포트폴리오에 포함된 주식은 없으며, $0.00의 가치인 콜옵션 1,000단위와, $56,080과 7% 이자를 합한 가치의 채권으로 구성된다. 헷지포트폴리오의 총가치는 0($100)-1,000($0.00) +$56,080(1.07)=$60,006,이고, 이전 기간 대비 수익률은 7%이다.

주식가격이 80에서 64로 하락한 경우

$64인 주식은 보유하지 않으며, 만기에 $0.00인 콜옵션 1,000단위와, 무위험채권에 대한 원금과 이자를 보유하게 된다. 이 헷지포트폴리오의 가치는 0($64)+1,000($0.00)+$56,080(1.07)=$60,006이다. 이는 본질적으로 다른 경우에서의 값과 동일하다. 차이는 오직 반올림으로 인한 오차 때문이다. 따라서 주가 변동에 상관없이, 헷지로 각 기간에 7% 부의 증가를 얻는다.

이제, 만약 콜옵션의 가격결정이 잘못되었다면, 어떻게 되는지 생각해보자.

4-2c 2기간 세계에서 콜옵션가격결정오류

콜옵션이 시점0에서 가격결정이 잘못되었다면, 일물일가의 법칙에 위배되고 차익거래의 기회가 존재한다. 콜옵션이 저평가되었다면, 콜옵션을 매입하고 주식 h주 공매도해야 한다. 콜옵션이 고평가되었다면, 콜옵션을 매도하고 주식 h주를 매입해야 한다. 첫 번째 기간이나 두 번째 기간, 또는 두 기간 동안 차익거래 수익률을 얻을 수 있는지는, 콜옵션가격이 첫 번째 기간 말에 이론적인 공정가치로 조정되는지에 달려있다. 그렇지 않다면, 첫 번째 기간 동안 무위험이자율을 초과하는 수익률을 얻지는 못할 것이다. 그러나 두 번째 기간 말에 만기가 되므로 이 때 콜옵션은 정확하게 가격결정되어야 한다. 옵션이 만기에 가격결정이 잘못될 수 있다는 것은 완전히 불가능하다.

2기간 수익률은 두 1기간 수익률의 기하평균이다. 즉, 첫 번째 기간 수익률이 6%이고 두 번째 기간 수익률이 9%라면, 2기간 수익률은 $\sqrt{1.06 \times 1.09}-1=0.0749$, 또는 7.49%이다. 만약 두 수익률 중 하나가 무위험이자율과 동일하고 나머지 하나는 무위험이자율보다 크다면, 2기간수익률은 무위험이자율보다 클 것이다. 두 수익률 중 하나가 무위험이자율보다 작고 나머지 하나는 무위험이자율보다 크다면, 전체 수익률은 역시 무위험이자율보다 클 것이다. 따라서 시점0에서 옵션의 가격이 잘못 결정되었지만 적절한 매입포지션과 매도포지션을 취하고 정확한 헷지비율이 유지된다면, 2기간 전체에 걸쳐 버는 수익률은 무위험이자율보다 클 것이다.

그러한 헷지에 대해 가능한 결과는 많으며, 4장 전체에 걸쳐 이를 설명할 것이다. 따라서 대략적으로만 가능한 결과를 논의할 것이다. 각각의 경우에서, 적절한 헷지비율이 유지되고 투자자는 고평가되거나 정확하게 가격결정되었을 때만 콜옵션을 매입하고 저평가되거나 정확하게 가격결정되었을 때만 콜옵션을 매도한다고 가정할 것이다.

콜옵션이 처음에 고평가 되었고 첫 번째 기간 말에도 여전히 고평가 되었다고 가정하자.

콜옵션이 정확한 가격으로 충분히 하락하지 않았으므로, 첫 번째 기간 동안의 수익률은 실제로 무위험이자율보다 낮을 수 있다. 그러나 두 번째 기간 말에 정확하게 가격이 매겨져야 하므로, 두 번째 기간 동안의 수익률은 이를 보전하고도 더 높을 것이다. 전체적으로, 2기간 동안에 획득하는 수익률은 무위험이자율보다 높다.

만약 콜옵션이 처음에 고평가 되었고 첫 번째 기간 말에 정확한 가격이 되었다면, 그 기간 동안의 수익률은 무위험이자율보다 높다. 그리고 콜옵션은 두 번째 기간 초와 말에 정확하게 가격결정되기 때문에, 두 번째 기간 동안의 수익률은 무위험이자율과 같다. 따라서, 2기간 전체 수익률은 무위험이자율보다 높다.

만약 콜옵션가격이 처음에 고평가되고 첫 번째 기간 말에 저평가된다면, 그 기간 동안의 수익률은 무위험이자율보다 높다. 이는 콜옵션이 적절한 수준 이상으로 가격이 하락하여 가치가 정확한 수준보다 상당히 떨어졌기 때문이다. 이 경우 헷지포지션을 청산하고, 두 번째 기간에 저평가된 콜옵션에 매입포지션, 주식에 매도포지션을 취한 새로운 헷지를 시작해야 한다. 이 때 초과수익은 무위험채권에 투자할 수 있다. 결과적으로 두 번째 기간 수익률은 무위험이자율을 상당히 초과한다. 따라서 2기간 전체수익률은 확실히 무위험이자율보다 높게 된다.

표 4.1은 이 결과를 요약하고 있다. 저평가된 콜옵션에 대해서도 비슷한 결과를 볼 수 있지만, 헷지포트폴리오를 매도하므로 해석에 어느 정도 차이가 있다.

표 4.1 2기간 이항모형의 헷지결과

	무위험이자율 대비 헷지수익률		
	기간1	기간2	두 기간
옵션은 기간1 초에 고평가 됨			
기간2 초 옵션 상태			
고평가	불확정	높음	높음
정확하게 가격결정	높음	동일	높음
저평가	높음	높음	높음

4-3 이항모형의 확장

4-3a 풋옵션가격결정

콜옵션에 적용했던 것처럼, 풋옵션의 가격을 결정하는데 이항모형을 이용할 수 있다. 동일한 공식을 이용하지만, 만기에 콜옵션 수익 대신 풋옵션의 수익을 이용한다. 차이를 확인하기 위해 그림 4.3을 보자. 그리고 단순하게 모든 C는 P로 대체하고, 비슷하게 각 식에서 C는 P로 대체한다. 이렇게 하여 정리한 식을 여기서 제시하였다.

$$P = \frac{p^2 P_{u^2} + 2p(1-p)P_{ud} + (1-p)^2 P_{d^2}}{(1+r)^2}$$

$$P_u = \frac{pP_{u^2} + (1-p)P_{ud}}{(1+r)},\ P_d = \frac{pP_{ud} + (1-p)P_{d^2}}{(1+r)},\ P = \frac{pP_u + (1-p)P_d}{(1+r)}$$

$$h_u = \frac{P_{u^2} - P_{ud}}{u^2S - udS},\ h_d = \frac{P_{ud} - P_{d^2}}{udS - d^2S},\ h = \frac{P_u - P_d}{uS - dS}.$$

앞서 풀던 동일한 문제를 고려해보자. 다만, 행사가격이 100인 2기간 유럽식 풋옵션의 가격을 결정한다. 만기에 풋옵션의 가치는 다음과 같다.

$$P_{u^2} = \text{Max}(0, 100 - 156.25) = 0$$
$$P_{ud} = \text{Max}(0, 100 - 100) = 0$$
$$P_{d^2} = \text{Max}(0, 100 - 64) = 36.$$

만기 때 풋옵션의 내재가치 식을 이용하여 0과 X에서 주식가격을 뺀 값 중 큰 값을 선택하였다. 이제 시점1로 가보자. 콜옵션에 적용한 식을 동일하게 이용하면 다음과 같다.

$$P_u = \frac{(0.6)0 + (0.4)0}{1.07} = 0$$
$$P_d = \frac{(0.6)0 + (0.4)36}{1.07} = 13.46.$$

옵션가치는 다음 기간에 가능한 두 가치의 가중평균을 무위험이자율로 1기간 할인한 값이며, 이 때 가중치는 p와 1 – p이다. 결과적으로 시점0에서의 가치는 다음과 같다.

이항모형을 이용한 풋옵션가격 결정은 콜옵션가격결정과 동일한 과정이지만, 풋옵션은 기초주식을 매도할 권리라는 것을 만기수익이 반영한다는 점이 다르다.

$$P = \frac{(0.6)0 - (0.4)20}{1.07} = 7.48.$$

이제 헷지 예시를 이용해보자. 원리는 콜옵션을 이용한 헷징과 본질적으로 동일하지만, 주식 매입포지션을 헷지하기 위해 콜옵션을 매도했던 것과 달리, 여기서는 풋옵션을 매입한다. 콜옵션가격은 주가와 같은 방향으로 움직이므로 헷지를 하기 위해 콜옵션을 매도해야 한다. 그러나 풋옵션가격은 주가와 역으로 움직이므로, 주식을 헷지하기 위해서는 풋옵션을 매입해야 한다.

헷지비율을 계산하기 위한 식은 콜옵션에서와 동일하다. 다음 기간 주가상승 시 옵션가격에서 다음 기간 주가하락 시 옵션가격을 차감한 값을, 다음 기간 상승한 주가에서 하락한 주가를 차감한 값으로 나눈다. 따라서, 시점0에서의 헷지비율은

$$h = \frac{0 - 13.46}{125.80} = -0.299.$$

여기서 음의 부호는 주식매입과 풋옵션매도를 의미하는 것처럼 보이지만, 풋옵션은 주식과 반대로 움직이기 때문에 그렇지 않다. 이 경우, 주가가 증가하거나 감소할 때 풋옵션가치가 상승하거나 하락하여 헷지가 거의 되지 않는다. 콜옵션 모형으로 얻은 헷지비율 식은 주식을 매입하고 옵션은 매도하는 것을 가정한다. 실제로 풋옵션을 이용하여 헷지포트폴리오를 구성한다면, 주식을 매입하고 풋옵션도 매입하고 헷지비율은 양수일 것이다. 그러나 헷지 공식을 콜옵션의 경우와 비슷하게 이용하면서 부호는 바꾸는 것으로 단순하게 기억하자. 따라서 풋옵션 1,000 단위 매입포지션에 대해 주식 299주를 매입해야 한다. 이때 비용은

299×\$100	= \$29,900(주식)
1,000×\$5 03	= \$5,030(풋옵션)
총액	\$34,930.

주식가격이 125인 경우 이 경우, 가치가 \$125인 주식 299주와 \$0.00의 가치인 풋옵션 1,000 단위 보유하여 총가치는 299(\$125)+1,000(\$0.00)=\$37,375가 된다. 이는 초기투자인 \$34,930보다 약 7% 이상의 수익이다. 이제 새로운 헷지비율은

$$h = \frac{0-0}{156.25-100} = 0.$$

따라서 1,000단위의 풋옵션에 대해 필요한 주식 수는 0이다. 이에 주식 299주를 매도하여 299(\$125) = \$37,375를 획득하고 이 금액은 수익률이 7%인 무위험채권에 투자한다.

주식가격이 80인 경우 가치가 \$80인 주식 299주와 \$13.46의 가치인 풋옵션 1,000단위 보유하게 되며, 총가치는 299(\$80)+1,000(\$13.46)=\$37,380이 된다. 이는 반올림 오차를 제외하면 주식가격이 125이 되는 경우와 같다. 수익률은 역시, 초기투자 \$34,930에 대해 7%이다. 이제 헷지비율은 다음과 같아진다.

$$h_U = \frac{0-36}{100-64} = -1.$$

앞에서 설명한 바와 같이, 음수 부호는 무시하자. 결과에 따르면 주식 1,000주와 풋옵션 1,000 단위, 또는 주식 299주와 풋옵션 299단위가 필요하다. 주식 701주를 매입하면 주식 1,000주와 풋옵션 1,000을 보유하게 된다. 주식 매입을 위해서는 자금이 필요하므로 7% 이자율로 자금을 빌린다. 이제 \$80인 주식 1,000주와 \$13.56인 풋옵션 1,000단위, 그리고 차입금 \$56,080을 보유하게 된다.

주식가격이 125에서 156.25로 상승한 경우 오직 채권만 보유하며, 해당 기간 동안 7%의 수익률이 발생하여 채권가치는 \$37,375(1.07)=\$39,991가 된다.

주식가격이 125에서 100으로 하락한 경우 마찬가지로 채권만 보유하며, 해당 기간 동안 7%의 수익률이 발생하여 채권가치는 $37,375(1.07)=$39,991가 된다.

주식가격이 80에서 100으로 상승한 경우 $100 가치의 주식 1,000주와 $0 가치의 풋옵션 1,000단위 보유하며, $56,080(1.07)=$60,006을 차입한다. 따라서 총가치는 1,000($100)+1,000($0.00)−$60,006=$39,994이다. 이는 미비한 반올림오차를 제외하면 앞의 두 결과와 동일하다. 또한, 기간수익률은 7%이다.

주식가격이 80에서 64로 하락한 경우 $64인 주식 1,000주와 $36 가치의 풋옵션 1,000단위, 차입 $56,080(1.07)=$60,006을 보유하게 된다. 총가치는 1,000($64)+1,000($36)−$60,006=$39,994으로, 이 결과와 기간수익률 7%는 위의 결과와 동일하다.

결과적으로, 헷지가 적절하게 유지된다면 각 기간 수익률은 무위험이자율과 같다는 것을 확인하였다. 만약 풋옵션가격결정이 잘못되었다면, 적절한 포지션을 취하고 주식으로 이를 헷지할 것이다. 예를 들어, 풋옵션이 모형으로 추정한 가격보다 낮게 매도되고 있으면, 이는 저평가된 것이다. 그럼 풋옵션을 매입하고 적절한 수의 주식을 매입하여 헷지할 것이다. 풋옵션이 고평가 되었다면, 풋옵션을 매도하고 주식을 공매도하여 헷지할 것이다.

4-3b 미국식 풋옵션과 조기행사

2기간 이항모형은, 미국식 옵션이 어떻게 조기행사되는지 잘 보여준다. 앞과 동일하게 행사가격이 100인 2기간 풋옵션이지만 미국식인 풋옵션을 이용하자. 이는 만기 전 어느 시점에서 조기행사를 하는 것이 최선이면 이를 선택할 수 있음을 의미한다. 또한 이는, 이항과정에서 풋옵션이 내가격이 되는 시점에서는 조기행사가 더 유리한지 살펴볼 필요가 있다는 것을 의미한다.

예를 들어, 시점1에서의 유럽식 풋옵션가치를 계산했던 과정으로 돌아가 보자. 이는 다음과 같았다.

$$\text{주가가 125일 때, } P_U = \frac{(0.6)0 - (0.4)0}{1.07} = 0.$$

$$\text{주가가 80일 때, } P_d = \frac{(0.6)0 - (0.4)36}{1.07} = 13.46.$$

주가가 125일 때, 풋옵션은 외가격이므로 행사되지 않을 것이다. 그러나 주가가 80일 때는 풋옵션은 내가격 상태이고 이를 행사할 권리를 가지고 있다. 이 경우 실제로 풋옵션 수익은 $20[Max(0, 100−80)]이고, 이는 행사되지 않았을 경우 가치인 $13.46보다 상당히 크다. 따라서 풋옵션은 행사되며, 계산된 P_d의 가치인 13.46은 20으로 대체된다. 결과적으로 $P_u = 0$, P_d의 = 20이 된다. 따라서 시점0에서의 가치는

$$P_d = \frac{(0.6)0 - (0.4)20}{1.07} = 7.48.$$

이항모형에서 계산된 가치가 내재가치보다 작은 경우, 계산된 가치를 내재가치로 대체하여 미국식 풋옵션이 어떻게 조기행사되는지, 이항모형은 쉽게 보여준다.

풋옵션이 즉시 행사될 가능성도 고려해야 하지만, 풋옵션은 등가격 상태이므로 오늘 이를 행사할 이유가 없다. 중요한 것은, 결과적으로 풋옵션가치는 유럽식 풋옵션의 가치인 5.03보다 상당히 크다.

미국식 옵션으로 헷지포트폴리오를 구성하는 것은 유럽식 옵션을 이용하는 것과 동일한 과정을 따르지만, 헷지포트폴리오가치와 헷지비율을 계산하기 위해서 미국식 옵션을 이용한다는 점이 다르다.

4-3c 배당, 유럽식 콜옵션, 미국식 콜옵션, 그리고 조기행사

무배당주식에 대한 콜옵션은 당연히 결코 조기행사되지 않을 것이다. 이제 이항모형에서 조기행사가 미국식 콜옵션에 어떻게 영향을 미치는지 생각해보자. 이를 위해 배당을 추가해야 한다.

모형에 배당을 포함하는 방법은 많다. 가장 간단한 방법은 배당을 δ% 수익률로 표현하는 것이다. 이 경우 배당기간이 되면 주가는 배당락으로 즉시 δ% 감소한다. 그럼 이항모형 공식에 배당락된 주가를 이용한다. 배당락일 전 콜옵션의 내재가치가 이항모형 공식으로 계산된 콜옵션가치보다 크다면, 콜옵션은 행사되어야 한다. 따라서 내재가치는 공식으로 계산된 가치로 대체된다.

앞에서 이용한 2기간 문제를 고려해보자. 콜옵션이 조기행사되는 경우를 살펴보기 위해, 배당수익률이 상당히 높고, 예를 들면 10%이고, 시점1에 배당이 지급되어 주가는 배당락된다고 가정하자. 시점1에 주가가 125가 된다면, 배당금으로 12.50이 지급되며 주가는 112.50으로 떨어진다. 주가가 80이 된다면, 배당금으로 8.00이 지급되며 주가는 72로 떨어진다. 다음 기간에 주가는 112.50 또는 72 중 하나를 기준으로 가치가 변동하고, 결과적으로 140.625이거나 90, 또는 57.60이 될 것이다. 이러한 과정은 그림 4.5에서 제시한다. 만기에서의 콜옵션가격은 각각

$$C_{u^2} = \text{Max}(0, 140.625 - 100) = 40.625$$
$$C_{ud} = C_{du} = \text{Max}(0, 90.00 - 100) = 0$$
$$C_{d^2} = \text{Max}(0, 57.60 - 100) = 0$$

1기간 뒤의 유럽식 콜옵션가격은

■■ 그림 4.5 시점1에서 10% 배당수익률을 갖는 주식가격의 2기간 과정

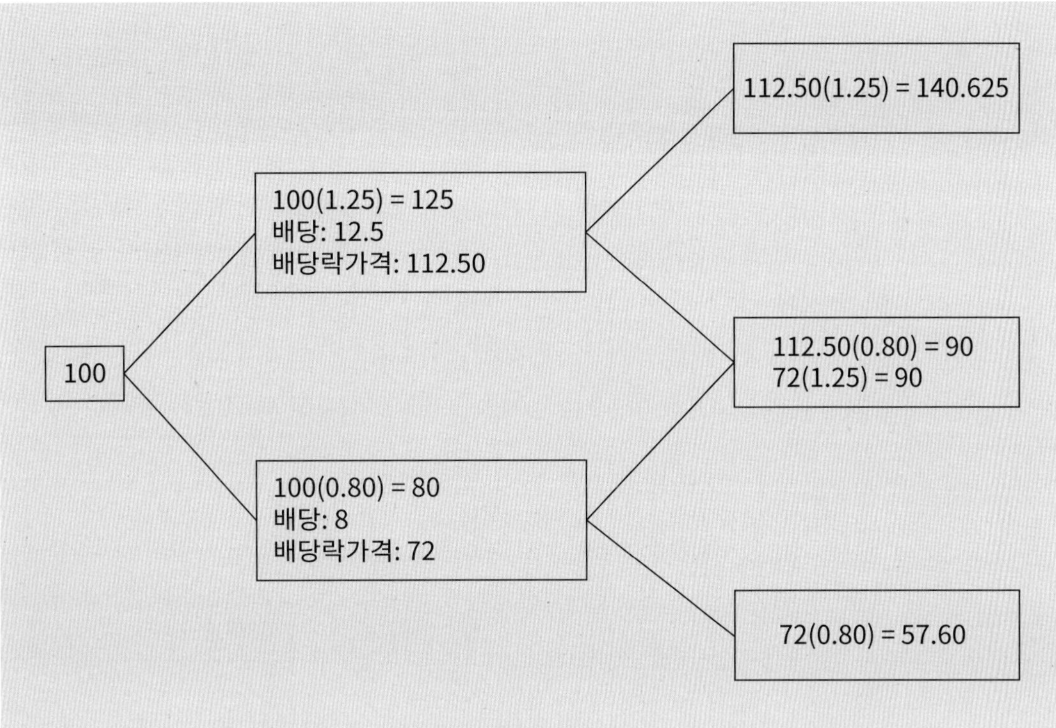

$$C_u = \frac{(0.6)40.625 + (0.4)0}{1.07} = 22.78$$

$$C_d = \frac{(0.6)0 + (0.4)0}{1.07} = 0.$$

따라서 시점0에서의 유럽식 콜옵션가치는

$$C_u = \frac{(0.6)22.78 + (0.4)0}{1.07} = 12.77.$$

이 값은 배당이 없는 경우에서의 가치인 17.69보다 상당히 작다. 배당은 항상 유럽식 옵션의 가치를 감소시킨다. 그 이유는, 기업의 현금흐름을 주가의 성장을 위해 재투자하기보다, 배당으로 지급하기 때문이다.

이제 콜옵션은 미국식 옵션이라고 하자. 시점0에서 시점1로 가면서 주가는 125로 변동한다고 하자. 회사는 바로 즉시 125의 10%인, 12.50의 배당을 지급한다. 이때 주가는 112.50으로 떨어질 것이다. 미국식 콜옵션을 보유하므로 배당락일이 되기 전에 콜옵션을 행사할 수 있는 권리를 가지고, 이 경우 100을 지불하고 125 가치의 주식을 취득하게 된다. 배당락일에 주

그림 4.6 시점1에서 배당이 $12인 주식가격의 2기간 과정

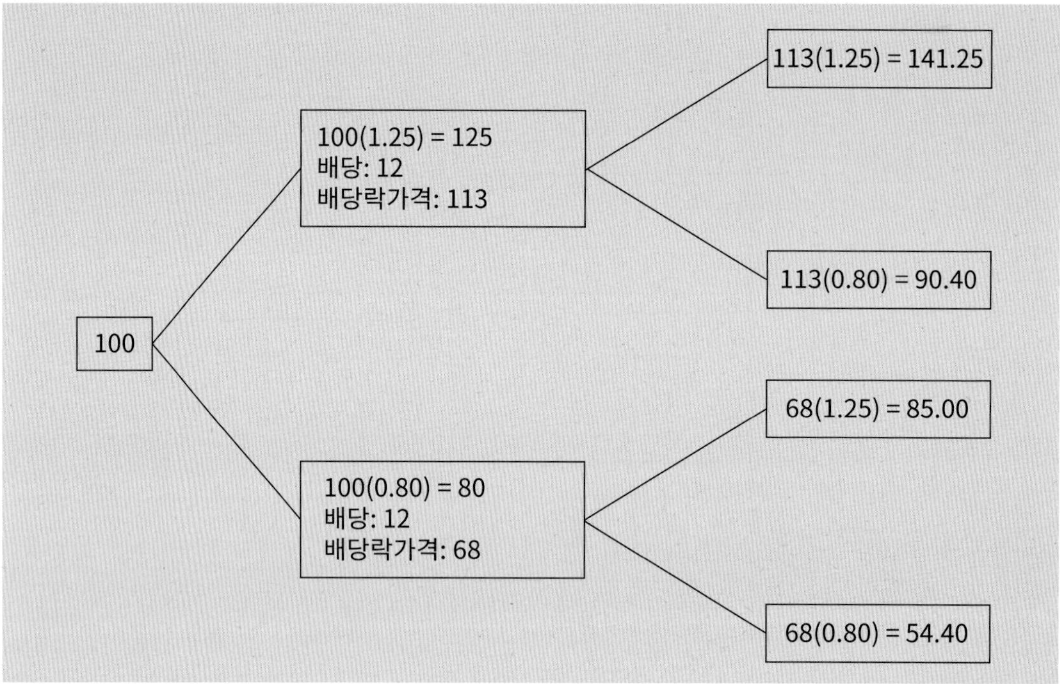

식가치는 112.50으로 떨어지지만, 배당락일 전에 주식을 획득하므로 배당금을 받을 자격이 주어지고 얻게 되는 순가치는 25가 된다. 다시 말하면, 단순히 배당락일 전에 옵션을 행사하고 내재가치 25를 청구하는 것을 선택한다. 그 결과, 앞의 유럽식 옵션의 예시에서 계산한 이항모형 가치인 22.78을 25로 대체된다. 따라서 이제 $C_u = 25$이다. 시점1의 주가가 80으로 떨어진 경우에서는, 콜옵션이 외가격 상태이므로 조기행사가 일어나지 않는다.

결과적으로 시점0에서 미국식 콜옵션의 가치는

$$C_u = \frac{(0.6)25 + (0.4)0}{1.07} = 14.02.$$

다른 접근법으로써 간단하게, 기업은 시점1에 특정 금액의 배당금을 지급한다고 가정하자. 그리고 배당금은 12이라 하자. 그럼 그림 4.6에서 제시하는 바와 같이, 시점1에서 주가는 배당락되어 113 또는 68이 된다. 만약 주가가 113이고 시점2에서 가격이 하락한다면, 주가는 113(0.80)=90.40이 된다. 만약 주가가 68이고 시점2에서 가격이 상승한다면, 주가는 68(1.25)=85가 된다. 따라서 시점2에서 중간의 주가들은 시점1에서의 주가에 상관없이 동일하지 않다. 이 예시에서 이는 참으로 문제가 되지 않는다. 여전히 옵션가치는 일반적인 방법으로 계산될 수 있다. 그러나 많은 기간을 고려하는 모형으로 확장하게 되면, 이 문제는 많은 계산을 요구하게 된다.

이항과정에서 주가가 상승한 뒤 하락했을 때의 위치와 주가가 하락한 뒤 상승했을 때의 위치가 동일하면, 이를 **재결합나무(recombining tree)**라고 한다. 주가가 상승한 뒤 하락했을 때의 위치와 주가가 하락한 뒤 상승했을 때의 위치가 동일하지 않으면, 이를 **비재결합나무(non-recombining tree)**라 한다. n기간을 가진 나무에서, 재결합나무는 n + 1개의 최종 주가를 갖게 된다. 최종 주가에 도달하는 과정에는 2^n개 별개의 경로(path)가 있지만, 그 경로 중 몇은 동일한 위치에 이르게 한다. 결과적으로 최종 결과를 확인하기 위해 각각의 경로를 모두 따라갈 필요는 없다. 이는 많은 기간을 가지는 나무에서의 계산을 상당히 단순화하고 줄여준다. 비재결합나무는 2^n개 별개의 경로를 가지고, 따라서 2^n개의 최종결과를 가진다. 만약 n이 크면, 2^n 값은 상당히 빨리 천문학적으로 증가하고, 가장 빠른 컴퓨터를 이용하더라도 계산이 매우 어려워질 수 있다. 그림 4.7은 3기간의 재결합나무와 비재결합나무를 보여준다.

특별한 트릭으로 배당이 있는 미국식 옵션의 이항 계산을 대단히 단순하게 할 수도 있다. 앞의 3장에서 배당이 있는 경우에, 주가에서 배당의 현재가치를 차감한 값을 공식에서 조정된 가치로 이용했던 것을 생각해보자. 여기에서도 동일하게 적용할 수 있다. 배당은 완전히 예측

그림 4.7 재결합과 비재결합의 3기간 이항나무

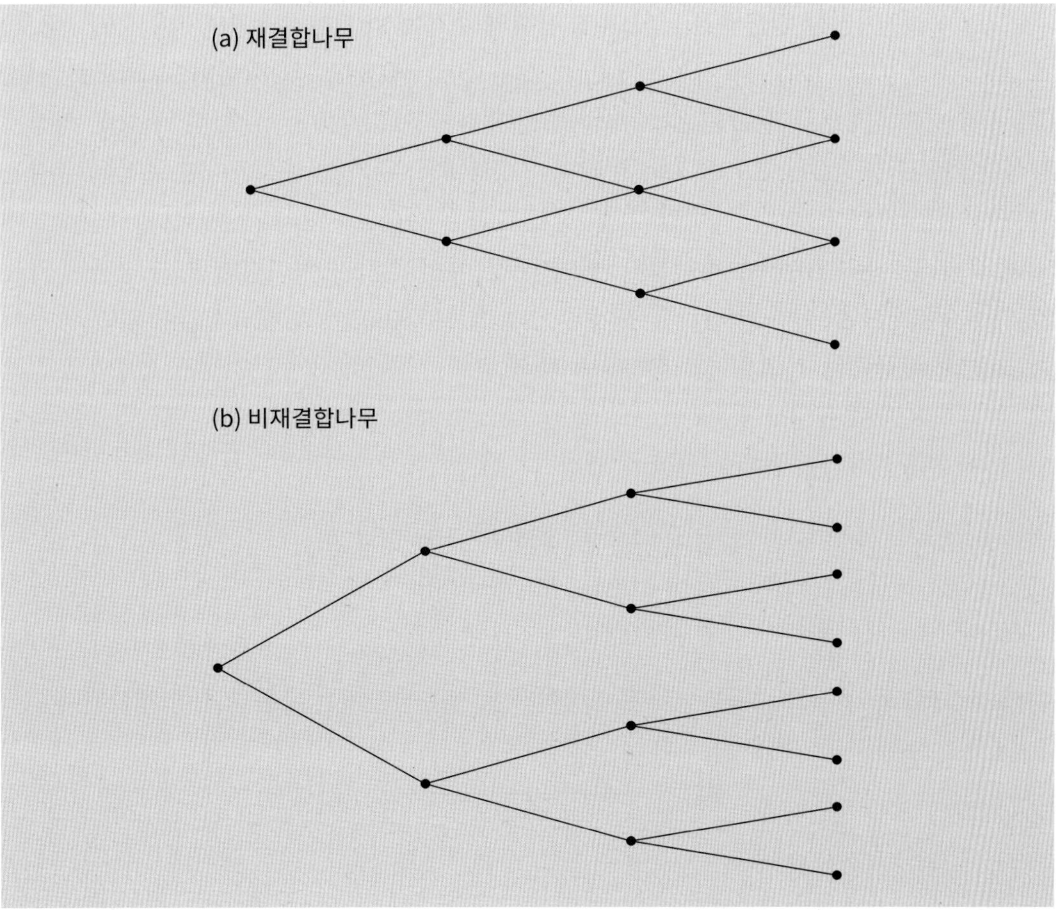

그림 4.8 시점1에서 배당이 $12인 주식가격의 2기간 과정과 이항과정에서 주식가격에서 배당의 현재가치를 차감한 가치

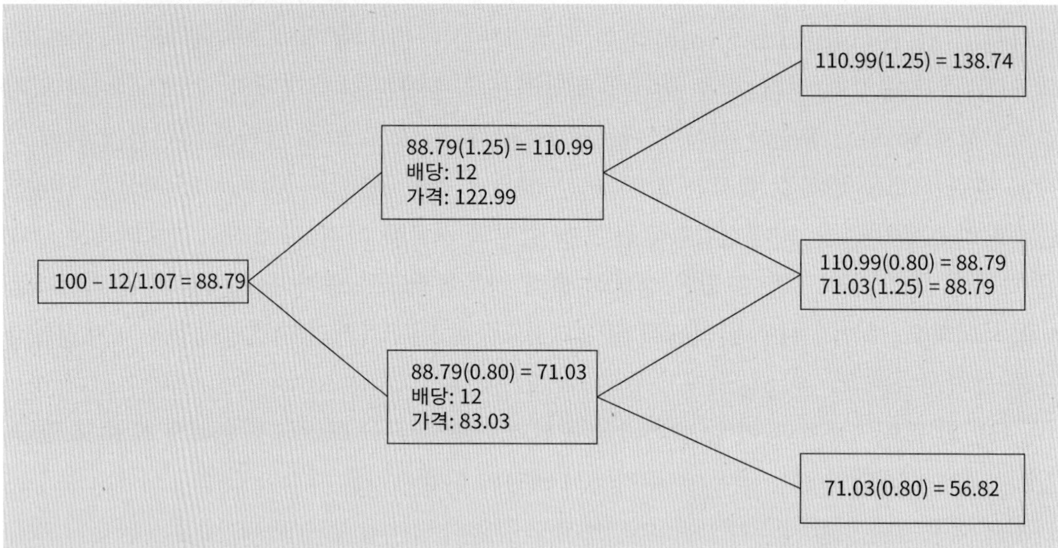

가능하고 주가에서 배당의 현재가치를 차감한 값이 이항과정에 따른다고 단순하게 가정한다.

그림 4.8은 이러한 접근법을 나타낸다. 현재의 주가는 $100이지만, 100–12/1.07=88.79로 조정된다. 그럼, 88.79의 가치는 1.25배 상승하거나 0.8배로 하락한다. 그러므로 시점 0에서 주가는 100으로 관찰되는데, 배당의 현재가치인 12/1.07=11.21과 주식의 성장가능성관찰된 주가 100은, 8.79로 이루어진다. 시점1에서, 주가가 상승한다면 조정된 주가는 88.79×1.25=110.99이다. 배당락일 전, 실제 주가는 110.99+12=122.99이다. 배당락일에 되면 즉시 주가는 110.99로 하락한다. 만약 시점1에서 주가가 하락한다면, 조정된 주가는 88.79×0.80=71.03이다. 배당락일 전에 주식의 가치는 83.03이고, 배당락일이 되면 그 가치는 71.03으로 하락한다. 그림에서 확인되는 바와 같이, 시점2에서 중간지점은 경로와 무관하게 주가가 88.79로 동일하다.

이제 콜옵션가치를 쉽게 계산할 수 있다.

$$C_{u^2}=\text{Max}(0,\ 138.74-100)=38.74$$
$$C_{ud}=\text{Max}(0,\ 88.79-100)=0$$
$$C_{d^2}=\text{Max}(0,\ 56.82-100)=0$$

이제 시점1로 돌아가보자. 콜옵션이 유럽식이라면, 콜옵션가치는 다음과 같이 계산된다.

$$C_u=\frac{(0.6)38.74+(0.4)0}{1.07}=21.72$$

$$C_u = \frac{(0.6)0 + (0.4)0}{1.07} = 0.$$

그러나 콜옵션이 미국식이면, 시점1에서 주가는 122.99이고 배당락일 바로 전에 콜옵션을 행사할 기회가 있다. 이 경우, 주식을 획득하는데 지불하는 $100, 배당 $12, 그리고 배당락으로 인한 주식가치 $110.99을 모두 계산하면 수익은 22.99가 된다. 행사한 경우의 수익인 22.99는 행사하지 않은 경우의 수익보다 크기 때문에, C_u는 22.99가 된다. 그럼 시점0에서의 유럽식 콜옵션의 가치는

$$C_u = \frac{(0.6)21.72 + (0.4)0}{1.07} = 12.18.$$

미국식 콜옵션의 가치는

$$C_u = \frac{(0.6)22.99 + (0.4)0}{1.07} = 12.89.$$

미국식 옵션으로 배당을 받아 배당락일의 가치손실을 피하여 얻은 추가적인 이익은 현재시점에서 0.71이 된다.

4-3d 외국 통화옵션

이항모형은 외국 통화옵션(currency option)에도 적용할 수 있다. 핵심이 되는 점은, 이 경우의 기초자산은 외국통화, 즉 외환 그 자체라는 것이다. 따라서 투자자는 주식에 포지션을 취하는 것이 아니라, 외환에 포지션을 취한다. 외환은 외국의 무위험채무증서에 투자될 수 있다. 그러므로 보통주의 경우에 배당수익률의 얻는 것처럼, 기초자산은 외국의 무위험이자율을 얻을 수 있다.

외국의 이자율을 이항모형에 포함시키는 데에는 많은 방법이 있다. 가장 간단한 방법은 외국의 이자율을 ρ%의 수익률로 표현하는 것이다. 이항모형에 약간의 수정을 하여 외국 이자율로부터 얻는 추가적인 수익을 표현한다. 콜옵션에 대한 이항모형은 만기 시 가능한 옵션가격들의 가중평균을 국내 무위험이자율로 할인한다. 한 가지 수정사항은, 가격상승에 대한 이항확률이다.

$$P = \frac{\frac{1+r}{1+\rho} - d}{u-d}.$$

따라서, 외국의 이자율이 높을수록 가격상승의 이항확률은 더 낮다.

4-3e 예시

유로(euro)가 현재 \$1.4/€에 거래되고 있다고 하자. 1기간 뒤에 유로는 10% 상승하여 \$1.54/€가 되거나, 5% 하락하여 \$1.33/€이 될 수 있다. 콜옵션의 행사가격은 \$1.41/€이라고 가정하자. 국내 무위험이자율은 2%, 외국의(유로) 이자율은 1%이다. 1기간 이항모형을 이용하여 콜옵션가격을 계산하자. 투입할 요소들을 요약하면 다음과 같다.

$$S = 1.4 \qquad d = 0.95$$
$$X = 1.41 \qquad r = 0.02$$
$$u = 1.10 \qquad \rho = 0.01$$

먼저, C_u와 C_d의 값을 계산하자.

$$\begin{aligned} C_u &= \text{Max}(0, uS - X) \\ &= \text{Max}[0, 1.40(1.10) - 1.41] \\ &= 0.13. \\ C_d &= \text{Max}(0, dS - X) \\ &= \text{Max}[0, 1.40(0.95) - 1.41] = 0. \end{aligned}$$

이항확률 p의 값은

$$p = \frac{\frac{1+r}{1+\rho} - d}{u - d} = \frac{\frac{1+0.02}{1+0.01} - 0.95}{1.10 - 0.95} = 0.399.$$

그럼,

$$1 - p = 1 - 0.399 = 0.601$$

이를 식에 대입하면 C는

$$C = \frac{pC_u + (1-p)C_d}{1+r} = \frac{0.399(0.13) + (1-0.399)0.00}{1+0.02} = 0.05085.$$

결과적으로, 콜옵션의 이론가치는 \$0.05085/€이다.

4-3f n기간 이항모형으로의 확장

이항모형은 여러 기간으로 쉽게 확장할 수 있다. 옵션 만기까지 n기간이 남아있고 배당이 없을 때, 유럽식 콜옵션의 가격은 다음의 식과 같다.[4]

$$C = \frac{\sum_{j=0}^{n} \frac{n!}{j!(n-j)!} p^j (1-p)^{n-j} \text{Max}[0, u^j d^{n-j} S - X]}{(1+r)^n}.$$

4 팩토리얼(factorial) 또는 n!의 의미는 n! = n(n – 1)(n – 2)...3(2)(1)

이 식은 보기에 어렵지만, 실제로는 그 정도로 복잡하지는 않다. 단순히 옵션 만기 전까지 n기간 동안 가능한 모든 주가를 포함한다. 예를 들어 3기간 세계를 고려해보자. j는 0부터 3까지 변한다. 먼저, 요약하면 다음과 같다.

For j = 0,

$$\frac{3!}{0!3!}(0.6)^0(0.4)^3 \text{ Max}[0, (1.25)^0(0.80)^3 100-100] = 0.$$

For j= 1,

$$\frac{3!}{1!2!}(0.6)^1(0.4)^2 \text{ Max}[0, (1.25)^1(0.80)^2 100-100] = 0.$$

For j= 2,

$$\frac{3!}{2!1!}(0.6)^2(0.4)^1 \text{ Max}[0, (1.25)^2(0.80)^1 100-100] = 10.80$$

For j= 3,

$$\frac{3!}{3!0!}(0.6)^3(0.4)^0 \text{ Max}[0, (1.25)^3(0.80)^0 100-100] = 20.59.$$

이를 합하고 $(1.07)^3$으로 나누면,

$$\frac{0+0+10.80+20.59}{(1.07)^3} = 25.62$$

만기까지 기간을 고정해두지 않았으므로, 콜옵션의 가치는 2기간 세계에서보다 3기간 세계에서 더 높다. 이는 만기까지의 기간이 더 길 경우의 효과를 반영한다.

이항모형에서는 투자자의 주관적인 확률을 이용하지 않는다는 점에 다시 주목하자. 이항모형에서 이용하는 확률 p는 무위험이자율로 성장하는 기초자산에 근거한다는 것을 기억하자.

팩토리얼 항, n!/j!(n–1)!은 주가가 마지막에 특정 위치에 도달하는 방법의 수를 보여준다. 예를 들어 n=3일 때, 세 번째 기간 말의 주가는 d^3S, ud^2S, u^2dS, 또는 u^3S이다. 주가가 d^3S에 도달할 수 있는 경로는 오직 하나로, 3기간을 연속해서 하락하는 경로이다. 주가가 u^3S에 도달할 수 있는 경로도 오직 하나로, 3기간을 연속해서 상승하는 경로이다. 주가가 ud^2S에 도달하기 위해서는 세 가지 경로가 있다: (1) 상승, 하락, 하락; (2) 하락, 하락, 상승; 또는 (3) 하락, 상승, 하락이다. 주가가 u^2dS에 도달하기 위해서도 세 가지 경로가 있다: (1) 상승, 하락, 상승; (2) 하락, 상승, 상승; (3) 상승, 상승, 하락이다. 팩토리얼 식은 특정 위치에 주가가 도달하는 과정에서 거치는 경로를 보여준다. 식에서 남은 부분은 1기간과 2기간 경우에서 보인 것과 마찬가지로 적용된다.

3기간 경우는 조기행사 문제의 또 다른 면을 관찰할 수 있는 좋은 기회이다. 행사가격이 100인 3기간 미국식 풋옵션을 고려해보자. 그림 4.9는 이 경우의 이항나무를 제시한다. 그림에서 주가 아래 괄호 안에 숫자들이 있다. 첫 번째 숫자는 행사가격이 100이고 만기가 시점3

인 유럽식 풋옵션의 가치로, 시점0에서 7.26이다(계산하여 확인해보자). 괄호 안의 두 번째 숫자는 미국식 풋옵션의 가치이다. 시점2에서 주가는 64인 경우에, 29.46에 선이 그어지고 36으로 대체된 것을 볼 수 있다. 29.46은 그 시점에서 미국식 풋옵션을 행사하지 않았을 경우의 가치이다. 그러나 미국식 풋옵션은 내가격 상태로 가치는 \$36이므로 행사되어야 한다. 따라서 29.46은 36으로 대체된다. 이제 시점1에서 주가가 80인 경우 어떻게 되는지 알아보자. 유럽식 풋옵션의 가치는 다음 기에 가능한 두 가치 7.48과 29.46를 이용하면 15.21이 된다. 그러나 미국식 풋옵션의 가치는 행사되지 않을 경우,

$$P_d = \frac{(0.6)7.48+(0.4)36}{1.07} = 17.65.$$

그러나 미국식 풋옵션은 내가격 상태이고 가치는 \$20이므로, 옵션을 행사하여 17.65를 20으로 대체한다. 중요한 점은 이항과정의 여러 지점에서 조기행사 가능성이 있다는 것이다. 주가가 64라면 시점2에서 행사되는 것이 최적이지만, 실제로는 64에 이르기 전인 시점1 주가가 80인 경우의 조기행사에 먼저 도달하게 된다. 시점1의 주가가 80인 경우 조기행사를 해야 할지 결정하는 유일한 방법은, 그 시점에서 행사하지 않는다면 어떻게 될지 살펴보는 것이다. 그러므로 시점1 주가 80에서 행사하지 않고, 시점2 주가 64일 때 행사할 가능성에 대해 평가해야 한다. 모든 경우에서, 주어진 시점에서 행사하지 않을 경우의 미국식 옵션의 가치를 내재가치와 비교하여 더 큰 값을 그 시점의 옵션가치로 이용해야 한다.

■■ 그림 4.9 주가의 3기간 이항과정

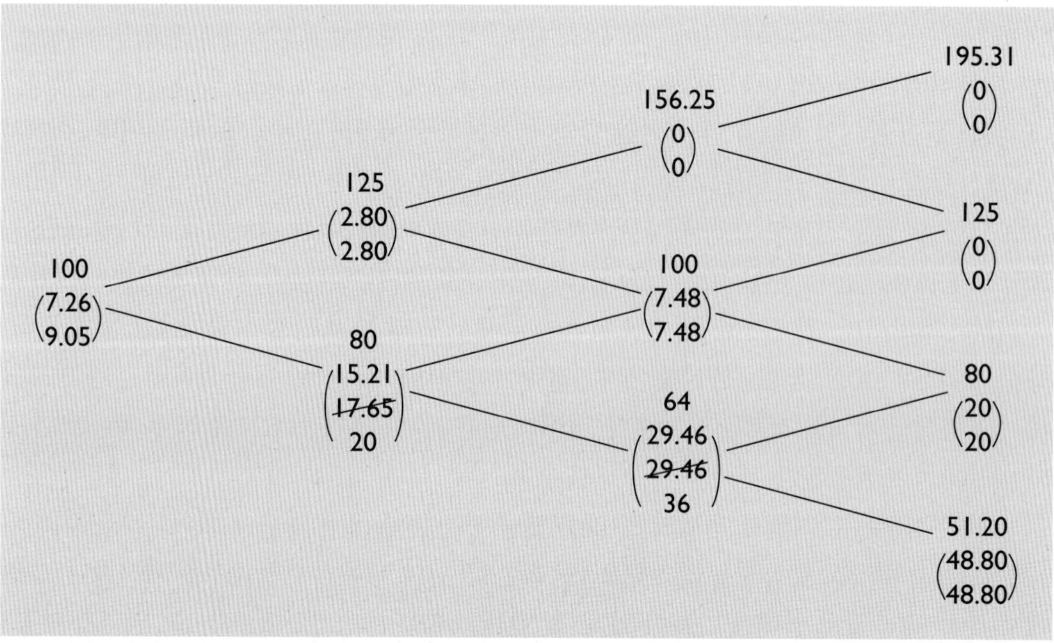

4-3g 큰 n과 고정된 옵션수명에 대한 이항모형

지금까지 예시에서 기간을 추가할 경우, 단순히 옵션의 수명을 연장하였다. 자연스럽게, 옵션가치는 더 커질 것이다. 그러나 옵션의 수명을 동일하게 유지하면서, 기간을 더 많이 나누고 기간의 길이는 더 짧게 하자. 그 과정에서 약간의 조정이 필요하지만, 우리가 사는 세계의 현실을 더욱 반영하는 옵션가치를 얻게 된다.

예를 들어, 행사가격이 125인 6월만기 DCRB 콜옵션을 다시 이용하자. 주식가격은 125.94이고 옵션은 35일 남았으며, 무위험이자율은 4.56%이었다. 주가 상승과 하락 비율에 대해 알려줄 유일한 정보는, 3장에서 간단히 논의한 변수인 주식의 변동성이다. 변동성은 흔히 표준편차(standard deviation)라는 통계적 개념으로 측정되며, 더 명확하게는 주식수익률의 표준편차이다. 이 변수는 제5장에서 더 중요하게 되지만, 지금은 단지 계산하고 그 값을 이용할 것이다. DCRB 주식의 경우 변동성은 0.83 또는 83%인데, 제5장에서 이를 어떻게 계산하였는지 살펴볼 것이다.

정확한 변동성을 갖는 이항체계에서 DCRB 옵션의 가격을 결정하기 위해서는, 무위험이자율을 어떻게 설정하고 주가 상승과 하락에 대한 파라미터로 무엇을 이용할지 아는 것이 필요하다. 무위험이자율은 간단하다. 연간복리를 가정하였고, T년 뒤 $1의 현재가치는 $(1+r)^{-T}$이었던 것을 기억해보자. T년을 동일한 기간의 n개로 나눈다면 한 기간 뒤 $1의 현재가치는, 일관성을 위해서는, $(1+r)^{-T/n}$ 이어야 한다. T년 현재가치를 계산하기 위해서, n개 동일기간 현재가치들을, 또는 $(1+r)^{-T/n}$을 n번 곱한다. 그 결과 $[(1+r)^{-T/n}]^n=(1+r)^{-T}$이 된다. 따라서 이항모형에서 기간 무위험이자율을 계산하기 위해 다음의 식을 이용한다.

$$\text{이항모형에서 무위험이자율} =(1+r)^{-T/n}-1$$

만약 주식이 일정한 수익률로 배당을 지급한다면, 동일한 방식으로 조정된다. 상승과 하락 파라미터를 설정하는 방법은 몇 가지가 존재한다. 처음에는 다음을 이용하자.

$$\text{이항 상승 파라미터: } u = e^{\sigma\sqrt{T/n}}$$
$$\text{이항 하락 파라미터: } d = 1/u$$

여기서, σ는 변동성이다. 물론, 이 조정값으로 인해 p값은 바꾼다.

6월 만기 125 DCRB 콜옵션에 대해 1기간 이항모형을 적용해보자. 파라미터들은 다음과 같다.

시점1에서 주식가격은

$$r=(1.0456)^{0.0959/1}-1=0.004285$$
$$u=e^{0.83\sqrt{0.0959/1}}=1.293087$$
$$d=1/1.293087=0.773343.$$

시점1에서 주식가격은

$$uS=125.94(1.293087)=162.8514$$
$$dS=125.94(0.773343)=97.3948.$$

따라서 옵션가치는

$$C_u=Max(0,\ 162.8514-125)=37.85$$
$$C_d=Max(0,\ 97.3948-125)=0.$$

p의 값은 (1.004285–0.773343)/(1.293087–0.773343)=0.444, 그리고 1–p=0.556이다. 따라서, 현재 시점 콜옵션의 가치는

$$C=\frac{(0.444)37.85+(0.556)0}{1.004285}=16.74.$$

기간의 수가 증가함에 따라 이항모형에서 옵션의 가치는 특정 값으로 수렴한다.

옵션의 실제가격은 13.50인데, 물론 현실을 정확하게 반영하기 위해서는 1기간 이항모형이 부족할 수 있다. 그런데 표 4.2에서 기간의 수를 늘려감에 따라 r, u, d, p를 수정하고 그 결과 어떻게 되는지 살펴보자. C의 가치는 13.56으로 수렴하고 있다.

표 4.2 n이 증가함에 따른 6월 만기 125 DCRB 콜옵션의 이항옵션가치

n	u	d	r	P	C
1	1.2931	0.7733	0.004285	0.4443	16.75
2	1.1993	0.8338	0.002140	0.4605	12.32
5	1.1218	0.8914	0.000856	0.4750	14.19
10	1.0847	0.9219	0.000428	0.4823	13.35
25	1.0528	0.9498	0.000171	0.4888	13.67
50	1.0370	0.9643	0.000086	0.4921	13.54
100	1.0260	0.9747	0.000043	0.4944	13.55
200	1.0183	0.9820	0.000021	0.4960	13.56

주: S = 125.94, X = 125, r = 4.56%, T = 0.0959, σ = 0.83.

옵션가격을 결정하기 위해 이항모형을 이용하는 것은, 경마와 같은 빠른 움직임을 사진 찍기 위해 스틸카메라을 이용하는 것과 매우 비슷하다. 만약 어느 특정 시점에서 경주 사진을 찍는다면, 경주 동안에 있었던 일에 대해 매우 잘 이해하지는 못할 것이다. 몇 장의 사진을 찍는다면, 경주가 어떻게 진행되었는지에 대한 좀 더 명확한 견해를 얻을 수 있다. 만약 매우 짧은 시간 간격으로 많은 사진을 찍는다면(즉, 영화를 만드는 것과 같이), 처음부터 끝까지 발생한 일에 대한 거의 완벽한 복사품을 얻을 수 있다. 이항모형에서 n을 크게 하는 과정은 영화를 만드는 것과 같다. 만약 충분히 많은 사진을 찍는다면(즉, n을 충분히 크게 한다면), 옵션 수명 동안 주식에 어떤 일이 있었는지 매우 정확하게 묘사할 수 있다. 결과적으로, 추정된 옵션가

치는 옵션의 진정한 가치를 꽤 정확하게 반영했다고 확신할 수 있다.

n이 무한한 값으로 접근할 때 옵션의 가치는 특정 명칭으로 부른다. 이는 블랙-숄즈-머튼(Black-Scholes-Merton) 가치로, 제5장에서 다룰 것이다.

4-3h 이항모형에 대한 다른 설명

앞 장에서 기간의 수를 늘리고 주가 상승/하락 비율과 무위험이자율이 주식의 변동성을 반영할 수 있도록 조정하고, 이자는 기간마다 발생한다고 하면, 이항모형이 현실적인 시나리오에 근접해갈 수 있음을 보았다. 그러나 앞 장에서 사용한 식은 이용가능한 유일한 식이 아니다. 비록 무위험이자율은 동일하지만, 상승/하락 파라미터는 다음과 같이 조정할 수 있다.

$$u = e^{[\ln(1+r)-\sigma^2/2](T/n)+\sigma\sqrt{T/n}}$$
$$d = e^{[\ln(1+r)-\sigma^2/2](T/n)-\sigma\sqrt{T/n}},$$

여기서 ln(1+r)은 연속복리이자율로 제5장에서 더 자세하게 다룰 것이다.

앞서 p=(1+r-d)/(u-d)를 이용해 왔었다. 그러나 이제 p에 대한 식은

$$p = \frac{e^{\sigma^2(T/n)/2} - e^{-\sigma\sqrt{T/n}}}{e^{\sigma\sqrt{T/n}} - e^{-\sigma\sqrt{T/n}}}.$$

그런데 이 p에 대한 식은 0.5에 매우 가까우며 기간의 수인 n이 증가함에 따라 0.5에 접근한다. 그러므로 사실상 p는 0.5로 하고 u와 d는 위 식을 이용할 수 있다.[5]

두 방법을 비교해보자. 행사가격이 125인 6월만기 DCRB 콜옵션을 다시 생각해보자. 먼저 2기간 이항모형을 이용하여 옵션의 가격을 결정하자. 무위험이자율은

$$r = (1\ 0456)^{0.0959/2} - 1 = 0.0021.$$

이 문제에서는 배당이 없지만, 만약 배당이 있다면, 같은 방법으로 조정한다.

먼저, 일찍이 이용한 u와 d에 대한 식으로 모형을 전개한다.

$$u = e^{0.83\sqrt{0.0959/2}} = 1.1993$$
$$d = 1/1.1993 = 0.8338.$$

p의 가치는 (1.0021-0.8338)/(1.1993-0.8338)=0.4605이다. 그림 4.10의 (a)는 2기간 이항나무에서의 옵션가격을 보여준다. 옵션가치는 주식가격 아래의 괄호 안에 제시되어 있다. 현재 옵션가격은 12.3235이다.

이제 이 장의 앞부분에서 제시한 u와 d에 대한 식을 이용하여 모형을 전개한다.

$$u = e^{[\ln(1.0456) - 0.83^2/2](0.0959/2) + 0.83\sqrt{0.0959/2}} = 1.1822$$
$$d = e^{[\ln(1.0456) - 0.83^2/2](0.0959/2) - 0.83\sqrt{0.0959/2}} = 0.8219.$$

5 표 4.2로 가서, 앞서 설명한 모형을 이용하여 p값을 살펴보자. 그 값도 0.5로 수렴한다.

p의 가치는

$$p = \frac{e^{0.83^2(0.0959/2)/2} - e^{-0.83\sqrt{0.0959/2}}}{e^{0.83\sqrt{0.0959/2}} - e^{-0.83\sqrt{0.0959/2}}} = 0.500251.$$

간단히 0.5를 이용하자. 그림 4.10의 (b)는 2기간 이항나무에서 이 옵션의 가격을 보여준다. 현재 가격은 $12.6984이다. 이 방법과 앞과의 차이는, 앞의 식은 이항모형이 주식의 움직임을 오직 제약 안에서(n이 매우 클 경우) 복제하도록 한다는 것이다. 이 식은 n의 크기와 상관없이 이항모형이 주식의 움직임을 복제하도록 한다. 주식의 움직임을 복제한다는 것은 주식의 확률분포가 제5장에서 다룰, 특정한 유형이 된다는 것을 의미한다.

명백하게두 방법을 이용하는 옵션가격에 상당한 차이가 있다. 그럼 어떤 것이 최선인가? 이항모형은 두 기본적인 목적이 있다. (1) 최소한의 수학으로 옵션가격결정의 근본적인 원리를 가르치고, (2) 기간의 수를 충분히 크게 하여 현실 상황에서 옵션가격결정하는데 이용할 수 있도록 하는 것이다. 기간의 수를 크게 하면, 두 방법은 거의 같은 가격을 제공한다. 예를

그림 4.10 2기간 세계에서 6월 만기 125 DCRB 콜옵션의 가격결정

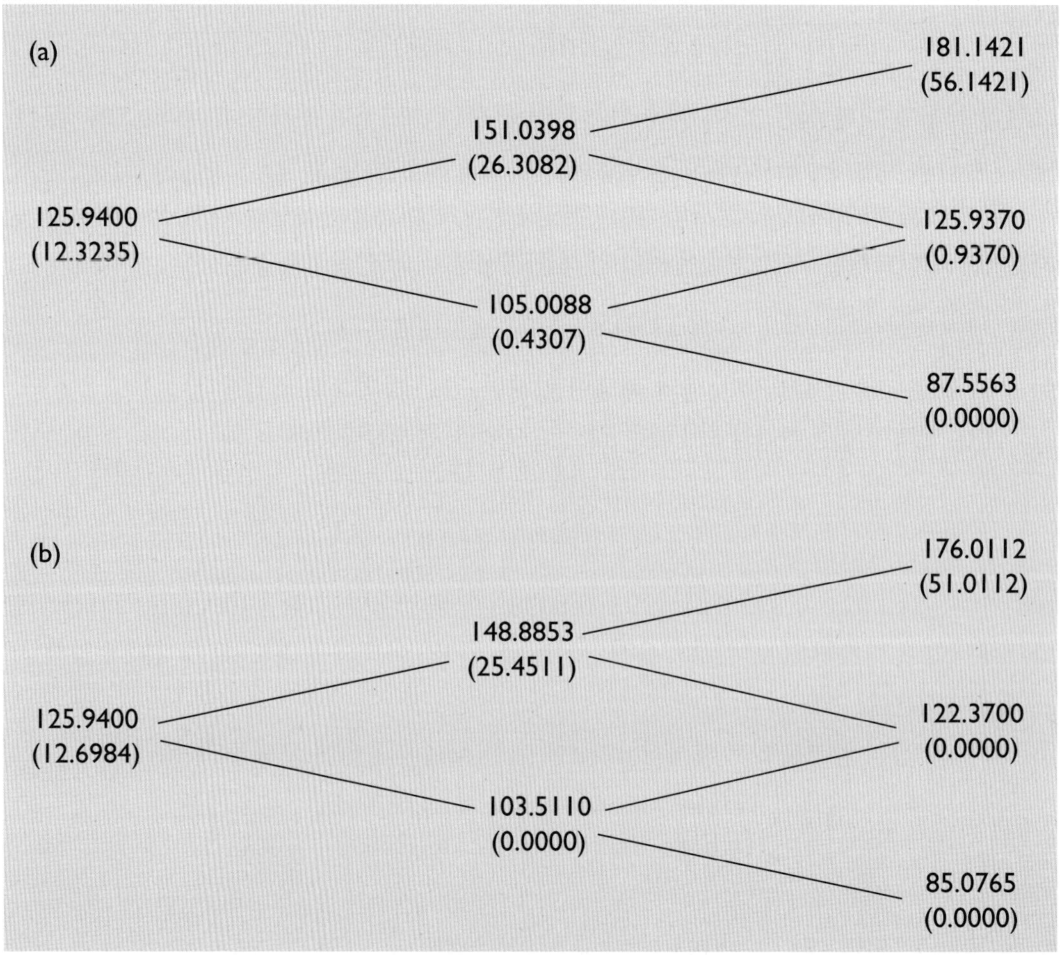

연결하기_MAKING THE CONNECTION

현실에서 이항옵션가격결정 체계의 이용

이항모형을 어떻게 이용할지 아는 것이 유용하다는 것을 아는 가운데, 실제 재무관리에는 많은 사례가 있다. 예를 들어, 기업 경영에서 접하는 많은 프로젝트들은 내포된 옵션(embedded option)이 있으며, 이는 프로젝트를 확장할 옵션, 종료할 옵션, 프로젝트의 시작을 연기할 옵션, 그리고 다양한 자금조달옵션 등이다. 이러한 종류의 선택을 실물옵션(real option)이라 한다. 실물옵션을 적절하게 분석하기 위해서는 유연할 수 있는 능력이 요구된다. 즉, 선택을 해야 하고 그 선택은 많은 가치를 가질 가능성이 있다. 이항체계는, 실물옵션을 포함하는 프로젝트를 운영하는 것과 관련된 특유의 특색을 포착하는데 매우 유연하다.

경영진에 대한 많은 인센티브(incentive) 계획은, 기업의 관점과 경영진의 관점 모두를 고려한 매우 복잡한 옵션을 포함한다. 예를 들어, 경영진 스톡옵션(stock option) 계획은, 고위 경영진이 주주가치를 높일 더 나은 프로젝트를 찾도록 인센티브를 제공한다. 그러나 경영진은 회사를 떠날 선택권(option)이 있고, 이 경우 경영진이 그 선택권을 행사하거나 포기하기까지 일반적으로 약 90일이 남아있다. 또한 경영진은 계약이 종료되거나 사망할 수도 있다. 많은 경영진 스톡옵션은 기간이 매우 길고, 종종 만기가 10년이다. 이 옵션의 행사를 제약하는 권리행사가능요건이 있으며, 보통 몇 년 이후이다. 많은 기업은 옵션을 직급이 낮은 고용인에게 지급한다.

그러므로 경영진과 고용인 스톡옵션은, 유연한 옵션가치평가 체계를 필요로 하는 매우 복잡한 파생상품이다. 경영진과 회사 모두, 경영진 스톡옵션의 가치를 평가하는데 이항옵션가격결정체계를 종종 이용한다.

채무증권은 종종 내포된 옵션을 포함하여 현재 시장가치를 평가하기 더 어렵게 한다. 내포된 옵션의 예로 부채를 수의상환할 옵션(수의상환채권, callable bond)과 부채를 주식으로 전환할 옵션(전환사채, convertible bond)이 있다. 수의상환 부분은 본질적으로, 채권을 더 유지하여 약정된 이자를 지급하는 것이 가치가 높은지, 또는 약정된 수의상환가격(call price)에 매입하여 이를 지급하는 것이 가치가 더 높은지 판단해준다. 전환 부분은 채권의 가치 내에 있으며, 유지한다면, 주식으로 전환할 경우의 가치와 다르지 않다. 이러한 판단은 옵션 조기행사에 대한 것과 비슷하다. 이항체계는 조기행사를 처리할 수 있던 것처럼, 수의상환 또는 전환 부분의 가치를 결정하고 이 옵션을 행사할지 평가하기 위한 실질적인 방법을 제공한다.

따라서 이항체계는, 복잡한 금융 상품의 공정한 시장가치를 추정해야 하는 파생상품 전문가들에게 굉장히 유용한 도구가 된다.

들어, n = 200일 때, 첫 번째 방법으로 옵션가격은 $13.56이지만 두 번째 방법으로는 $13.55이다. 표 3.1에서 옵션의 실제가격은 $13.50이었다. 정확한 입력값을 이용한다면 이항모형은, 어떤 형태를 이용하던지, 옵션가격을 꽤 잘 결정할 것이다. 옵션의 어떤 종류, 특히 일반적인 유럽식 콜옵션과 풋옵션에 대해서는, 훨씬 더 나은 방법이 있는데, 블랙-숄즈-머튼 모형으로 제5장의 주제이다.

확실히 기간이 많은 경우에는 이항옵션가격결정 과정의 계산을 하기 위해 컴퓨터가 필요하다. 웹 기반의 어플리케이션(Web-based application), 독립적인 프로그램, 스마트폰 앱(smartphone app), 스프레드시트 등, 컴퓨터 프로그램을 이용하여 이러한 계산을 하는 방법은 매우 다양하다. 본 교재는 엑셀 스프레드시트을 제공한다. 소프트웨어 Demonstration 4.1은 스프레드시트 파일, BlackScholesMertonBinomial10e.xlsm을 소개하는데, 이는 이항옵션가격과 블랙-숄즈-머튼 옵션가격을 계산한다.

4-3i 이항모형의 장점

처음 옵션가치평가 모형을 분석할 때, 이항모형은 중요한 개념들을 보여주는데 매우 유용하다. 아마도 모형의 가장 가치 있는 특징은, 동태적 무위험헷지를 구성하는 것이 어떻게 옵션가격식으로 이어지는지 보여준다는 것이다. 시장에서 옵션가격이 식에 부합되지 않는다면, 누군가 동태적 헷지를 구성하여 무위험이자율 이상을 벌 수 있는 것을 보았다. 식을 통해서 주식가격 움직임에 대한 확률은 옵션가격결정에서 어떠한 역할도 하지 않는 것을 보았다. 주식이 어떻게 움직일지에 대한 확률은 특정 옵션전략에서 중요한 역할을 하는 반면에, 식 어디에서도 보이지는 않고, 따라서 옵션가격에 영향을 미치지 않는다. 주가 움직임의 확률은 무관하므로, 이항모형은 옵션가치평가가 "위험중립(risk-neutrality)"과 일치한다는 것을 보인다. 즉, 주가급등의 확률과 규모는, 기초자산의 기대성장이 무위험이자율과 동일하게 되도록(현실에서는 주가가 무위험이자율로 성장하지 않는다 할지라도) 선택된다. 요약하면 이항모형은, 옵션이 기대미래지급의 현재가치로 평가될 수 있다는 것을 보여준다. 이 때, 기초자산은 무위험이자율로 성장하는 것으로 처리된다. 이러한 방식으로 모형이 작동할 수 있게 하는 동태적 무위험헷지를 구성하게 해준다.

추가적으로, 이항모형의 현실적인 장점이 몇 가지 있다. 특히 미국식 옵션을 다루는데 유용한데, 투자자들은 미국식 옵션을 조기행사할지 결정하기 때문이다. 이항나무의 각 위치에서 조기행사가 유리한지 쉽게 알아볼 수 있다. 또한, 배당도 이항모형으로 쉽게 포함될 수 있다. 이후에 보겠지만, 이항모형은 여기서 제시된 것보다 훨씬 복잡한 옵션의 가치를 평가하는데 매우 유용할 수 있다. 이항모형은 옵션과 관련된 문제를 접했을 때 당신의 도구상자에 가지고 있어야할 매우 유용한 도구이다.

소프트웨어 DEMONSTRATION 4.1

엑셀 스프레드시트 BlackScholesMerton Binomial10e.xlsm으로 이항가격 계산하기

엑셀 스프레드시트 BlackScholesMerton Binomial10e.xlsm은 엑셀 매크로사용통합문서로 저장되어있다. 이항모형과 블랙-숄즈-머튼 옵션가격결정모형 모두를 계산한다. 이항모형은 유럽식과 미국식 콜옵션, 풋옵션가격뿐 아니라, 옵션 "그릭스(Greeks)"으로 알려진 델타(delta), 감마(gamma), 세타(theta)도 제공한다. 이 개념들은 블랙-숄즈-머튼 모형과 함께 제5장에서 다룬다. 이 스프레드시트는 읽기전용이다. 즉, BlackScholesMertonBinomial10e.xlsm의 이름으로 저장할 수 없고 원래의 파일은 보호된다. 그러나 스프레드시트를 읽기전용 기능 없이 로드할 수 있다.

스프레드시트 BlackScholesMerton Binomial10e.xlsm는 제품지원 웹사이트에서 다운로드하여 이용할 수 있다. 이용하기 위해서는 다음을 실행해야 한다.

1. www.cengagebrain.com으로 가서 ISBN 9781305104969를 검색하시오.
2. "Free Materials" 탭을 클릭하고 "Access Now" 을 클릭하시오.
3. BlackScholesMertonBinomial10e. xlsm을 위한 링크를 클릭하시오.
4. 웹페이지의 설명에 따라 다운로드하고 스프레드시트를 설치하시오.

이제 옵션가격을 계산하자. 이 장에서 이용한 옵션, DCRB의 6월 만기 125 콜옵션의 이항가격을 찾고 싶다고 가정하자. DCRB 주가가 125.94이고 행사가격은 125, 무위험이자율은 4.56%, 표준편차는 0.83, 그리고 만기까지 기간은 0.0959(만기까지 35일이므로)이다. 주식에 배당은 없다.

다음의 엑셀 화면에는 "Inputs(입력)"이라고 되어있는 부분이 있다. 입력값을 넣는 각 셀은 이중 테두리로 둘러져있으며 값은 파란색이다. 결과셀은 단일 테두리로 되어 있다. 적절한 셀에 값을 넣자. 정확성을 위해, 만기까지 기간은 식, = 35/365로 입력하자. 배당수익률과 이산배당(discrete dividend)은 비워두던지 0을 입력하자. 무위험이자율에 대해서는 리스트에서 "discrete"를 선택하라. 무위험이자율은 0.0456 또는 4.56과 같이 소수를 포함하거나 포함하지 않을 수 있다. 변동성과 배당수익률은 같은 방식으로 입력할 수 있다.

화면의 오른쪽에 "Binomial Model"이라 되어있는 부분이 있다. time step의 수는 최대 5,000까지 넣을 수 있다. 이항 계산은 시간소모가 클 수 있으므로 스프레드시트는 이항값을 자동으로 다시 계산하지는 않는다. "Run Binomial Model"을 클릭해야 한다. 프로그램이 실행되는 동안, 화면 아래에 엑셀의 상태바는 "time step #XXX에서 이항나무를 반복하고 있음"를 보여주면서 초읽기를 하는데 "XXX"는 프로그램이 실행되는 time step의 수이다.

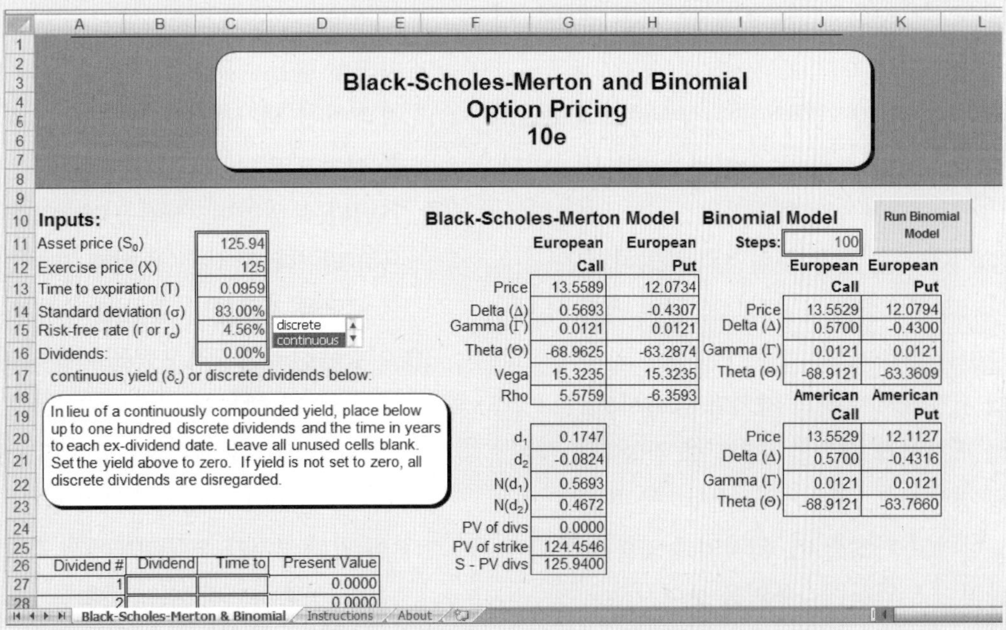

연습문제

1. 모형에서 옵션가격을 계산하기 위해 왜 주식가격 움직임에 대한 확률을 이용하지 않는가? 어떤 변수들을 이용하는가?
2. 현재 가격이 $80인 주식을 고려해보자. 다음 기에 주가는 30% 상승하거나 15% 하락할 수 있다. 콜옵션의 행사가격은 $80, 무위험이자율은 6%로 가정한다. 콜옵션은 현재 $12에 거래되고 있다고 하자. 옵션가격이 잘못결정되었다고 한다면, 무위험헷지를 이용하여 벌 수 있는 무위험수익률은 얼마인가?
3. 재결합나무와 비재결합나무의 차이를 설명하시오. 왜 재결합나무가 더 바람직한가?
4. 기초주식의 변동성은 이항모형에서 어떻게 반영되는가?
5. 상승과 하락 파라미터는 기간의 수가 늘어날 때 왜 조정되는가? 이항모형의 소개에서 1기간과 2기간 예시를 이용했을때 파라미터를 조정하지 않았던 것을 기억해보라. 두 예시의 차이점은 무엇인가? 왜 어떤 경우에서는 조정하고 다른 경우에서는 조징하지 않는가?
6. 배당을 이항모형에 포함시키는 세 가지 주요한 방법을 설명하시오.
7. 가격이 $25이고, 각 기간에 15% 상승하거나 하락하는 주식을 고려해보자. 무위험이자율은 10%이다. 1기간 이항모형을 이용하여라.
   a. 다음 기에 가능한 두 주식가격을 밝히시오.
   b. 행사가격이 $25인 유럽식 콜옵션의 만기 시 내재가치를 밝히시오.
   c. 현재 시점에서 옵션의 가치를 밝히시오.
   d. 주식 포지션과 콜옵션 포지션을 결합하여 헷지를 구성하시오. 콜옵션을 c에서 계산한 값으로 매도한다고 가정할 때, 헷지의 수익률은 성과에 상관없이 무위험이자율임을 보이시오.
   e. 헷지를 시작할 때 콜옵션은 $3.50으로 매도되고 있다고 가정하여, 무위험헷지의 수익률을 결정하시오.
8. 2기간 2상태 세계를 고려하자. 현재 주가는 45이고 무위험이자율은 5%이다. 각 기간에 주가는 10% 상승하거나 하락할 수 있다. 콜옵션은 두 번째 기간 말에 만기가 되고 행사가격은 40이다.
   a. 주가를 차례로 나열하시오.
   b. 만기에 나타날수 있는 콜옵션의 가격을 밝히시오.
   c. 첫 번째 기간 말에 나타날 수 있는 콜옵션의 가격을 밝히시오.
   d. 콜옵션의 현재 가격은 얼마인가?
   e. 처음 헷지비율은 얼마인가?
   f. 첫 번째 기간 말에 가능한 두 헷지비율은 무엇인가?
   g. 헷지가작동됨을 보이는 예시를 구성하시오. 헷지포트폴리오가 각 기간에 어떻게 무위험 이자율을 버는지를 보여주는 예시이어야 한다.
   h. 콜옵션이 과대평가되었다면 투자자는 무엇을 할 수 있는가? 과소평가되었다면?
9. 미국식 콜옵션을 포함하는 다음의 이항옵션가격결정 문제를 생각해보자. 이 콜옵션은 만기까지 2기간을 가지고 있다. 옵션의 주식가격은 30, 행사가격은 25이다. 무위험이자율은 0.05, u의 값은 1.15, d의 값은 0.90이다. 주식은 첫 번째 기간 말에 0.06의 비율로 배당을 지급한다. 콜옵션의 가치를 밝히시오.
10. 이항옵션가격결정모형을 이용하여 미국식 풋옵션의 가치를 밝히시오. S = 62, X = 70, r = 0.08, u = 1.10, d = 0.95이다. 배당은 없고, n = 2이다.
11. 주가가 60이고 행사가격이 50인 유럽식 콜옵션이 있다. 2기간 이항체계에서 각 기간마다 주가는 15% 상승하거나 20% 하락할 수 있다. 무위험이자율은 10%이다. 이때, 현재 시점의 옵션가격을

결정하시오. 그리고 주식 매입과 콜옵션 매도로 이루어진 무위험헷지를 구성하시오. 또한, 이항나무의 각 지점에서 헷지포트폴리오의 구성과 가치를 제시하고 수익률이 무위험이자율과 동일함을 보이시오. 단, 헷지포트폴리오를 수정할 때는 옵션이 아닌 주식만 거래(매입 또는 매도)하시오. 또한, 무위험이자율로 어떤 추가적인 자금을 차입할 수 있고 초과하는 자금은 무위험이자율로 투자할 수 있다고 가정한다.

12. 주식의 변동성이 55%인 1년 만기 옵션에 대한 상승/하락 비율에 대한 표를 작성하시오. 무위험이자율은 7%이고 이항기간의 수, n은 1, 5, 10, 50, 100이다. u와 d는 다음과 같이 정의된다.

$$u = e^{\sigma\sqrt{T/n}}$$
$$d = 1/u$$

13. 엑셀 스프레드시트 BlackScholesMertonBinomial10e.xlsm을 이용하여 현재 가격이 165.13인 주식에 대한 콜옵션의 가치를 결정하시오. 이때, 무위험이자율은 5.875%(연간복리), 행사가격은 165, 변동성은 21%, 만기까지 기간은 102일이고, 주식에 대한 배당은 없다. 이항기간의 수는 1, 5, 10, 25, 50이다.

14. 2기간 이항모형을 이용하여 6월 만기의 행사가격이 130인 DCRB 미국식 풋옵션의 가격을 결정하시오. 본문(제3장에서 처음 주어짐)에서 주어진 정보와 변동성 83%을 이용하여 적절한 파라미터를 이용하시오.

15. 이항옵션가격결정모형은, 중요한 개념과 실질적인 적용을 보여주는 것과 관련하여 몇 가지 장점을 가진다. 중요한 개념과 관련된 세 가지 장점과 실질적인 적용과 관련된 세 가지 장점을 알아보고 논의하시오.

16. 엑셀 스프레드시트 BlackScholesMertonBinomial10e.xlsm을 이용하여 현재 가격이 100인 주식의 콜옵션과 풋옵션의 가치를 결정하시오. 이때, 무위험이자율은 5%(연간복리)이고 행사가격은 100, 변동성은 30%, 옵션만기는 1년이며, 주식에 배당은 없다. 이항기간 수는 25로 가정하시오, 그리고 풋-콜 패리티가 유지됨을 증명하시오.

17. 세 개의 콜옵션을 생각해보자. 행사가격이 각각 \$90, \$100, \$110인 것을 제외하면 다른 모든 것은 동일하다. 주가는 \$100이고, 연간복리 무위험이자율은 5%, 만기까지 기간은 1년이다. u = 4/3, d = 3/4인 1기간 이항모형을 이용하여 p와 h를 계산하고 설명하시오.

18. 세 개의 콜옵션을 생각해보자. 만기까지 기간이 각각 0.5, 1, 1.5인 것을 제외하면 다른 모든 것은 동일하다. 주가는 \$100이고, 연간복리 무위험이자율은 5%, 행사가격은 \$100이다. u = 4/3, d = 3/4인 1기간 이항모형을 이용하여 p와 h를 계산하고 설명하시오.

19. 왜 이항모형에서 기간의 수가 증가함에 따라 옵션가치는 특정한 값으로 수렴하는가? 옵션은 어떤 값으로 수렴하는가? n이 무한대로 다가갈수록, 이항모형이 수렴하는 유명한 모형은 무엇인가?

20. 나니아(Narnia) 통화의 현물환이 \$2/N에 거래되고 있고, 1년 뒤에는 25% 상승하여 \$2.5/N되거나 10% 하락하여 \$1.80/N이 될 것이라 하자. 이에 대해 행사가격이 \$2.05/N인 콜옵션이 있다고 가정하자. 그리고 처음에 미국의 이자율은 1%, 나니아의 이자율은 5%라 가정하자. 이자율은 연간복리이고 소수점 다섯 번째 자리에서 반올림한다.
   a. 콜옵션가격을 계산하시오.
   b. 풋옵션가격을 계산하시오.
   c. 나니아의 이자율이 즉시 하락한다면, 콜옵션과 풋옵션가격은 어떻게 되는가?

참고문헌

다음 문헌에서 이항옵션가격결정모형이 개발되었다:

Cox, J. C., S. A. Ross, and M. Rubinstein. "Option Pricing: A Simplified Approach." *Journal of Financial Economics* 7 (1979): 229–263.

Rendleman, R. J., Jr., and B. J. Bartter. "Two-State Option Pricing." *Journal of Finance* 34 (1979):1093–1110.

Further advances are presented in the following articles:

Breen, R. "The Accelerated Binomial Option Pricing Model." *Journal of Financial and Quantitative Analysis* 25 (1991): 153–164.

Brennan, M. J. "The Pricing of Contingent Claims in Discrete Time Models." *Journal of Finance* 34 (1979): 53–68.

Brooks, R., and D. Chance. "Some Subtle Relationships and Results in Option Pricing." *Journal of Applied Finance* 24 (2014): 94–110.

Stapleton, R. C., and M. J. Subrahmanyam. "The Valuation of Options When Asset Returns Are Generated by a Binomial Process." *Journal of Finance* 39 (1984): 1525–1539.

다른 좋은 참고문헌은 다음과 같다:

Chance, D. M. "A Synthesis of Binomial Option Pricing Models for Lognormally Distributed Assets." *Journal of Applied Finance* 18 (2008): 38–56.

Chriss, N. *Black-Scholes and Beyond: Option Pricing Models.* Chicago: Irwin Professional Publishing, 1997.

Derman, E. *Models. Behaving. Badly. Why Confusing Illusion with Reality Can Lead to Disaster, on Wall Street and in Life*. New York: Free Press, 2012.

Hsia, C. C. "On Binomial Option Pricing." *Journal of Financial Research* 6 (1983): 41–46.

Jarrow, R. A., and Chatterjea, A. *An Introduction to Derivative Securities, Financial Markets, and Risk Management*. New York: W. W. Norton, 2013.

Nawalkha, S. K., and D. R. Chambers. "The Binomial Model and Risk Neutrality: Some Important Details." *Financial Review* 30 (1995): 605–618.

Rendleman, R. J., Jr. *Applied Derivatives: Options, Futures, and Swaps.* Malden, MA: Blackwell, 2002.

Shreve, S. E. *Stochastic Calculus for Finance I: The Binomial Asset Pricing Model*. New York: Springer, 2005.

부록 B는 도서, 논문, 기타 자료와 같은 좀 더 광범위한 참고문헌을 포함하고 있으며, 이 책의 동반 사이트에 있다. 접속하려면, www.cengagebrain.com을 방문하여 ISBN 9781305104969를 검색한 후 "Free Materials", "Access Now" 탭을 차례로 클릭하라.

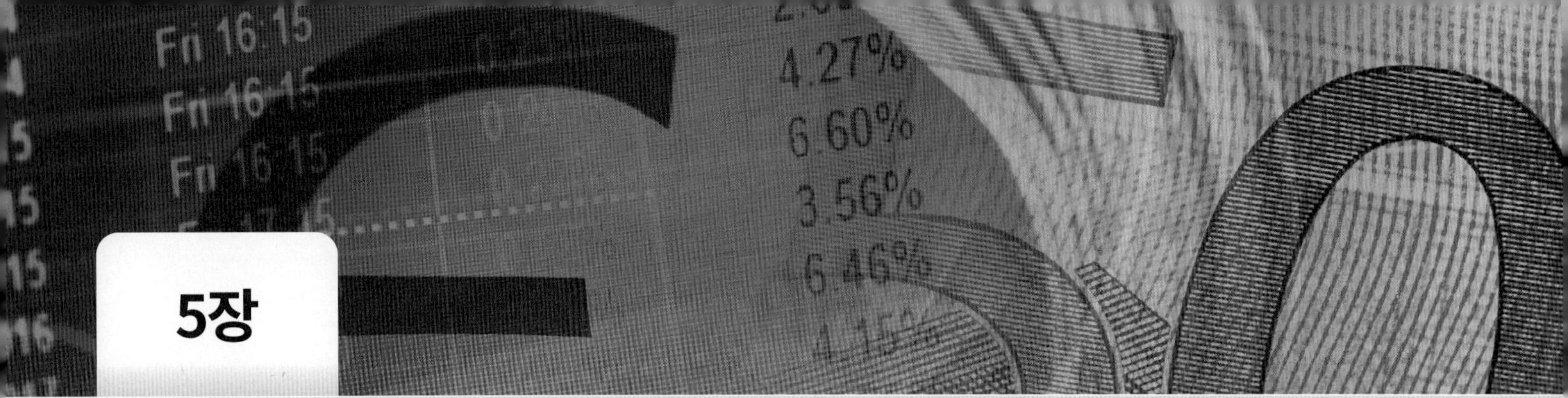

5장

이 장의 목표

- 블랙-숄즈-머튼 모형을 제시하고 옵션가격결정에 어떻게 이용되는지 학습한다.
- 모형의 입력변수와 옵션가격의 관계를 이해한다.
- 배당과 풋옵션에 맞도록 모형을 조정하는 방법을 학습한다.
- 역사적으로 그리고 내재변동성으로 변동성을 어떻게 추정하는지 이해한다.
- 옵션포지션을 델타헷지하는 방법과 감마헷징으로 위험을 줄이는 방법을 알아본다.

옵션가격결정모형 : 블랙-숄즈-머튼 모형

블랙-숄즈와 같은 훌륭한 이론은, 가능성 있는 원인의 그럴듯한 영향를 탐구하는 이론적 실험실을 제공한다. 이러한 이론들은 가치에 대한 당신의 생각을 수량화하고 소통하는 공통의 언어를 제공한다.

Emanuel Derman
The Journal of Derivatives, Winter 2000, p.64

5-1 블랙-숄즈-머튼 식의 기원

블랙-숄즈-머튼 식의 기원은 19세기로 거슬러 간다. 1820년대에 스코틀랜드 과학자, 로버트 브라운(Robert Brown)은 물에서 부유하는 꽃가루의 움직임을 관찰하여, 움직임에 뚜렷한 패턴이 없고 무작위로(randomly) 움직이며 수중의 어떠한 흐름에도 독립적이라는 것을 발견하였다. 이러한 현상은 브라운운동(Brownian motion)으로 알려져 있다. 그 뒤에 브라운운동과 비슷한 운동들이 다른 자연 현상을 연구하는 과학자들에 의해 발견되었다. 1900년에 프랑스 박사과정 학생인, 루이 바슐리에(Louis Bachelier)는 프랑스 시장에서의 옵션가격결정에 대한 학위논문을 작성하고 블랙-숄즈-머튼 모형과 상당히 비슷한 모형을 개발하였다. 바슐리에

의 연구는 금융상품 가격결정의 현실적인 문제에 초점을 두었기 때문에, 불행하게도 그의 학위논문 지도교수는 실망하였다. 바슐리에는 학위를 받았지만, 지도교수의 전혀 의욕적이지 않은 지지는그 의 커리어에 악영향을 주었고, 그에 대한 더이상의 소식은 들리지 않았다.

20세기 초에, 알버트 아인슈타인(Albert Einstein)은 상대성이론의 기초를 연구하면서, 분자운동을 설명하는데 브라운운동의 원리를 이용하였다. 이 연구는 아인슈타인이 노벨상을 수상하고 세계적인 명성을 얻게 해준 몇 개의 논문으로 이어진다. 그때에, 미국의 수학자 노버트 위너(Norbert Wiener)가 개발해온 수학분야는 무작위(random) 입자의 움직임을 설명하는데 유용한 것으로 드러났다. 일본의 수학자 이토 키요시(Itô Kiyoshi)도 수학적으로 또 다른 기여를 하였다. 1951년에 Itô는 이토보조정리(Itô's Lemma)라는 상당히 중요한 결과를 개발하였다. 20년 뒤, 이토보조정리는 옵션가격을 알아내는 것을 가능하게 했다. 그러나 이들은 재무학과 금융이 아닌, 물리학과 수학의 복잡한 문제를 연구해온 것이다.

무작위 움직임을 모형화하는데 이용된 수학은 이제 확률미적분학(stochastic calculus)이라는 하나의 하위분야로 발달하였다. 원래의 미적분학은 알려진 함수의 변화율을 정의하였지만, 확률미적분학은 하나 이상의 항이 무작위지만 잘 알려진 확률 규칙에 따라 움직이는 함수의 변화율을 정의한다.

블랙-숄즈-머튼 모형을 개발하는데 수학과 물리학의 지식이 필요하였다.

1960년대 말에, 피셔 블랙(Fischer Black)은 하버드(Harvard)에서 수학으로 박사학위를 받았다. 수학자로서의 경력을 거절하고, 보스턴(Boston)의 경영컨설팅기업, Arthur Little에 입사하였다. 블랙은 젊은 MIT 재무학 교수, 마이런 숄즈(Myron Scholes)를 만나, 금융시장이 어떻게 작동하는지에 대한 의견을 교환하기 시작했다. 곧, 블랙은 MIT 재무학 교수진에 합류하였고, 여기서 그는 옵션이 아닌 자산이 어떻게 가격결정되는지에 대한 이해에 많은 기여를 하였다. 그 뒤에 블랙과 숄즈는 그 당시 점두시장(over-the-counter market)에서만 거래되는 옵션에 대한 연구를 시작하였다. 그들은 규정하기 어려운 옵션가격결정식을 발견하기 위해, 처음엔 이전 연구자들의 여러 시도들을 검토하였다.

블랙과 숄즈는 가격을 알아내기 위해 두 접근법을 이용하였다. 한 접근법은, 재무학에서 널리 받아들여지는 모형인 자본자산가격결정이론(capital asset pricing theory)에 따라 모든 자산의 가격이 결정된다고 가정하는 것이다. 다른 접근법으로는 확률미적분학을 이용하였다. 그들은 첫 번째 방법을 이용하여 식을 얻었지만, 두 번째 방법으로는 그들이 풀 수 없는 미분방정식(differential equation)이 남게 되었다. 그들은 좀 더 수학적인 두 번째 접근법을 더 중요하게 생각하여, 계속하여 문제 풀기에 공을 들이고 해답을 찾으려 하였다. 결국 블랙은 미분방정식이 물체 이동 같은 열의 운동을 묘사하는 식으로 동일하게 전환될 수 있음을 발견하였다. 알려진 해법이 이미 존재하였고, 블랙과 숄즈는 그저 이를 찾아보고 이 해법을 그들의 문제에 적용하여 정확한 식을 얻게 되었다(그들이 첫 번째 방법으로 얻은 식에 매칭하였다). 그들의 발견을 발표한 논문은 두 학술지에서 거부되었고, 결국 논문을 거부한 이전 결정을 재고하여 *Journal of Political Economy*에 게재되었다.

그와 동시에, MIT의 또 다른 젊은 금융경제학자, 로버트 머튼(Robert Merton)도 옵션가격결정에 대해 연구하고 있었다. 머튼은 제3장에서 다룬 많은 차익거래 법칙을 발견하였다. 그리고 머튼은 거의 동시에 공식을 유도하였다. 그러나 머튼은 겸손하여 학술지 편집자에게 그의 논문이 블랙과 숄즈의 논문보다 먼저 게재되지 않도록 요청하였다. 알려진 바와 같이 두 논문은 게재되었고, 블랙과 숄즈의 논문과 거의 동시에 머튼의 논문은 *Bell Journal of Economics ana Management Science*에 실렸다. 머튼은 처음에 블랙과 숄즈만큼 인정을 받지 못했지만, 모형에 그의 이름이 영원히 남았다. 피셔 블랙은 1983년 학계를 떠나 월스트리트(Wall Street) 기업인 골드만삭스(Goldman Sachs)에 합류하였다. 유감스럽게도, 그는 1995년 57세의 나이로 사망하였다. 숄즈와 머튼은 학계에 남았지만, 현실에서 파생상품을 적용하는 것에 광범위하게 관여하였다. 1997년, 노벨위원회(Nobel Committee)는 마이런 숄즈과 로버트 머튼에게 노벨경제학상을 수여하고 블랙의 기여를 인정하였다. 이 중요한 사건에 대해서는 www.nobelprize.org/nobel_prizes/economics/laureates/1997에서 더 볼 수 있다.

모형은 금융상품 가격결정의 역사에서 가장 유의미한 발전 중에 하나이다. 모형을 검증하고 개선하려는 연구와 시도가 상당히 이루어져 왔다. 파생상품이라는 새로운 산업은 블랙-숄즈-머튼 모형을 기반으로 발달해왔다. 모형이 제시하는 모든 것에 동의하지 않는다 하더라도, 이에 대해 아는 것은 옵션시장에서 생존하는데 중요하다.

5-2 이항모형의 극한으로서 블랙-숄즈-머튼 모형

제4장에서, 이항모형은 두 가지 주요한 이점이 있었다. 모형은 고급수학에 기대지 않고 옵션가격을 결정하는 원리를 구성하는 기본요소를 알 수 있게 하였다. 위험을 제거하는 방식으로 옵션과 기초자산을 결합하여 옵션가격결정하는 것을 보았다. 그리고 시간이 지남에 따라 주식과 옵션의 조합을 조정해야 한다. 무위험포트폴리의 수익률은 무위험이자율이므로, 포트폴리오의 가치는 만기 시 옵션가치를 무위험이자율로 할인함으로서 쉽게 얻어진다. 그리고 무위험이자율을 얻는 주식-옵션 결합포트폴리오가 되도록 하는 옵션의 가치는 유일하다는 것을 보았다. 만약 옵션이 다른 가격으로 거래된다면 일물일가의 법칙은 위배되고, 고평가된 옵션을 매도하고 주식을 매입하거나, 저평가된 옵션을 매입하고 주식을 공매도하여 차익거래 수익이 가능하다. 옵션과 주식의 비율이 적절하게 유지된다면, 차익거래자는 위험 없이 무위험이자율 이상을 받거나, 위험 없이 차입하여 무위험이자율보다 낮게 지급한다. 이항모형의 또 다른 이점은 미국식 옵션의 가격결정에 있다. 모형은 조기행사의 가치를 쉽게 파악할 수 있다.

기간의 수가 증가함에 따라 이항모형은 블랙-숄즈-머튼 모형으로 수렴한다.

앞 장에서, 이항분포를 이용하고 기간을 증가하면서 6월 만기 DCRB 125 콜옵션의 가격을 결정하였다. 기간의 수가 100 또는 200에서 옵션의 가격은 $13.56인 것을 확인하였다. 그림 5.1은 기간의 수가 n = 5에서 n = 200으로 5씩 증가함에 따라, 이 문제에서 이항옵션가격이

■■ 그림 5.1 n에 따른 이항옵션가격; 6월 만기 DCRB 125 콜옵션;
$S_0 = 125.94$, $r = 0.0456$, $T = 0.0959$, $\sigma = 0.83$

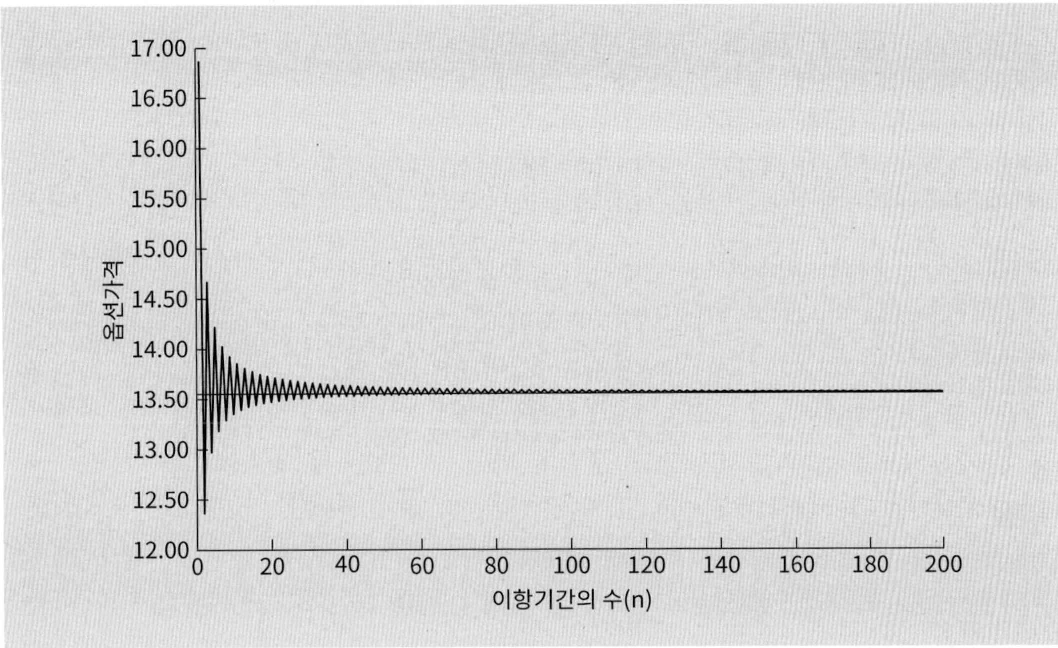

어떻게 움직이는지 보여준다. 옵션가격은 위아래로 튀다가 기간의 수가 약 100일 때부터 안정되기 시작한다는 것을 볼 수 있다. 이는 수학적으로 수렴한다고 한다. 이항옵션가격결정모형은 극한에서 특정한 값으로 수렴하고, 이는 블랙–숄즈–머튼 가격으로 알려져 있다.

이항모형은 **이산시간모형(discrete time model)**의 두 종류 중에 하나이다. 이러한 모형은 옵션의 총기간이 유한한 기간 수로 나뉘어진다. 예를 들어, 옵션은 100일이 남았고 이항기간을 이용한다면, 각 기간은 1일을 나타낸다. 시간이 경과하면서, 주가는 한 지점에서 다음의 두 지점 중 하나로 점프한다. 그러나 현실에서는 시간은 연속적으로 흐르고, 주가는 일반적으로 매우 작은 간격으로 움직인다. 사실, 주식은 가능한 가장 작은 간격으로 증가(업틱, uptick)하거나 감소(다운틱, downtick)하는 것으로 알려져 있다. 이러한 특성은 **연속시간모형(continuous time model)**으로 포착하는 것이 더 유리하다. 다음 장에서 이산시간과 연속시간이 어떻게 합쳐지는지 볼 것이지만, 지금은 연속시간모형의 특성을 확인하고 이해하려 한다. 블랙–숄즈–머튼 모형이 옵션가격결정을 위해 이용하는 것이 연속시간체계이다.

5–3 블랙–숄즈–머튼 모형의 가정

모든 모형은 몇 가지 가정을 기반으로 한다. 이항모형에서는 상승, 하락 비율이 알려져 있고,

연결하기_MAKING THE CONNECTION

로그, 지수, 그리고 재무학

블랙-숄즈-머튼 모형에는 자연로그(natural logarithm)와 지수함수(exponential function)를 이용해야 한다. 이 내용은 일반적으로 중고등학교 수학 과정에서 다루지만, 여기서 복습하는 것도 도움이 될 것이다.

로그는 밑(base)라고 부르는 한 숫자가 다른 숫자와 동일해지도록 만드는 지수를 나타낸다. 가장 흔히 밑으로 쓰이는 숫자는 10와 e이다. e는 대략 2.71828인 특정한 숫자이다. 예를 들어 25의 로그는 다음과 같다.

$\log_{10}25 = 1.3979$ (밑이 10인 25의 로그값)
$\log_{e}25 = 3.2189$ (밑이 e인 25의 로그값)

이 결과는 다음과 같이 확인할 수 있다.

$$10^{1.3979} = 25$$
$$2.71828^{3.2189} = 25$$

(두 숫자는 반올림오차가 있다.) 밑이 10인 로그는 상용로그라 하고, 밑이 e인 로그는 자연로그라고 한다. 재무학에서 자연로그를 더 자주 이용한다. 따라서 이후로 언급하는 로그는 자연로그를 의미한다.

로그에 대한 몇 가지 중요한 법칙은 다음과 같다.

- 양수의 로그값은 양수이다.
- 음수의 로그값은 정의되지 않는다.
- 0의 로그값은 정의되지 않는다.
- 1의 로그값은 0이다.
- 0과 1 사이 숫자의 로그값은 음수이다.

간단히 표기하기 위해 $\log_e$는 ln로 쓰는 경향이 있다.

재무분야에서, 로그의 밑은 거의 e로 한다. 그 이유는 연속복리 이자율을 계산하는데 e가 적합한 함수이기 때문이다. 예를 들어, 은행 계좌에 1년 동안 6%의 연간복리 이자율로 $1를 투자한다고 해보자. 1년 말에 받는 금액은 $\$1 \times 1.06 = \$1.06$이다. 만약 이자율이 반년복리라면, $\$1[1+(0.06/2)]^2 = \$1.0609$을 받게 된다.이자율이 분기복리라면, $\$1[1+(0.06/4)]^4 = \$1.06136$을 받게 된다. 만약 이자가 일별복리라면, $\$1[1+(0.06/365)]^{365} = \$1.06183$을 받게 된다. 이자율이 동일하면, 복리횟수가 증가할수록 더 많은 금액을 받는다. 일반적으로, r은 이자율, T는 연수(number of year), n은 1년동안 복리기간의 수라면, T년 뒤 $1의 투자당 받을 금액은

$$\left[1+\left(\frac{r}{n}\right)\right]^{Tn}$$

다음 표는 $1를 6%의 이자율로 복리횟수를 달리하여 1년 동안 투자했을 때의 가치를 보여준다.

1년 당 복리기간	6%로 1년 동안 투자한 $1
1(1년)	$1.06000000
2(반년)	$1.06090000
4(분기)	$1.06136355
12(월)	$1.06167781
52(주)	$1.06179982
365(일)	$1.06183131

$1.0618보다 약간 큰 값으로 수렴하고 있는 것을 알 수 있다. 이를 증명하기 위해 복리횟수를 더 증가하자.

1,000 (1년에 1,000번)	$1.06183464
10,000 (1년에 10,000번)	$1.06183636
100,000 (1년에 100,000번)	$1.06183653
1,000,000 (1년에 1,000,000번)	$1.06183654

확실히 값이 안정화되고 있다.

복리횟수의 극치는 복리기간의 수가 무한대인 연속복리이다. 연속복리 지수에 대한 식은 극한을 이용해야 한다.

$$\lim_{n\to\infty}\left[1+\left(\frac{r}{n}\right)\right]^{Tn}$$

알려진 것처럼, e의 정의는

$$\lim_{n\to\infty}\left[1+\left(\frac{r}{n}\right)\right]^{Tn} = e^{rT}$$

여기서 e는 2.71828...이다. 예시로, $e^{0.06\times1}$=$1.061836550이다. e는 연속복리의 투자가치를 알려주기 때문에, 재무학에서 매우 중요한 역할을 한다.

어느 기간 동안의 자산 수익률은 보통 연간수익률이나 연속복리 수익률로 표현된다. 주식을 $100에 매입하고 1년 뒤에 주가는 $110가 되었다고 가정하자. 배당은 없다고 가정하면, 이 경우에 보통 수익률은 10%라고 한다. 이는 공식적으로 다음과 같이 도출된다.

$$\frac{\$110}{\$100} - 1 = 0.10$$

달리 말하면, 10% 이자를 연말에만 지급하는 투자안에 $100를 투자하면, 가치는 $110이 된다. 그러나 $100을 연속복리 9.5131%인 투자안에 투자하면 동일하게 $110을 얻는다. 즉,

$$\$100e^{0.09531(1)} = \$110$$

9.5131%를 어디서 얻었는가? 단순히 지수함수의 역함수로, 자연로그 함수이다.

$$\ln(1.10) = 0.09531$$

따라서, 몇 년이든 연속복리로 9.5131%에 투자된 자금은, 연간복리 10%에 투자된 자금과 동일하게 된다.

일반적으로, 어떠한 지수 x에 대한 함수 e^x는 지수함수라고 한다. 편리하게 표기하고 아래첨자를 사용하지 않기 위해, 때때로 exp(x)로 쓰기도 한다.

다른 재무학 과목이나 다른 교재에서처럼, 이 교재의 많은 상황에서 연속복리를(물론 이산복리도) 접할 것이다. 따라서 연속복리로 수익률과 이자율을 할인하고 복리계산하고 표현하는 것에 매우 수월해야 한다.

시간에 따라 일정하며, 무위험이자율은 일정하다고 가정하였다. 더 중요한 점은 주식의 움직임은 이항모형으로 단순하게 특징지을 수 있다고 가정한 것이다. 또한, 거래비용과 세금은 없다는 가정도 내포하였다. 이제 블랙-숄즈-머튼 모형의 가정을 살펴보자.

5-3a 주가는 무작위로 움직이고 로그노말분포에 따라 전개된다

주가가 무작위로 움직인다는 생각은 자산과 파생상품 가격결정에 대한 많은 지식체계의 핵심이다. 그러나 진실로 주가는 무작위로 움직이는가? 그림 5.2를 보자. 두 그림은 1년 동안 실제 주식의 일일종가라고 각자 주장하고 있다. 그러나 하나는 실제 주가 흐름이고, 다른 하나는 동일 기간 동안 DCRB과 비슷한 통계적 특징을 가진 주식으로 무작위 생성한 주가이다. 어느 것이 실제 주가 흐름인지 알 수 있는가?[1]

많은 전문적인 금융자산관리자들은 주가를 예측할 수 있는 능력이 있다고 주장한다. 그들은 그림 5.2와 같은 그래프를 보고 이러한 흐름은 적어도 부분적으로 예측가능하다고 주장한다. 상승하는 추세를 보면서, 이를 이용하여 많은 이득을 얻을 수 있다고 믿는다. 그러나 일별수익률을 보여주는 그림 5.3을 고려해보자. 이는 단순히 동일기간 주식에 대한 일별 주가변동의 백분율이다. 또한 이는 투자자들이 어떻게 실행할 것인지 결정하는 수익률 흐름이다. 누가 이 같은 흐름 속의 행태를 예측할 수 있는가? 그럴 것 같지 않다. 예측가능성의 매우 작은 요소들이 특히 매우 짧은 시간 가격으로 있을 수 있지만, 기존연구에 따르면 주식수익률은 대략적으로 예측불가능하다.

■ 그림 5.2a 모의 또는 실질 DCRB 주가

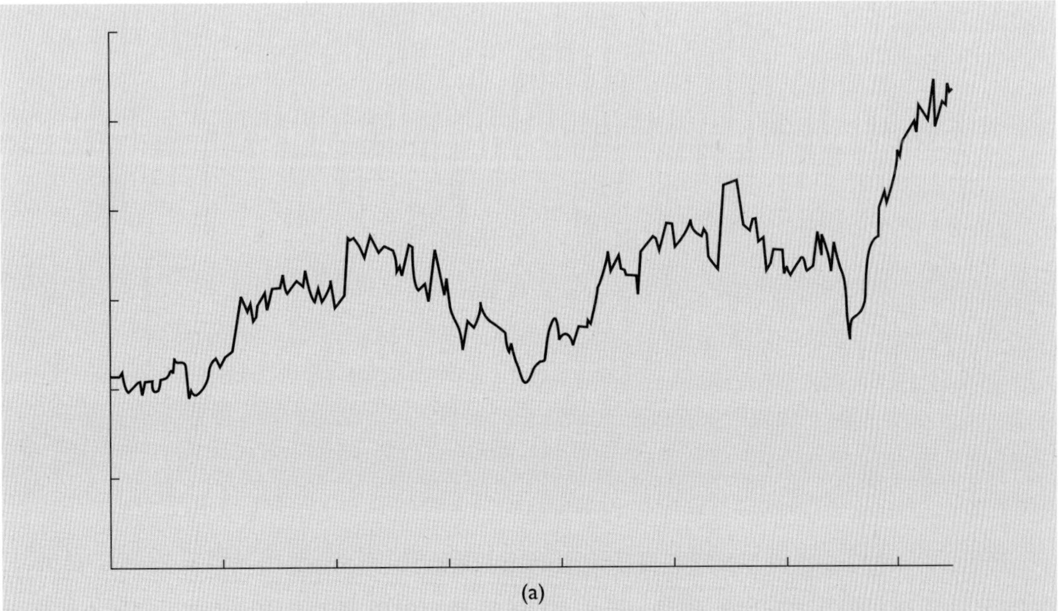

(a)

1 그림 5.2a이 가짜이다. 이 그림은 저자가 무작위로 생성한 것이다. 당신이 이를 맞췄다면, 아마도 그저 운이 좋았을 뿐이다.

■■ 그림 5.2b 모의 또는 실질 DCRB 주가

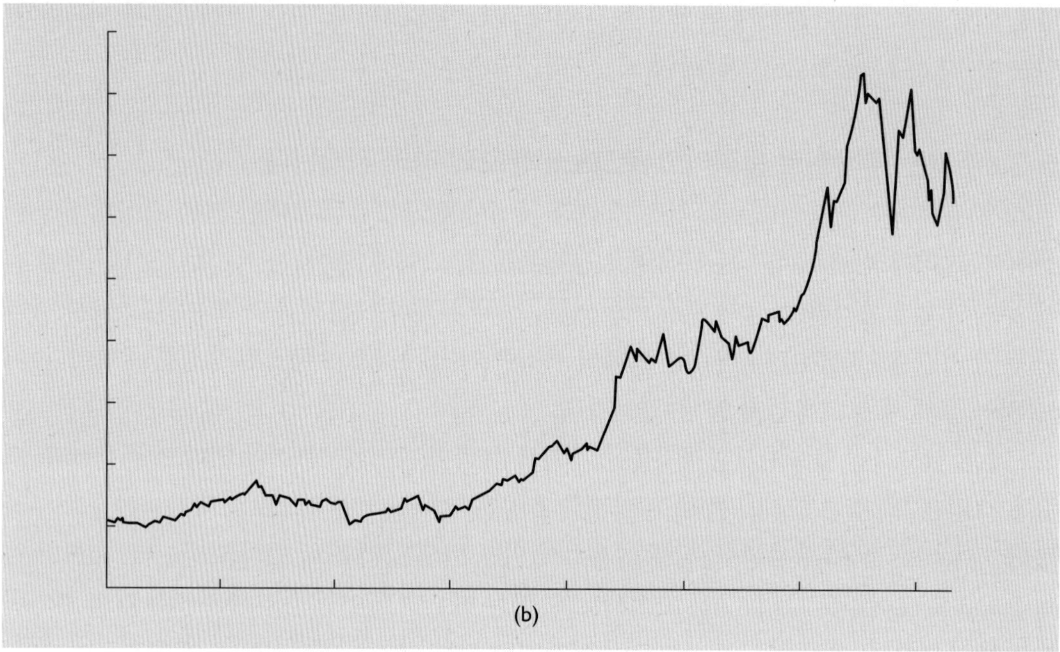

■■ 그림 5.3 DCRB의 일별수익률

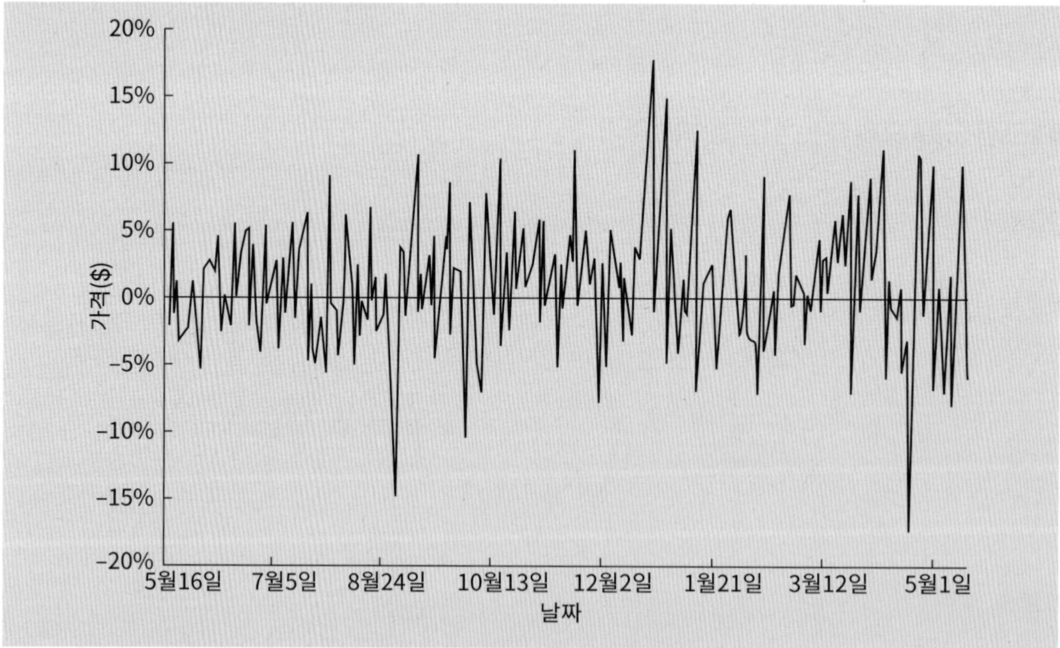

또한, 주식수익률은 **로그노말분포(lognormal distribution)**를 따른다는 것에 주목한다. 이는 무엇을 의미하는가? 먼저, 정규(normal), 또는 종모양의 분포를 기억하자. 주식수익률이 정규분포를 따르는가? 자료를 살펴보면 그렇지 않다는 것을 알 수 있다. 그러나 주식수익률은 연속복리로 알려진, 약간 다른 형태로 표현될 수 있다. 가격이 $100인 주식을 보유한다고 하자. 1년 뒤에 주가는 $120이다. 그럼 수익률은 20%이라 할 것이다. 이를 단순 또는 이산 수익률이라 한다. 이 값은 1년 말에 한번 복리계산 하였다. 여기서 단순한 관계 $120 = $100×1.20으로 $100의 현재가치에서 미래가치 $120을 얻을 수 있는데 이는 복리계산을 포함하지 않는다. 연속복리에서 이 수익률을 표현하기 위해서는 수익률에 1을 더하여 자연로그를 취해야 한다.

어느 숫자의 로그값은, 밑을 다른 숫자와 동일하게 만들어 주는 거듭제곱이라는 것을 떠올리자. 일반적인 로그의 밑은 10으로 상용로그의 밑이고, e는 자연로그의 밑으로 대략 2.718이다. 재무학의 모형에서 밑은 거의 언제나 e이다.

연속복리 수익률은 로그수익률이라 한다. 예를 들어 log(1.20) = 0.1823, 18.23%이다. 연말 가격과 연초 가격의 관계는 $\$120 = \$100e^{0.1823}$이다. 분명히, 가격을 바꿀 수 없다. 무엇보다 가격은 경쟁적인 시장에서 결정된다. 그러나 수익률을 로그수익률의 형태로 표현할 수 있다. 로그수익률은 가격을 정규분포에 약간 가깝게 하는 특성을 갖는 것으로 알려져 있다. 그림 5.4는 해당 기간 동안 주식 로그수익률에 대한 히스토그램을 보여준다. 완벽한 정규분포 모습은 아니지만, 아마 정규분포에서 상당히 벗어나지는 않을 것이다.

변수의 자연로그가 정규분포를 따른다면, 변수는 로그노말분포를 따른다고 한다. 수익률 분포는 그 자체로 양의 왜도 값을 가지는데, 이는 대칭적인 정규분포에 비해 더 많은 관측치가 오른쪽에 있다는 것을 의미한다. 로그노말분포의 가정은 꽤 매력적이다. 현실에 상당히 부합하고, 더 중요한 것은, 음수의 주가를 허용하지 않는다는 것이다. 더욱이, 블랙-숄즈-머튼 모형을 전개하는데 필요한 높은 수준의 수학에 훌륭히 제공한다.

그림 5.4 DCRB의 일별 로그수익률(연속복리)의 히스토그램

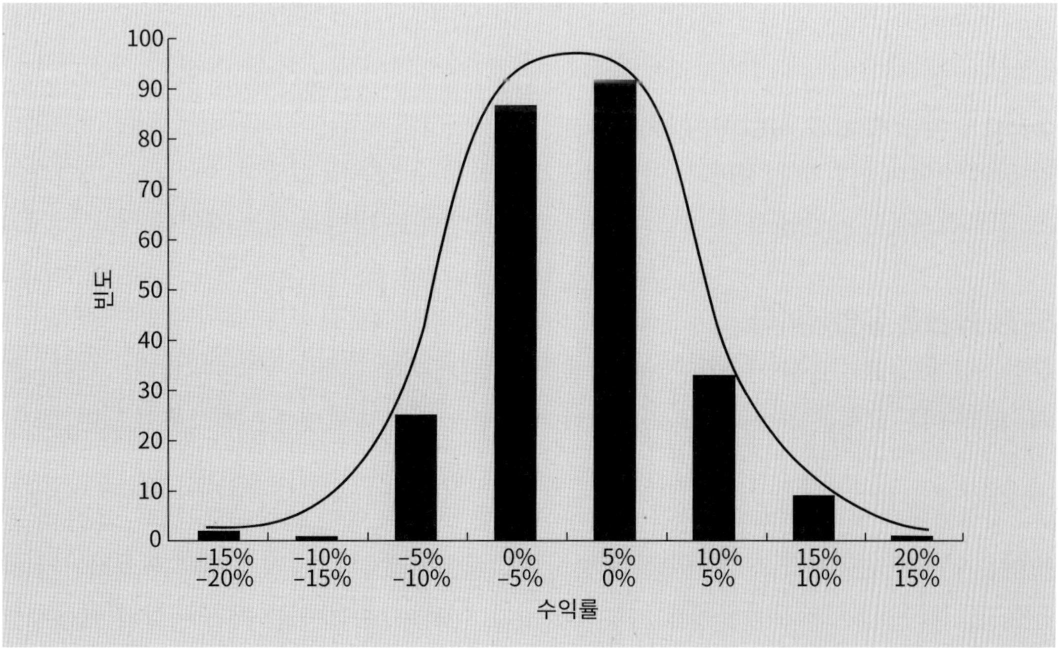

5-3b 무위험이자율과 로그수익률의 변동성은 옵션 일생 동안 일정하다

무위험이자율이 일정하다는 가정은 이자율이 변하지 않는다고 가정하는 것과 같다. 실제로는 당연히 그렇지 않고, 교재의 뒷부분에서는 이자율이 변하는 세계에서 일어나는 위험관리문제를 분석할 것이다. 그러나 지금은, 이자율 불확실성을 무시하는 것이 일반적으로 편리하다. 곧 드러나겠지만, 이자율은 주식이나 다른 기초자산의 옵션의 가격에 많은 영향을 미치지 않음을 뒤에서 볼 것이다. 그러므로 이 가정은 상대적으로 무해하고, 모형을 가능한 단순하게 해준다.

표준편차로 추정하는 변동성이 일정하다는 가정도 중요하다. 이 가정은 현실에서 거의 언제나 위배된다고 알려져 있다. 사실, 어떤 위험 자산이 1년 같은 특정 기간 동안 동일한 변동성 수준을 가질 것이라는 것은 사실상 불가능하다. 제5장의 뒷부분에서 변동성이 어떻게 추정되는지 학습하지만, 지금은 1년 동안 DCRB의 변동성은 최저 37%에서 최고 150%으로 한다.

변동성이 일정하다는 가정은 적합하지 않으므로, 변동성은 변할 수 있다는 가정을 위해 블랙-숄즈-머튼 모형을 포기해야 할까? 그럴 수 있겠지만, 변동성이 변하는 모형은 훨씬 더 복잡하다. 또한, 그러한 모형이 더 우수한지도 확실치 않다. 변동성이 변하는 것은 문제가 되지만, 더 복잡한 모형을 적용하는 것보다 블랙-숄즈-머튼 모형을 다루는 것이 더 유리하다고 본다. 따라서 이러한 필요조건은 적합하다고 가정할 것이다.

5-3c 세금과 거래비용은 없다

옵션거래에 대한 결정은 확실히 세금과 거래비용에 영향을 받지만, 이는 복잡해서 옵션가격결정의 기본에 대한 이해를 흐리게 하는 경향이 있다. 블랙-숄즈-머튼 옵션가격결정모형은 주식, 무위험자산, 옵션의 적극적 거래 능력을 기반으로 한다. 이 적극적인 거래는 세금과 거래비용을 촉발시킨다. 이 가정을 완화하는 방법이 있지만, 이는 상급 주제이고 우리의 입문 수준에 적합하지도 필요하지도 않다.

5-3d 주식은 배당을 지급하지 않는다

앞 장에서 이미 이렇게 가정하고, 이를 어떻게 완화할 수 있는지 보았다. 여기서도 마찬가지로, 궁극적으로는 배당을 블랙-숄즈-머튼 모형에 포함하는 방법을 배울 것이다.

5-3e 옵션은 유럽식이다

유감스럽게도, 조기행사 가능성은 블랙-숄즈-머튼 체계에 쉽게 수용할 수 없다. 그러나 **블랙-숄즈-머튼 모형**은 콜옵션이 조기행사될 때 어떻게 되는지 이해하는데 도움이 된다. 대개, 이항모형이 미국식 옵션의 가격결정에서는 최고의 방법이다.

가정들이 적합하지 않아 모형을 기각하고 싶을 것이다. 아마 놀랍게도, 블랙-숄즈-머튼 모형은 일정한 변동성과 거의 연속적인 방식으로 동적거래 하는 것이 충분히 현실적인지 의문을 제기하는 많은 전문가들에게 거부되어 왔다. 더욱이, 주식이 한 가지 이상의 변동성을 갖는 것을 시사하는 변동성스마일(volatility smile)의 존재는 모형과 일치하지 않는다. 다른 더 정교하고 복잡한 모형이 있고, 실제로 이용된다. 블랙–숄즈–머튼 모형은 여러 가정을 완화한 비슷한 모형 중 대표라고 봐야 할 것이다. 블랙–숄즈–머튼과 같은 모형을 이용하려 할 때, 몇 가지 이슈를 고려해야 한다. (1) 모형에서 얻은 결과는 현실에 부합하는가? (2) 훨씬 큰 대가를 치르거나 복잡해지지 않고 더 정확한, 더 우수한 모형이 있는가? (3) 모형이 현실에서 널리 이용되는가? 이러한 질문에 대한 답은 쉽지 않지만, 아마 블랙–숄즈–머튼 모형만큼 현실에서 널리 이용되고 영향력을 갖는 다른 재무 모형은 역사적으로 없을 것이다. 이러한 점에서 여기서는 블랙–숄즈–머튼 모형으로 끝나지만, 블랙–숄즈–머튼 모형은 옵션가격결정모형 계보의 끝이 아니라는 것을 알아야 한다.

블랙–숄즈–머튼 옵션가격결정모형은 주식은 무작위로 움직이고 로그노말분포를 따르며, 무위험이자율과 변동성은 일정하고, 세금과 거래비용, 배당이 없으며, 옵션은 유럽식이라고 가정한다.

5–4 노벨의 공식

블랙–숄즈–머튼 콜옵션가격결정식은 주가, 행사가격, 무위험이자율, 만기까지 기간, 주식수익률의 분산에 관련하여 콜옵션가격을 제공한다.

제4장에서 이항옵션가격결정모형은 주식 매입포지션과 콜옵션 매도포지션으로 구성된 헷지 포트폴리오로 도출되었다. 그리고 2기간모형에서 투자자가 포트폴리오의 무위험 성질을 유지시키기 위해 콜옵션에 대한 상대적인 주식의 수를 바꾸는 것을 보았다. 이로서 옵션이 유도된 식으로 가격결정될 때, 포트폴리오는 무위험이자율을 얻는다. 옵션이 다른 가격으로 거래된다면, 일물일가의 법칙은 위배되고 투자자는 차익거래 수익를 얻을 수 있다. 블랙–숄즈–머튼 모형에서는 거래가 연속적으로 발생하지만 대체적인 발상은 같다. **동적거래(dynamic trading)**라고 하는 과정으로, 주식과 옵션의 상대적인 비율을 지속적으로 조정하면서 헷지 포트폴리오를 설정, 유지한다. 마지막 결론은 복잡한 수학으로 얻긴 하지만, 공식은 간단하다.

블랙–숄즈–머튼 모형은

$$C=S_0N(d_1)-Xe^{-r_cT}N(d_2),$$

여기서

$$d_1=\frac{\ln(S_0/X)+(r_c+\sigma^2/2)T}{\sigma\sqrt{T}}$$

$$d_2=d_1-\sigma\sqrt{T}$$

$N(d_1)$, $N(d_2)$= 누적정규확률

σ= 주식 연속복리(로그)수익률의 연간변동성(표준편차)

r_c= 연속복리 무위험이자율

모든 다른 변수들은 앞에서 이용한 것과 동일하다.

그림 5.5 표준정규확률분포

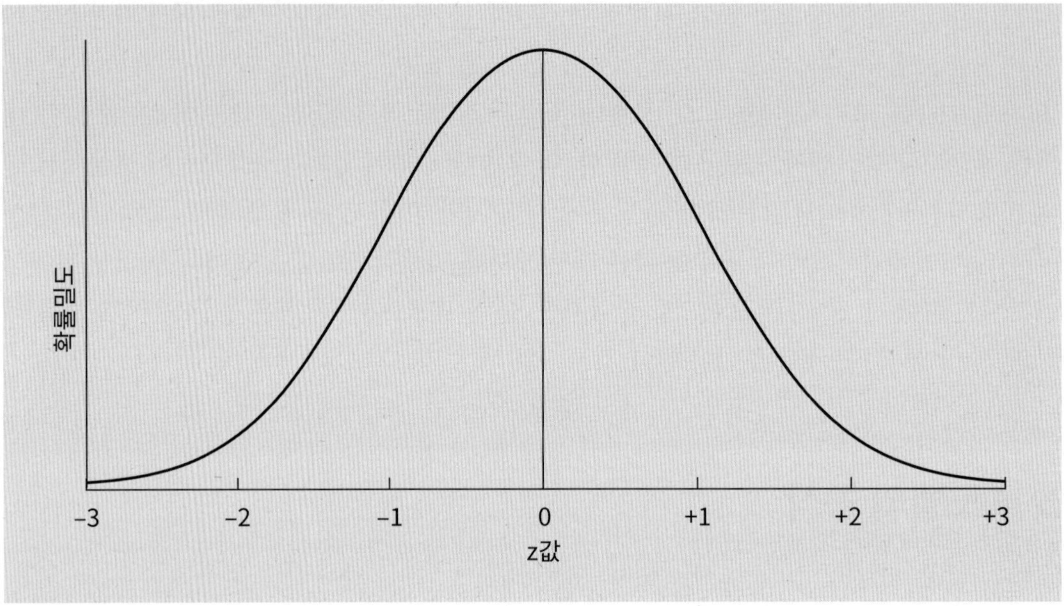

5-4a 정규분포

> **TECHNICAL NOTE**
> 확률미적분학을 이용하여 블랙-숄즈-머튼모형 유도하기
> www.cengagebrain.com을 방문하여 ISBN 9781305104969를 검색하시오.

블랙-숄즈-머튼 모형의 계산은 **정규확률(normal probability)** 분포가 필요하므로, 이 개념을 복습하는 것이 도움이 된다. 그림 5.5는 정규 또는 종모양의 곡선을 제시한다. 곡선은 대칭적이고, 곡선을 알기 위해 필요한 모든 것은 기댓값, 또는 평균, 그리고 분산이다. 정규분포로부터 얻은 표본에서, 대략적으로 관측치의 68%는 기댓값의 1 표준편차 내에서 발생한다. 관측치의 약 95%는 2 표준편차 내에, 관측치의 약 99%는 3 표준편차 내에 있다.

표준정규확률변수(standard normal random variable)는 **z 통계값(z statistic)**이라 한다. 어떤 정규확률변수를 표준정규 또는 z 통계값으로 변환하고, 표를 이용하여 관찰된 확률변수 값이 특정 값 이하가 될 확률을 구할 수 있다.

표 5.1은 표준정규분포의 누적확률을 제시한다. 1.57보다 작거나 같은 z값을 관찰할 확률을 알고 싶다고 하자. 표에서 첫 번째 열을 따라 1.5까지 내려가서, 0.07라 적힌 열까지 오른쪽으로 이동한다. 즉, 1.5와 0.07을 합하면 z값 1.57이 된다. 1.5의 행과 0.07의 열에 있는 숫자는 0.9418로, 1.57 이하의 z값이 관찰될 정규분포 확률이다.

z값이 0보다 작다고 가정해보자. 예를 들면 -1.12라 하자. 그럼 양수인 1.12에 대한 적절한 값을 찾는다. 1.1의 행과 0.02의 열에 있는 숫자는 0.8686이다. 그다음, 이 값을 1에서 뺀다. 그 결과 0.1314가 된다. 표는 대칭적이기 때문에, 음수의 값을 보여줄 필요가 없다. - 1.12보다 작거나 같은 값이 관찰될 확률은, 1.12보다 크거나 같은 값을 관찰할 확률과 같다. 1.12 이상의 값을 관찰할 확률은 1에서 1.12 이하의 값을 관찰할 확률을 차감한 것이다. 이때, 1.12와

표 5.1 표준정규확률

Z	0.00	0.01	0.02	0.03	0.04	0.05	0.06	0.07	0.08	0.09
0.0	0.5000	0.5040	0.5080	0.5120	0.5160	0.5199	0.5239	0.5279	0.5319	0.5359
0.1	0.5398	0.5438	0.5478	0.5517	0.5557	0.5596	0.5636	0.5675	0.5714	0.5753
0.2	0.5793	0.5832	0.5871	0.5910	0.5948	0.5987	0.6026	0.6064	0.6103	0.6141
0.3	0.6179	0.6217	0.6255	0.6293	0.6331	0.6368	0.6406	0.6443	0.6480	0.6517
0.4	0.6554	0.6591	0.6628	0.6664	0.6700	0.6736	0.6772	0.6808	0.6844	0.6879
0.5	0.6915	0.6950	0.6985	0.7019	0.7054	0.7088	0.7123	0.7157	0.7190	0.7224
0.6	0.7257	0.7291	0.7324	0.7357	0.7389	0.7422	0.7454	0.7486	0.7517	0.7549
0.7	0.7580	0.7611	0.7642	0.7673	0.7704	0.7734	0.7764	0.7794	0.7823	0.7852
0.8	0.7881	0.7910	0.7939	0.7967	0.7995	0.8023	0.8051	0.8078	0.8106	0.8133
0.9	0.8159	0.8186	0.8212	0.8238	0.8264	0.8289	0.8315	0.8340	0.8365	0.8389
1.0	0.8413	0.8438	0.8461	0.8485	0.8508	0.8531	0.8554	0.8577	0.8599	0.8621
1.1	0.8643	0.8665	0.8686	0.8708	0.8729	0.8749	0.8770	0.8790	0.8810	0.8830
1.2	0.8849	0.8860	0.8888	0.8907	0.8925	0.8943	0.8962	0.8980	0.8997	0.9015
1.3	0.9032	0.9049	0.9066	0.9082	0.9099	0.9115	0.9131	0.9147	0.9162	0.9177
1.4	0.9192	0.9207	0.9222	0.9236	0.9251	0.9265	0.9279	0.9292	0.9306	0.9319
1.5	0.9332	0.9345	0.9357	0.9370	0.9382	0.9394	0.9406	0.9418	0.9429	0.9441
1.6	0.9452	0.9463	0.9474	0.9484	0.9495	0.9505	0.9515	0.9525	0.9535	0.9545
1.7	0.9554	0.9564	0.9573	0.9582	0.9591	0.9599	0.9608	0.9616	0.9625	0.9633
1.8	0.9641	0.9649	0.9656	0.9664	0.9671	0.9678	0.9686	0.9693	0.9699	0.9706
1.9	0.9713	0.9719	0.9726	0.9732	0.9738	0.9744	0.9750	0.9756	0.9761	0.9767
2.0	0.9772	0.9778	0.9783	0.9788	0.9793	0.9798	0.9803	0.9808	0.9812	0.9817
2.1	0.9821	0.9826	0.9830	0.9834	0.9838	0.9842	0.9846	0.9850	0.9854	0.9857
2.2	0.9861	0.9864	0.9868	0.9871	0.9875	0.9878	0.9881	0.9884	0.9887	0.9890
2.3	0.9893	0.9896	0.9898	0.9901	0.9904	0.9906	0.9909	0.9911	0.9913	0.9916
2.4	0.9918	0.9920	0.9922	0.9925	0.9927	0.9929	0.9931	0.9932	0.9934	0.9936
2.5	0.9938	0.9940	0.9941	0.9943	0.9945	0.9946	0.9948	0.9949	0.9951	0.9952
2.6	0.9953	0.9955	0.9956	0.9957	0.9959	0.9960	0.9961	0.9962	0.9963	0.9964
2.7	0.9965	0.9966	0.9967	0.9968	0.9969	0.9970	0.9971	0.9972	0.9973	0.9974
2.8	0.9974	0.9975	0.9976	0.9977	0.9977	0.9978	0.9979	0.9979	0.9980	0.9981
2.9	0.9981	0.9982	0.9982	0.9983	0.9984	0.9984	0.9985	0.9985	0.9986	0.9986
3.0	0.9987	0.9987	0.9987	0.9988	0.9988	0.9989	0.9989	0.9989	0.9990	0.9990

정확하게 일치하는 값을 관찰할 확률은 중복되었다는 것을 생각해보자. 한 숫자를 관찰할 확률은 0이다. 이는 관찰가능한 숫자들이 무한하기 때문이다.

정규확률은 표 외에 다항식을 이용하여 정확하게 근사치로 계산될 수 있다. 정규확률에 대한 적절한 근사치를 내는 공식이 몇 가지 있다. 그리고 엑셀의 수학 함수 "=normsdist()"는 이용하기 쉽다. 교재에서 적용할 때는, 엑셀을 이용하여 계산한 값을 이용할 것이다. 그런데, 블랙-숄즈-머튼 옵션가치는 정규확률 계산에 상당히 민감하고, 어떤 방법을 이용하느냐에 따라 가치가 약간은 바뀔 수 있다는 것을 염두에 두자.

5-4b 예시

블랙-숄즈-머튼 모형을 이용하여 6월 만기 DCRB 125 콜옵션의 가격을 결정해보자. 주식가격은 \$125.94, 행사가격은 \$125, 만기까지 기간은 0.0959이다. 무위험이자율은 옵션 만기에 상응하는 T-bill 이자율로 4.56이다. 그러나 블랙-숄즈-머튼 모형에서 무위험이자율은 연속복리로 표현되어야 한다. 4.56%를 연속복리로 하면, ln(1.0456) = 4.46이다. 제5장 후반에서 이자율 전환의 기초를 더 자세히 살펴보고 변동성이 어떻게 결정되지는 알아볼 것이다. 지금은, 제4장에서와 같이 계속해서 표준편차로 0.83을 이용한다.

블랙-숄즈-머튼 가격의 계산은 표 5.2에서 제시하는 바와 같이 5단계를 거친다. 먼저, d_1과 d_2의 값을 계산한다. 그다음, $N(d_1)$과 $N(d_2)$를 정규확률표에서 찾는다. 그리고 이 값들을 C에 대한 식에 대입한다.

여기서 6월 만기 DCRB 125 콜옵션의 이론적 가치는 \$13.21이다. 콜옵션의 실질 시장가격은 \$13.50이다. 이는 콜옵션이 과대평가 받았다는 것을 시사한다. 거래비용이 없다면, 투자자는 콜옵션을 매도해야 한다. 무위험이자율보다 수익이 높은 무위험 헷지포트폴리오를 구성하기 위해 매도해야 할 콜옵션의 수는 다음 장에서 논의할 것이다.

유감스럽게도, 블랙-숄즈-머튼 모형은 반올림오차에 특히 민감하고, 반올림오차의 대부분은 정규확률 수치에서 발생한다. 예를 들어, d_1의 값은 0.1743이고 d_2의 값은 −0.0827이라고 하자. 정규확률표에서 d_1과 d_2을 찾기 위해서는 소수점 둘째자리까지 반올림해야 하므로, N(0.17) = 0.5675와 N(−0.08) = 0.4681가 된다. 그런데 엑셀의 =normsdist() 함수를 이용해보자. 간단히 스프레드시트 빈문서에서 식 =normsdist(0.1743)과 =normsdist(−0.0828)을 입력한다. 다음과 같은 값을 얻게 된다.

표 5.2 블랙-숄즈-머튼 가격 계산

$S_0 = 125.94 \quad X = 125 \quad r_c = 0.0446 \quad \sigma = 0.83 \quad T = 0.0959$

1. d_1 계산.

$$d_1 = \frac{\ln(125.94/125) + [0.0446 + (0.83)^2/2]0.0959}{0.83\sqrt{0.0959}} = 0.1743$$

2. d_2 계산.

$$d_2 = 0.1743 - 0.83\sqrt{0.0959} = -0.0827$$

3. $N(d_1)$ 찾기

$$N(0.17) = 0.5675$$

4. $N(d_2)$ 찾기

$$N(-0.08) = 1 - N(0.08) = 1 - 0.5319 = 0.4681$$

5. C의 식에 대입

$$C = 125.94(0.5675) - 125e^{-0.0446(0.0959)}(0.4681) = 13.21$$

$$N(0.1743) = 0.5692$$
$$N(-0.0827) = 0.4670.$$

그리고 옵션가격은

$$C = 125.94(0.5692) - 125e^{-0.0446(0.0959)}(0.4670) = 13.56,$$

이 값은 시장가격인 $13.50보다 크지만 꽤 가깝다. 그래도, 옵션은 시장에서 약간 과소평가 받은 것으로 보인다. 이 정도의 오차는 블랙-숄즈-머튼 계산에서 흔하다.

손으로 직접 계산하는 것이 때때로 필요하지만, 보다 정확한 정규확률 수치를 얻기 위해서는 결국 컴퓨터를 이용하여 옵션가격을 계산해야 한다. 엑셀 스프레드시트 BlackScholesMertonBinomial10e.xlsm은 이항가격뿐 아니라 블랙-숄즈-머튼 가격도 계산한다. 소프트웨어 Demonstration 5.1은 블랙-숄즈-머튼 가격을 얻기 위해 BlackScholesMertonBinomial10e.xlsm을 어떻게 이용하는지 제시하고 있다.

5-4c 블랙-숄즈-머튼 공식의 특징

공식의 해석 블랙-숄즈-머튼 공식은 우변에 두 항으로 이루어진 것을 보았다. 이 항들은 특별하게 해석된다. 제4장에서 옵션가격결정은 투자자가 위험중립적인 것처럼 이루어 졌다. 위험중립적인 투자자는 자산의 기대미래가치를 발견하고 이를 무위험이자율로 할인하여 자산가격을 결정한다. 예를 들어, 동전을 던져서 앞면이 나오면 $10을 받고 뒷면이 나오면 $5을 받는 동전던지기에 참여할 기회가 있다고 가정하자. 이러한 게임을 위해 얼마를 지급할 것인가? 위험중립적인 투자자는 0.5×$10 + 0.5×$5 = $7.50을 지급할 것이다. 그러나 거의 모든 투자자는 위험중립적이 아니다. 오히려 위험회피적이다. 거의 대부분, 투자자들은 $2.50을 잃거나 얻는다고 인식할 것인데, $2.50를 손해보는 것을 $2.50 이득으로 상쇄하는 것보다 더 싫어한다. 따라서, 위험회피적인 투자자는 $7.50보다 더 석게(예를 들면, $6.75) 지불할 것이다. $0.75의 차이는 위험프리미엄이다.

위험회피적인 투자자들은 금융시장에서 주식과 채권 같은 주자산의 가격을 결정한다. 그들은 파생상품의 가격을 결정하진 않는다. 오히려 차익거래의 영향으로 파생상품의 가격이 결정된다. 주어진 주가에서, 주식옵션의 가격은 무위험포트폴리오 내 주식과 옵션의 결합으로 결정된다. 그리고 옵션가격은 주가와 다른 변수의 함수로 얻어진다. 결과적으로, 투자자들이 위험중립적인 것처럼, 즉, 옵션의 기대미래수익을 찾고 이를 무위험이자율로 할인하여 옵션가격을 결정할 수 있다.

이항모형으로 논의했을 때, 확률 p와 1 – p가 필요했었다. 여기서 p는 (1+r–d)/(u–d)이고, **위험중립확률(risk-neutral probability)**이다. 이 확률은 상승 또는 하락할 실질 확률이 아님을 확인하였다. 위험중립확률은, 투자자가 실제로 위험중립적이라면 확률이 어떻게 되는지를 나타낸다. 블랙–숄즈–머튼 모형에서 결국 내가격 상태가 될 확률은 $N(d_2)$이다.

따라서 옵션의 가격결정을 위해, 먼저 투자자는 위험중립적이라고 가정한다. 그리고, 기대수익을 찾고 이를 무위험이자율로 할인한다. 기대수익은 $Max(0, S_T - X)$의 기댓값, 또는 다음의 기대가치이다.

> **TECHNICAL NOTE**
> 위험중립가치평가를 이용하여 블랙-숄즈-머튼 모형 유도하기 www.cengagebrain.com을 방문하여 ISBN 9781305104969를 검색하시오.

$$\begin{array}{ll} 0 & \text{if } S_T \le X \\ S_T - X & \text{if } S_T > X. \end{array}$$

$S_T \le X$에서의 결과는 두고, S_T가 X보다 큰 경우의 S_T – X의 기댓값을 계산하자.

블랙–숄즈–머튼 식 우변의 첫 번째 항에 $e^{r_c T}$을 곱하자.

$$S_0 N(d_1) e^{r_c T}.$$

이 수식은, 행사가격과 만기에서 주가가 행사가격보다 클 확률을 곱한 값보다 주가가 클 때, 만기 시 주가의 기댓값이다. 그러나 $N(d_1)$은 그 확률은 아니고, 단지 이 수식의 요소이다. 블랙–숄즈–머튼 식 우변의 두 번째 항에 $e^{r_c T}$을 곱하면

$$-XN(d_2),$$

> **TECHNICAL NOTE**
> 만기에 내가격 콜옵션의 가능성 www.cengagebrain.com을 방문하여 ISBN 9781305104969를 검색하시오.

이 식은 만기시 행사가격의 기댓값이다. 구체적으로, $N(d_2)$은 위험중립적인 투자자가, 만기에 X를 지급할 확률이다. 따라서 $-XN(d_2)$는 만기에서 행사가격의 기대지급액이다. 이 수식을 연속복리 무위험이자율로 할인하면, 즉 $e^{-r_c T}$을 곱하면,

$$[S_0 N(d_1) e^{r_c T} - XN(d_2)] e^{-r_c T} = S_0 N(d_1) - Xe^{-r_c T} N(d_2),$$

즉, 블랙–숄즈–머튼 식이다.

블랙–숄즈–머튼 공식과 유럽식 콜옵션의 하한 제3장에서 유럽식 콜옵션의 하한은 다음과 같았다.

$$Max(0, S_0 - Xe^{-r_c T}).$$

블랙–숄즈–머튼 모형이 이 하한에 부합하기 위해서는, 언제나 이 값보다 낮으면 안 된다. S_0이 매우 클 때, d_1과 d_2는 $+\infty$에 다가가고, $N(d_1)$과 $N(d_2)$는 1.0으로 다가가게 된다. 그럼 블랙–숄즈–머튼 식은 $S_0 - Xe^{-r_c T}$이 된다. S_0이 매우 작을 때는 d_1과 d_2가 $-\infty$에 다가가고, $N(d_1)$과 $N(d_2)$는 0으로 다가간다. 따라서 식의 하한은 $Max(0, S_0 - Xe^{-r_c T})$이 된다. 이 수식의 가능한 가장 작은 값은 0이므로, 공식은 이 수식보다 결코 밑으로 떨어질 수 없다. S_0이 매우 클 때, 공식은 정확하게 하한이 된다.

다음으로 몇몇 변수가 극한값을 가질 때 블랙–숄즈–머튼 식을 분석한다.

T = 0일 때 블랙–숄즈–머튼 공식 블랙–숄즈–머튼 식의 목적은 만기 전 옵션의 가격을 결정하는 것이다. 그러나 만기에서도 옵션가격을 결정하지 않는다면, 공식은 정확한 식이 아닐 것이다. 만기에 콜옵션의 가치는 $Max(0, S_T–X)$이어야 한다. 블랙–숄즈–머튼 식도 이 값을 제시할 것인가? 답은 그렇기도 하지만 그렇지 않기도 하다.

만기로 가서 $T = 0$이고 주가는 S_T라 하자. 먼저, d_1을 보자. 여기서 0으로 나누고 있다. 식을 다음과 같이 정리하자.

$$d_1 = \frac{\ln(S_T/X)}{\sigma\sqrt{T}} + \frac{(r_c + \sigma^2/2)T}{\sigma\sqrt{T}} = \frac{\ln(S_T/X)}{\sigma\sqrt{T}} + \frac{(r_c + \sigma^2/2)\sqrt{T}}{\sigma}.$$

T가 0으로 다가갈 때, 우변의 두 번째 항은 없어진다. 첫 번째 항은 어떻게 되는가? 무한대가 되겠지만, $1 + \infty$가 되는가? 아니면 $2 - \infty$가 되는가? 이는 S_T가 X보다 큰지 작은지에 따라 다르다. 1보다 큰 값의 자연로그 값은 양수이고, 양수이지만 1보다 작은 수의 자연로그 값은 음수이다. (계산기로 계산해보시오.)

따라서 $S_T > X$이라면,

$$S_T/X > 1, \ln(S_T/X) > 0, \text{ 그리고 } d_1\text{은 } +\infty\text{로 다가간다.}$$

$S_T < X$이라면,

$$S_T/X < 1, \ln(S_T/X) < 0, \text{ 그리고 } d_1\text{은 } +\infty\text{로 다가간다.}$$

$S_T = X$이라면,

$$S_T/X < 1, \ln(S_T/X) = 0, \text{ 그리고 } d_1\text{은 } -\infty\text{로 다가간다.}$$

세 번째 상황은 로피탈의 정리(L'Hôpital's rule)이라는 특별한 수학적 방법을 적용해야만 처리할 수 있지만, 이 결과가 크게 중요하지는 않다. 뒤에서 밝혀지겠지만, d_1가 $+\infty$로 접근하는지 또는 $-\infty$로 접근하는 지는 중요하지 않다.

d_1가 $+\infty$로 접근한다면, d_2도 $+\infty$로 접근한다. d_1가 $-\infty$로 접근한다면, d_2도 $-\infty$로 접근한다. d_1와 d_2가 $+\infty$로 다가간다면, $N(d_1)$와 $N(d_2)$는 1.0로 다가간다. d_1와 d_2가 $-\infty$로 다가간다면, $N(d_1)$와 $N(d_2)$는 0으로 다가간다. 그러므로 T가 0일 때, 블랙–숄즈–머튼 식은 다음과 같아진다.

$S_T > X$이라면,

$$S_T/X > 1, \ln(S_T/X) > 0, d_1\text{은 } +\infty\text{로, } d_2\text{은 } +\infty\text{로 다가간다.}$$
$$\text{그리고 } N(d_1)\text{은 1.0로, } N(d_2)\text{는 1.0로 다가간다.}$$
$$\text{또한, } e^{-r_c(0)} = 1 \text{ 이므로, 공식은 } S_T - X\text{이 된다.}$$

소프트웨어 DEMONSTRATION 5.1

엑셀 스프레드시트 BlackScholesMerton Binomial10e.xlsm으로 블랙-숄즈-머튼 가격 계산하기

엑셀 스프레드시트 BlackScholesMertonBinomial10e.xlsm은 엑셀 97-2003통합문서로 저장되어있다. 이항모형과 블랙-숄즈-머튼 옵션가격결정모형을 계산한다. 블랙-숄즈-머튼 모형은 유럽식 콜옵션과 풋옵션가격뿐 아니라, 옵션 "그릭스(Greeks)"으로 알려진 델타, 감마, 세타, 베가(vega), 로(rho)도 제공한다.

이 스프레드시트는 읽기전용이다. 즉, BlackScholesMerton Binomial10e.xlsm의 이름으로 저장할 수 없고 원래의 파일은 보호된다. 그러나 스프레드시트를 읽기전용 기능 없이 로드할 수 있다.

스프레드시트 BlackScholesMertonBinomial10e.xlsm는 제품지원 웹사이트에서 다운로드하여 이용할 수 있다. 접근하기 위해서는 다음을 실행해야 한다.

1. www.cengagebrain.com으로 가서 ISBN 9781305104969를 검색하시오.
2. "Free Materials" 탭을 클릭하고 "Access Now" 을 클릭하시오.
3. BlackScholesMertonBinomial10e. xlsm을 위한 링크를 클릭하시오.
4. 웹페이지의 설명에 따라 다운로드하고 스프레드시트를 설치하시오.

이제 옵션가격을 계산하자. 이 장에서 이용한 옵션, DCRB의 6월 만기 125 콜옵션의 블랙-숄즈-머튼 가격을 찾고 싶다고 하자. DCRB 주가가 $125.94이고 행사가격은 $125, 무위험이자율은 4.46%, 표준편차는 0.83, 그리고 만기까지 기간은 0.0959(만기까지 35일이므로)이다. 주식에 배당은 없다.

다음의 엑셀 화면에는 "Inputs(입력)"이라고 되어있는 부분이 있다. 입력값을 넣는 각 셀은 이중 테두리로 둘러져있으며 값은 파란색이다. 결과셀은 단일 테두리로 되어 있다. 알맞는 셀에 값을 넣자. 정확성을 위해 만기까지 기간은 식, "= 35/365"로 입력하자. 배당수익률과 이산배당(discrete dividend)은 비워두던지 0을 입력하자. 무위험이자율에 대해서는 리스트에서 "continuous"를 선택하라. 무위험이자율은 0.0446 또는 4.46과 같이 소수를 포함하거나 포함하지 않을 수 있다. 변동성과 배당수익률은 같은 방식으로 입력할 수 있다. 스프레드시트는 입력값이 달라질 때마다 자동으로 새로운 값을 계산한다. "Black-Scholes-Merton Model"이라 되어있는 부분에서 답을 확인한다.

본 교재가 제공하는 소프트웨어는 다른 스프레드시트 BlackScholesMertonBinomial10e.xlsm도 있는데, 한 셀 안에 블랙-숄즈-머튼 가격을 계산하는 엑셀함수를 포함한다. 함수를 어떻게 드래그하여 다른 스프레드시트로 옮기는지에 대한 설명이 스프레드시트에서 제시되고 있다.

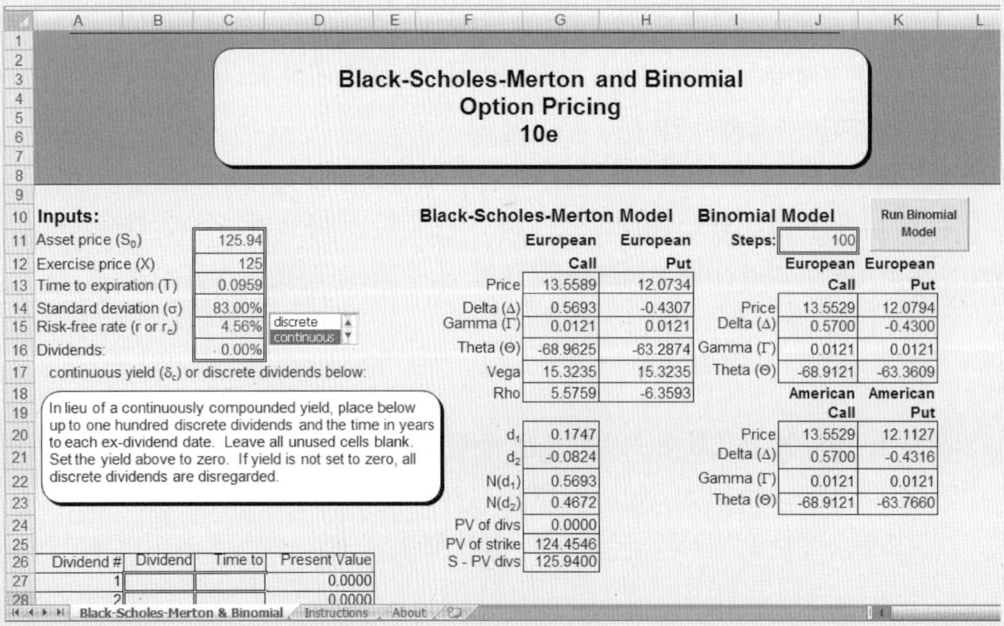

$S_T \leq X$이라면,

$S_T/X > 1$, $\ln(S_T/X) \leq 0$, d_1은 $-\infty$로, d_2은 $-\infty$로 다가간다.
그리고 $N(d_1)$은 0으로, $N(d_2)$는 0으로 다가간다.
또한, 공식은 $0 - 0 = 0$이 된다.

따라서 공식은 $\text{Max}(0, S_T - X)$이 된다. 그러나 공식을 컴퓨터로 프로그래밍하면 0으로 나누는 과정에서 문제가 발생할 것이다. $T = 0$ 인 경우 특별하게 인식하도록 코딩을 해서 공식이 $\text{Max}(0, S_T - X)$이 되도록 해야 한다.

$S_0 = 0$일 때 블랙-숄즈-머튼 공식 이제, 만기 전에 주가가 0이 되었다고 가정해보자. 기초자산은 어떻게 되는가? 회복할 기회도 없이 파산이 되어야 한다. 회복할 기회가 있다면, 옵션가격은 0이 아니고 이는 차익거래의 기회를 의미하기 때문이다. 다시 말하면, 기업이 만회할 기회가 있고 주가는 0이라면, 누구나 주식을 보유하길 원할 것이다. 따라서 $S_0 = 0$인 경우는 완전히 파산된 기업의 상황으로 해야 한다. 그리고 이 경우의 콜옵션가치는 0이어야 한다.

d_1에 대한 앞의 식을 다시 보면, 0에 자연로그를 취해야 하지만 그러한 수는 없다. 그러나 $S_0 < X$일 때, S_0/X의 자연로그는 음수이다. 주가가 0으로 다가가며 하락할수록, S_0/X의 자연로그는 $-\infty$로 다가가고 극한값은 $-\infty$이라 할 수 있다. 그러므로 d_1와 d_2는 $-\infty$로 다가가므로, $N(d_1)$와 $N(d_2)$는 0으로 다가간다. 결과적으로 블랙-숄즈-머튼 식도 0이 된다.

$T = 0$ 인 경우와 같이, 이 경우에는 컴퓨터 프로그래밍에서 특별히 코딩을 해야 할 필요가 있다. 그렇지 않으면, 정의되지 않는 $\ln(0/X)$을 단순히 취하게 되고, 진정으로 구하길 원하는 극한값을 알 수 없게 된다.

$\sigma = 0$일 때 블랙-숄즈-머튼 공식 제3장(pp. 104)에서 변동성이 0인 예시를 다루었다. 만약 옵션이 내가격 상태라면, 이는 무이표채와 같았다. 양수의 수익을 지불하고 그 수익은 변하지 않았다. 만약 옵션이 등가격이거나 외가격 상태라면, 이후에 어떤 수익도 없고 현재 그 수익은 0이다. 따라서 변동성이 0라면, S_0이 X보다 크거나 작거나 또는 같은가에 따라 만기시 양수 또는 0의 수익을 반영하는 식이 필요하다.

이제, d_1의 식을 다음과 같이 정리해보자.

$$d_1 = \frac{\ln(S_0/X)}{\sigma\sqrt{T}} + \frac{(r_c+\sigma^2/2)T}{\sigma\sqrt{T}} = \frac{\ln\left(\frac{S_0}{Xe^{-r_cT}}\right)}{\sigma\sqrt{T}} + \frac{(\sigma^2/2)T}{\sigma\sqrt{T}} = \frac{\ln\left(\frac{S_0}{Xe^{-r_cT}}\right)}{\sigma\sqrt{T}} + \frac{\sigma\sqrt{T}}{2}.$$

σ가 0으로 다가갈 때. 두 번째 항은 0으로 가겠지만 첫 번째 항은 어떻게 되는가? 이는 $S_0 > Xe^{-r_cT}$ 인지 아닌지에 따라 달라진다. 만약 $S_0 > Xe^{-r_cT}$라면, 1보다 큰 값에 로그를 취하므로 첫 번째 항은 $+\infty$으로 다가간다. 만약 $S_0 \leq Xe^{-r_cT}$이라면, 0보다 크고 1보다 작은 값에 로그를 취하므로, 로그값은 음수가 된다. 따라서 첫 번째 항은 $-\infty$가 된다. 따라서 $S_0 > Xe^{-r_cT}$라면,

d_1은 $+\infty$로 다가가고, $N(d_1)$과 $N(d_2)$는 1.0로 다가가며, 콜옵션가격은 $S_0 > Xe^{-r_c}$이 된다. 이는 콜옵션 보유자가 만기에 X(현재가치는 Xe^{-r_c})를 지급하고, 현재의 가치가 S_0인 주식을 받으며, 그 가치는 만기에 확실하다는 것을 의미한다. 따라서 현재 콜옵션의 가치는 $S_0 - Xe^{-r_c}$이다.

$S_0 \leq Xe^{-r_cT}$라면,

d_1은 $-\infty$로 다가가고, $N(d_1)$과 $N(d_2)$는 0.0로 다가가며, 콜옵션가격은 0이 된다.

변동성이 0일 때 콜옵션의 가치를 결정하는 데 기준이 되는 내가격 상태라는 조건이 정확하지 않다는 것을 생각하자. 다시 말하면, $S_0 > X$이 아니고 $S_0 > Xe^{-r_cT}$이다. 또한, 이 경우는 컴퓨터 프로그래밍에서 특별한 코딩을 해야 한다는 것도 다시 염두에 두자.

X = 0일 때 블랙–숄즈–머튼 공식 제3장에서 X = 0일 때, 콜옵션은 주식과 동일한 것을 보았다. 따라서 이 경우, 블랙–숄즈–머튼 공식은 S_0으로 접근해야 한다. 이 경우를 알아보는 것은 쉽다. ln(+∞)를 계산하면 +∞이다. 따라서 d_1와 d_2가 $+\infty$로 다가가고, $N(d_1)$와 $N(d_2)$는 1.0으로 다가간다. 그럼 X = 0일 때, 공식은 $S_0 \times 1.0 + 0 \times 1.0 = S_0$ 이 된다. 이 경우도 컴퓨터 프로그래밍에서 특별한 코딩이 필요하다.

r_c = 0일 때 블랙–숄즈–머튼 공식 무위험이자율이 0인 것은 전혀 특별한 상황이 아니다. 이자율이 양수이어야 하는 것은 아니며, 블랙–숄즈–머튼 공식도 특별한 값을 갖지는 않는다.

5–5 블랙–숄즈–머튼 모형의 변수[2]

지금까지 옵션가격에 영향을 미치는 다섯 가지 변수에 대해 배웠다. 이는 (1) 주식가격, (2) 행사가격, (3) 무위험이자율, (4) 만기까지 기간, 그리고 (5) 주식의 변동성 또는 표준편차이다. 블랙–숄즈–머튼 모형에서는, 이 변수들의 값이 달라질 때 옵션가격에 미치는 영향에 대해 알아볼 수 있다. 특히, 몇몇 변수들의 민감도는 매우 중요해서 이를 정량화하고 그리스어 이름이 주어진다. 따라서, 이를 *그릭스(Greeks)*라고 한다.

5–5a 주식가격

상대적으로 높은 주식가격은 높은 콜옵션가격으로 이어진다. 주가가 \$125.94가 아닌, \$130이라고 가정하자. 그럼 $N(d_1)$와 $N(d_2)$는 각각 0.6171과 0.5162가 되고, 결국 C의 가치는 \$15.96이 된다. 이 가치는 앞에서 계산한 \$13.55보다 높다.

2 이 장의 모든 계산은 스프레드시트 BlackScholesMertonBinomial10e.xlsm를 이용하여 이루어졌다. 그리고 6월 만기 DCRB 125 콜옵션은 블랙–숄즈 가격인 \$13.55을 기준치로 하여 시작한다.

주가의 범위에 따른 DCRB 콜옵션의 가치는 그림 5.6에서 제시하고 있다. 이 그래프는 유럽식 콜옵션가격곡선을 보여주는 그림 3.5와 비슷하다.

주가와 콜옵션가격의 관계는 종종 하나의 값으로 표현되는데, 이를 **델타(delta)**라고 한다. 델타는 콜옵션가격을 주가에 대해 미분하여 얻어진다. 그 과정에 대한 수학적 디테일은 다소 기술적이지만, 결과는 꽤 단순하다.

델타는 주가의 작은 변동에 대한 옵션가격의 변동이라 할 수 있다. 블랙-숄즈-머튼 모형의 $N(d_1)$로 계산된다.

$$\text{콜옵션 델타} = N(d_1)$$

$N(d_1)$은 확률이므로, 델타는 0부터 1사이어야 한다.

미적분에 대한 가정으로, 델타는 주가의 미세한 변동에 대한 콜옵션가격의 변동이다. 여기 예시에서 델타는 0.5692이다. 다소 대략적으로 정의하면, 주가 변동에 대해 옵션가격이 56.92% 변한다는 것을 의미한다. 엄밀히 말하면, 이는 주가가 미세하게 변동할 경우에만 정확하다. 예를 들어, 앞에서 주식이 $4.06 변동하여 $130이라면, 콜옵션가격은 $2.41 변동하여 $15.96이 되었다. 그러므로 델타는, 옵션의 주가 민감도의 매우 중요한 척도이지만, 주가가 매우 적게 변동할 때만 정확하다.

델타는 0부터 1 사이의 값을 가진다는 점을 생각해보자. 주가가 행사가격과 비교하여 높을 때, 델타는 1에 가깝다. 주가가 행사가격과 비교하여 낮을 때, 델타는 0에 가깝다. 6월 만기 DCRB 125 콜옵션의 델타와 주가 수준 간의 관계는 그림 5.7에 제시되어 있다.

또한, 시간이 가고 옵션만기가 다가옴에 따라 델타도 변한다. 다시 말하면, 주가가 변하지 않더라도 델타는 변한다. 옵션의 수명이 줄어듦에 따라, 내가격 콜옵션의 델타는 1에 다가가고, 외가격 콜옵션의 델타는 0에 다가간다. 이러한 관계는 그림 5.8에서 보여주고 있다. 그림

그림 5.6 주가와 콜옵션가격의 관계(6월 만기 DCRB 125); $r_c = 0.0446$, $T = 0.0959$, $\sigma = 0.83$

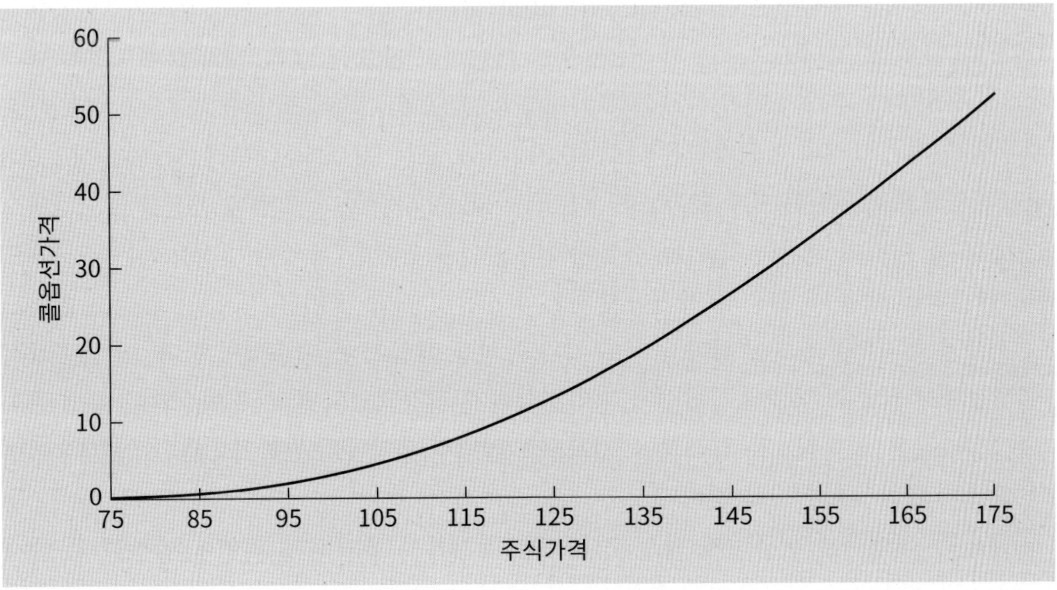

■■ **그림 5.7 주가와 콜옵션 델타의 관계(6월 만기 DCRB 125);** S_0=125.94, r_c=0.0446, σ=0.83

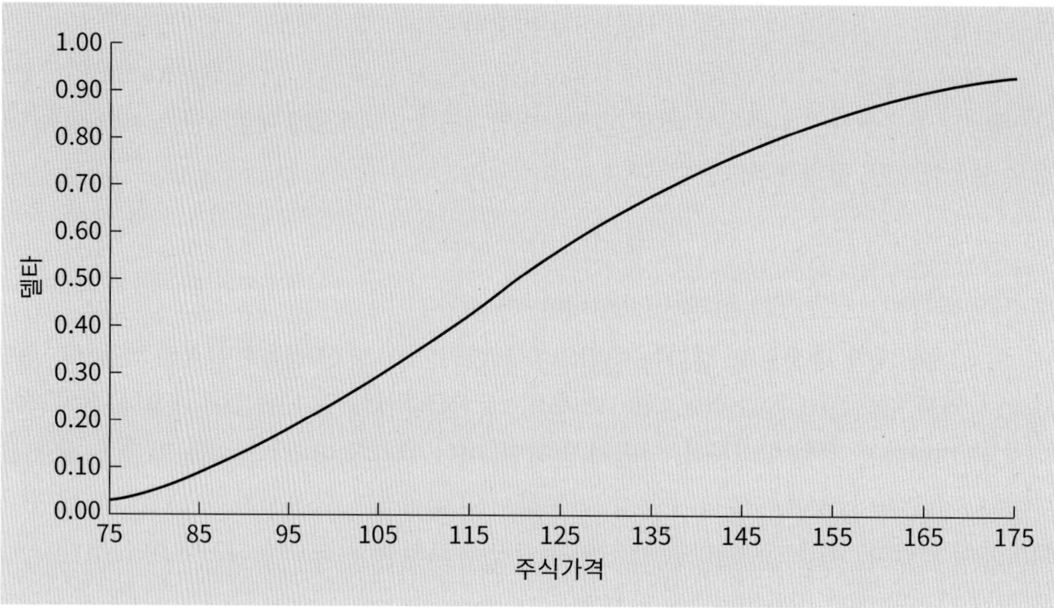

5.8은 주가가 변하지 않는다는 가정 하에, 옵션만기가 다가옴에 따라 두 DCRB 콜옵션의 델타가 어떻게 변하는지 보여준다. 행사가격이 120인 6월 만기 콜옵션은 완전히 내가격 상태이고, 행사가격이 130인 6월 만기 콜옵션은 완전히 외가격 상태이다. 두 옵션의 델타가 만기 1주일 전까지는 천천히 변하지만, 그 뒤에는 빠르게 1.0 또는 0.0으로 수렴한다.

이항모형을 논의하면서 주식 h주를 매입하고 콜옵션 1단위를 매도했었던 방법을 기억해 보자. h에 대한 공식에 따라 1주당 콜옵션의 수를 조정한다면, 무위험헷지가 유지되었다. 블랙–숄즈–머튼 세계에서는 이를 **델타헷지(delta hedge)**라 하며, 이는 연속적으로 이루어져야 한다. 델타헷지된 포지션은 **델타중립(delta neutral)**이라 한다. 예를 들어, 주가가 $125.94라 하자. 델타는 0.5692이었으므로, 주식 569주를 매입하고 콜옵션 1,000 계약을 매도하여 델타헷지를 구성한다. 주가가 약간 하락한다면(예를 들면, $0.01), 주식에서 $0.01×569=$5.69 손실이 발생한다. 그러나 옵션가격은 대략 $0.01×569, 또는 $0.00569 하락한다. 콜옵션 1,000 계약이 있으므로 옵션은 모두 $0.00569×1,000=$5.69 하락한다. 그런데 옵션을 매도하였으므로, $5.69 이익이 발행하고, 이는 주식에서의 손실을 상쇄한다. 가격이 상승하는 경우에도 비슷한 결과를 얻는다. 그러나 가격이 변하거나 시간이 지날 때 (연속적으로) 델타도 변하므로, 새로운 헷지비율을 구성해야 하며 주식과 옵션을 매입 또는 매도해야 한다. 이러한 과정이 적절하게 되었고 처음에 콜옵션가격이 정확하게 결정되었다면, 무위험수익이 발생된다. 물론, 실제로는, 연속적으로 거래할 수 없으므로 완벽한 델타헷지는 불가능하다. 이후에 이점에 대해 더 명확하게 알아볼 것이다.

주가가 미세하게 변동하지 않는 경우 델타헷지에서 추가적인 위험이 발생한다. 예시

그림 5.8 만기까지의 기간(일)과 콜옵션 델타의 관계(6월 만기 DCRB 125); S_0=125.94, r_c=0.0446, σ=0.83

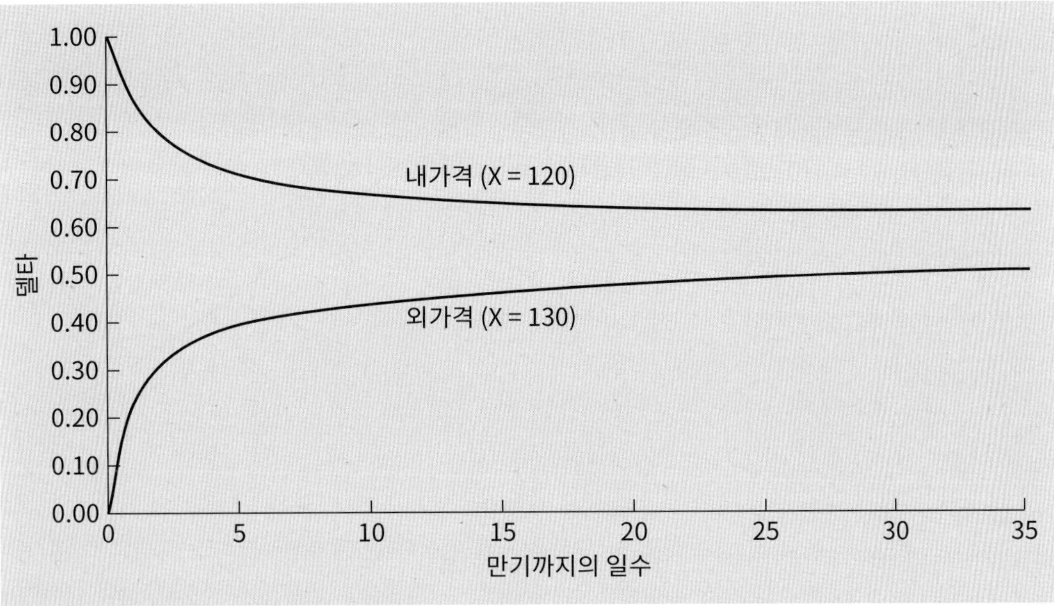

에서처럼, 주가가 $130으로 상승하고 콜옵션가격은 $15.96이 되었다고 가정해보자. 그럼 주식 569주에서 $4.06×569=$2,310의 이익이 발생하고, 콜옵션 1,000계약은 ($15.69 –$13.55)×1,000=$2,410 상승한다. 콜옵션은 매도되었으므로, 전체 포지션은 손실이 발생한다.

감마는 주가변동에 대한 델타의 변동이다. 블랙-숄즈-머튼 모형으로 계산할 수 있다.

이러한 종류의 위험은 옵션의 **감마(gamma)**로 포착할 수 있다. 감마는 주가의 미세한 변동에 대한 델타의 변동이다. 감마에 대한 식은

$$콜옵션\ 감마 = \frac{e^{-d_1^2/2}}{S_0\sigma\sqrt{2\pi T}}.$$

예시에서 주가는 $125.94이므로 감마는 $e^{-(0.1742)^2/2}/(125.94)(0.83)\sqrt{2(3.14159)(0.0959)}$ = 0.0123으로 계산된다. 이는, 주가가 $130으로 오른다면 델타는 0.569에서 0.569+(130–125.94)(0.0123)=0.6189로 된다는 것을 시사한다. 주가가 $130으로 상승한다면, 실제 델타는 0.6171이다. 물론 감마는 델타의 변동에 대한 추정치를 제공할 뿐이지만, 이 경우에 추정치는 꽤 정확하다.

감마가 클수록, 델타는 주가변동에 더 민감하고 델타중립 포지션을 유지하는 것은 더 어렵다. 감마는 언제나 양수로, 주가가 행사가격과 비슷할 때 가장 크다. 그림 5.9와 같이, 주가가 행사가격과 비교하여 높거나 낮을 때, 감마는 0에 가깝다. 옵션이 만기에 가까워짐에 따라 감마는 변한다. 6월 만기 DCRB 125 콜옵션처럼 옵션이 거의 등가격 상태라면, 만기에 내가격 상태일지 외가격 상태일지에 대한 불확실성으로 인해 만기가 다가옴에 따라 감마는 급격

■■ 그림 5.9 주가와 콜옵션 감마의 관계(6월 만기 DCRB 125); $r_c = 0.0446$, $T = 0.0959$, $\sigma = 0.83$

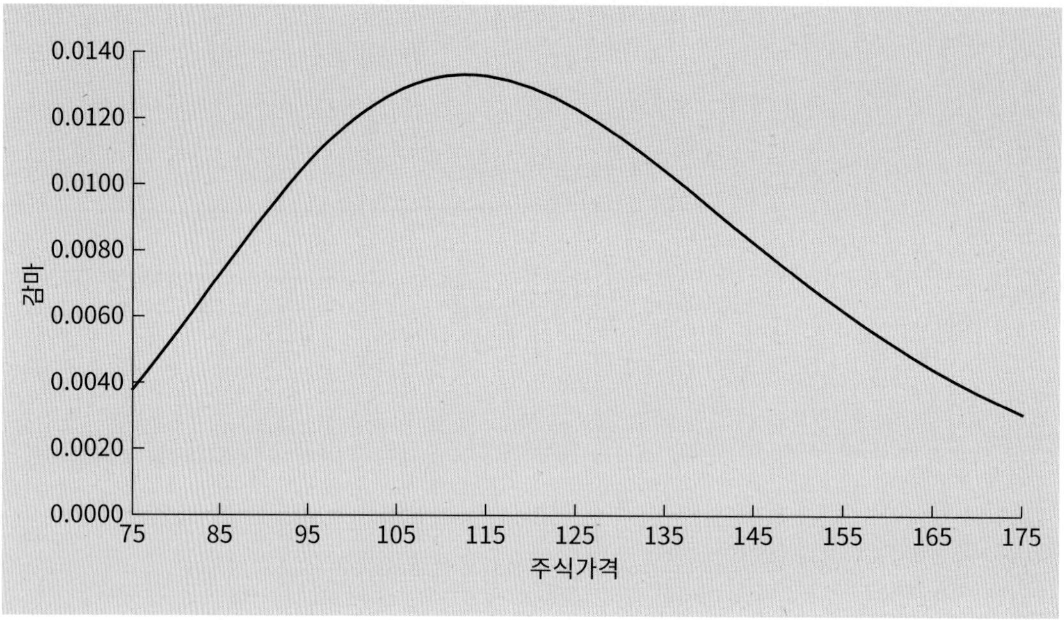

■■ 그림 5.10 만기까지의 기간(일)과 콜옵션 감마의 관계(6월 만기 DCRB 125); S_0=125.94, r_c=0.0446, σ=0.83

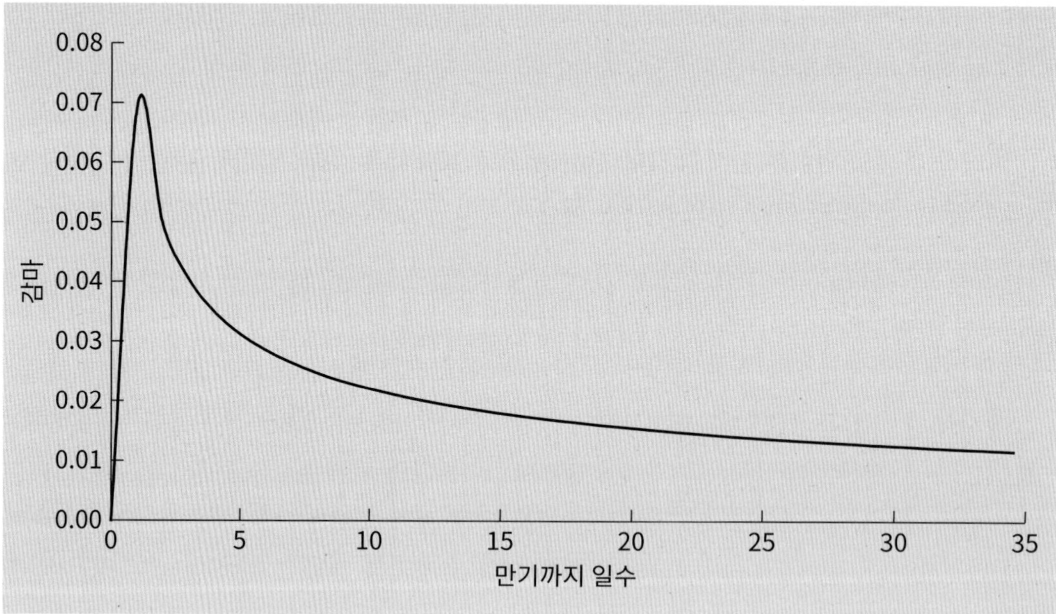

히 증가한다. 이는 그림 5.10에서 제시하고 있다.

감마는 델타의 불확실성을 보여준다는 것을 기억하자. 감마가 크면 델타는 비교적 빠르게 변동하고 큰 주가변동에 더 민감하게 되므로 델타헷지가 어려워진다. 이 장의 뒷부분에서 이 문제에 대한 본질과 해결책을 더 명확하게 살펴볼 것이다.

5-5b 행사가격

이제 행사가격을 $130으로 바꿔보자. 이는 콜옵션의 가치를 하락시킨다. 구체적으로, 6월 만기 행사가격 130 콜옵션을 분석해보자. 주가는 $125.94라고 하는 등, 다른 모든 값들은 원래 값과 동일하다고 한다. d_1과 d_2의 값은 각각 0.0217과 −0.2353이다. 정규확률은 0.5087과 0.4070이고 결과적으로 콜옵션가격은 $11.38이다. 이는 처음 $13.55보다 낮다.

행사가격의 미세한 변동에 대해 콜옵션가격은 식 $-e^{-r_cT}N(d_2)$에 따라 음의 방향으로 변동한다. 그러나 특정 옵션의 행사가격은 변하지 않기 때문에, 이러한 개념은 다른 행사가격을 갖는 콜옵션의 가치를 비교할 경우에만 의미가 있다.[3] 이 경우 행사가격의 차이가 너무 커서, X가 미세하게 변동할 때만 해당되는 앞의 공식을 적용할 수 없을 것이다.

5-5c 무위험이자율

제3장에서는 옵션의 경계조건을 분석하기 위해 무위험이자율이 어떻게 되어야 하는지 살펴보았다. 블랙-숄즈-머튼 체계에서, 무위험이자율은 연속복리 이자율로 표현되어야 한다.

앞에서 단순 또는 이산 주식수익률과 연속복리 또는 로그주식수익률의 차이를 살펴보았다. 이자율에 대해서도 비슷하게 구별된다. 단순 또는 이산 무위험이자율은 연간복리로만 가정한다. 연속복리 이자율은 이자가 연속적으로 지급된다고 가정한다. 단순 이자율은, 단순 이자율에 1을 더하고 자연로그를 취하여 연속복리 이자율로 전환될 수 있다. 예를 들어 단순 이자율이 6%라면, 1년 동안 $100을 6%에 투자하여 $106이 된다. 이에 상응하는 연속복리 이자율은 ln(1.06)=0.0583이다. 따라서, $100을 연속복리로 5.83%에 투자하면 1년 뒤에 $106이 된다. 연속복리 이자율은 언제나 단순 이자율보다 낮다. 연속복리 이자율을 단순 이자율로 전환하기 위해서는, 로그함수의 역함수인 지수함수를 이용한다(즉, $e^{0.0583}-1=0.06$).

앞의 문제에서 무위험이자율은 4.46%이었다. 이는 ln(1.0456)에서 얻은 것이고, 0.0456은 제3장에서 계산한 단순 이자율이다. 블랙-숄즈-머튼 공식은 연속복리를 필요로 하기 때문에, 이자율을 r_c라 명시한다. C에 대한 식에서, 무위험이자율이 연속복리일 때 행사가격의 현재가치는 Xe^{-r_cT}으로 계산한다. r은 이산 이자율일 때, $X(1+r)^{-T}$을 이용하여 동일한 값을 얻었다.

연속복리 이자율에 대한 DCRB 콜옵션의 가치는 그림 5.11에서 제시하고 있다. 콜옵션가격은 무위험이자율에 대해 거의 선형이고, 이자율의 범위가 상당히 넓은 동안에도 콜옵션가격은 많이 변하지 않는다. 예를 들어, 무위험이자율이 4.46%일 때 콜옵션가격은 $13.55이다. 만약 무위험이자율을 12%로 크게 증가시켜도, 콜옵션가격은 겨우 $13.98로 증가한다. 무위험이자율에 대한 콜옵션가격의 민감도는 **로(rho)**라고 하며, 식은 다음과 같다.

$$\text{콜옵션 로} = TXe^{-r_cT}N(d_2).$$

로는 무위험이자율 변동에 대한 콜옵션가격의 변동이다. 블랙-숄즈-머튼 모형으로 계산할 수 있다.

무위험이자율이 4.46%이었던 원래 문제에서 로는 $0.0959 \times 125e^{-0.0446 \times 0.0959} = 5.57$이다.

3 행사가격이 무작위로 변동하는 옵션을 만드는 것은 가능하지만, 본 교재 수준에서는 이를 다루지 않는다.

무위험이자율이 0.0446에서 0.12로 상승했다면, 로가 예상하는 콜옵션가격 변동은 (0.12–0.0446)×5.57=0.42이다. 실제 변동은 $13.98–$13.55=$0.43이다. 옵션가격과 무위험이자율은 선형에 가까운 관계를 가지기 때문에, 로는 이자율변동에 대한 옵션의 꽤 정확한 민감도 척도가 된다.

그림 5.11 무위험이자율과 콜옵션가격의 관계(6월 만기 DCRB 125); $r_c = 0.0446$, $T = 0.0959$, $\sigma = 0.83$

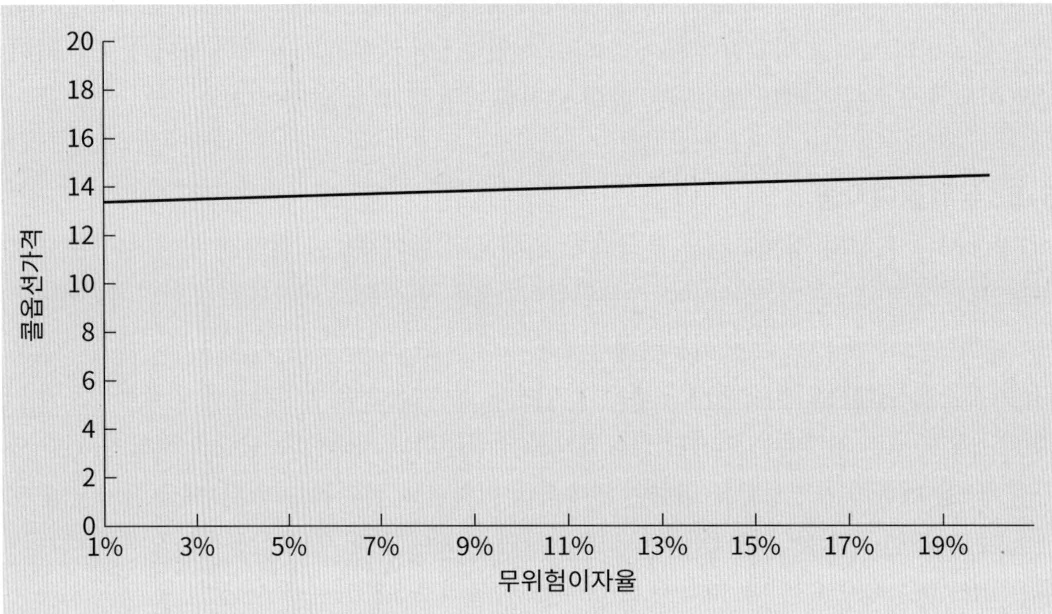

그림 5.12 주가와 콜옵션 로의 관계(6월 만기 DCRB 125); $r_c = 0.0446$, $T = 0.0959$, $\sigma = 0.83$

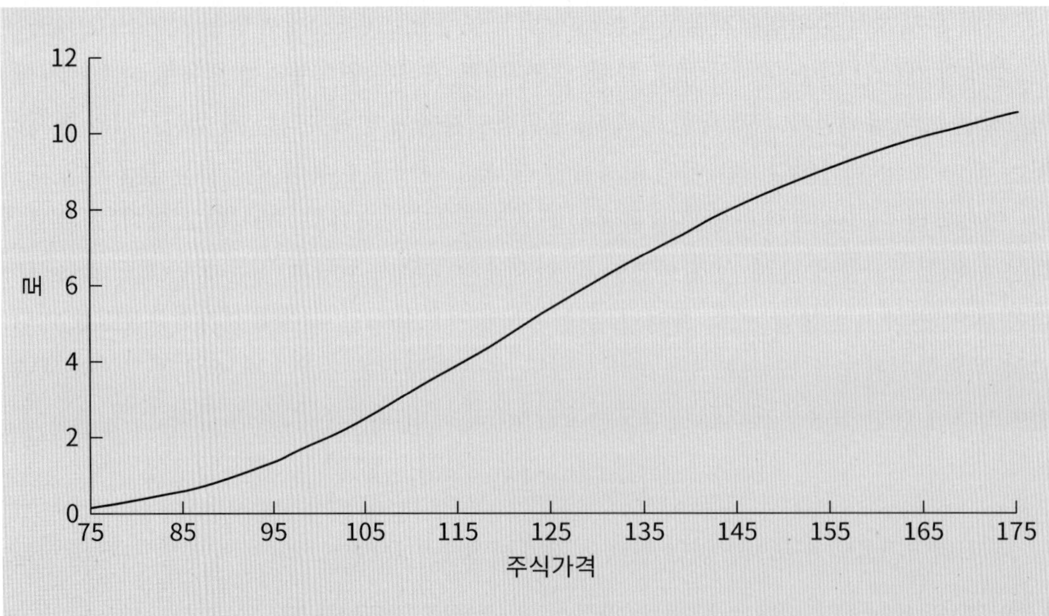

그러나 블랙-숄즈-머튼 모형에서, 옵션의 총 기간 동안 이자율이 변하지 않는다고 가정한 것을 기억하자. 이자율변동의 효과를 정확하게 파악하기 위해서는 더 정교한 모형들이 필요하다.

또한, 로는 주가의 수준에 따라 변한다. 그림 5.12에서 제시하는 바와 같이, 주가가 높을수록 로도 높다.

5-5d 변동성(또는 표준편차)

제3장에서 다루었던 변동성(또는 표준편차)은 옵션가치결정에서 중요한 변수이다. 블랙-숄즈-머튼 모형에서 변동성은 주식의 연속복리 수익률의 표준편차이다. 변동성은 유일한 관찰 불가능한 변수이기 때문에, 이 값을 추정하는 방법은 뒷장에서 다룬다.

그림 5.13은 변동성에 대한 옵션가격을 보여주고 있다. 내가격, 등가격, 또는 외가격 콜옵션은 각각 변동성에 따라 다소 다르게 행동하기 때문에, 행사가격이 $120, $125, $130인 옵션에 대한 그래프를 제시하였다. 변동성이 0.83일 때, 행사가격이 125인 콜옵션의 가격은 $13.55인 것을 기억해보자. 변동성이 0.90으로 증가하면, 콜옵션가격은 약 $14.62이다. 변동성이 0.75로 낮아지면, 콜옵션가격은 약 $12.33이다. 변동성은 적게 변동하는 것과 비교하면 콜옵션가격은 꽤 크게 변동한다.

변동성의 미세한 변화에 대한 콜옵션가격의 민감도는 베가(vega)라고 하고, 식은 다음과 같다.[4]

그림 5.13 변동성과 콜옵션가격의 관계(6월 만기 DCRB 125); S_0=125.94, r_c=0.0446, T=0.0959

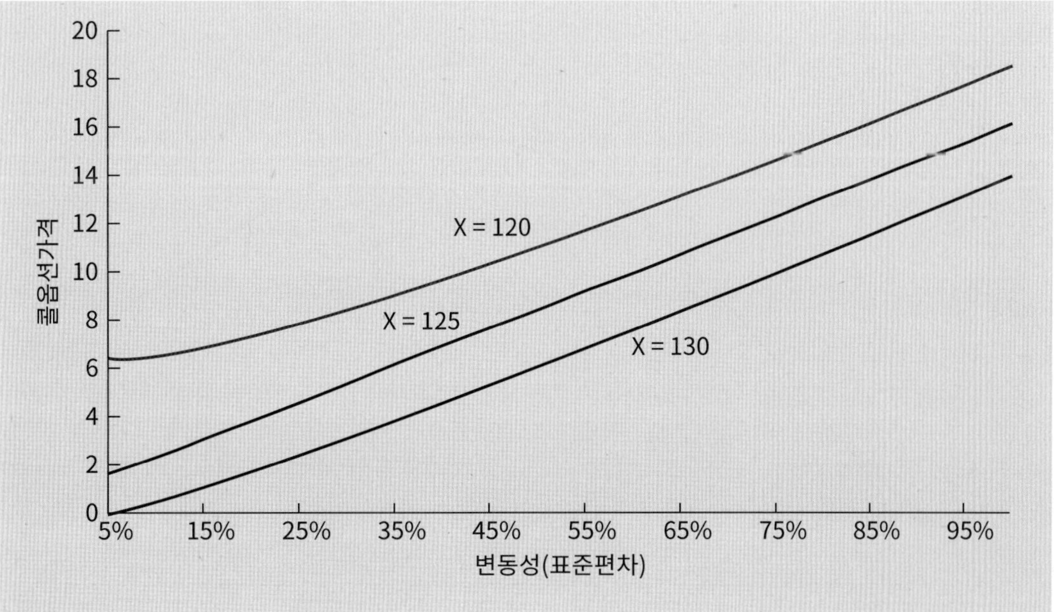

4 베가는 보통 옵션 그릭스의 하나로 포함되지만, 베가라는 단어는 델타, 감마, 세타, 로와 달리 실제 그리스어는 아니다. 누군가 변동성(volatility)에서 v를 연관짓고 단순히 베가로 명명하였다고 한다. 이 효과를 실제 그리스어로 표현하기 위해, **카파(kappa)**나 **람다(lambda)**라고 부르기도 한다.

$$콜옵션\ 베가 = \frac{S_0\sqrt{T}e^{-d_1^2/2}}{\sqrt{2\pi}}.$$

베가는 변동성 변화에 대한 콜옵션가격의 변동이다. 블랙-숄즈-머튼 모형으로 계산할 수 있다.

원래 문제에서 베가는 $125.94\sqrt{(0.0959)}e^{-(0.1743)^2/2}/\sqrt{2(3.14159)}=15.32$ 이다. 이는 변동성이 미세하게 변한다면(예를 들면, 0.01), 콜옵션가격은 15.32×0.01=0.15 만큼 변한다는 것을 의미한다. 변동성이 0.01 증가하여 0.84가 된다면 실제 콜옵션 변동은 0.16이 될 것이다. 만약 변동성이 0.12 증가하여 0.95가 된다면, 베가는 콜옵션가격이 15.32×0.12=1.84만큼 증가할 것으로 예측한다. 이때, 실제 콜옵션가격은 $15.39이며, $15.39–$13.55=$1.84 만큼 증가하였다. 이러한 정확성은 그림 5.13에서 보여주는 것처럼, 옵션이 거의 등가격 상태일 때 변동성과 옵션가격은 선형관계에 가깝다는 사실에서 기인한다. 이 결과는 뒷장에서 유용할 것이다. 그러나 그림 5.13과 같이, 옵션이 등가격 상태가 아니라면, 선형관계가 상당히 약해지고 베가는 변동성 변화의 모든 위험을 포착하지 못한다.

그림 5.14는 6월 만기 DCRB 125 콜옵션의 주가 수준에 대해 베가가 어떻게 변동하는지 제시하고 있다. 주가가 행사가격에 가까워질 때, 베가는 가장 크며, 이는 옵션가격이 변동성 변화에 대해 더 민감해진다는 것을 의미한다. 주가가 행사가격에 비해 크거나 작을 때는 베가가 가장 작으며 옵션가격은 변동성 변화에 대해 덜 민감해진다.

그림 5.14 주가와 콜옵션 베가의 관계(6월 만기 DCRB 125); $r_c = 0.0446$, $T = 0.0959$, $\sigma = 0.83$

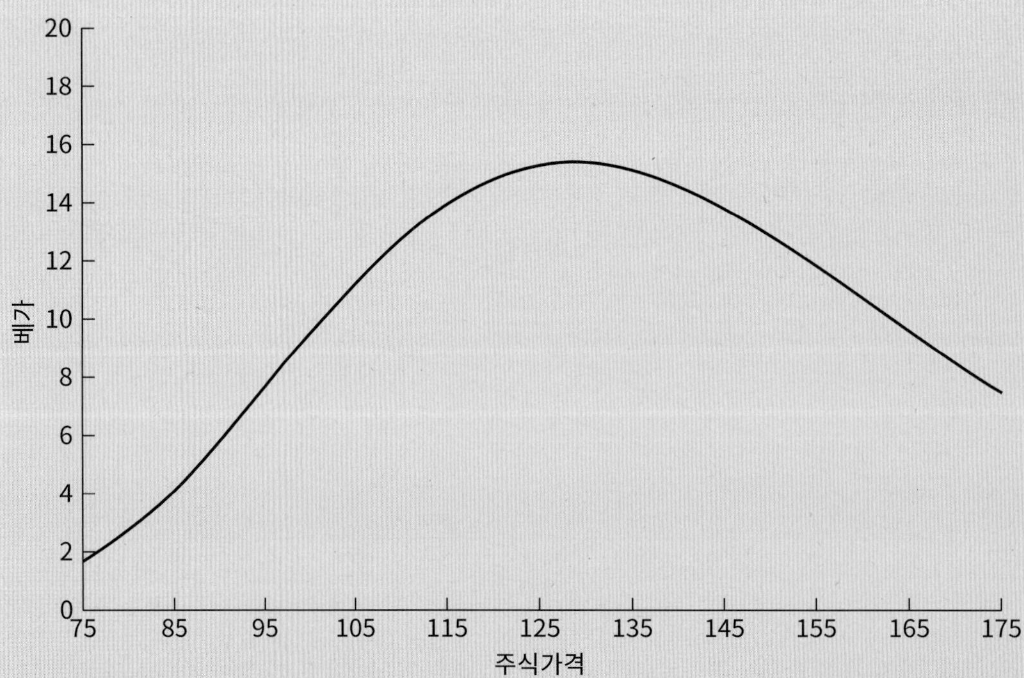

옵션의 가격도(moneyness)에 상관없이, 그리고 변동성 변화의 크기에 상관없이, 옵션은 여전히 변동성 변화에 상당히 민감하다. 블랙-숄즈-머튼 모형에서는, 옵션 만기 전에 실제로 변동성이 변하는 것을 허용하지 않는다. 그렇지만, 이 현상을 설명하는 다른 복잡한 모형들이 존재한다. 그럼에도 불구하고, 블랙-숄즈-머튼 모형을 이용하는 옵션거래자들은 변동성이 변한다는 개념을 여전히 고려한다. 이러한 베가 위험은, 베가 위험에 기반하여, 다른 자산(다른 콜옵션 같은)의 반대포지션을 이용하여 헷지할 수 있다.

5-5e 만기까지 기간

옵션가격과 만기까지 기간 간의 관계는 그림 5.15에서 제시하고 있다. 그래프는 오른쪽에서 왼쪽으로 봐야 한다. 제3장에서 논의한 바와 같이, 시간이 지남에 따른 콜옵션가치의 하락을 시간가치소멸이라고 한다. 시간가치소멸의 속도는 옵션의 세타(theta)로 측정하며 식은 다음과 같다.

$$\text{콜옵션 세타} = -\frac{S_0 \sigma e^{-d_1^2/2}}{2\sqrt{2\pi T}} - r_c X e^{-r_c T} N(d2).$$

그림 5.15 만기까지의 기간(일)과 콜옵션가격의 관계(6월 만기 DCRB 125); S_0=125.94, r_c=0.0446, T=0.0959, σ=0.83

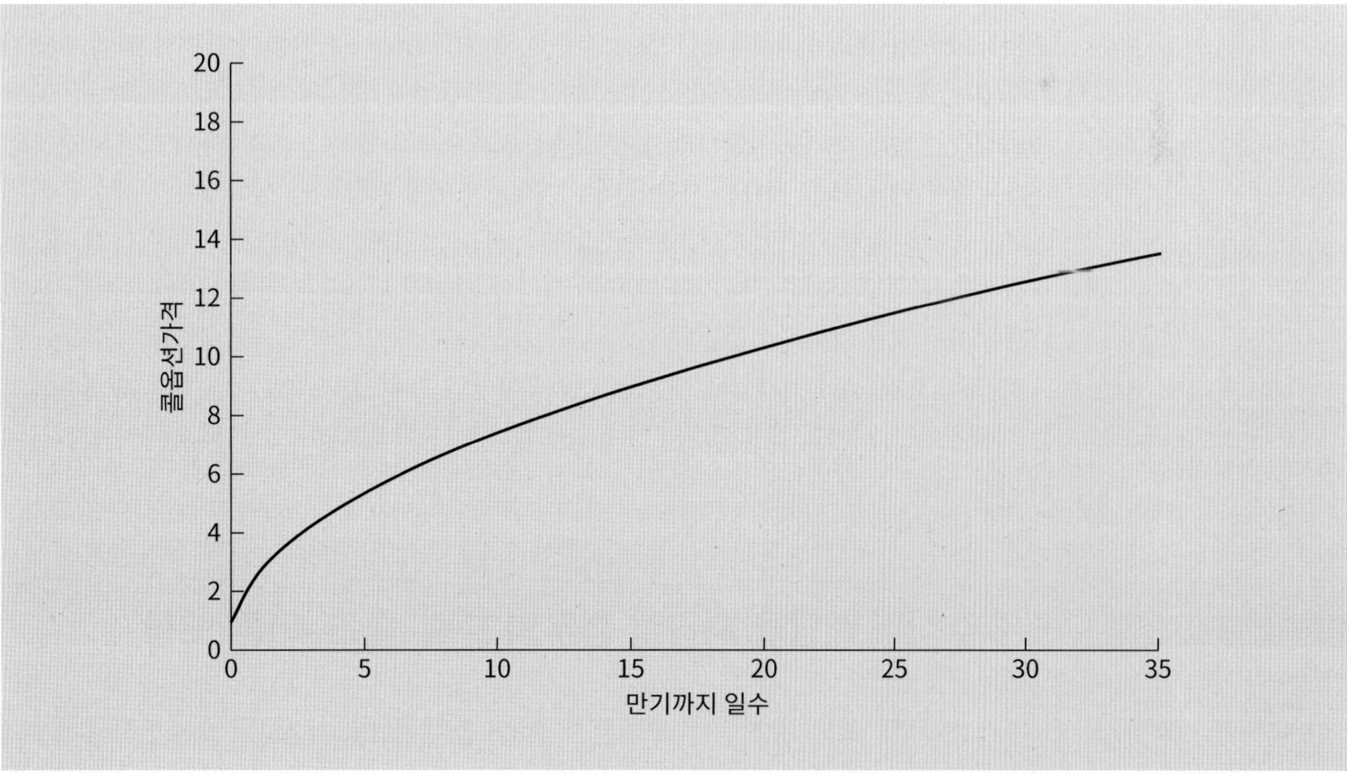

그림 5.16 주가와 콜옵션 세타의 관계(6월 만기 DCRB 125); $r_c = 0.0446, T = 0.0959, \sigma = 0.83$

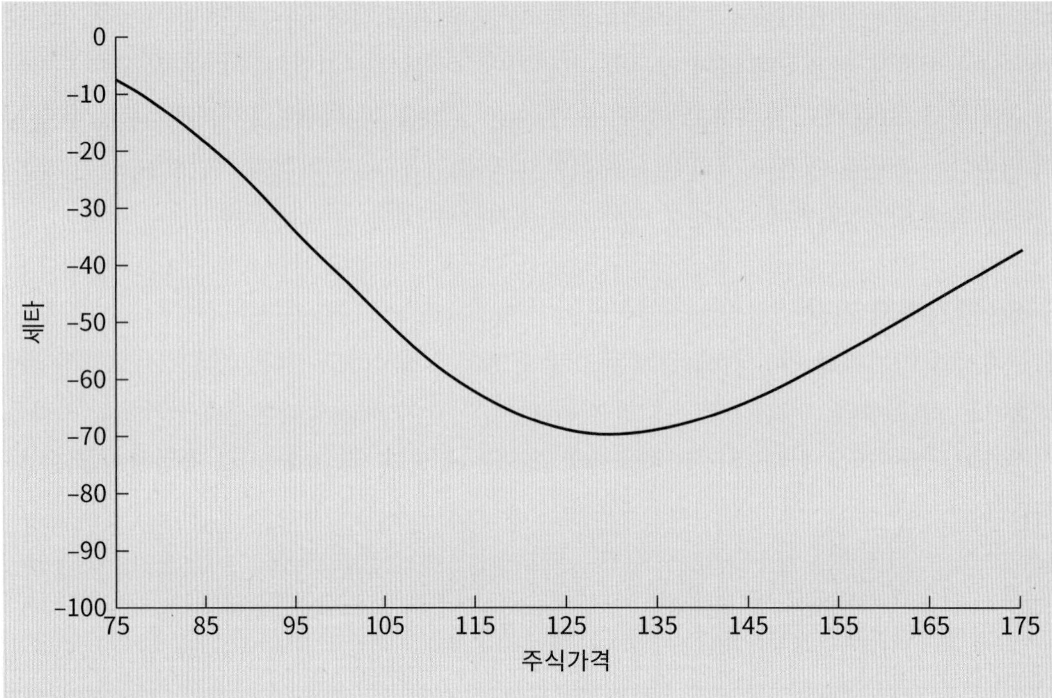

6월 만기 125 옵션에 대해, d_1는 0.1743, $N(d_2)$은 0.4670, 세타는 $-125.94(0.83)e^{-(0.1743)^2}/2\sqrt{2(3.1459)(0.0959)}-(0.0446)125e^{-0.0446(0.0959)}(0.4670) = -68.91$이다. 1주일 뒤에는 만기까지 기간이 0.0959에서 28/365=0.0767이 되고, 옵션가격은 (0.0959–0.0767)(–68.91)= –$1.32만큼 변할 것으로 예상된다. 실제 가격은 $12.16으로 변하고, 변화량은 $12.16–$13.55 =–$1.39이 된다. 물론, 세타는 시간이 매우 미세하게 변할 때만 가장 정확하지만, 예상된 가격 변화는 여전히 실제 가격 변화에 매우 근접하다. 시간 그 자체는 위험의 원천이 아니기 때문에 시간 변화에 대해 걱정한다는 것은 말이 안 되지만, 당연히 이는 시간가치소멸의 속도를 알 필요가 없다는 것을 의미하진 않는다.

세타는 시간의 변동에 대한 콜옵션가격의 변동이다. 이는 시간가치소멸로 나타내고, 블랙-숄즈-머튼 모형으로 계산할 수 있다.

그림 5.16은 세타가 주가에 대한 u 모양의 함수인 것을 보여준다. 이는 외가격 콜옵션과는 정관계이고, 내가격 콜옵션과는 역의 관계이다. 시간가치소멸의 속도는 등가격 콜옵션에서 가장 크다.

TECHNICAL NOTE

블랙-숄즈-머튼 모형의 파생
www.cengagebrain.com을 방문하여 ISBN 9781305104969를 검색하시오.

5-6 주식이 배당을 지급할 경우의 블랙-숄즈-머튼 모형

지금까지 살펴본 블랙-숄즈-머튼 모형은 DCRB과 같이 배당을 지급하지 않는 주식에 적용되었다. 제3장에서 알아본 것처럼, 배당은 콜옵션의 가격을 감소시키고 미국식 옵션이라면 조기행사를 유도할 수도 있다. 유럽식 옵션에 대해 배당을 블랙–숄즈–머튼 모형에 포함하는 것은 어렵지 않다. 몇 개의 접근법이 제안되었는데, 더 우수하다고 증명된 것은 없다. 여기에서는 두 가지 방법을 논의할 것이다.

5–6a 알려진 이산배당

옵션의 전체 기간 동안, 주식은 특정 시점에 D_t의 배당을 지급한다고 가정하자. 이 배당은 배당락일로 정의된 시점 t 이후에 지급가능하다. 배당은 확실히 알려져 있다고 가정한다. 주가를 약간 조정하면, 블랙–숄즈–머튼 모형은 이러한 옵션의 가격결정에 적용될 수 있다.

이 조정은 전에 여러 번 수행했었다. 즉, 주가에서 배당의 현재가치를 차감하고, 공식에 수정된 주가를 이용한다. 블랙–숄즈–머튼 공식에서의 주가를 S_0'라 하고, $S_0' = S_0 - D_t e^{-r_c T}$라 정의한다. 옵션의 기간 동안 다른 배당이 있다면, 그 배당의 현재가치 또한 주가에서 차감한다.

블랙–숄즈–머튼 모형은 알려진 이산배당이 있는 주식에 대한 유럽식 콜옵션의 가격을, 주가에서 배당의 현재가치를 차감함으로서 결정할 수 있다.

앞에서 언급한 바와 같이, DCRB 주식은 배당을 지급하지 않는다. 그렇지만 설명을 위해,

표 5.3 알려진 이산배당이 있을 때 블랙–숄즈–머튼 모형의 계산

$S_0 = 125.94$ $X = 125$ $r_c = 0.0446$ $\sigma = 0.83$ $T = 0.0959$

주당배당금은 2, 배당락일(6월 4일)은 21일 후(현재 5월 14일)

1. 배당금 결정.

$$D_t = \$2$$

2. 배당락일까지 기간 결정.

$$21\text{일 이므로 } t = 21/365 = 0.0575$$

3. 주가에서 배당의 현재가치 차감하여 S_0'로 함

$$\$125.94 - 2e^{-0.0446(0.0575)} = \$123.9451$$

4. S_0를 S_0'로 대제하여 d_1 계산.

$$d_1 = \frac{\ln(123.9451/125) + [0.0446 + (0.83)^2/2]0.0959}{0\ 83\sqrt{0.0959}} = 0.1122$$

5. d_2 계산.

$$d_2 = 0.1122 - 0.83\sqrt{0.0959} = -0.1449$$

6. $N(d_1)$ 찾기.

$$N(0.11) = 0.5438$$

7. $N(d_2)$ 찾기.

$$N(-0.14) = 1 - N(0.14) = 1 - 0.5557 = 0.4443$$

8. S_0 대신 S_0'를 이용하여, C의 식에 대입.

$$C = 123.9451(0.5438) - 125e^{-0.0446(0.0959)}(0.4443) = 12.10$$

이제 주식은 배당 $2를 지급하고, 배당락일은 21일 뒤인 6월 4일이라고 가정한다. 다른 모든 변수들은 동일하다. 블랙-숄즈-머튼 가격을 계산하는 과정은 표 5.3에서 제시하고 있다. 여기서 콜옵션가격은 기대한 것처럼 더 낮다.

소프트웨어 Demonstration 5.1에서 설명한 엑셀 스프레드시트 BlackScholesMerton Binomial10e.xlsm에서는 알려진 이산배당을 100까지 입력할 수 있다. 간단히 배당 금액과 배당락일까지의 연수(year)를 입력한다. 배당수익률을 입력하지 않아야 한다. 배당수익률을 입력했다면, 소프트웨어는 이산배당을 무시하고, 배당수익률을 이용할 것이다. 배당 $2가 있는 6월 만기 DCRB 125 콜옵션에 대해, 스프레드시트는 더 정확한 답, $N(d_1) = 0.5447$, $N(d_2) = 0.4424$, $C = \$12.44$을 제시한다.

5-6b 알려진 연속 배당수익률

배당을 고려하기 위해 블랙-숄즈-머튼 식을 조정하는 문제에 대한 다른 접근법은, 배당은 알려진 수익률로 연속적으로 지급한다고 가정하는 것이다. 이 방법은 배당이 연속적으로 발생한다고 가정하는데, 이는 배당이 끊임없이 지급된다는 것을 의미한다. 연간이자율은 δ_c로 표기한다. 예를 들어 DCRB 주식의 연간 배당수익률은 연속복리로 $\delta_c = 0.04$라고 하자. 현재 주가가 $125.94일 때, 연간배당은 $\$125.94 \times 0.04 = \$5.04$이다. 이 배당은 분기별로 각각 $1.26씩 네 번 분할되어 지급하는 것은 아니다. 매우 작은 간격으로 연속적으로 발생하여 재투자되고 누적되어, 1년 뒤에 $5.04가 된다. 주가는 한 해 동안 변동하기 때문에, 실제 배당은 변할 수 있지만 배당수익률은 일정하게 유지된다. 따라서 여기에서는 배당이 알려졌다는 가정이나 일정하다는 가정이 필요하지 않다. 필요한 것은 오직, 지급된 배당의 배당수익률이 일정하다는 것이다.

블랙-숄즈-머튼 모형은 알려진 연속 배당수익률이 있는 주식에 대한 유럽식 콜옵션의 가격을, 주가를 배당수익률로 할인함으로서 결정할 수 있다.

블랙-숄즈-머튼 모형을 조정하는 과정에서 S_0는 S_0'로 대체되어야 한다. 여기서 $S_0' = S_0 e^{-\delta_c T}$이다. 수식 $S_0(1 - e^{-\delta_c T})$은 배당의 현재가치이다. 이를 S_0에서 차감하면 앞에서 언급한 S_0'이 된다. 이러한 조정으로 주가에서 옵션 만기 전 기간 동안의 배당의 현재가치가 제거된다. 표 5.4는 옵션가격 계산과정을 제시하고 있다. 이로서 배당은 옵션의 가격을 무배당일 경우의 가격보다 낮추는 효과가 있다는 것을 다시 알 수 있다. 물론, 이산배당 조정으로 인한 옵션가격과 연속배당 조정으로 인한 옵션가격이 동일해지는 지는 확실하지 않다. DCRB 주식은 배당을 지급하지 않으므로 여기서의 배당금과 배당수익률은 설명을 위해 단지 가정된 것이고 동일해지도록 의도되지는 않았다.

연속배당의 가정은 대부분의 주식옵션에서 비현실적이다. 그러나 정확한 배당금을 계산하는 것 대신에 하나의 배당수익률 수치를 이용하는 것이 편리하기 때문에 다양한 목적을 위해 이용된다. 그렇지만 대부분의 주식옵션은 만기 전 기간 동안 배당이 지급되는 경우가 매우 적다. 그래서 이산배당으로 조정하는 것은 그리 어렵지 않다. 그러나 지수옵션의 경우 배당수익률을 이용하는 것이 선호된다. 지수에 편입된 주식의 배당은 거의 연속적으로 지급될 것이

표 5.4 연속배당이 있을 때 블랙-숄즈-머튼 모형의 계산

$S_0 = 125.94 \quad X = 125 \quad r_c = 0.0446 \quad \sigma = 0.83 \quad T = 0.0959 \quad \delta_c = 0.04$

1. 주가에서 배당의 현재가치 차감하여 $S_0' = S_0e^{-\delta_c T}$로 함.

$$\$125.94e^{-0.04(0.0959)} = \$125.4578$$

2. S_0를 S_0'로 대체하여 d_1 계산.

$$d_1 = \frac{\ln(125.4578/125) + [0.0446 + (0.83)^2/2]0.0959}{0\ 83\ \sqrt{0.0959}} = 0.1594$$

3. d_2 계산.

$$d_2 = 0.1594 - 0.83\sqrt{0.0959} = -0.0976$$

4. $N(d_1)$ 찾기.

$$N(0.16) = 0.5636$$

5. $N(d_2)$ 찾기.

$$N(-0.10) = 1 - N(0.10) = 1 - 0.5398 = 0.4602$$

6. S_0 대신 S_0'를 이용하여, C의 식에 대입.

$$C = 125.4578(0.5636) - 125e^{-0.0446(0.0959)}(0.4602) = 13.43$$

다. 따라서 매일의 배당금을 정확하게 알기 어렵다.[5]

소프트웨어 Demonstration 5.1에서 설명한 엑셀 스프레드시트 BlackScholesMerton Binomial10e.xlsm에서는 옵션가격 계산 시 연속 배당수익률 또는 외국의 이자율을 입력할 수 있다. 여기서 배당수익률이 4%인 6월 만기 DCRB 125 콜옵션의 가격은 $13.28이다. 그런데, 표 5.2에서 무배당의 경우 직접 계산하면 가격은 $13.21이었다. 아마도 표 5.4의 결과로, 배당은 콜옵션의 가격을 증가시킨다고 잘못 판단할 수 있다. 그러나 이는 사실이 아니다. 소프트웨어 Demonstration 5.1의 결과에 따르면 , 무배당 콜옵션의 가치는 $13.55이다. 따라서 배당은 콜옵션의 가치를 감소시키는 효과가 있다.

5-6c 블랙-숄즈-머튼 모형과 통화옵션

제3장과 4장에서 배당이 있는 주식은 이자를 지급하는 통화와 비슷하다는 것을 관찰하였다. 결과적으로 배당을 기초주식에 포함시키는 옵션가격결정모형은 통화옵션의 가격결정에 쉽게 적용될 수 있다. 통화는 이자를 연속복리 ρ_c로 지급한다는 가정 하에서, 연속배당이 있는 블랙-숄즈-머튼 모형은 δ_c를 ρ_c로 대체하여 이용될 수 있다. 이 모형은 가먼-콜하겐 모형(Garman-Kohlhagen model)이라고도 하는데 블랙-숄즈-머튼 모형이 통화옵션에 적용될 수 있음을 처음 인식한 두 사람의 이름을 따왔다. 마지막의 연습문제에서 이 결과를 적용하

5 배당과 배당락일은 몇몇의 데이터서비스에서 무료로 이용할 수 있다. 예를 들어 www. ex-dividend.com이 있다.

는 문제를 볼 수 있다.

외국의 이자율은 옵션의 미래수익을 할인하는데 이용되지 않음을 알아야 한다. 외국의 이자율은 외국 통화를 보유하면서 얻을 잠재적인 추가 이익을 고려하는데 이용된다. 따라서 ρ_c는 δ_c을 대체하는 데에만 이용된다.

5-7 블랙-숄즈-머튼 모형과 미국식 콜옵션에 대한 이해

여기서는 미국식 옵션의 가격결정에 블랙-숄즈-머튼 모형을 적용하기 위해 어떤 조정을 할 필요는 없다. 그러나 블랙-숄즈-머튼 모형을 통해, 왜 콜옵션이 조기행사될 수 있는지 더 잘 이해할 수 있다.

DCRB 옵션을 고려해보자. 옵션은 완전히 내가격 상태에 있고 행사가격은 120, 만기는 6월이다. 블랙-숄즈-머튼 모형과 스프레드시트 BlackScholesMertonBinomial10e.xlsm을 이용하면, 이 옵션의 가치는 $16.03이라는 것을 알 수 있다. 상황을 살짝 바꿔서, 곧 배당락일이 된다고 하자. 배당락일 전에 옵션을 행사하는 것이 바람직하기 위해서는, 배당은 얼마여야 하는가? 이 배당은 옵션만기 전 주식이 지급할 마지막 배당이라고 가정하자. 그럼 배당락일 이후에는 옵션가격결정에 블랙-숄즈-머튼 모형을 문제없이 이용할 수 있다.

표 5.5에서 배당을 $5부터 $25까지 $5씩 증가시켰다. 배당락일일 때, 주가는 배당금만큼 감소할 것이다. 배당락일이 되면 남은 옵션 기간 동안 배당은 없으므로 블랙-숄즈-머튼 모형은 콜옵션가격을 정확하게 결정할 수 있다는 것을 기억하면, 배당락일일 때 블랙-숄즈-머튼 모형을 이용하여 옵션가치를 계산할 수 있다. 배당락일 직전에 옵션을 행사하여 얻는 가치는 항상 내재가치이고, 여기서는 $5.94이다. 배당락일이 되면 주가는 배당금만큼 떨어진다. 세

표 5.5 조기행사 결정

S_0=125.94	X=120	r_c=0.0446	σ=0.83	T=0.0959
배당		행사 시 옵션가치 [1]	배당락일 옵션가치 [2]	행사하는가?
0		5.94	16.03	No
5		5.94	13.03	No
10		5.94	10.35	No
15		5.94	7.99	No
20		5.94	5.98	No
25		5.94	4.32	Yes

1 배당락일 전 내재가치

2 배당락일 주가 $125.94에서 배당을 뺀 값으로 블랙-숄즈-머튼 모형을 이용하여 계산됨

번째 열은 콜옵션의 배당락일 가격을 보여준다. 내재가격이 배당락일 옵션가치보다 높다면 옵션 조기행사할 것이다. 여기서는 배당이 $20과 $25 사이일 때 조기행사가 바람직하다. 이 값은 주가의 약 20% 정도로, 배당이 유난히 높다. 그러므로 DCRB 옵션이 미국식이라면, 조기행사될 가능성이 적다. 그 주요 원인은 DCRB의 높은 변동성으로, 조기행사 시 옵션보유자는 높은 시간가치를 날리게 된다.

주목할 것은, 배당락일 전 시점에서 옵션가치를 계산하지 않았다는 점이다. 이를 위해서는 미국식 옵션에 대한 가격결정모형이 필요하다. 배당락일 직전, 조기행사할 만큼 배당이 충분히 크지 않다면, 미국식 콜옵션은 유럽식 콜옵션의 가격으로 매도될 것이다. 조기행사가 바람직할 정도로 배당이 충분히 크다면, 미국식 콜옵션의 가격은 내재가치인 $5.94이다. 그러나 배당락 순간의 주가는 알려지지 않았으므로 배당락일 훨씬 전의 옵션가격결정은 매우 어렵다. 따라서 미국식 옵션의 가격결정모형이 필요하다. 그리고 배당이 한 번 이상 존재하면, 남아있는 배당을 고려하는 미국식 옵션가격결정모형이 필요하다. 미국식 옵션가격결정모형은 본 교재의 범위 밖이다. 그런데 앞에서 이항모형이 미국식 옵션의 가격결정에 어떻게 이용될 수 있는지 설명했었다. 이는 전문적인 옵션거래자들이 선호하는 방법이다. 제4장에서 다룬 바와 같이, 엑셀 스프레드시트 BlackScholesMertonBinomial10e.xlsm은 이항모형을 이용하여 미국식 콜옵션의 가격을 계산할 수 있다.

5-7a 변동성 추정

변동성(또는 표준편차)의 신뢰할만한 추정치를 얻는 것은 어렵다. 더욱이, 블랙-숄즈-머튼 모형과 옵션가격은 일반적으로 변동성 추정치에 민감하다. 변동성을 추정하는 방법은 역사적 변동성과 내재변동성, 두 가지가 있다.

5-7b 역사적 변동성

역사적 변동성(historical volatility) 추정은 최근에 지배적인 변동성 수준이 미래에도 지속할 것이라는 가정을 기반으로 한다. 먼저, 최근 기간의 주가수익률 표본을 얻는다. 그리고 이 수익률을 연속복리 수익률로 전환한다. 그런 뒤, 연속복리 수익률의 표준편차를 계산한다.

수익률은 일별, 주별, 월별 또는 어떠한 시간 간격도 될 수 있다. 일별수익률을 이용한다면, 수익률은 일별표준편차가 될 것이다. 모형에서는 연간으로 환산된 표준편차가 필요하므로, 분산을 연간 거래일수(약 250)와 곱하거나 표준편차 $\sqrt{250}$와 곱해야 한다. 거래일수는 나라마다 또는 해마다 다르므로 주의해야 하고 상황에 맞게 알맞은 거래일수를 사용해야 한다. 월별수익률을 이용한다면, 그 결과는 월별분산(또는 표준편차)가 될 것이고 연간으로 환산된 값을 얻기 위해서는 12(또는 $\sqrt{12}$)를 곱해야 한다.

관측치에 대한 최소한의 수는 없다. 표본 크기가 약 60이면 대부분은 충분하다. 표본 크

역사적 변동성은 최근의 연속복리 주식수익률 표본을 이용하여 추정된다.

기를 선택하는 데 있어서, 많은 관측치를 이용하면 더 먼 과거의 자료를 이용하게 된다. 더 먼 과거 자료를 이용하게 되면, 변동성이 바뀔 가능성이 커진다. 여기에서 이용하는 예시에서 많은 과거 관측치를 이용하지 않는데, 이는 주로 계산을 간단하게 하기 위함이다.

J개의 연속복리 수익률 시리즈가 있다고 가정해보자. 각 수익률은 r_t^c으로 표기하며 $\ln(1 + r_t)$,와 같고 t는 1에서 J로 변한다. 먼저, 평균수익률은 다음과 같이 계산한다.

$$\bar{r}^c = \sum_{t=1}^{J} r_t^c / J.$$

그럼 분산은

$$\sigma^2 = \frac{\sum_{t=1}^{J}(r_t^c - \bar{r}^c)^2}{J-1} = \frac{\sum_{t=1}^{J}(r_t^c)^2 - (\sum_{t=1}^{J} r_t^c)^2/J}{J-1}.$$

평균에 대한 편차의 제곱 합을 J – 1로 나누어 계산한다. 관측치들이 모집단에서 추출한 표본일 때, J – 1로 나누는 것이 적절하다. 이는 표본분산의 추정치가 모분산의 불편추정치(unbiased estimate)이기 때문이다.

표 5.6은 DCRB 주식의 일별 종가를 이용하여 이 과정을 보여준다. 먼저, 단순 수익률 r_t를 계산하고 연속복리 수익률인 r_t^c로 전환한다. 그런 뒤, 연속복리 수익률들의 평균과 분산을 계산한다. 분산은 제곱근을 취하여 표준편차로 계산한다. 계산된 숫자는 일별 변동성이므로, $\sqrt{250}$을 곱하여 연간 변동성, 0.8878로 바꿔야 한다.

표 5.6 DCRB의 역사적 변동성 추정

날짜	가격	r_t	r_t^c	$(r_t^c - \bar{r}_t^c)^2$
2월 17일	80.19	–	–	–
2월 18일	86.50	0.0787	0.0757	0.004650
2월 19일	88.00	0.0173	0.0172	0.000093
2월 22일	87.56	– 0.0050	– 0.0050	0.000158
2월 23일	87.19	0.0042	– 0.0042	0.000139
2월 24일	88.94	0.0201	0.0199	0.000152
2월 25일	89.56	0.0070	0.0069	0.000000
2월 26일	86.69	– 0.0320	– 0.0326	0.001610
3월 1일	87.06	0.0043	0.0043	0.000011
3월 2일	86.25	– 0.0093	– 0.0093	0.000286
3월 3일	86.94	0.0080	0.0080	0.000000
3월 4일	90.88	0.0453	0.0443	0.001352
3월 5일	90.13	– 0.0083	–0.0083	0.000251
3월 8일	92.81	0.0297	0.0293	0.000473
3월 9일	95.81	0.0323	0.0318	0.000588
3월 10일	96.13	0.0033	0.0033	0.000018
3월 11일	102.00	0.0611	0.0593	0.002674
3월 12일	104.94	0.0288	0.0284	0.000435
3월 15일	109.06	0.0393	0.0385	0.000958

날짜	가격	r_t	r_t^c	$(r_t^c - \bar{r}_t^c)^2$
3월 16일	116.13	0.0648	0.0628	0.003053
3월 17일	119.25	0.0269	0.0265	0.000359
3월 18일	130.00	0.0901	0.0863	0.006202
3월 19일	121.00	− 0.0692	− 0.0717	0.006289
3월 22일	117.13	− 0.0320	− 0.0325	0.001605
3월 23일	126.50	0.0800	0.0770	0.004816
3월 24일	125.69	− 0.0064	− 0.0064	0.000195
3월 25일	132.38	0.0532	0.0519	0.001963
3월 26일	144.50	0.0916	0.0876	0.006407
3월 29일	147.00	0.0173	0.0172	0.000092
3월 30일	150.00	0.0204	0.0202	0.000160
3월 31일	166.94	0.1129	0.1070	0.009889
4월 1일	167.50	0.0034	0.0033	0.000018
4월 5일	158.00	− 0.0567	− 0.0584	0.004349
4월 6일	160.50	0.0158	0.0157	0.000066
4월 7일	159.94	− 0.0035	− 0.0035	0.000122
4월 8일	157.88	− 0.0129	− 0.0130	0.000421
4월 9일	159.31	0.0091	0.0090	0.000002
4월 12일	150.88	− 0.0529	− 0.0544	0.003835
4월 13일	143.88	− 0.0464	− 0.0475	0.003032
4월 14일	139.75	− 0.0287	− 0.0291	0.001346
4월 15일	115.88	− 0.1708	− 0.1873	0.037970
4월16일	128.69	0.1105	0.1049	0.009466
4월 19일	142.75	0.1093	0.1037	0.009241
4월 20일	148.69	0.0416	0.0408	0.001103
4월 21일	147.00	− 0.0114	− 0.0114	0.000361
4월 22일	162.00	0.1020	0.0972	0.008029
4월 23일	153.00	− 0.0556	− 0.0572	0.004188
4월 26일	143.00	− 0.0654	− 0.0676	0.005648
4월 27일	141.38	− 0.0113	− 0.0114	0.000359
4월 28일	142.75	0.0097	0.0096	0.000004
4월 29일	133.13	− 0.0674	− 0.0698	0.005979
4월 30일	127.13	− 0.0451	− 0.0461	0.002881
5월 3일	129.75	0.0206	0.0204	0.000165
5월 4일	119.75	− 0.0771	0.0802	0.007702
5월 5일	118.19	− 0.0130	− 0.0131	0.000427
5월 6일	128.31	0.0856	0.0822	0.005565
5월 7일	141.44	0.1023	0.0974	0.008076
5월 10일	138.44	− 0.0212	− 0.0214	0.000841
5월 11일	132.63	− 0.0420	− 0.0429	0.002543
5월 12일	125.25	− 0.0556	− 0.0573	0.004200
총계			0.4459	0.182817

$$\bar{r}^c = \frac{0.4459}{59} = 0.0076 \quad \sigma = \sqrt{\frac{0.182817}{58}} = 0.056143 \quad \text{연간} \quad \sigma = 0.056143\sqrt{250} = 0.8877$$

첨부된 엑셀 스프레드시트, HistoricalVolatility10e.xlsm은 역사적 변동성을 계산한다. 소프트웨어 Demonstration 5.2는 HistoricalVolatility10e.xlsm을 이용하는 방법을 보여주고 있다.

블랙-숄즈-머튼 모형에서 사용되는 표준편차 값이 옵션의 모형가격과 시장가격을 동일하게 할 때, 이 표준편차가 내재변동성이다.

5-7c 내재변동성

변동성을 추정하는 두 번째 방법을 **내재변동성**(implied volatility)이라 한다. 이는 옵션의 시장가격이 주식의 현재 변동성을 반영한다고 가정한다. 블랙-숄즈-머튼 또는 다른 용인되는 옵션가격결정모형이 표준편차를 추론하는데 이용된다. 내재변동성은 블랙-숄즈-머튼 가격을 옵션의 현재 시장가격과 동일하게 하는 표준편차이다.

블랙-숄즈-머튼 식이 변동성을 풀 수 있게 다시 정리될 수 있으면 내재변동성 방법은 간단할 것이다. 그러나 그렇게는 안 되기 때문에, 블랙-숄즈-머튼 가격이 시장가격과 동일하게 되는 σ의 값을 찾을 때까지 σ의 값을 대입함으로써 해답을 구한다. 이 과정은 그림 5.17에서

그림 5.17 내재변동성 계산

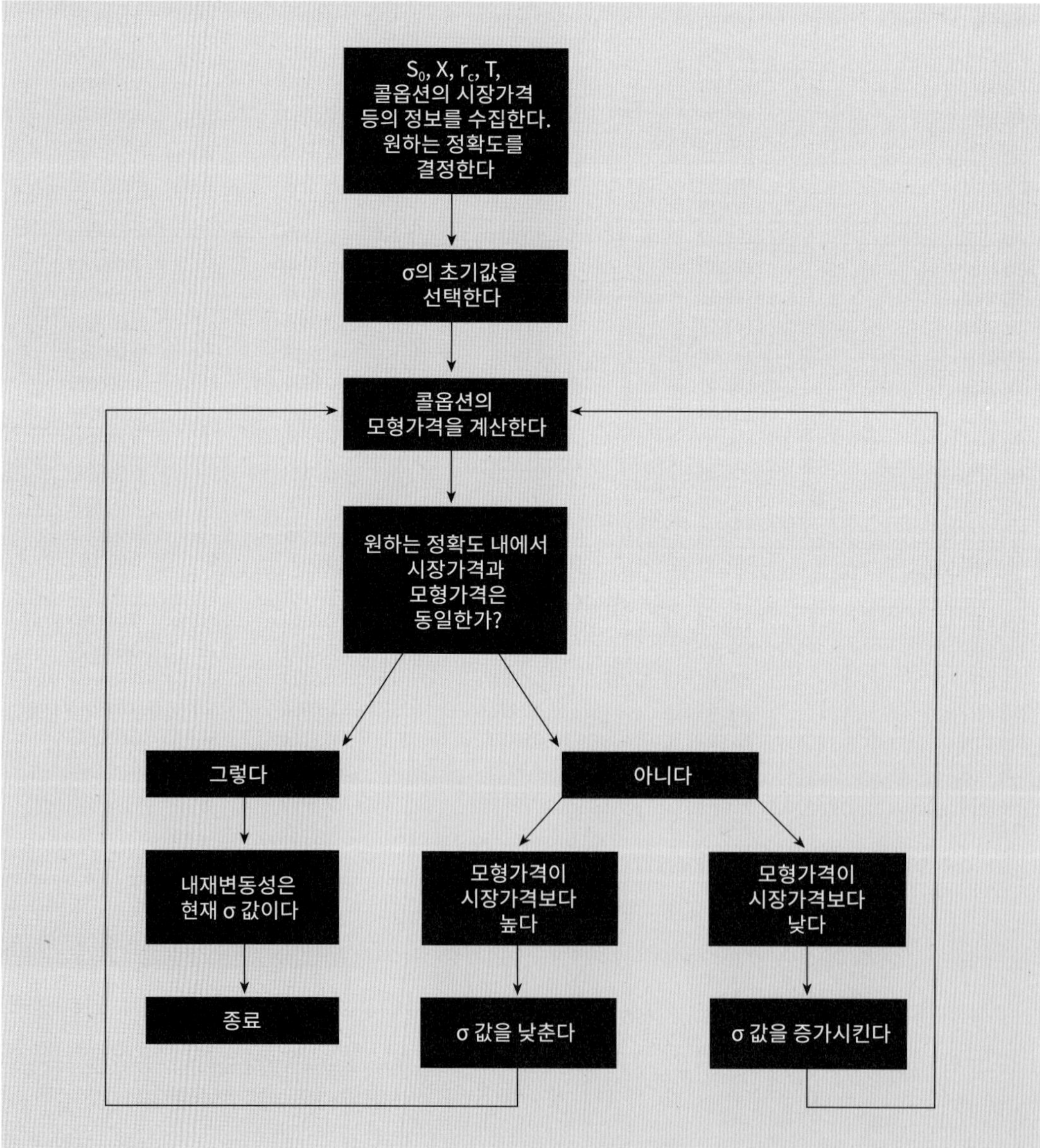

소프트웨어 DEMONSTRATION 5.2

엑셀 스프레드시트 HistoricalVolatility10e.xlsm으로 역사적 변동성 계산하기

엑셀 스프레드시트 HistoricalVolatility10e.xlsm은 엑셀 매크로 사용통합문서로 저장되어있다. 여기서 주식가격 표본을 이용하여 역사적 변동성(표준편차)을 계산한다.

이 스프레드시트는 읽기전용이다. 즉, HistoricalVolatility10e.xlsm의 이름으로 저장할 수 없고 원래의 파일은 보호된다. 그러나 스프레드시트를 읽기전용 기능 없이 로드할 수 있다. 스프레드시트 HistoricalVolatility10e.xlsm는 제품지원 웹사이트에서 다운로드하여 이용할 수 있다. 이용하기 위해서는 다음을 실행해야 한다.

1. www.cengagebrain.com으로 가서 ISBN 9781305104969를 검색하시오.
2. "Free Materials" 탭을 클릭하고 "Access Now" 을 클릭하시오.
3. HistoricalVolatility10e.xlsm을 위한 링크를 클릭하시오.
4. 웹페이지의 설명에 따라 다운로드하고 스프레드시트를 설치하시오.

이제 역사적 변동성을 계산하자. 첨부된 예시로, DCRB 주식의 26주 동안의 주가가 셀에 입력되어 있다. 입력된 각 셀은 이중테두리로 둘려있으며 값은 파란색이다. 결과셀은 단일 테두리로 되어있다. "input:,"이라 되어있는 부분에서 데이터의 빈도를 선택해야 한다. 데이터 관측치들은 바로 아래 셀에 있다. "Asset Prices"라 되어있는 열에 가격을 입력하자.

탭과 F9를 누르면 결과를 얻을 수 있다. 결과는 "Results"인 부분에서 볼 수 있다. 결과는 분산과 표준편차, 평균수익률이 포함된다. "Periodic" 열은 선택된 데이터 빈도로 된 결과를 제공한다. "Annualized" 열은 적절한 비율을 곱하여 연간으로 환산된 수치를 보여준다. 분산과 평균은 데이터 빈도에 따라 250(대략적인 연간 거래일수)나 52, 12, 1을 곱하여 연으로 환산한다. 연간 분산에 제곱근을 취하면 연간 표준편차가 된다. 이는 기간별 표준편차에 250, 52, 12, 또는 1의 제곱근을 곱한 것과 동일하다.

예시에는 26개의 가격이 있어 수익률은 25개가 된다. 분명히, 가격의 수가 다른 경우에 대해서도 이 스프레드시트를 이용하고 싶을 것이다. 스프레드시트는 읽기전용 파일로 되어있어, 다른 이름으로 저장해야 하고, 저장옵션 창에서 읽기전용으로 하면 안 된다. 그럼 새로 저장된 파일은 편집이 가능하다. 명령창을 이용하여 행을 추가하고 식을 복사하거나 행을 제거하면서 밑의 선을 입력하거나 제거할 수 있다. 그런데, 마지막 행의 이중테두리를 유지해야 한다. 모든 식은 이중테두리를 찾아서 자료의 끝으로 결정한다.

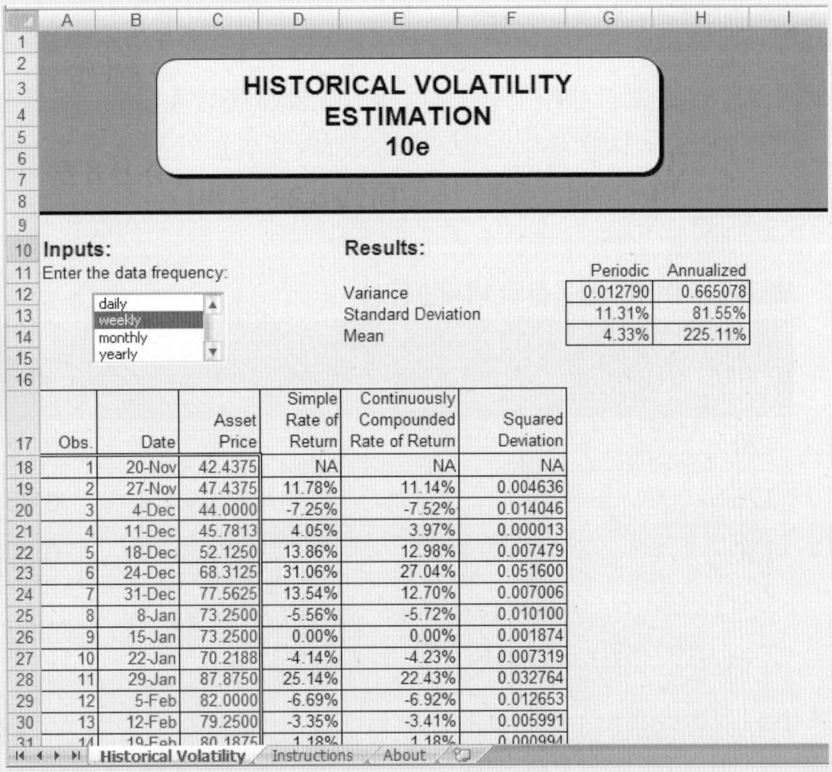

제시되었다. 이 방법은 시행착오(trial-and-error) 탐색이 필요하기 때문에, 지극히 수고스럽다. 따라서 계산에 컴퓨터를 이용하는 것이 도움이 된다.[6]

6월 만기 DCRB 125 콜옵션의 내재변동성을 추정해보자. 입력할 값은 $S_0 = 125.94$, $X = 125$, $r_c = 0.0446$ 그리고 $T = 0.0959$.이다. 그리고 콜옵션의 시장가격은 $13.50이다. 이제 블랙-숄즈-머튼 가치가 $13.50이 되게 하는 σ의 값을 찾아야 한다. 또한, 그 답에 정확도를 명시해야 한다.(즉, 모형가격이 시장가격과 얼마나 근접한가, 또는 계산된 내재변동성을 소수점 몇째 자리까지로 할 것인가?) 이 예시에서는, 내재변동성을 소수점 둘째 자리까지 이용하고, 실제 내재변동성이 여기서 계산된 답의 0.01 이내에 있다고 확정될 때 시행착오 과정을 중단할 것이다.

내재변동성을 도출하는 것에는 반복적인 블랙-숄즈-머튼 계산이 수반되기 때문에, 여기에서는 엑셀 스프레드시트 BlackScholesMertonBinomial10e.xlsm을 이용할 것이다. BlackScholesMertonBinomial10e.xlsm 파일을 열고, 자산(주식) 가격, 행사가격, 무위험이자율, 만기까지의 기간에 적절한 값을 입력하자. 그리고 σ의 값은 0.5부터 시작한다. 그럼 블랙-숄즈-머튼 콜옵션가격은 $8.48인 것을 볼 수 있다. 확실히 이 값은 너무 작으므로 σ 값을 0.6으로 해보자. 그럼 블랙-숄즈-머튼 콜옵션가격은 $10.02이 되고, 여전히 너무 낮다. σ의 값을 0.7로 하면 $11.56이 되고, σ의 값을 0.8로 하면 $13.09, σ의 값을 0.85로 하면 $13.86, σ의 값을 0.83으로 하면 $13.55가 된다. 따라서 답은 약 0.83이다.

σ은 주식의 변동성이므로 주어진 주식의, 만기가 동일한 모든 옵션은 동일한 내재변동성을 제공해야 한다. 그러나 블랙-숄즈-머튼 모형에 결함이 있을 가능성 등의 다양한 이유로, 동일한 주식의 다른 옵션이 때때로 다른 변동성을 내기도 한다.

표 5.7은 행사가격이 주가보다 높거나 낮은 옵션에 대해 계산한 내재변동성을 보여준다. 표에 따르면 내재변동성은 75%부터 85%의 범위를 가진다. 그러므로 전체 내재변동성 중 하나의 값을 선택해야 한다.

표 5.7 DCRB 콜옵션의 내재변동성

행사가격	만기		
	5월	6월	7월
120	0.76	0.79	0.85
125	0.75	0.83	0.85
130	0.76	0.83	0.85

$S_0 = 125.94$, $r_c = 0.0447$ (5월), 0.0446 (6월), 0.0453 (7월)
$T = 0.0192$ (5월), 0.0959 (6월), 0.1726 (7월)

6 간단한 방법이 부록5에 제시되어 있다. 여기서 본 교재에 포함된, 내재변동성을 계산하는데 이용되는 스프레드시트에 대해 설명한다.

이를 위해 몇 가지 방법이 제안되었는데, 그중 한 가지 방법은 간단하게 여러 내재변동성의 산술평균을 취하는 것이다. 다른 방법으로는 가중평균도 있다. 또는 단순하게 행사가격이 현재 주가와 가장 근접한 옵션의 내재변동성을 선택하는 방법도 있다.

그림 5.13을 다시 생각해보자. 그림 5.13에서 콜옵션이 등가격 상태일 때, 콜옵션은 변동성과 선형관계에 가까웠다. Brenner and Subrahmanyam (1998)은 이러한 사실을 이용하여, 등가격 콜옵션의 가격은 거의 다음과 같아진다는 것을 보였다.

$$C = (0.398)S_0\sigma\sqrt{T},$$

여기서 등가격 상태는 주가가 행사가격의 현재가치와 동일할 때, 즉 $S_0 = Xe^{-r_cT}$ 일 때로 정의한다. 그럼, 등가격 콜옵션의 내재변동성은 다음과 같아질 수 있다.

$$\hat{\sigma} \approx \frac{C}{(0.398)S_0\sqrt{T}}$$

여기서 C는 콜옵션의 시장가격이다. 예를 들어, 6월 만기 DCRB 125 콜옵션에 대해 $C = 13.50$, $S_0 = 125.94$, $T = 0.0959$ 이다. 그럼

$$\hat{\sigma} \approx \frac{13.50}{(0.398)\ 125.94\sqrt{0.0959}} = 0.8697.$$

이 콜옵션은 등가격 상태에 매우 가깝기 때문에, 여기서 시행착오 방법으로 계산한 답이 실제 내재변동성에 상당히 근접하다.

내재변동성의 해석 내재변동성 개념은 옵션의 세계에서 가장 중요한 것 중 하나이다. 대부분의 투자자들은 내재변동성 내의 정보를, 주식시장이나 옵션시장에서 얻는 가장 가치있고 정확한 정보로서 고려한다. 이 장에서는 내재변동성에서 알 수 있고 배울 수 있는 것에 대해 살펴본다.

먼저 표 5.7로 돌아가서, 동일한 주식의 다른 옵션에 대해 내재변동성들이 약간 달랐던 점을 보자. 이 결과에 대해 생각해보면, 분명히 불일치한다. 옵션에 따르면 DCRB 주식은 다른 변동성을 가진다고 할 수 있는가? 주식은 오직 하나의 변동성을 가진다. 그러나 내재변동성은 DCRB의 변동성이 0.75부터 0.85까지의 꽤 넓은 범위에 있다고 한다.

먼저, 정보를 조금 더 정리해보자. 행사가격은 변하지 않는다고 하고, 만기에 따른 변동성을 살펴보자. 행사가격이 120인 콜옵션은 내재변동성이 0.76부터 0.85까지 이었다. 행사가격이 125인 콜옵션은 내재변동성이 0.75부터 0.85까지, 행사가격이 130인 콜옵션은 내재변동성이 0.76부터 0.85까지의 범위에 있다. 주어진 행사가격에서, 내재변동성과 옵션만기 사이의 관계를 **내재변동성 기간구조(term structure of implied volatility)**라고 하고, 그림 5.18에서 이를 DCRB 옵션에 대해 묘사하고 있다. 변동성은 옵션만기에 따른 주식의 변동성을 나타내므로, 기간이 달라지면 변동성도 달라질 가능성이 있다. 여기의 모든 경우에서, 만기까지의

기간이 길어질수록 변동성은 커지지만, 실제로 항상 그렇지는 않다. 아무튼, 기간이 달라짐에 따라 변동성이 달라질 수는 있다.

만기에 따른 내재변동성 패턴은 변동성 기간구조이라 부르기도 하고, 행사가격에 따른 내재변동성의 패턴은 변동성 스마일 또는 스큐라 부르기도 한다.

그러나 주어진 옵션만기에서, 행사가격이 달라짐에 따라 달라지는 변동성은 다소 혼란스러울 수 있다. 예를 들어, 만기가 6월인 옵션에 대해, 행사가격이 120인 DCRB 콜옵션의 변동성은 0.79인 반면에, 행사가격이 125(또한 130)인 콜옵션의 변동성은 0.83이다. 그러나 이 기간에서 주식의 변동성은 0.79이고 0.83이라고 할 수 없다. 확실히, 어느 하나는 잘못된 값이다. 나중에 알게 되겠지만, 이러한 결과는 흔하게 나타난다. 상당히 자주 내재변동성은 등가격 옵션에서 가장 낮고, 심내가격과 심외가격 옵션에서 가장 높다. 내재변동성이 행사가격에 대해 그려지면, 이 관계는 U모양 패턴으로 나타나고, 이를 **변동성 스마일(volatility smile)**이라 한다. 종종 모양은 더 편향되어 나타나기도 하고, 이러한 패턴은 **변동성 스큐(volatility skew)**라 하며, 그림 5.19에서 보이는 것처럼 DCRB 옵션에 해당한다. 그림 5.19에서는 이전 예시에 비해서 더 많은 행사가격을 이용했다.

변동성 스마일 또는 스큐는 블랙-숄즈-머튼 모형이 완벽한 모형이 아니라는 것을 말해준다. 상대적으로 높은 내재변동성의 옵션은 낮은 내재변동성의 옵션보다 가격이 더 높다. 무엇이 옵션의 가격 변화에 영향을 미치는지 블랙-숄즈-머튼 모형에는 반영되지 않는다. 이러한 내재변동성 차이의 원인은 학계 연구진, 실무자들에게는 꽤 흥미 있는 주제이지만, 그 답은 지금까지도 수수께끼이다.

그러나 현실적인 관점에서, 내재변동성의 차이는 단순히 옵션의 상대적인 비용 차이로 볼

그림 5.18 DCRB 콜옵션의 내재변동성 기간구조; r_c = 0.0447 (5월), 0.0446 (6월), 0.0453 (7월), T = 0.0192 (5월), 0.0959 (6월), 0.1726 (7월), σ = 0.83

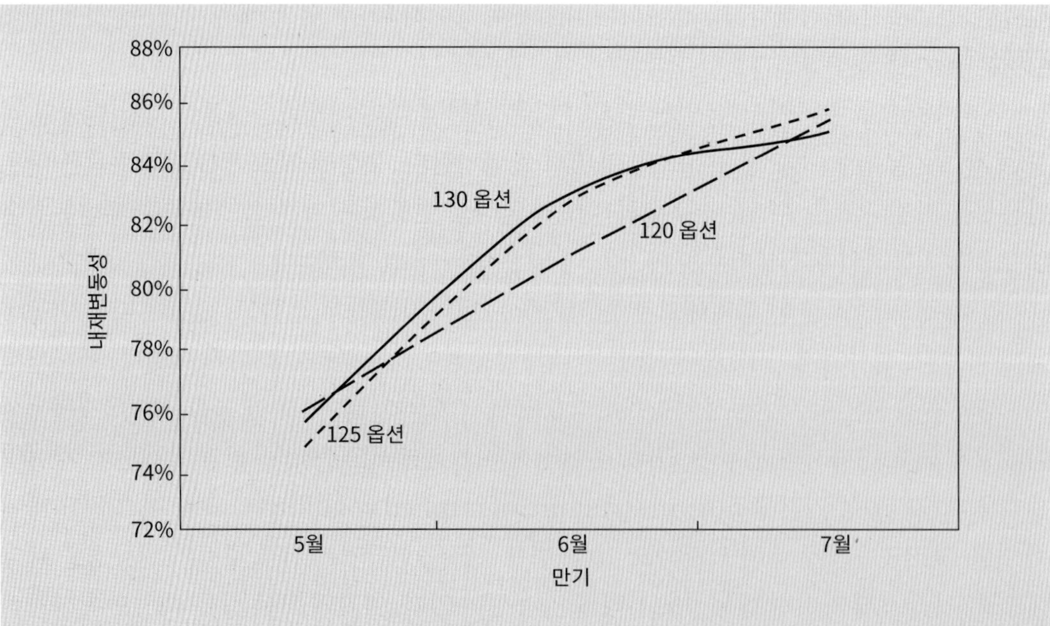

그림 5.19 DCRB 6월 만기와 7월 만기 콜옵션의 내재변동성 스마일/스큐

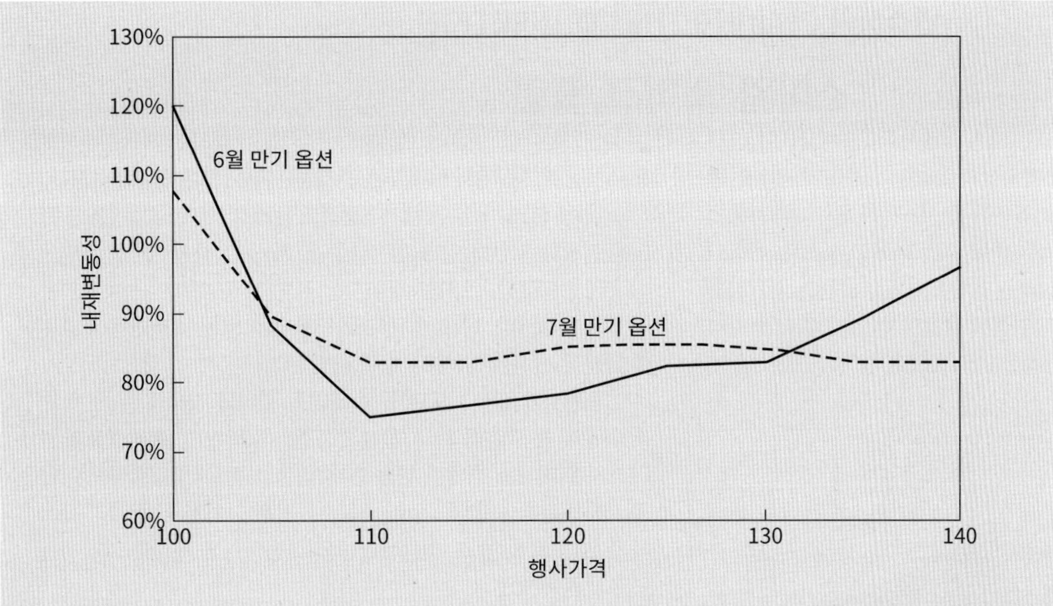

수 있다. 무슨 이유로든, 어떤 옵션은 단순히 다른 옵션보다 비용이 더 든다. 이러한 결과는, 어떤 옵션이 얼마나 비싼지 그렇지 않은지에 대한 척도로 단순화하여 옵션시장에서 이용된다. 예를 들어, 다음은 DCRB 콜옵션의 가격이며, 이에 대한 정보는 여러 장에서 이용된 것이다.

행사가격	5월	6월	7월
120	8.75	15.40	20.90
125	5.75	13.50	18.60
130	3.60	11.35	16.40

6월 만기 옵션을 매입하고 싶다고 가정해보자. 어떤 것의 가격이 가장 높은가? 6월 만기의 행사가격 120인 옵션은 프리미엄이 더 높기 때문에 가장 비싸다고, 간단하게 말할 수 없다. 프리미엄이 더 높은 한 가지 이유는 행사가격이 가장 낮기 때문이라는 것을 우리는 알고 있다. 이 옵션의 내재변동성은 0.79이다. 행사가격이 125와 130인 옵션의 내재변동성은 0.83으로, 적어도 주가, 행사가격, 무위험이자율, 만기까지 기간을 고려하면 실제로 6월 만기 120 옵션보다 더 가격이 높다. 어떤 이유로 6월 만기 120 옵션이 6월 만기 옵션 중에서 가격이 가장 낮은지는 알 수 없지만, 적어도 실제로 가격이 가장 낮다는 것은 안다. 물론, 시장이 블랙-숄즈-머튼 모형을 이용하는지는 모른다.

옵션시장은 종종 내재변동성으로 옵션가격을 공시한다. 예를 들어, 6월 만기 125 옵션은 변동성 0.83으로, 6월 만기 120 옵션은 변동성 0.79로 시세를 매길 수 있다. 물론, 특정한 모형, 보

연결하기_MAKING THE CONNECTION

스마일, 스머크, 표면

행사가격이 주어졌을 때 내재변동성과 옵션만기 사이의 관계는 변동성 기간구조로 알려져 있다. 주어진 옵션만기 하에서 내재변동성과 행사가격 사이의 관계는 내재변동성 스마일(또는 스큐, 스머크(smirk) 등)로 알려져 있다. 삼차원의 내재변동성 표면(surface)를 만들기 위해서 이러한 두 가지 관점을 결합할 수 있다. 이때 행사와 만기를 수평축으로, 내재변동성을 수직축으로 한다. 비교를 위해, 행사가격은 그림에서 보여주는 것처럼 가격도 또는 S/X로 바꾼다.

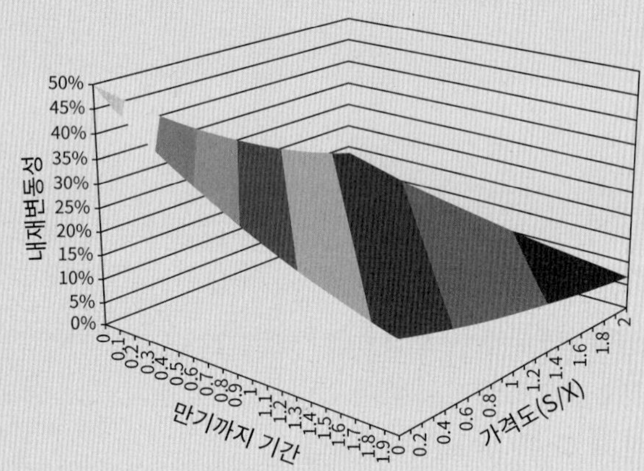

블랙-숄즈-머튼 옵션가격결정모형에 따르면, 내재변동성 표면은 평평해야 한다. 1987년 주식시장 폭락 전, 내재변동성 표면은 비교적 평평했다. 1987년 주식시장 폭락 이후, 내재변동성 표면은 더 비스듬해졌다. 1987년 이후로 평평하지 않는 내재변동성 표면이 다른 옵션시장 대부분으로 확산되었다.

평평하지 않은 내재변동성 표면은 델타와 감마 같은 위험 변수 추정에 큰 영향을 준다. 옵션 포트폴리오의 위험을 적절하게 관리하기 위해서는 정확한 위험 변수 추정이 필요하다. 평평하지 않은 내재변동성 표면이 나타난 이후로, 시장 현실을 더 정확히 묘사하기 위해 블랙-숄즈-머튼 옵션가격결정모형을 개선하고자 하는 연구가 존재해왔다.

더 복잡한 수많은 모형들이 분석되었지만, 평평하지 않은 내재변동성 표면을 고려한, 델타와 감마와 같은 위험 파라미터의 추정을 수정할 방법이라는 기본적인 문제에 대한 답은 나오지 않은 상태이다. 그리하여, 옵션 포트폴리오의 위험을 관리하는 일은 지적 도전 의식을 불러일으킨다.

통은 블랙-숄즈-머튼 모형이 옵션의 실제 가격을 계산하는 데 이용되어야 한다. 그래도 내재변동성으로 가격을 공시하면 투자자는 6월 만기 120 옵션이 6월 만기 125 옵션보다 가격이 낮은 것을 즉각적으로 안다. 투자자는 동시에 모든 옵션의 가격을 알 수 있고, 가장 가격이 높은 옵션과 낮은 옵션을 즉시 판단할 수 있으며, 가격만으로는 판단할 수 없는 것을 알게 될 수도 있다.

내재변동성은 옵션시장이 드러내는 중요한 정보 중 하나이다. 예를 들어, 지수옵션의 내재변동성을 관찰하면, 시장 변동성에 대한 투자자들의 생각과 관련된 정보를 얻을 수 있다. 시카고옵션거래소(Chicago Board Options Exchange)는 한 달 만기 등가격 옵션의 내재변동성을 기반으로 하는 두 가지 지수를 제공한다. 하나는 VIX로, S&P 500지수의 내재변동성을 나타내는데, 대기업으로 구성된 지수의 옵션으로 매우 활발히 거래된다. 다른 지수는 VXN이라 하고, NASDAQ 100지수의 내재변동성을 나타내며, 100개의 선두적인 장외거래 주식으로 구성된 NASDAQ지수에 대한 옵션으로 매우 활발히 거래된다.

VIX와 VXN의 자료는 CBOE의 웹사이트, www.cboe.com에서 일별로 이용가능하다. 그림 5.20은 1990년 1월 2일부터 2014년 1월 29일까지 일일 단위로 VIX의 그래프를 그린 것이다. 이 기간에 S&P500지수의 변동성은 극적으로 변동한다. 범위는 9.31%와 80.86% 사이이

■■ 그림 5.20 시카고옵션거래소의 VIX지수(S&P 500지수의 내재변동성)

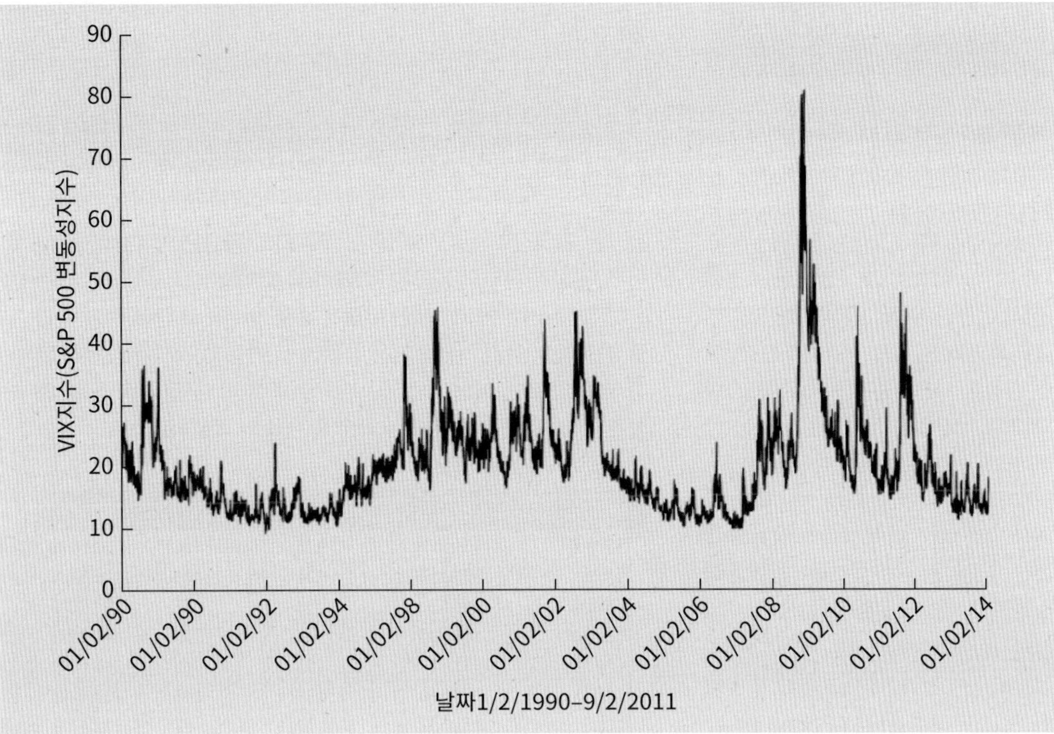

고, 평균은 20.2%이다. 변동성은 최근 신용위기와 관련된 시장의 대혼란에 대응하여 급격하게 상승했었다.

많은 연구들은 내재변동성이 주식의 미래 변동성을 예측하는 좋은 변수인지 분석해왔다. 결론을 내리지는 못했지만, 옵션가격을 결정할 때의 변동성을 내재변동성이 역사적 변동성보다 더 적절하게 반영한다는 데에 일반적으로 의견이 일치한다. 그러나 추론에 있어서 순환성이 있다. 만약 정확한 변동성에 대한 최적의 추정치를 내재변동성으로 가정하면, 옵션시장의 변동성을 밝히는 것은 쉬워진다. 내재변동성을 알고 싶으면 간단히 옵션시장을 살펴보고 내재변동성을 진정한 변동성으로 받아들이면 된다. 그러나 시장 내 모든 투자자들은 시장에 변동성 추정을 떠넘길 수 없다. 모든 투자자들은 다함께 시장을 구성한다. 누군가는 옵션의 가격을 결정하고 거래하는데 적절한 변동성을 추정해야 한다.

더욱이, 내재변동성이 시장변동성에 대한 최적의 추정치라고 가정하면, 이 정보를 거래에 어떻게 이용할 수 있는가? 특정 옵션의 내재변동성이 너무 높아서 매입하기에 바람직하지 않다는 것을 알았다고 하자. 무엇을 기준으로 내재변동성이 지나치게 높다고 말할 수 있는가? 그래서 합리적인 변동성에 대한 척도인 벤치마크(benchmark)가 필요하다. 요약하면, 변동성이 타당하지 생각해보지 않고 내재변동성을 이용하여 쉽게 옵션가격을 결정할 수는 없다. 그래서 변동성에 대한 다른 정보들이 필요하다. VIX 경우처럼 변동성이 40이 넘으면, 역사적

암다발지역

미국에서 네 명당 한 명은 일생에서 암에 걸린다고 한다. 따라서 사람들은 이 통계치를 막연하게 암에 걸릴 위험에 대한 척도로 여긴다. 그러나 이는 잘못된 판단일 수 있다. 암에 걸릴 가능성은 암의 종류, 나이, 성별, 생활방식, 사는 지역에 따라 굉장히 달라질 수 있다. 어느 지역에서 암 환자 수가 비정상적으로 많이 발생하는 것을 암다발지역(cancer cluster)이라고 한다. 어떤 지역이 특정 암 환자가 기대보다 유의하게 많다고 확인되면, 이는 환경적 요인 탓으로 생각하기 쉽다. 정부 정책은 환경을 개선하는 방향으로 하고, 변호사들은 암 환자를 찾아 그 지역에서 산업을 운영하는 기업을 상대로 집단소송을 하려 할 것이다.

미국에는 대략 3,100개의 카운티(county) 또는 카운티에 상응하는 지역이 있다. 지역이 매우 많다 보니, 암의 환경적 위험에 대해 잘못된 결과를 끌어낼 가능성이 상당히 크다. 그러한 경우에 대해 알아보자.

코네티컷(Connecticut)주는 인구수 360만 명으로, 인구밀도 4위이고, 소득은 중간 순위이다. 비슷한 크기의 8개 카운티가 있지만, 인구수 차이는 크다. 페어필드 카운티(Fairfield County)는 뉴욕시(New York City)에서 통근 거리가 짧아, 많은 부유한 월스트리트(Wall Street)의 사람들의 집과 많은 금융회사 본부들이 있으며 인구수는 933,000명 이상이다. 반면에, 가장 작은 카운티인 윈덤(Windham)은 주에서 북동쪽 상부 모서리에 위치하며, 인구수는 단지 약 118,000명이다.

웹사이트 www.cancer.gov에서는 코네티컷에서 대장암에 걸리는 연간 비율이 100,000명당 46.9명이라고 추정하였다. 즉, 코네티컷에서는 한 해에 평균적으로 100,000명당 약 46.9명이 대장암 진단을 받는다. 그럼 어느 해에 어떤 사람이 코네티컷에서 대장암에 걸릴 확률이 0.000469라고 대략적으로 말할 수 있다. 페어필드의 인구는 933,835명이므로, 매년 새로운 438명의 환자가 발생한다고 기대할 것이다. 반면에 인구수 117,599명의 윈덤 카운티는 매년 55명의 새로운 환자가 발생할 것으로 기대된다.

위험을 잘 이해하는 사람은 이러한 기댓값으로부터 상당한 편차가 완전 무작위로 관찰될 수 있다는 것을 안다. 즉, 어떤 해에는 페어필드 카운티에서 어떠한 원인이 되는 요인 없이도 438명보다 상당히 많거나 적은 새로운 환자가 발생할 수 있다. 따라서 어느 해에 페어필드의 환자 수가 급증했다고 해서 변호사들이 기업에 소송을 제기해서는 안 될 것이다. 무엇보다, 새로운 환자의 수가 기대한 수보다 매우 낮으면 그 누구도 환경이 대단히 향상된 것이라고 주장하지 않을 것이다.

완전 무작위로 기대되는 변동에 대한 설명을 위해 한 실험을 수행해보자. 코네티컷주의 모든 사람에 대해 0과 1 사이의 무작위 수를 생성한다고 하자. 그 수가 0.000469보다 작으면, 그 사람은 대장암에 걸린 것으로 분류한다. 그 외에는, 대장암에 걸리지 않은 사람으로 분류한다. 이러한 시뮬레이션을 충분히 여러 번 실행하면, 평균은 기댓값이 된다. 페어필드 카운티의 평균은 약 438이 될 것이고, 윈덤 카운티의 평균은 약 55가 될 것이다.

그러나 각 주민에 대한 무작위 수를 생성하고 암에 걸린 사람을 분류하는 어떤 시뮬레이션 실행에서, 변동의 여지가 상당히 많다. 다음의 표는 어느 시뮬레이션의 결과이다. "군집비율" 열은 예상 환자 수의 대비 모의 또는 가상 환자 수의 비율이다.

카운티	인구	기대숫자	모의숫자	군집비율
페어필드	933,825	438	398	90.87%
하포드	897,259	421	444	105.51%
리치필드	187,530	88	86	97.78%
미들섹스	165,602	78	67	86.27%
뉴헤이븐	862,813	405	405	100.08%
뉴런던	274,170	129	146	113.54%
톨랜드	151,539	71	87	122.41%
윈덤	117,599	55	45	81.59%
	3,590,347	1,685	1,678	99.65%

이러한 시뮬레이션에서, 페어필드 카운티의 가상의 사례는 398로 기대되는 수보다 매우 낮다. 윈덤 카운티의 가상의 사례도 45로 기대되는 수보다 싱딩히 낮다. 반면에, 뉴런던 카운티의 기대되는 수는 129인데 반해 가상의 사례는 146으로, 13.5% 초과한다. 인구가 두 번째로 큰 하포드 카운티의 기대숫자가 421인데 반해 가상의 사례는 444로, 5.51% 초과한다. 두 번째로 가장 작은 카운티인 톨랜드 카운티의 기대숫자는 71인데 반해 가상의 사례는 87로, 22.41% 초과한다.

기댓값에서 유난히 많이 벗어난 것을 쉽게 관찰할 수 있으며 이는 어떤 환경적 요인과 완전히 관련이 없다는 것을 아는데 어렵지 않다. 이러한 임의 변동의 기대행태 대한 대략적인 측정으로, 이항분포의 확률변수 특성이 도움이 될 수 있다. 이항은 두 결과를 갖는 확률과정이다. 여기서 하나의 결과는 암에 걸리는 것이고, 다른 하나는 걸리지 않는 것이라고 하자. 그리고 암에 걸리는 확률을 코네티컷의 대장암 사례와 같이 0.000469이라 하자. 하포드 카운티의 기대 환자 수는 421이었다. 이 수에 대한 변동의 척도는 이항 분산으로, 표본수와 사건이 발생할 확률과 사건이 발생하지 않을 확률을 곱하는 것으로 정의된다. 하포드 카운티의 경우 분산은 897,259(0.000469)(1 – 0.000469) = 420.62이다. 표준편차는 이 숫자의 제곱근이고 여기서는 약 20.5이다. 잘 알려져 있다시피, 상당히 많은 수의 표본에서 이항분포는 종모양의 정규분포와 같이 행동한다. 따라서 시도한 횟수의 약 16%로, 평균에서 1 표준편차만큼 초과한 수를 보게 된다. 즉, 하포드 카운티의 경우 시도 중 1/6은, 442보다 큰 모의숫자를 볼 것으로 기대된다. 시도의 약 2.5%는 모의사례의 수가 2 표준편차만큼 클 것으로 기대되고, 462 이상이 되거나, 기대보다 거의 10% 높다. 만약 미국의 모든 3,100개 카운티에서 대장암에 걸릴 가능성이 동일하다면, 3,100×0.025 또는 약 78개 카운티에서 암발병률은 기대보다 10% 높을 것으로 예상된다. 그리고 15나 16개 카운티에서 암발병률은 기대보다 15% 높을 것으로 기대된다. 심지어 몇 년 동안, 환경적 요인이 없더라도 흔치 않게 많은 질병 사례를 예상할 수 있다. 사건이 발생할 충분히 큰 가능성과 작은 가능성의 단순한 결합으로 빈번하지 않은 랜덤 결과를 만들기에 충분하다.

따라서 환경이 질병과 관계가 없다면, 즉, 모든 곳에서 암이 발생할 가능성이 동일해도, 이러한 암다발지역에 대한 착시를 여전히 볼 수 있음을 알아보았다. 환경적 요인이 작용함을 제안하려면 단지 어떤 지역에서의 비정상적인 암의 군집보다 훨씬 많은 것이 필요하다.

수준의 두 배라고 할 수 있다. 이것은 옵션이 고평가 받았다거나 시장변동성이 단순히 너무 높다는 것을 의미하는가? 벤치마크 없이는 알 수 없다.

물론, 지수 또는 주식의 변동성에 대한 명확한 벤치마크는 없다. 투자자들은 내재변동성을 이용하여 쉬운 답을 찾고 보장된 성공적인 거래를 할 것이라고 기대할 수는 없다. 그러나 아마도 내재변동성은 더 흥미롭고 활기찬 시장에 기여할 수 있다.[7]

5-8 풋옵션가격결정모형

풋-콜 패리티 식은 풋옵션가격과 콜옵션가격 사이의 관계를 보여줬다. 연간복리 이자율을 이용하여 콜옵션가격의 함수로 풋옵션가격을 나타내면 다음과 같다.

$$P_e(S_0, T, X)=C_e(S_0, T, X)-S_0+X(1+r)^{-T}$$

블랙-숄즈-머튼 세계에서는 연속복리 이자율을 이용하는 것이 일반적이다. 행사가격의 현재가치를 연속복리 이자율로 할인하여 풋-콜 패리티를 다시 정리하면,

블랙-숄즈-머튼 콜옵션가격결정모형은 풋-콜 패리티에 대입하여 풋옵션가격결정모형으로 전환될 수 있다.

$$P_e(S_0, T, X)=C_e(S_0, T, X)-S_0+Xe^{-r_cT},$$

여기서 r_c는, 앞에서 설명한 것처럼, 연속복리 이자율이다. 그럼 콜옵션가격을 블랙-숄즈-머튼 값으로 대체할 수 있다. $P_e(S_0, T, X)$를 P로 간단히 나타내면 블랙-숄즈-머튼 유럽식 풋옵션가격결정모형은

$$P=Xe^{-r_cT}[1-N(d_2)]-S_0[1-N(d_1)],$$

여기서 d_1과 d_2는 콜옵션가격결정모형에서와 동일하다. 표준정규분포의 특성을 고려하

7 이러한 점에 대해 Mark Twain은 Pudd'nhead Wilson(1894)에서 다음과 같이 간결하게 표현하였다. "우리가 똑같이 생각해야 한다는 것은 최선이 아니다. 의견차이가 있기 때문에 경마가 가능하다."

여, 풋옵션을 다음과 같이 표현할 수도 있다.

$$P=Xe^{-r_cT}N(-d_2)-S_0N(-d_1)\ .$$

6월 만기 DCRB 125 콜옵션의 예시에서, $N(d_1)$과 $N(d_2)$의 값은 스프레드시트 BlackScholesMertonBinomial10e.xlsm을 이용하면 각각 0.5692와 0.4670이다. 식에 대입하면,

$$P=125e^{-(0.0446)(0.0959)}(1-0.4670)-125.94(1-0.5692)=12.08.$$

행사가격이 125인 6월 만기 풋옵션의 실제 시장가격은 \$11.50이다. 이 가격은 조기행사로 인한 추가이득의 프리미엄을 포함해야 하지만 블랙-숄즈-머튼 모형은 조기행사 프리미엄을 반영하지 않으므로 시장가격과 모형가격의 차이는 여기서 살펴본 것보다 실제로는 더 크다. 다시 말하면, 풋옵션가격결정모형이 조기행사 프리미엄을 반영한다면 훨씬 더 높은 이론가격을 제시할 것이다.

콜옵션가격에 영향을 주는 변수들도 풋옵션가격에 영향을 미치지만, 어떤 경우는 다른 방식으로 영향을 미친다. 이러한 중요한 개념은 표 5.8에서 요약하였다.

엑셀 스프레드시트 BlackScholesMertonBinomial10e.xlsm은 콜옵션과 마찬가지로 풋옵션에 대한 블랙-숄즈-머튼 계산을 수행한다.

상당한 고급기술을 이용하지 않고 블랙-숄즈-머튼 모형이 미국식 풋옵션의 조기행사를 고려하는 것은 가능하지 않다. 미국식 풋옵션의 가격결정을 해야 한다면, 기간의 수가 상당히 큰 이항모형을 이용할 수 있다. 6월 만기 DCRB 125 풋옵션의 가격결정한다고 가정해보자. BlackScholesMertonBinomial10e.xlsm 스프레드시트에서 n=100, S_0=125.94, X=125, r_c=0.0446, T=0.0959, σ=0.83인 이항모형을 선택하면 미국식 풋옵션의 가치는 \$12.11로, 이항모형으로 계산한 유럽식 옵션의 가치인 \$12.08보다 약간 높다. 이는 조기행사의 프리미엄이 그렇게 높지 않다는 것을 의미한다. 그 이유로 DCRB의 변동성이 높아서 조기행사 시 높은 시간가치가 사라지는 점이 반영되었기 때문이다. 그러면, 언제 풋옵션이 행사될 것인가? 이항모형을 이용하여 알 수 있다. 이항모형으로 계산된 미국식 풋옵션의 가치가 행사가치와 동일하다면, 풋옵션은 행사되어야 한다. 사실, 풋옵션은 내재가치로 거래될 것이고, 행사되거나 매도될 것이다. 각각의 가치는 동일하다. 지금 주가는 \$100라고 가정하자. 내재가치는 명백하게 Max(0, 125-100)=25이다. 또, 이항모형을 이용한 미국식 풋옵션의 가치는 \$27.72로 아직 조기행사하지 않는 것이 낫다. 이제 주가가 \$90이라고 가정해보자. 그럼 내재가치는 \$35, 미국식 풋옵션의 가치는 \$35.99로, 여전히 조기행사하지 않는 것이 약간 더 낫다. 주가가 약 \$71.38이어야 풋옵션가치는 정확하게 내재가치와 동일하고, 그 시점에서 조기행사될 것이다.

풋옵션 행사가 가치를 갖게 되는 주가의 경계점은 시행착오법으로 찾을 수 있다. 대체로 주가는 만기가 다가옴에 따라 상승하는데, 이는 만기에 근접할수록 풋옵션 행사가 적절할 만큼 주가가 낮을 필요는 없다는 것을 의미한다. 만기에, 주가의 경계점은 행사가격이다.

표 5.8 블랙-숄즈-머튼 풋옵션가격에 영향을 미치는 변수

풋옵션에 대한 결과는 풋-콜 패리티 관계, $P = C - S_0 + Xe^{-r_cT}$를 이용하였다.

주식가격

주가와 풋옵션가격의 관계는 풋옵션 델타라고 한다.

$$\text{풋옵션 델타} = N(d_1) - 1$$

$N(d_1)$는 0과 1사이 값을 가지므로, 풋옵션 델타는 음수이다. 이는 단순히 풋옵션이 주식과 반대방향으로 움직인다는 것을 의미한다. 주식과 풋옵션으로 이루어진 델타중립 포지션은 주식과 풋옵션에 매입포지션을 취한다. 풋옵션 델타와 주가의 관계는 풋옵션 감마라고 한다.

$$\text{풋옵션 감마} = \frac{e^{-d_1^2/2}}{S_0\sigma\sqrt{2\pi T}}$$

풋옵션 감마는 콜옵션 감마와 동일하다. 콜옵션과 같이, 풋옵션이 등가격 상태일 때 풋옵션 감마는 가장 크다.

행사가격

행사가격이 달라지면, 풋옵션가격은 $e^{-r_cT}[1 - N(d_2)]$만큼 달라진다. 각 항은 양수이므로 전체 수식은 양수이다.

무위험이자율

풋옵션가격과 무위험이자율의 관계는 로라고 한다.

$$\text{풋옵션 로} = -T\,Xe^{-r_cT}[1 - N(d_2)]$$

이 식은 언제나 음수이며, 풋옵션가격은 이자율과 반대로 움직임을 의미한다.

변동성

풋옵션가격과 변동성의 관계는 베가라고 한다.

$$\text{풋옵션 베가} = \frac{S_0\sqrt{T}e^{\,d_1^2/2}}{\sqrt{2\pi}}$$

이 식은 콜옵션의 베가와 동일하다. 콜옵션과 같이, 풋옵션은 변동성에 매우 민감하다.

만기까지 기간

풋옵션가격과 만기까지 기간 사이의 관계는 세타라고 한다.

$$\text{풋옵션 세타} = -\frac{S_0\sigma e^{-d_1^2/2}}{2\sqrt{2\pi T}} + r_cXe^{-r_cT}[1 - N(d_2)]$$

이 식은 제3장에서 다룬 것처럼 양수도 음수도 될 수 있다. 유럽식 풋옵션의 가격은 시간에 따라 증가할 수도 감소할 수도 있다. 시간이 길면 주가가 유리하게 움직일 시간이 더 많은 것이기 때문에, 풋옵션가격이 증가할 수 있다. 또는, 시간이 길어지면 만기에 행사가격을 받기 위해 기다리는 시간이 길어지는 것이므로 풋옵션가격은 감소할 수도 있다.

5-9 옵션의 위험관리

투자자들은 시장이 예상한 방향으로 움직일 때, 이익 창출할 기회를 만들기 위해 옵션포지션을 취할 수 있다. 그러나 각 옵션거래의 반대편에는 거래상대방이 있다는 것을 고려해보자. 옵션시장은 보통 거래상대방이 시장조성(market making) 또는 딜러(dealer) 사업에 속해있다. 거래소에 상장된 옵션에 대해서는, 옵션거래를 제공하는 거래소에 개인투자자가 존재한다. 장외 옵션에 대해서는, 기관이 고객의 요구에 맞춰진 조건의 옵션거래를 제공한다. 두 거래상대방 그룹 모두 딜러다. 일반적으로, 이들은 투기나 헷지를 위해 옵션포지션을 취하지 않는다. 이들의 목표는 매매스프레드(bid-ask spread)로 수익을 내는 것이다. 이들은 투기하길 원하지 않으므로, 얻게 된 위험을 상쇄시켜야 한다.

앞에서 델타헷징에 대해 논의했었다. 논의한 바에 따르면, 옵션을 델타헷징하기 위해서는 기초주식을 일부 매입해야 한다. 이론상 주가 수준과 시간의 흐름에 따라 델타가 변하므로, 델타헷지 포지션은 연속적으로 조정되어야 한다. 더욱이 델타헷징은 주가의 작은 변동에 대한 위험을 상쇄시킨다. 반면, 옵션의 감마는 더 큰 주가변동 가능성을 나타낸다.

어느 딜러가 6월 만기 DCRB 125 콜옵션 1,000단위를 블랙-숄즈-머튼 가격인 13.5533에 매도한다고 해보자. 델타는 0.5692이다. 제5장 앞부분에서 다룬 바에 따르면, 헷지를 위해 주식 1,000×0.5692 또는 약 569주를 매입해야 한다. 딜러는 연속적으로 델타를 조정할 수 없기 때문에, 매일 하루 끝에 헷지를 조정하기로 했다고 하자. 만기까지 남은 전체 35일 동안 보유하는 포지션을 결정하면, 주당 125.94에 주식 569주를 매입하고 콜옵션은 13.5533에 1,000단위 매도하여, 569×125.94 – 1,000×13.5533 = 58,107을 투자해야 한다.

수반되는 위험에 대해 생각해보면, 남은 기간 동안 일별주가를 시뮬레이션할 수 있다. 시뮬레이션으로 주가를 생성하는 것은 교재 뒷부분에 간략히 다루고 있지만, 지금은 이후 35일 동안 DCRB의 일별 종가를 시뮬레이션했다고 단순히 가정하자. 델타헷지하는 시점0에서, DCRB 주가는 125.94이다. 1일 후에 종가는 123.4020이고, 만기까지 34일 남았으므로 남은 시간은 T = 34/365 = 0.0932이다. 이 수치들을 블랙-숄즈-머튼 스프레드시트 BlackScholesMertonBinomial10e.xlsm에 대입하면 콜옵션가격은 $10.4078이 된다. 그럼 헷지는 어떻게 되는가?

주식가치	569($120.4020) = $68,509
옵션가치	1,000($10.4078) = – $10,408
총가치	$58,101

그런데 얼마여야 하는가? 만약 $58,107을 4.46% 이자율의 무위험채권에 하루 동안 투자했다면, $\$58,107e^{0.0446(1/365)} = \$58,114$이었을 것이다.

표 5.9는 옵션 총 기간 동안 DCRB 주가의 시뮬레이션을 기반으로 한 결과를 제시하고 있다. 0일은 헷지를 시작한 날이다. 여기서 주식(2열)과 콜옵션(3열)을 보유하지 않고 시작하고, 주식과 콜옵션은 정수로만 거래가능하다고 가정한다. 그래서 그날 말에 콜옵션 1,000단위 매도하고(9열) 주식 569주 매입한다(11열). 18열에서 포트폴리오 델타는 실제로 0는 아니고 –0.1868이다. 주식을 나누어 보유할 수 없기 때문에 미세하게 음의 델타가 되었다.

1일 말에 포트폴리오는 앞에서 설명한 것처럼 $58,101가 되지만(7열), 목표 가치는 $58.114이다(8열). "종료 시 옵션계산"이라 되어 있는 열(13–17열)을 보자. 새로운 만기까지 기간은 34/365 = 0.0932이고, 새로운 델타, $N(d_1)$는 0.4981이다. 10열과 같이 이제 주식 498주가 필요하다. 11열은 주식 71주를 매도해야 한다는 것을 보여준다. 주가는 $120.4020이므로 매도로 71×$120.4020 = $8,549가 발생하고, 이는 채권에 투자된다(12열). 이제 다음날로 가보자.

2일 말에, 주가는 $126.2305로 상승하고(5열), 콜옵션은 $13.3358이 된다(6열). 채권 $8,549는 하루 이자가 발생하여 $8,550이 된다(4열). 따라서 보유한 가치는

주식가치	498($126.2305) = $62,863	
옵션가치	– 1,000($13.3358) = – 13,336	
채권가치		$8,550
총가치		$58,077 (7열)

이틀에 걸쳐 완벽히 헷지했다면, $\$58{,}107e^{0.0446(2/365)} = \$58{,}121$ 을 보유해야 한다(8열). 따라서 $44이 부족하다.

이 과정을 계속하여 옵션만기가 되는 35일이 되면, 포트폴리오가치는 $59,762가 되지만, 목표가치는 $58,356으로 $1,406 초과된다. 확실히 완벽한 헷지는 아니다. 사실, 투자에 비해 2% 이상 수익이 났다. 무엇이 문제인가?

앞에서 논의한 바와 같이, 델타헷징은 연속적으로 되어야만 그리고 주가가 매우 조금씩 변동해야만 작동한다. 이유는 다음과 같다. 델타는 미적분 개념인 1차도함수(first derivative)를 기반으로 한다. 여기서 1차도함수는 주가변동은 극히 작다는 가정 하에, 주가에 대한 옵션가격의 변동 비율이다. 그림 5.6로 다시 가서 그래프의 곡선을 보자. 간단하게 델타는 특정 주가에서의 곡선의 기울기이다. 그런데 곡선에서는 직선과 달리 매 지점에서 기울기가 변한다. 주어진 지점에서의 기울기는, 주가가 매우 적게 움직이도록 해야만 정확하게 추정될 수 있다.

분명히도 주가는 매우 크게 움직일 수 있고 거래가 빈번하게 일어나지 않을 때 더욱 그러하다. 이 경우, 델타는 옵션의 위험에 대한 좋은 근사치가 아니다. 이럴 경우에는 2차 효과라고 알려진 비율, 감마가 중요해진다. 감마를 이용하면 더 우수한 헷지가 가능하다.

감마헷징(gamma hedging)은 훨씬 더 복잡한 과정으로 여기서는 짧고 간단히 살펴볼 것이다. 감마헷징의 목적은 델타와 감마 헤지를 하는 것으로, 델타와 감마중립이라고 한다.

표 5.9 델타헷지의 일별 조정

시작 시 보유수			종료 시 가치(조정 전)					
일 (1)	주식 수 (2)	콜옵션 (3)	채권($) (4)	주식가격 (5)	콜옵가격 (6)	포트폴리오 가치 (7)	포트폴리오 목표가치 (8)	콜옵션 거래 (9)
0	0	0	0	125.9400	13.5533	0	58107	−1000
1	569	−1000	0	120.4020	10.4078	58101	58114	0
2	498	−1000	8550	126.2305	13.3358	58077	58121	0
3	572	−1000	−792	129.7259	15.2113	58200	58128	0
4	614	−1000	−6241	122.6991	11.0082	58088	58135	0
5	524	−1000	4803	116.8313	7.9826	58040	58142	0
6	441	−1000	14501	111.9864	5.8418	58046	58149	0
7	368	−1000	22679	104.3922	3.3160	57780	58156	0
8	257	−1000	34271	95.8023	1.4834	57409	58163	0
9	147	−1000	44815	97.6316	1.6663	57500	58170	0
10	161	−1000	43453	101.2905	2.2093	57552	58178	0
11	199	−1000	39609	107.7229	3.6022	57444	58185	0
12	281	−1000	30779	108.7139	3.7173	57611	58192	0
13	290	−1000	29805	100.3039	1.6632	57230	58199	0
14	167	−1000	42147	99.4745	1.4164	57343	58206	0
15	150	−1000	43844	106.1533	2.5476	57219	58213	0
16	232	−1000	35143	97.1141	0.9052	56769	58220	0
17	110	−1000	46997	94.3615	0.5666	56810	58227	0
18	78	−1000	50023	86.0927	0.1300	56608	58234	0
19	24	−1000	54678	88.4161	0.1625	56638	58242	0
20	29	−1000	54243	93.3283	0.3112	56638	58249	0
21	50	−1000	52289	90.6496	0.1604	56662	58256	0
22	30	−1000	54109	92.6696	0.1857	56703	58263	0
23	34	−1000	53745	92.2053	0.1325	56747	58270	0
24	26	−1000	54489	97.6458	0.2873	56741	58277	0
25	51	−1000	52054	101.2303	0.4257	56791	58284	0
26	73	−1000	49833	106.4213	0.7980	56804	58291	0
27	123	−1000	44518	110.5062	1.2135	56897	58299	0
28	175	−1000	38776	110.4197	0.9792	57120	58306	0
29	155	−1000	40990	108.7435	0.5619	57283	58313	0
30	106	−1000	46324	109.4487	0.4535	57472	58320	0
31	95	−1000	47533	111.5737	0.4654	57668	58327	0
32	104	−1000	46535	115.9403	0.7627	57830	58334	0
33	169	−1000	39004	122.7231	2.0457	57698	58341	0
34	396	−1000	11147	120.9295	0.6922	58343	58348	0
35	231	−1000	31104	124.0621	0.0002	59762	58356	0

조정된 주식 수 (10)	거래된 주식 수 (11)	거래된 채권($) (12)	만기까지 기간 (13)	종료 시 옵션계산				
				d_1 (14)	$N(d_1)$ (15)	d_2 (16)	$N(d_2)$ (17)	포트폴리오델타 (18)
569	569	0	0.0959	0.1743	0.5692	−0.0827	0.4670	0.1868
498	−71	8549	0.0932	−0.0049	0.4981	−0.2582	0.3981	−0.0570
572	74	9341	0.0904	0.1802	0.5715	−0.0694	0.4723	0.4981
614	42	5448	0.0877	0.2898	0.6140	0.0440	0.5176	−0.0120
524	−90	11043	0.0849	0.0598	0.5238	−0.1821	0.4278	0.1536
441	−83	9697	0.0822	−0.1496	0.4405	−0.3876	0.3492	0.4638
368	−73	8175	0.0795	−0.3377	0.3678	−0.5717	0.2838	0.2222
257	−111	11588	0.0767	−0.6538	0.2566	−0.8837	0.1884	0.3818
147	−110	10538	0.0740	−1.0509	0.1467	−1.2766	0.1009	0.3436
161	14	1367	0.0712	−0.9903	0.1610	−1.2119	0.1128	−0.0064
199	38	3849	0.0685	−0.8455	0.1989	−1.0627	0.1440	0.0803
281	82	8833	0.0658	−0.5787	0.2814	−0.7915	0.2143	−0.4097
290	9	978	0.0630	−0.5523	0.2904	−0.7606	0.2234	−0.3815
167	−123	12337	0.0603	−0.9650	0.1673	−1.1688	0.1212	−0.2715
150	−17	1691	0.0575	−1.0348	0.1504	−1.2339	0.1086	−0.3890
232	82	8705	0.0548	−0.7314	0.2323	−0.9257	0.1773	−0.2782
110	−122	11848	0.0521	−1.2259	0.1101	−1.4153	0.0785	−0.1154
78	−32	3020	0.0493	−1.4213	0.0776	−1.6056	0.0542	0.3802
24	−54	4649	0.0466	−1.9803	0.0238	−2.1595	0.0154	0.1674
29	5	442	0.0438	−1.8942	0.0291	−2.0680	0.0193	−0.0998
50	21	1960	0.0411	−1.6413	0.0504	−1.8096	0.0352	−0.3658
30	−20	1813	0.0384	−1.8846	0.0297	−2.0472	0.0203	0.2580
31	1	371	0.0356	1.8218	0.0342	−1.9785	0.0239	−0.2390
26	−8	738	0.0329	−1.9367	0.0264	−2.0872	0.0184	−0.3930
51	25	2441	0.0301	−1.6323	0.0513	−1.7765	0.0378	−0.3037
73	22	2227	0.0274	−1.4574	0.0725	−1.5948	0.0554	0.4937
123	50	5321	0.0247	−1.1607	0.1229	−1.2911	0.0983	0.1260
175	52	5746	0.0219	−0.9333	0.1753	−1.0562	0.1454	−0.3251
155	−20	2208	0.0192	−1.0138	0.1553	−1.1288	0.1295	−0.3333
106	−49	5328	0.0164	−1.2487	0.1059	−1.3552	0.0877	0.1158
95	−11	1204	0.0137	−1.3123	0.0947	−1.4095	0.0794	0.2860
104	9	1004	0.0110	−1.2581	0.1042	−1.3450	0.0893	−0.1790
169	65	7536	0.0082	−0.9568	0.1693	−1.0321	0.1510	−0.3413
396	227	27858	0.0055	−0.2642	0.3958	−0.3257	0.3723	0.1939
231	−165	19953	0.0027	−0.7361	0.2308	−0.7796	0.2178	0.1717
2	−229	28410	0.0000	−2.9288	0.0017	−2.9314	0.0017	0.2986

이는 본질적으로 어떠한 주가 움직임도 헷지되는 것을 의미한다. 주식과 옵션만 보유해서는 델타와 감마 모두 헷지하는 것은 불가능하다. 왜냐하면 옵션의 감마와 관련된 위험은 다른 금융상품으로 제거되어야하기 때문이다. 주식의 델타는 1.0이지만 감마는 0이다. 그런데 주식은 옵션의 감마위험을 헷지할 수 없다. 필요한 것은 감마가 0이 아닌 금융상품이다. 구체적으로, 다른 옵션이다.

따라서 행사가격이 130인 6월 만기 콜옵션을 추가해보자. 이 콜옵션의 블랙-숄즈-머튼 가격은 $11.3792, 델타는 0.5087, 감마는 0.0123이다. 6월 만기 125 콜옵션의 감마는 0.0121이다. 이후로는, 6월 만기 125 콜옵션(옵션1)과 6월 만기 130 콜옵션(옵션2)의 델타를 대신해서 델타의 그리스 문자인 Δ_1와 Δ_2를 각각 이용한다. 마찬가지로, 6월 만기 125 콜옵션과 6월 만기 130 콜옵션의 감마를 대신해서 감마의 그리스 문자인 Γ_1와 Γ_2를 각각 이용한다. 이제 포트폴리오에 델타가 1이고 감마가 0인 주식 h_s주를 보유하고, 6월 만기 125 콜옵션은 1,000단위 매도, 6월 만기 130 콜옵션은 h_c 단위 보유하자. 델타헷지를 위해서는 다음 조건을 만족해야 한다.

$$h_s(1) - 1{,}000\Delta_1 + h_c\Delta_2 = 0,$$

그리고 감마헷지를 위해서는 다음 조건을 만족해야 한다.

$$-1{,}000\Gamma_1 + h_c\Gamma_2 = 0.$$

다시 말하면, 두 옵션의 감마를 결합하면 0과 같아야 한다. 이제 두 식과 두 미지수가 있다. 두 번째 식을 h_c로 풀면 다음을 얻는다.

$$h_c = 1{,}000(\Gamma_1 / \Gamma_2)$$

이 값으로 첫 번째 식을 h_s에 대해 푼다.

$$h_s = 1{,}000[\Delta_1 - (\Gamma_1 / \Gamma_2)\,\Delta_2].$$

이제, 감마헷지를 구성하고 성과가 어떻게 되는지 살펴보자. 먼저, 다음과 같다.

$$\Delta_1 = 0.5692,\ \Delta_2 = 0.5087,\ \Gamma_1 = 0.0121,\ \text{and}\ \Gamma_2 = 0.0123.$$

따라서, 필요한 두 번째 옵션의 수, h_c는

$$h_c = 1{,}000(0.0121 / 0.0123) = 984,$$

이 수는 스프레드시트에서 계산한 값인 985로 바꾼다. 필요한 주식 수는

$$h_s = 1{,}000[0.5692 - (0.0121 / 0.0123)(0.5087)] = 68$$

따라서 주식 68주를 매입하고 6월 만기 125 콜옵션은 1,000단위 매도하며 6월 만기 130 콜옵션은 985 단위 매입한다. 이를 위해 필요한 투자자금은

$$68(125.94) - 1{,}000(13.5533) + 985(11.3792) = 6{,}219.$$

이제, 첫날 말에 주가는 \$120.4020, 125 콜옵션의 가격은 \$10.4078, 130 콜옵션의 가격은 \$8.5728이다. 그럼 포트폴리오의 가치는

$$68(120.4020) - 1{,}000(10.4078) + 985(8.5729) = 6{,}224.$$

그런데, 포트폴리오의 가치는 $\$6{,}219e^{0.0446(1/365)} = \$6{,}220$가 되어야 한다.

새로운 델타는 $\Delta_1 = 0.4981$와 $\Delta_2 = 0.4366$ 이고, 새로운 감마는 $\Gamma_1 = 0.0131$과 $\Gamma_2 = 0.0129$ 이다. 이제 새롭게 필요한 130 콜옵션의 수는 $1{,}000 \times (0.0131/0.0129) = 1{,}016$이다. 스프레드시트로 계산한 답은 1,013이고 더 정확하므로 1,013을 이용하자. 이는 130 콜옵션을 새로운 가격 \$8.5729에 1,013 – 985 =28 단위 매입해야 한다는 것을 의미한다. 이를 위해서는 $28 \times \$8.5729 = \$240$이 필요하다.

필요한 주식 수는

$$h_s = 1{,}000[0.4981 - (0.0131 / 0.0129)0.4366] = 54.73.$$

스프레드시트로 더 정확하게 계산하면 56이다. 주식을 \$120.4020에 68 – 56 = 12주 매도해야 한다. 이를 통해 $12 \times \$120.4020 = \$1{,}444$가 얻어지고, 이 중 \$1,444 – \$240 = \$1,204는 무위험채권에 투자한다.

다음 날 말에, 주식은 \$126.2305가 되고 125 콜옵션가격은 \$12.3358, 130 콜옵션가격은 \$11.1394가 된다. 채권으로 약간의 이자가 발생하지만 여전히 가치는 약 \$1,205이다. 포트폴리오의 가치는 이제

$$56(126.2305) - 1{,}000(13.3358) + 1{,}013(11.1394) + \$1{,}205 = \$6{,}222.$$

포트폴리오가 이틀 간 헷지되었다면, 가치는 $\$6{,}219e^{0.0446(2/365)} = \$6{,}221$ 이다. 즉, \$1 높다.

이 거래에 대한 전체 사항을 자세하게 보여주기 위해서는 필요한 열의 수가 너무 많으므로 여기서는 생략한다. 최종적으로, 표 5.9의 주가에 대해 감마헷지 가치는 \$6,267이 된다. 목표 최종 가치는 \$6,246으로, 차이는 \$21 더 높다.

> 연속적으로 거래할 수 없고 주가변화가 너무 커서 넬타로 포착할 수 없기 때문에 델타헷지는 어렵다. 감마헷지는 이러한 문제를 부분적으로 처리하는데 이용될 수 있다.

따라서 감마헷지는, 유한한 기간에 걸쳐 발생하는 큰 가격 변동으로 야기되는 위험을 제거할 수 있다는 면에서 더 우수할 수 있다. 딜러는 효율적으로 델타와 감마헷지를 하는 방법을 학습해왔다. 그러나 또한 변동성이 변화하는 위험도 직면한다. 이 개념은 앞에서 베가 위험으로 알아봤다. 그런데 이는 여기에서의 수준을 벗어나므로 다루지는 않지만, 베가 위험은 베가가 0이 아닌 다른 금융상품, 즉, 다른 옵션을 추가하여 헷지할 수 있다. 그럼 세 개의 식과 세 개의 미지수(주식 수, 두 번째 콜옵션 수, 세 번째 콜옵션 수)가 있게 된다. 세 식은 델타, 감마, 베가를 0으로 두어 풀게 된다.

연습문제

1. 블랙-숄즈-머튼 식의 우변은 두 항의 합으로 구성되어 있다. 각 항이 무엇을 나타내는지 설명하시오.
2. 다음의 개념을 콜옵션과의 관계를 이용하여 각각 설명하시오.
   a. 델타
   b. 감마
   c. 로
   d. 베가
   e. 세타
3. 이론적으로 정확한 주식변동성의 추정치를 제공하는 서비스를 구독한다고 하자. 어떤 옵션의 내재변동성이 이론적 변동성보다 상당히 크다는 것을 알았다. 어떤 행동을 취해야 할 것인가? 그 이유는?
4. 내재변동성과 관련된 다음의 문제에 답하시오.
   a. 주식이 동일하고 행사가격은 같지만 만기가 다른 옵션들의 내재변동성은 달라질 수 있는가?
   b. 주식이 동일하고 만기는 같지만 행사가격이 다른 옵션들의 내재변동성은 달라질 수 있는가?
5. 주식의 가격은 $50이고 변동성은 35%이다. 행사가격이 $50인 콜옵션은 만기가 1년 뒤이다. 무위험이자율은 5%이다. 주가가 $5, 10, 15, ..., 100일 때 표를 그리고 블랙-숄즈-머튼 콜옵션가격, 유럽식 콜옵션의 하한을 계산하시오. 그리고 전자는 후자와 같거나 크다는 것을 확인하시오. 이 때, 스프레드시트 BlackScholesMertonBinomial10e.xlsm을 이용할 수 있다.

다음은 특정 연도 7월 6일에 관찰된, 어느 주식에 대한 콜옵션과 풋옵션의 가격이다. 이 정보를 이용하여 6번부터 12번까지의 문제를 푸시오. 주가는 165.13이다. 만기는 7월 17일, 8월 21일, 10월 16일이다. 세 만기에 대한 연속복리 무위험이자율은 각각 0.0503, 0.0535, 0.0571이다. 별도로 명시하지 않는 한, 옵션은 유럽식으로 가정한다.

	콜옵션			풋옵션		
행사가격	7월	8월	9월	7월	8월	9월
155	10.50	11.75	14.00	0.19	1.25	2.75
160	6.00	8.13	11.13	0.75	2.75	4.50
165	2.69	5.25	8.13	2.38	4.75	6.75
170	0.81	3.25	6.00	5.75	7.50	9.00

6. 주식의 연속복리 수익률의 표준편차는 21%라 하자. 배당은 무시하고, 다음에 답하시오.
   a. 10월 만기 행사가격이 165인 콜옵션의 이론가치는 얼마인가?
   b. a에서의 답을 고려하여 무위험전략을 제안하시오.
   c. 주가가 $1 감소한다면, 옵션포지션은 주식의 손실을 어떻게 상쇄하는가?
7. 10월 만기 165 풋옵션에 대해 블랙-숄즈-머튼 옵션가격결정모형을 이용하여, 6번의 a, b, c를 동일하게 푸시오.
8. 주식이 $1.10의 배당을 지급하고 배당락일은 9월 10일이라고 하자. 적절한 배당 조정 절차를 이용하여, 6번의 a, b, c를 동일하게 푸시오.
9. 7월 6일에 주식의 배당수익률은 2.7%이다. 적절한 배당 조정 절차를 이용하여, 6번의 a, b, c를 동일하게 푸시오.
10. 7월 7일은 배당이 $2인 주식의 배당락일이라 하자. 미국식 옵션으로 가정하여 7월 만기 160 콜옵션이 행사될지 밝히시오.
11. 다음은 주식의 6월 일별가격이다.

날짜	가격	날짜	가격
6/1	159.88	6/16	162.00
6/2	157.25	6/17	161.38

날짜	가격	날짜	가격
6/3	160.25	6/18	160.88
6/4	161.38	6/19	161.38
6/5	160.00	6/22	163.25
6/8	161.25	6/23	164.88
6/9	159.88	6/24	166.13
6/10	157.75	6/25	167.88
6/11	157.63	6/26	166.50
6/12	156.63	6/29	165.38
6/15	159.63	6/30	162.50

블랙–숄즈–머튼 모형에 적용할 역사적 변동성을 추정하시오. 주식의 배당은 무시하시오.

12. 8월 만기 165 콜옵션의 내재변동성을 추정하시오. 11번에서 계산한 답과 비교하시오.

13. 12월 9일, 만기가 1월 13일인 스위스 프랑의 콜옵션은 행사가격이 $0.46이다. 현물환율 $0.4728이다. 미국의 무위험이자율은 7.1%, 스위스의 무위험이자율은 3.6%이다. 환율의 변동성은 0.145이다. 콜옵션의 가격은 정확하게 $0.0163인지 밝히시오.

14. 주식은 변동성이 40%이고 $100에 거래되고 있다. 주식의 콜옵션은 행사가격이 100이고, 만기는 1년 뒤이다. 무위험이자율은 4.5%이다. 콜옵션이 블랙–숄즈–머튼 가치로 거래되고 있다고 하자. 당신은 콜옵션 10,000단위와 적절한 수의 주식을 매입하여 델타헷지 포지션을 구성하려 한다. 주식과 콜옵션은 정수로만 매입하거나 매도할 수 있다. 다음 날 주식의 종가는 $99이다. 이때, 당신은 델지헷지를 유지하도록 포지션을 조정할 수 있다. 그다음 날 주식 종가는 $102이다. 모든 경우에서 콜옵션의 가격결정에 스프레드시트 BlackScholesMertonBinomial10e.xlsm을 이용할 수 있다.

a. 마지막에 얻게 되는 금액과 무위험채권에 투자했다면 얻을 금액을 비교하시오. 목표를 달성했는지 또는 아닌지, 그 이유를 설명하시오.

b. 이제 동일한 주식, 동일한 만기의 행사가격이 105인 다른 옵션을 추가하자. 델타와 감마헷지로 문제를 재구성하시오. 목표를 달성했는지 또는 아닌지, 그 이유를 설명하시오.

15. 어느 금융기관은 표준적인 유럽식 옵션의 수익의 150%를 지불하는 새로운 장외옵션을 제공한다. BlackScholesMertonBinomial10e.xlsm이나 손으로 계산하여 이 옵션의 가치는 일반적인 옵션가치의 1.5배임을 증명하시오. 주가는 $82, 행사가격은 $80, 무위험이자율(연속복리)는 4%, 변동성은 40%, 옵션만기는 1년이다.

16. BlackScholesMertonBinomial10e.xlsm을 이용하거나 직접 계산하여, 주식의 콜옵션과 풋옵션가격을 계산하시오. 현재 주가는 $100, 행사가격은 $100, 무위험이자율은 5%(연속복리), 변동성은 30%, 만기까지 기간은 1년이다. 이때, 다음 순간에 기업은 2대1 주식분할을 발표한다고 가정하자. 그 결과 주가는 $50로 떨어진다. 또한, 옵션거래소는 콜옵션의 행사가격을 2로 나누고 보유한 옵션계약의 수는 두 배로 할 것으로 규정한다. 옵션 보유자는 거래소의 이러한 주식분할 규정으로 손해가 되지 않음을 증명하시오.

17. BlackScholesMertonBinomial10e.xlsm을 이용하거나 직접 계산하여, 주식의 콜옵션과 풋옵션가격을 계산하시오. 현재 주가는 $100, 행사가격은 $105.1271, 무위험이자율은 5%(연속복리), 변동성은 30%, 만기까지 기간은 1년이다. 콜옵션가격과 풋옵션가격의 관계를 설명하시오.

18. BlackScholesMertonBinomial10e.xlsm을 이용하거나 직접 계산하여, 주식의 콜옵션과 풋옵

션가격을 계산하시오. 현재 주가는 $100, 행사가격은 $100, 무위험이자율은 0%(연속복리), 변동성은 30%, 만기까지 기간은 1년이다. 콜옵션가격과 풋옵션가격의 관계를 설명하시오. 또한, 이 결과와 17번의 결과의 관계를 설명하시오.

19. 주식의 현재 가격은 $115.83이다. 주식의 유럽식 콜옵션은 8주 뒤에 만기가 되고 N(d1) = 0.33이다. 변동성이 0.03 변할 때, 기대되는 콜옵션가격 변동의 크기을 계산하시오.

20. 현재 주식의 가치는 $132.43이다. 어떤 유럽식 풋옵션은 만기가 3주 뒤이고, 만기에 내가격 상태일 확률은 63.68%, 주식의 연속복리 수익률의 연간변동성은 0.76이다. 연속복리 무위험이자율은 0.0398, 행사가격은 $130으로 가정하고, 기초주식의 가격(또는 시간을 제외한 다른 변수들)이 변하지 않는다고 가정할 때, 3일 뒤 옵션의 가격은 얼마나 변동할 것으로 기대되는가?

21. 유럽식 풋옵션은 4주 뒤에 만기이고 행사가격은 $120이며, 기초주식은 현재 $126.30에 거래되고 있다. 주식의 연속복리 수익률의 연간변동성은 0.78이고 연속복리 무위험이자율은 0.0348로 가정한다. 블랙–숄즈–머튼 모형을 이용하여 유럽식 풋옵션의 가격을 결정하시오.

22. (개념문제) 주식의 포지션과 풋옵션의 매입포지션을 이용하여 델타헷지를 어떻게 할지 제시하시오.

참고문헌

다음은 블랙-숄즈와 머튼의 원본 논문이다:

Black, F., and M. Scholes. "The Pricing of Options and Corporate Liabilities." *Journal of Political Economy* 81 (1973): 637–659.

Merton, R. C. "Theory of Rational Call Option Pricing." *Bell Journal of Economics and Management Science* 4 (1973): 141–183.

다음은 모형에 대한 실증분석이다:

Black, F., and M. Scholes. "The Valuation of Option Contracts and a Test of Market Efficiency." *Journal of Finance* 27 (1972): 399–418.

Galai, D. "A Survey of Empirical Tests of Option Pricing Models." In *Option Pricing*, edited by M. Brenner, 45–80. Lexington, MA: D. C. Heath, 1983.

Galai, D. "Tests of Market Efficiency of the Chicago Board Options Exchange." *Journal of Business* 50 (1977): 167–197.

MacBeth, J. D., and L. J. Merville. "An Empirical Examination of the Black–Scholes Call Option Pricing Model." *Journal of Finance* 34 (1979): 1173–1186.

블랙-숄즈-머튼 옵션가격결정모형의 다른 중요한 논문은 다음과 같다:

Cox, J. C., and S. A. Ross. "The Valuation of Options for Alternative Stochastic Processes." *Journal of Financial Economics* 3 (1976): 145–166.

Geske, R. "The Valuation of Compound Options." *Journal of Financial Economics* 7 (1979): 63–81.

Rubinstein, M. "The Valuation of Uncertain Income Streams and the Pricing of Options." *Bell Journal of Economics* 7 (1976): 407–425.

모형에 대한 피셔 블랙의 흥미롭고 매우 읽기 쉬운 논문은 다음과 같다:

Black, F. "Fact and Fantasy in the Use of Options." *Financial Analysts Journal* 31 (July–August 1975): 36–41, 61–72.

Black, F. "How to Use the Holes in Black–Scholes." *Journal of Applied Corporate Finance* 1 (1989): 67–73.

Black, F. "How We Came Up with the Option Formula." *Journal of Portfolio Management* 15 (Winter 1989): 4–8.

블랙-숄즈-머튼 모형에 대한 다음의 문헌들은 도움이 될 것이다:

Alexander, G., and M. Stutzer. "A Graphical Note on European Put Thetas." *Journal of Futures Markets* 16 (1996): 201–209.

Barraclough, K., and Whaley, R. "Early Exercise of Put Options on Stocks." *Journal of Finance* 67 (2012): 1423–1456.

Boyle, P., and F. Boyle. *Derivatives: The Tools That Changed Finance.* London: Risk Books, 2001.

Brooks, R., and J. A. Brooks. "Another Look at Option Valuation Based on Arithmetic Brownian Motion." March 4, 2013. Available at SSRN: http://ssrn.com/abstract 2228288.

Brooks, R., and D. Chance. "Some Subtle Relationships and Results in Option Pricing." *Journal of Applied Finance* 24 (2014): 94–110.

Chriss, N. *Black–Scholes and Beyond: Option Pricing Models.* Chicago: Irwin Professional Publishing, 1997.

Chung, S., and M. Schackleton. "The Binomial Black–Scholes Model and the Greeks." *Journal of Futures Markets* 22 (2002): 143–153.

Constantinides, G. M., J. C. Jackwerth, and S. Perrakis. "Mispricing of S&P 500 Index Options." *Review of Financial Studies* 22 (2009): 1247–1277.

Constantinides, G. M., J. C. Jackwerth, and A. Savov. "The Puzzle of Index Option Returns." *Review of Asset Pricing Studies* 3 (2013): 229–257.

Derman, E. *Models. Behaving. Badly. Why Confusing Illusion with Reality Can Lead to Disaster, on Wall Street and in Life.* New York: Free Press, 2012.

Jarrow, R. A., and A. Chatterjea. *An Introduction to Derivative Securities, Financial Markets, and Risk Management.* New York: W. W. Norton, 2013.

MacKenzie, D. *An Engine, Not a Camera: How Financial Models Shape Markets.* Cambridge, MA: The MIT Press, 2006.

MacKenzie, D. "An Equation and Its Worlds: Bricolage, Exemplars, Disunity and Performativity in Financial Economics." *Social Studies of Science* 33 (December 2003): 831–868.

MacKenzie, D. "Physics and Finance: S–Terms and Modern Finance as a Topic for Science Studies." *Science, Technology, & Human Values* 26 (Spring 2001): 115–144.

Naib, F. A. "FX Option Theta and the 'Joker' Effect." *Derivatives Quarterly* 2 (Summer 1996): 56–58.

Pelsser, A., and T. Vorst. "The Binomial Model and the Greeks." *Journal of Derivatives* 1 (1994): 45–49.

Pool, V. K., H. R. Stoll, and R. E. Whaley. "Failure to Exercise Call Options: An Anomaly and a Trading Game." *Journal of Financial Markets* 11 (2008): 1–35.

Poteshman, A. M., and V. Serbin. "Clearly Irrational Financial Behavior: Evidence from the Early Exercise of Exchange Traded Stock Options." *Journal of Finance* 58 (2003): 37–70.

Thomas, R. "Price Discovery in Near– and Awayfrom–the–Money Option Markets." *Financial Review* 48 (2013): 25–48.

Zimmermann, H., and Wolfgang, H. "Amazing Discovery: Vincenz Bronzin's Option Pricing Models." *Journal of Banking and Finance* 31 (2007): 531–546.

다음은 옵션가격결정에서 훌륭한 사람들에 대한 책이다:

Derman, E. *My Life as a Quant: Reflections on Physics and Finance.* New York: Wiley, 2004.

Mehrling, P. G. *Fischer Black and the Revolutionary Idea of Finance.* New York: Wiley, 2005.

부록 B는 도서, 논문, 기타 자료와 같은 좀 더 광범위한 참고문헌을 포함하고 있으며, 이 책의 동반 사이트에 있다. 접속하려면, www.cengagebrain.com을 방문하여 ISBN 9781305104969를 검색한 후 "Free Materials", "Access Now" 탭을 차례로 클릭하라.

6장

이 장의 목표

- 옵션전략의 위험과 수익률을 분석하는 세 가지 방법인 수식, 그래프, 예시를 소개한다.
- 주식, 콜옵션, 풋옵션을 매입/매도하는 기본적인 전략을 분석한다.
- 커버드콜, 방어적풋, 컨버젼, 리버설과 같은 결합 전략을 분석한다.
- 행사가격의 선택이 어떻게 전략의 성과에 영향을 미치는 지 설명한다.
- 선택된 보유기간의 길이가 어떻게 전략의 성과에 영향을 미치는 지 설명한다.
- 옵션전략을 분석하는데 첨부된 소프트웨어를 이용한다.

기본적인 옵션전략

나쁜 모형을 가진 좋은 거래자는 좋은 모형을 가진 나쁜 투자자를 이길 수 있다.

William Margrabe

Derivatives Strategy, April 1998, p.27

가장 흥미로운 옵션의 특성 중 하나는 주식이나 다른 옵션과 결합하여 매우 다양한 전략을 만들 수 있다는 것이다. 가능한 수익은 너무 다양해서 사실상 어떠한 투자자도 본인의 위험 선호도와 시장 예측에 맞는 옵션전략을 찾을 수 있다.

옵션이 없는 세계에서 가능한 전략은 꽤 제한적이다. 시장이 상승할 것으로 기대된다면, 투자자는 주식을 매입할 것이다. 시장이 하락할 것으로 예상된다면 주식을 매도할 것이다. 그러나 제1장에서 논의한 것처럼, 주식을 공매할 수 있으려면 투자자는 어떤 요건을 충족시켜야 하고(최소한의 위험 대비 자본보유와 같은), 공매도는 업틱이나 제로플러스틱(zero-plus tick)으로 되어야 하며, 최소한의 증거금을 유지해야 한다. 옵션은 예측을 실행계획으로 간단하게 전환해주어, 계획이 정확하다면 수익이 발생할 것이다. 물론, 어떤 전략은 예측이 잘못되어 불리하게 될 수도 있다. 그렇지만 옵션을 신중하게 이용하면 불이익은 비교적 적고 미리 알 수도 있다.

제6장과 제7장에서는 많이 쓰이는 몇 가지 옵션전략들을 분석한다. 옵션거래자들이 이용하는 모든 전략을 다루는 것은 불가능하다. 여기서 분석하는 전략들은 옵션전략 분석과정의 기본적인 이해를 제공한다. 더 고급의, 복잡한 전략은 여기서 제시되는 체계를 이용하여 학습 및 분석할 수 있다.

제6장에서는 기본적인 옵션전략을 제시한다. 이 전략들은 이해하기 가장 쉽고, 거래가 가장 적다. 구체적으로, 콜옵션, 풋옵션, 주식의 전략, 그리고 콜옵션과 주식의 결합, 풋옵션과 주식의 결합 등을 다룰 것이다. 또한 콜옵션과 주식을 결합하여 어떻게 풋옵션이 형성되는지, 풋옵션과 주식을 결합하여 어떻게 콜옵션이 형성되는지 살펴볼 것이다. 제7장에서는 옵션매도와 주식매입의 스프레드(spread) 전략들, 풋옵션과 콜옵션을 모두 이용하는 콤비네이션(combination) 전략들을 분석할 것이다.

옵션전략을 분석하기 위해 여기서 이용하는 접근법은, 포지션 종료 시 주가에 따른 전략의 손익을 결정하는 것이다. 이 방법론은 간단하지만 매우 효과적이다. 장점 중 하나는, 전략을 보여주는 세 가지 방법이 실제로 존재한다는 것이다. 이는 학습에 도움이 되므로, 세 가지 방법 모두 활용할 것이다.

첫 번째 방법은 전략의 손익에 대한 방정식을 알아내는 것이다. 이 방정식은 포지션 종료 시 주가의 함수이다. 식은 꽤 간단하며, 제 3, 4, 5장에서 다룬 방법으로 만든다. 두 번째 방법은 그래프 분석으로, 포지션 종료 시 주가의 함수로서 손익 그래프를 그릴 때의 식을 이용한다. 세 번째 방법은 특정 예시를 이용하여 방정식과 그래프를 실제 옵션에 어떻게 적용하는지 설명하는 것이다. 앞에서 분석한 DCRB 옵션을 계속해서 이용한다.

통화, 상품, 채권과 같은 다른 자산이나, 선물계약과 이자율에 대한 옵션도 존재한다는 것을 기억하자. 이러한 종류는 다음 장에서 보게 될 것이다. 이 장에서 다루는 기본적인 원칙은 다양한 자산에 대한 옵션에서도 꽤 간단하게 적용된다. 뒤의 연습문제에서 이 장의 전략을 통화옵션에 적용하여 분석하는 문제를 볼 수 있다.

앞의 옵션 분석에서와같이, 몇 가지 기호들이 필요하다. 다음 장에서 모든 기호들을 종합하여 보여준다.

6-1 용어와 기호

C = 현재 콜옵션가격
P = 현재 풋옵션가격
S_0 = 현재 주식가격
T = 만기까지의 기간(연)
X = 행사가격

$$S_T = \text{옵션 만기일의 주식가격}$$
$$\Pi = \text{전략의 손익(profit)}$$

다음 기호는 콜옵션, 풋옵션, 주식의 수이다.

$$N_C = \text{콜옵션의 수}$$
$$N_P = \text{풋옵션의 수}$$
$$N_S = \text{주식의 수}$$

제2장에서 논의한 것처럼, 콜옵션, 풋옵션, 주식 수의 기준은 100이다. 즉, 여기서 예시를 분석할 때, 옵션의 계약 수나 주식 수는 100을 기준으로 가정한다.[1]

6-1a 손익방정식

N_C, N_P, N_S의 부호에 따라 매입포지션과 매도포지션을 알 수 있다. 예를 들어,

$$N_C > (<)\ 0, \text{투자자는 콜옵션을 매입(매도)한다.}$$
$$N_p > (<)\ 0, \text{투자자는 풋옵션을 매입(매도)한다.}$$
$$N_s > (<)\ 0, \text{투자자는 주식을 매입(공매도)한다.}$$

전략의 손익을 결정하기 위해서는 얼마나 많은 콜옵션, 풋옵션, 또는 주식이 포함되는지, 매입포지션인지 매도포지션인지, 옵션이나 주식이 거래되는 가격, 포지션 마감 시 가격을 아는 것이 필요하다. 만기일까지 콜옵션을 보유하면, 콜옵션의 가치는 만기 시 내재가치이다. 그럼 손익은 다음과 같이 표현될 수 있다.

$$\Pi = N_C[\text{Max}(0, S_T - X) - C].$$

N_C의 부호에 따라 콜옵션 매입자와 매도자의 손익이 결정된다. 예를 들어, 콜옵션 1단위를 매입하면, $N_C = 1$이고, 손익은

$$\Pi = \text{Max}(0, S_T - X) - C.$$

콜옵션 1단위를 매도하면, $N_C = -1$이고, 손익은

$$\Pi = -\text{Max}(0, S_T - X) + C.$$

풋옵션의 손익은 다음과 같이 표현할 수 있다.

$$\Pi = N_p[\text{Max}(0, X - S_T) - P].$$

풋옵션 1단위를 매입하면, $N_P = 1$이고, 손익은

$$\Pi = \text{Max}(0, X - S_T) - P.$$

풋옵션 1단위를 매도하면, $N_P = -1$이고, 손익은

1 보통 주식 100주에 대해 하나의 주식옵션 계약을 한다. 여기서는 일반적으로 기초주식의 수는 기초옵션의 수와 동일한 것으로 한다.

$$\Pi = -\,\mathrm{Max}(0, X - S_T) + P.$$

주식 거래의 손익은 간단히

$$\Pi = N_0(S_T - S_0).$$

주식 1주를 매입하면, $N_S = 1$이고, 손익은

$$\Pi = S_T - S_0.$$

주식 1주를 매도하면, $N_S = -1$이고, 손익은

$$\Pi = -\,S_T + S_0.$$

손익방정식은 어떠한 거래로 발생하는 손익도 쉽게 결정해준다. 예를 들어, 콜옵션 매입자와 풋옵션 매입자에 대한 식을 생각해보자. 두 경우에서, 주당 손익은 단순히 옵션행사로 받은 금액에서 옵션 매입 시 지급한 금액을 뺀다. 그런 뒤 주당 손익에 옵션의 수를 곱하면 손익이 된다. 콜옵션 매도자와 풋옵션 매도자에 대해서는, 주당 손익은 프리미엄으로 받은 금액에서 옵션행사 시 지급하는 금액을 뺀다. 그런 뒤 주당 손익에 매도한 옵션의 수를 곱하면 손익이다. 비슷하게, 주식 매입자의 주당 손익은 간단하게 매도 시 주가에서 매입 시 주가를 차감한다. 그리고 마찬가지로 주당 손익에 주식 수를 곱하여 손익을 계산한다. 주식 공매자의 주당 손익은 공매 시 받은 주가에서 주식 재매입 시 지급하는 주가를 차감한다. 주당 손익에 공매한 주식 수를 곱하면 손익이다. 가능하면 간단하게 분석하기 위해, 옵션이나 주식의 매입/매도포지션으로 포기되거나 내재적으로 얻는 이자는 무시한다.

마지막으로, 금융시장의 용어 중 하나인 **강세(bull)** 또는 **약세(bear)** 라는 단어를 종종 사용할 것이다. 강세장(bull market)은 가격이 상승하는 시장이고 약세장(bear market)은 가격이 하락하는 시장이다. 강세투자자(bullish investor)는 강세장이 될 것이라고 믿지만, 약세투자자(bearish investor)는 약세장이 될 것이라고 믿는다.

6-1b 서로 다른 보유기간

앞장에서 논의한 전략들은 옵션만기까지 포지션을 보유하였다. 이 경우 옵션은 남아있는 시간가치가 없어서 내재가치로 거래되기 때문에 손익을 결정하기 쉽다. 그러나 옵션거래자는 옵션만기 전까지 포지션을 청산하지 않고 보유해야 하는 것은 아니다. 투자자의 보유기간 길이는 원하는 간격으로 할 수 있다. 또한, 만기 전에 청산되는 포지션의 경우에서는 옵션의 매도가격을 결정해야한다. 이를 어떻게 시작해야 할까?

이용가능한 정보는 행사가격과 옵션에 남아있는 시간이다. 그리고 주가가 주어졌을 때 옵션의 매도가격을 알기 원한다. 무위험이자율과 주식수익률의 분산 추정치가 이용가능하다면, 여기서 블랙-숄즈-머튼 모형을 이용할 수 있다. 정보는 이용가능하다고 가정하고, 모형을 이

용하여 남은 옵션의 시간가치를 추정하여 전략의 손익을 결정하자.

설명을 위해, 세 가지 시점을 T_1, T_2, T으로 정의한다. 투자자는 포지션을 T_1, T_2, 또는 만기까지 보유할 수 있다고 하자. 오늘부터 T_1까지의 보유기간이 가장 짧다. 투자자가 T_1에서 포지션을 청산한다면, 옵션의 만기까지 남은 기간은 $T - T_1$이었을 것이다. 오늘부터 T_2까지의 보유기간은 중간 길이이다. 투자자가 이 보유기간을 선택하면, 만기까지 남은 기간이 $T - T_2$인 옵션을 청산하는 것이다. 만약 투자자가 만기까지 포지션을 보유한다고 하면, 남은 시간은 $T - T = 0$이다. 정확하게, $T_1 < T_2 < T$, 또는 $T - T_1 > T - T_2 > T - T = 0$으로 가정한다.

따라서 만기 전 시점 T_1에 종료한다면, 그리고 주가가 S_{T_1}일 때, 콜옵션포지션의 손익은

$$\Pi = N_C[C(S_{T_1}, T - T_1, X) - C],$$

여기서 $C(S_{T_1}, T - T_1, X)$은, 주가 S_{T_1}와 만기까지 기간인 $T - T_1$을 이용하여 블랙-숄즈-머튼 또는 다른 적절한 콜옵션가격결정모형에서 계산된 가치이다. 물론, C는 콜옵션의 초기가격이다. 풋옵션에 대한 식은 C 대신 P를 이용하는 것을 제외하면 동일하다. 블랙-숄즈-머튼 또는 다른 적절한 풋옵션가격결정모형으로 계산하면 $P(S_{T_1}, T - T_1, X)$이다. 포지션이 T_2에서 청산된다면, 비슷한 식이 적용된다.

제6장의 예시들은 장내옵션(exchange-traded option)을 이용하지만, 장외옵션(over-the counter option)에도 동일하게 적용할 수 있다. 만기 전에 장외옵션을 청산할 수 있는 특정한 시장은 없지만, 간단히 기존 옵션을 반대매매할 새 옵션을 만드는 것으로 동일한 결과를 얻을 수 있다.

6-1c 가정

옵션전략분석에는 몇 가지 중요한 가정이 있다.

첫 번째, 주식은 배당을 지급하지 않는다고 가정한다. 제3, 4, 5장에서 본 것처럼, 배당은 옵션 결정을 복잡하게 만들 수 있다. 여기서 배당을 포함해도 특별히 어려운 것은 없지만, 분석을 단순화하기 위해 생략한다. 배당이 특별히 중요한 부분에서 배당효과를 논의할 것이다.

두 번째, 세금과 거래비용이 없다고 가정한다. 세금과 거래비용은 이미 다뤘고 확실히 옵션결정에서 고려해야 할 사항이지만, 여기 분석에는 거의 포함하지 않았다. 특별한 세금과 거래비용 요인이 있는 경우에, 그 영향을 설명할 것이다.

앞 장에서 DCRB 옵션을 분석했었다. 표 6.1은 그에 대한 자료를 다시 보여준다.

표 6.1 DCRB 옵션 자료, 5월 14일

	콜옵션			풋옵션		
행사가격	5월	6월	7월	5월	6월	7월
120	8.75	15.40	20.90	2.75	9.25	13.65
125	5.75	13.50	18.60	4.60	11.50	16.60
130	3.60	11.35	16.40	7.35	14.25	19.65

현재 주가: 125.94 / 만기: 5월 21일, 6월 18일, 7월 16일 / 무위험이자율(연속복리): 0.0447(5월); 0.0446(6월); 0.0453(7월)

이제, 전략을 분석해보자. 첫 번째 전략 그룹은 주식의 거래이다.

6-2 주식 거래

주식과 옵션의 결합은 때로는 매력적인 전략이기 때문에, 주식의 체계를 먼저 확고히 하는 것이 중요하다.

6-2a 주식의 매입

가장 간단한 거래는 주식매입이다. 손익방정식은

$$N_S > 0 \text{ 일 때 } \Pi = N_S(S_T - S_0).$$

예로서, $N_S = 100$이라 하자. 그림 6.1은 포지션이 청산되었을 때, 거래의 손익이 주가에 따라 어떻게 변하는지 보여준다. DCRB 주식이 최종적으로 $125.94보다 높은 가격에 매도되었을 때, 이 거래는 수익성이 있다. 배당은, 배당금만큼 이 손익분기(breakeven) 주가를 낮추지만, 거래비용은 그 비용 금액만큼 손익분기 주가를 상승시킨다.

그림 6.1 주식의 매입

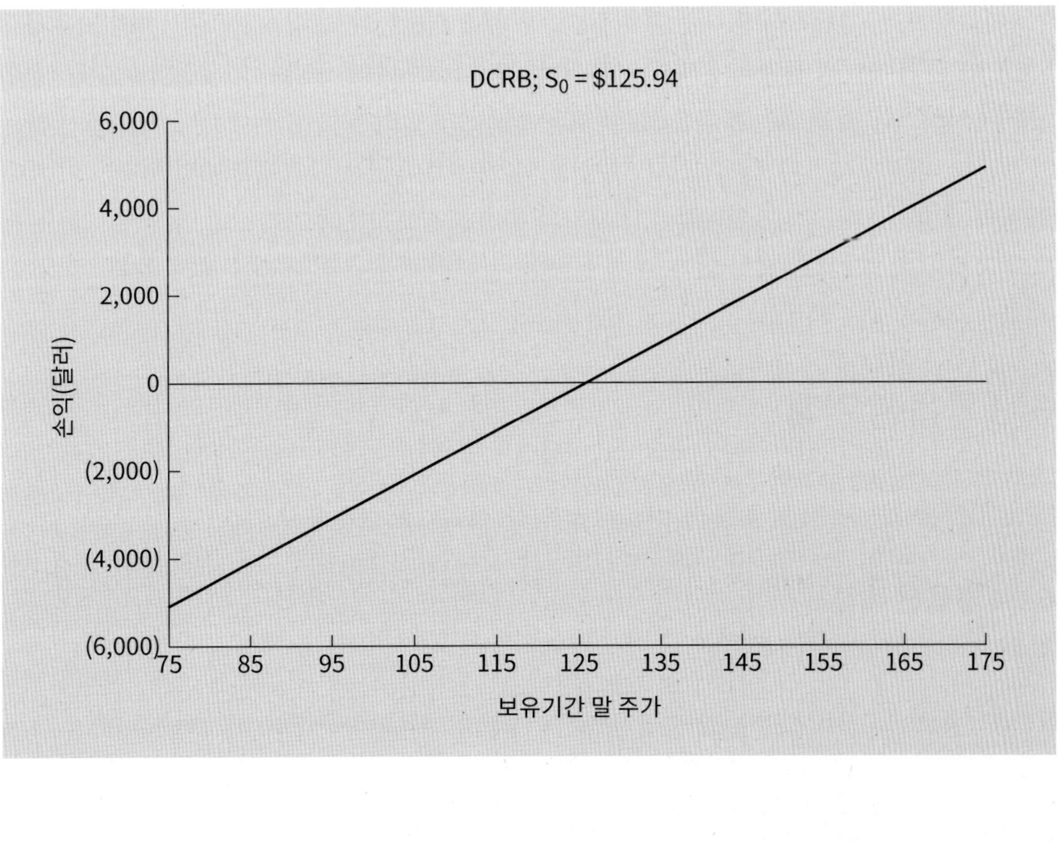

■■ 그림 6.2 주식의 공매도

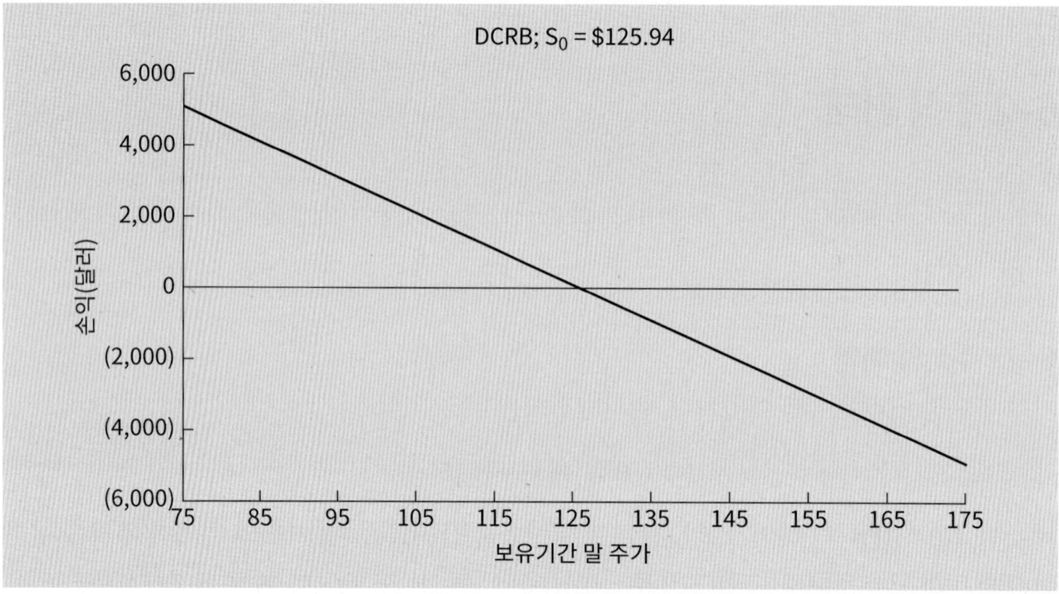

6-2b 주식의 공매도

주식의 공매도는 주식매입과 정반대이다. 손익은

$$N_S < 0 \text{ 일 때 } \Pi = N_S(S_T - S_0).$$

예로서 $N_S = -100$로 하면, 이는 주식 100주 공매를 의미한다. 그림 6.2는 투자자의 보유기간 말 DCRB 주가에 따라 공매의 손익이 어떻게 변하는지 보여준다. 공매는 약세장이 예상될 때 수행되는 전략이다. 투자자는 주식을 브로커(broker)에게 빌려서 $125.94에 매도하고, 희망하는 가격인 더 낮은 가격에 다시 매입한다.[2] 주식을 $125.94보다 낮은 가격에 재매입한다면, 이 거래로 이익이 발생한다. 그림 6.2와 같이, 투자자가 추측을 잘못하여 주가가 오르면, 공매도는 무제한의 손실이 발생할 가능성이 있다. 이제 첫 번째 옵션전략, 콜옵션 거래를 살펴보자.

6-3 콜옵션 거래

콜옵션 거래에는 두 가지 종류가 있다. 먼저 콜옵션 매입을 살펴보자.

6-3a 콜옵션 매입

콜옵션의 매입으로 인한 손익은

2 공매된 주식에서 지급되는 배당은 공매자에게서 주식을 매입한 자에게 지급된다. 그리고 공매자는 배당금을 브로커에게 지급해야한다. 또한, 주식을 빌려주는 사람은 의결권이 없다.

그림 6.3 콜옵션 매입

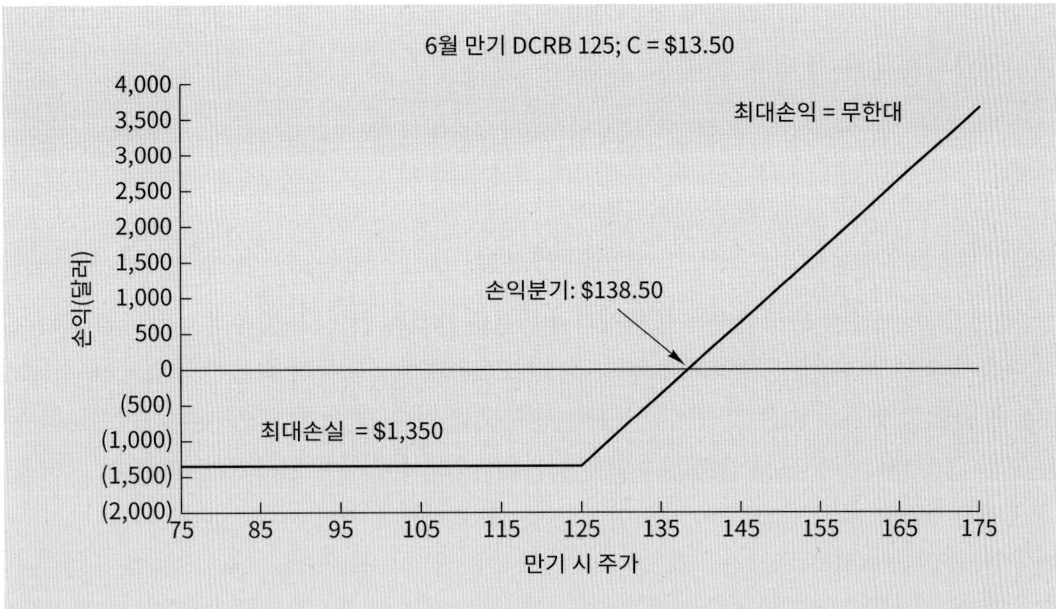

$$N_c > 0 \text{ 일 때, } \Pi = N_C[\text{Max}(0, S_T - X) - C].$$

단순히 콜옵션 1단위 매입한 경우, 즉 $N_C = 1$을 생각해보자. 만기 시 주가는 행사가격보다 낮거나 같아서 만기에서 옵션은 외가격 상태라고 가정하자. 콜옵션의 손익은 어떻게 되는가? 콜옵션은 만기에서 행사되지 않으므로, 손익은 간단히 –C이다. 콜옵션 매입자는 콜옵션 매입 시 지불한 프리미엄과 동일한 손실이 발생한다.

콜옵션이 만기에서 내가격 상태가 된다고 가정하자. 그럼, 콜옵션 매입자는 콜옵션을 행사할 것이고, 주식을 X에 매입하여 S_T에 매도하면, 손익은 S_T-X-C이다.[3] 이 결과는 다음과 같이 요약된다.

$$\Pi = S_T - X - C \qquad \text{if } S_T > X$$
$$\Pi = -C \qquad \text{if } S_T \leq X.$$

그림 6.3은 $13.50에 거래되는 6월 만기 DCRB 125 콜옵션 매입거래를 보여준다. 콜옵션은 하방위험(downside risk)이 한정된다. 한 계약에서 가능한 최대 손실은 $1,350으로, 이는 프리미엄에 100을 곱한 값이다. 만기 시 행사가격 $125보다 주가가 낮으면, 콜옵션 매입자는 최대 손실을 입는다. 주가가 $125보다 높다면, 손실은 $1,350보다 적을 것이다. 그런데 손실은 주가가 임계 주가보다 낮을 경우 발생하고, 이를 만기에서의 **손익분기주가(breakeven stock price)**라고 한다.

3 이 결과를 얻기 위해 주식을 매도할 필요는 없다. 콜옵션 매입자는 S_T 가치의 주식을 보유하거나 현금으로 전환할 수 있다. 더 나은 전략은 콜옵션을 만기 바로 전에 매도하는 것이다. 그때 옵션은 시간가치가 거의 남아있지 않다. 그리고 주식을 인수하는 높은 비용을 피할 수 있다.

그림 6.3에서 손익분기주가는 행사가격보다 높고 $135와 $145 사이이다. 만기에서 손익분기주가는 주가가 행사가격보다 높은 경우에서 손익을 0으로 하여 간단히 찾을 수 있다. 그럼 손익분기주가, S_T^*에 대해 풀 수 있다. 즉,

$$\Pi = S_T^* - X - C = 0.$$

S_T^* 에 대해 풀면,

$$S_T^* = X + C.$$

콜옵션 매입은 강세전략으로 손실(콜옵션 프리미엄)은 제한되고 잠재적 이득은 무한하다.

즉, 만기에서 손익분기주가는 행사가격과 콜옵션가격의 합이다. 콜옵션 프리미엄, C는 이미 콜옵션 매입 시 지불한 금액이다. 손익분기에 도달하기 위해서는 콜옵션 매입자가 옵션의 비용을 만회할 충분히 높은 가격에서 옵션을 행사해야 한다. 만기 시 주가가 행사가격보다 높은 모든 경우에서 콜옵션 매입자는 수익을 얻는다. 따라서 주가는 행사가격보다 C만큼 더 높아야 콜옵션 매입자가 옵션의 비용을 만회한다. 이 문제에서 만기 시 손익분기주가는 $125 + $13.50 = $138.50 이다.

손익분기주가는 $138.50이고 현재 주가는 $125.94일 때, 이 거래가 수익성이 있으려면 DCRB 주식은 한 달 동안 거의 10% 증가해야 한다. DCRB는 매우 변동성이 큰 주식이지만 이러한 성과는 흔치 않다. 그럼에도 불구하고, 콜옵션은 무제한의 상승 잠재력이 있으면서 하락으로 인한 손실은 제한한다. 따라서 제한된 예산으로 시장참여는 하고 싶지만 손실은 어떤 수준으로 한정하고 싶은 투자자에게 콜옵션의 매입은 특히 매력적인 전략이다. 물론, 주식 대신

그림 6.4 콜옵션 매입: 다른 행사가격

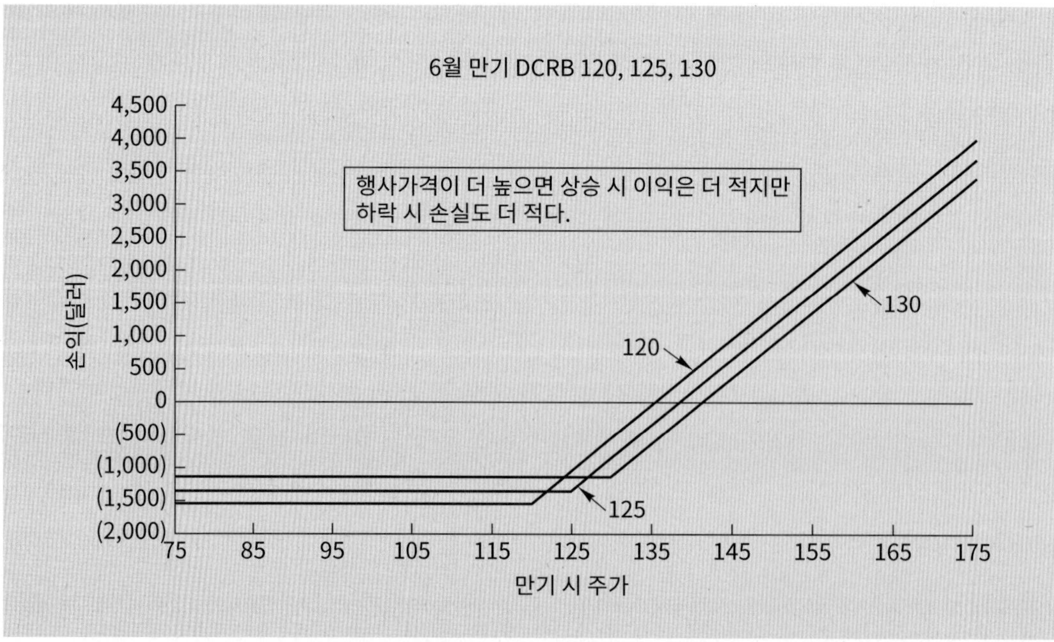

에 동일한 금액을 그 주식의 콜옵션에 투자한다면, 더 많이 잃을 가능성은 있다.

행사가격의 선택 일반적으로 동일한 만기를 가지지만 행사가격이 다른 여러 옵션들이 이용 가능하다. 어떤 옵션을 매입해야 하는가? 이에 대한 확실한 답은 없다.

그림 6.4는 행사가격이 120, 125, 130인 6월 만기 DCRB 콜옵션의 손익 그래프들을 비교하고 있다. 각각 장점과 단점이 있다. 먼저 행사가격 125와 130을 비교하자. 더 높은 행사가격을 선택한다면, 주가가 상승 시 얻는 이익은 적다. 그러나 더 높은 행사가격의 콜옵션은 프리미엄이 더 낮으므로, 주가 하락 시 손실은 더 적다. 행사가격 130의 콜옵션에 대한 손익분기주가는 X + C = 130 + 11.35 = 141.35으로 125 콜옵션에 대한 손익분기주가보다 높다.

125가 아닌 120을 선택한다면, 만기 시 주가가 더 높을 때 더 많은 손익의 가능성이 있다. 또한 손익분기는 X + C − 120 − 15.40 = 135.40 이다. 그러나 시장이 하락하면, 손실은 더 크다. 잠재적 손실은 전체 프리미엄인 $1,540이다. 이는 행사가격이 더 낮은 콜옵션의 프리미엄이 더 높기 때문이다.

따라서 어떤 옵션을 매입할지 선택하는 것은 쉽지도 않고, 콜옵션 매입자가 시장에 대한 전망에 얼마나 자신 있는가에 따라 다르다. 주가가 상승할 것으로 강하게 믿는다면, 가장 낮은 행사가격의 콜옵션을 더 선호한다. 그렇지 않으면, 더 높은 행사가격이 손실 가능성을 최소화할 것이다.

행사가격이 낮은 콜옵션을 매입하면 최대손실이 더 크지만 상승 시 이익이 더 크다.

보유기간의 선택 앞서 알아본 전략은 투자자가 만기일까지 옵션을 보유한다고 가정한다. 그러나 콜옵션 매입자는 만기 전에 옵션을 매도할 수 있다. 보유기간이 더 짧다고 하면 어떻게 되는지 알아보자.

앞에서 세 가지 보유기간을 살펴보았었다. 가장 짧은 보유기간은 T_1에 콜옵션을 매도하는 것이다. 중간 길이의 보유기간은 콜옵션을 T_2,에 매도하는 것이다. 가장 긴 보유기간은 만기까지 옵션을 보유하는 것이다. 옵션을 T_1에 매도한다면, 손익은 매도 시 콜옵션가격에서 처음 옵션가격을 자삼한 값이다. 콜옵션의 가격을 추정하기 위해서는 만기까지 기간을 $T - T_1$로 하는 블랙-숄즈-머튼 모형을 이용할 수 있고, 다양한 주가에 대해 계산하여 손익 그래프를 알아낼 수 있다. 행사가격이 125인 7월 만기 콜옵션을 이용하면, 세 가지 보유기간은 (1) 콜옵션을 6월 4일, T_1에 매도; (2) 콜옵션을 6월 25일, T_2에 매도; (3) 만기일 7월 16일, T까지 보유하는 것이다.

6월 4일에 포지션을 마감하는 가장 짧은 보유기간에서 남은 기간은 6월 4일과 7월 16일 사이의 42일이다. 따라서 콜옵션가격은 남은 만기까지 기간, 42/365 = 0.1151을 기반으로 한다. 즉, 콜옵션의 만기까지 기간은 $T - T_1 = 0.1151$이다. 6월 25일까지 포지션을 보유하는 중간 길이의 보유기간에서 만기까지 남은 기간은 21일이다. 즉 만기까지 기간은 21/3655 = 0.0575이고 $T - T_2 = 0.0575$이다. 가장 긴 보유기간에서 만기까지 남은 기간은 물론 0이다. 모형에서 사용되는 파라미터는 $X = 125$, $\sigma = 0.83$, $r_c = 0.0453$이다.

주가가 주어졌을 때, 콜옵션을 보유하는 기간이 길수록, 더 많은 시간가치를 잃고 손익은 더 낮아진다.

표 6.2 DCRB 7월 만기 125 콜옵션의 블랙-숄즈-머튼 가격 추정과 손익

포지션 마감: 만기까지 기간:	6월 4일 0.1151		6월 25일 0.0575	
보유기간 말 주가	블랙-숄즈-머튼 콜옵션가격	계약 당 손익	블랙-숄즈-머튼 콜옵션가격	계약 당 손익
105	$ 5.39	-$ 1,321	$ 2.44	-$ 1,616
110	$ 7.16	-$ 1,144	$ 3.74	-$ 1,486
115	$ 9.23	-$ 937	$ 5.43	-$ 1,317
120	$ 11.61	-$ 699	$ 7.54	-$ 1,106
125	$ 14.29	-$ 431	$ 10.06	-$ 854
130	$ 17.24	-$ 136	$ 12.98	-$ 562
135	$ 20.45	$ 185	$ 16.27	-$ 233
140	$ 23.90	$ 530	$ 19.88	$ 128
145	$ 27.57	$ 897	$ 23.77	$ 517
150	$ 31.43	$ 1,283	$ 27.91	$ 931
155	$ 35.47	$ 1,687	$ 32.24	$ 1,364

주: 스프레드시트로 계산했기 때문에 직접한 계산과는 약간 차이날 수 있다.

표 6.2는 결과를 보여주고 있다. 예시에서, 6월 4일에 주가는 $110이고 콜옵션의 블랙-숄즈-머튼 가치는 $7.16이다. 투자자는 콜옵션에 $18.60을 지불하였기 때문에, 계약 당 손익은 100($7.16 - $18.60) = $1,144이다. 만약 주가가 $115라면, 콜옵션의 가치는 $9.23이 되고 손익은 100($9.23 - $18.60) = - $937이다. 6월 25일 주가는 $110, 콜옵션의 가치는 $3.74, 그리고 손익은 100($3.74 - $18.60) = $1,486이다. 나머지 부분들도 같은 방식으로 계산되었다.

그림 6.5에서 종속변수는 계약 당 손익이고, 독립변수는 보유기간 말의 주가이다.

그래프에 따르면 만기의 모든 주가에서, 가장 짧은 보유기간에 더 높은 손익이 발생하였다. 보유기간이 짧을수록 손익 가능성은 더 높아진다는 것을 보여준다. 이는 보유기간이 짧은 콜옵션은 남아있는 시간가치 일부를 받으면서 매도할 수 있기 때문이다. 보유기간이 길면 손실된 시간가치가 더 많다.

이는 어떤 역설을 보여주는 것 같다: 손익을 최대화하기위해서는 가장 짧은 시간동안 옵션을 보유해야 한다는 것을 시사한다. 확실히 옵션거래자는 항상 짧은 보유기간을 이용하지는 않는다. 그럼 이 설명이 놓치는 것은 무엇인가?

■■ 그림 6.5 콜옵션 매입: 다른 보유기간

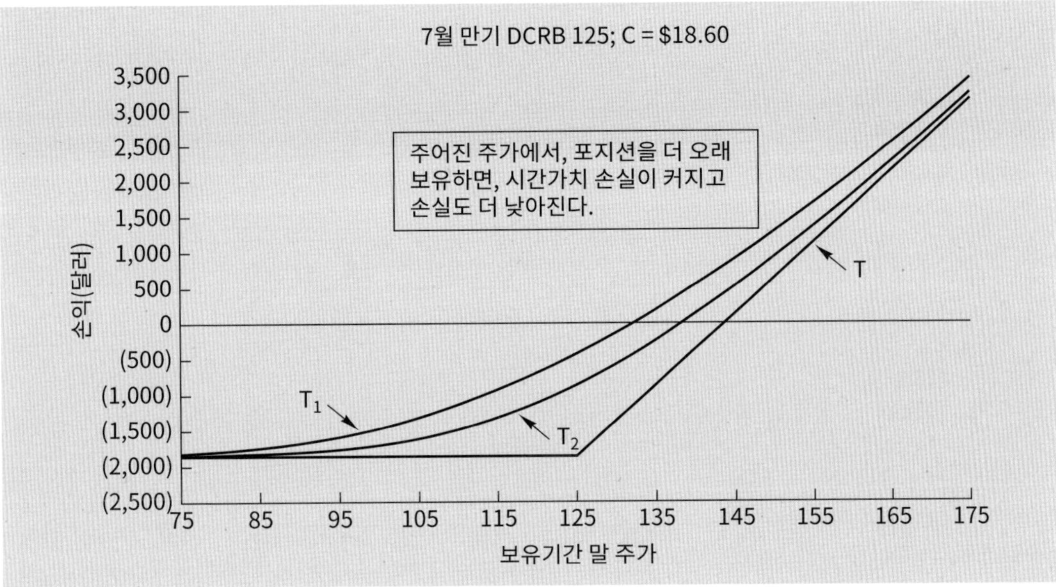

답은, 주어진 주가에서 더 짧은 보유기간이 더 우수한 손익을 제공한다는 것이다. 손익 그래프는 주가가 상승하거나 하락할 가능성을 보여주지 않는다. 사실, 더 짧은 보유기간에서는 주가가 변동할 시간이 더 적어서 가능한 주가 범위가 훨씬 더 좁다. 반면에 보유기간이 길수록, 주가가 움직일 시간이 많아진다.

콜옵션 매입의 전략에 대한 논의는 마치고, 이제 콜옵션 매도 전략을 살펴보자.

6-3b 콜옵션 매도

주식을 동시에 소유하지 않고 콜옵션을 매도하면 **언커버드콜옵션**(uncovered call) 또는 **네이키드콜옵션**(naked call)을 매도한다고 한다. 이렇게 명명하는 이유는 이 포지션은 위험이 높은 전략으로 무제한의 손실 가능성이 있기 때문이다. 콜옵션 매입자가 요구하면 언커버드콜옵션 매도자는 현재 소유하지 않는 그 주식을 매도할 의무가 있다. 따라서 매도자는 원치 않는 가격에 주식을 매입해야 할 수도 있다. 그래서 언커버드콜옵션 매도는 충분한 위험 대비 자본이 있는, 소수의 거래자에게만 허용되는 특권이다. 증권회사는 결제소(clearinghouse)에 손실을 보전해야 하므로, 이 역시 위험하다. 그러므로 거래자의 중개인이 거래를 처리하는데 동의해야 하고, 아마 그들은 최상의 그리고 가장 부유한 고객에 대해서만 처리할 것이다. 물론, 거래소에서 거래가능한 거래자나, 장외시장 내 신용위험이 낮은 기관은 제약이 덜하여 언커버드콜옵션을 비교적 쉽게 매도할 수도 있다. 그러나 높은 위험으로 인해 이들도 드물게 거래한다. 더욱이 제3장에서 논의한 바와 같이 배당을 지급하는 주식에 대해서는, 미국식 콜

■■ 그림 6.6 콜옵션 매도

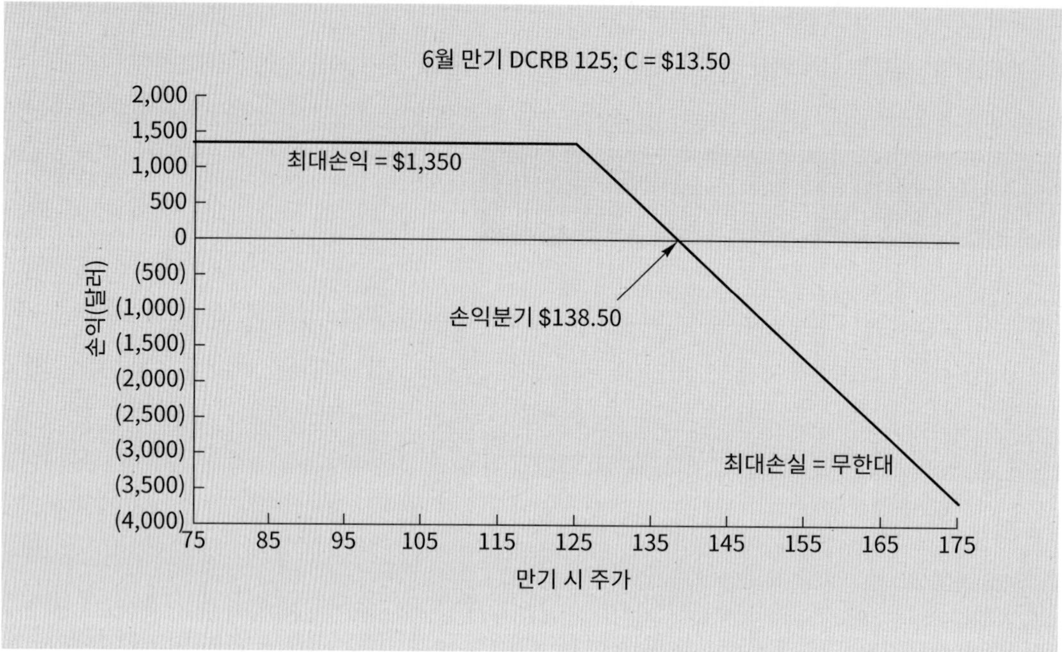

옵션이면 매도자가 조기행사의 위험에 직면한다.

언커버드콜옵션의 매도가 이렇게 위험한 전략이라면, 왜 알아보아야 하는가? 그 이유는 언커버드콜옵션의 매도는 주식이나 다른 옵션의 매입과 같은 다른 전략과 결합되어 매우 낮은 위험을 갖는 전략으로 만들 수 있기 때문이다. 그러므로 다른 전략과 결합하기 전에 콜옵션 매도의 결과를 밝히는 것이 필요하다.

매입자와 매도자의 손익은 서로 정반대이므로, 손익의 수식과 그래프는 이미 익숙하다. 매도자의 손익은

$$N_C < 0 \text{ 일 때 } \Pi = N_C[\text{Max}(0, S_T - X) - C].$$

콜옵션 1단위, $N_C = -1$ 라고 가정하면, 손익은

$$\Pi = C \qquad \text{if } S_T \leq X.$$
$$\Pi = -S_T + X + C \qquad \text{if } S_T > X.$$

콜옵션 매도는 약세전략으로 이익(프리미엄)은 제한되고 손실은 무한하다.

행사가격이 더 낮은 콜옵션의 매도는 최대이익(프리미엄)이 더 크지만 상승 시 손실도 더 크다.

그림 6.6은 가격이 $13.50인 6월 만기 125 콜옵션 100단위를 매도할 경우의 손익 그래프이다. 매도자의 손익분기주가는 매입자의 손익분기주가와 같아야 하므로 X + C = $138.50, 매입자의 최대손실은 또한 매도자의 최대이익은 $1,350이다. 주가가 행사가격보다 높아져서 종료되면 매도자의 손실은 상당할 수 있고, 그래프에서 확실히 보여주는 것처럼 강세장에서 가능한 손실에 대한 제한은 없다.

■■그림 6.7 콜옵션 매도: 다른 행사가격

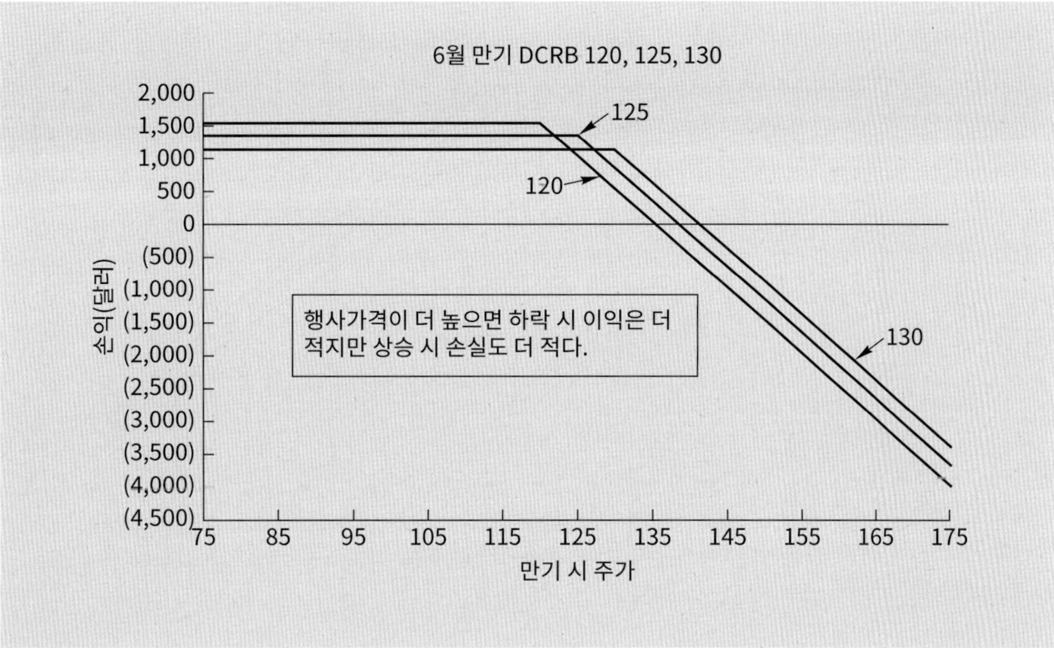

행사가격의 선택 그림 6.7은 다른 행사가격 120, 125, 130의 콜옵션 매도의 전략을 비교한다. 그림 6.7은 그림 6.4와 정반대이다. 잠재적으로 가장 큰 손익은 프리미엄이 가장 큰 행사가격 120에서 $1,540이지만, 잠재적인 손실도 가장 크고 손익분기는 X+C=120+15.40=135.40으로 가장 낮다. 이는 위험이 가장 높은 전략이다. 행사가격이 130인 옵션은 세 옵션 중 가장 위험이 낮고 손익분기는 X+C=130+11.35=141.35으로 가장 높지만, 잠재적인 손익은 프리미엄으로 가장 낮다.

보유기간의 선택 그림 6.8은 앞서 설명한 세 보유기간에 대한 손익을 제시하고 있다. 7월 만기 125 콜옵션의 보유기간이 T_1이면 6월 4일에 콜옵션을 재매입하고; T_2이면 6월 25일에 콜옵션을 재매입하고; T이면 만기까지 콜옵션을 보유한다고 가정하며, 이때, 옵션은 행사되거나 외가격 상태로 종료된다.

그림 6.8은 그림 6.5와 정반대이다. 만기 전에 콜옵션을 다시 매입하는 매도자는 남은 시간가치의 일부를 지급해야 한다. 그러므로 주어진 주가에서 보유기간이 가장 짧을 때, 콜옵션 매도자의 손익이 가장 적다.

주가가 주어졌을 때, 콜옵션 매도를 더 오래 유지할수록, 더 많은 시간가치를 잃고 손익은 더 커진다.

이는 상대적으로 짧은 보유기간에서 재매입된 시간가치가 더 크기 때문이다. 그러나 더 짧은 보유기간에서 주가는 많이 움직이는 것 같지 않으므로, 가능한 손익의 범위는 매우 좁다. 만약 투자자가 만기까지 포지션을 보유한다면 손익은 더 커지지만 주식이, 아마도 원치 않게, 변동할 시간이 더 많이 있다.

그림 6.8 콜옵션 매도: 다른 보유기간

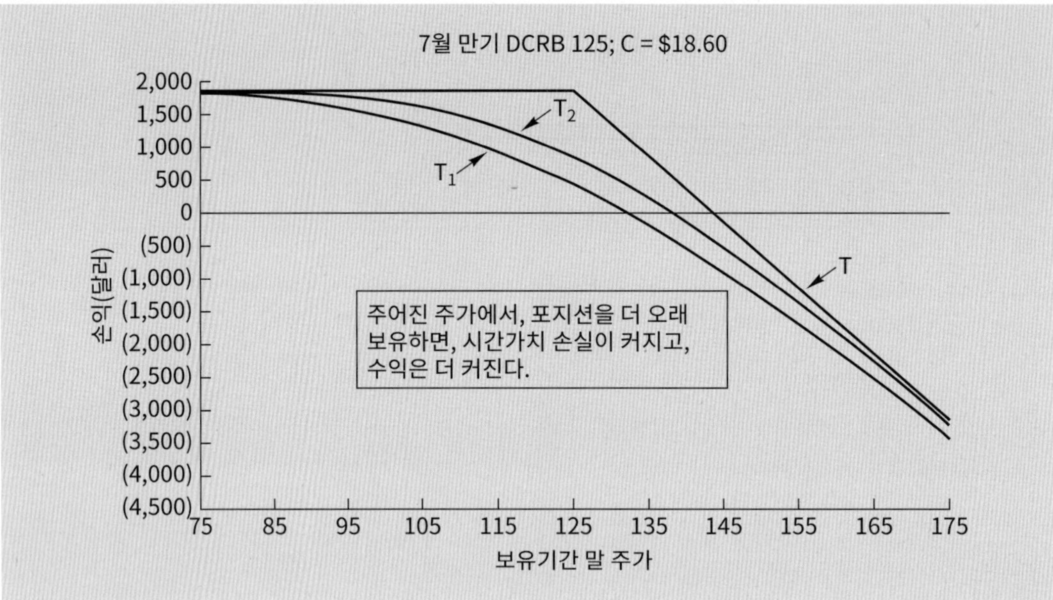

6-4 풋옵션 거래

6-4a 풋옵션 매입

풋옵션 매입 약세장에 대한 전략이다. 가능한 손실은 지급한 프리미엄으로 제한된다. 이득도 제한되지만 상당히 커질 수 있다. 풋옵션 매입으로 인한 손익은 다음의 식으로 주어진다.

$$N_p > 0 \text{ 일 때, } \Pi = N_p[\text{Max}(0, X - S_T) - P].$$

콜옵션 예시처럼 풋옵션 한 단위 매입한다고, 즉 $N_P = 1$로 가정하자. 주가가 만기에 행사가격보다 낮다면, 풋옵션은 내가격 상태가 되고 행사된다. 주가가 만기에 행사가격보다 높거나 같아지면, 풋옵션은 외가격 상태가 된다. 손익은

$$\Pi = X - S_T - P \qquad \text{if } S_T < X.$$
$$\Pi = -P \qquad \text{if } S_T \geq X.$$

그림 6.9는 프리미엄이 $11.50인 6월 만기 DCRB 125 풋옵션을 매입하는 전략의 손익을 나타낸다. 가능한 손실은 지급한 프리미엄으로 한정되고, 이 경우 $41,150이다. 손익도 주가가 떨어질 수 있는 정도까지로 한정된다. 풋옵션 매입자의 최고 성과는 기업이 파산되는 것이다. 이 경우에 주식은 가치가 없어지고, 즉 $S_T = 0$, 손익은 X - P가 된다. 이 예시에서는, 100(125 - 11.50) = 11,350이다.

그림 6.9 풋옵션 매입

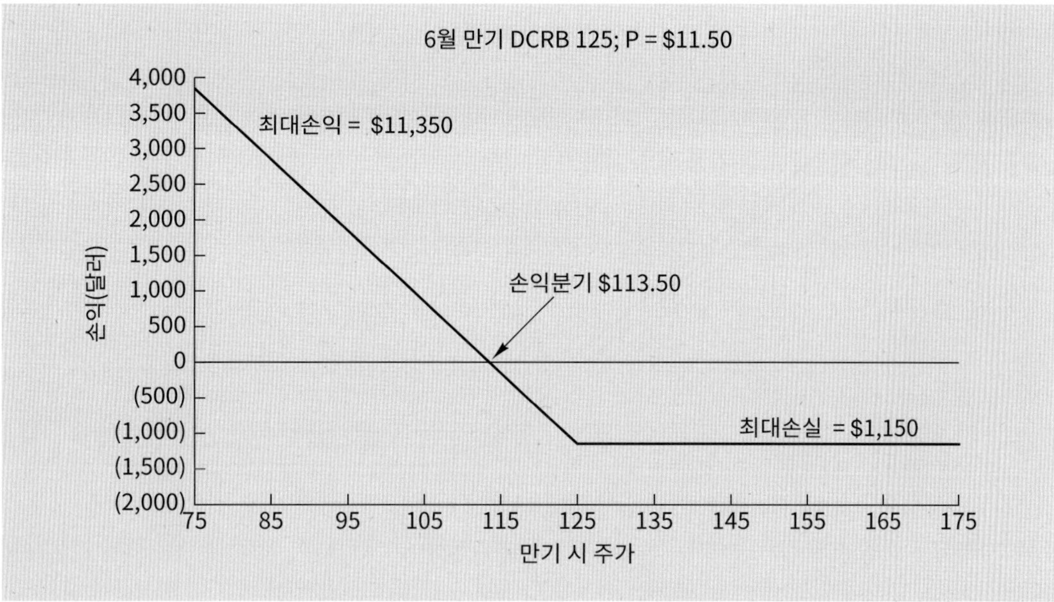

손익분기는 주가가 행사가격보다 낮을 때 나타난다. 이 경우에 손익방정식을 0으로 두면

$$\Pi = X - S_T - P = 0.$$

만기에서의 손익분기주가, S_T^*에 대해 풀면,

$$S_T^* = X - P.$$

풋옵션 매입자는 옵션의 행사로 이미 지급한 프리미엄 이상으로 충분히 회수해야 한다. 내가격 옵션일 때 풋옵션 매입자는 항상 수익이 발생하므로 주가는 행사가격보다 프리미엄만큼 더 하락해야 한다. 이 경우에, 125 − 11.50 = 113.50이다. 즉, 풋옵션으로 손익이 발생하기 위해서는 만기까지 주가가 $113.50까지 또는 그 이하로 떨어져야 한다. 이는 한 달 간 거의 10% 하락하는 것으로, DCRB와 같은 변동성이 큰 주식에게도 매우 큰 감소이다.

어떤 경우에도, 풋옵션 매입은 약세장이 예상될 때 적절한 전략이다. 손실은 프리미엄으로 한정되고, 잠재적 이득은 상당히 높다. 더욱이 공매도보다 풋옵션을 거래하는 것이 더 쉽다. 풋옵션은 주식이 업틱이나 제로틱일 때 매입해야 하는 것도 아니고, 풋옵션 매입 시 지급하는 금액은 공매의 증거금보다 훨씬 적다. 더 중요한 것은, 풋옵션은 손실을 제한하지만, 공매는 손실이 무한할 수 있다.

풋옵션 매입은 약세전략으로 손실(풋옵션프리미엄)은 제한되고 잠재적 이득은 제한적이지만 크다.

행사가격의 선택 그림 6.10은 6월 만기 120, 125, 130의 풋옵션을 이용하여 다른 행사가격을 가진 풋옵션의 손익 그래프를 비교한다. 가장 행사가격이 높은 130 풋옵션이 프리미엄도 가장 높다. 즉, 잠재적 손실이 $1,425로 가장 크다. 그러나 잠재적인 손익도 가장 커서, 만기에

■■ 그림 6.10 풋옵션 매입: 다른 행사가격

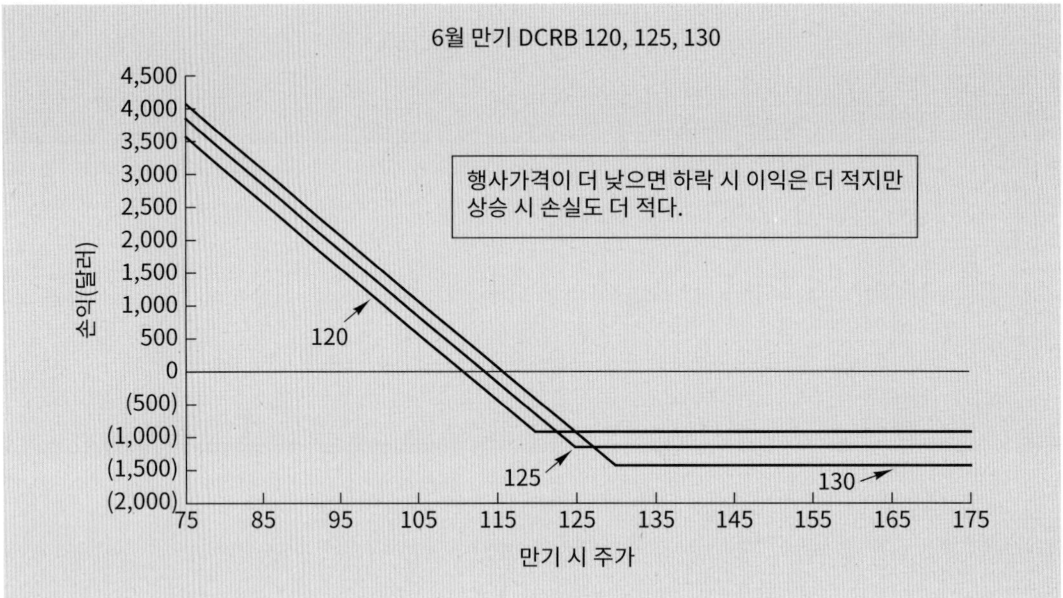

행사가격이 더 높은 풋옵션을 매입하면 최대손실이 더 크지만 하락 시 이익이 더 크다.

주가가 0이라면 가능한 최대손익은 100(130 − 14.25) = 11,575이다. 손익분기는 130 − 14.25 = 115.75이다. 행사가격이 120인 옵션은 잠재적 손익이 100(120 − 9.25) = 11,075 으로 가장 낮고, 손익분기도 120 − 9.25 = 110.75 으로 가장 낮다. 그렇지만 프리미엄이 $925로 잠재적 손실도 가장 낮다. 풋옵션은 옵션거래자가 기꺼이 감당하고자 하는 위험에 따라 선택된다. 보다 공격적인 거래자는 잠재적인 최대손익을 선호하여 가장 높은 행사가격을 선택할 것이다. 상대적으로 보수적인 거래자는 낮은 행사가격을 선택하여 잠재적 손실을 제한할 것이다.

보유기간의 선택 그림 6.11은 7월 만기 125 풋옵션의 세 가지 보유기간의 잠재적 손익을 비교한다. 더 짧은 보유기간의 풋옵션가격을 추정하는데 블랙–숄즈–머튼 풋옵션가격결정모형이 이용되었다.

주가가 주어졌을 때, 풋옵션을 보유하는 기간이 길수록, 더 많은 시간가치를 잃고 손익은 더 낮아진다. 유럽식 풋옵션에 대해서는, 주가가 낮을 때 이 효과가 정반대로 나타난다.

더 짧은 보유기간 T_1을 선택하면, 풋옵션 매입자는 처음 매입 시 시간가치의 일부를 받고 풋옵션을 팔 수 있다. 풋옵션 매입자가 T_2까지 보유하면, 회수되는 시간가치는 감소한다. 만약 만기까지 보유한다면, 남은 시간가치는 없다. 콜옵션의 경우처럼, 주어진 주가에서 보유기간이 더 짧을 때, 잠재적인 손익이 더 크다. 그러나 더 짧은 보유기간에서는 주가가 하락할 시간이 더 적다. 그러므로 보유기간이 상대적으로 짧다고 하여 긴 보유기간보다 더 우수하거나 불리한 것은 아니다. 선택은 주가에 대한 거래자의 예측, 구체적으로, 주가의 변동 정도, 방향, 남은 시간에 따라 달라진다.

주가가 매우 낮을 때는 시간가치소멸 패턴을 따르지 않는다. 유럽식 풋옵션은 시간이 흐름에 따라 가치가 증가할 수 있다.

■■그림 6.11 풋옵션 매입: 다른 보유기간

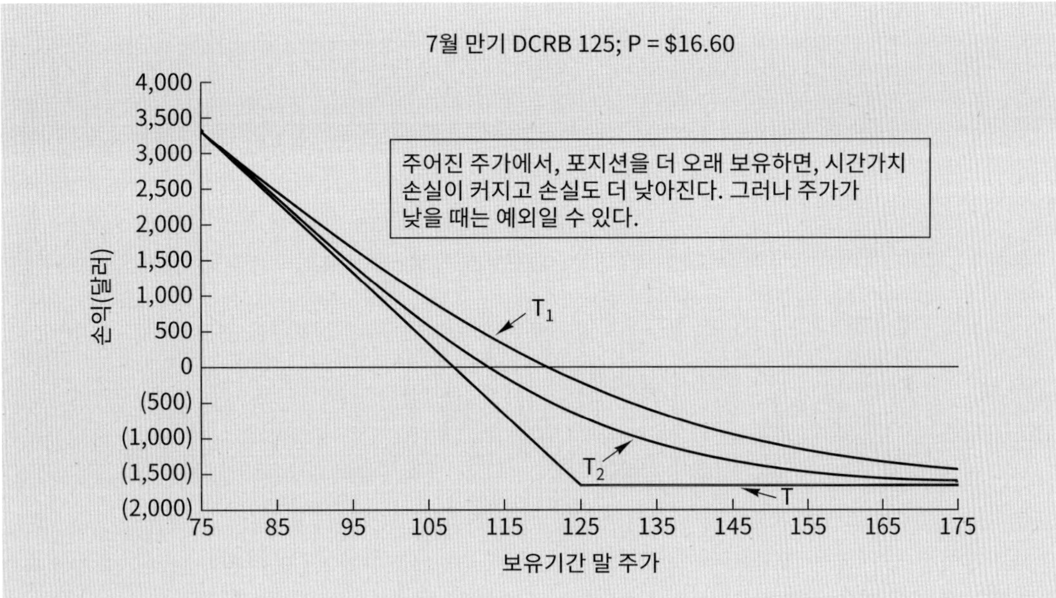

풋옵션 매입자의 잠재적 손익에 대한 이해를 바탕으로 풋옵션 매도자의 경우를 알아보자. 예상되는 바와 같이, 풋옵션 매도자의 포지션은 매입자의 정반대이다.

6-4b 풋옵션 매도

풋옵션 매도자는 풋옵션 매입자로부터 행사가격에 주식을 매입해야할 의무가 있다. 주가가 상승하여 풋옵션이 행사되지 않는다면, 풋옵션 매도자는 프리미엄이 남게 되므로 이익이 발생한다. 주가가 하락하여 풋옵션이 행사된다면, 매도자는 풋옵션의 시장가치보다 높은 가격에 주식을 사야 한다. 미국식 풋옵션은 만기 전에도 이런 일이 발생할 수 있다. 풋옵션 매도자의 수익은

$$N_p < 0 \text{ 일 때, } \Pi = N_p[\text{Max}(0, X - S_T) - P].$$

간단하게 풋옵션 1단위, $N_p = -1$라고 가정하면, 매도자의 손익은 매입자와 정반대이다.

풋옵션 매도는 강세전략으로 이익(프리미엄)은 제한되고 손실은 크지만 제한된다.

$$\Pi = -X + S_T + P \qquad \text{if } S_T < X.$$

$$\Pi = -P \qquad \text{if } S_T \geq X.$$

그림 6.12는 프리미엄이 $11.50인 6월 만기 125 풋옵션을 이용하여 풋옵션 매도자의 손익을 제시한다. 매도자의 잠재적인 최대손익은 매입자의 잠재적 최대손실인 프리미엄, $1,150이다. 매입자의 잠재적 최대손실과 같이, 매도자의 잠재적 최대손실은 제한되지만 매우 크고, 여기서는 $11,350이다. 만기에서 손익분기주가는 매입자의 손익분기주가와 같고, 정확하게는 X – P, 또는 $113.50이다.

그림 6.12 풋옵션 매도

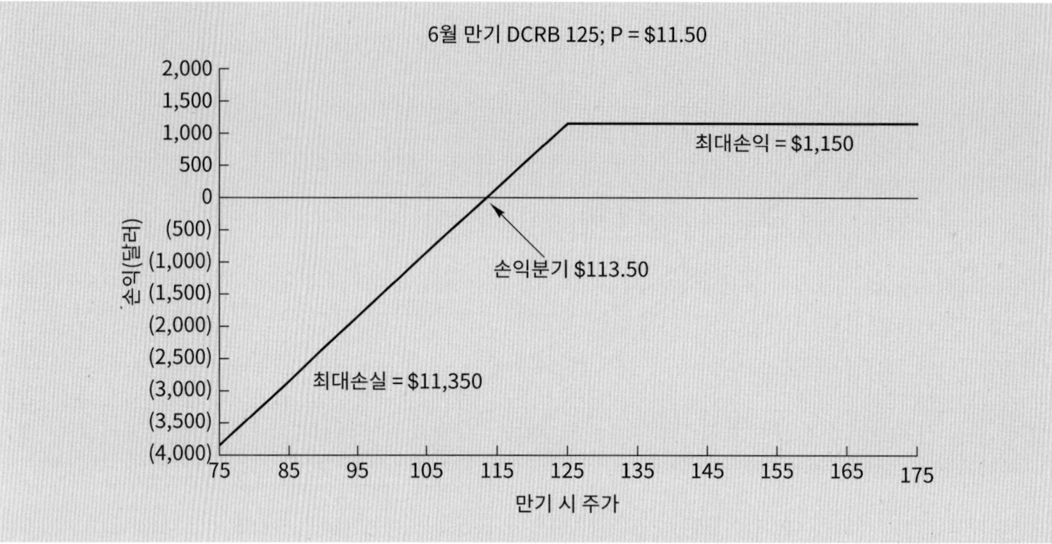

행사가격이 더 높은 풋옵션의 매도는 최대이익이 더 크지만 하락 시 손실도 더 크다.

행사가격의 선택 그림 6.13은 6월 만기 풋옵션을 이용하여 다른 행사가격에 대한 풋옵션 매도자의 손익을 비교하고 있다. 가장 행사가격이 높은 것은 130으로 프리미엄 소득이 가장 크고 따라서 손익이 잠재적으로 가장 크다. 최대이익은 $1,425이고 손익분기는 130 − 14.25 = 115.75이다. 그러나 약세장에서 손실도 더 크기 때문에 위험도 가장 크다. 행사가격이 가장 작으면 프리미엄 소득이 $925로 최대손익이 가장 작고 손익분기도 120 – 9.25 = 110.75로 가장 작다. 또한 시장이 하락하면 손실도 가장 적다. 원하는 위험과 기대보상 정도에 따라 풋옵션 매도자는 행사가격을 선택할 수 있다.

그림 6.13 풋옵션 매도: 다른 행사가격

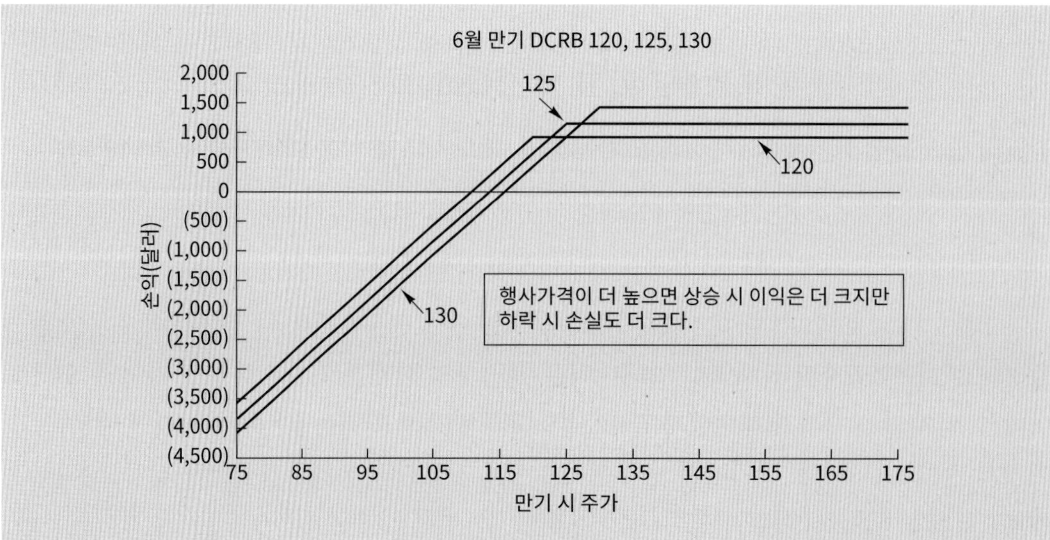

그림 6.14 풋옵션 매도: 다른 보유기간

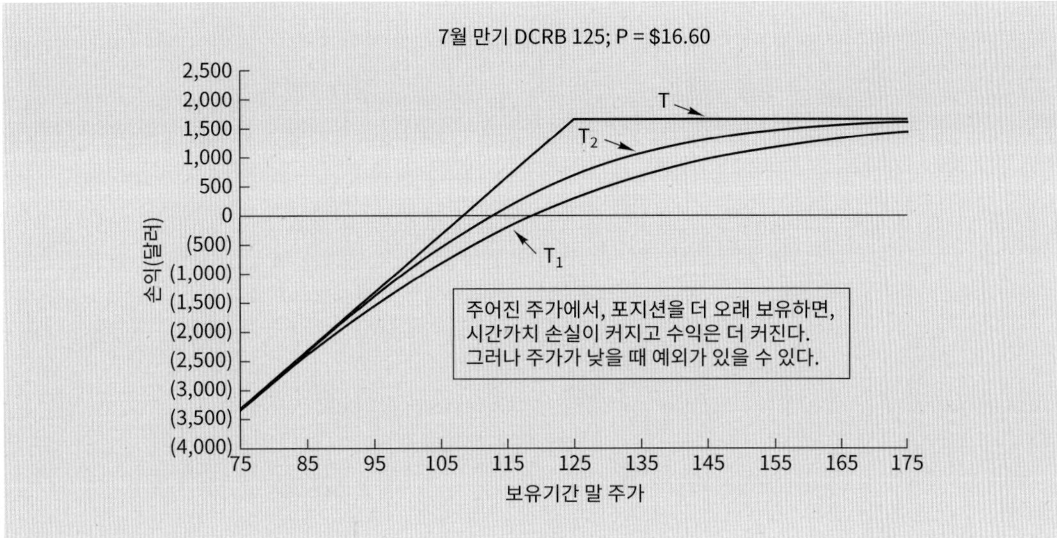

보유기간의 선택 그림 6.14은 다른 보유기간에 대한 풋옵션 매도자의 손익을 비교하고 있다. 콜옵션 매도자와 같이, 짧은 보유기간을 선택한 풋옵션 매도자는, 주어진 주가에서 손익이 더 적거나 손실이 가장 크다. 이는 만기 전에 풋옵션을 재매입한 매도자는 남은 시간가치의 일부에 대해 지급해야하기 때문이다. 그렇지만 매도자의 이점은 보유기간이 짧을 경우 주가가 원하지 않는 방향으로 크게 움직일 가능성이 매우 적다는 것이다. 보유기간의 선택은 시장가격에 대한 예측과 매도자가 보유할 것으로 기대하는 기간에 따라 달라진다.

주가가 주어졌을 때, 풋옵션 매도를 유지하는 기간이 길수록, 시간가치는 더 많이 잃고 손익은 더 크다. 유럽식 풋옵션에 대해서는, 주가가 낮을 때 이 효과가 정반대로 나타난다.

유럽식 풋옵션에 대해서는 주가가 낮을 때 시간가치소멸 패턴이 반대로 된다. 미국식 풋옵션에 대해서는 매도자가 옵션이 조기행사 될 가능성에 대해 인식하고 있어야 한다.

이제 주식 매입, 주식 매도, 콜옵션 매입, 콜옵션 매도, 풋옵션 매입, 풋옵션 매도와 같은 단순한 전략에 대해 모두 다루었다. 그림 6.15는 이 전략들의 손익 그래프를 요약한 것이다. 이들은 다른 전략을 구성하기 위해 장난감블록처럼 결합해 볼 수 있다. 사실, 이후 모든 전략은 이 단순한 전략들의 결합이다. 이 장의 남은 부분은 콜옵션과 주식, 풋옵션과 주식의 결합과, 콜옵션과 주식을 이용한 풋옵션의 합성, 풋옵션과 주식을 이용한 콜옵션의 합성을 살펴본다.

6-5 콜옵션과 주식: 커버드콜

제4장에서 주식을 매입하고 콜옵션을 매도하여 무위험헷지를 구성할 수 있음을 보았다. 매도된 콜옵션 수는 주식의 수보다 많아야 하고 전체 보유기간 동안 적절한 헷지비율이 유지되어야 한다. 그런데 보유한 주식 한 주당 콜옵션 한 단위를 매도하는 것은 더 단순하면서도 위험

그림 6.15 만기까지 보유한 포지션의 손익 그래프 요약

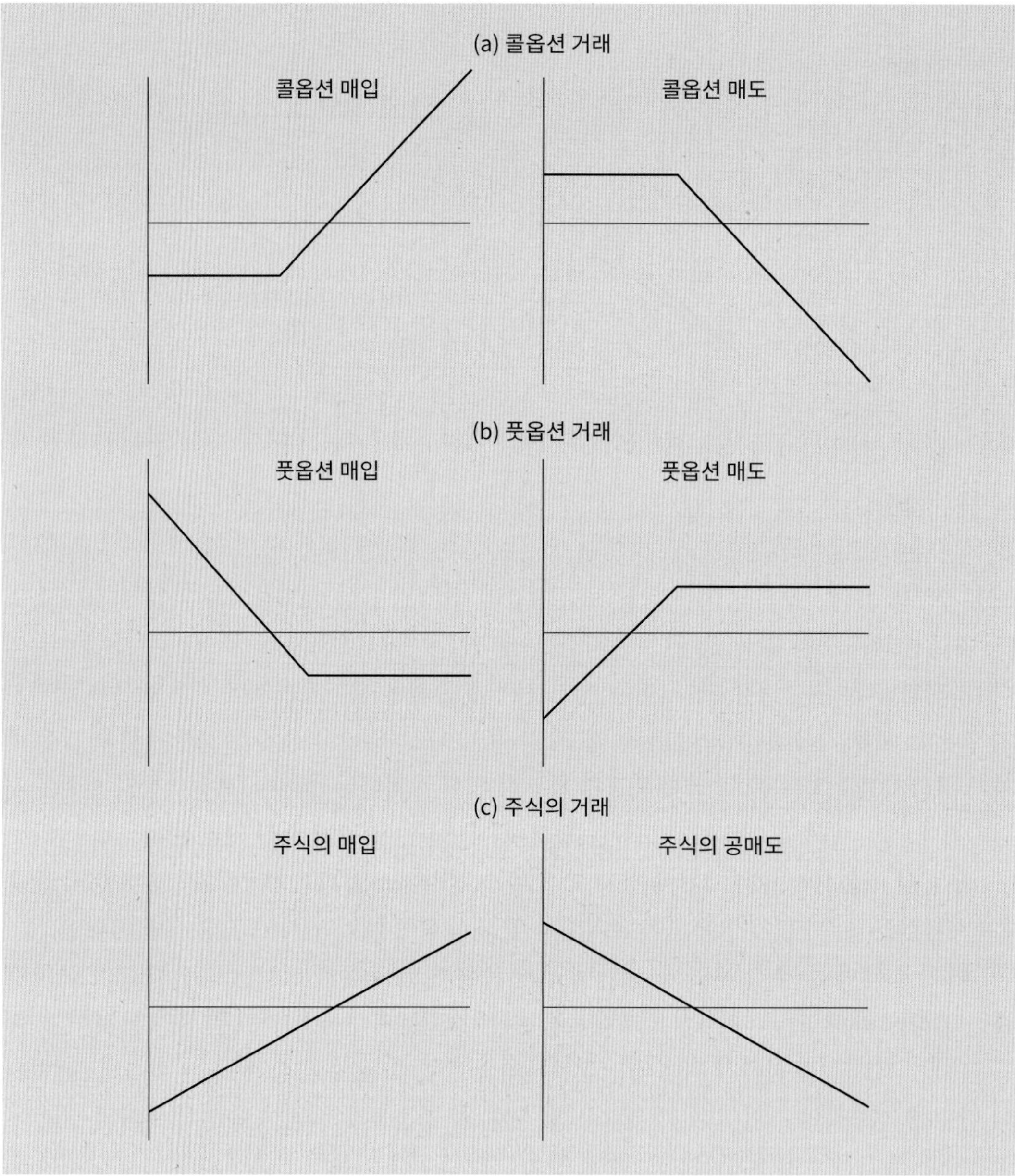

이 더 낮은 전략이다. 이 전략은 위험이 없음에도 주식 보유 위험을 확실히 줄인다. 또한, 이는 전문적인 옵션거래자들 사이에서 가장 대중적인 전략 중 하나이다. 투자자가 이 전략을 수행하는 것을 **커버드콜(covered call 또는 방비콜)**을 매도한다고 한다.

앞서 언커버드콜은 소유하지 않은 주식의 콜옵션을 매도하는 전략이었다. 그리고 위험은 무한하였다. 그러나 콜옵션 매도자가 주식도 소유한다면, 시장에서 높은 가격으로 주식을 매입해야 할 수도 있는 위험이 없어진다. 콜옵션이 행사된다면, 투자자는 단순히 그 주식을 인도하면 된다. 다른 관점으로는, 매도된 콜옵션 없이 주식을 보유한 자는 주가가 하락할 위험에 상당히 노출된다. 그 주식에 대해 콜옵션을 매도함으로써 투자자는 하방위험을 줄인다. 만약 주가가 상당히 하락한다면, 콜옵션 매도로 받은 프리미엄에 의해 손실이 완화된다. 강세장에서 콜옵션은 행사되고 주식 보유자는 주식을 포기해야 할지라도, 그러한 가능성을 최소화하는 방법이 존재한다. 뒤에서 그 방법을 생각해볼 것이다.

이미 주식을 매입하고 콜옵션을 매도하는 전략을 살펴보았으므로, 커버드콜 전략의 손익을 밝히는 것은 간단하다. 이 두 전략의 손익을 더하기만 하면 된다. 따라서,

$N_S > 0, N_C < 0,\ N_S = -N_C$ 일 때,
$\Pi = N_S(S_T - S_0) + N_C[\text{Max}(0, S_T - X) - C].$

세 번째 필요조건 $N_S = -N_C$은, 매도되는 콜옵션의 수는 매입한 주식의 수와 동일해야 한다는 것을 명시한다. 주식 1주 매입하고 콜옵션 1단위 매도한 경우, 즉, $N_S=1, N_C=-1$을 고려해보자.

손익방정식은

$$\Pi=S_T-S_0-\text{Max}(0,\ S_T-X)+C$$

옵션이 만기에 외가격 상태라면, 주식의 손실은 콜옵션 프리미엄만큼 줄여진다. 만약 옵션이 만기에 내가격 상태라면, 옵션은 행사되고 주식은 인도된다. 이는 주식의 수익을 줄일 것이다. 그 결과는 다음과 같이 요약된다.

$$\Pi=S_T-S_0+C \qquad \text{if } S_T \leq X_0$$
$$\Pi=S_T-S_0-S_T+X+C=X-S_0+C \qquad \text{if } S_T > X$$

만기에 옵션이 외가격 상태인 경우에, 만기 주가가 처음 주가보다 올라감에 따라 손익이 그만큼 증가한다. 콜옵션이 내가격 상태로 만기가 될 때, 손익은 만기 시 주가에 영향을 받지 않는다.

이 결과는, \$13.50의 프리미엄으로 매도된 6월 만기 DCRB 125 콜옵션에 대한 그림 6.16에서 제시하고 있다. 주식보유만으로 인한 손익은 파선으로 표시되어 있다. 반면에, 커버드콜은 하락 시 손실이 더 낮지만, 상승 시 이득은 일부 포기하며, 손익분기는 더 낮다. 최대손익은 $X - S_0 + C$으로 주가가 행사가격보다 높을 때 나타나고, 예시에서는 100(125 − 125.94 + 13.50) = 1,256이다. 만기 시 주가가 0가 되면 최대손실이 발생한다. 그 경우에 손익은 $-S_0+C$이고, 100(−125.94+13.50)= −11,244이다.

커버드콜은 상승 시 이득을 희생하여 하락 시 주식의 손실을 줄인다.

어떤 투자자는 상승 시 이득이 제한된다는 사실을 염려할 수 있다. 그런데 최대이득에 이르면, 손익 \$1,256의 수익률은 포지션의 처음 가치(주식 \$125.94에서 콜옵션 프리미엄 \$13.50을 차감) 대비 11%가 넘는다. 이 수익률은 한 달 간 발생한다. 물론, 주가 \$125 이상에서의 모든 수익을 놓치게 되지만, 특히 포지션의 위험이 주식 단독의 포지션의 위험보다 낮다는 것을

그림 6.16 커버드콜

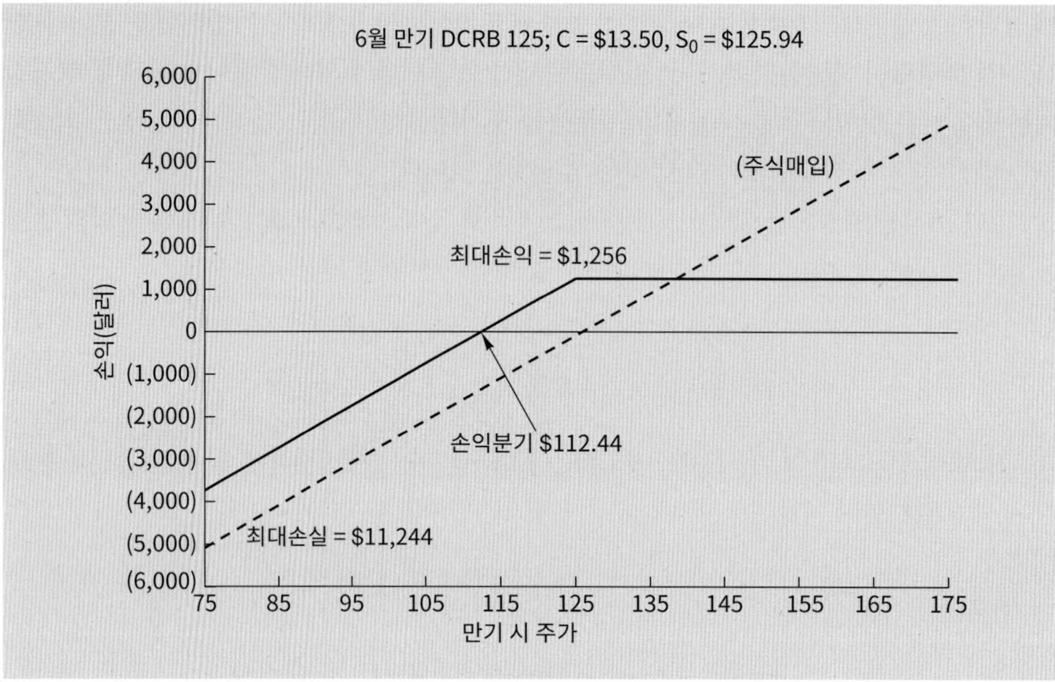

고려하면, 한 달간 최대 11%의 수익률은 일반적으로 훌륭한 성과로 받아들여진다.

손익분기주가는 손익이 0일 때이고, 이때 콜옵션은 외가격 상태이다. 콜옵션이 외가격 상태인 경우에서 손익을 0으로 두면,

$$\Pi = S_T^* - S_0 + C = 0,$$

S_T^*에 대해 풀면 손익분기는

$$S_T^* = S_0 - C.$$

여기서 손익분기는 125.94 – 13.50 = 112.44이다. $112.44 이상의 어떤 주가에서도 이 커버드콜은 수익성이 있다. 다른 관점에서 보면, 만기 시 주가가 $112.44까지 하락해도 커버드콜은 이익이 발생한다. 따라서 커버드콜은 주가가 거의 11% 정도 하락할 때까지 수익성이 있다. 그러나 콜옵션의 보호 없이 주식을 소유하면, 주가가 현재 주가인 $125.94보다 높아야만 이익이 있다.

행사가격이 더 낮은 커버드콜은 하락 시 손실 보호가 더 크지만 상승 시 최대이익은 더 낮다.

행사가격의 선택 커버드콜 매도자는 다른 행사가격의 콜옵션을 선택할 수 있다. 그림 6.17은 행사가격이 120, 125, 130인 6월 만기 DCRB 콜옵션을 이용한 커버드콜의 손익 그래프들을 보여주고 있다. 가장 높은 행사가격이 높은 것은 130으로, 주가 하락 시 손실을 완화하는 프리미엄이 가장 낮기 때문에, 커버드콜 매도자에 대한 보호(protection) 정도가 가장 적다. 그러나 높은 행사가격으로 인해, 콜옵션 행사 시 주가 수익은 상대적으로 크므로, 잠재적 손익이

■■ 그림 6.17 커버드콜: 다른 행사가격

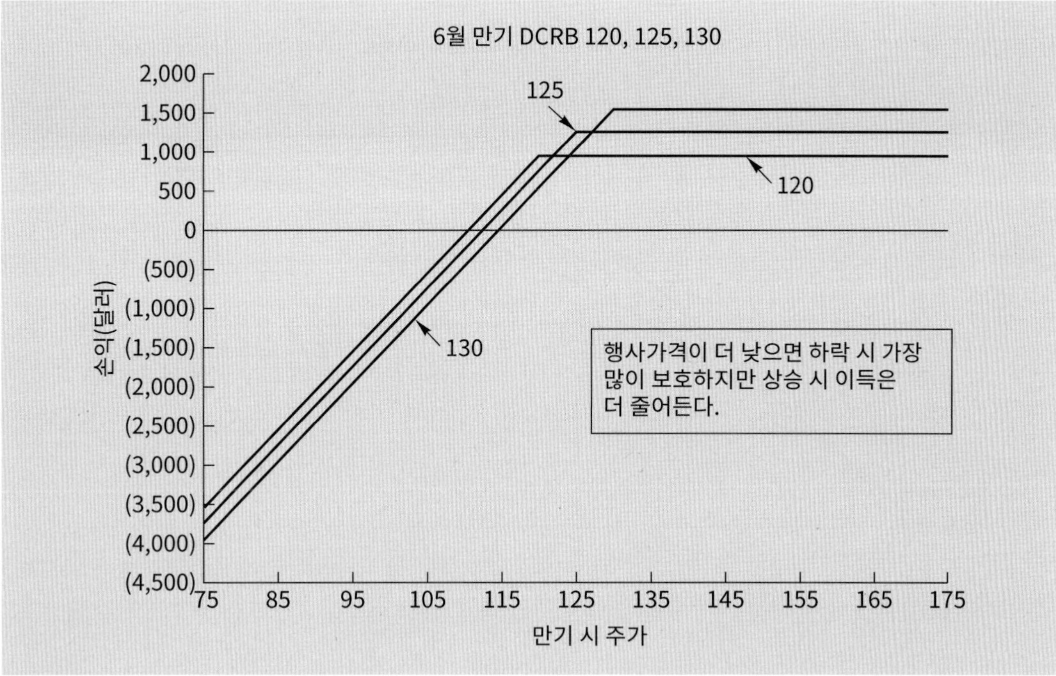

가장 크다. 이 예시에서 행사가격이 130인 콜옵션의 최대손익은 100(130 − 125.94 +11.35) = 1,541이다. 그리고 손익분기는 125.94 − 11.35 = 114.59이다. 주가가 만기 시 0일 때 발생하는 최소손익은 100(− 125.94 + 11.35) = 11,459이다.

반면에, 행사가격이 가장 낮은 120 옵션이 가장 많이 보호한다. 이 경우 프리미엄이 가장 높기 때문에 하락 시 손실을 더 완화한다. 그러나 주가가 상승하고 콜옵션이 행사되면, 매도자는 더 낮은 주가를 받을 것이다. 최대손익은 100(120 − 125.94 − 15.40) = 946이고 손익분기는 125.94 − 15.40 = 110.54이다. 만기 시 주가가 0이 될 경우 발생하는 최소손실은 100(− 125.94 + 15.40) = − 11,054이다.

가장 낮은 행사가격으로 커버드콜을 매도하는 것은, 하락 시 손실이 가장 적기 때문에 가장 보수적인 선택이다. 그러나 상승 시 이득도 가장 적다. 가장 높은 행사가격으로 커버드콜을 매도하는 것은, 상승 시 잠재적 손익이 더 크지만 하락에 대한 보호가 덜하므로, 더 위험한 전략이다. 행사가격에 상관없이, 커버드콜은 주식만을 소유하는 것보다 위험이 훨씬 적다. 콜옵션의 프리미엄은 그 크기에 상관없이, 시장이 하락할 때 주가의 손실을 완화해준다.

주가가 주어졌을 때, 커버드콜을 유지하는 기간이 길수록, 시간가치는 더 많이 잃고 손익은 더 크다.

보유기간의 선택 그림 6.18은 만기 전에 포지션이 청산되는 7월 만기 행사가격 125의 커버드콜을 보여준다. 앞에서 설명한 방식으로, 블랙–숄즈–머튼 모형이 콜옵션의 가치를 추정하는데 이용되었다. 가장 짧은 보유기간 T_1은 6월 4일에 포지션을 청산하는 경우로, 주어진 주가에서 손익이 가장 적다. 이는 매도자가 콜옵션을 매입하는 것으로 포지션을 청산하기 때문

그림 6.18 커버드콜: 다른 보유기간

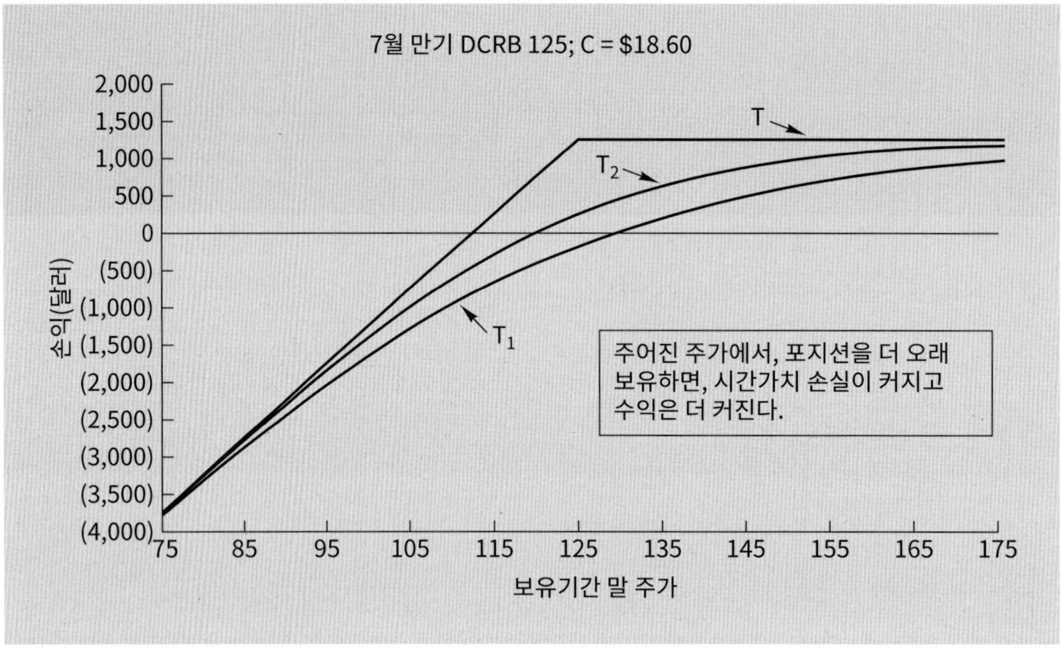

이다. 남은 시간이 있다면, 매도자는 남은 시간가치의 일부를 다시 매입해야 한다. 보유기간을 더 길게 한다면, 다시 매입해야 하는 남은 시간가치는 상대적으로 더 적다. 만기까기 보유한다면, 재매입해야하는 시간가치는 없다.

이는 커버드콜의 보유기간이 길어야 한다는 것을 시사하는가? 그럴 필요없다. 이는 커버드콜 매도자의 주가에 대한 예상과 적용하는 기간에 따라 다르다. 만기까지 포지션을 보유하면 투자자는 많은 손익을 벌게 될 지도 모르지만, 그러한 긴 보유기간에서는 주가가 하락할 수 있는 시간도 많아진다. 보유기간이 짧으면 주가가 많이 변동할 가능성이 적어져서 커버드콜의 수익성이 더 좋아질 수 있다.

6-5a 커버드콜에 대한 고려사항

앞에서 커버드콜은 전문적인 옵션거래자들 사이에서 매우 대중적인 전략이라고 하였다. 이는 커버드콜이 위험이 적은, 주식이나 옵션을 매입하는 것보다 위험이 훨씬 적은 전략이기 때문이다. 몇몇 연구에 따르면 커버드콜 매도는 그저 옵션을 매입하는 것보다 더 수익성이 있다. 그럼 이제 왜 모든 사람이 커버드콜을 매도하지 않는지 궁금하게 된다. 확실한 것은 모든 사람이 거래한다면, 콜옵션의 가격이 너무 낮아져서 전략은 더 이상 매력적이지 않을 것이다. 그런데 커버드콜의 이러한 우수한 성과는, 그 연구들이 새로운 옵션이 상장되었던 시기를 다뤘기 때문일 가능성이 높다. 이 시기의 전문가들은, 시장에 참여하기 위해 저렴하고 흥미로운 방법으로서 많은 사람들이 이런 새로운 금융상품을 열광적으로 매입했다는 데에 매우 동의한다. 콜옵션이 공정하게 가격결정되었는지에는 관심이 거의 없었다. 사실, 옵션가격결정 모형 그 자체는 초창기부터 있었지만, 옵션가격을 매기는 것에 대해서는 잘 알려지지 않았다. 이러한 무지와 함께 대중의 수요는 콜옵션가격을 부자연스럽게 높였을 것이고, 이로 인해 이 시기의 영리한 콜옵션 매도자는 상당한 이익을 벌었다. 최근에는 비슷한 연구가 없지만, 그러한 우수한 성과가 유지될 것 같지는 않다.

흔히 커버드콜의 매도는 주식에서 추가적인 소득을 얻은 방법으로 여겨진다. 그러나 커버드콜은 주식 보유자가 곤란하거나 알맞지 않은 시기에 주식을 매도해야할 가능성이 있다. 주가가 상승한다면, 커버드콜 매도자는 그 상승으로 발생하는 이익을 얻지 못하고, 행사로 인해 주식을 제공해야 한다. 그러나 콜옵션이 조기행사된다면, 매도자는 재무적 관점에서 더 나쁠 것은 없다. 손익은 여전히 기대되는 최대손익인 $X - S_0 + C$이다. 사실, 매도자는 만기 전에 이 금액이 이용가능한 것이 실제로 더 나을 것이다.

커버드콜 매도자는 행사로 주식을 잃는 것을 원하지 않는다고 가정하자. 행사 가능성을 최소화하는 한 가지 방법은, 행사가격이 높은 콜옵션을 매도하여 콜옵션을 심외가격 상태에 두는 것이다. 이는 콜옵션이 만기에 내가격 상태가 될 확률을 낮춘다. 주가가 상승하기 시작하여 외가격콜옵션이 내가격 상태가 되고 행사 가능성이 증가했다고 가정하자. 그럼 매도자는 콜옵션을 다시 매입하고 더 높은 행사가격의 콜옵션을 새로 매도할 수 있으며, 이러한 전략을 **롤링업(rolling up)**이라 한다. 주가가 계속하여 상승한다면, 매도자는 새로운 콜옵션을 매입하고 행사가격이 훨씬 높은 콜옵션을 매도할 수 있다. 이러한 방식으로 커버드콜 매도자는 행사가격이 언제나 주가보다 훨씬 높은 포지션을 설정할 수 있다. 이 전략의 목적은 행사를 피하고 포트폴리오 내 주식을 유지하는 것이다. 이는 다양한 이유로 어떤 주식을 계속 보유하고 싶은 사람들에겐 중요할 수 있다. 이러한 전략의 단점은 높은 행사가격은 낮은 프리미엄과 하락에 대한 낮은 보호 수준을 의미한다는 것이다. 또한, 빈번한 롤오버(rollover)로 인해 거래비용은 높다. 이러한 요인들이 더욱 불리하게 작용할 수도 있다.

많은 기관투자자들도 커버드콜 전략을 이용한다. 이들이 적은 가치를 얻을 것으로 기대되는 큰 규모의 주식 포트폴리오를 보유하는 경우, 소유한 주식에 대해 콜옵션을 매도하면 그 포트폴리오의 성과가 개선될 것으로 믿기도 한다. 그러나 커버드콜 또는 다른 어떤 전략도 무제한의 부를 가져다줄 수 없다. 사실, 커버드콜은 위험을 감소시키므로 포트폴리오의 수익을 줄일 가능성이 더 크다. 그러므로 이는 수익증가전략이라기 보다 위험감소전략으로 바라보아야 한다.

주식매입/콜옵션 매도 포지션의 반대는 주식 매도포지션 보호를 위해 콜옵션을 매입하는 것이다. 이 전략의 결과는 커버드콜 결과의 정반대이다. 이 전략은 제6장 뒤의 연습문제에서 분석한다.

보유한 주식의 위험을 줄이는데 이용되는 다른 옵션전략은 다음의 방어적풋이다.

연결하기_MAKING THE CONNECTION

알파와 커버드콜

주식을 매입하면서 콜옵션을 매도하는 커버드콜 전략은 S&P 500지수와 같은 주식 포트폴리오로 확장할 수 있다. 많은 포트폴리오 관리자들은 S&P 500지수와 같은 일반적인 시장 척도에 대한 상대적인 성과로 평가받는다. 제10장에서 보겠지만, 체계적(systematic) 또는 시장 요인과 관련된 위험 이상의 투자성과를 반영하는 비체계적 수익률(unsystematic return)을 알파(apha)라고 한다.

알파를 생성하기 위해 시도하는 하나의 방법은 콜옵션을 매도하는 것이다. 이 장에서 논의한 바와 같이, 콜옵션 매도는 기초주식 포트폴리오의 위험을 낮춘다. 또는 수익률을 증가시켜 양의 알파를 생성하는 것도 가능하다.

이론에서 현재 콜옵션가격은 차익거래를 고려하여 결정되며 시장은 불완전하지 않다. 현실에서 콜옵션의 가격은, 주식변동성의 투자자의 기대뿐 아니라 어떤 수익에 대한 투자자의 선호와 같은 다양한 요인의 영향을 받을 것이다. 콜옵션 매입의 수익에 대한 수요가 증가하면 콜옵션가격은 증가하고 콜옵션 매도자는 더 높은 프리미엄을 받는다. 따라서 콜옵션 매입포지션의 수익에 대한 투자자 선호와 그 콜옵션의 매도로 발생하는 이익 간에는 직접적인 관계가 있다.

또한, 콜옵션의 가격은 변동성의 기대수준의 영향을 받는다. 변동성이 높을수록, 콜옵션의 비용은 높아진다. 그러나 변동성의 기대수준은 변동성의 실제 수준이 아니다. 투자자가 변동성을 과대평가하면, 콜옵션 매입에 과하게 지급하게 된다. 따라서 콜옵션 매도자는 변동성의 과대평가로 이익을 얻을 것이다.

그러므로 변동성의 투자자 추정뿐 아니라 특정 수익 변동에 대한 투자자의 선호로서, 커버드콜 전략으로 발생한 추가적인 수익은 시간에 따라 쉽게 변할 수 있다.

6-6 풋옵션과 주식: 방어적풋

앞장에서 논의한 바와 같이, 주가 하락을 보호하고 싶은 주식 보유자는 콜옵션을 매도할 수도있다. 강한 상승장에서는 콜옵션이 행사될 수 있다. 약세장에 대해 보호하면서 여전히 강세장에 참여할 수 있는 한 가지 방법은 방어적풋(protective put 또는 방어풋)을 매입하는 것이다. 즉, 투자자가 주식을 매입하고 풋옵션도 매입하는 전략이다. 풋옵션은 주식에 대한 최소 거래 가격을 제공한다.

방어적풋의 손익방정식은 주식매입의 손익방적식과 풋옵션 매입의 손익방정식을 단순히 더하는 것으로 결정된다. 따라서,

$$N_S > 0,\ N_P > 0,\ \text{and } N_S = N_P \text{일 때,}$$
$$\Pi = N_S(S_T - S_0) + N_P[\text{Max}(0, X - S_T) - P].$$

앞의 예시와 같이, 주식 1주와 풋옵션 한 단위, 즉 $N_s = 1,\ N_p = 1$를 가정하자. 만기에 주가가 행사가격보다 높다면, 풋옵션은 외가격 상태가 된다. 만약 주가가 만기에 행사가격보다 낮다면, 풋옵션은 행사될 것이다. 결과는 다음과 같다.

$$\Pi = S_T - S_0 - P \qquad \text{if } S_T \geq X$$
$$\Pi = S_T - S_0 + X - S_T - P = X - S_0 - P \qquad \text{if } S_T < X$$

방어적풋은 보험계약(insurance policy)과 비슷하게 작동한다. 집등의 자산에 대한 보험에 가입할 때, 손실 발생 시 적어도 손실의 일부를 보험계약이 보상할 것을 약속하고 프리미엄을 지불한다. 보험 기간 동안 손실이 발생하지 않으면, 프리미엄만 잃는다. 비슷하게 방어적풋은 주식에 대한 보험이다. 약세장에서 주식에서의 손실은 풋옵션 행사로 다소 상쇄된다. 이는 보험계약의 청구와 비슷하다. 강세장에서 보험은 불필요하고 상승 시 이득은 지불한 프리미엄만큼 감소한다.

앞서 설명한 식에서, 강세장의 손익은 만기 시 주가에 직접적으로 영향을 받으며 달라진다. S_T가 높을수록 손익 Π도 높다진다. 약세장에서 손익은 만기 시 주가에 영향을 받지 않는다. 주식의 손실이 얼마가 되던지, 풋옵션의 이득으로 상쇄된다. 프리미엄이 \$11.50인 6월 만기 DCRB 125 풋옵션을 이용한 방어적풋의 손익 그래프는 그림 6.19에서 제시되고 있다. 파선은 주식만 보유한 경우의 손익이다. 방어적풋은 하락 시 손실이 더 작고 상승 시 이득도 적으며 손익분기는 더 높다.

방어적풋의 최대손실은 만기에 주가가 행사가격보다 낮을 때 나타난다. 손익방정식에 따르면 $X-S_0-P$이므로 DCRB 방어적풋의 최소값은 100(125−125.94−11.50)= −1,244이다. 이는 포지션의 초기 가치(주가 125.94와 풋옵션가격 11.50의 합) 대비 약 9%의 손실이다. 확실히 최대이득은 없고 투자자는 주가가 행사가격을 초과함에 따라 더 많은 이익이 발생한다. 방어적풋의 그래프가 어떻게 콜옵션 매입의 그래프와 동일한 모양이 되는지 보자. 이는 풋-콜 패리티 때문이다.

만기에서 손익분기주가는 만기 시 주가가 행사가격보다 높을 경우 나타난다. 이 손익을 0으로 두고 손익분기주가 S_T^*에 대해 풀면,

그림 6.19 방어적풋

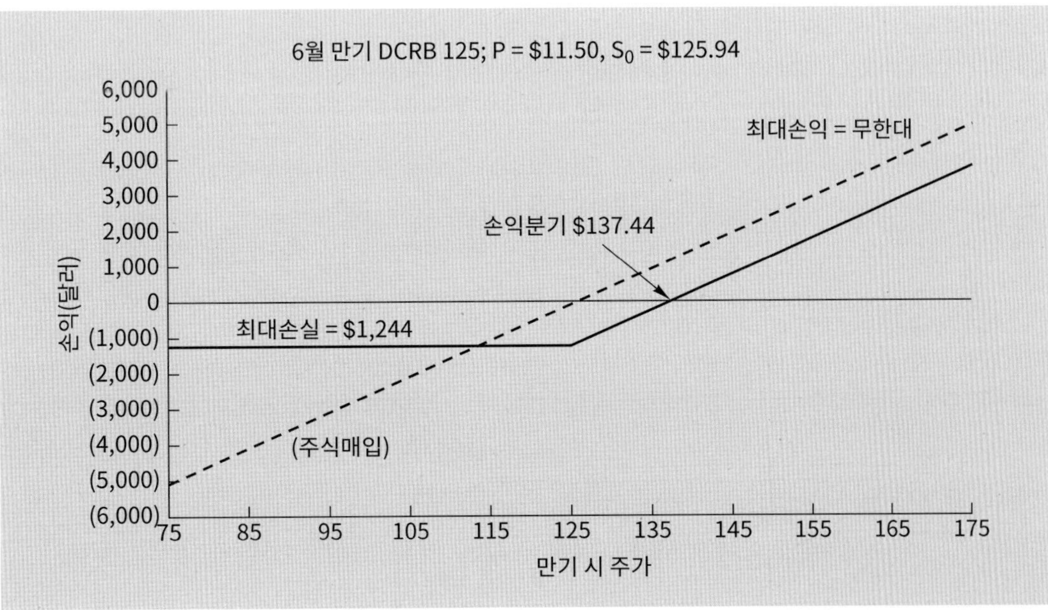

$$\Pi = S_T^* - S_0 - P = 0,$$
$$S_T^* = P + S_0$$

방어적풋은 상승 시 이익의 일부를 희생하여 하방손실의 최대값을 결정한다. 이는 자산에 대한 보험계약과 동일하다.

따라서 손익분기는 만기 시 주가가, 처음 주가와 프리미엄의 합과 동일할 때 이다. 이는 주가가 처음 주가보다 프리미엄을 회수할 만큼 충분히 증가해야하기 때문이다. 이 예시에서는 만기의 손익분기주가는 11.50 + 125.94 = 137.44이다. 따라서 손익분기에 도달하기 위해서는 주가가 약 9.1% 상승해야 한다. 그러므로 보호를 위한 비용으로 투자자는 처음에 상당한 곤경에 처하지만, 상승 시 이익은 무한대이다.

행사가격이 더 높은 방어적풋은 하락 시 손실 보호가 더 크지만 상승 시 최대이익은 더 낮다.

행사가격의 선택: 공제금액 결정 방어적풋이 제공하는 범위는 행사가격에 따라 다르다. 이는 공제금액을 결정하는 보험 문제와 동일하다. 공제금액이 더 높다는 것은 피보험자가 더 많은 위험을 견디는 대신 낮은 프리미엄을 지급한다는 것을 의미한다. 공제금액이 낮으면 보험회사는 더 많은 위험을 감수하는 대신 프리미엄을 더 부과한다. 방어적풋에서 높은 행사가격은 낮은 공제액을 의미한다.

그림 6.20은 행사가격이 다른 DCRB 방어적풋의 성과를 비교하고 있다. 행사가격이 130인 풋옵션은 주주에게 주식을 주당 $130에 매도할 수 있는 권리를 준다. 이 전략에서 손익분기는 125.94 + 14.25 = 140.19이다. 이는 가장 비싼 보험이지만, 보장범위가 가장 넓고 최소손익은 100(130 − 125.94 − 14.25) = − 1,019이다. 만약 주가가 상승하여 풋옵션이 불필요하면, 주식으로 인한 이득은 행사가격이 낮은 경우보다 더 적다. 이는 지불하는 프리미엄이 더 비싸

그림 6.20 방어적풋: 다른 행사가격

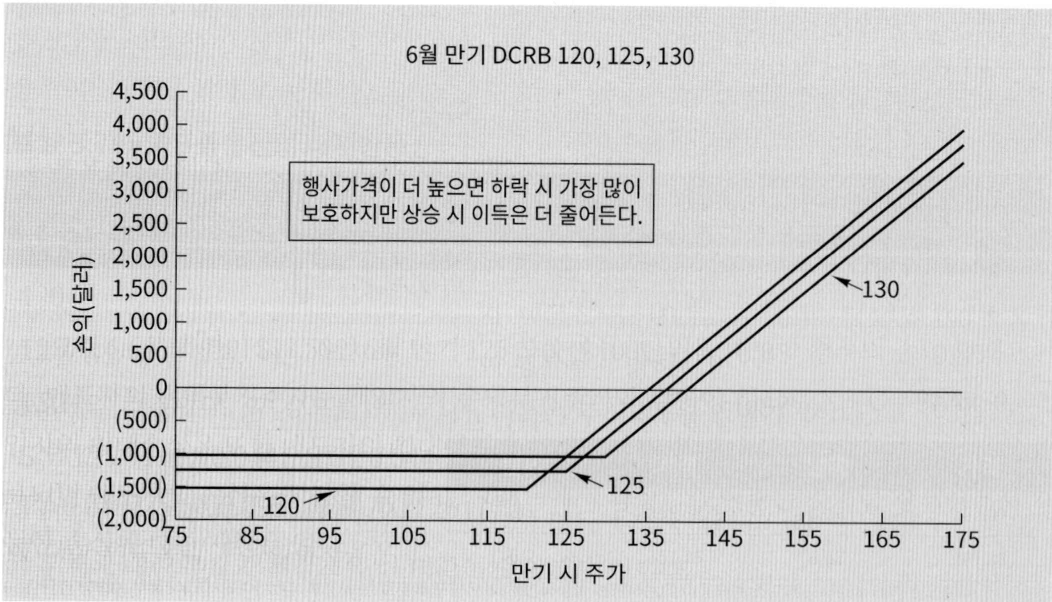

기 때문이지만, 보험은 불필요해진다.

가장 낮은 행사가격, 120은 보장범위가 가장 좁다. 손익분기는 125.94 + 9.25 = 135.19이고 최소손실은 100(120 − 125.94 − 9.25) = − 1,519이다. 시장이 상승하면, 덜 비싼 보험은 이득 감소가 상대적으로 더 적다.

행사가격을 선택하는 것은 공제금액을 선택하는 것과 동일하다. 투자자는 보장범위를 얻기 위해 지불할 능력과 감당할 위험 사이의 균형을 잡아야 한다.

보유기간의 선택 그림 6.21은 7월 만기 행사가격 125의 방어적풋의 다른 보유기간에 따른 손익을 보여준다. 보유기간이 짧으면 주어진 주가에서 보장범위가 넓어진다. 이는, 보유기간이 짧은 경우 투자자는 만기 전에 풋옵션을 다시 매도하여 전에 매입한 시간가치의 일부를 회수하기 때문이다. 보유기간이 긴 경우, 회수할 시간가치는 적어진다. 그러나, 앞에서 주식가격이 낮은 경우 이러한 규칙에 예외가 있다는 것을 보았다. 만기까지 내내 보유하면, 회수할 시간가치는 없다.

주가가 주어졌을 때, 방어적풋을 유지하는 기간이 길수록, 시간가치는 더 많이 잃고 손익도 더 적다. 유럽식 풋옵션에 대해서는, 주가가 낮을 때 이 효과가 정반대로 나타난다.

보유기간에 대한 선택은 투자자의 주가변동에 대한 관점과 변동할 것으로 예상되는 기간에 따라 달라진다. 만약 손익을 위해 큰 주가변동이 필요하다면, 긴 보유기간을 선택하여 주가가 움직일 시간을 가질 수 있다. 주가가 많이 움직일 것으로 기대되지 않는다면 짧은 보유기간이 선호된다. 그런데 손익분기에 도달하기 위해서는 주가가 적어도 프리미엄만큼은 증가해야 한다. 따라서 투자자는 보유기간 동안 주가변동이 나타날 가능성을 따져봐야 한다.

주식의 공매도를 풋옵션을 매도함으로써 보호하거나 그 반대 경우를 위해 방어적풋 전략을 반대로 할 수도 있다. 그 결과는 여기서 제시된 것과 정반대일 것이다. 이 전략은 뒤의 연습

■■ 그림 6.21 방어적풋: 다른 보유기간

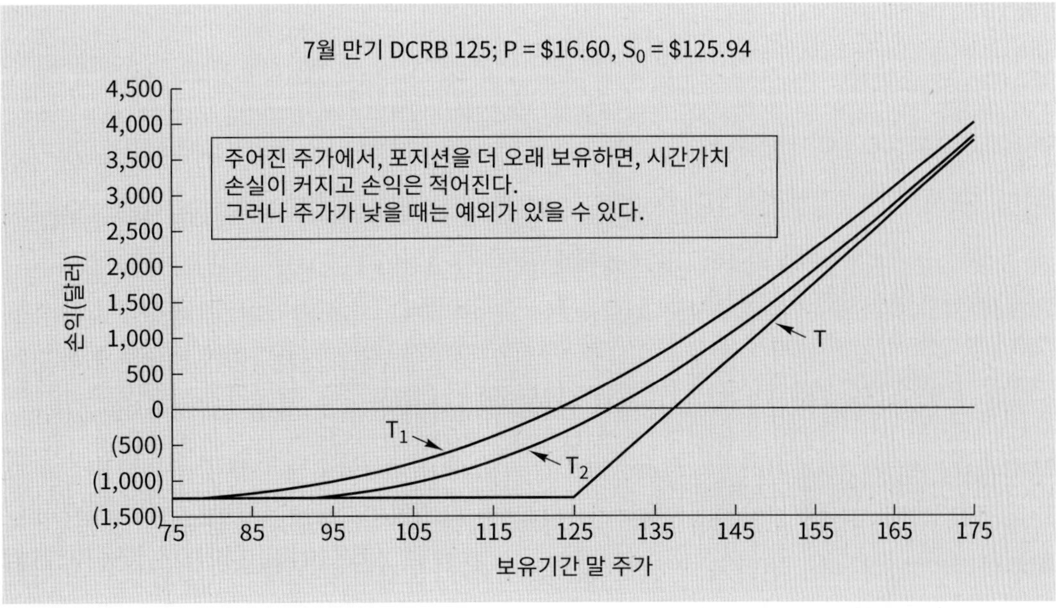

연결하기_MAKING THE CONNECTION

블랙-숄즈-머튼 모형을 이용하여 전략의 강점 분석

이 장과 다음 장에서 많은 옵션전략을 살펴보았다. 그 과정에서, 만기에 가능한 기초주식의 가격 범위가 주어졌을 때 전략의 성과를 분석하였다. 가능한 주가가 투자자에게 만족스럽다 하더라도, 전략의 가격은 매력적인가? 블랙-숄즈-머튼 모형 또는 이항모형과 같은 다른 적절한 모형을 이용하면, 전략에 대한 가격이 공정한지 알아낼 수 있다.

다음의 시나리오를 고려해보자. 투자자는 S&P 500지수펀드의 포지션을 보유하고 있다. 지수는 1,200이다. 이때 투자자는, 파생상품 거래소에서 이용가능한 유럽식 풋옵션과 콜옵션을 이용하여 풋옵션 매입이나 콜옵션 매도로 포지션을 보호할 것을 고려하고 있다. 원하는 옵션은 행사가격이 1,200이고 만기가 74일인 옵션이다. 콜옵션은 $31에 매도할 수 있고 풋옵션은 $28에 매입할 수 있다. 투자자는 커버드콜과 방어적풋의 성과 차이를 인식하고 있지만, 두 전략의 가격은 매력적이지 않을 수 있음을 더 염려하고 있다. 투자자는 두 전략 중 하나를 기꺼이 이용하겠지만, 어느 것이 더 좋은 가격을 가졌는가에 따라 결정할 것이다.

유럽식 옵션의 가격이 잘못결정되었는지 판단하는데, 블랙-숄즈-머튼 모형은 적절한 모형임을 투자자는 안다. 필요한 정보는 다음과 같다.

주가 = $1,200
행사가격 = $1,200
무위험이자율 = 4.0%
만기까지 기간 = 74/365 = 0.2027
S&P 500의 변동성 = 0.15
배당수익률 = 1.7%

무위험이자율은 연속복리이다. 배당수익률은 이산복리 1.7%으로 추정되었다. 따라서 연속복리로 전환하면, ln(1.017) = 0.016857이다.

재5장에서 설명한 바와 같이, 변동성은 계산하기 가장 어려운 정보이다. 투자자는 근접한 옵션의 내재변동성을 이용하며, 변동성은 옵션 기간에 걸쳐 변할 수 있다는 것을 고려한다. 그런데 0.15의 추정치는 역사적인 기준에서도 꽤 낮지만, 시장은 현재 극히 낮은 변동성을 겪고 있고 대부분의 전문가들은 다음 몇 달 동안은 변하지 않을 것으로 기대한다고 한다.

물론, 이 전략은 콜옵션을 매도하거나 풋옵션을 매입해야 하므로 콜옵션이 저평가되고 풋옵션이 고평가된 것을 발견할 경우 딜레마에 빠지게 될 수도 있다. 만약 콜옵션이 저평가되었다면, 투자자는 매도하고 싶지 않을 것이다. 또한, 만약 풋옵션이 고평가되었다면, 투자자는 매입하고 싶지 않을 것이다. 투자자는 적어도 한 옵션의 가격은 타당하게 결정되었기를 바란다. 물론, 투자자는 옵션이 정확하게 이론적 가치로 거래될 것을 기대하진 않지만, 가격이 이론적 공정가치에 근접하기를 바란다.

컴퓨터 프로그램을 이용하여(BlackScholesMertonBinomial10e.xlsm을 이용할 수 있다), 콜옵션과 풋옵션의 블랙-숄즈-머튼 가격에 대한 다음의 값을 얻을 수 있다.

블랙-숄즈-머튼 콜옵션가치 = $35.02
블랙-숄즈-머튼 풋옵션가치 = $29.42

앞서 언급한 것처럼, 콜옵션은 $31에 매도될 수 있고, 풋옵션은 $28에 매입될 수 있다. 따라서 콜옵션의 모형 가격은 $35.02이므로 상당히 저평가되었다. 그러나 풋옵션의 모형 가격은 $29.42이므로 약간 고평가되었다. 커버드콜은 콜옵션을 매도하지만 방어적풋은 풋옵션을 매입하므로, 방어적풋이 더 좋은 전략으로 보인다. 투자자가 기회를 보면 풋옵션가격이 오르기 전에 빨리 행동을 취해야 함을 안다. 또한, 투자자는 변동성이 잘못될 수 있음을 안다. 만약 변동성이 그가 생각한 것보다 낮다면, 풋옵션과 콜옵션의 블랙-숄즈-머튼 가치는 감소한다. 만약 콜옵션의 이론가치가 더 낮으면서 시장가치에 가깝다면, 콜옵션 매도가 보다 더 매력적이 된다. 만약 풋옵션의 이론가치가 시장가격보다 낮다면, 풋옵션 매입은 덜 매력적이 된다.

문제에서 살펴본다.

주식을 보유하는 투자자가 위험을 줄이기 위해서는 커버드콜을 이용할 수도, 방어적풋을 이용할 수도 있다. 어느 전략을 더 선호하는가? 답은 시장에 대한 투자자의 전망에 따라 다르다. 강세장이 나타날 가능성이 더 높다고 생각되면 투자자는 방어적풋을 선호할 것이다. 그러나 투자자가 방어적풋을 위해 지불해야 하는 하므로 더 비용이 많이 든다. 그런데 커버드콜은 콜옵션 매도로 실제로 금액을 받는다. 따라서 각각의 전략은 장단점이 있으므로 의사결정 전에 신중히 따져보아야 한다.

다음에서는 콜옵션을 이용하여 풋옵션을 만들거나 풋옵션을 이용하여 콜옵션을 만드는 전략들을 알아본다. 이 전략들은 **합성풋옵션**(**synthetic put**)과 **합성콜옵션**(**synthetic call**)이다.

6-7 합성풋옵션과 합성콜옵션

제3장과 제5장에서 풋옵션가격과 콜옵션가격 간의 관계인 풋–콜 패리티를 논의하였다:

$$P + S_0 = C + Xe^{-r_c T}.$$

식의 좌변은 풋옵션과 주식의 가치이고, 우변은 콜옵션과 무위험채권의 가치이다. 풋–콜 패리티는 다음과 같이 다시 정리할 수 있다.

$$P = C - S_0 + Xe^{-r_c T},$$

여기서 좌변은 풋옵션의 가치이고 우변은 풋옵션처럼 움직이는 포트폴리오의 가치이다. 포트폴리오는 콜옵션 매입, 주식의 공매도, 그리고 행사가격과 동일한 액면가의 순수할인채의 매입이나 대출로 구성된다. 식에서 가격 앞의 부호는 풋옵션, 콜옵션, 주식을 매입하는지 매도하는지 나타낸다. 매입포지션은 양(+)으로, 매도포지션은 음(–)으로 나타내고 있다.

풋옵션을 복제하기 위해 실제로 채권을 매입할 필요는 없다. 이 항은 행사가격의 현재가치를 보여주는데, 손익 그래프의 모양에 영향을 미치지 않는 일정한 값이다. 예를 들어 합성풋옵션을 고려해보면, 이는 콜옵션 매입과 동일한 수의 주식 공매도로 구성되어 있다. 그런 손익은,

$N_C > 0, N_S < 0, \text{ and } N_C = -N_S$ 일 때,

$$\Pi = N_C[\text{Max}(0, S_T - X) - C] + N_S(S_T - S_0).$$

주식 수와 콜옵션 수를 모두 1로 두면, 만기 시 주가에 따른 손익은 다음과 같다.

$$\Pi = -C - S_T + S_0 \qquad \text{if } S_T \le X$$

$$\Pi = S_T - X - C - S_T + S_0 = S_0 - X - C \qquad \text{if } S_T > X$$

만약 만기에 주가가 행사가격보다 낮거나 같다면, 손익은 만기 주가와 역의 관계로 변할 것이다. 만약 만기에 주가가 행사가격보다 높다면, 손익은 주가에 영향을 받지 않는다. 이는 풋옵션에서의 일반적인 결과와 같은데, 그래서 합성풋옵션이라 명명한다.

실제 풋옵션과 합성풋옵션의 차이를 풋–콜 패리티 식에서 볼 수 있다. 풋–콜 패리티에서 풋옵션은, 콜옵션 매입, 주식의 공매, 행사가격과 동일한 액면가의 순수할인채의 매입으로 복제된다. 풋옵션을 정확하게 복제하기 위해서는 순수할인채를 매입해야 한다. 그러나 현실에서는 거래자 대부분 단지 콜옵션을 매입하고 주식을 공매도한다.

그림 6.22는 합성풋옵션과 실제 풋옵션을 7월 만기 DCRB 125 옵션을 이용하여 비교하고 있다. 합성풋옵션의 손익은,

$$-C - S_T + S_0 \qquad \text{if } S_T \le X.$$
$$S_0 - X - C \qquad \text{if } S_T > X.$$

실제 풋옵션의 손익은,

$$X - S_T - P \qquad \text{if } S_T \le X.$$
$$-P \qquad \text{if } S_T > X.$$

그 차이는 실제 풋옵션의 손익에서 합성풋옵션의 손익을 차감하여 계산하여, 어떤 경우에서나 $X - P + C = S_0$이다. 풋–콜 패리티를 이용하여, P 대신 $C - S_0 + Xe^{-r_cT}$로 대체할 수 있다. 그럼 차이는,

$$X(1 - e^{-r_cT}),$$

이는 순수할인채를 매입하지 않아 놓친 이자이다.

왜 합성풋옵션을 이용하고 싶어 하는지에 대해서 두 가지 이유가 있다. 첫 번째는, 거래소에 풋옵션을 상장하는데에 제약이 있다. 풋옵션은 천천히 단계적으로 상장된다. 또한 새로운 옵션 상장에 지불유예(moratorium)도 있다. 이는 1977년에 처음 풋옵션이 상장된 직후 시작

그림 6.22 합성풋옵션과 실제 풋옵션

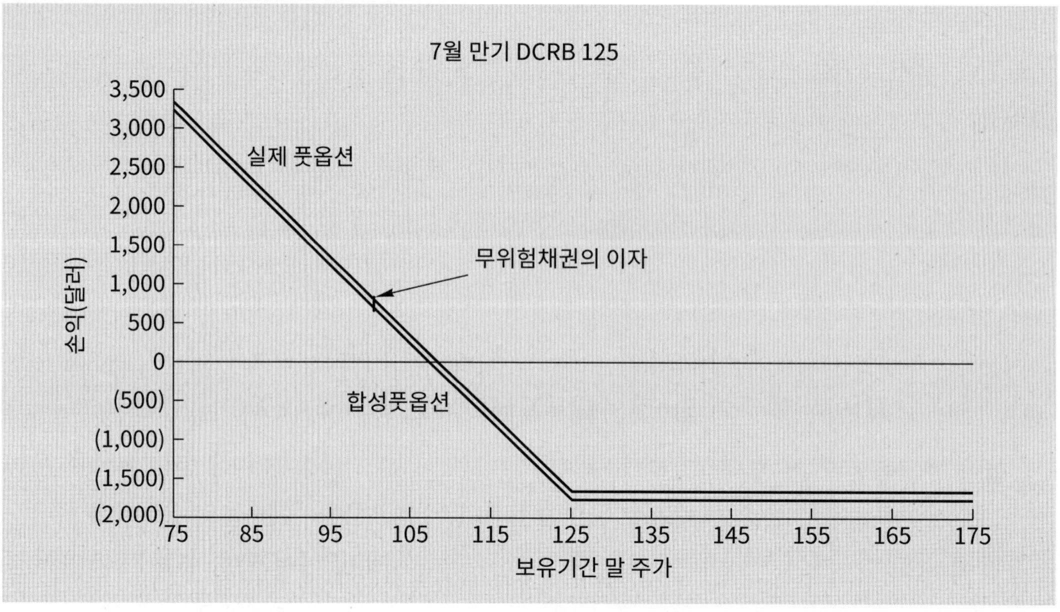

되었다. 지불유예가 1980년에 폐지되기 전까지는 풋옵션 상장에 방해가 되었다. 그 기간 동안 투자자는 실제 풋옵션 대신 이용할 합성풋옵션을 만들었다.

두 번째는, 풋옵션과 콜옵션의 관계 내 가격오류에서 이득을 얻기 위해 합성풋옵션을 이용할 수 있다. 예를 들어, 실제 풋옵션가격 P와 합성풋옵션의 가치, $C - S_0$사이의 차이는 Xe^{-r_cT}가 되어야 한다. 그러나 $P - (C - S_0)$가 Xe^{-r_cT}보가 크다면, 실제 풋옵션의 가격이 과하게 높거나 합성풋옵션의 가격이 과하게 낮은 것이다. 따라서 투자자는 실제 풋옵션을 매도하거나, 콜옵션을 매입하고 주식을 공매함으로써 합성풋옵션을 매입해야 한다. 이 전략은 종종 **역컨버전(reverse conversion)**, 또는 간단히 **리버설(reversal)**이라 한다. 표 6.3에서와 같이 만기에 X의 현금흐름 유출이 발생한다.

표 6.3 역컨버전의 수익

포지션	만기의 주가에 다른 포트폴리오 수익	
	$S_T \le X$	$S_T > X$
콜옵션 매입	0	$S_T - X$
주식 공매	$-S_T$	$-S_T$
풋옵션 매도	$-X + S_T$	0
합계	$-X$	$-X$

이러한 특성은 역컨버전을 무위험 대출과 유사하게 한다. 포지션이 시작될 때 받는 금액은 (1) S_0(주식 공매), (2) P(풋옵션 매도), (3) –C(콜옵션 매입) 이다. 만약 가정한 바와 같이 이 금액이 행사가격의 현재가치보다 높다면, 옵션 만기까지 $S_0 + P - C$를 무위험이자율 r_c에 투자할 수 있다. 투자로 인한 누적미래가치는 X보다 높을 것이다. 이는 차입을 상환하고도 금액이 남는다는 것을 의미한다.[4] 물론, 무위험이자율에 투자하는 것은 무위험채권을 매입하는 것과 동일하다.

옵션과 주식으로 합성풋옵션과 합성콜옵션을 구성할 수 있다.

또한, 주식과 동일한 수의 풋옵션을 매입하여 합성콜옵션을 만들 수 있다. 이는 방어적풋과 같아서 확실히 콜옵션과 비슷한 전략이다. 방어적풋의 그래프는 콜옵션의 그래프와 동일한 형태이었다.

많은 투자자들은 실제 콜옵션의 가격이 과하게 높을 때, 합성콜옵션을 매입하고 실제 콜옵션을 매도한다. 이 전략을 컨버젼(conversion)이라 하며, 풋옵션가격과 콜옵션가격 사이 관계에서의 가격오류를 이용한다.

첨부된 엑셀 스프레드시트 OptionStrategyAnalyzer10.xlsm은, 자산과 그 자신의 다른 여섯 가지 옵션의 포지션 결합에서의 수익을 계산하고 그래프를 그린다. 포지션은 만기까지 보유될 수도, 만기 전에 청산될 수도 있다.

4 그런데 만약 미국식 옵션이고 매도된 풋옵션이 조기행사되었다면, 만기 전에 X를 지급해야 한다. 그러므로 현금유입에서의 이자는 요청되는 지불에 미흡할 수 있다.

소프트웨어 DEMONSTRATION 6.1

엑셀 스프레드시트 OptionStrategy Analyzer10.xlsm으로 옵션전략 분석하기

엑셀 스프레드시트 OptionStrategyAnalyzer10.xlsm은 엑셀 매크로사용통합문서로 저장되어있다. 기초자산에 대한 최대 여섯 개의 옵션과 포지션으로 구성된 옵션전략의 수익을 계산하고 그래프를 그린다. 출력된 그래프는 결합 포지션의 전체 그래프(Overall Graph 탭)나 결합 포지션의 구성요소(Component Graph 탭)를 포함해서 볼 수도 있다. 이 스프레드시트는 읽기전용이다. 즉, OptionStrategyAnalyzer10.xlsm의 이름으로 저장할 수 없고 원래의 파일은 보호된다. 그러나 스프레드시트를 읽기전용 기능 없이 로드할 수 있다. 스프레드시트 OptionStrategyAnalyzer10.xlsm는 제품지원 웹사이트에서 다운로드하여 이용할 수 있다. 이용하기 위해서는 다음을 실행해야 한다.

1. www.cengagebrain.com으로 가서 ISBN 9781305104969를 검색하시오.
2. "Free Materials" 탭을 클릭하고 "Access Now" 을 클릭하시오.
3. OptionStrategyAnalyzer10.xlsm을 위한 링크를 클릭하시오.
4. 웹페이지의 설명에 따라 다운로드하고 스프레드시트를 설치하시오.

이제 예시를 이용해보자. DCRB의 6월 만기 125 콜옵션을 매입하는 단순한 전략의 결과를 알고 싶다고 하자. 콜옵션가격은 $13.50이고 DCRB 주가가 $125.94이다. 먼저 만기까지 포지션을 보유하는 전략을 살펴보고, 그 뒤에 만기 전에 포지션을 마감하는 경우를 살펴보자.

그림에서 "General Inputs:"이라고 되어있는 부분을 보자. 여기서는 다섯 개의 정보를 요구한다. 입력값을 넣는 각 셀은 이중 테두리로 둘러져있으며 값은 파란색이다. 첫 번째 입력 항목은 거래가 개시될 때의 자산가격이지만, 이는 전략이 자산을 매입하거나 공매할 때만 필요하다. 다음 입력은 자산의 단위 수로, 매입 시 양수, 매도 시 음수이다. 그렇지 않으면 비워두던지 0을 입력한다. 다음 입력은 만기의 자산가격이다. 이 정보는 그래프의 중심을 잡는데 필요하다. 만기의 자산가격을 확실히 모르겠지만, 아무 가격이나 선택할 수 있다. 행사가격을 125로 선택하자. 그럼 그래프는 이 가격 근처로 중심을 두게 될 것이고 이 가격에 대한 전략의 전체손익이 계산되어 다음 장에서 보여준다. 다음 두 입력 항목은 그래프를 그리기 위한 최대/최소 자산가격이다. 이는 단순히 그래프의 범위를 정하게 된다. 임의적으로 범위를 양쪽 $40으로 선택하자. 그럼 최소값은 85, 최대값은 165이다.

다음 부분은 "Option-Specific Inputs"이다. 여기서는 만기까지 기간이나 행사가격이 다른 여섯 개의 옵션까지 정보를 입력할 수 있고 옵션은 콜옵션이나 풋옵션이 될 수 있다. 옵션을 이용하지 않으면 비워두던지 0을 입력한다. 모든 옵션은 동일한 자산

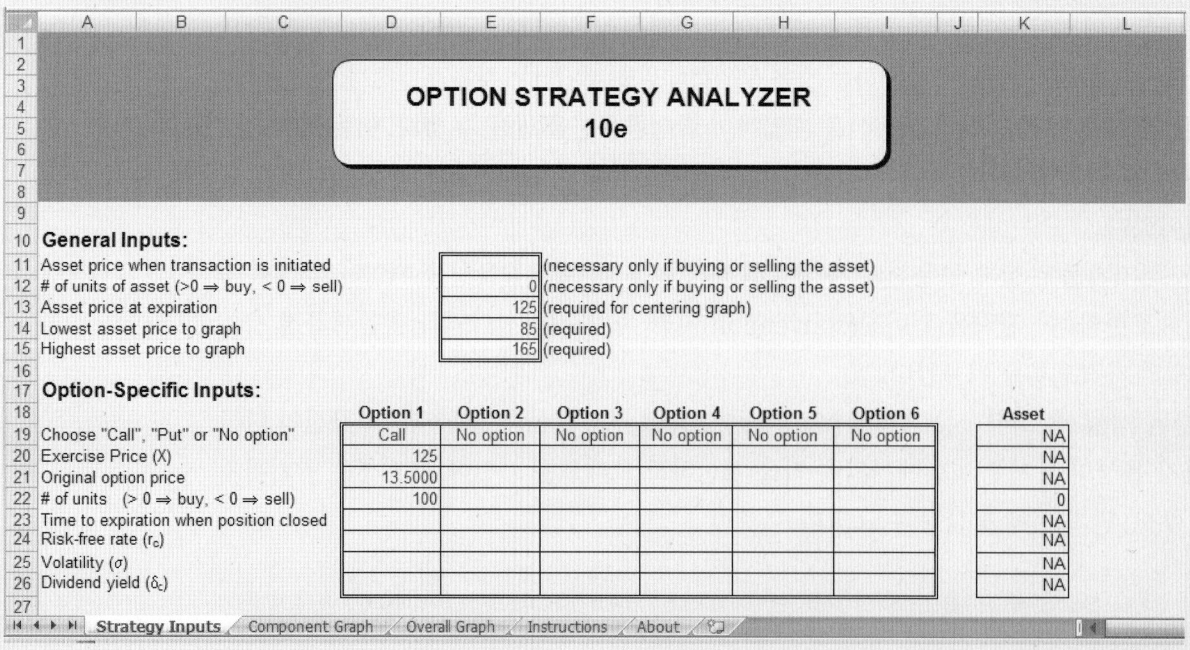

에 대한 것이어야 한다. 첫 번째 행에서, 풀다운 리스트를 이용하여 “Call”이나 “Put” 또는 “No Option”을 선택한다. 다음 행은 행사가격(여기서는 125)을 넣어야 한다. 이는 거래가 개시되었을 때 매입 또는 매도 가격이고, 여기서는 $13.50이다. 다음 줄은 옵션의 수로, 매입 시 양수, 매도 시 음수이다. 여기서는 표준적인 매입 거래로 “100”을 입력한다. 다음 네 개의 입력 셀은 포지션이 만기 전에 마감될 때만 필요한 정보이다. 포지션을 만기까지 보유한다면, “Time to expiration when position closed”는 비워두거나 0을 입력하고, 마지막 세 줄은 비워둘 수 있다. 이 예시에서는 비워둔다. 포지션이 만기 전에 마감된다면, 남은 기간을 연 단위로 입력하고

Option-Specific Inputs:

	Option 1	Option 2	Option 3	Option 4	Option 5	Option 6	Asset
Choose "Call", "Put" or "No option"	Call	No option	No option	No option	No option	No option	NA
Exercise Price (X)	125						NA
Original option price	13.5000						NA
# of units (> 0 ⇒ buy, < 0 ⇒ sell)	100						0
Time to expiration when position closed							NA
Risk-free rate (r_c)							NA
Volatility (σ)							NA
Dividend yield (δ_c)							NA

Output: Option value and profit at close of position for asset price chosen above

	Option 1	Option 2	Option 3	Option 4	Option 5	Option 6	Asset
Value at close of position	0.0000	0.0000	0.0000	0.0000	0.0000	0.0000	125.0000
Profit at close of position	-1,350.00	0.00	0.00	0.00	0.00	0.00	0.00

Overall profit at close of position	-1,350.00

Data Table for Graph Results

Profitabilty of Each Component of the Strategy

Asset price at end of holding period	Option 1	Option 2	Option 3	Option 4	Option 5	Option 6	Asset	Overall
85.00	-1,350.00	0.00	0.00	0.00	0.00	0.00	0.00	-1,350.00
86.63	-1,350.00	0.00	0.00	0.00	0.00	0.00	0.00	-1,350.00
88.27	-1,350.00	0.00	0.00	0.00	0.00	0.00	0.00	-1,350.00

Strategy Inputs / Component Graph / Overall Graph / Instructions / About

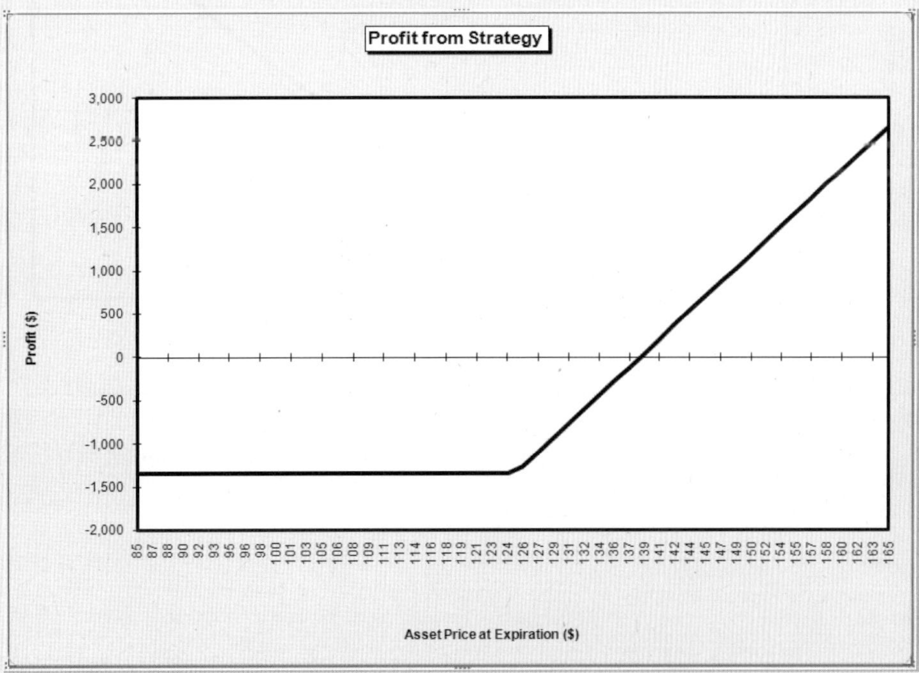

(즉, 일/365), 무위험이자율, 변동성, 배당수익률에 대해서는 다음 아래 세 셀에 입력한다. 프로그램은 블랙-숄즈-머튼 모형을 이용하여 주어진 자산가격으로 포지션이 종료 시 옵션의 가치를 계산한다. 이 정보는 비워두고, F9(수동 재계산)을 누른다.

"Output: Option value and profit at close of position for asset price chosen above" 부분은 각 옵션에 대해 포지션 마감 시 옵션의 가치, 옵션거래의 손익, 거래 전체 손익을 보여준다. 이는 앞서 명시한 가격에 대한, 옵션과 자산의 잠재적 포지션을 포함한다. 결과셀은 단일 테두리로 되어있다. 당연히 이 결과는 손익 그래프에서 한 점으로 나타난다. 이 예시에서 행사가격인 $125를 만기의 자산가격으로 명시하였으므로, 손익은 – $1,350이다. 다음의 "Data Table for Graphic Results" 부분은, 보유기간 말에 50개의 가능한 자산가격에 대한 전략의 전체 손익을 보여준다. 최소가격과 최대가격, 중심이 되는 만기 시 자산가격은 앞에서 명시한 것과 같다. 그래프는 다른 스프레트시트에서 제시되는데, 아래의 "Component Graph" 또는 "Overall Graph" 탭을 클릭하여 접근할 수 있다. 하나의 포지션만 그려지면, Component Graph와 Overall Graph가 동일하다.

앞에서 언급한 것처럼, 만기 전에 포지션을 청산하는 경우 남은 기간, 변동성, 이자율, 배당변동성 등 필요한 정보를 입력하면, 명시된 범위에서 가능한 각 자산가격에 대해 프로그램은 자동으로 블랙-숄즈-머튼 옵션가격을 계산한다. 예를 들어, 만기까지 15일이 남아있고(시간 = 15/365), 무위험이자율은 4.53%, 변동성은 0.83, 배당수익률은 0라고 하면, 콜옵션가격은 $8.4898이고 손익은 –$501.02이다. 이 결과는 Component Graph 탭 밑에서 볼 수 있다.

OptionStrategyAnalyzer10.xlsm은 선택한 어떠한 전략도 정확하게 그래프로 그릴 수 있지만, 기대만큼 정확하게 보이지 않을 수도 있다. 그래프를 그리는데 사용된 고정된 파라미터와 함께, 다양한 조합의 입력값과 결과들이 처음부터 보기 좋은 그래프를 항상 그리는 것은 아니다. 이는 종종 그래프의 눈금이 행사가격에 위치하지 않기 때문에 나타난다. 어떤 것들이 특이하게 보인다면, 최대가격과 최소가격을 달리해보면서 기대하는 그래프가 나올 때까지 시도 해보자.

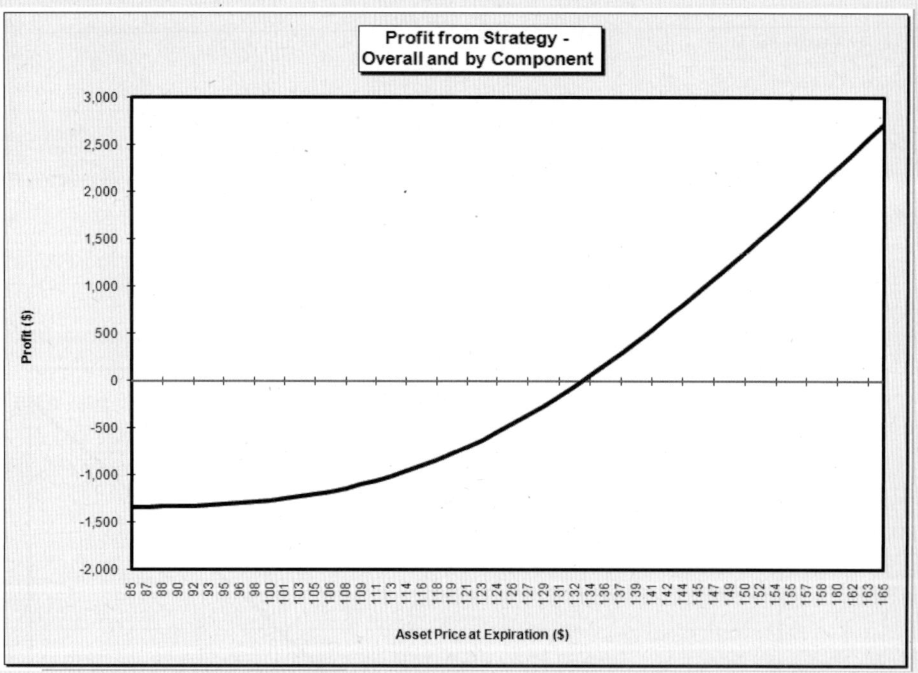

연습문제

1. *등가격 풋옵션은 내가격 옵션이 될 가능성이 크므로, 등가격 풋옵션의 매입은 외가격 풋옵션의 매입보다 잠재적으로 더 많은 수익을 낸다.*
   이 문장을 평가하시오.
2. 당신은 주식을 매입하고, 가격 하락에 의한 손실을 보호하고 싶다고 하자. 당신은 커버드콜과 방어적 풋을 모두 고려하고 있다. 두 전략 중 당신의 선택에 어떠한 요인들이 영향을 미칠 것인가?
3. 당신은 부유한 친척으로부터 주식을 상속받았다. 그 주식은 최근에 성과가 좋지 않았고, 애널리스트는 이 주식의 성장 가능성이 거의 없다고 생각한다. 그래서 당신은 주식에 대한 콜옵션을 매도하길 원한다. 그러나 유언장에는 당신이 개인적인 재정적 위기에 처하기 전까지는 주식을 매도하지 않는 것에 동의해야 한다고 명시되어 있다. 당신은 어떻게 커버드콜을 매도하고, 행사가능성을 최소화할 수 있는가?
4. 앞에서 주식과 동일한 수의 풋옵션으로 구성된 합성콜옵션은 간단히 언급하였다. 주식과 풋옵션의 결합가치는 실제 콜옵션의 가격보다 행사가격의 현재가치보다 적은 정도로 높다고 가정하자. 차익거래 손익이 어떻게 발생할 수 있는지 보이시오. 단, 이 장에서의 자료를 이용하지 마시오. 합성풋옵션에 대한 내용에서 설명한 것처럼 당신의 관점을 보이시오.
5. 주식의 매도포지션은 콜옵션 보유로 보호될 수 있다. 이 포지션을 위한 손익방정식을 결정하고, 만기의 손익분기주가와 최대/최소 손익을 밝히시오.
6. 주식 매도는 풋옵션 매도로 보호될 수 있다. 이 포지션을 위한 손익방정식을 결정하고, 만기의 손익분기주가와 최대/최소 손익을 밝히시오.
7. 커버드콜 매도자가 만기 전에 포지션을 청산하는 경우의 장점과 단점을 설명하시오.
8. 행사가격의 선택과 관련하여 커버드콜 매도자가 고려해야 할 사항들을 설명하시오.
9. 콜옵션, 풋옵션, 주식의 기본적인 손익방정식은 다음과 같았다.

$$\Pi = N_C[\text{Max}(0, S_T - X) - C]$$
$$\Pi = N_P[\text{Max}(0, X - S_T) - P]$$
$$\Pi = S_T - S_0.$$

   위의 각각의 손익방정식으로 매입과 매도에 대해 한 그래프에 제시하시오. 포지션은 만기까지 보유하는 것으로 가정한다. 결과적으로 세 개의 그래프를 그려야 한다. 각 손익방정식의 매입과 매도 사이의 관계를 설명하시오. 또한, 콜옵션 그래프와 풋옵션 그래프의 관계를 설명하시오.

다음은 어느 해 7월 6일에 관찰된 주식의 옵션가격이다. 이 정보를 10번부터 14번까지 이용하시오. 주식의 배당은 무시하며, 주식가격은 165.13이다. 만기는 7월 17일, 8월 21일, 10월 16일이다. 연속복리 무위험이자율은 각각 0.0503, 0.0535, 0.0571이고, 표준편차는 0.21이다. 유럽식 옵션으로 가정한다.

	콜옵션			풋옵션		
행사가격	7월	8월	9월	7월	8월	9월
165	2.70	5.25	8.10	2.40	4.75	6.75
170	0.80	3.25	6.00	5.75	7.50	9.00

10번에서 14번까지 문제에서, 주가가 150, 155, 160, 165, 170, 175, 180일 때 손익을 계산하시오. 그리고 요구되는 다른 질문에 대한 답을 하시오. 주: 그래프를 그릴 때는 엑셀 스프레드시트 OptionStrategyAnalyzer10.xlsm가 유용할 것이

지만, 여러 사용자지정 자산가격에 대한 손익을 계산하지 못한다. 손익은 가격이 150, 160,..., 180일 때, 만기까지 보유한 포지션에 대해 직접 계산하시오. 만기 전에 포지션을 청산하는 경우, 스프레드시트 OptionStrategyAnalyzer10. xlsm을 이용하여 포지션 청산 시의 옵션가격을 결정하고, 손익을 직접 계산하시오.

10. 8월 만기 행사가격 165의 콜옵션 1계약을 매입하고 만기까지 보유할 경우, 손익을 결정하고 그 결과를 그래프로 나타내시오. 그리고 만기의 손익분기주가를 알아보시오. 이 거래에서 가능한 최대손실은 얼마인가?
11. 8월 1일에 포지션을 마감하는 것만 다른 경우에 대해 10번 문제를 동일하게 푸시오. 8월 1일에 가능한 여러 주가에 대한 손익을 스프레드시트를 이용하여 구할 수 있다. 또한 그래프를 그리고 이를 이용하여 손익분기주가의 근사치를 알아보시오.
12. 10월 만기 행사가격 165의 풋옵션 1계약을 매입하고 만기까지 보유할 경우, 손익을 결정하고 그 결과를 그래프로 나타내시오. 그리고 만기의 손익분기주가를 알아보시오. 이 거래에서 가능한 최대이득과 손실은 얼마인가?
13. 주식 100주를 매입하고 10월 만기 행사가격 170의 콜옵션 1계약을 매도하자. 이 포지션을 만기까지 보유할 경우, 손익을 결정하고 그 결과를 그래프로 나타내시오. 그리고 만기의 손익분기주가, 최대손익, 최대손실을 알아보시오.
14. 주식 100주과 8월 만기 행사가격 165의 풋옵션 1계약을 매입하자. 이 포지션을 만기까지 보유할 경우, 손익을 결정하고 그 결과를 그래프로 나타내시오. 그리고 만기의 손익분기주가, 최대손익, 최대손실을 알아보시오.

15, 16, 17번에 대해, 만기에 현물환율이 $0.90, $0.95, $1.00, $1.05, $1.10인 경우, 기본적인 외국환 옵션거래에 의한 손익을 각각 계산하시오. 그리고 만기의 손익분기 현물환율을 알아보시오. 각각의 계약은 100,000유로(euro)이다.

15. 6개월 뒤 만기가 되는 유로(euro)의 콜옵션은 행사가격이 $1.00이고 가격은 $0.0385이다. 콜옵션의 매입포지션을 구성하시오.
16. 15번 문제의 정보를 이용하여 유로 커버드콜을 구성하시오. 처음 현물환율은 $0.9825로 가정한다.
17. 현재 주가가 $100인 주식에 대해, 행사가격이 $100인 콜옵션과 풋옵션의 가격을 계산하시오. 무위험이자율은 5%(연속복리), 변동성은 30%, 만기까지 기간은 1년이다. 이때, BlackScholesMerton Binomial10e.xlsm을 이용할 수 있다. 그리고, 어떻게 합성콜옵션을 구성하는지 설명하고 비용을 밝히시오.
18. 주식 옵션에 대해서, 콜옵션가격은 $14.20이고, 풋옵션가격은 $9.30이라 하자. 행사가격은 $100, 무위험이자율은 5%(연속복리), 만기까지 기간은 1년이다. 주식포지션을 어떻게 합성하는지 설명하고, 비용을 밝히시오. 주가는 $100으로 관찰했다고 할 때, 차익거래의 기회에 대해 알아보시오.

참고문헌

Augen, J. *Trading Options at Expiration: Strategies and Models for Winning the Endgame*. Upper Saddle River, NJ: Pearson Education, 2009.

Austin, M. "Index Option Overwriting: Strategies and Results." *Derivatives Quarterly* 1 (Summer 1995): 77 84.

Broadie, M., M. Chernov, and M. Johannes. "Understanding Index Option Returns." *Review of Financial Studies* 22 (2009): 4494–4529.

Chambers, D. R., M. Foy, J. Liebner, and Q. Liu. "Index Option Returns: Still Puzzling." *Review of Financial Studies* 26 (2014): 1916–1928.

Constantinides, G. M., M. Czerwonko, J. C. Jackwerth, and S. Perrakis, "Are Options on Index Futures Profitable for Risk–Averse Investors? Empirical Evidence." *Journal of Finance* 66 (2011): 1407–1437.

Dash, M., and A. Goel. "A Comparison of ITM and OTM Protective–Puts and Covered Calls." *Asian Journal of Finance & Accounting* 6 (2014): 126–137.

Ferguson, R. "Some Formulas for Evaluating Two Popular Option Strategies." *Financial Analysts Journal* 49 (September–October 1993): 71–76.

Figelman, I. "Expected Return and Risk of Covered Call Strategies." *Journal of Portfolio Management* 34 (Summer 2008): 81–97.

Grube, R. C., D. B. Panton, and J. M. Terrell. "Risks and Rewards in Covered Call Positions." *Journal of Portfolio Management* 5 (Winter 1979): 64–68.

Isokov, D., and B. Morard. "Improving Portfolio Performance with Option Strategies: Evidence from Switzerland." *European Financial Management* 7 (2001): 73–91.

McIntyre, M. L., and D. Jackson. "Great in Practice, Not in Theory: An Empirical Examination of Covered Call Writing." *Journal of Derivatives & Hedge Funds* 13 (2007): 66–79.

Moran, M., and M. Boraz. "Index Option Writing for Enhanced Yield and Alpha." *Journal of Indexes* 15 (2012): 20–27.

Mueller, P. A. "Covered Call Options: An Alternative Investment Strategy." *Financial Management* 10 (Winter 1981): 64–71.

Mullaney, M. *The Complete Guide to Option Strategies: Advanced and Basic Strategies on Stocks, ETFs, Indexes and Stock Index Futures*. New York: Wiley Trading, 2009.

Pounds, H. M. "Covered Call Option Writing: Strategies and Results." *Journal of Portfolio Management* 5 (Winter 1978): 31–42.

Rendleman, R. "Covered Call Writing Strategies from an Expected Utility Perspective." *Journal of Derivatives* 9 (Spring 2001): 63–75.

Santa–Clara, P., and A. Saretto. "Option Strategies: Good Deals and Margin Calls." *Journal of Financial Markets* 12 (2009): 391–417.

Singleton, J. C., and R. Grieves. "Synthetic Puts and Portfolio Insurance Strategies." *Journal of Portfolio Management* 10 (Spring 1984): 63–69.

부록 B는 도서, 논문, 기타 자료와 같은 좀 더 광범위한 참고문헌을 포함하고 있으며, 이 책의 동반 사이트에 있다. 접속하려면, www.cengagebrain.com을 방문하여 ISBN 9781305104969를 검색한 후 "Free Materials", "Access Now" 탭을 차례로 클릭하라.

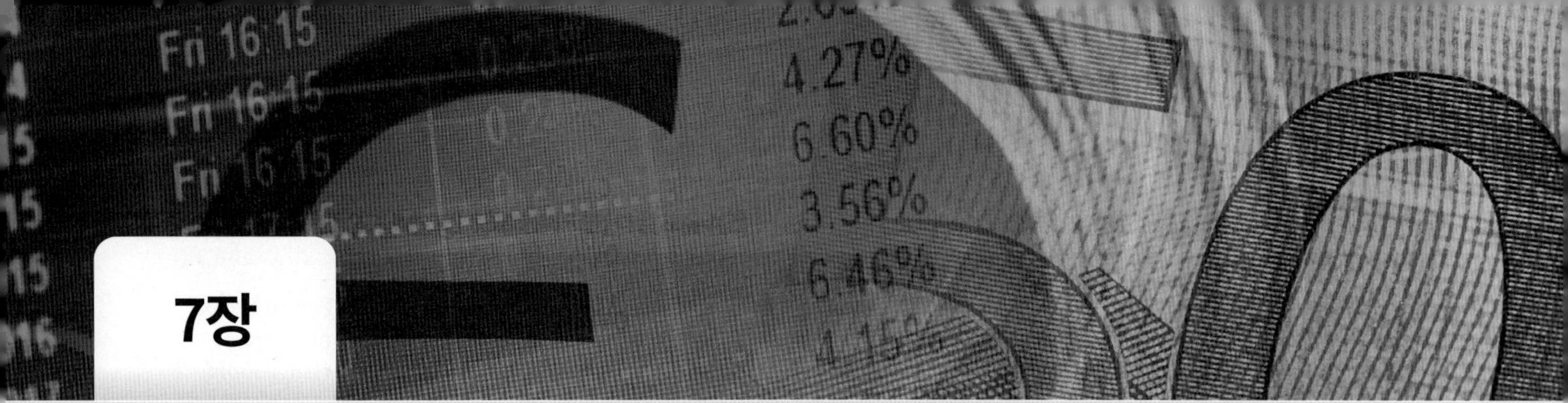

7장

이 장의 목표

- 가격스프레드, 칼라, 캘린더스프레드, 비율스프레드와 같은 옵션 스프레드 전략을 제시하고 분석한다.
- 스트레들과 박스스트레드와 같은 옵션 컴비네이션 전략을 제시하고 분석한다.

고급 옵션전략

돈을 어디서 잃었는지 알기 위해 거래자들이 쓴 모든 책을 읽어라.그들의 수익(시장조정된)으로는 어떤 유의미한 것도 배우지 못할 것이다. 그들의 손실로부터 배울 것이다.

Nassim Taleb

Derivatives Strategy, April 1997, p.25

제6장에서는 기본적인 옵션전략의 기초를 다루었다. 이제 몇몇의 더 고급 전략들을 논의할 수 있다. 자주 언급한 것처럼, 옵션은 흥미롭고 색다른 방식으로 결합될 수 있다. 이 장에서는, 스프레드와 컴비네이션, 두 가지 고급 옵션전략을 살펴본다.

7-1 옵션스프레드: 기본 개념

스프레드(spread)는 하나의 옵션을 매입하고 다른 하나는 매도하는 전략이다. 일반적으로 두 종류의 스프레드가 있다. 그 중 하나는 **수직스프레드(vertical spread)** 또는 **행사스프레드(strike spread)**, 또는 **가격스프레드(money spread)**이다. 이 전략은 행사가격만 다른 옵션들을 매입하고 매도한다. 예를 들어, 행사가격이 120인 6월 만기 DCRB 옵션을 매입하고, 동일한 6월 만기 DCRB 옵션이지만 행사가격이 125인 옵션은 매도한다. 그리하여 행사스프레드 그리고 가격스프레드라고 한다. 행사가격은 예전에 신문의 옵션 부분에서 수직으로 배열되었기 때문에, 수직스프레드(vertical spread)로 부르기도 한다.

스프레드의 또다른 종류로 **수평스프레드(horizontal spread)** 또는 **시간스프레드(time spread)**, 또는 **캘린더스프레드(calendar spread)**가 있다. 이 스프레드는 투자자가 만기일만 다른 옵션을 매입하고 매도하는 것이다. 예를 들어, 행사가격이 120인 6월 만기 DCRB 옵션을 매입하고, 7월 만기 DCRB 120 옵션은 매도한다. 수평스프레드는 신문의 옵션 부분에서 관행적으로 만기 월이 수평으로 배열된 것에서 유래한 용어이다.

때때로 스프레드는 특유의 기호로 표시된다. 앞서 언급한 DCRB 가격스프레드는 6월 120/125 스프레드라고 한다. 월은 처음에 제시되고, 사선(/) 앞의 행사가격은 매입된 옵션, 사선 뒤의 행사가격은 매도된 옵션이다. 투자자가 6월 만기 125 옵션을 매입하고 6월 만기 120 옵션을 매도한다면, 6월 만기 125/120 스프레드이다. 캘린더스프레드는 6월/7월 120으로 명시된다. 사선 앞의 월은 매입된 옵션, 사선 다음의 월은 매도된 옵션을 나타낸다.

스프레드는 콜옵션이나 풋옵션을 이용하여 실행될 수 있다. 7월 120/125 콜옵션 스프레드는 순매입포지션이다. 왜냐하면 행사가격이 120인 콜옵션은 125인 콜옵션보다 가격이 높기 때문이다. 즉, 행사가격이 120인 옵션을 매입하는데 지출하는 현금이 행사가격 125 옵션을 매도하면서 받는 금액보다 크다. 이 거래는 **스프레드 매입(buying the spread)**한다고 한다. 7월 120/125 풋옵션 스프레드에서는, 행사가격 125 풋옵션의 매도로 받은 현금유입이 행사가격 120 풋옵션을 매입으로 지불한 현금유출보다 크다. 이 거래는 **스프레드 매도(selling the spread)**라고 하고 결과적으로 순매도포지션이다.

캘린더스프레드에서 6월/7월 120 콜옵션 스프레드는, 7월 만기 콜옵션 매도 시 받는 금액보다 6월 만기 콜옵션 매입에서 지불하는 금액보다 크므로 순매도이고 스프레드 매도이다. 7월/6월 120 콜옵션 스프레드는, 7월 만기 콜옵션은 6월 만기 콜옵션보다 가격이 높으므로 순매입이고 스프레드 매입이다. 캘린더스프레드에서의 용어는 콜옵션과 풋옵션에서와 비슷한데, 이는 두 옵션의 프리미엄은 만기까지 기간이 길수록 커지기 때문이다.

7-1a 투자자는 왜 옵션스프레드를 이용하는가?

스프레드는 위험은 제한하면서 잠재적인 작은 손익을 제공한다. 물론, 부를 얻는 확실한 방법은 아니다. 우리는 이미 그러한 전략은 존재하지 않음을 보았다. 그러나 시장 예측이 정확하다면, 스프레드는 수익을 발생하면서 위험을 조정하는데 매우 유용할 수 있다.

한 옵션을 매입하고 다른 옵션을 매도하면 위험을 감소시킬 수 있다. 만약 주가가 감소한다면, 콜옵션 매입에서의 손실은 콜옵션 매도에서의 이득으로 다소 상쇄된다. 이득이 손실보다 클지는 각 콜옵션의 변동성에 따라 다르다. 이 효과는 뒤에서 설명할 것이다. 지금은, 가격스프레드를 만기까지 보유한다고 생각해보자. 낮은 행사가격의 콜옵션은 매입하고 높은 행사가격의 콜옵션은 매도한다고 가정한다. 강세장에서 낮은 행사가격의 콜옵션은 높은 행사가격의 콜옵션보다 만기에 더 높은 수익을 가져다주기 때문에 이익이 발생할 것이다. 약세장에서는 두 콜옵션은 아마 만기에 가치가 없을 것이고 돈을 잃게 될 것이다. 이러한 이유로 낮은 행사가격의 콜옵션의 매입을 포함하는 스프레드는 **강세스프레드(bull spread)**로 불린다. 비슷하게, 약세장에서 높은 행사가격의 콜옵션을 매입하고 낮은 행사가격의 콜옵션은 매도한다면 수익이 발생할 수 있다. 이를 **약세스프레드(bear spread)**라고 한다. 풋옵션에는 반대로 적용된다. 강세(약세)스프레드는 낮은 행사가격의 풋옵션에 매입(매도)포지션과 높은 행사가격의 풋옵션에 매도(매입)포지션으로 구성된다. 일반적으로, 강세스프레드는 강세장에서 이익이 발생하고 약세스프레드는 약세장에서 이익이 발생한다.

시간스프레드는 강세스프레드 또는 약세스프레드로 분류되지 않는다. 변동성이 증가 또는 감소함에 따라 수익이 발생한다. 시간스프레드에 대한 깊은 논의는 뒤에서 다룰 것이다.

거래비용은 스프레드 거래에서 중요한 실질 고려사항이다. 거래비용은 투자자금의 상당한 부분에 해당할 수 있고, 특히, 소규모 투자자에게 더욱 그렇다. 스프레드는 몇 개의 옵션포지션을 포함하므로 거래비용은 장내거래인(floor trader)과 대형 기관투자자를 제외한 모든 거래자에게 빨리 엄청나게 높아질 수 있다. 제6장에서처럼 여기서의 분석에도 거래비용을 직접적으로 넣지는 않지만 적절한 부분에서 특유의 관련성을 논의할 것이다.

7-1b 기호

여기서의 기호는 앞 장에서 이용한 것과 동일하다. 다만 스프레드의 다른 행사가격과 만기 때문에 몇 가지 기호를 추가한다. 가격스프레드에 대해, 행사가격이 다른 옵션을 구분하기 위해 아래첨자를 이용한다. 예를 들어,

X_1, X_2, X_3 = 콜옵션의 행사가격, 여기서 $X_1 < X_2 < X_3$
C_1, C_2, C_3 = 행사가격이 X_1, X_2, X_3인 콜옵션의 가격
N_1, N_2, N_3 = 각 옵션의 보유량

N은 옵션의 수를 나타내는데 여기서 양수의 N은 매입포지션, 음수의 N은 매도포지션이다. 시간스프레드에서는,

T_1, T_2 = 만기까지 기간, 여기서 $T_1 < T_2$
C_1, C_2 = 만기까지 기간이 T_1, T_2인 콜옵션의 가격
N_1, N_2 = 각 옵션의 보유량

예시로는 앞 장에서 이용된 DCRB 옵션을 이용할 것이다. 표 7.1은 이에 대한 자료를 다시 보여준다. 달리 언급하지 않는다면, 옵션 계약은 주식 100주에 대한 것이다.

엑셀 스프레드시트 OptionStrategyAnalyzer10e.xlsm이 스프레드 분석과 제7장에서의 모든 거래에 매우 유용할 수 있다.

표 7.1 DCRB 옵션 자료, 5월 14일

행사가격	콜옵션			풋옵션		
	5월	6월	7월	5월	6월	7월
120	8.75	15.40	20.90	2.75	9.25	13.65
125	5.75	13.50	18.60	4.60	11.50	16.60
130	3.60	11.35	16.40	7.35	14.25	19.65

현재 주가 : 125.94 / 만기: 5월 21일, 6월 18일, 7월 16일 / 무위험이자율(연속복리): 0.0447(5월); 0.0446(6월); 0.0453(7월)

7-2 가격스프레드

가격스프레드는 강세장이나 약세장에서 수익을 내기 위해 설계될 수 있다. 전자는 강세스프레드라고 불린다.

7-2a 강세스프레드

X_1과 X_2이고 $X_1 < X_2$으로 행사가격만 다른 두 콜옵션을 고려해보자. 프리미엄은 C_1과 C_2이고 $C_1 > C_2$이다. 강세스프레드는 낮은 행사가격의 옵션 매입과 높은 행사가격의 옵션 매도로 구성된다. 각각의 옵션에서 $N_1 = 1$, $N_2 = -1$이라고 가정하면, 손익방정식은

$$\Pi = \text{Max}(0, S_T - X_1) - C_1 - \text{Max}(0, S_T - X_2) + C_2.$$

만기에 주식가격은 세 가지가 가능하다. X_1보다 낮거나 같던지, X_1보다 높지만 X_2보다 낮거나 같던지, X_2보다 크다. 세 범위에 대한 손익은 다음과 같다.

$$\begin{aligned}
\Pi &= -C_1 + C_2 && \text{if} \quad S_T \leq X_1 < X_2 \\
\Pi &= S_T - X_1 - C_1 + C_2 && \text{if} \quad X_1 < S_T \leq X_2 \\
\Pi &= S_T - X_1 - C_1 - S_T + X_2 + C_2 && \\
&= X_2 - X_1 - C_1 + C_2 && \text{if} \quad X_1 < X_2 < S_T.
\end{aligned}$$

주가가 만기에 낮은 행사가격보다 낮거나 같은 경우에, 두 옵션은 외가격 상태가 된다. 스프레더(spreader)는 콜옵션 매입의 프리미엄 손실이 발생하고 콜옵션 매도의 프리미엄은 남는다. 낮은 행사가격이 주가보다 얼마나 낮은가에 상관없이 손익은 동일하다. 그러나 콜옵션 매입의 프리미엄은 콜옵션 매도의 프리미엄보다 크기 때문에, 실제로는 손실이 발생한다.

세 번째 경우에서는 두 옵션 모두 만기에 내가격 상태인데, 스프레더에게 매도된 콜옵션은 행사되고, 매입된 콜옵션은 행사되어 주식을 인도한다. 높은 행사가격보다 주가가 더 높으면 항상 주식가격의 효과는 서로 상쇄되고 손익은 일정하다. 이때 손익은 양수인가? 손익은

$(X_1 - X_2) - (C_1 - C_2)$ 또는 행사가격의 차이에서 프리미엄의 차이를 차감한 값이다. 제3장에 따르면, 프리미엄의 차이는 행사가격의 차이보다 클 수 없었다. 스프레더는 프리미엄 C_1를 지불하고 프리미엄 C_2을 받아, 결과적으로 $C_1 - C_2$의 순투자금으로 스프레드를 획득한다. 스프레드로 인한 최대수익은 $X_1 - X_2$이다. 누구도 투자로부터의 최대수익 이상을 지급하지 않는다. 따라서 손익은 양수이다.

만기에 매입한 콜옵션은 내가격 상태가 되고 매도된 콜옵션은 외가격 상태가 되는 두 번째 경우에서만 불확실성이 있다. 식에 따르면 만기에 주가가 오를수록 손익도 증가한다.

그림 7.1은 프리미엄이 각각 \$13.50과 \$11.35인 행사가격 125인 6월 만기 DCRB 콜옵션과 130인 콜옵션을 이용한 강세스프레드 전략의 손익을 제시하고 있다. 파선은 매입한 행사가격 125인 콜옵션의 손익 그래프이다. 최대손실은 순프리미엄인 \$1,350 – \$1,135 또는 \$215이며, 이는 만기 주가가 \$125이하일 때 발생한다. 최대이득은 행사가격의 차이에서 프리미엄의 차이를 차감한, 100(130 – 125 – 2.15) =285으로 만기 주가가 130 이상일 때 나타난다. 비록 이득은 제한되어 있을지라도 최대값은 주가가 130일 때 도달하고, 130은 현재 주가보다 단지 3.2% 더 높다. 최대손익은 \$285이며, 이는 포지션의 초기값인 \$215의 135%이다. 그러나 주가 하락 시에서 최대손실은 순프리미엄의 100%으로, 주가가 단지 0.7%만 감소해도 도달한다.

콜옵션 강세스프레드는 강세장에서 이득이 제한되고 약세장에서 손실이 제한된다.

그래프에서 만기의 손익분기주가가 두 행사가격 사이에 있음을 확인할 수 있다. 손익분기 S_T^*를 찾기 위해 주가가 두 행사가격 사이인 두 번째 경우의 손익방정식을 0으로 한다.

$$\Pi = S_T^* - X_1 - C_1 + C_2 = 0.$$

S_T^*에 대해 풀면,

$$S_T^* = X_1 + C_1 - C_2.$$

주가는 낮은 행사가격보다 프리미엄 차이만큼 더 커야 한다. 이는 타당하다. 스프레더는 행사가격이 X_1인 콜옵션을 행사한다. 그런데 주가가 더 높을수록, 행사로 받는 금액이 더 크다. 손익분기가 되기 위해서는 순프리미엄, $C_1 - C_2$을 회복할 만큼 충분히 많이 받아야 한다. 이 문제에서 만기의 손익분기주가는 125 + 13.50 – 11.35 = 127.15이고, 이는 처음 주가보다 약 1% 높다.

파선이 나타내는 행사가격 125의 콜옵션의 매입과 비교하면, 스프레드는 최대손실이 행사가격 130 콜옵션의 프리미엄만큼 더 감소하고 손익분기가격도 더 낮지만, 주가가 많이 상승했을 때 얻을 수 있는 큰 이득은 포기한다.

조기행사는 강세스프레드에서 문제가 되지 않는다. 만기 전 주가가 S_t라고 하자. 매도된 콜옵션이 행사되려면, 주가는 X_2보다 커야한다. 이는 주가가 X_1보다도 크다는 것을 의미하고 매입된 콜옵션은 행사되어 순수익이 $(S_T - X_1) - (S_T - X_2) = X_2 - X_1$이 될 수 있다. 이 수익은 만기까지 스프레드를 보유함으로서 얻을 수 있는 최선의 결과이다.

■■ 그림 7.1 콜옵션 강세스프레드

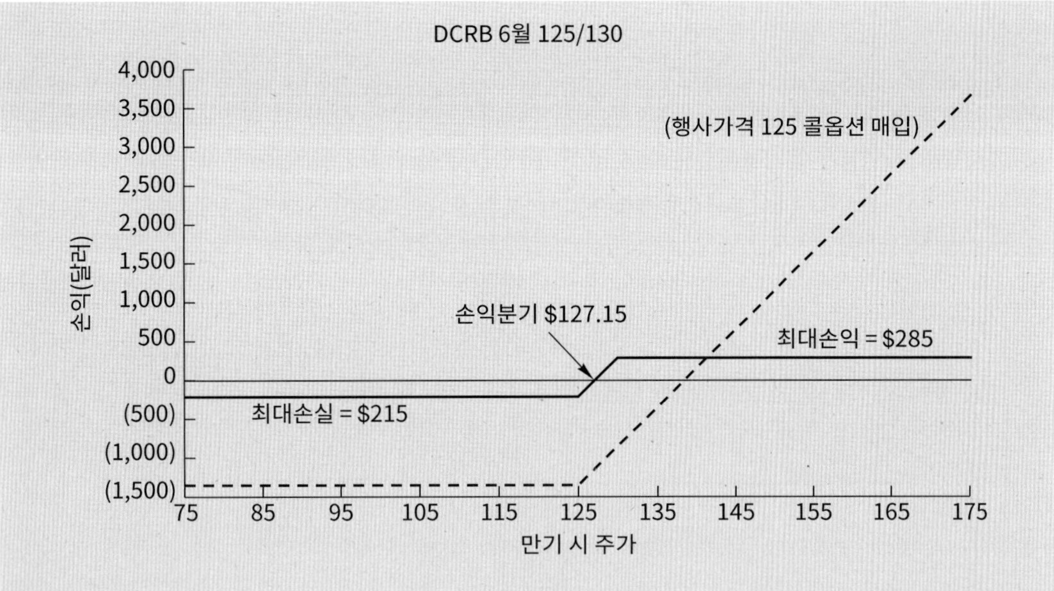

보유기간의 선택 옵션전략들처럼, 옵션의 전체 기간보다 짧은 기간 동안 포지션을 보유할 수 있다. 제6장에서 만기 전 옵션 포지션의 청산에 대해 몇 가지 가정을 만들었다. 가정에서, 짧은 보유기간 T_1은 6월 4일에 포지션을 마감하는 것을 의미하고, T_2는 6월 25일에 포지션을 마감하는 것을 의미하였다. 포지션이 만기 전에 마감되었을 때, 주가에 따른 옵션가격을 추정하고 이를 손익 그래프를 그리는데 이용한다. 이에 대한 일반적인 절차는 제6장에서 설명하였다. 여기서 동일한 방법론을 이용하면, 다른 세 가지 보유기간의 강세스프레드에 대해 그림 7.2의 그래프를 그릴 수 있다.

T_1은 가장 짧은 보유기간이고, T_2는 약간 더 길며, T는 만기까지 보유하는 것을 나타낸다는 것을 생각해보자. 그래프에 따르면, 짧은 보유기간은 손익 범위가 가장 좁다. 만약 주가가 낮다면, 가장 짧은 보유기간의 손실이 가장 적고 가장 긴 보유기간의 손실이 가장 크다. 만약, 주가가 높다면, 가장 짧은 보유기간의 이득이 가장 적고, 가장 긴 보유기간의 이득이 가장 크다.

> 주어진 주가에서 콜옵션 강세스프레드의 손익은, 주가가 높다면 만기에 다가갈수록 증가하고, 주가가 낮다면 만기에 다가갈수록 감소한다.

이러한 결과에 대한 논리는 단순하다. 행사가격이 낮은 콜옵션은 행사가격이 높은 콜옵션보다 언제나 가치가 더 높다. 그러나 그 둘의 상대적인 시간가치는 다르다. 옵션의 시간가치는 주가가 행가가격과 가까울 때 가장 크다. 따라서 주가가 높을 때, 행사가격이 높은 콜옵션의 시간가치가 크고, 주가가 낮을 때 행사가격이 낮은 콜옵션의 시간가치가 크다.

매입된 콜옵션은 행가가격이 낮으므로, 만기 전 스프레드가 청산될 때, 매입된 콜옵션은 항상 매도된 콜옵션보다 가격이 높다고 기대할 수 있다. 그런데 매입된 콜옵션의 가격에서 매도된 콜옵션의 가격을 차감한 값은 주가가 높을 때 감소한다. 이는 주가가 매도된 콜옵션의 행사가격과 더 가까워서, 매도된 콜옵션의 시간가치가 더 크기 때문이다. 매입된 콜옵션은 내재가치가 더

그림 7.2 콜옵션 강세스프레드: 다른 보유기간

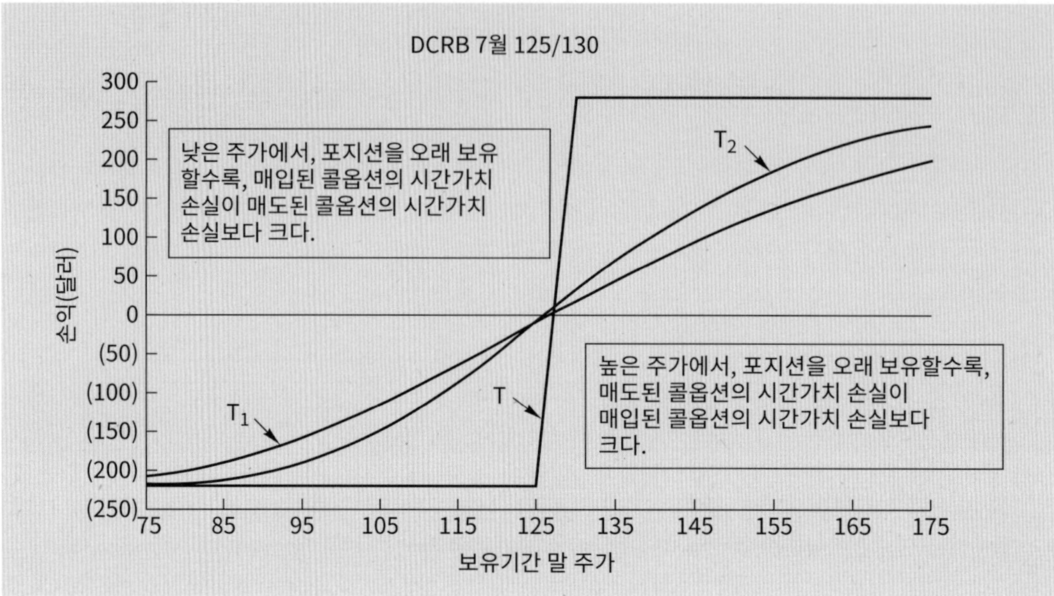

크므로 여전히 더 높은 가격으로 거래되지만, 가격 차이는 주가가 높을 때 더 작아진다. 반대로, 낮은 주가에서, 매입된 콜옵션이 주가에 더 가깝기 때문에 매입된 콜옵션의 시간가치가 더 크다.

결과적으로 만기에 가까울 때보다 만기 훨씬 전에 강세스프레드를 청산했을 때, 주가가 높은 경우 손익이 더 낮고 주가가 낮은 경우 손익이 더 높다. 포지션을 만기까지는 아니지만 비교적 길게 보유한다면, 동일한 효과를 얻지만 시간가치가 감소하므로 그 영향은 작아진다.

투자자는 어떠한 보유기간을 선택해야 하는가? 이에 대해서는 일관되게 맞거나 잘못된 답이 없다. 매우 낙관적인 투자자에게는, 보유기간이 길수록 예상이 맞는다면 가능한 손익이 증가한다. 그리고 보유기간이 길면 주가가 상승할 시간도 더 많다. 예상이 어긋났다면, 보유기간이 짧을 경우에 손실이 적어진다. 그런데 짧은 보유기간에서는 주가가 크게 변동할 시간이 적다.

다음은 풋옵션 약세스프레드를 살펴본다. 많은 면에서 약세스프레드는 강세스프레드와 반대이다.

7-2b 약세스프레드

약세스프레드는 강세스프레드의 정반대이다. 거래자는 행사가격이 높은 풋옵션을 매입하고 행사가격이 낮은 풋옵션은 매도한다. $N_1 = -1$, $N_2 = +1$이므로 손익방정식은,

$$\Pi = -\text{Max}(0, X_1 - S_T) + P_1 + \text{Max}(0, X_2 - S_T) - P_2 .$$

결과는 다음과 같다.

$$\Pi = -X_1 + S_T + P_1 + X_2 - S_T - P_2 \qquad \text{if} \quad S_T \le X_1 < X_2$$

그림 7.3 풋옵션 약세스프레드

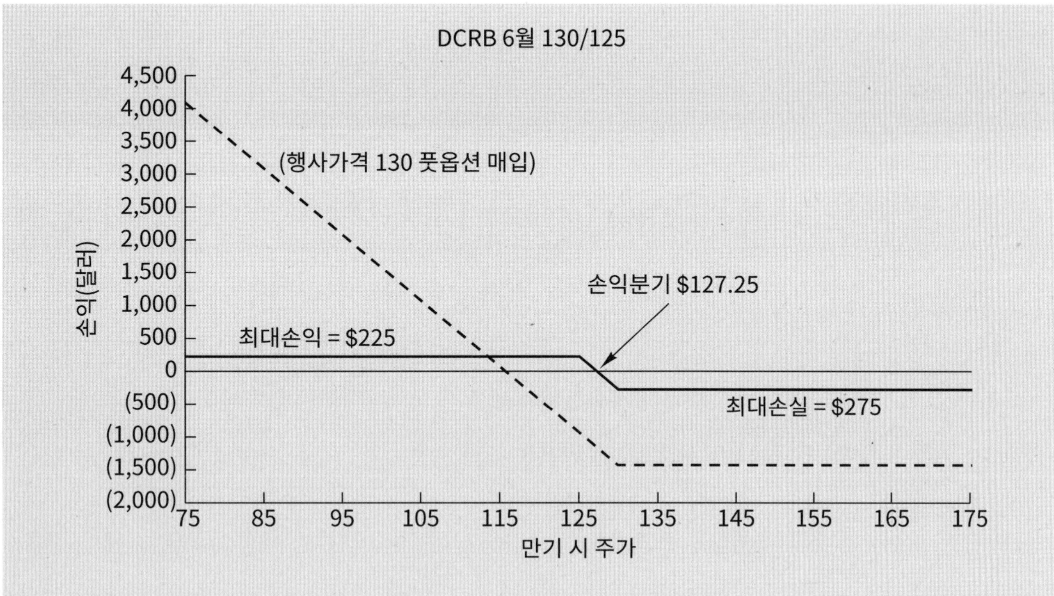

$$= X_2 - X_1 + P_1 - P_2$$

$$\Pi = P_1 + X_2 - S_T - P_2 \qquad \text{if} \quad X_1 < S_T < X_2$$

$$\Pi = P_1 - P_2 \qquad \text{if} \quad X_1 < X_2 \leq S_T.$$

그림 7.3은 프리미엄이 각각 \$11.50과 \$14.25인 6월 만기 DCRB의 행사가격 125의 풋옵션과 130의 풋옵션을 이용한 풋옵션 약세스프레드를 보여준다. 파선은 행사가격 130의 풋옵션에 대한 매입포지션이다. 최대이득은 행사가격의 차이에서 프리미엄의 차이를 차감한 값으로, 100(130 − 125 + 11.50 − 14.25) = 225 이며, 만기에 주가가 125보다 낮을 때이다. 최대손실은 순프리미엄인 \$1,425 – \$1,150 = \$275로, 만기에 주가가 130보다 높을 때 나타난다.

풋옵션 약세스프레드는 약세장에서의 이득이 제한되고 강세장에서의 손실이 제한된다.

콜옵션 강세스프레드처럼, 만기의 손익분기주가는 두 행사가격 사이이다. 손익분기 S_T^*를 알기 위해서, 주가가 두 행사가격 사이인 두 번째 경우의 손익방정식을 0으로 한다.

$$\Pi = P_1 + X_2 - S_T^* - P_2 = 0.$$

이를 풀면,

$$S_T^* = P_1 + X_2 - P_2.$$

여기서 손익분기주가는 \$130 + \$11.50 − \$14.25 = \$127.25이다.

최대이득 수익률은 투자금 \$275 대비 약 82%이고, 이때는 주가가 단지 약 1%만 감소했을 때이다(125.94에서 1255로). 이러한 이유로 약세스프레드는 상당히 매력적인 전략이 된다. 그러나 1% 이상 약간 상승하면 주가가 손익분기를 지나 손실이 발생한다. 약 3.2%만 상승해도 주가는 행사가격보다 올라가고 전체 투자금 \$275를 잃는다.

■■그림 7.4 풋옵션 약세스프레드: 다른 보유기간

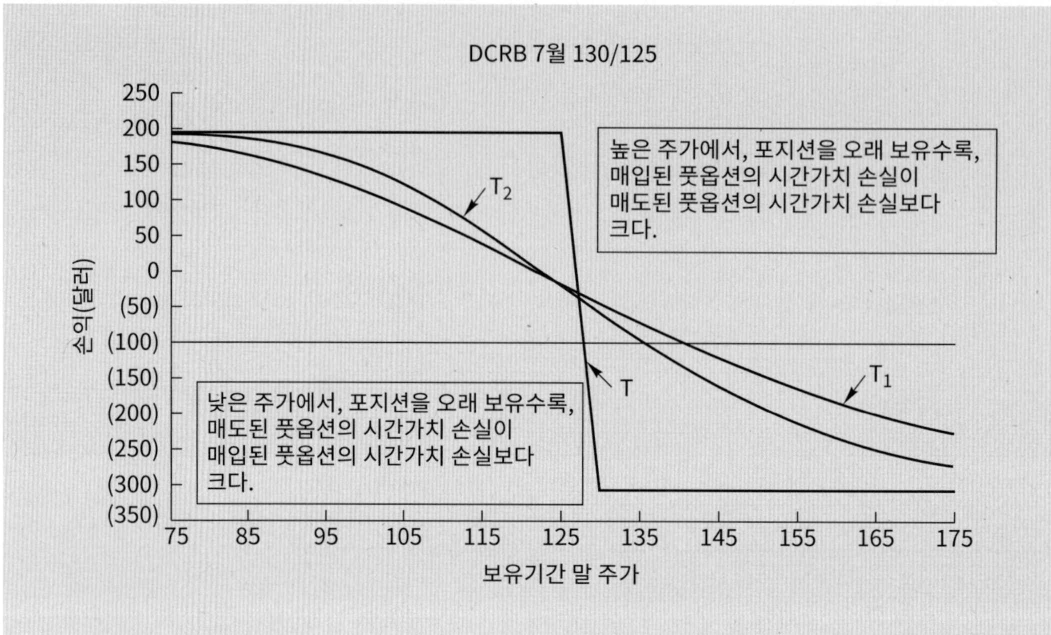

그림의 파선과 같이, 풋옵션 매입에 비해 약세스프레드는 최대손실($225로 제한됨)이 더 낮고 손익분기는 더 높으며, 상승 시 손익은 풋옵션의 프리미엄만큼 더 낮다.

조기행사는 풋옵션 약세스프레드에서 문제가 안 된다. 그 이유는 풋옵션 약세스프레드에서 매도된 풋옵션이 내가격 상태이기만 하면 매입된 풋옵션도 내가격 상태이기 때문이다. 매도된 풋옵션이 행사되면, 매입된 풋옵션은 행사될 수 있고 전체 현금흐름 $X_2 - X_2$를 얻는데, 이는 만기까지 보유하면 획득가능한 최대수익이다.

주어진 주가에서 풋옵션 약세스프레드의 손익은, 주가가 낮다면 만기에 다가갈수록 증가하고, 주가가 높다면 만기에 다가갈수록 감소한다.

보유기간의 선택 그림 7.4는 다른 보유기간을 이용할 때의 약세스프레드를 보여준다. 보유기간이 길면 약세장에서 이익이 더 크고 강세장에서 손실이 더 크다. 이는 시간가치 효과 때문이다. 만기 전에 포지션을 마감하는 스프레드 거래자는 매도된 풋옵션의 시간가치를 매입하고 매입된 풋옵션의 남은 시간가치를 매도한다. 주가가 높을 때, 매입된 풋옵션은 매도된 풋옵션보다 많은 시간가치를 가진다. 따라서 매입포지션은 매도포지션보다 더 빨리 가치를 잃게 된다. 시간이 지나면 이 효과로 이득이 발생한다.

그러나 보유기간의 길이는 가능한 주가 범위에 영향을 미치기 때문에, 이러한 논의는 긴 보유기간이나 짧은 보유기간을 지지하는 것은 아니다.

7-2c 콜옵션 강세스프레드와 풋옵션 약세스프레드에 대한 주석

지금까지 살펴본 것처럼, 강세장에서 수익을 내는 콜옵션 가격스프레드를 설계할 수 있다. 또한, 약세장에서 수익이 발생할 콜옵션 가격스프레드를 구성하는 것도 가능하다. 그러나 조기

행사의 위험이 있다. 매도된 콜옵션은 조기행사 될 만큼 충분히 내가격 상태가 될 수 있지만, 반면에 매입된 콜옵션은 여전히 외가격 상태일 수 있다.

S_t을 만기 전 주가라고 하자. 매도된 콜옵션의 행사가격으로 인한 현금흐름은 $-(S_t - X_1)$이지만, 매입된 콜옵션의 행사가격으로 인한 현금흐름은 $S_t - X_2$이다. 따라서 총현금흐름은 $X_1 - X_2$이고 이는 음수이다. 조기행사로 약세스프레드는 현금유출이 발생한다. 만기 전 손실이 발생하므로 현재가치 항은 만기에 행사하는 것보다 더 크다. 따라서 콜옵션 약세스프레드는 강세스프레드와는 관련 없었던 위험을 수반한다.

콜옵션으로 약세스프레드를 구성할 수 있는 것처럼, 풋옵션으로 강세스프레드를 구성할 수 있다. 그때는 행사가격이 낮은 풋옵션을 매입하고 행사가격이 높은 풋옵션을 매도한다. 수익의 패턴은 콜옵션 강세스프레드와 비슷하지만, 콜옵션 약세스프레드처럼 조기행사 시 위험이 있다.

7-2d 칼라

이제 **칼라(collar)**라고 하는, 전문적인 금융자산관리자들이 자주 이용하는 대중적인 전략을 살펴보자. 칼라는 강세스프레드와 매우 비슷하다. 실제로, 둘 사이의 관계는 풋-콜 패리티에 대해 배운 것을 적용해 볼 수 있다.

주식을 매입한다고 하자. 투자자는 이익을 기대하지만, 손실에 대해서는 방어하길 원한다. 이에 대한 확실한 전략은 제6장에서 다룬 방어적풋이다. 그런데 만약 풋옵션을 매입한다면, 풋옵션의 가격을 지불해야 한다. 반면에 칼라는 콜옵션 매도포지션을 추가함으로써 풋옵션의 비용을 감소시킨다. 이때, 콜옵션의 행사가격은 풋옵션의 행사가격보다 높다. 어떠한 행사가격의 콜옵션도 선택될 수 있지만, 사실 특정한 콜옵션이 선호되는 경향이 있다. 매입할 풋옵션의 가격과 동일한 가격의 콜옵션이 선호된다.

따라서, 주식을 매입하고 행사가격이 X_1인 풋옵션을 가격 P_1에 매입한다고 하자. 그리고 프리미엄이 C_2이고 행사가격이 X_2인 콜옵션을 매도한다고 하자. $N_P = 1$, $N_C = -1$이므로, 손익방정식은

$$\Pi = S_T - S_0 + \text{Max}(0, X_1 - S_T) - P_1 - \text{Max}(0, S_T - X_2) + C_2 .$$

세 범위에서의 손익은 다음과 같다.

$$\begin{aligned}
\Pi &= S_T - S_0 + X_1 - S_T - P_1 + C_2 && \text{if} \quad S_T \le X_1 < X_2 \\
&= X_1 - S_0 - P_1 + C_2 \\
\Pi &= S_T - S_0 - P_1 + C_2 && \text{if} \quad X_1 < S_T < X_2 \\
\Pi &= S_T - S_0 - P_1 - S_T + X_2 + C_2 && \text{if} \quad X_1 < X_2 \le S_T \\
&= X_2 - S_0 - P_1 + C_2 .
\end{aligned}$$

X_1은 현재 주가 S_0보다 낮고 X_2은 S_0보다 높으므로, 주식에 대한 손익은 S_T가 X_1보다 작거나

같을 때 $X_1 - S_0$으로 음수이거나, S_T가 X_2보다 높거나 같을 때 $X_2 - S_0$으로 양수이다. 그러므로 주식에서의 잠재적인 손실과 이득은 고정되어 있고 제한되어 있다. S_T가 기본적으로 두 행사가격 사이인 중간 범위에서만 불확실성이 있다. 앞에서 언급한 것과 같이, 보통 $C_2 = P_1$가 되도록 X_2를 설정한다. 그래서 이 항들은 앞의 손익방정식에서 제거된다. 그러나 콜옵션가격이 풋옵션가격과 상쇄되도록 콜옵션을 선택해야 하는 것은 아니다. 그러한 경우 앞의 식에서 나타낸 바와 같이, 주식 손익에 $-P_1 + C_2$ 을 추가해야 한다.

콜옵션과 풋옵션의 프리미엄이 서로 상쇄될 때, 칼라는 때때로 무비용칼라(zero-cost collar)라고 부르지만, 이 용어는 다소 오해의 소지가 있다. 옵션에 대한 현금 지출은 없지만, X_2 이상에서의 모든 이득을 기꺼이 포기하는 것에 비용이 포함된다. 달리 말하면, 투자자는 주식이 X_1보다 낮지 않은 가격으로 거래된다는 확신을 갖는 대신, 주식은 최대 X_2에 매도되는 것이다.

칼라는 주식포지션 보유자가 현재 주가보다 낮은 행사가격의 풋옵션을 매입하고 현재 주가보다 높은 행사가격의 콜옵션을 매도하는 전략이다. 콜옵션 프리미엄은 풋옵션 프리미엄을 줄이도록 한다. 콜옵션 행사가격은 흔히 콜옵션 프리미엄이 풋옵션 프리미엄과 상쇄되도록 설정된다.

칼라는 보통 분산된 포트폴리오와 함께 지수옵션을 이용하지만, 여기서는 하나의 주식인 DCRB의 예시를 이용한다. 그림 7.5는 DCRB 7월 만기 120/136.165의 칼라를 보여준다. 주식은 124.94에 매입되었다. 행사가격이 120인 풋옵션은 가격 13.65에 매입되었다. 이제 프리미엄이 13.65인 행사가격 120의 콜옵션을 매도해야 한다. 7월 만기 옵션에서는 가격이 13.65인 콜옵션이 없다는 것을 볼 수 있다. 가격이 16.40인 옵션은 행사가격 130이므로, 행사가격이 $130보다 높은 콜옵션이 필요할 것이다. 행사가격이 얼마여야 하는지 알아내기 위해서 블랙–숄즈–머튼 모형을 이용할 수 있다. $S_0 = 125.94$, $X = 136.165$, $r_c = 0.0453$, $\sigma = 0.83$, $T = 0.1726$의 입력값을 이용하면 콜옵션의 블랙–숄즈–머튼 가격은 13.65이다.

그런데 아직까지 생각하지 못했던 문제가 있다. 거래소에 상장된 옵션을 이용하면, 행사가격은 거래소에 의해 정해지므로 보통은 행사가격을 지정할 수 없다. 행사가격이 135나 140

그림 7.5 칼라

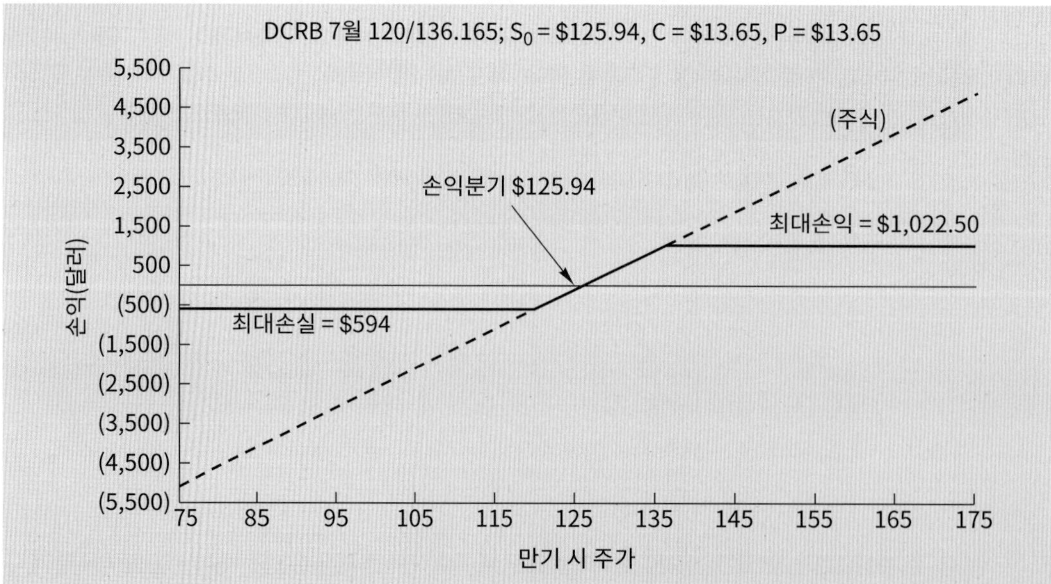

인 옵션을 거래할 수 있지만 136.165는 거래할 수 없다. 이 때 두 가지 선택이 가능하다. 제2장에서 논의되었던 장외옵션을 이용할 수 있는데, 이는 어떠한 행사가격으로도 주문할 수 있다. 옵션딜러에게 이 특정 옵션을 요청하면 된다. 또는, 충분한 양을 거래한다면, FLEX 옵션을 이용할 수 있다. 이는 제2장에서 언급한 것처럼 거래소에서 거래되며 행사가격을 설정할 수 있도록 한다. 여기서는 어느 한 옵션은 이러한 거래를 이용할 수 있다고 가정하자.

따라서 행사가격 120의 풋옵션을 \$13.65에 매입하고 행사가격이 136.165인 콜옵션을 \$13.65에 매도한다. 각각을 100단위 거래하고 DCRB 주식 100주를 매입한다. 최대손익은 $100(X_2 - S_0) = 100(136.165 - 125.94) = 1{,}022.50$으로 한정되고, 최대손실은 $100(S_0 - X_1) - 100(125.94 - 120) = 594$으로 한정된다. 손익분기는 가운데 수식을 0으로 두어 알아낸다.

$$\Pi = S_T^* - S_0 = 0.$$

이를 명료하게 하면,

$$S_T^* = S_0.$$

그리고 문제에서 $S_T^* = 125.94$이며 이는 처음 주가이다. 그림 7.5에서 주식 손익을 나타내는 선은 칼라의 손익의 가운데 범위를 따라 통과하는 것을 볼 수 있다. 따라서 투자자는 사실상 주식을 매입하고 최대손실 \$594와 최대이익 \$1,022.50을 설정하는 것이다. 주가가 약 8.1% 상승하면 최대손익을 얻을 수 있고, 약 4.7% 하락하면 최대손실이 발생한다.

칼라 전략은 강세스프레드와 매우 흡사해 보인다. 그러나 그 차이를 살펴보자. S_T의 세 범위에 대해서, 강세스프레드와 칼라의 손익방정식은 다음과 같다. 칼라는 풋-콜 패리티를 이용하여 P_1을 $C_1 - S_0 + X_1(1 + r)^{-T}$로 대체하였다.

$S_T \le X_1 < X_2$

강세스프레드:	$-C_1 + C_2$
칼라:	$X_1 - S_0 - P_1 + C_2$
	$= X_1 - X_1(1 + r)^{-T} - C_1 + C_2$

$X_1 < S_T < X_2$

강세스프레드:	$S_T - X_1 - C_1 + C_2$
칼라:	$S_T - S_0 - P_1 + C_2$
	$= S_T - X_1(1 + r)^{-T} - C_1 + C_2$

$X_1 < X_2 \le S_T$

강세스프레드:	$X_2 - X_1 - C_1 + C_2$
칼라:	$X_2 - S_0 - P_1 + C_2$
	$= X_2 - X_1(1 + r)^{-T} - C_1 + C_2$

따라서 모든 경우에서, 칼라는 X_1과 X_1의 현재가치의 차이만큼 더 수익성이 있다

따라서 강세스프레드와 칼라는 비슷하지만 동일하지 않다. 강세스프레드의 손익 범위는 $X_2 - X_1 - C_1 + C_2 - (-C_1 + C_2) = X_2 - X_1$이다. 그리고 칼라의 손익 범위는 $X_2 - X_1(1+r)^{-T} - C_1 + C_2 -$

그림 7.6 칼라: 다른 보유기간

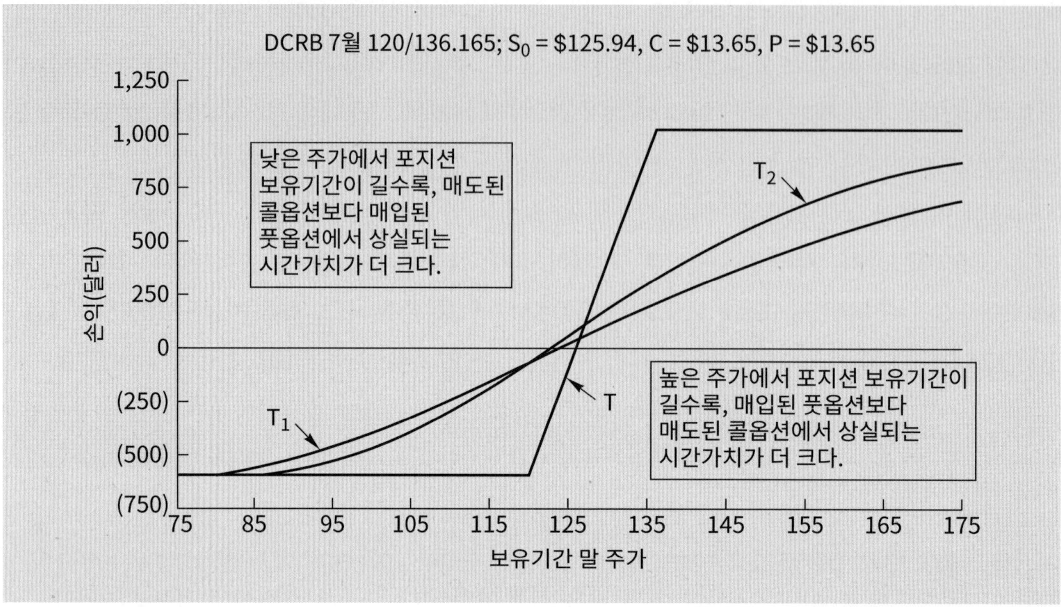

$[X_1-X_1(1+r)^{-T}-C_1+C_2]=X_2-X_1$이다. 그래서 두 전략의 손익 범위는 동일하다. 칼라의 초기 비용은 $S_0+P_1-C_2$이다. 이 값에서 풋–콜 패리티를 이용하여 P_1을 치환하면, $X_1(1+r)^{-T}+C_1-C_2$이다. 칼라는 강세스프레드와 만기에 X_1을 지급하는 무위험채권을 합한 것과 동일하다.

보유기간의 선택 그림 7.6은 포지션을 일찍 마감한다면 손익이 어떻게 되는지 보여준다. 낮은 주가에서 T_1에 포지션을 마감하면, 매도된 콜옵션을 재매입할 때 지불하는 시간가치 비용보다 매입된 풋옵션 매도로 받는 시간가치 비용이 더 많다. 낮은 주가에서 보유기간이 더 길수록, 이러한 특징은 줄어든다. 높은 주가에서 포지션을 조기에 마감하면, 매입된 풋옵션을 매도하며 받는 시간의 가치보다 매도된 콜옵션을 재매입하면서 지불하는 시간의 가치가 더 크다. 포지션을 더 길게 보유할수록, 이러한 상황은 더 유리하게 작용한다. 이는 주가가 행사가치에 가까울 때 시간가치는 더 커지기 때문이다. 낮은 주가에서 매입된 풋옵션의 시간가치는 상대적으로 더 크지만, 높은 주가에서 매도된 콜옵션의 시간가치가 더 크다.

7–2e 나비스프레드

나비스프레드(butterfly spread) 또는 **샌드위치스프레드(sandwich spread)**는 강세스프레드와 약세스프레드의 결합이다. 이 거래는 X_1, X_2, X_3의 세 개의 행사가격을 수반한다. X_2는 X_1와 X_3의 사이이다. 낮은 행사가격 X_1의 콜옵션을 매입하고 중간 크기의 행사가격 X_2의 콜옵션을 매도하여 콜옵션 강세스프레드를 구성한다고 하자. 또한, 높은 행사가격 X_3의 콜옵션을 매입하고 중간 크기의 행사가격 X_2의 콜옵션을 매도하여 콜옵션 약세스프레드를 구성한다. 두 포지션을 결합하면, 낮은 행사가격과 높은 행사가격의 콜옵션은 한 단위씩 매입하고 중간 크기 행사가격의 콜옵션은 두 단위 매도하는 것이다. 그럼 $N_1 = 1$, $N_2 = -2$, $N_3 = 1$이므로, 손익방정식은

$$\Pi = \text{Max}(0, S_T - X_1) - C_1 - 2\text{Max}(0, S_T - X_2) + 2C_2 + \text{Max}(0, S_T - X_3) - C_3.$$

손익방정식의 움직임을 분석하기 위해서는, 네 가지 범위의 만기 시 주가를 살펴보아야 한다.

$$\Pi = -C_1 + 2C_2 - C_3 \qquad \text{if } S_T \le X_1 < X_2 < X_3.$$

$$\Pi = S_T - X_1 - C_1 + 2C_2 - C_3 \qquad \text{if } X_1 < S_T \le X_2 < X_3.$$

$$\begin{aligned}\Pi &= S_T - X_1 - C_1 - 2S_T + 2X_2 + 2C_2 - C_3 \\ &= -S_T + 2X_2 - X_1 - C_1 + 2C_2 - C_3 \qquad \text{if } X_1 < X_2 < S_T \le X_3.\end{aligned}$$

$$\begin{aligned}\Pi &= S_T - X_1 - C_1 - 2S_T + 2X_2 + 2C_2 + S_T - X_3 - C_3 \\ &= -X_1 + 2X_2 - X_3 - C_1 + 2C_2 - C_3 \qquad \text{if } X_1 < X_2 < X_3 < S_T.\end{aligned}$$

이제 처음 손익방정식, $-C_1 + 2C_2 - C_3$을 보자. 이 식은 $-C_1 + C_2$과 $C_2 - C_3$으로 분리될 수 있다. 행사가격이 낮은 콜옵션이 행사가격이 높은 콜옵션보다 가치가 높은 것은 이미 알고 있다. 그러므로 첫 두 항은 음수이고 두 번째의 두 항은 양수이다. 어느 쌍의 절대값이 더 높은가? 첫 번째 두 항의 절대값이 더 크다. 행사가격이 낮은 콜옵션이 행사가격이 높은 콜옵션보다 가치가 높은 정도는 행사가격이 높을수록 줄어든다. 왜냐하면, 두 콜옵션 모두 만기에 외가격 상태일 가능성이 커지기 때문이다. 그렇게 된다면, 두 콜옵션도 모두 거래자에게 가치가 없게 된다. $-C_1+C_2$는 C_2-C_3보다 절대값이 크므로, 만기 주가의 가장 낮은 범위에서 손익은 음수이다.

두 번째 범위에서 손익은 $S_T-X_1-C_1+2C_2-C_3$이다. 마지막 세 항, $-C_1+2C_2-C_3$은 나비스프레드 매입 시 지불하는 순가격을 나타낸다. 손익은 만기에서 주가와 정비례 관계를 가지므로, 그래프는 만기의 주가와 양이 관계로 변하는 것을 보여준다. 그런데 이 주식 범위에서 손익은 양수도, 음수도 될 수 있다. 즉, 이 범위에서 만기의 손익분기주가 있음을 시사한다. 주가 S_T^*를 찾기 위해 손익을 0으로 둔다.

$$S_T^* - X_1 - C_1 + 2C_2 - C_3 = 0.$$

S_T^* 에 대해 풀면,

$$S_T^* = X_1 + C_1 - 2C_2 + C_3$$

손익분기식은 만기 시 주가가, 낮은 행사가격보다 스프레드의 순가격을 상쇄할 수 있을 만큼 충분히 커야 나비스프레드의 수익성이 있음을 보여준다.

이제 세 번째 식을 보자. 손익은 만기의 주가와 역의 관계가 있기 때문에, 그래프에서는 만기 주가가 증가할수록 손익이 감소함을 보여준다. 손익은 양수 또는 음수 모두 가능하다. 따라

서 두 번째 손익분기주가가 존재한다. 이를 찾기 위해 손익을 0으로 둔다.

$$-S_T^*+2X_2-X_1-C_1+2C_2-C_3=0.$$

S_T^*에 대해 풀면,

$$S_T^*=2X_2-X_1-C_1+2C_2-C_3.$$

이 주식 범위에서는 주가가 올라갈수록 손익이 감소한다. 주가가 매우 높아서 두 번째 크기의 행사가격, $2X_2$에서 낮은 행사가격 X_1와 콜옵션들의 순프리미엄을 차감한 값보다 크다면 이익은 완전히 사라진다.

만기 시 주가의 마지막 범위에서, 손익은 순프리미엄에 행사가격의 차이를 합한 값이다. X_2는 X_1와 X_3의 사이 값이므로 X_2-X_1와 X_3-X_2는 같다. 그러므로 $-X_1+2X_2-X_3=0$이다. 이는 이 범위에서 손익이 첫 번째 범위의 손익과 동일하고 단지 순프리미엄이라는 것을 의미한다.

이제 행사가격이 120, 125, 130인 6월 만기 DCRB 콜옵션을 이용하여 나비스프레드가 어떠한 전략인지 알아보자. 이 예시에서 나비스프레드는 어느 주가 범위에서나 수익이 발생하는 결과를 보게 된다. 자세하게 가격을 분석하면, 나비스프레드 매입 비용이 만기 시 스프레드의 가능한 가장 낮은 가치보다 낮음을 알 수 있다. 하나 이상의 옵션 가격이 잘못 결정된 것이다. 나비스프레드에 대한 혼란을 줄이기 위해서는, 블랙-숄즈-머튼 모형을 이용하여 이론적으로 정확한 가격을 이용해야 한다. 변동성 83%을 이용하면, 행사가격이 120인 콜옵션의 블랙-숄즈-머튼 가격은 $16으로, 시장가격 $15.40보다 상당히 높다. 따라서 이제 가격으로 $16을 이용하자.

그림7.7은 행사가격이 각각 120, 125, 130이고 프리미엄이 각각 $16.00, $13.50, $11.35인 6월 만기 콜옵션을 이용한 나비스프레드를 보여준다. 가장 나쁜 성과는 단지 순프리미엄, 100(–16.00 + 2×13.50 – 11.35) = –35이다. 이 손익은 주가가 $120보다 작거나 $130보다 클 때 항상 발생된다. 만기의 주가가 중간 크기의 행사가격과 같을 때 최대손익이 나타난다. 두 번째 손익방정식을 이용하고 $S_T = X_2$로 하면, 최대손익은

$$\Pi = X_2 - X_1 - C_1 + 2C_2 - C_3$$

이 예시에서는 100(125 –120 – 16.00 + 2×13.50 – 11.35) = 465이다. 손익분기주가 중 낮은 값은 $X_1 + C_1 - 2C_2 + C_3$으로, 이 경우에서는 120 + 16.00 – 2×13.50 + 11.35 = 129.65이다.

나비스프레드 전략은 주가가 매우 조금만 변동할 것으로 가정한다. 이 예시에서, 거래자는 주가가 4.4% 하락하여 $120.35되거나 2.9% 상승하여 $129.65가 되는 그 범위에 머무를 것에 베팅한다. 그러나 만약 주가변동성이 낮을 것이라는 예측이 잘못되었어도, 잠재적 손실은 제한되고, 이 경우 $35이다. 그러므로 나비스프레드는 위험이 낮은 거래이다.

주가가 매우 변동할 것이고 두 손익분기주가 밖에서 주가가 결정될 것으로 믿는 거래자는 나비스프레드를 매도하고 싶을지도 모른다. 그럼 X_1와 X_3의 콜옵션에 한 단위의 매도포지

그림 7.7 콜옵션 나비스프레드

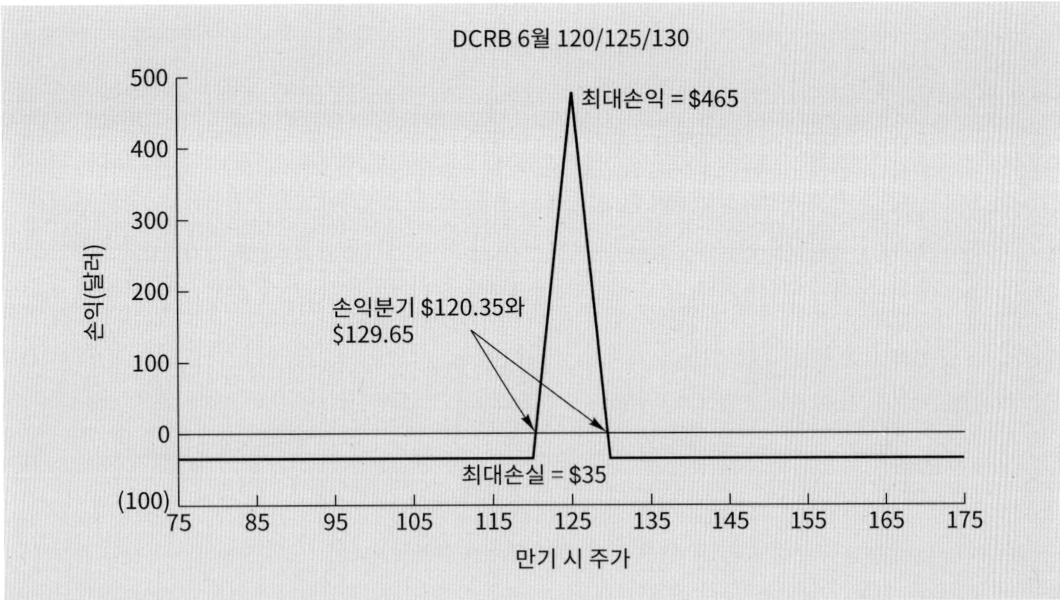

션을, X_2의 콜옵션에 두 단위의 매입포지션을 취하면 된다. 이러한 나비스프레드 매도에 대해서는 이 장의 연습문제에서 다룬다.

조기행사는 나비스프레드의 보유자에게 문제가 될 수 있다. 만기 전 주가를 S_t라고 하고, S_t는 X_2보다 크거나 같고 X_3보다 작거나 같다고 하자. 매도된 콜옵션은 주식의 배당락일 직전에 행사된다고 가정하자. 그리고 행사가격이 X_1인 매입된 콜옵션을 행사한다. 매도된 콜옵션으로부터의 현금흐름은 $-(2S_t - 2X_2)$이고, 매입된 콜옵션으로부터의 현금흐름은 $S_t - X_1$이다. 따라서 총현금흐름은 $-S_t + X_2 + X_2 - X_1$이다. 이 식의 최소값은 $-X_2 + X_2 + X_2 - X_1 = X_2 - X_1$이고, 양수이다. 만약 S_t가 X_3보다 크고 매도된 두 콜옵션이 행사된다면, 매입된 콜옵션의 행사로 상쇄되고 총현금흐름은 0가 된다.

따라서 조기행사로 현금유출이 일어나지 않지만, 위험이 없다는 것을 의미하진 않는다. 옵션이 조기행사된다면, $S_t = X_2$에서 만기에 얻을 수 있는 최대손익에 도달할 가능성이 없다. 만약 스프레드가 뒤바뀌어 X_1과 X_3의 콜옵션이 매도되고 X_2의 콜옵션 두 단위가 매입된다면, 조기행사는 음의 현금흐름을 발생시킬 수 있다.

나비스프레드는 주가가 위나 아래로 많이 변동할 때 손실을 제한하고, 만기에 주가가 중간 크기의 행사가격이 될 때의 이익도 제한한다.

보유기간의 선택 옵션전략처럼, 투자자는 만기 전에 포지션을 마감하고 싶을 수 있다. 행사가격이 120, 125, 130인 6월 만기 콜옵션을 생각해보자. 앞의 예시에서와 같은 가격, 각각 \$16.00, \$13.50, \$11.35를 이용할 것이다. 보유기간 T_1은 포지션을 6월 1일에 마감하고, 보유기간 T_2는 포지션을 6월 11일에 마감한다.[1] 그래프는 그림 7.8에서 제시하고 있다.

주가가 주어졌을 때, 주가가 중간 크기의 행사가격에 가깝다면 만기에 다가갈수록 나비

1 시간가치소멸이 이전의 보유기간에서는 명확하게 보이지 않아서, 이 예시에서는 보유기간을 변경하였다.

그림 7.8 콜옵션 나비스프레드: 다른 보유기간

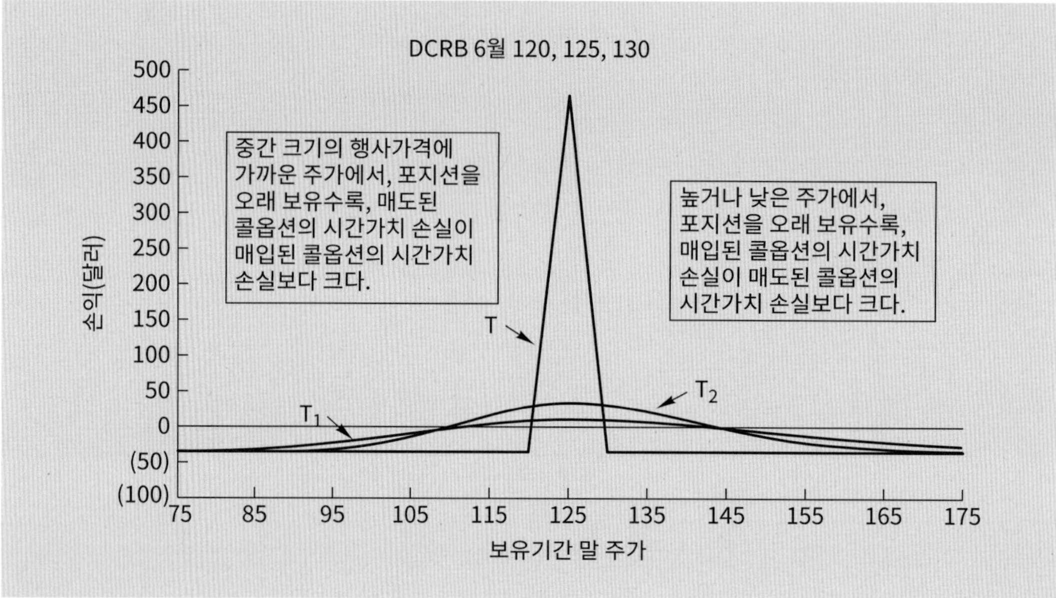

스프레드의 손익은 증가하고, 주가가 높거나 낮다면 만기에 다가갈수록 손익은 감소한다.

주가가 높을 때, 행사가격이 가장 높은 콜옵션의 시간가치가 가장 크다. 이 콜옵션은 매입되었으므로, 일찍 매도할 때 이득을 얻을 수 있고 시간가치의 일부를 획득할 수 있다. 그러나 보유기간이 길수록 시간가치는 감소하므로 이러한 장점도 약해진다.

주가가 낮을 때, 행사가격이 가장 낮은 콜옵션의 시간가치가 가장 크다. 이 콜옵션 또한 매입되었으므로, 이를 조기에 매도하면 남은 시간가치 일부를 다시 획득할 수 있다. 그러나 포지션을 길게 보유하고 시간가치가 감소함에 따라 이러한 이점도 감소한다.

주가가 중간 범위에 있을 때, 두 매도된 콜옵션의 시간가치가 매우 높을 것이다. 보유기간이 짧으면, 이 콜옵션을 다시 매입해야 하고 즉 남은 시간가치의 비용을 지불해야 하므로, 이러한 특징은 단점이 된다. 그러나 보유기간이 길어지고 시간가치가 감소하게 되면, 단점은 장점으로 전환된다. 만기에 시간가치는 남아 있지 않으므로, 이 범위에서 손익은 최대이다.

손익분기주가는 짧은 보유기간에서 상당이 멀어진다. 이러한 점은 장점이 되는데, 손실이 발생하려면 주가변동이 매우 커야 하기 때문이다.

언제나 그렇듯이, 최적의 보유기간을 구체적으로 알 수는 없다. 나비스프레드는 주가가 좁은 범위 내 머물 것으로 기대하는 스프레드이기 때문에, 보유기간이 길 때 손익은 최대가 된다. 그러나 긴 보유기간의 단점은 주가가 수익성 있는 범위를 벗어날 시간이 많이 주어진다는 것이다.

지금까지 다룬 모든 스프레드는 가격스프레드이었다. 이제 캘린더스프레드를 알아보자.

7-3 캘린더스프레드

캘린더스프레드(calender spread) 또는 **시간스프레드(time spread)**, **수평스프레드(horizontal spread)**는 만기일만 다른 두 옵션을 매입하고 매도하는 전략이다. 만기까지 두 옵션 모두를 보유하는 것은 불가능하므로, 캘린더스프레드를 분석하는 것은 가격스프레드보다 복잡하다. 한 옵션은 다른 옵션보다 먼저 만기가 되기 때문에, 가장 긴 보유기간의 옵션은 짧은 만기의 옵션의 만기까지 보유된다. 그러므로 만기가 긴 옵션은 시간가치가 남아있게 되고 이를 추정해야 한다.

두 옵션은 행사가격이 동일하므로, 내재가치가 동일하다. 따라서 캘린더스프레드의 수익성은 오직 시간가치의 차이로 결정된다. 만기가 긴 콜옵션의 시간가치가 더 크다. 그러나 이는 언제나 만기가 긴 콜옵션을 매입하고 만기가 짧은 콜옵션을 매도해야 한다는 것을 의미하는 것은 아니다. 대부분의 옵션전략처럼, 어느 옵션을 매입하고 매도해야 할지는 주식에 대한 투자자의 전망에 따라 다르다.

캘린더스프레드를 이해하기 위해 다시 DCRB 콜옵션으로 설명할 것이다. 캘린더스프레드는 가격이 $18.60인 7월 만기 125 콜옵션을 매입하고 가격이 $13.50인 6월 만기 콜옵션을 매도하여 구성한다. 6월 만기 옵션 매도로 받는 금액보다 7월 만기 옵션을 위해 지불하는 금액이 더 크므로 이 포지션은 순매입이다. 그리고 두 보유기간을 고려해보자. T_1은 6월 1일에 스프레드 종료일이고, T_2는 6월 18일까지의 스프레드 보유일이자 6월 만기 콜옵션의 만기일이다. 블랙-숄즈-머튼 모형을 이용하여 남은 시간가치를 추정하면, 그림 7.9와 같다.

■■ 그림 7.9 콜옵션 캘린더스프레드

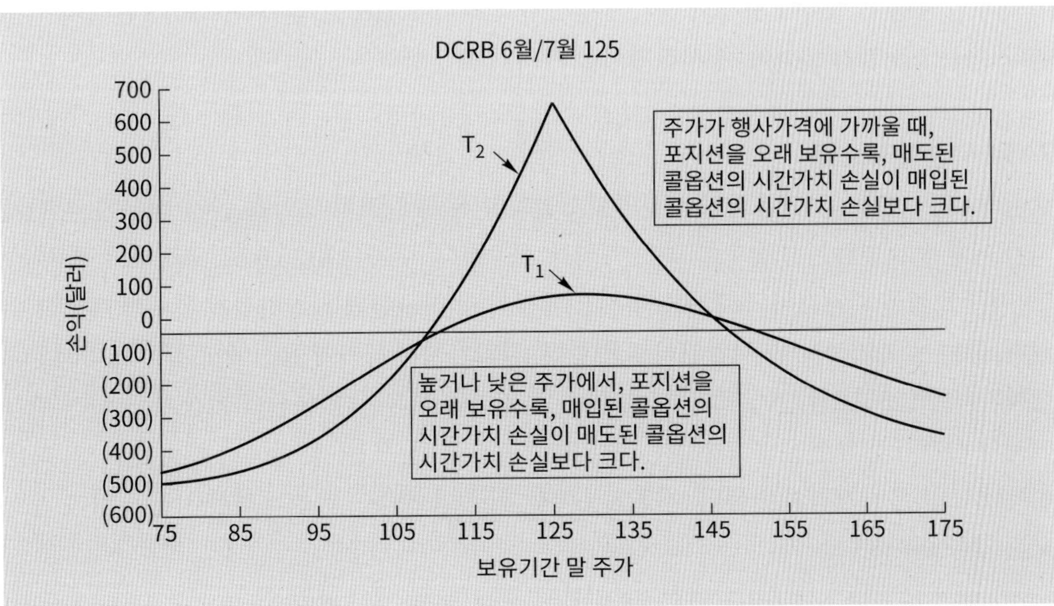

나비스프레드와 같이, 캘린더스프레드에서 주가변동성은 성과에 대한 주요 요인이다. 투자자는 주가가 낮은 변동성을 가질 때 가장 큰 손익을 얻고 따라서 좁은 범위 내에서 거래한다. 주가가 매우 변동한다면, 투자자는 손실이 발생할 가능성이 크다.

캘린더스프레드는 어떻게 작동하는가? 6월 콜옵션을 매도하고 7월 콜옵션을 매도했던 것을 다시 생각해보자. 포지션을 청산할 때 6월 만기 콜옵션을 매입하고 7월 만기 콜옵션을 매도하였다. 만약 주가가 행사가격 근처라면, 두 콜옵션의 남은 시간가치는 주가가 양극에 있을 때보다 크다. 그러나 특정 날짜에서, 6월 콜옵션은 7월 콜옵션보다 시간가치가 언제가 작다. 따라서 포지션을 청산할 때, 재매입된 6월 콜옵션의 시간가치는 7월 콜옵션의 매도로 받은 시간가치보다 상대적으로 적다. 포지션을 6월 만기 콜옵션의 만기일에 더욱 가깝게 보유할수록, 재매입해야 하는 남은 시간가치는 더욱더 낮아진다.

만약 주가가 매우 높거나 매우 낮다면, 두 옵션의 시간가치는 낮다. 주가가 충분히 높거나 낮으면 두 옵션의 시간가치는 아마 거의 없을 것이다. 따라서 포지션을 청산할 때, 7월 만기 옵션으로부터 만회할 시간가치는 매우 적을 것이다. 7월 만기 콜옵션은 더 비싸기 때문에 전체 거래에서 손해를 볼 것이다.

손익분기주가는 육안으로만 알 수 있다.[2] 이 예시에서 짧은 보유기간에서는 두 손익분기주가, 약 $110과 $150 사이의 범위가 약간 더 넓다. 보유기간이 더 긴 경우, 낮은 손익분기주가 $109는 더 낮고, 높은 손익분기주가 $147는 더 높다.

주어진 주가에서 캘린더스프레드의 매입은 주가가 행사가격에 가까울 때 만기에 다가갈수록 이득을 얻고, 주가가 높거나 낮을 때 만기에 다가갈수록 손실이 발생한다.

주가가 극단적으로 변동할 것으로 기대하는 투자자는 역캘린더스프레드(reverse calendar spread)를 실행할 수도 있다. 이 전략은 6월 만기 콜옵션을 매입하고 7월 만기 콜옵션을 매도한다. 주가가 극단적으로 높거나 낮을 때 7월 만기 콜옵션의 남은 시간가치는 작다. 6월 만기 콜옵션 매입 시 지불하는 값보다 7월 만기 콜옵션 매도 시 받는 값이 더 많기 때문에, 이익이 발생된다. 그러나 주가가 만기에 행사가격 주위에 있으면, 잠재적으로 큰 손실이 발생한다. 이는 7월 만기 옵션이 큰 시간가치를 가지기 때문이다.

7-3a 시간가치소멸

캘린더스프레드는 두 콜옵션의 시간가치소멸의 변동에 완전히 영향을 받기 때문에, 시간가치가 어떻게 소멸하는지 살펴볼 좋은 기회를 제공한다. 주가는 $125.94로 고정하고 블랙-숄즈-머튼 모형을 이용하여 스프레드의 기간에 걸쳐 각 콜옵션의 시간가치를 한주씩 계산할 수 있다. 물론, 주가가 변하면 시간가치도 변한다. 시간가치는 등가격 옵션에서 최대이기 때문에 행사가격이 125인 6월 만기 그리고 7월 만기 콜옵션을 이용한다. 옵션의 기간 동안 여러 주가에서의 시간가치 패턴은 표 7.2에서 보여주고 있다. 또한, 표는 제5장에서 배운, 시간의 작은 변동에 대한 옵션가격의 변동인 세타를 보여준다. 음의 세타는 옵션가격이 시간에 따라 감소하는 것을 의미한다.

2 정확한 손익분기를 찾기 위해서 블랙-숄즈-머튼 모형으로 컴퓨터 탐색 루틴을 이용하는 것이 가능하다.

만기에 다가갈수록 어떻게 되는지 보자. 6월 만기 콜옵션의 만기일이 먼저이므로, 7월 옵션보다 이 옵션의 세타가 음수로 절대값이 더 크고 시간가치소멸도 더 빠르다. 7월 옵션을 매입하고 6월 옵션을 매도하였으므로, 스프레드의 시간가치(매입된 콜옵션의 시간가치에서 매도된 콜옵션의 시간가치를 차감한 값)는 양수로 증가한다. 그러나 6월 만기 콜옵션이 만기가 되면, 7월 콜옵션에 매입포지션만 있으므로 세타는 음수가 된다. 시간가치는 다시 소멸하기 시작한다.

표 7.2 시간가치소멸, 6월과 7월 만기 125 캘린더스프레드

날짜	6월 125			7월 125			스프레드	
	시간	시간가치	세타	시간	시간가치	세타	시간가치	세타
5월 14일	0.0959	12.61	68.91	0.1726	17.14	51.54	4.53	17.37
5월 21일	0.0767	11.22	76.92	0.1534	16.12	54.65	4.91	22.27
5월 28일	0.0575	9.64	88.63	0.1342	15.04	58.39	5.40	30.24
6월 4일	0.0384	7.77	108.19	0.1151	13.88	63.02	6.11	45.17
7월 11일	0.0192	5.35	152.11	0.0959	12.62	68.95	7.27	83.16
7월 18일	0.0000	0.00	0.00	0.0767	11.22	76.96	11.22	76.96

σ=0.83, S_0 =125.94, r_c(6월)=0.0446, r_c(7월)=0.0453
스프레드 시간가치와 세타는 매입된 7월 콜옵션에서 매도된 6월 콜옵션의 것을 차감한 것이다. 각 옵션의 시간가치는 블랙-숄즈-머튼 가치를 이용하였는데 내재가치에 시간가치를 합하고 내재가치 0.94 차감하였다.

그림 7.10은 시간가치소멸의 패턴을 나타낸다. 만기에 다가갈수록, 6월 만기 콜옵션의 시간가치는 빠르게 감소하고 스프레드의 전체 시간가치는 증가한다. 6월 만기 콜옵션의 만기에

그림 7.10 시간가치소멸

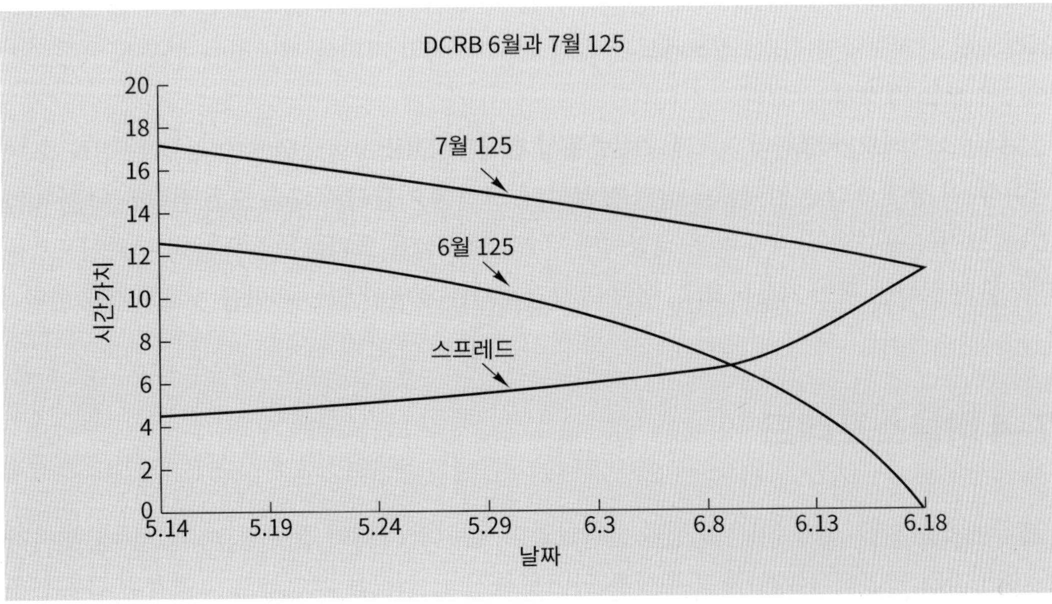

스프레드의 시간가치는 완전히 7월 만기 콜옵션의 시간가치만으로 구성된다.

시간가치는 만기에 다가갈수록 더 빠르게 소멸한다.

시간가치소멸로 인해 시간스프레드는 수익을 발생시키기 쉽다. 그저 만기가 긴 옵션을 매입하고 만기가 짧은 옵션을 매도하면 된다. 시간가치가 소멸하면서, 스프레드는 더 가치를 얻는다. 그러나 현실에서는 거의 이렇게 되진 않는다. 여기서 제시하는 시간가치소멸의 패턴은 주가가 고정되었을 때이다. 실제에서 주가는 거의 확실히 변한다. 그러므로 캘린더스프레드는 사실 위험이 있다. 이 위험은 한 옵션을 매입하고 다른 옵션을 매도했다는 사실로 인해 다소 완화된다. 그럼에도 불구하고, 주가가 꽤 안정적이라고 기대하는 투자자에게 캘린더스프레드는 좋은 전략이다.

캘린더스프레드에서 조기행사 위험의 정도는 어떤 콜옵션을 매입하고 매도하는가에 따라 달라진다. 두 콜옵션이 동일한 행사가격을 가지기 때문에, 내가격 상태가 되는 정도도 동일하다. 그러나 제3장에서 논의한 것처럼, 만기까지 기간은 조기행사에 유리한 요인이다. 다른 모든 것이 동일하면, 만기가 짧은 옵션은 조기행사될 가능성이 컸었다. 따라서 만기가 짧은 옵션을 매도한다면, 이 옵션은 조기행사될 수 있다. 그러나 만기가 긴 옵션에 대해서는 언제나 조기행사할 선택권이 있다. 만기가 짧은 옵션이 내가격 상태라면, 만기가 긴 옵션도 확실히 내가격 상태이다. S_t가 만기 전 주가이고 만기가 짧은 옵션이 행사된다면, 현금흐름은 $-(S_t - X)$가 되지만, 만기가 긴 옵션의 행사로 인한 현금흐름은 $S_t - X$이다. 따라서 총현금흐름은 0이다. 이는 조기행사에서 음수의 현금흐름은 없다는 것을 의미한다. 그러나 거래에 총손실이 없을 것임을 의미하지는 않는다.

만기가 긴 콜옵션은 만기가 짧은 콜옵션보다 가격이 비싸다. 이는 조기행사 시 시간가치가 소멸되기를 기다리지 않는 것이므로 반드시 손실이 발생함을 의미한다.

캘린더스프레드는 풋옵션으로도 구성될 수 있다. 블랙-숄즈-머튼 모형을 이용하여 풋옵션의 시간가치를 알아보면, 비슷한 결과를 얻을 수 있다. 가격스프레드처럼 풋옵션 캘린더스프레드도 살펴보아야 한다. 스프레드가 가장 큰 수익성의 기회를 제공하는 경우에 풋옵션의 가격이 잘못 결정될 수 있다.

나비스프레드와 캘린더스프레드는 **변동성 전략(volatility strategy)**이라 하는 전략 중 하나이다. 이 장에서 다른 전략들을 살펴볼 것이다. 그런데 지금까지 다룬 모든 전략은 위험이 있었다. 그러나 옵션의 가격이 잘못 결정되면 무위험이자율을 초과하는 수익률의 무위험포트폴리오를 구성하는 것이 가능하므로, 어떤 옵션거래자는 위험이 없는 전략을 선호하기도 한다.

7-4 비율스프레드

제5장에서는 블랙-숄즈-머튼 모형을 살펴보았다. 옵션의 가격이 잘못 결정되었을 때, 투자자는 저평가된 콜옵션을 매입하고 주식을 공매도하거나, 주식을 매입하고 고평가된 콜옵션을

매도하여 무위험헷지를 구성할 수 있었다. 그런데 증거금 요건과 다른 규제로 인해 주식을 공매하는 것은 까다로울 수 있다. 그러나 스프레드를 이용하면 투자자는 저평가된 콜옵션을 매입하고 고평가되거나 정확한 가격의 콜옵션을 어떤 비율로 매도하여 무위험포지션을 만들 수 있다. 이 거래를 **비율스프레드(ratio spread)**라 한다.

비율스프레드는 가격스프레드나 캘린더스프레드가 될 수 있다. 가격이 C_1과 C_2인 두 콜옵션을 고려해보자. 처음에는 어느 옵션을 매입하고 매도할지 고려할 필요가 없고, 만기까지 기간이나 행사가격이 다른 두 옵션에 대해 고려할 필요도 없다. 여기서 제시하는 접근법은 모든 경우에 적용할 수 있다.

투자자는 가격이 C_1인 콜옵션을 N_1 단위 보유하고 가격이 C_2인 콜옵션을 N_2 단위 보유한다고 하자. 그럼 포트폴리오의 가치는

$$V = N_1C_1 + N_2C_2 .$$

콜옵션의 델타는 주가 변동 대비 콜옵션가격의 변동이었다. 이때 주가의 변동은 매우 작다고 가정하였다. 두 콜옵션의 델타는 Δ_1과 Δ_2라고 하자. 델타는 블랙-숄즈-머튼 모형에서 $N(d_1)$이다. 만약 주가가 변하면, 첫 번째 콜옵션의 총 가격변동은 $N_1\Delta_1$이고 두 번째 콜옵션의 총 가격변동은 $N_2\Delta_2$이다. 따라서 주가가 변할 때, 포트폴리오의 가치는 이러한 두 값의 합만큼 변한다. 헷지포지션은 주가가 변동할 때 포트폴리오 가치는 변하지 않는다. 따라서 $N_1\Delta_1 + N_2\Delta_2$을 0으로 두고 비율 N_1/N_2에 대해 푼다.

$$\frac{N_1}{N_2} = -\frac{\Delta_2}{\Delta_1}.$$

무위험포지션은, 첫 번째와 두 번째 콜옵션 수량의 비율이 두 옵션의 델타 비율의 역수의 음수 값과 같을 때 만들어 진다. 그럼 거래는 델타중립이 된다.

DCRB의 6월 만기의 행사가격 120과 125 콜옵션을 이용한 예시를 고려해보자. $S_0 = 125.94$, $r_c = 0.0446$, $T = 0.0959$을 블랙-숄즈-머튼 모형에서 이용하면, 6월 만기 120 콜옵션의 $N(d_1)$은 0.630, 6월 만기 125 콜옵션의 $N(d_1)$은 0.569이다. 그러므로 6월 만기 125 콜옵션 대비 6월 만기 120 콜옵션 수량의 비율은 $-(0.569/0.630) = -0.903$이 된다. 따라서 투자자는 6월 만기 120 콜옵션은 903단위 매입하고 6월 만기 125 콜옵션은 1,000단위 매도할 것이다.

투자자는 6월 만기 125 콜옵션을 1,000단위 매입하고 6월 만기 120 콜옵션은 903단위 매도할 수 있다는 것을 생각해보자. 식에서 음의 기호는 한 옵션은 매입하고 다른 옵션은 매도한다는 것을 상기시킨다. 물론, 투자자는 항상 저평가되거나 가격이 정확한 콜옵션을 매입하고 고평가되거나 가격이 정확한 콜옵션을 매도해야 한다.

주가가 $1만큼 감소한다면, 6월 만기 120 콜옵션은 0.630만큼 감소하고 6월 만기 125 콜옵션은 0.569만큼 감소한다. 투자자는 6월 만기 120 콜옵션을 903단위 매입하므로, 0.630×903

$\approx$ 569의 손실이 발생한다. 비슷하게, 투자자는 6월 만기 125 콜옵션을 1,000단위 매도하므로, $0.569 \times 1{,}000 \approx 569$의 이익이 발생한다. 한 옵션의 이익은 다른 옵션의 손실을 상쇄한다.

물론, 비율스프레드는 비율이 연속적으로 조정되지 않으면, 무위험으로 유지되지 못한다. 연속적인 조정은 다소 비현실적이기 때문에, 엄밀하게 정확한 무위험헷지는 구성될 수 없다. 더욱이 $N(d_1)$의 값은 주가변동에 대한 콜옵션가격의 변동이 근사치이다. 이는 주가 변동이 미세할 때만 적용한다. 주가 변동이 큰 경우, 헷저는 제5장에서 논의한 감마를 고려할 필요가 있다. 그럼에도 불구하고 이러한 종류의 스프레드는 무위험포지션을 복제하려는 옵션거래자가 자주 이용한다. 포지션은 항상 정확하게 무위험이 되지는 않겠지만, 비율이 최적에서 많이 벗어나지 않는 한, 매우 근접하다.

비율스프레드는 델타에 따라 두 옵션의 비율을 달리하는 무위험 거래이다.

여기까지가 옵션스프레드 전략에 대한 내용이다. 다음 전략 그룹은 **컴비네이션(combination)**라 하는데, 풋옵션과 콜옵션의 결합된 포지션이다. 풋–콜 패리티를 설명하기 위해 이용한 컨버젼과 리버설과 같은 몇 개의 컴비네이션을 앞에서 다루었다. 앞으로 다룰 전략은 스트래들과 박스스프레드이다. 이전과 동일한 접근법을 이용할 것이라 기호들은 꽤 친숙할 것이다.

7–5 스트래들

스트래들은 주가가 많이 상승하거나 하락할 때 수익이 발생하도록 설계된 전략이다.

캘린더스프레드와 나비스프레드과 같이, 스트래들은 변동성 전략이다. 스트래들은 주가의 방향보다는 변동성이 높거나 낮을 것에 대한 기대를 기반으로 한다.

스트래들(straddle)은 같은 행사가격과 같은 만기를 가지는 콜옵션과 풋옵션을 매입한 것이다. 콜옵션과 풋옵션 모두를 보유함으로써, 주가의 방향보다는 주가 변동을 이용할 수 있다.

행사가격이 X이고 만기가 T인 콜옵션과 풋옵션으로 구성된 스트래들 매입을 고려해보자. 그럼 $N_C = 1$, $N_P = 1$이므로, 만기까지 보유한다면 손익은

$$\Pi = \text{Max}(0, S_T - X) - C + \text{Max}(0, X - S_T) - P.$$

행사가격은 하나뿐이므로, 만기의 주가 범위는 두 가지이다. 손익은 다음과 같다.

$$\Pi = S_T - X - C - P \qquad \text{if } S_T \geq X$$
$$\Pi = X - S_T - C - P \qquad \text{if } S_T < X.$$

주가가 행사가격보다 크거나 같은 첫 번째 경우에서, 콜옵션은 만기에 내가격 상태이다.[3] $S_T - X$의 수익을 얻기 위해 행사되지만, 풋옵션은 만기에 외가격 상태이다. 손익은 콜옵션의 수익에서 콜옵션과 풋옵션의 프리미엄을 차감한 값이다. 주가가 행사가격보다 낮은 두 번째 경우에, 풋옵션은 만기에 내가격 상태이고 $X - S_T$의 수익을 위해 행사된다. 손익은 풋옵션에서의 수익에서 콜옵션과 풋옵션의 프리미엄을 차감한 값이다.

3 $S_T = X$인 경우에 이 범위에 포함된다. $S_T = X$은 콜옵션이 등가격 상태라는 것을 의미하지만, $S_T - X = 0$의 수익을 얻기 위해 행사될 수 있다.

행사가격보다 주가가 높은 범위에서는 만기에 주가가 상승할수록 손익은 증가한다. 주가가 행사가격보다 낮은 범위에서는 만기의 주가가 감소할수록 손익이 증가한다. 옵션만기에 주가가 행사가격과 같으면, 두 옵션은 등가격 상태가 되고 기본적으로 가치는 없다. 그럼 손익은 프리미엄과 동일하게 되고, 손실이 발생한다. 이러한 결과로 그래프는 V모양이 된다. 그림 7.11은 행사가격이 125인 6월 만기 DCRB 옵션을 이용한 스트래들을 보여준다. 두 파선은 콜옵션과 풋옵션의 매입을 각각 나타낸다.

언급한 것처럼, 스트래들은 높은 주가변동성을 이용하도록 설계되었다. 수익을 내기 위해서는 주가가 어떠한 방향으로든 많이 변동해야 한다. 주가가 변동할 방향을 알 필요는 없다. 많이 변동하는 것만 요구된다. 주가는 얼마나 변동해야 하는가? 두 손익분기주가를 보자.

주가가 행사가격보다 높은 경우에 대해 손익을 0으로 두자.

$$S_T^* - X - C - P = 0.$$

S_T^*에 대해 풀면, 손익분기는

$$S_T^* = X + C + P.$$

손익분기주가 중 높은 값은 행사가격과 프리미엄의 합이다. 주가가 행사가격보다 낮은 경우에 대해서 손익을 0으로 두면

$$X - S_T^* - C - P = 0.$$

S_T^*에 대해 풀면, 손익분기는

$$S_T^* = X - C - P.$$

낮은 손익분기주가는 행사가격에서 프리미엄을 차감한 값이다.

따라서 손익분기주가는 간단히 행사가격과 프리미엄의 합이거나 차이다. 이는 타당하다. 주가가 높을 때, 콜옵션은 주가와 행사가격의 차이만큼의 이득을 얻기 위해 행사된다. 투자자가 이익이 발생하려면, 주가는 충분히 행사가격보다 높아서 콜옵션 행사로 얻는 수익은 콜옵션과 풋옵션의 프리미엄만큼은 되어야 한다. 주가가 낮을 때, 풋옵션은 행사가격과 주가의 차이만큼의 이득을 얻기 위해 행사된다. 이익이 발생하기 위해서는 주가가 행사가격보다 충분히 낮아서 풋옵션으로 인한 이익이 프리미엄만큼은 되어야 한다.

이 예시에서, 콜옵션의 프리미엄은 $13.50, 풋옵션의 프리미엄은 $11.50이므로 총 $25이다. 그러므로 만기의 손익분기주가는 $125에 $25를 합하거나 차감하여 $100 또는 $150이다. 그리고 현재 주가는 $125.94이다. 이익이 발생하려면, 만기 전 남은 35일 동안 주가는 $24.06만큼 증가하거나 $25.94만큼은 감소해야 한다.

스트래들에서 최악의 결과는 만기에 주가가 행사가격과 동일하게 되어 콜옵션도 풋옵션

■ 그림 7.11 스트래들

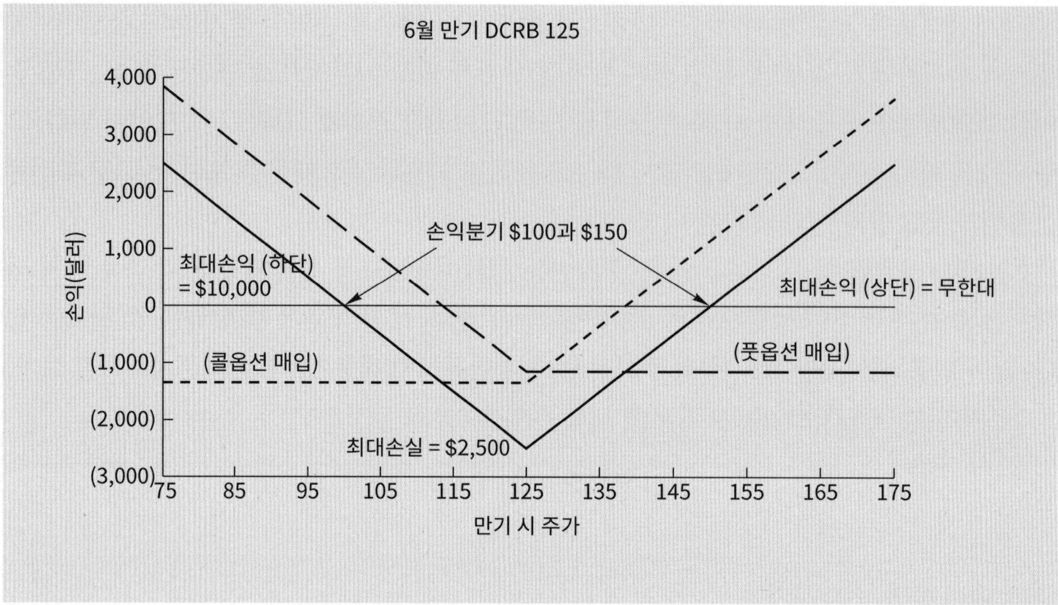

도 행사로 이득을 벌수 없는 것이다.[4] 옵션거래자는 콜옵션과 풋옵션의 프리미엄만큼 손실이 발생하게 되고 이 예시에서는 모두 100(13.50 + 11.50) = 2,500이다.

스트래들에서의 잠재적 손익은 무한하다. 주가는 무한하게 상승할 수 있고, 스트래들은 주가가 행사가격을 초과하여 상승함에 따라 손익이 증가한다. 주가 하락 시에는, 주가가 0보다 낮게 하락할 수 없으므로 손익은 제한적이다. 하락 시 최대손익은 주가가 행사가격보다 낮은 경우에서 만기 주가를 0으로 두면 알아낼 수 있나. 그럼 손익은 X – C – P이고, 여기서는 100(125 – 13.50 – 11.50) = 10,000이다.

스트래들에서의 잠재적으로 큰 손익은 거절하기 힘들게 매력적이다. 그러나 투자자는 스트래들이 수익성이 있기 위해서는 보통 매우 큰 주가변동이 필요하다는 것을 알아야 한다. 초보 투자자에게도 주가는 매우 변동성이 큰 것 같지만, 그러한 변동성은 오해일 수 있다. 이 예시에서, 이익이 발생하기 위해서는 한 달에 주가가 약 19% 증가하거나 약 21% 감소해야 한다. 그러나 이는 드문 경우이다. 스트래들을 고려하는 투자자에게는 주가가 수익성이 있는 범위로 움직일 가능성을 신중히 평가하도록 권한다.

콜옵션과 풋옵션 모두 소유하므로, 콜옵션과 풋옵션 모두에 수수료가 있다. 만기에 등가격 상태가 되면 콜옵션이나 풋옵션 중 하나에만 수수료가 있다. 만기에 주가가 행사가격보다 약간만 높다고 하자. 콜옵션 행사로 수수료가 있으므로, 콜옵션이 내가격 상태이지만 행사하는 것이 바람직하지 않을 수 있다. 주가가 행사가격보다 약간만 낮을 때 풋옵션 행사에 대해서도 비슷하게 논의 할 수 있다. 이는, 옵션전략들처럼, 최대손실은 수수료 때문에 분석에서

4 풋옵션 또는 콜옵션 또는 둘 다 행사될 수 있지만, 그로 인한 이득은 없다. 행사와 관련된 거래비용을 고려하면 $S_T = X$일 때는 콜옵션과 풋옵션 모두 행사되지 않아야 한다.

보다 약간 더 많다는 것을 의미한다. 더욱이 그러한 손실이 발생할 때 주가는 실제로 행사가격 근처이다.

7-5a 보유기간의 선택

이제 만기 전에 포지션을 마감하면 어떻게 되는지 생각해보자. 그림 7.12는 다른 전략을 분석할 때 이용한 것과 동일한 세 보유기간에 대해 행사가격이 125인 7월 만기 DCRB 옵션을 이용한 스트래들의 성과를 보여주고 있다.[5] 즉, 가장 짧은 보유기간은 6월 4일에 포지션을 마감하고, 중간 길이의 보유기간은 6월 25일에 포지션을 마감하고, 가장 긴 보유기간은 만기에 포지션을 마감하는 것이다. 손익 그래프는 곡선으로, 포지션을 만기까지 보유하는 경우인 직선 위로 떨어진다. 가장 높은 곡선은 보유기간이 가장 짧은 경우이다.

이 그래프는 가장 짧은 보유기간이 최고의 전략임을 의미하는 건 아님을 염두해 두어야 한다. 주가가 주어졌을 때, 가장 짧은 보유기간은 확실히 가장 높은 수익을 제공한다. 그러나 만기의 주가는 불확실하므로 짧은 보유기간이 긴 보유기간에 우세하다고 할 수 없다. 스트래들은 큰 주가변동에서 이익이 발생하도록 설계되었는데, 보유기간이 짧으면 주가가 많이 변동할 시간이 적다.

스트래들이 만기 전에 청산될 때, 콜옵션과 풋옵션의 시간가치는 남아 있게 된다. 주가가 극단적으로 높거나 낮으면 두 옵션 모두 시간가치를 적게 갖지만, 두 옵션의 내재가치는 크다. 주가가 행사가격에 근접하다면, 두 옵션은 많은 시간가치를 갖는다. 그런데 포지션을 청

그림 7.12 스트래들: 다른 보유기간

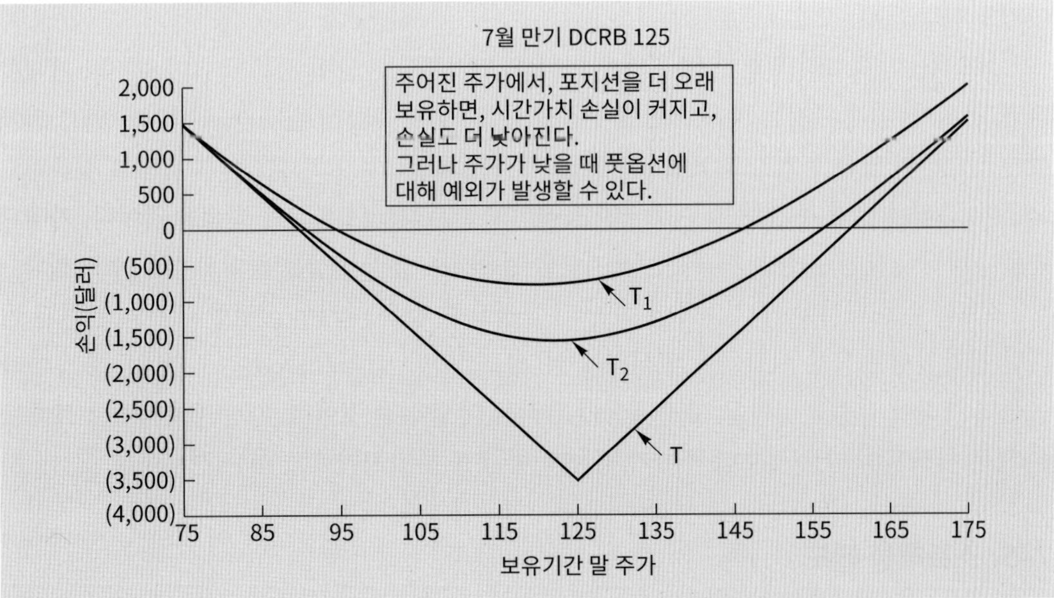

5 구체적으로, 보유기간 T_1는 42일이 남았으므로 남은 만기가 0.1151, 보유기간 T_2는 21일이 남았으므로 남은 만기가 0.0575, T는 만기까지 보유하였으므로 남은 만기가 0이다.

산할 때, 투자자는 옵션을 매도하고 시간가치를 회수한다. 보유기간이 길어지고 만기에 가까워질수록 회수될 시간가치는 적어지고 손익은 감소한다. 만기까지 스트래들을 보유하는 경우의 곡선이 될 때까지 손익 곡선은 점점 하락한다. 따라서 짧은 보유기간으로 인한 높은 손익은 풋옵션과 콜옵션의 시간가치를 다시 획득하는 것에서 기인한다.

주가가 주어졌을 때, 두 옵션을 매입하는 스트래들은 만기에 다가갈수록 가치가 낮아진다.

그림 7.12는 짧은 보유기간에서 낮은 손익분기는 더 높고, 높은 손익분기는 더 낮음을 보여준다. 이는 손실이 발생할 수 있는 주가 범위를 적게 하므로 거래자의 위험을 감소시킨다. 이 예시에서, 가장 짧은 보유기간에서 손익분기주가는 $93과 $146이고 중간 길이의 보유기간에서는 손익분기주가가 $90과 $156이다.

7-5b 스트래들의 적용

스트래들은 주가가 많이 변동하지만 그 방향은 알지 못할 것을 염려하는 상황에서 적절한 전략이다. 여기에서의 예시는 주요 은행이나 기업이 파산하려 할 때 나타난다.

파산하는 은행이 정부에 구제금융을 신청한다고 하자.[6] 신청이 고려되는 동안, 스트래들은 잠재적으로 수익성이 있는 전략이 된다. 만약 신청이 거절된다면, 은행은 아마 파산하고 주가는 가치가 없어질 것이다. 구제금융이 허락된다면, 은행은 회복되고 주가는 매우 상승하게 될 것이다.

대기업이 정부의 대출담보를 신청할 때도 비슷한 시나리오가 존재한다. 중요한 뉴스가 공개되려고 하고 그 뉴스가 매우 유리하거나 매우 불리할 것으로 기대되는 상황에서 스트래들은 역시 적절한 전략이 된다. 주별 통화공급량 공시도 지수옵션으로 활용될 수 있는 기회를 제공한다. 또한 기업의 이익공시는 특정 날에 발표될 불확실한 정보에 대한 또 다른 예시이기도 하다.

스트래들이 확실히 위험이 없는 것은 아니다. 만약 투자자들이 정보를 이미 알거나 기대한다면, 공시가 될 때 주가는 매우 조금만 변동할 수도 있다. 그렇게 된다면, 투자자는 만기 전에 다른 기대하지 않은 뉴스가 발표될 것이라는 미약한 희망으로 스트래들을 보유하고 싶을지도 모른다. 그러나 아마 주가는 매우 조금만 움직이고 스트래들로 손실이 발생할 것이다. 기대된 변동이 나타나지 않는다면, 거래자는 포지션을 청산하여 빨리 손실을 줄이고 싶을 수도 있다.

스트래들을 평가할 때 기억해야 하는 가장 중요한 것은 여기서 설명한 예시와 관련된 커다란 불확실성은 모든 사람들이 인식하고 있다는 것이다. 그러므로 높은 주가변동성에 따라 옵션의 가격이 결정될 것이고, 스트래들의 가격은 더 올라갈 것이다. 가장 매력적인 스트래들은 모든 사람들이 믿는 것보다 주가가 더 변동할 것을 투자자가 확신하는 경우이다.

7-5c 스트래들 매도

시장가격이 좁은 범위에 머무를 것으로 기대하는 투자자는 스트래들 매도를 고려할 수 있다.

6 구제금융은 흔히 대출담보의 형태를 취하지만, 생산성이 낮은 자산의 매도나 신주나 하이브리드증권의 판매를 포함할 수도 있다.

이는 동일한 행사가격과 동일한 만기의 풋옵션과 콜옵션을 매도하는 것이다. 이전의 분석에 따라, 손익 그래프는 거꾸로 된 V이다. 주가가 크게 변동하면, 특히 크게 상승하면, 잠재적으로 큰 손실이 발생하므로 스트래들 매도는 고위험 전략이다. 또한, 풋옵션이나 콜옵션의 조기 행사에 대한 위험이 있다.

7-6 박스스프레드

박스스프레드(box spread)는 콜옵션 강세 가격스프레드와 풋옵션의 약세 가격스프레드의 결합이다. 변동성 전략과는 대조적으로 박스스프레드는 저위험, 사실상 무위험, 전략이다.

만기는 같고 두 행사가격, X_1과 X_2을 가진 옵션들을 고려해보자. 콜옵션 강세스프레드는 프리미엄이 C_1이고 행사가격이 X_1인 콜옵션을 매입하고 프리미엄이 C_2이고 행사가격이 X_2인 콜옵션을 매도한다. 풋옵션 약세스프레드는 프리미엄이 P_2이고 행사가격이 X_2인 풋옵션을 매입하고 프리미엄이 P_1이고 행사가격이 X_1인 풋옵션을 매도한 것이다. 콜옵션과 풋옵션의 가격에 대한 행사가격의 영향으로 $C_1 > C_2$이고 $P_2 > P_1$이므로, 두 콜옵션과 풋옵션 스프레드는 처음에 현금유출이 발생한다. 따라서 박스스프레드는 전략 초기에 순현금유출이 있다.

만기에 손익은

$$\Pi = Max(0, S_T - X_1) - C_1 - Max(0, S_T - X_2) + C_2$$
$$+ Max(0, X_2 - S_T) - P_2 - Max(0, X_1 - S_T) - P_1$$

행사가격은 두가지이므로, 만기 주가를 세 범위로 하여 분석해야 한다. 손익은 다음과 같다.

$$\Pi = -C_1 + C_2 + X_2 - S_T - P_2 - X_1 + S_T + P_1$$
$$= X_2 - X_1 - C_1 + C_2 - P_2 + P_1 \qquad \text{if } S_T \leq X_1 < X_2$$
$$\Pi = S_T - X_1 - C_1 + C_2 + X_2 - S_T - P_2 + P_1$$
$$= X_0 - X_1 - C_1 + C_2 - P_2 + P_1 \qquad \text{if } X_1 < S_T \leq X_2$$
$$\Pi = S_T - X_1 - C_1 + X_2 - S_T + C_2 - P_2 + P_1$$
$$= X_2 - X_1 - C_1 + C_2 - P_2 + P_1 \qquad \text{if } X_1 < X_2 < S_T$$

각 경우에서 손익은 동일하다. 박스스프레드는 만기에 $X_2 - X_1$의 가치를 가지며, 손익은 $X_2 - X_1$에서 프리미엄, $C_1 - C_2 + P_2 - P_1$을 차감한 값이다. 따라서 박스스프레드는 무위험 전략이다. T-bill을 매입하면 보다 쉽게 무위험이자율을 벌 수 있는데 왜 박스스프레드를 실행하려고 할까? 그 이유는 가치평가 분석 결과, 박스스프레드의 가격이 정확하지 않다고 드러났기 때문이다.

박스스프레드는 만기에 행사가격의 차이의 수익이 발생하는 무위험 거래이므로 가격이

그림 7.13 박스스프레드

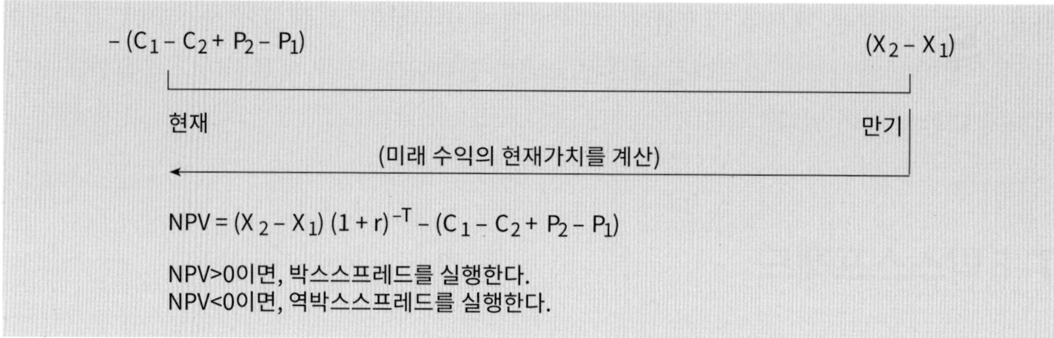

정확한지 쉽게 알 수 있어야 한다. 수익은 무위험이자율로 할인될 수 있다. 그런 뒤 이 금액의 현재가치와 박스스프레드의 비용인 순프리미엄를 비교한다. 이 과정은 자본예산 문제의 분석과 동일하다. 만기 수익의 현재가치에서 순프리미엄을 차감한 값은 순현재가치(NPV)이다. 투자결정의 목적은 NPV의 최대화이므로, 투자자는 NPV가 양수인 모든 박스스프레드를 실행해야 한다. 음수의 NPV를 갖는 스프레드에 대해서는 역박스스프레드(reverse box spread)를 실행해야 한다.

박스스프레드의 NPV는

$$NPV = (X_2 - X_1)(1 + r)^{-T} - C_1 + C_2 - P_2 + P_1,$$

여기서 r은 무위험이자율이고, T는 만기까지 기간이다.[7] NPV가 양수라면, 만기 수익의 현재가치는 순프리미엄보다 클 것이다. 만약 NPV가 음수라면, 총 프리미엄은 만기 수익의 현재가치보다 클 것이다. 그 과정은 그림 7.13에서 제시하고 있다.

박스스프레드를 살펴보는 다른 방법은 풋–콜 패리티 사이의 차이를 살펴보는 것이다. 예를 들어, 행사가격이 X_1인 옵션에 대해 풋–콜 패리티는,

$$P_1 = C_1 - S_0 + X_1(1 - r)^{-T},$$

그리고 행사가격이 X_2인 옵션에 대해 풋–콜 패리티는,

$$P_2 = C_2 - S_0 + X_2(1 - r)^{-T}.$$

두 식을 주가에 대해 다시 정리하면,

$$S_0 = - C_1 - P_1 + X_1(1 + r)^{-T}$$
$$S_0 = C_2 - P_2 + X_2(1 + r)^{-T}.$$

좌변은 동일하므로, 우변도 동일해야 한다. 따라서,

$$C_1 - P_1 + X_1(1 + r)^{-T} = C_2 - P_2 + X_2(1 + r)^{-T}.$$

7 또는, $X_2 - X_1$의 현재가치를 $(X_2 - X_3)e^{-r_c T}$로 계산하여 동일한 결과를 얻을 수 있다.

이 식을 다시 정리하면,

$$0 = (X_2 - X_1)(1 + r)^{-T} - C_1 + C_2 - P_2 + P_1.$$

이 식은 NPV가 0일 때의 풋–콜 패리티이며, 풋옵션과 콜옵션의 가격이 모두 비교적 정확할 때의 결과이다.

행사가격이 125와 130인 옵션을 이용한 DCRB 6월 만기 박스스프레드를 검토해보자. 125 콜옵션은 $13.50에 매입하고 130 풋옵션은 $14.25에 매입하며, 130 콜옵션은 $11.35에 매도하고, 125 풋옵션은 $11.50에 매도하는 거래를 고려해본다. 125 콜옵션과 130 풋옵션의 프리미엄에서 130 콜옵션과 125 풋옵션의 프리미엄을 차감하면 $4.90이 된다. 따라서 박스스프레드 매입 시 비용은 $490이다.

만기 시 수익은 $X_2 - X_1$이다. NPV는

$$NPV = 100[(130 - 125)(1.0456)^{-0.0959} - 4.90] = \$7.85,$$

여기서 0.0456은, 제3장에서 계산한, 6월의 이산 무위험이자율이고, 0.0959는 5월 14일에서 6월 18일까지의 만기까지 기간이다. 따라서 스프레드는 저평가되었고 매입해야 한다. NPV가 음수라면, 박스스프레드는 고평가되었으므로 매도해야 한다. 그러한 경우, 투자자는 130 콜옵션과 125 풋옵션을 매입하고 125 콜옵션과 130 풋옵션을 매도한다. 이는 만기에 현금유출 $X_2 - X_1$의 현재가치를 넘는 양의 현금흐름을 발생시킨다.

투자자가 매입된 박스스프레드를 보유한다면, 조기행사의 위험은 중요하지 않다. 매도된 콜옵션이 행사된다고 하자. 매도된 콜옵션은 내가격 상태이므로 매입한 콜옵션은 심내가격 상태일 것이다. 그럼 투자자는 콜옵션을 행사할 수 있다. 만약 매도된 풋옵션이 행사된다면, 매입한 풋옵션은 매도된 풋옵션보다 더욱 심내가격 상태이므로 투자자는 매입된 풋옵션을 행사할 수 있다. 이때 순효과는 $X_2 - X_1$의 현금유입으로 만기의 최대수익과 같다. 그러나 매도된 박스스프레드에서는, 조기행사로 $X_2 - X_1$의 현금유출이 발생한다. 그러므로 박스스프레드 매도에서 조기행사 문제는 중요한 고려사항이다.

박스스프레드에는 네 개의 옵션이 포함되기 때문에 거래비용이 높다. 그러나 네 옵션 중 적어도 두 옵션은 만기에 외가격 상태이다. 그럼에도 불구하고, 높은 거래비용으로 박스스프레드를 실행하기에 비용이 많이 든다.

박스스프레드는 무위험 거래로, 가치는 미래 수익의 현재가치에서 처음 비용을 차감하여 쉽게 계산할 수 있다.

연습문제

1. 풋옵션 강세스프레드의 손익방정식을 도출하시오. 만기에서의 최대손익과 최소손익, 손익분기주가를 밝히시오.
2. 기초자산의 사건이 모든 사람에게 잘 알려져 있을 때, 왜 스트래들은 반드시 좋은 전략이라고는 할 수 없는지 설명하시오.
3. 이 장에서는 박스스프레드를 분석하는 방법이 NPV 접근법을 이용하는 자본예산 문제와 같다는 것을 보였다. 자본예산 문제를 검토하는 내부수익률(IRR)을 고려하고, 그 맥락에서 박스스프레드를 분석하시오.
4. 강세스프레드 포지션을 구성하는 한 가지 방법은 행사가격이 낮은 콜옵션을 매입하고 행사가격이 높은 콜옵션을 매도하는 것이다. 풋옵션을 이용하여, 비슷하게 강세스프레드의 손익 프로파일(profile)을 만드는 전략을 알아보시오.
5. 약세스프레드 포지션을 구성하는 한 가지 방법은 행사가격이 높은 풋옵션을 매입하고 행사가격이 낮은 풋옵션을 매도하는 것이다. 콜옵션을 이용하여, 약세스프레드와 비슷한 손익 프로파일(profile)을 만드는 전략을 알아보시오.

다음은 7월 6일에 주식의 콜옵션과 풋옵션의 가격을 관찰한 것이다. 이 정보를 6번부터 24번까지의 문제에 이용하시오. 주식가격은 165.13이었다. 만기는 7월 17일, 8월 21일, 10월 16일이다. 세 만기일과 연관된 연속복리 무위험이자율은 각각 0.0503, 0.0535, 0.0571이다. 표준편차는 0.21이다.

	콜옵션			풋옵션		
행사가격	7월	8월	10월	7월	8월	10월
160	6.00	8.10	11.10	0.75	2.75	4.50
165	2.70	5.25	8.10	2.40	4.75	6.75
170	0.80	3.25	6.00	5.75	7.50	9.00

6번부터 10번, 13번에서 16번까지의 문제에서, 보유기간 말에 가능한 주가 150, 155, 160, 165, 170, 175, 180에 대해 손익을 계산하시오. 그리고 명시된 질문에 대해 답하시오. 단, 요구된 그래프를 그리기 위해 엑셀 스프레드시트 OptionStrategyAnalyzer10e.xlsm을 이용할 수 있지만, 몇몇 사용자지정 자산가격에 대한 손익을 계산하는 데에는 이용할 수 없다. 만기 전에 포지션을 청산하는 경우, 스프레드시트 BlackScholesMertonBinomial10e.xlsm을 이용하여 포지션 청산 시의 옵션가격을 결정하고, 손익을 직접 계산하시오.

6. 10월 만기의 행사가격 165와 170인 콜옵션을 이용하여 강세 가격스프레드를 구성하고 만기까지 포지션을 보유하시오. 손익을 밝히고 그 결과를 그래프로 나타내시오. 그리고, 만기의 손익분기주가와 최대손익, 최소손익을 알아보시오. 또한, 이 전략과 연관된 어떤 특별한 고려사항이 있는지 논의하시오.
7. 6번과 다른 것은 동일하지만, 포지션을 9월 20일에 마감하는 경우에 대해, 6번을 동일하게 푸시오. 9월 20일에 가능한 주가에 대한 손익을 밝히시오. 이때 스프레드시트를 이용할 수 있다. 그래프를 그리고, 이를 이용하여 대략적인 손익분기주가를 알아내시오.
8. 10월 만기의 행사가격 160인 풋옵션을 이용하여 칼라를 구성하시오. 먼저, 블랙-숄즈-머튼 모형을 이용하여 칼라의 초기비용을 0으로 만드는 콜옵션을 알아내시오. 그리고 9월 20일에 포지션을 청산한다고 할 때, 9월 20일에서의 가능한 주가에 대한 손익을 알아내시오. 이때, 스프레드시트를 이용할 수 있다. 그래프를 그리고, 이를 이용하여 대략적인 손익분기주가를 알아보시오. 또한, 최대손익과 최소손

익을 결정하시오.

9. 당신은 다음 석 달 동안 주가가 상당히 변동할 것으로 기대하고 있다고 하자. 이에 당신은 나비스프레드를 고려하고 있다. 10월 만기의 행사가격이 160, 165, 170인 콜옵션을 이용하여 적절한 나비스프레드를 구성하시오. 그리고 만기까지 포지션을 보유한다고 할 때, 손익을 알아보고 결과를 그래프로 나타내시오. 두 손익분기주가와 최대손익, 최소손익을 알아내시오.

10. 행사가격이 170이고 만기가 8월과 10월인 콜옵션을 이용하여 변동성이 높을 때 수익이 발생하는 캘린더스프레드를 구성하시오. 8월 1일에 포지션을 청산한다고 할 때, 8월 1일에서의 가능한 주가에 대한 손익을 알아내시오. 이때, 스프레드시트를 이용할 수 있다. 그래프를 그리고, 이를 이용하여 손익분기주가, 최대손익과 최소손익을 추정하시오.

11. 블랙-숄즈-머튼 모형을 이용하여, 다음 날짜에서의 10월 만기 165 콜옵션의 시간가치소멸을 계산하고 그래프로 나타내시오: 7월 15일, 7월 31일, 8월 15일, 8월 31일, 9월 15일, 9월 31일, 10월 16일. 이 때 주가는 일정하다고 가정한다. 모든 경우에서 시간가치를 계산하기 위해 스프레드시트를 이용할 수 있다.

12. 행사가격이 160인 8월 만기 콜옵션에 매입포지션을, 행사가격이 160인 10월 만기 콜옵션에 매도포지션을 취한 스프레드에 대해 고려해보자. 적절한 헷지비율을 결정하시오. 그리고 주가가 $1 증가할 때 스프레드 가치에 어떻게 중립적인 효과가 있는지 보이시오. 이 과정에서의 제약에 대해 논의하시오.

13. 행사가격이 165인 10월 만기 옵션을 이용하여 스트래들 매입을 구성하시오. 옵션만기까지 보유할 때, 손익를 계산하고 결과를 그래프로 나타내시오. 만기에서의 손익분기주가와 최소손익를 알아내시오.

14. 13번 문제에서, 포지션을 9월 20일에 청산한다고 할 때, 13번과 동일한 문제를 푸시오. 9월 20일에 가능한 주가에 대한 손익은 스프레드시트를 이용할 수 있다. 그래프를 그리고, 이를 이용하여 대략적인 손익분기주가를 찾으시오.

15. 스트래들을 약간 변형하여 두 콜옵션과 하나의 풋옵션을 이용하면 스트랩(strap)이다. 행사가격이 165인 10월 만기 옵션을 이용하여 스트랩 매입을 구성하시오. 만기까지 보유한다고 할 때, 손익을 알아내고 결과를 그래프로 나타내시오. 그리고 만기에서의 손익분기주가와 최소손익을 알아내시오. 이러한 결과를 행사가격이 165인 10월 만기 스트래들과 비교하시오.

16. 스트래들을 약간 변형하여 두 풋옵션과 하나의 콜옵션을 이용하면 스트립(strip)이다. 행사가격이 160인 8월 만기 옵션을 이용하여 스트립 매도를 구성하시오. 만기까지 보유한다고 할 때, 손익을 알아내고 결과를 그래프로 나타내시오. 그리고 만기에서의 손익분기주가와 최소손익을 알아내시오.

17. 8월 만기 160/170 박스스프레드를 분석하시오. 손익의 기회가 존재하는지 알아보시오. 존재한다면, 이를 어떻게 이용할지 설명하시오.

18. 여러 스프레드 전략과 관련된 올바른 공식을 이용하여 다음의 표를 완성하시오.

항목	강세스프레드 (콜옵션 이용)	약세스프레드 (풋옵션 이용)	나비스프레드 (콜옵션 이용)
만기 시 가치			
손익			
최대손익			
최대손실			
손익분기			and

19. 여러 스프레드 전략과 관련된 올바른 공식을 이용하여 다음의 표를 완성하시오.

항목	칼라 전략 (콜옵션과 풋옵션 이용)	스트래들 (콜옵션과 풋옵션 이용)
만기 시 가치		
손익		
최대손익		
최대손실		
손익분기		and

20. 콜옵션을 이용한 강세스프레드를 설계할 때, 행사가격의 선택을 개념적으로 설명하시오. 구체적으로, 두 강세스프레드 전략의 비용과 이익을 이용하시오. 한 전략은 다른 전략에 비해 콜옵션 행사가격이 현재의 주가와 멀리 떨어져 있다고 가정하시오.

21. 무비용 칼라를 설계할 때, 행사가격의 선택을 개념적으로 설명하시오. 구체적으로, 두 강세스프레드 전략의 비용과 이익을 이용하시오. 한 전략은 다른 전략에 비해 풋옵션 행사가격이 높다고 가정하시오.

22. Pear, Inc.는 현재 주당 $100에 거래되고 있다. 1달 만기의 등가격 콜옵션과 풋옵션은 각각 $5.43과 $5.01에 거래되고 있다. 2달 만기의 등가격 콜옵션과 풋옵션은 각각 $7.72과 $6.89에 거래되고 있다. 현재, 이 옵션가격들은 모든 옵션에 대한 블랙-숄즈-머튼 내재변동성 45%를 반영한다. 그러나 당신은 다음 달 변동성은 45%보다 낮아지고 두 번째 달의 변동성은 45%보다 높아질 것으로 믿고 있다. 그 이유는 당신은 Pear, Inc.가 45일 후에 이익공시를 한다고 예정할 것이고, 공시하기 전까지 정보에 대한 보도통제가 있을 것으로 생각하기 때문이다. 보도통제 기간에 기업은 명시된 기간 동안 어떠한 정보도 대중에게 제공하지 않는다. 이익공시는 높은 변동성을 야기할 것이고, 보도통제 기간에는 변동성이 더 낮을 것이다. 당신의 변동성에 대한 믿음이 맞다면, 이익이 될 네 가지 모든 옵션을 이용하여 옵션전략을 설계하시오. 기업은 이후 며칠 내에 공시에 대해 공개적으로 예정하고 옵션가격은 곧 이 믿음에 대해 조정한다.

23. (개념 문제) 스트래들의 다른 변형으로 *스트랭글(strangle)*이 있다. 스트랭글은 높은 행사가격의 콜옵션과 낮은 행사가격의 풋옵션을 매입한다.. 8월 만기 행사가격 165의 풋옵션과 170의 콜옵션을 매입을 분석하여 스트랭글 전략을 평가하시오. 앞의 문제에서와 같이, 주가 150, 155, 160, 165, 170, 175, 180에 대해 손익을 계산하시오. 만기까지 포지션을 유지하고 결과를 그래프로 그리시오. 만기에 손익분기주가를 찾으시오. 왜 스트랭글을 이용하는지 설명하시오.

24. (개념 문제) 많은 옵션거래자들은 *대각선스프레드(diagonal spread)*라고 하는, 가격스프레드와 캘린더스프레드의 결합을 이용한다. 이 거래는 낮은 행사가격과 긴 만기까지 기간을 가진 콜옵션의 매입과, 높은 행사가격과 짧은 만기까지 기간을 가진 콜옵션의 매도를 포함한다. 10월 만기 행사가격 165의 콜옵션을 매입하고 8월 만기 170의 콜옵션을 매도하는 대각선스프레드 전략을 평가하시오. 포지션은 8월 1일에 청산한다는 가정 하에, 앞에서 분석했던 동일한 주가들에 대해 손익을 계산하시오. 8월 1일에 가능한 주가에 대한 손익은 스프레드시트를 이용하여 찾을 수 있다. 그래프를 그리고, 이를 이용하여 보유기간 말 손익분기주가를 추정하시오.

참고문헌

좀더 고급분석와 옵션전략들은 다음에서 찾을 수 있다.

Billingsley, R. S., and D. M. Chance. "Options Market Efficiency and the Box Spread Strategy." *Financial Review* 20 (November 1985): 287–301.

Cohen, G. *The Bible of Option Strategies: The Definitive Guide for Practical Trading Strategies*. Upper Saddle River, NJ: Financial Times Prentice Hall, 2005.

Dash, M., and A. Goel. "A Comparison of ITM and OTM Protective–Puts and Covered Calls." *Asian Journal of Finance & Accounting* 6 (2014): 126–137.

Doran, J. S., A. Fodor, and D. Jiang. "Call–Put Implied Volatility Spreads and Option Returns." *Review of Asset Pricing Studies* 3 (2013): 258–290.

Gombola, M. J., R. L. Roenfeldt, and P. L. Cooley. "Spreading Strategies in CBOE Options: Evidence on Market Performance." *Journal of Financial Research* 1 (Winter 1978): 35–44.

Isokov, D., and B. Morard. "Improving Portfolio Performance with Option Strategies: Evidence from Switzerland." *European Financial Management* 7 (2001): 73–91.

Jabbour, G., and P. H. Budwick. *The Option Trader Handbook: Strategies and Trade Adjustments*. Hoboken, NJ: John Wiley & Sons, 2010.

Johnson, K. E. *Option Spread Strategies: Trading Up, Down, and Sideways Markets*. New York: Bloomberg Financial, 2009.

Larcher, G., L. D. Chicca, and M. Szölgyenyi, "Modeling and Performance of Certain Put–Write Strategies." *Journal of Alternative Investments* 15 (Spring 2013): 74–86.

Slivka, R. T. "Risk and Return for Option Investment Strategies." *Financial Analysts Journal* 36 (September–October 1980): 67–73.

Slivka, R. T. "Call Option Spreading." *Journal of Portfolio Management* 7 (Spring 1981): 71–76.

The Options Institute. *Options: Essential Concepts and Trading Strategies*, 3rd ed. New York: McGraw–Hill, 1999.

Ungar, J., and M. T. Moran. "The Cash–Secured Put Write Strategy and Performance of Related Benchmark Indexes." *Journal of Alternative Investments* 4 (Spring 2009): 43–56.

부록 B는 도서, 논문, 기타 자료와 같은 좀 더 광범위한 참고문헌을 포함하고 있으며, 이 책의 동반 사이트에 있다. 접속하려면, www.cengagebrain.com을 방문하여 ISBN 9781305104969를 검색한 후 "Free Materials", "Access Now" 탭을 차례로 클릭하라.

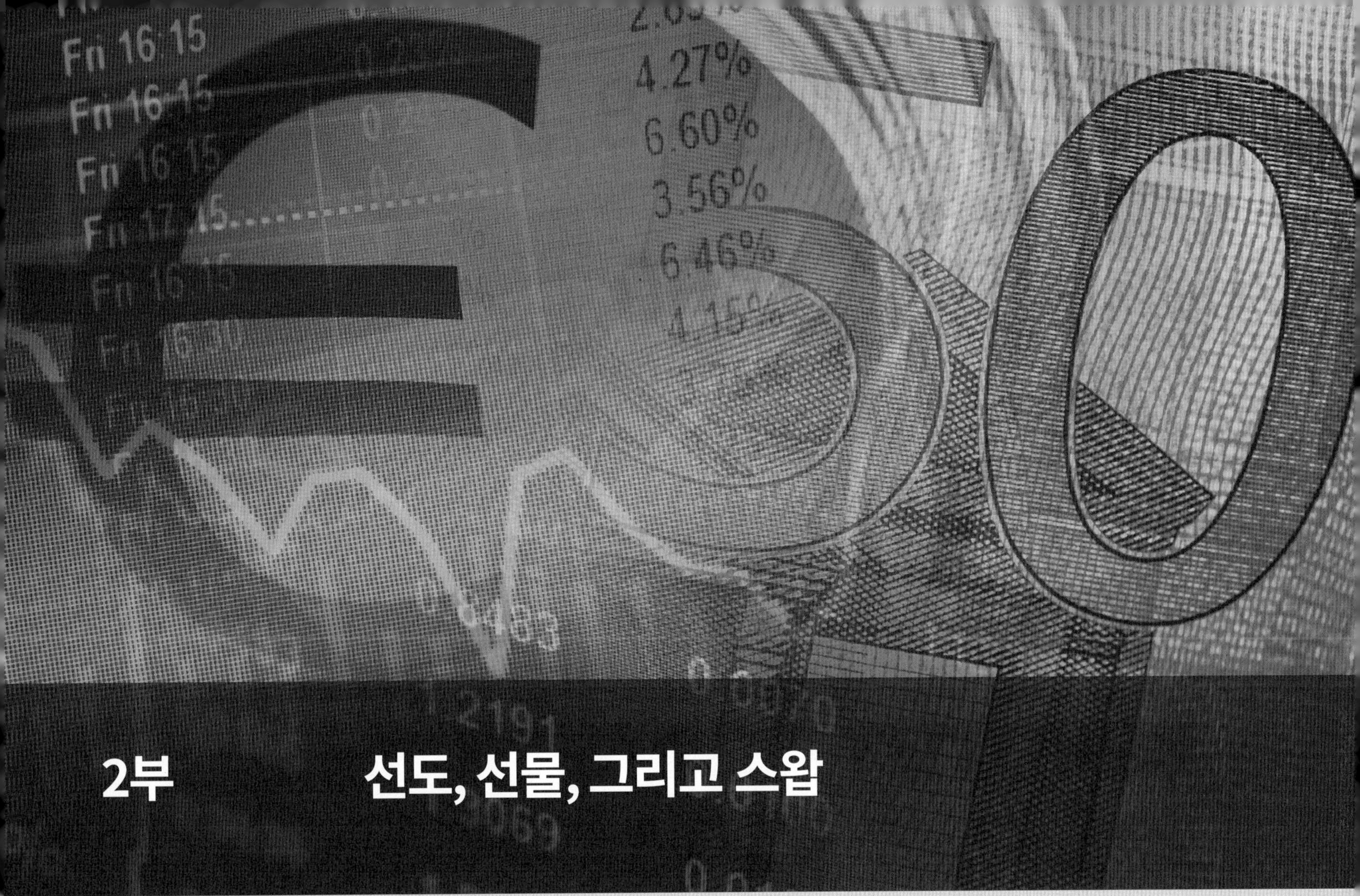

2부 선도, 선물, 그리고 스왑

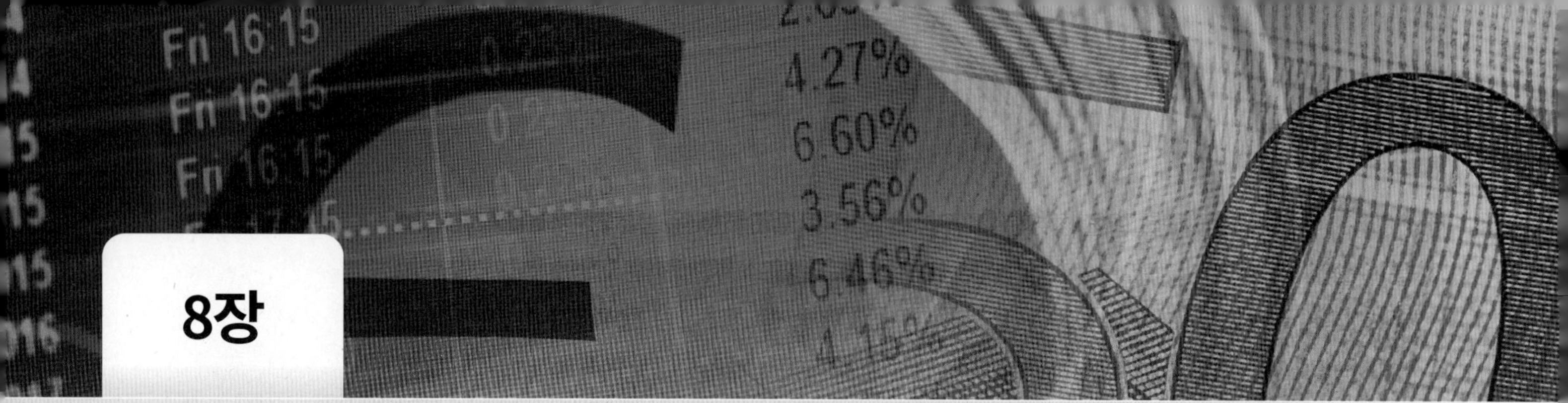

8장

이 장의 목표

- 선물 및 선도 계약에 대한 가격과 가치의 기본 개념을 소개한다.
- 선물 및 선도 가격이 같아지는 조건과 달라지는 조건을 제시한다.
- 자산의 현물가격이 보관비용, 순이자 및 위험프리미엄으로부터 어떻게 결정되는지 보인다.
- 선물 및 선도 계약의 이론적인 공정가격에 대한 보유비용 공식을 제시한다.
- 콘탱고(contango), 백워데이션(backwardation) 및 편의수익의 개념을 소개한다.
- 선물가격이 투기자에게 위험프리미엄으로 보상하는지 여부의 질문에 대한 두 가지 상반된 관점을 제시한다.
- 배당금과 같은 중간 현금흐름이 보유비용모형에 어떤 영향을 미치는지 설명한다.
- 풋–콜–선도/선물 패러티를 제시한다.
- 선물옵션의 가격결정 원리를 제시한다.

선도, 선물 및 선물옵션의 가격결정 원리

"잠시라도 믿지 않았다고 해도, 누군가 당신에게 당신이 5억 달러를 벌게 될 것이라고 말하는 데서 나오는 부인할 수 없는 아드레날린의 솟구침이 있다."

Doyne Farmer

Quoted in The Predictors, 1999, p. 119

이제 우리는 선도 및 선물 계약의 가격결정으로 바로 이동할 준비가 되었다. 선물(futures)이라는 단어의 본질은 선물가격이 미래(future)의 가격과 관련이 있음을 시사한다. 마찬가지로, 선도(forward) 가격의 개념은 후일을 내다보는(looking ahead) 것을 의미한다. 그러나 앞으로 배우게 되겠지만, 선물 및 선도 가격은 미래의 가격에 대한 확정적인 명세서가 아니다. 사실 두 가격이 반드시 미래에 대한 예측인 것도 아니다. 그러나 선물 및 선도 가격은 시장의 현재 상태에 대한 중요한 정보이며, 선물 및 선도 계약은 위험관리를 위한 강력한 도구이다. 이 장에서 우리는 선물가격, 선도가격, 현물가격, 기대치, 그리고 자산의 포지션 보유비용이 어떻게 상호 관련되어 있는지 살펴볼 것이다. 옵션과 마찬가지로 우리의 목표는 선물 또는 선도 계약의 가격을 기초상품의 가격과 연결하고 이 가격들 간의 관계에 영향을 미치는 요소를 찾는 것이다.

1장에서 우리는 기초물이 선물인 옵션이 있음을 언급하였다. 기초물이 자산인 옵션을 다뤘을 때는 아직 선물을 다루지 않았기 때문에 선물에 기초한 옵션은 다룰 수 없었다. 이 장에서는 선물계약의 가격결정을 다루기 때문에 이 장의 뒷부분에서 하는 것처럼 선물옵션의 가격결정도 다룰 수 있다.

이 장의 초반부에서는 선도계약과 선물계약을 완전히 별개의 상품인 것처럼 취급할 것이다. 선도계약은 미래 날짜에 고정된 가격으로 어떤 자산을 교환하기로 하는 두 당사자 간 약속임을 상기해보자. 오가는 돈은 없으며, 그 약속은 법적 구속력이 있는 것이다. 거래를 되돌리려면, 원래의 계약과 같은 시점에 해당 자산의 인도를 요구하는 신규 상계(offsetting) 선도계약의 반대포지션을 취할 의향이 있는 사람을 찾아야 한다. 선도계약은 장외시장에서 생성되고 채무불이행 위험이 따른다. 이 장에서 논의할 목적을 위해 선도계약은 증거금 요건의 대상이 아니며, 중앙집중적으로 청산되지 않고, 제3자에 의해 달리 보증되지 않는다고 가정한다. 그러나 채무불이행 위험은 관련이 없을 정도로 매우 낮다고 가정한다.

선물계약도 미래 날짜에 고정된 가격으로 어떤 자산을 교환하기로 하는 두 당사자 간 약속이다. 그러나 이 약속은 선물거래소에서 이루어지며 해당 거래소에 의해 규제된다. 선물계약은 두 당사자가 증거금을 예치하고 그들의 계정이 매일 시가평가되는 것을 요구한다. 선물계약은 표준화되어 있으며, 정규 거래시간에 사고팔 수 있다. 선도계약과 선물계약 간 이러한 차이, 특히 시가평가는 이 계약들의 가격과 가치에 약간의 차이를 만든다. 나중에 살펴보게 되겠지만, 이러한 차이는 매우 사소할 수 있다. 지금은 선도계약과 선물계약이 완전히 다른 상품인 것처럼 논의를 진행할 것이다.

8-1 일반적인 매수/매도 차익거래

이 섹션에서 우리의 목적은 특정 유형의 계약을 참조하지 않고 선도 및 선물 계약의 가격결정 기본원리를 설명하는 것이다. 고유한 계약 특성은 복잡함을 초래하므로, 가격결정 기본원리를 이해할 때까지 미뤄두는 것이 가장 좋다. 따라서 이 섹션에서는 기초자산이 식별되지 않으며, 단순히 일반 자산(generic asset)이다.

8-1a 가격 대 가치의 개념

1장에서 우리는 효율적인 시장이 어떻게 한 자산의 가격이 그것의 진정한 경제적 가치와 같다는 것을 의미하는지 논의하였다. 자산 보유자는 그 자산에 돈이 묶인다. 보유자가 자산을 계속 보유하려는 경우, 그 자산은 적어도 그것의 가격과 동일한 가치를 가져야 한다. 자산의 가치가 가격보다 낮다면, 소유자는 자산을 팔 것이다. 가치는 미래 현금흐름의 현재가치이며, 할인율은 돈의 기회비용과 인수한 위험에 대한 프리미엄을 반영한다.

이러한 추론방식은 증권시장에서는 타당하지만, 선도 및 선물 시장에서는 문제를 일으킬 수 있다. 선도나 선물 계약은 자산이 아니다. 당신은 선물계약을 매입할 수 있지만, 실제로 대금을 지불하는가? 선물계약은 소액의 증거금 예치가 필요하지만, 이것이 정말 가격인가? 당신은 증거금 계정에 $1,000를 넣고 중개인으로부터 $1,000를 차입해서 $20짜리 주식 100주를 살 수 있다. 그렇게 하면 주당 $10의 가치가 있는 주식이 되는가? 물론 아니다. 주식은 주당 $20의 가치가 있다. 당신은 투자한 주당 $10와 차입한 주당 $10를 갖는다.

선물계약에 대한 증거금 요건은 실제로 주식에 대한 증거금과 같은 의미의 증거금이 아니다. 예를 들어, 당신은 선물계약 가격의 3%를 증거금 계정에 예치할 수 있지만, 그 나머지는 차입하지 않는다. 증거금은 일종의 보증금일 뿐이다. 따라서 선물계약 매입자는 실제로 대금을 "지불"하지 않고, 물론 매도자도 실제로 대금을 받지 않는다. 가격이 변하지 않는 한, 어떤 당사자도 이익을 발생시키는 반대매매를 실행할 수 없다. 앞서 언급한 것처럼, 선도계약은 증거금 예치나 일종의 신용보강(credit enhancement)을 요구할 수도 있고 그렇지 않을 수도 있지만, 요구하더라도 원칙은 여전히 동일하다. 선도가격은 증거금이 아니다.

선도 및 선물 계약을 다룰 때, 우리는 **선도나 선물 가격(price)**과 **선도나 선물 가치(value)**를 구별하는데 주의를 기울여야 한다. 가격은 관찰할 수 있는 숫자이다. 가치는 덜 명확하다. 그러나 다행히 계약 시작 시점에 선도나 선물 계약의 가치를 결정하는 것은 쉽다. 그 가치는 단순히 영(0)이다. 왜냐하면 어느 당사자도 지불한 것이 없고 어느 당사자도 금전적 가치가 있는 것을 받지 않았기 때문이다. 그러나 그것이 어느 당사자도 나중에 돈을 지불하거나 받지 않을 것이라는 의미는 아니다. 또한 선물 및 선도 계약의 가치는 수명기간 동안 항상 서로 같거나 영(0)인 것은 아니다.

선도나 선물 가격을 옵션의 행사가격에 더 가까운 개념으로 생각한다면, 아마도 가격과 가치에 대한 혼동을 피할 수 있을 것이다. 우리는 행사가격이 옵션의 가치와 같지 않다는 것을 알고 있다. 행사가격은 단순히 옵션이 최종적으로 행사되는 경우 콜 매입자가 지불하거나 풋 매입자가 받을 가격으로 두 당사자가 합의한 수치를 나타낸다. 비슷한 의미에서, 선물이나 선도 가격은 단순히 만기에 기초자산을 받는 대가로 매입자가 매도자에게 지불하기로 두 당사자가 합의한 숫자이다. 이 가격을 흔히 "인도가격"(delivery price)이라고 한다. 선도가격이나 선물가격을 해당 계약의 "행사가격"이라고 부를 수 있지만, 선도가격과 선물가격 또는 인도가격이란 용어가 매우 전통적이어서 이 용어들을 사용하지 않는 것은 현명하지 않다.

이제 선도 및 선물 계약의 가치와 가격이 어떻게 결정되는지를 알아보자. 먼저, 몇가지 표기가 필요하다. $V_t(0, T)$와 $v_t(T)$는 0시점에 생성되어 T시점에 만기가 되는 t시점의 선도 및 선물 계약의 가치를 나타낸다. 마찬가지로, $F(0, T)$와 $f_t(T)$는 0시점에 생성되어 T시점에 만기가

체결 시점에서 선물계약의 가치는 영(0)이다.

되는 선도 및 선물 계약의 t시점 가격이다. 선도가격은 만기일을 조건으로 특정 시점에서 고정되기 때문에 가격이 변하지 않고, 따라서 시간 하첨자가 불필요하다. 또한 선물가격은 변하기 때문에 계약이 언제 체결되었는지는 중요하지 않다.

8-1b 선도계약의 가치

체결 시점에서 각 계약의 가치가 영(0)이라는 앞서의 진술을 감안할 때, 처음에는 $V_0(0, T) = 0$이고 $v_0(T) = 0$이라고 할 수 있다.

체결 시점에서 선도계약의 가치는 영(0)이다.

만기에 선도계약의 가격 첫 번째이자 가장 중요한 원칙은 만기 시점에 생성된 선도계약의 가격은 현물가격이어야 한다는 것이다. 그런 계약은 자산의 즉각적인 인도를 요구할 것이다. 따라서 그 계약은 현물거래와 마찬가지이므로, 가격 또한 현물가격과 같아야 한다. 따라서 다음과 같다고 할 수 있다:

$$F(T, T) = S_T.$$

이 진술이 사실이 아닌 경우, 해당 자산을 매입하고 만기가 되는 선도계약을 매도하거나 해당 자산을 매도하고 만기가 되는 선도계약을 매입함으로써 즉각적인 차익거래 이익을 얻을 수 있다.

즉시 만기가 되는 선도계약의 가격은 현물가격이다.

만기에 선도계약의 가치 만기에 선도계약의 가치는 쉽게 알 수 있다. 인도 비용을 무시하면, 만기에 선도계약의 가치 $V_T(0, T)$는 선도계약의 이익이다. 이익은 현물가격에서 원래의 선도가격을 뺀 값이다. 따라서,

$$V_T(0, T) = S_T - F(0, T).$$

$F(0, T)$의 가격에 선도 매입계약을 체결하는 것은 T시점에 자산을 매입하고 $F(0, T)$의 가격을 지불하는 데 동의하는 것이다. 따라서 이익은 $S_T - F(0, T)$가 될 것이다. 이것이 선도계약을 소유하는 것의 가치이다. 계약서가 작성되는 시점에서 계약의 가치는 영(0)이었다. 그러나 만기에 $F(0, T)$의 가격을 지불하고 S_T의 가치가 있는 자산을 매입할 수 있는 계약을 소유한 사람은 누구든지 $S_T - F(0, T)$의 이익이 보장된다. 따라서 그 계약은 $S_T - F(0, T)$의 가치가 있다. 물론, 이 값은 양수(+)이거나 음수(–)일 수 있다. 매도포지션 보유자에 대한 가치는 단순히 매입포지션 보유자에 대한 가치에 –1배 하는 것이다.

만기에 선도계약의 가치는 현물가격에서 원래의 선도가격을 뺀 값이다.

만기 전 선도계약의 가치 시작하기에 앞서 선도계약에 가치를 부여하는 것이 왜 중요한지 알아보자. 기업이 선도계약을 체결하는 경우, 해당 계약은 처음에는 재무상태표에 나타나지 않는다. 재무상태표의 각주에 나타날 수 있지만, 선도계약은 자산이나 부채가 아니므로 재무상태표에 넣을 곳이 없다. 그러나 선도계약의 수명 동안 시장조건의 변화에 따라 가치가 생성되거나 소멸될 수 있다. 예를 들어, 우리는 이미 선도계약이 만기에 $S_T - F(0, T)$의 가치를 가

지며, 그것이 양수(+)이거나 음수(-)일 수 있음을 확인하였다. 기업의 자산과 부채를 공정하게 평가하기 위해서는 만기 전 선도계약의 가치를 결정하는 것이 중요하다. 그 값이 양수(+)이면, 선도계약은 자산으로 적절히 간주되고 기록될 수 있다. 그 값이 음수(-)이면, 선도계약은 부채로 간주되고 기록되어야 한다. 파생상품 거래가 기업의 가치에 미치는 영향에 대해 투자자들이 정보에 입각한 의사결정을 내릴 수 있도록, 선도계약과 사실 모든 파생상품의 가치에 대한 정보가 투자자들에게 알려져야 한다.

만기 전 선도계약의 가치는 현물가격에서 선도가격의 현재가치를 뺀 값이다.

[표 8.1]은 그 가치를 결정하는 방법을 보여준다. 옵션의 가치를 평가할 때와 마찬가지로, 우리는 만기에 동일한 가치를 얻는 두 포트폴리오를 구성한다. 포트폴리오 A는 0시점에 F(0, T)가격으로 체결된 선도계약이다. 그것은 만기인 T시점에 S_T – F(0, T)의 이익을 줄 것이다. 포트폴리오 B를 구성하기 위해 0시점에서는 아무것도 하지 않는다. t시점에서 우리는 현물가격이 S_t이고, T시점에 자산을 인도하기 위해 0시점에 체결된 선도계약이 F(0, T)의 가격에 생성되었음을 안다. 우리는 자산을 매입하고 F(0, T)의 현재가치를 빌리는데, 이 대출금은 T시점에 상환할 것이다. 따라서 우리 포지션의 가치는 $S_t - F(0, T)(1 + r)^{-(T-t)}$이다. T시점에 우리는 그 자산을 S_T에 매도하고 대출금 F(0, T)를 상환할 것이다. 따라서 T시점에서 총가치는 S_T – F(0, T)이다. 이것은 선도계약인 포트폴리오 A의 가치와 같다. 따라서, t시점에서 포트폴리오 B의 가치는 t시점에서 포트폴리오 A, 즉, 선도계약의 가치와 같아야 한다. 그러므로,

$$V_t(0, T) = S_t - F(0, T)(1 + r)^{-(T-t)}.$$

이것이 왜 t시점에서 선도계약의 가치인지는 직관적이고 쉽게 알 수 있다. 0시점에 선도계약을 체결하는 경우, t시점에 이르렀을 때 당신은 T시점에 F(0, T)를 지불해야 하고 T시점에 자산 가치를 받을 권리를 주는 포지션을 갖게 된다. 당신 의무의 현재가치는 $F(0, T)(1 + r)^{-(T-t)}$이다. 당신 청구권의 현재가치는 자산의 현재가치이며, 이는 자산의 현재가격 S_t이다.

표 8.1 만기 전 선도계약의 가치평가

포트폴리오	구성	0시점의 가치	t시점의 가치	T시점의 가치
A	0시점에 F(0, T)가격으로 체결된 매입 선도계약	0	$V_t(0, T)$	S_T – F(0, T)
B	t시점에 설정된 자산 매입포지션과 F(0, T)(1+ r)–(T – t)의 대출	N/A	$S_t - F(0, T)(1 + r)^{-(T-t)}$	S_T – F(0, T)
결론: t시점에서 포트폴리오 A의 가치는 t시점에서 포트폴리오 B의 가치와 같아야 한다. $V_t(0, T) = S_t - F(0, T)(1 + r)^{-(T-t)}$.				

수치 예시 당신이 오늘 $100의 가격에 선도계약을 한 계약 매입한다고 가정하자. 계약은 45일 후 만기가 된다. 무위험이자율은 10%이다. 이 선도계약은 45일 후 $100에 자산을 매입하기로 하는 약속이다. 이제 20일 후 자산의 현물가격은 $102이다. 그렇다면, 만기까지 25일이 남은 선도계약의 가치는

$$102 - 100(1.10)^{-25/365} = 2.65.$$

다시 말해, T시점, 즉, 25일 후 \$100를 지불할 의무가 있으나 현재가치가 \$102인 자산을 받게 될 것이다.

8-1c 선도계약의 가격

이 섹션에서는 선도계약의 시초가격(initial price)을 다룬다. 앞서 언급한 바와 같이, 선도가격에 대해서는 F(0, T) 표기를 사용한다. 계약이 처음에 체결되었을 때 선도계약의 가치가 영(0)이라는 점은 이미 언급하였다. 따라서 0시점에서 선도계약 가치방정식을 영(0)과 같게 설정할 수 있다.

$$V_0(0, T) = S_0 - F(0, T)(1 + r)^{-T} = 0.$$

선도가격에 대해 풀면, 다음을 얻는다:

$$F(0, T) = S_0(1 + r)^T.$$

그러므로, 일반 자산에 기초한 선도계약의 가격은 단순히 해당 자산의 현재 현물가격의 미래가치이며, 여기서 미래가치는 현물가격을 무위험이자율로 할증하여 얻는다. 선도가격은 계약 시작 시점에 계약가치가 영(0)이 되도록 강제하는 가격으로 간주할 수 있다. 이 가치평가 방법은 **보유비용모형(carry arbitrage model 또는 cost of carry model)**으로 알려져 있는데, 선도가격이 기초자산과 관련된 보유비용에만 의존하기 때문이다. 이 경우, 선도가격은 금융 보유비용에 의존한다. 이후의 섹션들에서는 주가지수, 통화 및 실물상품과 같은 다양한 선도계약들에 대한 선도가격 결정의 고유한 측면을 살펴볼 것이다.

선도계약의 가격은 만기까지 현물가격을 무위험이자율로 복리 계산한 것이다. 그것은 선도계약이 시작시점에 영(0)의 가치를 갖도록 보장하는 가격이다.

8-1d 선물계약의 가치

이 섹션에서는 선물계약의 가치평가를 살펴볼 것이다. 앞서 언급했듯이, 선물가격에 대해서는 $f_t(T)$를, 선물계약의 가치에 대해서는 $v_t(T)$를 사용할 것이다. 선물계약이 매일 시가평가(marked to market)된다는 점을 상기해보자. 우리는 이미 선물계약이 처음 체결되었을 때 그 가치가 영(0)임을 규명하였다.

만기 시점의 선물가격 선물계약이 만기가 되는 순간 그 가격은 현물가격이어야 한다. 즉, 당신이 즉시 만기가 될 매입선물계약을 체결하면, 즉시 기초자산을 매입하고 선물가격을 지불하기로 동의한 것이다. 이것은 현물거래와 같다. 따라서,

$$f_T(T) = S_T.$$

이 진술이 사실이 아니라면, 현물을 매입하고 선물을 매도하거나 현물을 매도하고 선물을 매입하는 것은 차익거래이익을 발생시킨다.

즉시 만기가 되는 선물계약의 가격은 현물가격이다.

거래일 동안 그러나 시가평가되기 전 선물계약의 가치 선도계약을 살펴보았을 때 우리가 얻은 두 번째 결과는 만기에 선도계약의 가치였다. 선물계약의 경우, 시가평가되기 전에 선물계약의 가치를 어떻게 평가하는지를 다음으로 살펴보는 것이 더 유용하다. 즉, 거래일 동안 선물계약의 가치는 얼마인가?

거래일 동안 그러나 시가평가되기 전 선물계약의 가치는 계약이 개시된 시점 또는 마지막으로 시가평가된 시점 중 더 늦은 시점 이후 가격이 변화한 양이다.

정산 간 기간을 임의로 하루로 두었다고 가정하자. 당신이 선물가격이 $f_{t-1}(T)$인 t-1시점에 선물 한 계약을 매입한다고 가정하자. 그 가격은 t시점의 시가(opening price)이고 전일 정산가격과 같다고 가정하자. 이제 하루의 끝에 있지만 시장은 아직 닫히지 않았다고 가정하자. 가격은 $f_t(T)$이다. 계약의 가치는 무엇인가? 당신이 계약을 매도하면, $f_t(T) - f_{t-1}(T)$의 이익이 발생한다. 따라서 선물계약의 가치는 다음과 같다고 말할 수 있다.

$$v_t(T) = f_t(T) - f_{t-1}(T) \quad \text{계약이 시가평가되기 전.}$$

선물계약의 가치는 단순히 계약이 체결된 시점 이후의 가격변화이거나, 계약이 전날 체결되었다면 시가평가 이후의 마지막 가격변화이다. 물론, 그 가치는 음수(–)가 될 수 있다는 점에 유의해야 한다. 매도포지션 보유자에 대한 선물의 가치를 고려하는 경우라면, 단순히 부호를 바꾸기만 하면 된다.

선물계약은 시가평가되자마자 그 가치가 영(0)이 된다.

시가평가된 직후 선물계약의 가치 선물계약이 시가평가될 때, 마지막 시가평가 이후의 가격변화 또는 선물계약이 당일 체결된 경우 체결된 이후의 가격변화는 가격이 유리하게 움직인 당사자에게 배분되고 가격이 불리하게 움직인 당사자에게는 청구된다. 물론, 이것은 시가평가 절차이다. 계약이 시가평가되는 즉시 그 계약의 가치는 0으로 되돌아간다. 따라서,

$$v_t(T) = 0 \quad \text{계약이 시가평가되는 즉시.}$$

선물가격이 여전히 최종 정산가격에 머물러 있고 선물거래자가 그 가치를 얻기 위해 선물계약을 매도하려 한다면, 이익이 발생하지 않을 것이고, 이는 계약가치가 0인 것과 일치한다.

따라서 이 두 가지 결과를 요약하면, 어떤 시점에서든 선물 매입계약의 가치는 그 계약이 매도되었을 때 발생하는 이익이라는 것을 알 수 있다. 일별 시가평가 때문에 선물계약의 가치는 그것이 시가평가되는 즉시 0으로 되돌아간다. 선물 매도계약 보유자에 대한 가치는 선물 매입계약 보유자에 대한 가치에 –1배 한 것이다. 선물 매입계약의 경우 가치는 양(+)의 가격변화에 의해 창출되며, 선물 매도계약의 경우 가치는 음(–)의 가격변화에 의해 창출된다.

8-1e 선물계약의 가격

이 섹션에서 우리는 선물계약의 시초가격을 고려한다. 앞서 언급한 것처럼, 선물가격으로는 $f_t(T)$를 사용한다. 선물계약이 처음 체결되었을 때 그 가치가 영(0)이라는 점은 이미 언급하였다. 선물계약의 시가평가 특성이 현재 가격에 영향을 미치지 않는다고 가정하면,

연결하기_MAKING THE CONNECTION

선도계약과 선물계약이 같은 경우

채무불이행 가능성이 없다고 가정할 때, 만기에 선도계약과 선물계약이 같은 결과를 낳고 따라서 동일한 가격을 갖게 되는 몇 가지 조건이 있다. 첫째, 선도계약은 만기에 수익을 정산한다는 사실을 상기해보자. 만기에 기초물의 가격 S_T와 계약이 체결되었을 때 진입한 가격을 고려할 때, 매입포지션 보유자의 수익은 다음과 같다.

$$S_T - F(0, T).$$

언급했던 것처럼, 이것은 만기에 선도계약의 가치이다. 선물계약은 매일 변하는 가격으로 체결된다. 따라서 T시점에 만기가 되는 선물이 $f_0(T)$ 가격으로 0시점에 체결된다면, 다음날 종가는 $f_1(T)$가 될 것이다. 그 다음 날 종가는 $f_2(T)$이고, 이런 과정은 만기에 $f_T(T)$로 정산될 때까지 계속된다. $f_T(T)$는 현물가격 S_T이다. 최종 시가평가 이익은 $f_T(T) - f_{T-1}(T)$이다. 아래 표에 요약된 것처럼, 우리는 이 계약들이 분명히 다른 현금흐름 패턴을 가지고 있음을 볼 수 있다.

날짜	선물계약 현금흐름	선도계약 현금흐름
0	0	0
1	$f_1(T) - f_0(T)$	0
2	$f_2(T) - f_1(T)$	0
3	$f_3(T) - f_2(T)$	0
...		
T – 2	$f_{T-2}(T) - f_{T-3}(T)$	0
T – 1	$f_{T-1}(T) - f_{T-2}(T)$	0
T	$f_T(T) - f_{T-1}(T) = S_T - f_{T-1}(T)$	$S_T - F(0, T)$

우리는 원래의 선물가격, 즉 $f_0(T)$이 원래의 선도가격 F(0, T)과 같은지 알고 싶다. 따라서 우리는 이제 두 가격이 같아지게 될 조건을 살펴본다.

만기 하루 전에 선물가격은 선도가격과 같을 것이다. 이것은 명백해야 한다. 만기 하루 전에 생성된 선물 및 선도 계약에 대한 현금흐름표를 살펴보자.

일	선물계약 현금흐름	선도계약 현금흐름
T – 1	$f_{T-1}(T) - f_{T-2}(T)$	0
T	$f_T(T) - f_{T-1}(T) = S_T - f_{T-1}(T)$	$S_T - F(T-1, T)$

처음에, 즉 T – 1일에 선물 및 선도 계약은 지출이 필요하지 않기 때문에 선물가격 $f_{T-1}(T)$와 선도가격 F(T – 1, T)는 같아야 한다. 두 계약 모두 T일에 선물계약의 경우 $f_{T-1}(T)$, 선도계약의 경우 F(T – 1, T)를 현금으로 지불해야 하며, 두 계약 모두 T일에 S_T 금액을 산출해준다. T일에 지불되는 금액들은 같아야 하며, 그렇지 않으면 더 높은 지불을 요구하는 계약을 매도하고 더 낮은 지불을 요구하는 계약을 매입하여 아무것도 지불하지 않고 확실한 양(+)의 이익을 낼 수 있다.

하루 앞선 이자율이 미리 알려진다면, 만기 이틀(또는 그 이상) 전 선물가격은 선도가격과 같을 것이다. T – 2일이 끝날 때 선물 및 선도 계약을 시작한다고 가정하자. 우리는 T – 1일이 끝날 때까지 포지션을 보유한 다음, T일이 끝날 때까지 포지션을 보유한다. r_1을 만기 하루 전 이자율이라 하고 만기 이틀 전에 알려진다고 가정하자. 이자율은 일일 이자율이라 가정하므로, 하루 이자를 구하려면 지수를 사용하지 않고 1 + r을 곱하기만 하면 된다. 만기 이틀 전에 다음의 거래를 실행해 보자.

F(T – 2, T)의 가격에 선도계약 하나를 매입한다. $f_{T-2}(T)$의 가격에 $1/(1 + r_1)$ 선물계약을 매도한다.

이제 T – 1일의 끝으로 이동해보자.

선도계약에는 현금흐름이 없을 것이다. 선물계약을 되사면 $-[f_{T-1}(T) - f_{T-2}(T)]$의 이익 또는 손실을 얻는다. 여기에 계약 수를 곱하면, $-[1/(1+r_1)][f_{T-1}(T) - f_{T-2}(T)]$의 금액이 된다. 이 값을 다음날 하루 동안 복리 계산한다. 이것은 그 값이 이익이면 r_1의 이자율로 재투자하거나, 그 값이 손실이면 r_1의 이자율로 조달하는 것을 의미한다. 그런 다음, $f_{T-1}(T)$의 가격에 신규로 선물 한 계약을 매도한다.

이제, 만기에 우리는 다음의 결과를 얻는다.

선도계약은 $S_T - F(0, T)$를 보상할 것이다.

하루 동안 재투자된 전일 손익의 가치는 다음과 같다:

$$-[1/(1+r_1)][f_{T-1}(T) - f_{T-2}(T)](1+r_1)$$
$$= -[f_{T-1}(T) - f_{T-2}(T)].$$

선물 한 계약의 시가평가 손익은

$$-[f_T(T) - f_{T-1}(T)] = -[S_T - f_{T-1}(T)]$$

합계는

$$S_T - F(0, T) - [f_{T-1}(T) - f_{T-2}(T)] - [S_T - f_{T-1}(T)]$$
$$= f_{T-2}(T) - F(0, T)$$

계약들이 처음 체결되었을 때, 이 두 가격은 계약이 체결된 가격들이었기 때문에 알려진 것들이다. 따라서 이 전략은 만기에 알려진 금액을 산출할 것이다. 초기 현금흐름이 없었기 때문에, 만기에 이 현금흐름은 영(0)이 되어야 한다. 그렇지 않으면, 가격이 더 높은 계약을 매도하고 가격이 더 낮은 계약을 매입할 수 있다. 이렇게 하면 처음에는 현금지출이 필요 없지만, 만기에는 양(+)의 현금흐름이 산출된다. 따라서 선물가격은 선도가격과 같아야 한다.

하루 앞선 이자율을 알 수 없다면, 이 전략은 실현 가능하지 않을 것이다. 그 경우, 선물가격과 이자율 간의 상관관계를 통해 어떤 가격이 더 높을지 알 수 있지만, 한 가격이 다른 가격보다 얼마나 더 높을지는 알 수 없다. 이 점은 이 장에서 논의된다.

$$f_t(T) = F(0, T) = S_0(1 + r)^T.$$

선물계약의 가격은 현물가격을 만기까지 무위험이자율로 복리 계산한 것이므로, 선도가격과 같다.

그러므로, 일반적인 선물계약의 가격은 일반적인 선도계약의 가격과 같다. 그러나 이 결과는 시가평가가 없다고 가정한다는 점에 유의하는 것이 중요하다. 다음 섹션에서 우리는 선물계약의 가격결정에 대한 시가평가의 영향을 살펴본다.

8-1f 선도가격 대 선물가격

만기에 선도 및 선물 가격은 현물가격과 같지만, 또한 두 가격을 같게 만드는 몇 가지 다른 조건이 있다. 그러나 먼저 채무불이행 위험은 없다고 가정하자. 이제 만기 하루 전의 경우를 고려해보자. 하루밖에 남지 않은 선물계약은 만기인 다음 날에 시가평가될 것이다. 선도계약은 만기에 정산될 것이다. 따라서, 선도 및 선물 계약은 현금흐름이 같으며, 사실상 같은 계약이다.

만기 이틀 전으로 돌아가 보면, 비교가 더 어렵다. 무위험이자율이 양일에 모두 같다고 가정하거나 어느날 다음 날 무위험이자율이 얼마가 될지 안다고 가정해보자. 따라서 우리는 사실상 이자율 불확실성을 배제한다. 그 경우 선도가격은 선물가격과 같다는 것을 보일 수 있다.

선도가격과 선물가격은 만기와 만기 하루 전에 같을 것이고, 이자율이 확실하거나 선물가격과 이자율이 상관되어 있지 않다면 두 가격은 만기 전에 같을 것이다.

이자율의 확실성을 가정하지 않으면, 어떤 가격이 더 높을지는 경험적으로 주장할 수 있다. 이자율이 선물가격과 양(+)의 상관관계에 있다면, 매입포지션을 보유한 투자자는 선도계약보다 선물계약을 선호할 것이다. 왜냐하면, 선물계약이 금리가 상승하는 기간에는 시가평가 이익을 발생시키고 금리가 하락하는 기간에는 시가평가 손실을 초래할 것이기 때문이다. 이것은 이익이 더 높은 이자율로 재투자될 것이고 손실은 기회비용이 감소할 때 발생할 것이라는 것을 의미한다. 그러므로, 선물계약은 선도계약보다 더 높은 가격을 가질 것이다. 이자율이 선물가격과 음(–)의 상관관계에 있다면, 매입포지션을 보유한 투자자는 선물계약보다 선도계약을 선호할 것이다. 왜냐하면 선물계약의 시가평가는 불리하기 때문이다. 그러면 선도계약이 더 높은 가격을 가질 것이다. 이자율과 선물가격이 상관되어 있지 않다면, 선도계약과 선물계약은 같은 가격을 가질 것이다.

물론, 앞서 언급한 것처럼 선도계약은 채무불이행을 당할 수 있고 선물계약은 청산소가 채무불이행에 대해 보증한다.[1] 채무불이행 위험은 선도가격과 선물가격 간 차이에도 영향을 미칠 수 있다. 선도계약 매입자(매도자)가 선도계약 매도자(매입자)보다 채무불이행 위험이 더 커진다면, 선도가격은 하락(상승)할 수 있다. 그러나 선도시장에서는 일반적으로 신용위험을 가격에 포함시키지 않는다. 신용위험이 더 큰 당사자들은 담보나 다른 신용강화 조치의 형태로 지불한다. 따라서 신용 이슈 때문에 선도가격과 선물가격의 차이가 관찰될 것 같지는 않다.

선도가격과 선물가격의 뚜렷한 차이를 관찰할 수 없기 때문에, 선도가격이 선물가격과 같다고 합리적으로 가정할 수 있다. 따라서, 이장의 나머지 자료는 일반적으로 선물가격으로 표

1 선도계약은 중앙집중적으로 청산되지 않는다고 가정했음을 상기해보자.

현되지만 선도가격에도 상당히 합리적으로 적용될 것이다.

8-2 기초물이 현금흐름을 발생시킬 때의 매수차익거래

지금까지 우리는 이자와 배당금 같은 중간 현금흐름이 선도 및 선물 가격에 어떤 영향을 미치는지 고려하지 않았다. 우리는 이 장의 앞부분에서 이런 현금지급이 보유비용에 영향을 미쳐 보유비용을 음(-)의 값으로 만들 수 있다고 언급하였다. 이제 우리는 현금지급이 선도 및 선물 가격에 어떤 영향을 미치는지 좀 더 면밀하게 살펴볼 것이다. 예시는 선물계약의 맥락에서 개발될 것이다. 또한 이 섹션에서는 더 이상 일반 자산에 초점을 맞추지 않는다는 점에 유의하자. 우리는 특정 유형의 자산들에 기초하는 계약들을 살펴볼 것이며, 이 자산들의 특성은 자산 보유자에게 현금흐름을 발생시킨다는 것이다.

8-2a 주가지수와 배당금

여기서는 선물계약이 개별주식선물이라 가정하고 시작하지만, 일반적인 원칙은 주가지수선물에 대해서도 같다. 예를 들어, 하나의 주식만을 포함하는 포트폴리오를 고려할 수 있다. 어떤 경우든, 이 주식이 만기일에 D_T의 확실한 배당금을 지급한다고 가정하자. 이제 어떤 투자자가 S_0의 현물가격에 해당 주식을 매입하고 $f_0(T)$의 가격에 선물 한 계약을 매도한다고 가정하자.

만기에 주식은 S_T에 매도되고, D_T의 배당금을 받으며, 선물계약은 $-[f_T(T)-f_0(T)]= -[S_T - f_0(T)]$의 현금흐름을 발생시킨다. 따라서 만기에 총현금흐름은 $D_T+f_0(T)=-[S_T-f_0(T)]+S_T+D_T$ 또한 이 금액은 미리 알려져 있으므로 현재 포트폴리오의 가치는 $D_T+f_0(T)$의 현재가치와 같아야 한다. 현재 포트폴리오의 가치는 단순히 주식에 지불한 금액 S_0이다. 이 결과를 종합하면,

$$S_0=[f_0(T)+D_T](1+r)^{-T},$$

또는

$$f_0(T)=S_0(1+r)^T-D_T.$$

여기서 선물가격은 무위험이자율로 복리 계산된 현물가격에서 배당금을 뺀 값임을 알 수 있다. 배당금이 충분히 크면, 선물가격은 현물가격 아래로 떨어질 수 있다는 점에 유의하자.

우리의 모형을 현실에 더 가깝게 하기 위해, 주식이 몇 번의 배당금을 지급한다고 가정하자. 사실, 우리의 기초물은 실제로 S&P 500과 같은 주가지수와 동일한 주식포트폴리오일 수 있다. 선물의 수명 동안 N번의 배당금이 지급될 것이라고 가정하자. 각 배당금은 D_j로 표시되며, 오늘로부터 t_j년 후에 지급된다. 이제 주식을 매입하고 선물을 매도한다고 가정하자. 선물

의 수명 동안 우리는 각 배당금을 수취하여 이자율이 r인 무위험채권에 재투자한다. 따라서 배당금 D_1은 만기에 $D_1(1+r)^{T-t_1}$값으로 증가할 것이다. 만기일까지 모든 배당금은 다음의 값으로 증가할 것이고, 이를 간략히 D_T로 나타낼 것이다.

$$\sum_{j=1}^{N} D_j(1+r)^{T-t_j},$$

따라서 이제 D_T를 선물의 수명 동안 모든 배당금의 T시점에 누적된 값에 배당금에 대한 이자수익을 더한 값이라 하자. 앞의 예에서는 한 번의 배당금만 지급되었으나, D_T는 여전히 같은 개념으로 배당금의 누적된 미래가치였다. 만기에 주식은 S_T에 매도되고 선물은 정산되어 $-[f_T(T)-f_0(T)]$의 현금흐름을 발생시키며, 그것은 $-[S_T-f_0(T)]$와 같다. 따라서 만기에 총현금흐름은

$$S_T-[S_T-f_0(T)]+D_T,$$

또는

$$f_0(T)+D_T.$$

이 금액도 미리 알려져 있으므로, 무위험이자율로 할인된 그것의 현재가치는 현재 포트폴리오의 가치와 같아야 하며, 그것은 주식의 가치 S_0이다. 이 항들을 같게 설정하고 $f_0(T)$에 대해 풀면,

$$f_0(T)=S_0(1+r)^T-D^T.$$

따라서 선물가격은 현물가격을 무위험이자율로 복리 계산한 것에서 복리 계산된 배당금의 미래가치를 뺀 것이다. 그림 8.1은 선물의 수명 동안 배당금을 두 번 지급하는 주식에 대해 무위험거래를 생성하기 위한 주식 매입, 선물 매도, 배당금 수취 및 재투자의 전 과정을 실명하고 있다. 만기에 누적된 총가치는 오늘의 총가치와 같게 설정된다.

그림 8.1 주가지수선물의 보유비용모형

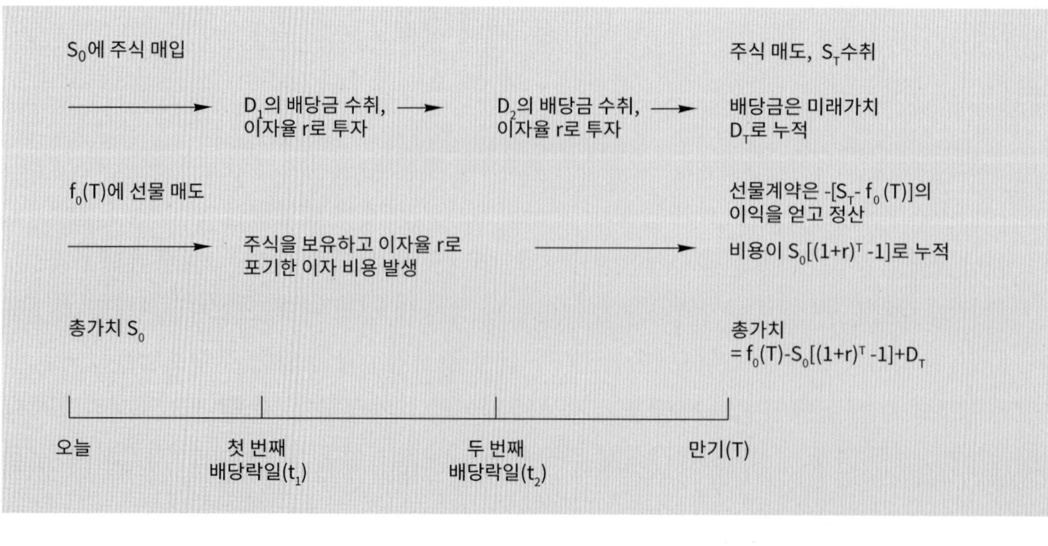

배당금을 복리 계산하는 대신, 배당금의 현재가치를 찾아 이 금액을 무위험이자율로 복리 계산하기 전 주가로부터 뺄 수 있다. 즉, 선물계약의 수명 동안 배당금의 현재가치는 다음과 같다:

$$D_0 = \sum_{j=1}^{N} D_j(1+r)^{-t_j}.$$

그렇다면, 선물가격결정공식은 다음과 같다:

$$f_0(T) = (S_0 - D_0)(1+r)^T.$$

이 접근방법은 옵션가격을 결정할 때 취했던 방법이다. 사실, 우리는 3, 4, 5장에서 배당금의 현재가치 개념을 접하였다. 우리는 주가에서 배당금의 현재가치를 뺀 후 그 주가를 옵션가격결정모형에 사용하였다. 여기서도 똑같이 한다. 배당금의 현재가치를 빼고 이 조정된 주가를 선물가격결정모형에 넣는다.

주가지수는 주식의 가중된 조합으로 대부분 배당금을 지급한다. 실제로 배당금 흐름은 일정한 금액이 아니지만 거의 연속적이다. 그러나 옵션에서 했던 것과 마찬가지로 일정한 수익률 δ_c로 배당금의 연속적인 흐름을 꽤 안전하게 가정할 수 있다. r_c를 연속복리 무위험이자율로, 그리고 S_0를 지수의 현물가격으로 사용하면, 모형은 다음과 같이 쓸 수 있다.

$$f_0(T) = S_0 e^{(r_c - \delta_c)T}.$$

이 공식은 Black–Scholes–Merton 모형의 모든 가정을 선물에 적용했을 때 정확히 얻을 수 있는 것이라는 점에 주목할 가치가 있다.

이 형식을 사용하면 해석이 다소 쉬워진다. 한 투자자가 주식시장에 투기하는 것을 고려하고 있다고 가정하자. 이를 실행하는 방법은 두 가지이다. 주가지수 포트폴리오를 매입하거나 선물계약을 매입하는 것이다. 포트폴리오를 매입하면, 투자자는 δ_c의 수익률로 배당을 받는다. 선물계약을 매입하면, 투자자는 배당을 받지 못한다. 배당수익률은 모형에 $e^{\delta_c T}$ 비율로 들어가며, 1보다 작다. 따라서 배당의 영향은 배당이 없을 때보다 선물가격을 낮추는 것이다. 무위험이자율이 배당수익률보다 높으면(낮으면) 선물가격이 현물가격보다 높을(낮을) 것이라는 점에 유의하자. 또는 앞의 공식을 $f_0(T) = (S_0 e^{-\delta_c T})e^{r_c T}$로 쓸 수 있으며, 이는 무위험이자율로 복리 계산된 배당 조정 주가로 해석될 수 있다.

주가지수 선물가격은 주가를 무위험이자율로 만기까지 복리 계산한 것에서 배당금의 미래가치를 뺀 것이다. 또는 무위험이자율로 만기까지 복리 계산된 배당 조정 주가로 볼 수 있다.

수치 예시 다음 문제를 고려해보자. 주가지수는 50, 연속복리 무위험이자율은 8%, 연속복리 배당률은 6%, 그리고 만기까지의 기간은 60일, 따라서 T는 60/365 = 0.164이다. 그렇다면, 선물가격은

$$f_0(T) = 50e^{(0.08 - 0.06)(0.164)} = 50.16.$$

무위험이자율이 5%였다면, 선물가격은

$$f_0(T) = 50e^{(0.05 - 0.06)(0.164)} = 49.92.$$

9장에서 우리는 선물가격이 보유비용모형이 제공하는 가격과 같지 않을 때, 차익거래가 시장을 어떻게 조정되도록 하는지 살펴볼 것이다.

주식선물계약 거래량의 대부분은 주가지수선물에 있다. 그러나 특정 개별주식에 기초한 선물계약이 있다. 이 계약들은 여러 해 동안 미국 외 지역에서 거래되었고, 2002년 가을에 미국에서 거래되기 시작했다. 미국에서 대부분의 개별주식들은 분기별로 배당을 지급한다. 미국 외 지역에서 개별주식들은 대체로 일 년에 한두 번 배당을 지급하는 경향이 있다. 어떤 경우이든, 개별주식선물의 가격결정은 일반적으로 개별 배당의 가치를 계산에 포함시켜 수행된다. 다시 말해, 주가지수선물의 가격결정을 위해 여기서 제시된 일반적인 방법이 개별주식선물의 가격결정에 동일하게 적용되지만, 개별주식선물에 대해서는 이산배당(discrete dividends)을 사용하는 것이 더 적절할 것이다.

이 장의 앞부분에서 선도계약의 가치평가는 계약이 체결되었을 때 설정된 선도가격의 현재가치를 현물가격에서 뺌으로써 결정된다는 것을 배웠다. 그런 다음, 현금지급을 하는 자산들에 기초한 선도계약의 가격결정 방법을 배웠다. 현금배당을 하는 자산에 기초한 선도계약의 가치를 평가하려면 조정이 필요하다. 현물자산이 이산배당과 같은 현금지급을 하는 경우, 단순히 현물가격을 조정하여 현금지급의 현재가치를 제거한다.

$$V_t(0, T) = S_t - D_{t,T} - F(0, T)(1+r)^{-(T-t)},$$

여기서 $D_{t,T}$는 잔여 배당의 t에서 T까지의 현재가치이다. 연속배당수익률의 경우,

$$V_t(0, T) = S_t e^{\delta_c(T-t)} - F(0, T)e^{-r_c(T-t)},$$

여기서 우리는 모든 할인이 연속적인 방식를 사용하여 수행되는 것을 관찰한다.

주가지수 선물계약의 가치는 주가에서 배당금의 현재가치와 선도가격의 현재가치를 뺀 값이다.

주식선물이나 주가지수선물 가격결정의 이면에 있는 기본 발상은 이표(coupons)를 지급하는 채권선물의 가격결정에도 일반적으로 적용될 수 있다. 그러나 실제로 채권을 기초로 한 선물계약들은 우리가 이 장에서 다루려고 하는 것 이상으로 가격결정을 복잡하게 하는 특정한 특징을 가지고 있다. 이 상품들은 9장에서 자세히 다루어진다.

8-2b 외환과 해외 금리: 이자율평가이론

이자율평가이론(interest rate parity)은 두 나라의 현물환율 및 선물환율(forward exchange rate)과 이자율 간의 중요한 기본관계이다. 이것은 매수차익거래 선도 및 선물 가격결정모형의 외환시장 버전이다. 이자율평가이론을 이해하는 데 도움이 되는 한 가지 방법은 더 높은 이자율을 지급하는 통화로 환전함으로써 더 높은 무위험 수익을 얻을 수 있다고 믿는 사람의 포지션을 고려하는 것이다. 예를 들어, 프랑스 기업의 회계담당자가 유로 이자율보다 더 높은 이자율을 얻고 싶어 하고, 유로화를 달러로 바꿔서 더 높은 미국 이자율을 얻을 수 있다고 믿는다고 가정하자. 회계담당자가 그렇게 하지만, 달러를 다시 유로로 바꿀 환율을 보장하는 선도나 선물 계약을 마련하지 못하면, 그는 미국 이자율을 얻지 못할 뿐만 아니라 유로 이자율

보다 더 낮은 이자율을 얻을 위험을 무릅쓰는 것이다. 그가 달러를 보유하고 있는 동안 달러가 약세이면, 다시 유로로 환전하는 데는 많은 비용이 들 것이다. 이런 유형의 거래는 외국에 나가지만 잠시 그곳에 머문 이후까지 집에 돌아올 항공권을 구입하지 않은 것과 비슷하다. 당신은 귀국 항공권을 구입하는 시점에 존재하는 요금과 조건이 무엇이든 그것을 따라야 한다. 왕복항공권을 구입하면 귀국 항공권의 가격과 조건이 고정된다. 따라서 기업 회계담당자는 달러 선도나 선물 계약을 매도하여 달러를 다시 유로로 바꿀 수 있는 환율을 고정하기를 원할 수도 있다. 그러나 선도 및 선물 가격은 전체 거래가 유로화로 유로 이자율 이상을 얻지 못하도록 조정될 것이다. 사실상, 귀국 항공권 비용은 외화로 되어있는 동안의 모든 이자율 상승을 상쇄할 것이다. 그렇지 않은 경우, 차익거래 이익이 발생하여 가격이 적절히 조정되도록 할 것이다. 유럽인의 관점에서 관찰된 유로 및 달러와 관련된 다음의 상황을 고려해보자.

현물환율은 S_0이다. 이 시세는 미국 달러당 유로이다. 미국 무위험이자율은 ρ이고 보유기간은 T이다. 당신은 $S_0(1+\rho)^{-T}$유로를 가져가 $(1+\rho)^{-T}$ 달러를 매입한다. 동시에, T시점에 만기가 되는 선물환 1계약을 매도한다. 선물환율은 F(0, T)이며, 이 또한 달러당 유로이다. 당신은 $(1+\rho)^{-T}$ 달러를 가져가 ρ의 수익을 내는 미국 단기 재무부채권(T-bills)에 투자한다.

선도계약이 만기가 되었을 때, 당신은 1달러를 갖게 될 것이다. 이는 당신의 $(1+\rho)^{-T}$ 달러가 $(1+\rho)^{T}$ 비율로 증가하여 $(1+\rho)^{-T}(1+\rho)^{T} = 1$이 되기 때문이다. 당신은 선도계약에 따라 달러를 인도해야 하며, 그 대가로 F(0, T) 유로를 받는다. 사실상, 당신은 $S_0(1+\rho)^{-T}$ 유로를 투자했고, F(0, T) 유로를 받았다. 이 거래는 위험이 없기 때문에, 당신의 수익은 유로 이자율 r이어야 한다. 즉,

$$F(0, T) = S_0(1+\rho)^{-T}(1+r)^{T}.$$

이 관계를 이자율평가이론(interest rate parity)이라고 하며, 때때로 다음과 같이 나타낸다.[2]

$$F(0, T) = S_0(1+r)^{T} / (1+\rho)^{T}.$$

이자율평가이론은 통화선물 또는 선물환과 현물환율 간의 관계로서, 두 나라의 무위험이자율 간 관계에 의해 결정된다.

수치 예시 유럽인의 관점에서 다음의 예를 고려하자. 특정 연도의 6월 9일에 달러 현물환율은 0.7908유로였다. 미국 이자율은 5.84%, 유로 이자율은 3.59%였다. 만기까지의 기간은 90/365 = 0.2466이었다. 다음의 식을 상기하자.

$$F(0, T) = 0.7908(1.0359)^{0.2466} / (1.0584)^{0.2466} = 0.7866 \text{ 유로}$$

따라서 달러 선물환율은 약 0.7866유로가 되어야 한다.

이자율평가이론은 환율이 호가될 수 있는 방식의 차이 때문에 일부 사람들에게 혼동을 줄 수 있다. 당신은 $F(0, T) = S_0(1+\rho)^{T} / (1+r)^{T}$로 나타낸 이자율평가이론을 볼 수도 있다. 이것은

2 또한 이 공식에는 몇 가지 일반적인 변형이 있다. 그것은 때로는 $F(0, T) = S_0(1+r-\rho)^{T}$로 그리고 때로는 $F(0, T) = S_0(1+rT)/(1+\rho T)$로 근사되며, 여기서 T는 일수/360 또는 일수/365이다. 이전 장들에서 논의한 바와 같이, 후자의 공식은 r과 ρ가 LIBOR의 형태일 때의 경우이다. 이자는 1+r(T/360)의 형태로 원금에 더해진다. 이자율이 연속복리로 계산된다면, 공식은 $F(0, T) = S_0e^{(r_c-\rho_c)T}$가 될 것이다.

현물환율이 자국통화 단위로(예를 들어, 이 예에서는 €/$로) 호가될 때 맞다. 우리의 유로 예에서 현물환율은 $1/€0.7908 = 유로당 1.2645달러로 나타낼 수 있었다. 이 경우, 선물환율은 유로당 달러로 표시되고, 공식은 $F(0, T) = S_0(1+\rho)^T / (1+r)^T$로 옳게 주어질 것이다. 여기서 ρ는 외국 이자율(달러)이고 r은 국내 이자율(유로)이다. 이를 기억하는 쉬운 방법은 특정 국가의 이자율 요소에 해당 국가의 통화로 표시된 현물시세를 곱하는 것이다. 그런 다음, 다른 하나의 이자율 요소는 지수에 –T와 함께 나타내거나 단순히 분모의 T제곱으로 나타낸다.

이 장의 앞부분에서 언급한 것처럼, 선물환율이 자국통화 단위로(예를 들어, 유로당으로 호가되는 달러) 호가될 때, 선물환율이 현물환율보다 높으면 할증상태(at a premium)에 있다고 말한다. 할증(premium)이란 단어는 더 높은 것을 의미하는 경향이 있기 때문에, 우리는 자국통화 단위로 환율을 호가할 또 다른 이유를 갖는다. 다른 방식으로 환율을 호가했다면, 더 높은 선물환율은 할인(discount)을 의미한다.

선물환 할증(할인)을 통화 강세(약세)가 예상된다는 의미로 해석하는 것은 국제금융 논의에서 보편화 되었다. 불행히도 이러한 해석은 잘못된 것이다. 차익거래의 원리가 선물환 할증 또는 할인을 일으키는 것이다. 자국통화를 외국통화로 바꿔서 더 높은 무위험 수익을 확실히 얻을 수 있고, 환위험을 헤지하여 다시 자국통화로 바꿀 수 있다면, 모든 사람이 이렇게 할 것이며, 이는 국내 무위험이자율보다 더 나은 수익을 얻을 수 있는 가능성을 제거할 것이다. 모든 선물환 할증이나 할인은 순전히 두 국가의 이자율 차이에 의해 발생한다. 국내 이자율이 더 낮고, 외국의 더 높은 무위험 수익을 얻기 위해 국내 무위험 수익을 포기하는 경우, 받은 이자와 포기한 이자의 상대적인 크기에 비례하는 선물환율로 외국통화를 매도해야 한다. 이것은 사람들이 현물환율이 미래에 수행 할 것으로 기대하는 것과는 아무런 관련이 없다. 사람들이 현물환율에 일어날 수 있는 일에 대해 상당히 다른 생각을 가질 수 있지만, 선물환율이 비례적인 이자 요소들, 즉 이자율평가이론에 따라 현물환율에 맞추어 조정되어야 한다는 데는 동의할 것이다.

통화선물계약은 통화선도(선물환) 계약만큼 많이 거래되지는 않지만, 적어도 여기서 세운 가정들 하에서 이자율평가이론은 통화선물계약의 가격을 결정하는 데에도 적용될 수 있다. 그러므로,

$$F(0, T)=S_0(1+r)^T/(1+\rho)^T.$$

외환 선도계약의 가치는 외국 이자율로 할인한 현물환율에서 선물환율의 현재가치를 뺀 것이다.

선물환계약의 가치는 주가지수 선도계약에서 사용한 것과 같은 접근방법을 따라 다음과 같이 결정된다:

$$V_t(0, T)=S_t(1+\rho)^{-(T-t)}-F(0, T)(1+r)^{-(T-t)},$$

단, ρ는 외국 이자율이다.

8-2c 실물상품과 보관비용

이 섹션에서는 실물상품(commodity) 선물계약과 보관비용의 영향을 고려한다. 단순화를 위해 기초 실물상품을 보유하는 데 따른 보관비용 s는 기간 말에 지불된다고 가정하자. 이제 투자자가 S_0의 현물가격에 실물상품을 매입하고 $f_0(T)$의 가격에 선물계약을 매도한다고 가정하자.

만기에 실물상품은 S_T에 매도된다. 보관비용 s가 지불되고, 선물계약은 $-[f_T(T)-f_0(T)]$ 의 현금흐름을 발생시키며, 이것은 $-[S_T-f_0(T)]$와 같다. 따라서 만기에 총현금흐름은 $-s+f_0(T)$이다. 이 금액은 미리 알려져 있으므로, 현재 포트폴리오의 가치는 $-s+f_0(T)$의 현재가치와 같아야 한다. 현재 포트폴리오의 가치는 단순히 실물상품에 지불된 금액 S_0이다. 이 결과들을 종합하면 다음과 같다:

$$S_0=[f_0(T)-s](1+r)^{-T},$$

또는

$$f_0(T)=S_0(1+r)^T+s.$$

상품선물계약의 가격은 현물가격을 만기까지 무위험이자율로 복리 계산한 것에 보관비용을 더한 값이다.

여기서 우리는 선물가격이 현물가격을 무위험이자율로 복리 계산한 것에 보관비용을 더한 값이라는 것을 알 수 있다. 상품선물(commodity futures)에 대해서는 다음에 위험프리미엄(risk premium)을 논의할 때 좀 더 자세히 살펴볼 것이다.

TECHNICAL NOTE

보유비용모형의 일반화
www.cengagebrain.com을 방문하여 ISBN 9781305104969를 검색하시오.

8-3 가격결정모형

이 섹션에서는 선도 또는 선물 계약의 가격결정과 위험프리미엄을 연결한다. 1장(및 당신이 수강했을 다른 과목들)으로부터 위험프리미엄이 위험을 감수하는 것을 정당화하기 위해 기대되는 추가적인 수익임을 상기해보자. 당신은 유명한 자본자산가격결정모형(Capital Asset Pricing Model)과 같은 자산가격결정모형들에 이미 친숙할 수 있으며, 이 모형들은 기대수익과 위험 간의 관계를 제공한다. 이 섹션에서 우리는 선물 및 선도 계약이 이런 계약들에 포지션을 취하는 당사자들에게 위험프리미엄을 제공하는지 여부를 결정하고자 한다.

이전 섹션에서 우리는 선도 및 선물 가격이 다를 수 있지만 그 차이는 일반적으로 매우 작다는 것을 보았다. 따라서 좀 더 매끄럽게 들리도록 하기 위해, 이런 계약들을 선도 및 선물 계약으로 언급하는 것을 중단하고 단순히 선물계약으로 언급할 것이다. 시가평가(marking to market)는 만기일에만 행해진다고 가정할 것이며, 따라서 이는 본질적으로 선물계약을 선도계약으로 만든다.

선물계약을 가지고 위험프리미엄을 살펴보기에 앞서, 위험프리미엄과 매수차익거래로부터 현물가격을 결정하는 것에 대한 몇 가지 원칙을 검토해보자.

8-3a 일반 자산에 대한 현물가격, 위험프리미엄 및 매수차익거래

먼저 일반 현물자산의 가치를 평가하기 위해 간단한 분석틀을 만들어보자. S_0는 현물가격, s

는 0시점부터 T시점까지의 기간 동안 자산의 보관비용, 그리고 iS_0는 해당 기간 동안 자산에 투자된 S_0 달러에 대해 포기한 이자라고 하자.

미래 자산가격의 불확실성이 없다고 가정하자. 그러면 S_T가 T시점의 자산가격이 될 것이 확실하다. 따라서 자산의 현재 가격은 다음과 같아야 한다:

$$S_0=S_T-s-iS_0.$$

확실성 하에서, 오늘의 현물가격은 미래 현물가격에서 보관비용과 포기한 이자를 뺀 값과 같다.

즉, 오늘의 자산가격은 단순히 미래 가격에서 보관비용과 이자를 뺀 값이 될 것이다. 아무도 이보다 많은 금액을 지불하지 않을 것이다. 왜냐하면 보관 및 이자 비용이 자산을 보유함으로써 얻는 모든 이익을 제거하기 때문이다. 누군가는 항상 위의 공식에 주어진 금액까지는 더 지불할 용의가 있기 때문에, 아무도 이 금액보다 적은 금액에는 팔지 않을 것이다.

확실한 미래 자산가격의 가정을 완화하면, 기대 미래 자산가격($E(S_T)$)을 사용해야 한다. 그러나 투자자들이 위험중립적(risk neutral)이라면, 위험을 부담하는 것에 대해 보상받는 것을 전혀 기대하지 않고 자산을 기꺼이 보유하고자 할 것이다. 그 경우,

$$S_0=E(S_T)-s-iS_0.$$

불확실성과 위험중립성 하에서, 오늘의 현물가격은 기대 미래 현물가격에서 보관비용과 포기한 이자를 뺀 값과 같다.

즉, 오늘의 가격은 기대 미래 가격에서 보관 및 이자 비용을 뺀 값이다.

그러나 대부분의 투자자들은 위험을 회피하고, 결과적으로 자산에 대해 이만큼을 지불하지 않을 것이다. 그들은 더 적은 금액을 지불할 것이고, 그 차이가 위험프리미엄이다. 위험프리미엄을 $E(\phi)$로 나타내자. 그러면 현재 가격은 다음과 같다:

$$S_0=E(S_T)-s-iS_0-E(\phi).$$

불확실성과 위험회피 하에서, 오늘의 현물가격은 기대 미래 현물가격에서 보관비용, 포기한 이자 및 위험프리미엄을 뺀 값과 같다.

즉, 위험회피적인 투자자들의 현실 세계에서 현재의 현물가격은 기대 미래 현물가격에서 보관비용, 포기한 이자, 그리고 위험프리미엄을 뺀 값이다.

이 진술은 상당히 일반적이며, 위험프리미엄이 결정되는 방법에 대해 어떤 것도 알려주지 않는다. 금융자산의 경우 보관비용이 거의 없으므로, 그 경우 $s = 0$으로 설정한다. 위의 진술은 자산가격이 기대, 소유비용(명시적 및 암묵적), 그리고 위험 감수에 대한 보상을 반영해야 한다는 점을 강하게 되새겨 준다.

마지막으로 한 가지를 더 다듬어보자. 기초물이 현금 수익을 지급하는 선물 및 선도 계약에 대해 논의했던 것을 상기해보자. 이제 그 가정을 다시 하되, 이번에는 현금 수익이 이자나 배당금의 형태로 되어있다고 하자. 자산이 지급하는 그런 현금흐름만큼 이자 기회비용을 줄임으로써 이 영향을 포착해보자. 따라서 지금부터는 iS_0를 '포기한 이자'에서 수취한 모든 현금흐름(이자 또는 배당금)을 뺀 것으로 기억하자. 우리는 이것을 **순이자(net interest)**라고 부를 것이다. 배당이나 표면이자율(이표율)이 충분히 높으면, 그것이 이자 기회비용을 초과할 수 있으고, i는 음수(–)가 될 수 있다. 이것은 문제가 아니며, 사실 그렇게 드문 일도 아니다. 표면이자율이 높은 채권을 금리가 낮은 환경에서 보유하면, 순이자는 쉽게 음수(–)가 될

수 있다.

보관비용과 순이자의 결합인 $s + iS_0$를 **보유비용(cost of carry)**이라고 하며, 그리스 기호 θ(쎄타)로 표시한다. 보유비용은 보관비용이 순이자를 초과하면 양수(+)이고, 순이자가 음수(-)이고 보관비용을 상쇄할 만큼 충분히 크면 음수(-)이다. 그러나, 때때로 이 개념을 **캐리(carry)**라고 한다. 보유비용이 음수(-)인 자산, 즉, 순이자가 순유입(net inflow)이고 보관비용을 초과하는 자산을 양(+)의 캐리(positive carry)를 갖는다고 말한다. 보유비용이 양수(+)인 자산은 음(-)의 캐리(negative carry)를 갖는다고 말한다. 이 책의 목적을 위해 우리는 이 개념을 엄격하게 보유비용으로 언급할 것이다.

보유비용은 보관비용과 순이자이며, 자산을 보관하는 데 드는 비용을 나타낸다.

전기(electricity)와 같이 저장할 수 없는 재화의 경우, 오늘의 현물가격과 기대 미래 현물가격 간에 반드시 관련이 있는 것은 아니다. 오늘과 미래의 수급 상황은 독립적일 것이다. 현재 소유하고 있는 재화의 일부를 저장하는 것으로 불확실한 미래 공급의 위험을 줄일 수 없다. 큰 가격변동이 발생할 가능성이 있다. 보유비용은 무의미한 개념이 될 것이다.

다른 극단에서는 상품이 무기한으로 저장될 수 있다. 주식, 금속 및 원유와 같은 일부 자연자원은 무기한으로 또는 거의 무기한으로 저장할 수 있다. 이 상품들의 현물가격은 현재의 수급상황, 보유비용, 투자자들의 기대 위험프리미엄, 그리고 기대 미래 수급상황에 따라 결정될 것이다.

많은 농산물의 경우, 저장이 제한되는 것이 일반적이다. 곡물은 저장 수명이 상당히 긴 반면, 얼린 농축 오렌지 주스는 수명이 더 제한적이다. 금융시장에서 만기가 1년 미만인 단기 재무부채권은 저장 수명이 짧다. 만기가 긴 장기 재무부채권은 저장 수명이 훨씬 길다.

저장할 수 있는 자산의 경우, 현물가격은 보유비용과 기대 위험프리미엄에 따른 기대 미래 현물가격과 관련되어 있다. 우리는 이 관계를 사용하여 선도 및 선물의 가격결정을 설명할 것이다.

8-3b 선도/선물 가격결정 재고찰

이 장의 이전에 논의한 내용을 바탕으로 우리는 이제 선도 및 선물의 가격결정에 대한 검토를 확장한다. 특히, 증거금이나 다른 담보 요건 및 편의수익의 개념과 같은 몇 가지 실질적인 고려사항들을 살펴본다. 다음 거래를 고려해보자: 당신은 S_0의 가격에 현물자산을 매입하고 $f_0(T)$의 가격에 선물계약을 매도한다. 만기에 현물가격은 S_T이며, 선물가격은 $f_T(T)$이고 이것은 S_T와 같다. 만기에 당신은 자산을 인도한다. 거래 이익은 발생한 보관비용과 묶인 자금의 기회비용을 $f_0(T)-S_0$에서 뺀 값이다:

$$\Pi = f_0(T)-S_0-s-iS_0=f_0(T)-S_0-\theta.$$

식 $f_0(T)-S_0-\theta$에서 모르는 항은 없기 때문에 이익은 위험이 없고, 이것은 해당 거래에서 위험프리미엄이 발생하지 않아야 한다는 것을 의미한다. 투자된 금액은 현물자산의 원래 가격인

S_0이다. 거래 이익은 $f_0(T)-S_0-\theta$이고 이것은 영(0)이어야 한다. 따라서,

$$f_0(T)=S_0+\theta.$$

균형상태에서 선물가격은 현물가격에 보유비용을 더한 것과 같다.

선물가격은 현물가격에 보유비용을 더한 것과 같다. 그러므로, 보유비용은 선물가격과 현물가격 간의 차이이고 베이시스(basis)와 관련이 있다.[3] 베이시스에 대해서는 10장에서 더 자세히 설명할 것이다.

[그림 8.2]는 이 거래의 대안적인 해석을 보여준다. 포지션을 취할 때의 가치는 S_0이고 만기 시 가치는 $f_0(T)-\theta$이다. $f_0(T)-\theta$는 거래가 시작될 때 알 수 있기 때문에, 이 거래는 위험이 없다. 따라서 S_0는 무위험이자율로 할인한 $f_0(T)-\theta$의 현재가치와 같아야 한다. 그러나 θ에는 보유기간 동안 S_0에 대해 포기한 이자가 포함되어 있으므로, 현재가치의 조정은 이미 이루어졌다. 따라서,

$$f_0(T)=S_0+\theta.$$

이 관계를 유지하게 하는 것은 무엇인가? 선물가격이 현물가격에 보유비용을 더한 것보다 더 높다고 가정하자:

$$f_0(T)>S_0+\theta.$$

그렇다면, 차익거래자는 현물자산을 매입하고 선물계약을 매도할 것이다. 이는 $f_0(T)-S_0-\theta$와 같은 양(+)의 이익을 발생시킬 것이다. 많은 차익거래자들이 같은 거래를 수행할 것이고, 그것은 선물가격에 하방 압력을 가할 것이다. $f_0(T)=S_0+\theta$가 되면, 이익을 올릴 수 있는 기회는 사라질 것이다.

이제 선물가격이 현물가격에 보유비용을 더한 것보다 더 낮다고 가정해보자. 즉,

$$f_0(T)<S_0+\theta.$$

그림 8.2 자산 매입, 선물 매도, 그리고 자산 보관

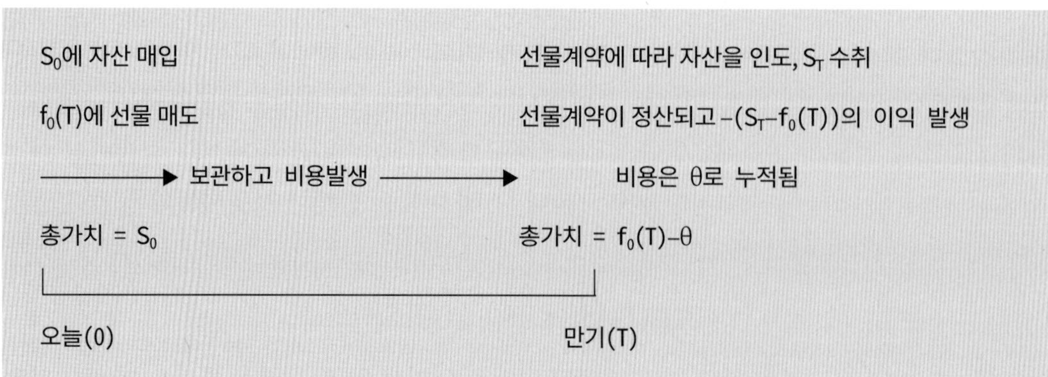

3 베이시스(basis)는 일반적으로 현물가격에서 선물가격을 뺀 값으로 정의되며, 이 정의는 10장에서 사용할 것이다.

먼저, 자산이 금융상품이라고 가정하자. 그렇다면, 차익거래자는 자산을 공매도하고 선물을 매입할 것이다. 금융상품을 공매도하는 경우, 공매도자는 보관비용이 들지 않을 것이다. 자산에 묶인 자금의 기회비용이 발생하는 대신, 공매도자는 공매도로부터 받은 대금에 대해 이자를 받을 수 있다. 차익거래에 대해서는 9장에서 더 자세히 살펴볼 것이다.

따라서 보유비용을 지불하는 것이 아니라 받게 된다. 그 결과, 이익은 $S_0 + \theta - f_0(T)$이고, 이것은 양수(+)이다. 차익거래자들의 결합된 행동은 이익이 사라질 때까지 현물가격에 하방 압력을 그리고 선물가격에 상방 압력을 가할 것이다. 그 시점에서 $f_0(T) = S_0 + \theta$.

차익거래 행위를 유도하는 데 공매도가 실제로 반드시 필요하지 않을 수도 있다. 헤지되지 않은 자산을 보유하고 있는 투자자를 고려해보자. 그 사람은 자산을 매도하고 선물계약을 매입할 수 있다. 자산을 소유하고 있지 않은 동안, 차익거래자는 보관비용을 피하고 자산을 매도하여 받은 대금에 대해 이자를 받을 수 있다. 만기에 차익거래자는 자산을 인수하고, 다시 헤지되지 않은 자산을 소유한다. 거래 이익은 $S_0 + \theta - f_0(T)$이고 양수(+)이다. 따라서 이 거래는 일시적으로 투자자의 총자산에서 자산을 제거하고 무위험 이익을 얻은 다음, 해당 자산을 투자자의 총자산에 다시 넣는다. 많은 차익거래자들이 이렇게 할 것이기 때문에, 그것은 더 이상 기회가 없을 때까지 현물가격을 낮추고 선물가격을 올릴 것이다. 이런 거래를 **준차익거래(quasi arbitrage)**라고 한다.

전문가들 사이에서도 선물가격이 미래 현물가격에 대한 기대를 반영하는지에 대해 약간의 혼란이 있었다. 일부는 선물가격이 미래 현물가격에 대한 기대를 제공한다고 주장한 반면, 다른 사람들은 선물가격이 보유비용만을 반영한다고 주장하였다. 또 다른 사람들은 선물이 일부 기간에서는 기대를 드러내고 일부 기간에서는 보유비용을 드러낸다고 주장하였다. 선물가격이 기대를 드러내는지 여부에 대한 이슈는 이후 섹션에서 더 상세하게 다룰 것이다. 여기서는 두 입장 모두 옳다는 점에 유의해야 한다. 선물가격은 현물가격에 보유비용을 더한 것과 같기 때문에, 선물가격은 분명히 보유비용을 반영한다. 그러나 현물가격은 기대를 반영한다. 이것은 현물가격 결정의 기본원리이다. 선물가격에는 현물가격이 포함될 것이기 때문에, 선물가격 또한 기대를 반영하지만 현물가격을 통해 간접적으로 반영한다. 전체적인 프로세스는 [그림 8.3]에 설명되어 있다.

지금까지 우리는 선물거래자들에게 부과되는 적은 증거금 요건을 영(0)으로 가정했다. 이제 자산을 S_0에 매입하고 선물을 $f_0(T)$에 매도하는 거래에서 거래자가 증거금 계정에 M달러를 예치해야 한다고 가정하자. M달러에 대해서는 무위험이자율로 이자를 받을 것이라고 가정하자. 그러면, 만기에 거래자는 자산을 인도하고 $f_0(T)$의 실효가격을 받게 될 것이며, θ의 보유비용이 들 것이다. 또한 거래자는 M달러의 예치증거금과 그에 대한 이자를 풀 수 있을 것이다. 만기에 총가치($f_0(T) - \theta + M$ + M에 대한 이자)는 미리 알 수 있으므로, 전체 거래는 위험이 없다. 그러나 거래의 앞부분에서 거래자는 자산을 매입하기 위해 S_0달러를, 증거금계정

■ 그림 8.3 선물가격이 결정되는 방법

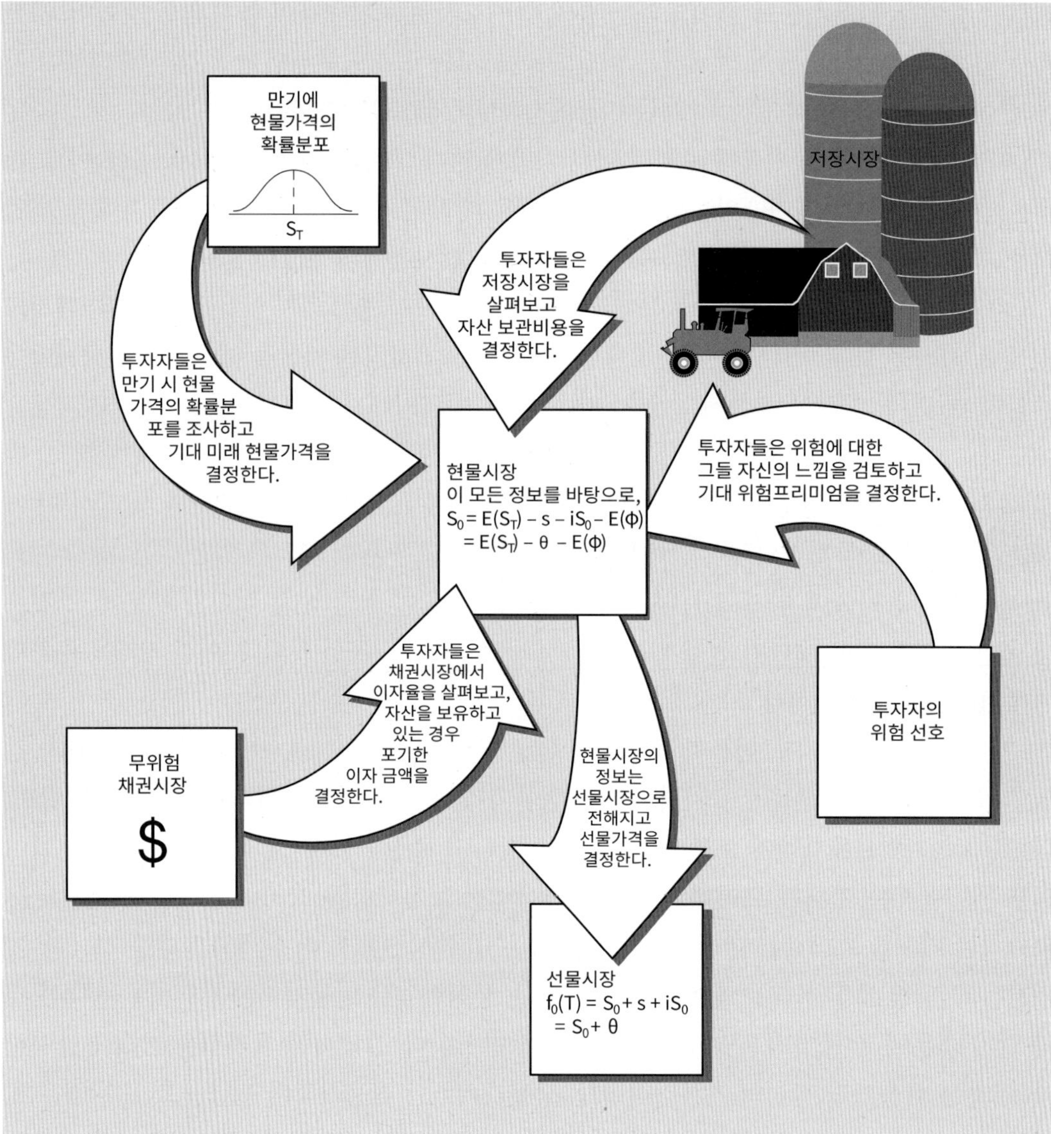

에 M달러를 내놓았다. 그러므로 만기에 총가치의 현재가치는 S_0 + M과 같아야 한다. 분명히 M과 M에 대한 이자를 더한 것의 현재가치는 M과 같다. 이것은 S_0가 여전히 $f_0(T) - \theta$와 같아야 함을 의미하며, 보유비용모형 $f_0(T) = S_0 + \theta$를 제공한다. 그러나 만약 예치증거금에 대해 이자가 지급되지 않는다면, 선물가격은 증거금계정의 이자 손실에 의해 영향을 받을 수 있다. 선물가격이 어떻게 영향을 받는지는 분명하지 않다. 왜냐하면 역차익거래를 하는, 즉, 자산을 매도하거나 공매도하고 선물을 매입하는 거래자도 같은 증거금 요건에 직면하기 때문이다. 그것이 정말 중요한가? 아마 아닐 것이다. 일반적으로 대형 거래자들은 이자가 붙는 증권(interest-bearing securities)을 예치할 수 있다. 우리가 관찰하는 가격은 대형 거래자들에 의해 결정되고 있는 것이 거의 확실하다. 따라서 예치증거금이 선물의 가격결정과 무관하다고 가정하는 것은 타당해 보인다.

이자나 배당을 지급하지 않는 증권에 대해서 뿐만 아니라 저장할 수 있는 자산에 대해서도 보유비용은 일반적으로 양수(+)이다. 이로 인해 선물가격은 현재의 현물가격보다 높게 된다. 이런 유형의 시장을 **콘탱고(contango)**라고 한다.

콘탱고 시장에서 선물가격은 현물가격보다 높다.

[표 8.2]는 콘탱고 시장의 일부 현물 및 선물 가격을 나타낸다. 이 예는 Intercontinental Exchange(ICE)에서 거래되는 면화(cotton)에 대한 것이다. 10월물 계약에 대해 내재된 보유비용은 41.60 – 36.75 = 4.85이다. 이 수치에는 면화 1파운드에 투자한 36.75센트(cents)에 대해 포기한 이자와 9월 말경부터 10월 계약 만기까지 면화를 보관하는 실제 물리적인 비용이 포함되어 있음을 기억하자.

표 8.2 콘탱고 시장의 예

면화(Intercontinental Exchange)	
만기	정산가격(파운드당 센트)
현물(9월 26일)	36.75
10월	41.60
12월	42.05
3월	42.77
5월	43.50
7월	43.80
10월	45.20
12월	45.85

사실이 항상 이론에 부합한다면 편리할 것이다. 그렇다면, 우리는 선물가격을 초과하는 현물가격을 결코 관찰할 수 없었을 것이다. 현실에서는 현물가격이 때때로 선물가격을 초과한다. 한 가지 가능한 설명은 편의수익(convenience yield)이다.

편의수익 우리는 선물가격이 현물가격보다 낮은 경우에 대한 설명을 찾고 있다. 만약 $f_0(T) = S_0 + \theta$이고 $f_0(T) < S_0$이면, $\theta < 0$. 어떤 유형의 시장 상황에서 음(–)의 보유비용이 발생할 수 있는가?

상품의 공급이 부족하다고 가정하자. 현재 소비는 재화의 공급에 비해 비정상적으로 높다. 이것이 비정상적으로 높은 현물가격을 초래하고 있다. 현재의 빠듯한 시장 상황으로 인해 개인들은 상품을 저장하는 것을 단념한다. 상황이 심각한 경우, 현재의 현물가격은 기대 미래 현물가격보다 높을 수 있다. 현물가격이 충분히 높으면, 선물가격은 그보다 낮을 수 있다. 그렇다면, 선물가격과 현물가격 간의 관계는 다음과 같이 주어진다:

$$f_0(T) = S_0 + \theta - \chi,$$

여기서 χ(카이)는 단순히 $f_0(T)$ 와 $S_0 + \theta$간의 차이를 설명하는 양(+)의 값이다. χ가 충분히 크면, 선물가격은 현물가격보다 낮을 것이다. 그러나 χ는 작을 수도 있기 때문에, 반드시 그렇지는 않다.

편의수익은 공급이 부족한 상품을 보유함으로써 얻는 추가적인 수익 또는 자산의 비금전적 이득이다.

χ값은 흔히 **편의수익(convenience yield)**이라고 한다. 그것은 공급이 부족한 상품의 재고를 보유하고 있는 사람들이 얻는 프리미엄이다. 공급이 부족한 상품의 재고를 보유함으로써 추가적인 수익인 편의수익을 얻을 수 있다. 우리가 향후 판매나 소비를 위해 상품이 저장된다고 말하는 것이 아니라는 점에 유의하자. 사실 현물가격이 충분히 높은 경우, 저장 수익은 음수(–)이다. 상품을 저장할 유인이 없다. 사실은, 상품을 가능한 한 많이 빌려서 (공)매도하려는 유인이 있다.

일부 자산의 경우 편의수익은 일종의 비금전적 수익으로 볼 수 있다. 예를 들어, 주택을 소유하고 있는 사람을 고려해보자. 주택은 보통 어느 정도 가격상승 가능성을 제공하지만, 기대 이득이 관련 위험을 보상하기에는 충분하지 않다. 경우에 따라서는 기대 이득이 무위험이자율보다 높지 않거나 훨씬 더 낮을 수 있다. 그러나 주택은 비금전적 수익을 제공하는데, 그것은 주택에 삶으로써 얻는 효용이다. 일반적으로 주택 구입자는 주거권을 위해 돈을 더 지불할 용의가 있으므로 기대수익을 낮춘다.

상품에 편의수익이 있는 경우, 선물가격은 현물가격에 보유비용을 더한 값보다 낮을 수 있다. 그 경우, 선물은 **완전보유비용보다 적은(less than full carry)** 상태에 있다고 한다.

백워데이션 시장에서는 현물가격이 선물가격보다 높다.

선물가격이 현재의 현물가격보다 낮은 시장을 **백워데이션(backwardation)** 또는 때때로 **역조시장(inverted market)**이라고 한다. 백워데이션 시장의 예는 [표 8.3]에 제시되어 있다.

표 8.3 백워데이션 시장의 예

대두(시카고 상품거래소)	
만기	**가격(부쉘당 센트)**
11월	563.25
1월	558.50
3월	552.75
5월	545.75
7월	543.25
8월	536.50
9월	520.50
11월	502.25

이 예는 11월의 어느 날에서 가져온 것이다. 11월물 선물계약이 있으므로, 이 계약의 가격은 현물가격에 대한 좋은 대용치(proxy)이다. 11월물 선물가격 563.25는 다른 모든 월물의 선물가격보다 높다는 점에 유의하자. 이 경우 분명히 현물가격과 관련된 편의수익이 있다. 대두(soybeans)는 아마도 공급이 부족할 수 있지만, 모든 선물가격이 현물가격과 보유비용을 더한 값보다 분명히 낮기 때문에 이런 공급부족은 내년에는 완화될 수 있을 것이다.

한 시장에서 동시에 백워데이션과 콘탱고의 특성을 보는 것은 드문 일이 아니다. [표 8.4]는 11월에 가져온 예에서 대두박(soybean meal)에 대해 그런 경우를 보여준다. 현물가격이 12월물 선물가격보다 낮고, 12월물 선물가격은 1월물 선물가격보다 낮다는 점에 유의하자. 그러나, 5월물 선물가격은 3월물 선물가격보다 낮다는 점에 주목하자. 이런 하향 패턴은 지속되고 내년 9월 이후에 만기가 되는 모든 계약의 가격이 현물가격보다 낮다.

표 8.4 백워데이션과 콘탱고가 동시에 발생한 시장의 예

대두박(시카고 상품거래소)	
만기	가격(부쉘당 센트)
현물(11월 8일)	159.50
12월	163.50
1월	164.40
3월	164.80
5월	163.00
7월	162.40
8월	161.10
9월	158.30
10월	154.90
12월	155.10
1월	154.10

상품 시장에서 백워데이션을 초래할 수 있는 또 다른 요인은 상품을 공매도할 수 없는 것과, 상품 가격이 적정 가격보다 더 높을 때 상품보유자 측이 상품을 매도하고 저평가된 매입 선물계약으로 대체하는 것을 꺼리는 것이다. 이전 섹션에서 우리는 이것을 준차익거래(quasi arbitrage)라고 하였다. 준차익거래가 충분한 양으로 실행되지 않아 선물가격이 이론적인 공정 가격에 도달하지 못하면, 우리는 백워데이션을 볼 수 있다. 현물가격은 지나치게 높아지고, 자산을 매도하고 선물계약으로 대체하려는 사람이 없거나, 자산을 공매도할 수 있는 사람이 없다.

물론, 금융자산의 경우 보관비용은 무시해도 될 정도이고 상품의 공급은 상당히 일정하다. 그러나, 여전히 우리는 역조시장을 흔히 관찰한다. 유로달러와 장기 재무부채권처럼 이자율에 민감한 자산들의 경우, 백워데이션이나 콘탱고가 관찰될 수 있다. 이 장의 뒷부분에서 금융선물가격이 현물가격보다 낮을 수 있는 몇 가지 다른 이유를 살펴볼 것이다.

이런 개념들을 염두에 두고, 우리는 이제 선물시장에서 중요하면서도 매우 논란이 많은 이슈로 화제를 돌린다: 선물가격에는 위험프리미엄이 포함되는가?

8-3c 선물가격과 위험프리미엄

우리는 이미 현물가격에서의 위험프리미엄(risk premium) 개념을 논의하였다. 위험프리미엄이 기대되지 않는 한, 아무도 순전히 투기적인 목적으로 현물상품을 보유하지 않을 것이다. 투자자들이 항상 위험프리미엄을 얻는 것은 아니지만, 평균적으로는 틀림없이 얻기를 기대할 것이다. 선물가격에 위험프리미엄이 있는가? 평균적으로 선물계약 투자자들은 위험프리미엄으로 보상을 받는가? 이 주제에 대한 두 가지 학설이 있다.

위험 프리미엄이 없다는 가설 투기자들만 있는 단순한 선물시장을 고려하자. 기초상품은 특정한 한 주 동안 미국 콜로라도주 밸(Vail) 타운에 내린 인치로 측정된 총적설량이다. 선물계약은 만기에 현금으로 정산된다. 개인들은 어떤 가격이든 합의한 가격으로 선물계약을 사거나 팔 수 있다. 유사한 파생상품들이 장외시장에 존재한다.

예를 들어, 두 사람이 30인치의 선물가격에 선물계약을 체결한다고 가정해보자. 만기에 총적설량이 30인치를 초과하면, 매도포지션을 보유한 거래자는 매입포지션 보유자에게 총적설량에서 30을 뺀 금액을 지급한다. 스키 리조트와 상인들은 적설량 수준과 높은 상관관계가 있는 노출을 가지고 있지만, 아무도 실제로 상품을 "보유"할 수 없으므로, 헤징(hedging)이나 차익거래는 없다.

이제 몇 주 후 매입자들이 매도자들을 지속적으로 이기고 있는 것이 명백하다고 가정하자. 매도자들은 스키를 타기에 좋은 겨울이라는 판단을 내린다. 매도를 해왔던 개인들은 자신들의 운명을 바꿔보기로 결심하고 매입하기 시작한다. 물론, 매입해 왔던 사람들은 매도할 생각이 없다. 이제 모두가 매입하길 원하며, 아무도 매도하지 않을 것이다. 이것은 누군가 선물가격이 너무 높아서 매도하는 것이 좋아 보인다고 생각하는 수준까지 선물가격을 끌어올린다. 이제 가격이 너무 많이 올라 반대 현상이 일어난다고 가정해보자. 매도자들은 매입자들을 지속적으로 이기기 시작한다. 이로 인해 매입자들은 방향을 바꿔 매도한다. 궁극적으로, 매입자들이나 매도자들이 상대방을 지속적으로 이기지 못하는 균형에 도달해야 한다. 그런 시장에서는 위험프리미엄이 없다. 어느 쪽도 상대방을 희생시키면서 이기지 못한다.

선물가격에 위험프리미엄이 포함되어 있지 않으면, 투기자들은 위험을 감수하는 대가를 보상받지 못한다. 그러면, 선물가격은 미래 현물가격의 불편(unbiased) 기대가 될 것이다.

선물시장에서 이 주장은 평균적으로 오늘의 선물가격이 만기 시 선물계약의 기대가격과 같다는 것을 의미한다; 즉, $f_0(T) = E[f_T(T)]$. 만기 시 기대 선물가격은 만기 시 기대 현물가격과 같기 때문에 $E[f_T(T)] = E(S_T)$, 우리는 다음의 결과를 얻는다:

$$f_0(T) = E(S_T).$$

그림 8.4 위험프리미엄이 없는 사례: 5월물 밀(wheat) 선물

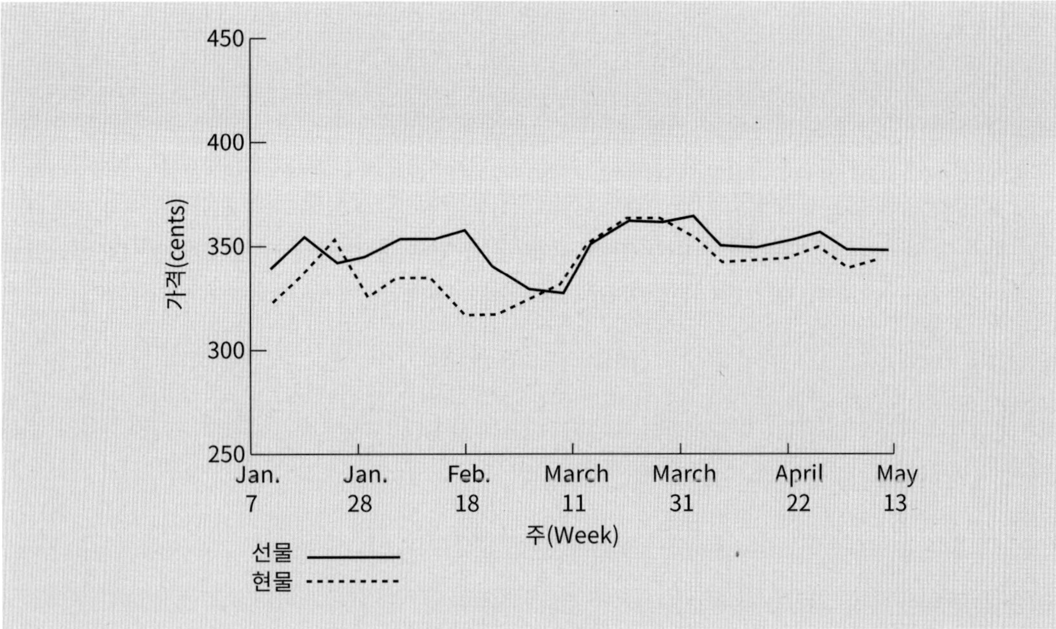

이것은 매우 중요하고 강력한 진술이며, *선물가격이 미래 현물가격에 대한 시장의 기대*라는 것을 말한다. 미래 현물가격에 대한 예측을 얻으려면, 선물가격만 관찰하면 된다. 경제학자들의 언어로 선물가격은 미래 현물가격의 불편 기대(unbiased expectations)이다.

예를 들어, 특정 연도의 9월 26일에 은의 현물가격은 트로이 온스(troy ounce)당 $5.58였다. 12월물 선물가격은 트로이 온스당 $5.64였다. 선물가격에 위험프리미엄이 포함되지 않은 경우, 시장은 은의 현물가격이 12월에 $5.64가 될 것으로 예측하고 있는 것이다. 선물계약을 $5.64에 매입한 선물거래자들은 그것을 $5.64에 매도할 것으로 기대한다.

[그림 8.4]는 이러한 관점과 상당히 일치하는 상황을 보여준다. 5월물 밀(wheat) 선물계약의 가격이 만기 전 20주 동안의 현물가격과 함께 제시되어 있다. 두 가격은 변동하고, 현물가격은 약간의 상승추세에서 알 수 있듯이 작은 위험프리미엄을 나타낸다.[4] 그러나 선물가격은 뚜렷한 추세를 따르지 않는다.

물론, 이것은 하나의 사례일 뿐이라는 점에 유의해야 한다. 선물가격에 위험프리미엄이 포함되어 있는지 여부의 문제는 실증적 연구를 통해 더 깊이 탐구될 수 있다. 그러나 먼저 선물가격에 위험프리미엄이 포함되어 있다는 관점을 뒷받침하는 주장을 살펴보자.

자산 위험프리미엄 가설 위험프리미엄이 관찰되면, 다음을 예상할 수 있다;

$$E[f_T(T)] > f_0(T).$$

4 그러나 상승추세는 무위험이자율이나 아마 보관비용 때문일 수도 있다.

선물가격은 상승할 것으로 기대된다. $f_0(T)$의 가격에 선물계약을 매입한 사람은 $E[f_T(T)]$에 매도할 것으로 기대할 것이다. 선물 및 현물 가격은 만기에 수렴해야 하므로, 즉, $E[f_T(T)] = E(S_T)$이므로,

$$E[f_T(T)]=E(S_T)>f_0(T).$$

이로부터 우리는 선물가격이 기대 미래 현물가격의 낮은 추정치라는 결론을 내린다.

보유비용이 양수(+)인 콘탱고 시장을 고려하자. 상품 보유자들은 위험프리미엄 $E(\phi)$를 얻을 것으로 기대하며, 이것은 이 장의 앞부분에서 다룬 다음의 공식에 의해 주어진다:

$$E(S_T)=S_0+\theta+E(\phi),$$

여기서, θ는 보유비용이고 $E(\phi)$는 위험프리미엄이다. $f_0(T)=S_0+\theta$이므로, $S_0=f_0(T)-\theta$. $E(S_T)$의 공식에서 S_0를 대체하면, 다음을 얻는다:

$$E(S_T)=f_0(T)-\theta+\theta+E(\phi),$$

또는 간단히

$$E(S_T)=f_0(T)+E(\phi)=E[f_T(T)].$$

만기에 기대 선물가격은 현재의 선물가격보다 위험프리미엄 금액만큼 높다. 이것은 선물계약 매입자들이 위험프리미엄을 얻을 것으로 기대한다는 것을 의미한다. 그러나 선물계약에는 위험이 따르므로, 그들은 위험프리미엄을 얻지 못한다. 그들은 현물시장에 존재했던 위험프리미엄을 얻으며, 그것이 단지 선물시장으로 옮겨졌을 뿐이다.

이제 이전 섹션에 있는 은(silver)의 예를 고려해보자. 현물가격은 $5.58이고 12월물 선물가격은 $5.64이다. 두 달 동안 $5.58에 대한 이자 비용은 약 $0.05이다. 두 달 동안 은을 저장하는 비용이 $0.01라고 가정하자. 또한 은 매입자가 $0.02의 위험프리미엄을 얻을 것으로 기대한다고 가정하자. 따라서, 변수들은 다음과 같다:

$$\begin{aligned} S_0 &= 5.58 \\ f_0(T) &= 5.64 \\ \theta &= 0.05 + 0.01 = 0.06 \\ E(\phi) &= 0.02 \end{aligned}$$

12월 은의 기대 현물가격은

$$E(S_T) = S_0 + \theta + E(\phi) = 5.58 + 0.06 + 0.02 = 5.66.$$

12월 은의 기대 현물가격은 12월 기대 선물가격과 같으므로, $E[f_T(T)] = 5.66$. 이것은 다음과 같이 구할 수도 있다:

$$E[f_T(T)] = f_0(T)+E(\phi) = 5.64 + 0.02 = 5.66.$$

계약을 $5.64에 매입하는 선물거래자들은 그것을 $5.66에 매도하여 $0.02의 위험프리미엄을 얻을 것으로 기대한다. $5.64의 선물가격은 12월의 기대 현물가격을 위험프리미엄 금액만큼 과소평가한 것이다. 이 프로세스는 다음과 같이 설명된다:

현물:	은 매입	보관하고 비용 발생	기대 위험프리미엄	기대 매도가격
	$5.58	+ $0.06	+ $0.02	= $5.66
선물:	은선물 매입		기대 위험프리미엄	기대 매도가격
	$5.64		+ $0.02	= $5.66

선물가격에 위험프리미엄이 포함되어 있으면, 투기자들은 위험을 감수하는 것에 대해 보상을 받는다. 그러면, 선물가격은 미래 현물가격에 대한 편의가 있는 기대(biased expectations)가 될 것이다.

선물가격에 위험프리미엄이 포함되어 있다는 생각은 두 명의 유명한 경제학자인 케인즈(Keynes, 1930)와 힉스(Hicks, 1939)가 제안하였다. 그들은 기초상품에 대해 매입포지션을 보유한 개인들이 선물 및 현물 시장을 지배한다고 주장하였다. 이 개인들은 선물계약 매도포지션이 제공하는 보호를 원한다. 즉, 그들에게는 선물 매입포지션을 취할 의향이 있는 거래자들이 필요하다. 투기자들이 선물 매입포지션을 취하도록 유도하려면, 선물가격이 만기 시 계약의 기대가격, 즉, 기대 미래 현물가격보다 낮아야 한다. 그러므로, 케인즈와 힉스는 선물가격이 미래 현물가격에 대한 편의가 있는 기대이며, 그 편의(bias)는 위험프리미엄에 기인한다고 주장하였다. 이 관점은 **위험프리미엄 가설(risk premium hypothesis)**로 알려져 있다. 보유비용 차익거래 모형에 따르면, 선물가격에 위험프리미엄이 존재하는 이유는 위험프리미엄이 현물시장에서 이전되기 때문일 뿐이다.

[그림 8.5]는 그런 경우의 예를 나타내는 것으로, 6월물 S&P 500 선물계약을 보여준다. 현물 및 선물 가격은 모두 상승추세를 보인다.[5] 그러나 이것은 하나의 사례일 뿐이라는 점에 다시 한번 주의해야 한다.

앞에서 우리는 매입자나 매도자 모두 상대방을 지속적으로 이기지 못할 것이라고 주장했는데, 어떻게 위험프리미엄의 존재를 설명할 수 있을까? 두 사례의 주요 차이점은 현물시장의 특성이다. 선물계약이 적설량에 관한 것이었던 첫 번째 사례에서는 현물시장에서 "포지션"을 취할 기회가 없었다. 사실, 현물시장은 없었으며, 선물거래자들은 순수한 도박 상황에서 그저 서로 경쟁하고 있었다. 현물시장을 고려하는 경우, 우리는 상품에 투기적인 매입포지션을 보유하는 개인들을 도입한다. 포지션이 헤지되지 않은 경우, 이 개인들은 위험프리미엄을 얻을 것으로 기대한다. 위험을 감수할 의향이 없다면, 그들은 선물계약을 매도한다. 사실상 그들은 선물거래자들로부터 보험을 구입하고 있는 것이며, 그렇게 함으로써 위험과 위험프리미엄을 선물시장으로 전가한다.

이 설명은 선물시장이 일종의 합법화된 도박으로 간주되어서는 안 되는 이유를 이해하는 데 유용하다. 우리 사회에서 아마 농부들보다 더 큰 위험을 감수하는 사람들은 없을 것이다.

5 다시, 현물가격의 상승추세는 무위험이자율 때문일 수 있다.

그림 8.5 위험프리미엄의 예: S&P 500 선물과 현물

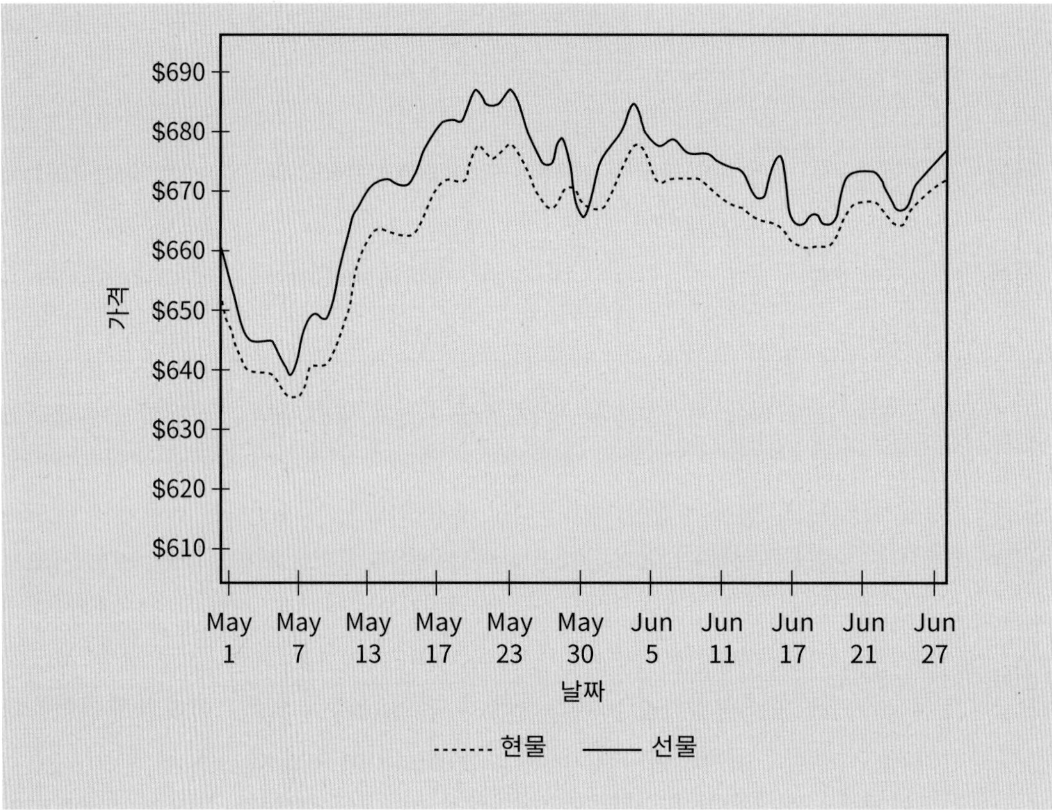

그들은 농장의 산출물에 거의 전 재산을 거는데, 산출물은 수요와 공급의 정상적인 변동은 말할 것도 없고 날씨, 정부 간섭 및 대외 경쟁의 불확실성에 달려있다. 농부들은 선물시장에서 헤지함으로써 위험의 일부 또는 전부를 줄일 수 있다. 그렇게 함으로써 위험을 기꺼이 감수하려는 당사자들에게 위험을 전가한다. 그러나 아무도 농업을 합법화된 도박이라고 부르지 않는다. 연기금 포트폴리오 운용자가 주식을 매입할 때 도박을 한다고 비난하는 사람도 없을 것이다. 선물시장과 실제로 모든 파생상품시장은 위험을 원하지 않는 당사자들로부터 위험을 기꺼이 감수하려는 당사자들에게 대가를 지불하고 위험을 쉽게 전가하는 데 도움이 된다.

헤저(hedgers)가 선물을 매입하는 상황은 어떤가? 이것은 헤저들이 대개 상품을 공매도하는 경우에 발생한다. 이는 선물가격을 상승시킬 것이고, 선물가격은 계약이 만기에 접근함에 따라 평균적으로 하락추세를 보일 것이다. 선물가격은 미래 현물가격을 과대평가할 것이다. 선물을 매도하는 투기자들은 위험프리미엄을 얻을 것이다.

선물가격이 기대 미래 현물가격보다 낮은 시장을 **정상 백워데이션(normal backwardation)**이라고 하고, 선물가격이 기대 미래 현물가격보다 높은 시장을 **정상 콘탱고(normal contango)**라고 한다. 이 시장들에 대한 이름의 선택은 약간 혼란스러우며, 이 이름들은 그야말로 콘탱고 및 백워데이션과는 구분되어야 한다.

$$\text{콘탱고: } S_0 < f_0(T)$$
$$\text{백워데이션: } f_0(T) < S_0$$
$$\text{정상 콘탱고: } E(S_T) < f_0(T)$$
$$\text{정상 백워데이션: } f_0(T) < E(S_T)$$

현물가격이 선물가격보다 낮을 수 있고, 차례로 선물가격은 기대 미래 현물가격보다 낮을 수 있기 때문에, 우리는 콘탱고와 정상 백워데이션을 동시에 경험할 수 있다. 백워데이션과 정상 콘탱고도 동시에 경험할 수 있다.

위험프리미엄의 존재에 대해 어떤 관점이 옳은가? 현물가격에는 거의 확실하게 위험프리미엄이 있기 때문에, 현물포지션을 보유한 헤저들이 있다는 것은 위험프리미엄이 선물거래자들에게 전가된다는 것을 의미한다. 따라서 선물가격에는 위험프리미엄이 있는 것으로 보인다. 그러나 헤지되는 현물포지션이 충분하지 않거나 현물시장에서 매도하는 투자자들이 대부분의 헤징을 하고 있다면, 선물가격에는 눈에 띄는 위험프리미엄이 없을 수 있다. 실증 연구들은 우리에게 명확한 답을 주지 못했으며, 이 이슈가 여전히 해결되지 않았음을 시사한다.

TECHNICAL NOTE

선물 위험프리미엄
www.cengagebrain.com을 방문하여 ISBN 9781305104969를 검색하시오.

8-3d 풋-콜-선도/선물 패러티

3장에서 풋-콜 패러티를 살펴보았던 것을 상기해보자. 그것은 풋과 콜 가격, 기초주식의 가격, 행사가격, 무위험이자율 및 만기까지의 기간 간의 관계이다. 우리는 무위험포트폴리오를 구성하여 그 방정식을 도출하였다. 이제 풋, 콜, 그리고 선도나 선물 계약으로 이루어진 **풋-콜-선도/선물 패러티(put-call-forward/futures parity)**를 살펴볼 것이다. 가능한 한 문제를 단순화하기 위해 무위험이자율은 일정하다고 가정할 것이다. 이를 통해 시가평가하는 것을 무시하고 선물계약을 선도계약으로 취급할 수 있다. 옵션은 유럽식을 가정한다.

무위험포트폴리오를 구성하는 첫 번째 단계는 행사가격이 선물가격으로 설정된 경우 콜매입과 풋매도의 조합이 (매입) 선물계약과 같다라는 짐을 아는 것이다. 사실은 콜매입/풋매도 조합을 **합성선물계약(synthetic futures contract)**이라고 한다. 무위험포트폴리오는 선물계약 매입과 합성선물계약 매도로 구성된다. 합성선물계약을 매도하려면 콜을 매도하고 풋을 매입해야 한다.

[표 8.5]에 제시된 포트폴리오들을 고려해보자. 우리는 두 포트폴리오, A와 B를 구성한다. 만기에 수익을 검토해 보면, 선물매입과 풋매입은 콜매입과 무위험채권 매입과 같으며, 여기서 무위험채권은 행사가격 X와 선물가격 $f_0(T)$간 차이에 해당하는 액면가치를 갖는다. 쉽게 그럴 수 있는 것처럼, $f_0(T)$가 X보다 크면, 당신은 채권을 매입하는 대신 $f_0(T) - X$의 현재가치만큼 대출을 받고 옵션 만기에 대출이 만기가 될 때 $f_0(T) - X$를 상환할 것을 약속할 것이다. 동등한 수익을 전제하면, 오늘 포트폴리오 A의 가치는 오늘 포트폴리오 B의 가치와 같아야 한다. 따라서,

$$P_e(S_0, T, X)=C_e(S_0, T, X)+[X-f_0(T)](1+r)^{-T}.$$

풋-콜-선물 패러티는 어떤 자산에 기초한 풋, 콜, 선물 가격들 간의 관계이다. 최소한의 가정과 함께 선물을 선도로 대체할 수 있다.

물론, 이 식은 다음과 같이 몇 가지 다른 방식으로 쓸 수 있다:

$$C_e(S_0, T, X)-P_e(S_0, T, X)=[f_0(T)-X](1+r)^{-T}.$$

풋 가격이 콜 가격을 초과하는지 여부는 행사가격이 선물가격을 초과하는지 여부에 따라 달라진다는 점에 주목하자. 이 패러티(parity)를 위반하면, 차익거래 이익을 얻는 것이 가능할 수도 있다. 물론, 우리의 가정 하에서 선물은 선도로 대체될 수 있다.

표 8.5 풋-콜-선도/선물 패러티

포트폴리오	현재의 가치	만기에 주가가 주어졌을 때 포트폴리오의 수익	
		$S_T \le X$	$S_T > X$
A. 선물 매입	0	$S_T - f_0(T)$	$S_T - f_0(T)$
풋 매입	$P_e(S_0, T, X)$	$X - S_T$	0
		$X - f_0(T)$	$S_T - f_0(T)$
B. 콜 매입	$C_e(S_0, T, X)$	0	$S_T - X$
무위험채권 매입	$[X - f_0(T)](1+r)^{-T}$	$X - f_0(T)$	$X - f_0(T)$
		$X - f_0(T)$	$S_T - f_0(T)$

수치 예시 풋-콜-선도/선물 패러티를 검토하기에 좋은 금융상품으로 S&P 500 주가지수 옵션과 선물이 있다. 옵션은 유럽식이고 CBOE에서 거래되는 반면, 선물은 시카고상품거래소(CME)에서 거래된다. 5월 14일 S&P 500 지수가 1,337.80이었고 6월물 선물은 1,339.30이었다고 가정하자. 행사가격이 1,340인 6월물 콜 가격은 40이었고, 풋 가격은 39였다. 만기일은 6월 18일이었으며, 무위험이자율은 4.56%였다.

5월 14일과 6월 18일 간에는 35일이 있으므로, 만기까지의 기간은 35/365 = 0.0959이다. 첫 번째 풋-콜-선물 패러티 방정식의 좌변은

$$P_e(S_0, T, X) = 39.$$

우변은

$$\begin{aligned} &C_e(S_0, T, X)+[X-f_0(T)](1+r)^{-T} \\ &= 40+(1{,}340-1{,}339.30)(1.0456)^{-0.0959} \\ &= 40.70. \end{aligned}$$

따라서 당신이 풋과 선물을 매입하여 39를 지불하였고, 콜과 채권을 매도하여 40.70을 받았다면, 두 포트폴리오는 만기에 상쇄될 것이다. 따라서 위험은 없지만, 당신은 40.70-39 = 1.70의 순이익을 얻는다. 물론, 거래비용이 그 차이를 줄일 수도 있다.

생활에서 위험 감수하기_TAKING RISK IN LIFE

코카콜라의 단종

미키마우스(Mickey Mouse)와 코카콜라(Coca-Cola)는 지구상에서 가장 잘 알려진 브랜드임이 거의 틀림없다. 월트 디즈니(Walt Disney)사는 미키를 단종시키는 것을 고려해본 적이 없지만, 코카콜라사는 코카콜라를 단종시켰다. 그런 다음 코카콜라사는 재빨리 실수임을 발견했고, 그 결과 지금까지 세계에서 가장 인정받는 제품 중 하나가 이름을 바꾸고 다시 출시되었다. 무슨 일이 일어났는지는 흔히 어떻게 중대한 마케팅 실수를 저지르는지에 대한 고전 연구로 간주된다. 실제로, 이 사건은 올바른 의사결정이 내려졌을 가능성이 있는 위험 하에서의 의사결정의 한 예로 보는 것이 훨씬 더 적절하지만, 그 결과는 단지 의사결정자의 기대와 일치하지 않았다. 따라서 아마도 그것은 전혀 실수가 아니었을 것이다.

코카콜라는 1886년에 발명되었고, 회사는 그로부터 6년 후에 공식적으로 설립되었다. 이 회사의 주력제품은 수십 년 동안 청량음료 세계를 지배하였다. 1982년에는 매우 성공적인 자매 제품인 다이어트 콕(Diet Coke)을 출시하였다. 그럼에도 불구하고, 거의 같은 시기에 주요 경쟁제품이자 더 달콤한 청량음료로 간주되었던 펩시콜라(Pepsi-Cola)가 상당한 시장점유율을 얻기 시작했다. 방어 조치로 코카콜라 회사는 더 달콤한 버전의 코카콜라를 테스트하는 광범위한 시장조사 프로그램을 시작하였다. 블라인드(blind) 맛 테스트에서 소비자들은 전통적인 버전의 코카콜라보다, 그리고 더 중요하게는 경쟁제품인 펩시보다 더 달콤한 버전의 코카콜라를 선호하였다. 자신이 펩시보다 전통적인 코카콜라를 선호한다고 밝힌 사람들조차 더 달콤한 버전의 코카콜라를 선호한다고 인정하였다. 테스트 결과는 또한 회사가 더 달콤한 버전의 코카콜라를 내놓는다면 충성도 높은 소비자들이 그 제품으로 바꿀 것이란 점을 보여주었다.

그래서 코카콜라 회사는 거의 100년 동안 거의 바뀌지 않고 줄곧 매우 성공적이었던 제품을 바꾸는 전례 없는 조치를 취했다. 신제품을 출시하고 이전 제품을 유지하는 옵션이 있었지만, 회사는 이전 제품을 대체하였다. 이에 따라, 1985년 4월 원래의 코카콜라 생산은 중단되었고 새로운 버전의 제품이 출시되었다. 신제품은 코카콜라라고 불리지도 않았으며, 뉴-콕(New Coke)으로 불렸다. 코카콜라 CEO Roberto Goizueta는 이 결정이 자사가 지금까지 내렸던 가장 쉬운 결정 중 하나라고 말하기도 하였다. 아마도 그랬었을 것이다.

초기 반응은 비교적 긍정적이었지만, 그런 현상은 제품이 소개되었던 북동부 지역에서 가장 많이 발생했다. 그러나 남동부 지역에서는 이야기가 달랐다. 남동부 지역에서 발명되었고 애틀랜타(Atlanta)에 본사를 두고 있는 코카콜라는 피칸(pecans), 후라이드 치킨, 남동부 컨퍼런스 미식축구와 같은 남부 특유의 뚜렷한 지역적 성향을 가지고 있었다. 애틀랜타에서 결정이 내려졌음에도 불구하고, 남부사람들은 120년 전 것보다 훨씬 덜 폭력적인 또 다른 반란을 일으킨 것처럼 보였다. 그들은 뉴-콕에 저항하였다. 소문이 퍼졌고, 곧 코카콜라사는 전국적으로 그리고 어느 정도는 전 세계적으로 비난과 조롱을 받았다.

불과 몇 달 후인 1985년 7월, 코카콜라 경영진은 원래의 제품이 코카콜라 클래식이라는 이름으로 바뀌어 돌아온다고 발표하였다. 뉴-콕은 시장에 남아있었고, 1992년 코카콜라 II로 이름이 바뀌었다. 그러나 콕 클래식은 매출이 크게 늘었고, 회사가 상당한 주주가치를 얻도록 도왔다. 1986년 말부터 2013년 말까지 코카콜라사는 자사의 주식에 대해 12.83%의 복리 수익률을 창출하였다. 해당 기간 초에 코카콜라에 $1를 투자했다면, 해당 기간 말에 $26.02의 가치가 있었을 것이다. 그 27년 중 21년에서 주가가 상승하였고 배당금은 매년 증가하였다. 특히, 뉴-콕의 실패 후 코카콜라사는 진정으로 역사상 가장 성공적인 회사 중 하나였다. 이 회사는 아마도 다소 고집스럽게 뉴-콕 제품을 고수했지만, 뉴-콕의 판매는 부진했고 2002년까지 완전히 중단되었다. 2009년, 코카콜라 클래식이 원래의 이름인 코카콜라로 돌아왔을 때, 본래의 제품이 제자리로 돌아왔다.

코카콜라를 없애고 뉴-콕을 도입한 것은 실수였을까? 많은 전문가들은 그것이 역사상 가장 큰 마케팅 실수 중 하나라고 생각한다. 심지어 일부 음모론자들은 이 모든 사건이 제품이 돌아왔을 때 더 강한 수요를 자극하기 위해 높은 가치를 지닌 것을 없애려는 회사측의 계획이라고 생각했다. 다른 사람들은 미각 테스트의 본질을 비판했는데, 청량음료 한 모금을 마시고 보이는 즉각적인 반응이 그 사람이 전체 병을 즐기고 그것을 계속해서 다시 살 것이라는 점을 나타내지 않는다는 것이다. 사람들이 좋아한다고 말하는 것과 실제 좋아하는 것이 항상 같은 것은 아니다. 또한 사람들이 살 것이라고 말하는 것과 실제로 사게 될 것이 항상 같지는 않다. 코카콜라와 나머지 세계가 아마 배웠던 한 가지는 브랜딩(branding)의 요소이다. 코카콜라 제품은 친숙한 맛으로 인지도가 높고 평가가 좋은 브랜드였다. 그런 제품을 없애는 것은 소비자들이 좋아하는 것을 빼앗는 것일 뿐만 아니라 약 100년 된 미국의 전통 하나를 죽이는 것이었다. 사람들이 더 달콤한 음료를 선호한다고 해도, 브랜드 자체의 가치가 매우 높아서 사람들이 새 음료를 구입함으로써 스스로 그 변화를 인정할 수는 없었다.

그러나 코카콜라를 없애고 뉴-콕으로 대체한 것은 무엇보다도 위험하의 의사결정의 고전이다. 이 사례에서 의사결정자는 자사의 시장점유율이 하락하고 있었고 소비자들이 더 달콤한 버전의 자사 제품을 선호한다는 정보를 가지고 있었다. 이러한 상황에서 의사결정자가 그 정보를 무시하고 그대로 두어야 한다는 것은 사실상 상상할 수 없는 일이다. 그렇게 한다면, 대개는 틀릴 것이다. 분명히 일정 비율의 시간에서는 결과가 불리할 것이다. 누구든 항상 100% 맞다고 기대할 수는 없다. 예를 들어, 비가 올 확률이 겨우 10%라고 가정하자. 그 정보를 바탕으로, 당신은 긴 산책을 하러 우산 없이 집을 나선다. 비가 온다. 당신은 비에 젖는다. 우산이 필요 없을 확률이 90%였지만, 당신은 우산이 꼭 필요했다. 확률이 맞다면, 장기적으로 10번 중 9번은 우산을 들고 다니지 않고도 산책을 즐길 수 있을 것이다.

어떤 경우, 우리는 결과가 불리할 위험 하에서 의사결정을 내릴 것이다. 뒤따를 일에 대해 절대적인 확신을 가지고 의사결정을 내리는 경우는 드물다. 결과가 불리하다고 해서 그 의사결정이 잘못됐다는 것을 의미하지 않는다. 코카콜라의 결정이 틀렸다고 생각한다면, 항상 불리한 결과가 나올 가능성이 있기 때문에 가는 곳마다 우산을 가져가는 것이 나을지도 모른다.

8-4 선물옵션의 가격결정

이 섹션에서는 선물옵션(options on futures) 가격결정의 몇 가지 원리를 살펴볼 것이다. 이 원리는 제3장, 제4장 및 제5장에서 확립한 일반적인 옵션의 가격결정 원리와 밀접한 관련이 있지만, 이 장에서 다루는 것처럼 선물계약의 가격결정 원리와도 결부된다. 우리는 옵션 및 선물 계약이 동시에 만기가 되고 선물가격이 선도가격과 같다고 가정할 것이다.

8-4a 미국식 선물옵션의 내재가치

선물에 기초한 미국식 콜의 최솟값은 그것의 내재가치이다. 우리는 공식적으로 이를 다음과 같이 나타낼 수 있다:

$$C_a[f_0(T), T, X] \geq Max[0, f_0(T)-X],$$

여기서 $Max[0, f_0(T)-X]$는 내재가치이다. 이 식이 현물옵션(options on the spot)에서와 같은 방식으로 선물옵션에 적용되어야 한다는 것을 쉽게 알 수 있다. 콜 가격이 내재가치보다 낮으면, 콜옵션을 매입하여 행사할 수 있다. 이것은 X의 가격으로 선물계약에 매입포지션을 설정하는 것이다. 선물은 즉시 $f_0(T)$의 가격으로 매도되고, 무위험 이익이 발생한다.

선물에 기초한 미국식 콜옵션의 내재가치는 영(0) 또는 선물가격과 행사가격 간의 차이 중 더 큰 값이다.

기초물이 S&P 500 선물이고 행사가격이 1,390인 3월물 콜옵션을 고려해보자. 기초물인 선물의 가격은 1,401이다. 내재가치는 Max(0, 1,401–1,390) = 11이다. 콜의 실제 가치는 49.20이다. 그 차이인 49.20–11=38.20은 시간가치이다. 현물옵션의 시간가치와 마찬가지로, 여기서의 시간가치도 만기에 접근할수록 감소한다. 만기에 콜은 내재가치로 매도되어야 한다.

기초물이 선물인 미국식 풋옵션의 내재가치는 그것의 최솟값을 설정한다. 이것은 다음과 같이 나타낸다:

$$P_a[f_0(T), T, X] \geq Max[0, X-f_0(T)],$$

여기서 $Max[0, X-f_0(T)]$는 내재가치이다. 다시, 이것이 사실이 아닌 경우, 차익거래자는 선물계약과 풋을 매입하고 그 즉시 풋을 행사하여 무위험 이익을 얻을 수 있다.

선물에 기초한 미국식 풋옵션의 내재가치는 영(0) 또는 행사가격과 선물가격 간의 차이 중 더 큰 값이다.

기초물이 S&P 500 선물이고 행사가격이 1,405인 3월물 풋옵션 가격이 44.60이었다. 선물가격은 1,401이었다. 그러면, 최솟값은 Max(0, 1,405–1,401)=4이다. 풋 가격 44.60과 내재가치 4의 차이는 시간가치 40.60이다. 물론, 시간가치는 만기에 접근할수록 감소한다. 만기에 풋의 가치는 내재가치이다.

8-4b 유럽식 선물옵션의 하한

내재가치는 미국식 선물옵션에만 적용된다. 이는 차익거래를 실행하는 데 옵션의 조기 행사가 필요하기 때문이다. 주식 옵션에 대해 배운 것으로부터 상기해야 하겠지만, 우리는 유럽식 옵션의 하한(lower bound)을 설정할 수 있다.

먼저 선물에 기초한 콜옵션을 살펴보자. 우리는 두 포트폴리오, A와 B를 구성한다. 포트폴리오 A는 유럽식 콜의 단일 매입포지션으로 구성된다. 포트폴리오 B는 선물계약 매입포지션과 액면가가 $f_0(T)-X$인 무위험채권의 매입포지션으로 구성된다. X가 $f_0(T)$보다 크면, 이것은 실제로 채권의 매도포지션이므로 만기에 $X-f_0(T)$를 상환하는 대출이 된다는 점에 주의하자. 우리는 돈을 빌리든 빌려주든 상관하지 않는다. 부호를 올바르게 유지하는 한, 어느 경우든 우리는 원하는 결과를 얻을 것이다. [표 8.6]은 이 포트폴리오들의 결과를 보여준다.

$f_T(T) \leq X$이면, 콜은 만기에 가치가 없다. 선물계약의 가치는 $f_T(T)-f_0(T)$이고 채권의 가치는 $f_T(T)-X$이다. 따라서 포트폴리오 B의 가치는 $f_T(T)-X$이다. $f_T(T)>X$이면, 콜의 가치는 내재가치 $f_T(T)-X$이고 포트폴리오 B의 가치는 여전히 $f_T(T)-X$이다. 이로부터 알 수 있는 것처럼, 포트폴리오 A는 모든 경우에서 적어도 포트폴리오 B만큼 성과가 좋다. 따라서 포트폴리오 A의 현재 가치는 적어도 포트폴리오 B만큼은 높아야 한다. 우리는 이를 다음과 같이 나타낼 수 있다:

$$C_e[f_0(T), T, X] \geq [f_0(T)-X](1+r)^{-T}.$$

옵션은 음(-)의 값을 가질 수 없기 때문에,

$$C_e[f_0(T), T, X] \geq \text{Max}\{0, [f_0(T)-X](1+r)^{-T}\}.$$

선물계약에 기초한 유럽식 콜옵션 가격은 최소한 영(0) 또는 선물가격과 행사가격 간 차이의 현재가치 중 더 큰 값과 같아야 한다.

이 장의 앞부분에서 얻은 중요한 결과를 사용했다는 점에 유의하자: 처음 설정되었을 때 선물계약의 가치는 0이다. 따라서 포트폴리오 B의 가치는 단순히 무위험채권의 가치이다.

이 결과는 선물에 기초한 유럽식 콜옵션의 하한을 설정한다. 현물에 기초한 유럽식 콜옵션은 다음의 하한을 가지고 있음을 기억하자:

$$C_e[S_0, T, X] \geq \text{Max}[0, S_0-X(1+r)^{-T}].$$

표 8.6 기초물이 선물인 유럽식 콜옵션의 하한: 포트폴리오 A와 B의 반기 시 수익

			만기에 선물가격이 주어졌을 때 포트폴리오의 수익	
포트폴리오	상품	현재의 가치	$f_T(T) \leq X$	$f_T(T) > X$
A	콜 매입	$C_e[f_0(T), T, X]$	0	$f_T(T)-X$
B	선물 매입	0	$f_T(T)-f_0(T)$	$f_T(T)-f_0(T)$
	채권	$[f_0(T)-X](1+r)^{-T}$	$+f_0(T)-X$	$+f_0(T)-X$
			$f_T(T)-X$	$f_T(T)-X$

이 장의 앞부분에서 본 것처럼, 현물상품에 대한 배당이 없을 경우 선물가격은 다음과 같다:

$$f_0(T)=S_0(1+r)^T.$$

이를 $f_0(T)$에 대입하면, 이들 두 하한이 같다는 것을 알 수 있다. 실제로 옵션과 선물이 동시에 만기가 되는 경우, 선물에 기초한 유럽식 콜은 현물에 기초한 유럽식 콜과 같다. 이는 유럽식 콜이 현·선물가격이 같아지는 만기에만 행사될 수 있기 때문이다.

하한의 예로, 어떤 윤년의 1월 31일 기초물이 S&P 500 선물이고 행사가격이 1,390인 3월물 콜옵션을 살펴보자. 옵션은 3월 16일에 만기가 되므로, 만기까지 45일이 남아있고 T = 45/365 = 0.1233. 선물가격은 1,401이다. 무위험이자율은 5.58%이다. 하한은

$$C_e[f_0(T), T, X] \geq \text{Max}[0, (1{,}401-1{,}390)(1.0558)^{-0.1233}]=10.93.$$

실제 콜 가격은 49.20이다.

그러나 여기서 설정된 하한은 내재가치인 11보다 약간 작다는 점에 유의하자. 이는 이례적으로 보일 것이다. 보통의 주식 옵션의 경우, 하한 $\text{Max}[0, S_0 - X(1+r)^{-T}]$은 내재가치 $\text{Max}(0, S_0 - X)$를 초과한다. 그러나 선물옵션의 경우 반드시 그렇지는 않다. 이후 섹션에서 보게 될 것이지만, 이것은 일부 미국식 선물 콜옵션(및 풋옵션)이 조기에 행사되는 이유를 설명한다.

이제 선물에 기초한 유럽식 풋옵션의 하한을 살펴보자. 우리는 다시 A와 B라는 두 포트폴리오를 설정할 것이다. 포트폴리오 A는 풋 매입포지션으로 구성된다. 포트폴리오 B는 선물계약 매도포지션과 액면가가 $X - f_0(T)$인 무위험채권 매입포지션으로 구성된다. 다시, $f_0(T)$가 X보다 크면, 이것은 실제로 채권 매도포지션이거나 대출을 받는 것이다. [표 8.7]은 각 포트폴리오의 현재 가치와 미래 수익을 보여준다.

표 8.7 선물에 기초한 유럽식 풋옵션의 하한: 포트폴리오 A와 B의 만기 수익

			만기에 선물가격이 주어졌을 때 포트폴리오의 수익	
포트폴리오	상품	현재의 가치	$f_T(T) < X$	$f_T(T) \geq X$
A	풋 매입	$P_e[f_0(T), T, X]$	$X-f_T(T)$	0
B	선물 매도	0	$-[f_T(T)-f_0(T)]$	$-[f_T(T)-f_0(T)]$
	채권	$[X-f_0(T)](1+r)^{-T}$	$X-f_0(T)$	$X-f_0(T)$
			$X-f_T(T)$	$X-f_T(T)$

지금쯤은 당신이 각 결과를 설명할 수 있어야 한다. $f_T(T) < X$이면, 풋이 행사되므로 포트폴리오 A의 가치는 $X - f_T(T)$이다. $f_T(T) \geq X$이면, 풋옵션은 가치없이 만기가 된다. 두 경우 모두 포트폴리오 B의 선물계약 가치는 $-[f_T(T) - f_0(T)]$이고 채권의 가치는 $X - f_0(T)$이므로, 총 $X - f_T(T)$가 된다. 포트폴리오 A는 적어도 포트폴리오 B만큼은 성과가 좋다. 따라서 A의 현재 가치는 적어도 B의 현재 가치만큼 커야 한다:

$$P_e[f_0(T), T, X] \geq [X-f_0(T)](1+r)^{-T}.$$

옵션은 음(-)의 값을 가질 수 없기 때문에,

$$P_e[f_0(T), T, X] \geq Max[X-f_0(T)](1+r)^{-T}.$$

선물계약에 기초한 유럽식 풋옵션 가격은 최소한 영(0) 또는 행사가격과 선물가격 간 차이의 현재가치 중 더 큰 값과 같아야 한다.

콜에서 본 것처럼, $f_0(T)(1+r)^{-T}$를 S_0로 대체할 수 있고, 선물 풋옵션의 하한은 현물 풋옵션의 하한과 같다는 것을 알 수 있다. 콜의 경우와 마찬가지로, 풋과 선물이 동시에 만기가 되는 유럽식 선물 풋옵션은 현물옵션과 같다.

예를 들어, 2000년 1월 31일, 기초물이 S&P 500 선물이고 행사가격이 1,405인 3월물 풋옵션을 살펴보자. 선물가격은 1,401, 만기까지의 기간은 0.1233, 그리고 무위험이자율은 5.58%이다. 하한은

$$P_e[f_0(T), T, X] \geq Max[0, (1{,}405-1{,}401)(1.0558)^{-0.1233}]=3.97.$$

풋의 실제 가격은 44.60이다. 주식 풋에서 보았던 것처럼, 유럽식 하한은 미국식 내재가치보다 작을 것이다. 따라서 이 미국식 풋의 실제 최소가격은 그것의 내재가치인 1,405–1,401=4이다.

8-4c 선물옵션의 풋-콜 패러티

우리는 주식 옵션에 대한 풋-콜 패러티를 살펴보았다. 선물옵션에 대한 풋-콜 패러티 규칙도 설정할 수 있다.

먼저 두 포트폴리오 A와 B를 구성하자. 포트폴리오 A는 선물 매입과 선물 풋 매입으로 구성될 것이다. 이는 보호적 풋(protective put)으로 간주될 수 있다. 포트폴리오 B는 콜 매입과 채권 매입으로 구성될 것이고, 채권의 액면가는 행사가격에서 선물가격을 뺀 것이다. X가 $f_0(T)$보다 크면, 이것은 사실상 채권 매입포지션이다. $f_0(T)$가 X보다 크면, 단순히 액면가가 $f_0(T)-X$인 채권을 발행하는 것이다. 어느 경우든, 채권의 현금흐름은 옵션 만기일에 만기가 되면 $X-f_0(T)$가 될 것이다. 그 수익은 [표 8.8]에 제시되어 있다.

표 8.8 선물옵션의 풋-콜 패러티

			만기에 선물가격이 주어졌을 때 포트폴리오의 수익	
포트폴리오	상품	현재의 가치	$f_T(T) < X$	$f_T(T) \geq X$
A	선물 매입	0	$f_T(T)-f_0(T)$	$f_T(T)-f_0(T)$
	풋 매입	$P_e[f_0(T), T, X]$	$X-f_T(T)$	0
			$X-f_0(T)$	$f_T(T)-f_0(T)$
B	콜 매입	$C_e[f_0(T), T, X]$	0	$f_T(T)-X$
	채권	$[X-f_0(T)](1+r)^{-T}$	$X-f_0(T)$	$X-f_0(T)$
			$X-f_0(T)$	$f_T(T)-f_0(T)$

표에서 볼 수 있듯이, 두 포트폴리오는 같은 결과를 낳는다. 만약 선물가격이 행사가격보다 낮아지면, 두 포트폴리오의 가치는 $X-f_0(T)$가 된다. 선물가격이 행사가격보다 높아지면,

두 포트폴리오의 가치는 $f_T(T)-f_0(T)$가 된다. 따라서 포트폴리오 B도 보호적 풋과 같으며, 그것의 현재 가치는 포트폴리오 A의 현재 가치와 같아야 한다. 포트폴리오 A의 선물 매입의 가치는 0이기 때문에, 우리는 다음과 같은 결론을 얻는다.

$$P_e[f_0(T), T, X]=C_e[f_0(T), T, X]+[X-f_0(T)](1+r)^{-T}.$$

선물옵션의 풋-콜 패러티는 콜 가격, 풋 가격, 선물가격, 행사가격, 무위험이자율, 그리고 만기까지의 기간 간의 관계이다.

현물자산의 옵션에 대한 풋-콜 패러티와 마찬가지로, 위 식은 여러 가지 다른 방식으로 쓸 수 있고 다양한 항들을 분리할 수 있다. 선물옵션에 대한 풋-콜 패러티와 현물옵션에 대한 풋-콜 패러티 간의 유사성에 주목하자:

$$P_e[f_0(T), T, X]=C_e[f_0(T), T, X]-S_0+X(1+r)^{-T}.$$

선물가격은 $S_0(1+r)^T$와 같아야 하기 때문에 이 두 가지 버전의 풋-콜 패러티는 동일하다. 앞서 언급했듯이, 여러 면에서 옵션 자체는 동일하다.

1월 31일, 기초물이 S&P 500 선물이고 행사가격이 1,400인 3월물 풋과 콜을 살펴보자. 3장에서 본 것처럼, 풋 가격을 계산하여 실제 시장가격과 비교하거나 콜 가격을 계산하여 실제 시장가격과 비교할 수 있다. 여기서는 풋 가격을 계산할 것이다. 콜 가격은 $43.40이다. 앞에서 주어진 다른 입력 값은 $f_0=1,401$, $r=0.0558$, 그리고 $T=0.1233$이다. 풋 가격은 다음과 같아야 한다:

$$P_e[f_0(T), T, X]=43.40+(1,400-1,401)(1.0558)^{-0.1233}=42.41.$$

실제 풋 가격은 42.40이었다. 이 값은 매우 비슷하지만, 옵션들은 미국식 옵션이고 공식은 유럽식 옵션에 대한 것이기 때문에 차이를 예상할 수 있다. 공식의 가격은 시장가격보다 낮아야 하지만 이 경우에는 그렇지 않다. 그러나 거래비용의 영향으로 그 차이를 설명할 수도 있다.

8-4d 선물 콜옵션 및 풋옵션의 조기 행사

주식에 대한 배당이 없는 경우 주식에 대한 콜옵션은 조기에 행사되지 않지만, 풋옵션은 행사될 수도 있다는 점을 상기하자. 선물계약에 기초한 옵션의 경우, 콜이나 풋은 조기에 행사될 수 있다. 콜옵션을 살펴보자.

깊은 내가격 미국식 콜을 고려하자. 콜이 현물상품에 기초한 것이라면, 시간가치가 약간 남아있을 수 있다. 충분히 깊은 내가격이라면, 시간가치는 거의 없다. 그러나 그것이 옵션이 조기에 행사되어야 한다는 것을 의미하지는 않는다. 거래비용을 무시하면, 조기 행사는 콜을 매도하는 것과 같다. 그러나 콜이 선물에 기초한 것이라면, 조기 행사가 더 나은 선택일 수 있다. 그 이면에 있는 논리는 깊은 내가격 콜이 기초 상품과 거의 동일하게 작동한다는 것이다. 콜이 현물상품에 기초한 것이라면, 현물가격과 1대 1로 움직일 것이다. 콜이 선물에 기초한 것이라면 선물가격과 거의 1대 1로 움직일 것이다. 따라서 선물에 기초한 콜은 선물계약 매입포지션과 거의 동일하게 작동할 것이다. 그러나 투자자는 콜옵션에 돈이 묶여 있지만, 이자가 붙는 단기 재무부채권(T-bills)을 예치하여 증거금을 충족할 수 있기 때문에 선물에는 돈이 묶이지 않는다. 콜을 행사하고 이를 선물 매입포지션으로 대체함으로써 투자자는 이익을 얻을 수 있는 동일한 기회를 얻으나 콜에 묶인 자금을 풀어줄 수 있다. 콜이 현물상품에 기초한 것이라면 우리는 같은 주장을 할 수 없다. 콜은 사실상 현물상품과 같은 방식으로 작동할 수 있지만, 현물상품도 자금의 투입이 필요하다.

대수적(algebraic) 관점에서 조기 행사 문제는 내가격 유럽식 콜의 최솟값인 $[f_0(T)-X](1+r)^{-T}$가 콜이 행사될 수 있을 때의 가치인 $f_0(T)-X$다 작다는 점을 주목함으로써 관찰할 수 있다. 유럽식 콜은 행사될 수 없지만, 미국식 콜이라면 행사될 수 있다.

이런 점들이 [그림 8.6]의 패널 (a)에 나타나 있다. 선물에 기초한 유럽식 콜옵션은 그것의 하한인 $[f_0(T)-X](1+r)^{-T}$에 접근한다. 선물에 기초한 미국식 콜옵션은 그것의 최솟값인 내재가치 $f_0(T)-X$에 접근하는데, 이 가치는 유럽식 하한보다는 크다. 미국식 콜이 그것의 내재가치와 같아지는 선물가격 $f_0(T)(a)^{‡}$이 있다. 그보다 높은 가격에서는 미국식 콜옵션이 조기에 행사된다. 현물상품에 기초한 콜의 경우 유럽식 하한은 내재가치보다 높았음을 상기하자. 따라서 기초자산이 배당금을 지급하지 않는 한 조기 행사 프리미엄은 없었다.

선물에 기초한 미국식 콜 또는 선물에 기초한 미국식 풋은 조기에 행사하는 것이 최적일 수 있다.

선물에 기초한 풋옵션의 경우, 직관적이고 대수적인 논거가 유사하게 작동한다. 깊은 내가격의 미국식 선물 풋옵션은 조기 행사되는 경향이 있다. [그림 8.6]의 패널 (b)는 풋옵션의 경우를 보여준다. 유럽식 선물 풋옵션의 가격은 그것의 하한인 $[X-f_0(T)](1+r)^{-T}$에 접근하는 반면, 미국식 선물 풋옵션의 가격은 그것의 내재가치인 $X-f_0(T)$에 접근한다. 미국식 내재가치는 유럽식 하한보다 크다. 미국식 선물 풋옵션이 그것의 내재가치와 같아지는 가격 $f_0(T)(a)^{‡}$이 있다. 이보다 낮은 가격에서는 미국식 풋옵션이 조기에 행사될 것이다.

이 상품들은 선물에 기초한 옵션이지만, 선도계약에 기초한 옵션에 관심이 있는 사람도 있을 수 있다. 흥미롭게도 선도계약에 기초한 옵션은 조기에 행사되지 않는다. 이는 옵션이 행사되는 경우 X의 가격으로 선도계약이 체결되기 때문이다. 그러나 선도계약은 시가평가 되지 않으므로, 콜 보유자는 $F(0, T)-X$의 즉각적인 현금흐름을 받지 못한다. 대신, 이 장의 앞부분에서 배운 것처럼 그 사람은 $[F(0, T)-X](1+r)^{-T}$의 가치를 지닌 포지션만 받는다. 그러나 이 금액은 선도계약에 기초한 유럽식 콜의 하한이다. 조기 행사로 유럽식 콜 가치 이상의 이득을 얻을 수 없으므로, 조기 행사는 이점을 제공하지 않는다. 선도계약에 기초한 유럽식 풋의 조기 행사에 대해서도 유사한 논거가 적용된다.

8-4e Black의 선물옵션 가격결정모형

Fischer Black(1976)은 선물에 기초한 유럽식 옵션의 가격을 결정하기 위해 자신의 Black-Scholes-Merton 모형의 변형을 개발하였다. 옵션과 선물이 동시에 만기가 된다는 가정을 사용하여 **Black의 모형**은 다음의 옵션가격을 제공한다:

그림 8.5 위험프리미엄의 예: S&P 500 선물과 현물

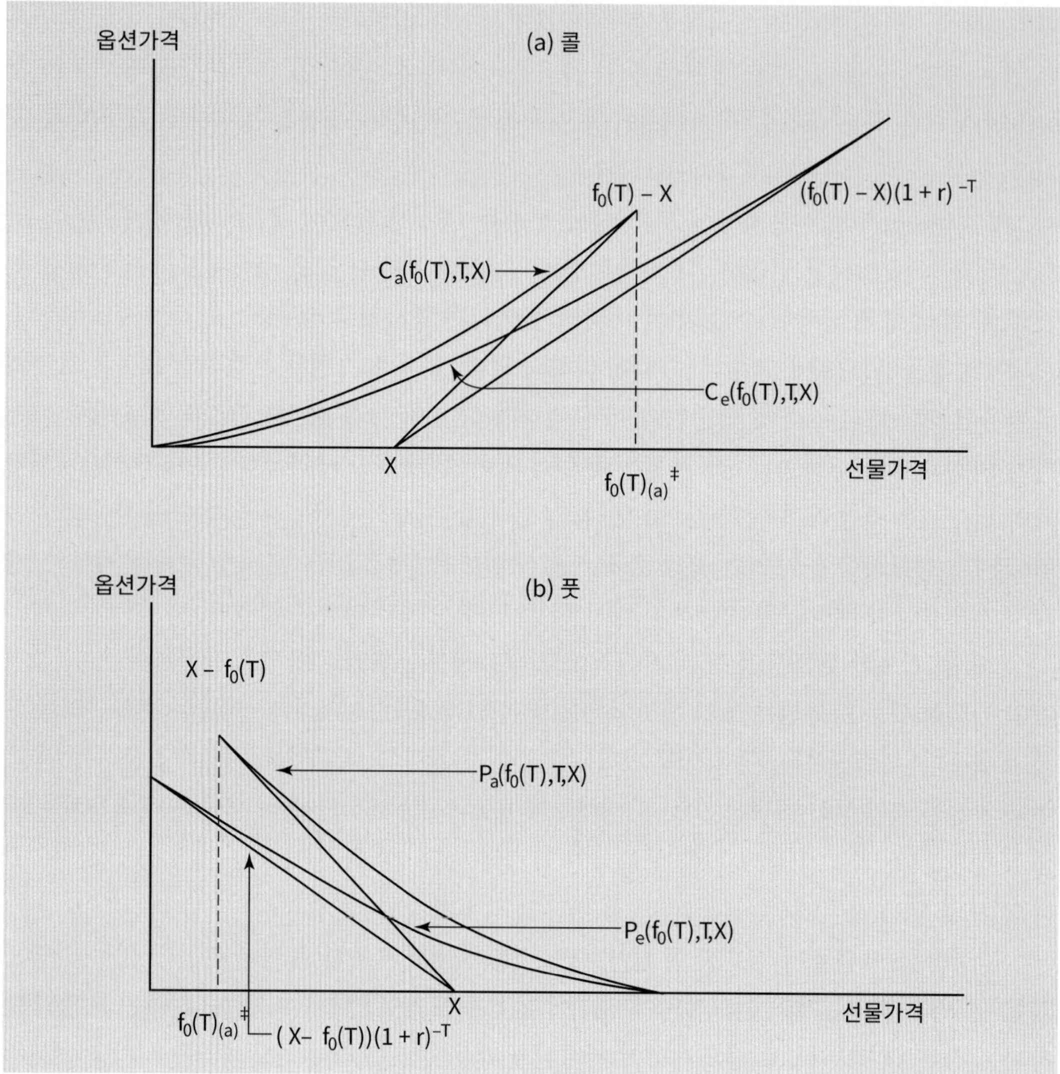

$$C = e^{-r_c T}[f_0(T)N(d_1) - XN(d_2)],$$

단,

$$d_1 = \frac{\ln[f_0(T)/X] + (\sigma^2/2)\,T}{\sigma\sqrt{T}}$$

$$d_2 = d_1 - \sigma\sqrt{T}.$$

여기서 σ는 선물의 변동성이다. d_1에 대한 식에는 Black–Scholes–Merton 모형에서 포함된 연속복리 무위험이자율 r_e가 포함되어 있지 않다는 점에 유의하자. 그것은 무위험이자율이 기초자산에 묶인 자금의 기회비용을 포착하기 때문이다. 선물계약에 기초한 옵션의 경우, 선물에 자금이 투자되지 않으므로 기회비용이 들지 않는다. 그러나 선물에 기초한 콜 가격은 현물에 기초한 콜 가격과 같을 것이다. 이는 선물 콜이 만기가 되면, 옵션을 행사하여 그 즉시 만기가 되는 선물 포지션으로 바꿀 수 있기 때문이다. 따라서 선물 콜이 행사되면 현물 자산의 매입포지션이 설정된다.

Black의 선물 콜옵션 가격결정모형은 선물가격, 행사가격, 무위험 이자율, 만기까지의 기간 및 선물의 변동성에 대하여 콜옵션 가격을 제공한다.

Black의 선물옵션 가격결정모형이 현물옵션에 대한 Black–Scholes–Merton 모형과 동일한 가격을 제공한다는 것을 증명하기 위해, Black 모형에서는 $N(d_1)$에 $f_0(T)e^{-r_cT}$을 곱한 반면, Black–Scholes–Merton 모형에서는 $N(d_1)$에 S_0를 곱한 것에 주목하자. 우리는 이 장의 앞부분에서 기초자산에 대한 배당금이 없다면 선물가격은 $S_0e^{r_cT}$가 될 것이라고 배웠다. 따라서 Black 모형에서 $f_0(T)$를 $S_0e^{r_cT}$로 대체하면, 그 공식은 Black–Scholes–Merton 공식과 같아질 것이다.[6]

배당이 있는 경우, 우리는 선물가격이 $f_0(T) = S_0e^{(r_c - \delta_c)T}$공식으로 주어진다는 것을 알고 있다. 따라서 $S_0 = f_0(T)e^{-(r_c - \delta_c)T}$. 이 식을 Black–Scholes–Merton 모형의 S_0에 대입하면, 기초 현물자산(이 경우, 주식)이 배당을 지급하는 경우 Black의 선물옵션 가격결정모형을 얻는다. 그러나 Black 모형에서는 배당이 나타나지 않으므로 배당이 있는 Black 모형과 없는 Black 모형을 구분할 필요가 없다. 배당은 콜옵션 가격에 영향을 미치지만, 선물가격이 배당의 모든 효과를 포착하므로 간접적으로만 영향을 미친다.

Black 모형과 Black–Scholes–Merton 모형의 또 다른 유익한 비교는 Black–Scholes–Merton 모형이 Black 모형의 대안으로 사용될 수 있는 방법을 고려하는 것이다. Black–Scholes–Merton 모형에 대한 컴퓨터 프로그램만 사용할 수 있으나 선물계약에 기초한 옵션의 가격을 결정하려 한다고 가정하자. 이를 쉽게 할 수 있는 방법은 5장의 연속 배당수익률을 가진 Black–Scholes–Merton 모형 버전을 사용하여 배당수익률 대신 무위험이자율을, 현물가격 대신 선물가격을 넣는 것이다. 무위험이자율에서 배당수익률을 뺀 값은 보유비용이므로 0이 된다. 그렇다면, Black–Scholes–Merton 공식은 가격이 $f_0(T)$이고 보유비용이 0인 상품에 기초한 옵션의 가격을 결정할 것이다. 이것이 바로 Black 모형이 가격을 결정하는 것으로, 그것은 가격이 $f_0(T)$이고 보유비용이 0인 상품(이 경우, 선물계약)에 기초한 옵션이다. 선물가격은 기초 현물자산의 보유비용을 반영하지만, 선물 자체에는 묶인 자금과 보관비용이 없기 때문에 보유비용이 없다는 점을 기억하자.

이제 Black 모형을 사용하여 기초물이 S&P 500 선물이고 행사가격이 1,400인 3월물 콜옵

6 이것은 d_1에 대한 공식에서 명확하지 않을 수 있다. 전술한 d_1에 대한 공식에서 $f_0(T)$를 $S_0e^{r_cT}$로 대체하면, 우리는 다음을 얻는다:

$$d_1 = \frac{\ln(S_0e^{r_cT}/X) + (\sigma^2/2)T}{\sigma\sqrt{T}}.$$

식 $\ln(S_0e^{r_cT}/X)$은 $\ln S_0 + \ln e^{r_cT} - \ln X$와 같다. 이제 $\ln e^{r_cT} = r_cT$이므로, d_1은 다음과 같이 되고,

$$d_1 = \frac{\ln(S_0/X) + (r_c + \sigma^2/2)T}{\sigma\sqrt{T}}.$$

이것은 Black–Scholes–Merton 공식의 d_1이다.

션 가격을 결정해 보자. 선물가격은 1,401, 행사가격은 1,400, 만기까지의 기간은 0.1233, 그리고 무위험이자율은 ln(1.0558) = 0.0543임을 상기하자. 우리는 이제 선물가격의 연속복리 백분율 변화의 표준편차만 필요하다. 예시적인 목적을 위해 우리는 표준편차로 21%를 사용할 것이다. [표 8.9]는 계산과정을 보여준다.

표 8.9 Black의 선물옵션 가격 계산하기

$f_0(T) = 1{,}401$	$X = 1{,}400$	$r_c = 0.0543$	$\sigma = 0.21$	$T = 0.1233$
1. d_1을 계산한다.	$d_1 = \dfrac{\ln(1{,}401/1{,}400) + [(0.21)^2/2]0.1233}{0.21\sqrt{0.1233}} = 0.0466$			
2. d_2을 계산한다.	$d_2 = 0.0466 - 0\ 21\sqrt{0.1233} = -0.0271$			
3. $N(d_1)$을 찾는다.	$N(0.05) = 0.5199$			
4. $N(d_2)$을 찾는다.	$N(-0.03) = 0.4880$			
5. C에 대한 공식에 넣는다.	$C = e^{-(0.0543)(0.1233)}[1{,}401(0.5199) - 1{,}400(0.4880)] = 44.88$			

콜의 실제 가치는 $43.40이다. 따라서 콜은 저평가된 것으로 보인다. 5장에서 살펴본 것처럼, 차익거래자는 기초상품을 매도하고 콜을 매입함으로써 무위험 포트폴리오를 만들 수 있다. 헤지비율은 각 콜에 대해 $e^{-r_cT}N(d_1)$선물계약이 될 것이다. 그러나 모형은 유럽식 옵션 가격을 제공한다는 점을 기억하자. 그러므로 이 옵션가격은 실제 미국식 옵션가격보다 낮을 것으로 예상된다.

5장에서 소개된 소프트웨어 BlackScholesMertonBinomial10e.xlsm을 사용하여 Black 모형의 선물옵션 가격을 얻을 수 있다. 연속복리 배당수익률 대신 무위험이자율에 사용한 값을 넣고 기초자산가격 대신 선물가격을 넣기만 하면 된다.

5장에서 Black–Scholes–Merton 모형을 공부했을 때, 우리는 5가지 기초 변수 중 하나가 변하면 모형이 어떻게 변화하는지 주의 깊게 살펴보았다. 이러한 효과의 대부분은 델타(delta), 감마(gamma), 세타(theta), 베가(vega) 및 로(rho)와 같은 그리스어 명칭으로 언급되었다. Black 모형은 Black–Scholes–Merton 모형과 동일한 가격을 산출하므로, 우리는 여기서도 동일한 효과를 얻을 것이다. 유일한 차이점은 Black 모형에서는 이러한 결과를 현물가격이나 주가가 아닌 선물가격으로 나타낸다는 것이다. 감마, 베가 및 세타와 같이 S_0가 나타나는 공식은 무엇이든 S_0를 $f_0(T)e^{-r_cT}$로 간단히 대체한다. 델타의 경우, 델타를 선물가격의 변화에 대한 콜 가격의 변화로 재정의해야 한다. 주식 옵션의 경우, 델타는 $N(d_1)$임을 보았다. 선물옵션의 경우, 델타는 $e^{-r_cT}N(d_1)$이다.

우리는 Black 모형과 풋–콜 패러티로부터 유럽식 선물 풋옵션의 가격결정모형을 쉽게 개발할 수 있다. 연속복리 버전을 사용하면, 풋–콜 패러티는 $C-P=[f_0(T)-X]e^{-r_cT}$로 표현된다. 이 식을 재정렬하여 풋 가격을 분리하면,

$$P=C-[f_0(T)-X]e^{-r_cT}.$$

이제 풋–콜 패러티에서 C를 Black의 유럽식 선물 콜옵션 가격결정모형으로 대체하고 항들을 재정렬하여 Black의 유럽식 선물 풋옵션 가격결정모형을 얻을 수 있다.

$$P = Xe^{-r_c T}[1 - N(d_2)] - f_0(T)e^{-r_c T}[1 - N(d_1)].$$

이 장의 끝에 있는 일부 문제에서 우리는 이 모형을 사용할 수 있으며, 더 자세히 검토할 수 있다.

Black의 선물 콜옵션 가격결정모형은 선물옵션에 대한 풋–콜 패러티를 사용하여 선물 풋옵션 가격결정모형으로 전환될 수 있다.

앞에서 배당금이 없는 경우에도 미국식 선물 콜은 조기에 행사될 수 있다고 언급하였다. 현물옵션과 마찬가지로 미국식 선물 풋도 조기에 행사될 수 있다. Black 모형은 미국식 옵션의 가격을 결정하지 않으며, 유럽식 모형을 사용하여 미국식 옵션의 가격을 결정할 수 있도록 일부 주식의 경우처럼 배당금이 없는 것에 호소할 수 없다. 불행히도 미국식 선물옵션 가격결정모형은 상당히 복잡하며 이 책의 범위를 벗어난다. 그러나 이항모형을 사용하여 미국식 선물옵션의 가격을 결정하는 것은 가능하다. 이항 트리(binomial tree)를 현물가격에 맞추고 각 현물가격에 상응하는 선물가격을 도출한 다음, 트리의 선물가격을 사용하여 옵션의 가격을 결정한다.

유럽식 옵션 가격결정모형을 사용하여 미국식 옵션의 가격을 결정하는 문제 외에도, Black 모형은 가장 활발하게 거래되는 선물옵션인 장기 재무부채권(Treasury bond) 선물옵션의 가격을 결정하는 데 어려움이 있다. 그 문제는 이자율의 구성 요소와 관련이 있다. Black–Scholes–Merton 모형과 마찬가지로, Black 모형은 일정한 이자율을 가정한다. 이것은 일반적으로 실물상품 및 때로는 주가지수에 기초한 옵션의 가격을 결정하는 데 허용될 수 있는 가정으로 간주된다. 그러나 채권에 기초한 옵션의 가격을 결정하는 데는 훨씬 덜 적합하다. 이자율 변화로 인해 그 가격이 변하는 기초물인 장기 재무부채권의 선물옵션 가격을 결정하려는 동안 일정한 이자율을 가정하는 것에는 근본적인 모순이 있다. 더욱 적절한 모형을 사용할 수 있지만, 이것은 이 책에서 다루지 않는 난이도 높은 주제이다.

표 8.10 선도/선물 가치 및 가격결정 원리요약

	선도계약	선물계약
가격결정 방정식		
만기에	$F(T,T) = S_T$	$f_T(T) = S_T$
만기 전	$F(0,T) = S_0 + \theta - \chi$	$f_0(T) = S_0 + \theta - \chi$
위험 프리미엄	$F(0,T) = E(S_T) - E(\phi)$	$f_0(T) = E(S_T) - E(\phi)$
배당(이산적)	$F(0,T) = S_0(1+r)^T - D_T$ $F(0,T) = (S_0 - D_0)(1+r)^T$	$f_0(T) = S_0(1+r)^T - D_T$ $f_0(T) = (S_0 - D_0)(1+r)^T$
배당(연속적)	$F(0,T) = S_0 e^{(r_c - \delta_c)T}$	$f_0(T) = S_0 e^{(r_c - \delta_c)T}$
외환	$F(0,T) = S_0(1+r)^T/(1+\rho)^T$	$f_0(T) = S_0(1+r)^T/(1+\rho)^T$
가치 방정식		
만기에	$V_T(0,T) = S_T - F(0,T)$	$v_t(T) = 0$ (시가평가 후)
만기 전	$V_t(0,T) = S_t - F(0,T)(1+r)^{-(T-t)}$	$v_t(T) = 0$ (시가평가 후)
배당(이산적)	$V_t(0,T) = S_t - D_{t,T} - F(0,T)(1+r)^{-(T-t)}$	$v_t(T) = 0$ (시가평가 후)
배당(연속적)	$V_t(0,T) = S_t e^{-\delta_c(T-t)} - F(0,T)e^{-r_c(T-t)}$	$v_t(T) = 0$ (시가평가 후)
외환	$V_t(0,T) = S_t(1+\rho)^{-(T-t)} - F(0,T)(1+r)^{-(T-t)}$	$v_t(T) = 0$ (시가평가 후)

선물옵션	콜옵션	풋옵션
최소가치	≥ 0	≥ 0
내재가치	$C_a[f_0(T),T,X] \geq \text{Max}[0, f_0(T) - X]$	$P_a[f_0(T),T,X] \geq \text{Max}[0, X - f_0(T)]$
하한	$C_e[f_0(T),T,X] \geq \text{Max}\left\{0, [f_0(T) - X](1+r)^{-T}\right\}$ $C_a[f_0(T),T,X] \geq \text{Max}[0, f_0(T) - X]$	$P_e[f_0(T),T,X] \geq \text{Max}\left\{0, [X - f_0(T)](1+r)^{-T}\right\}$ $P_a[f_0(T),T,X] \geq \text{Max}[0, X - f_0(T)]$
기타 결과		
Black OPM	$C = e^{-r_c T}[f_0(T)N(d_1) - XN(d_2)]$ $d_1 = \dfrac{\ln[f_0(T)/X] + (\sigma^2/2)T}{\sigma\sqrt{T}}$ $d_2 = d_1 - \sigma\sqrt{T}$	$P = Xe^{-r_c T}[1 - N(d_2)] - f_0(T)e^{-r_c T}[1 - N(d_1)]$
풋-콜 패러티	$C_e[f_0(T),T,X] = P_e[f_0(T),T,X] - [X - f_0(T)](1+r)^{-T}$	$P_e[f_0(T),T,X] = C_e[f_0(T),T,X] + [X - f_0(T)](1+r)^{-T}$
배당 효과	직접적인 영향 없음. 배당이 증가하면 선도가격 하락함.	직접적인 영향 없음. 배당이 증가하면 선물가격 하락함.
통화 옵션	직접적인 영향없음. 외국금리가 상승하면 선도가격 하락함.	직접적인 영향없음. 외국금리가 상승하면 선물가격 하락함.

표 8.11 선도/선물, 주식, 채권, 기초자산에 대한 옵션, 선물옵션 간의 연계

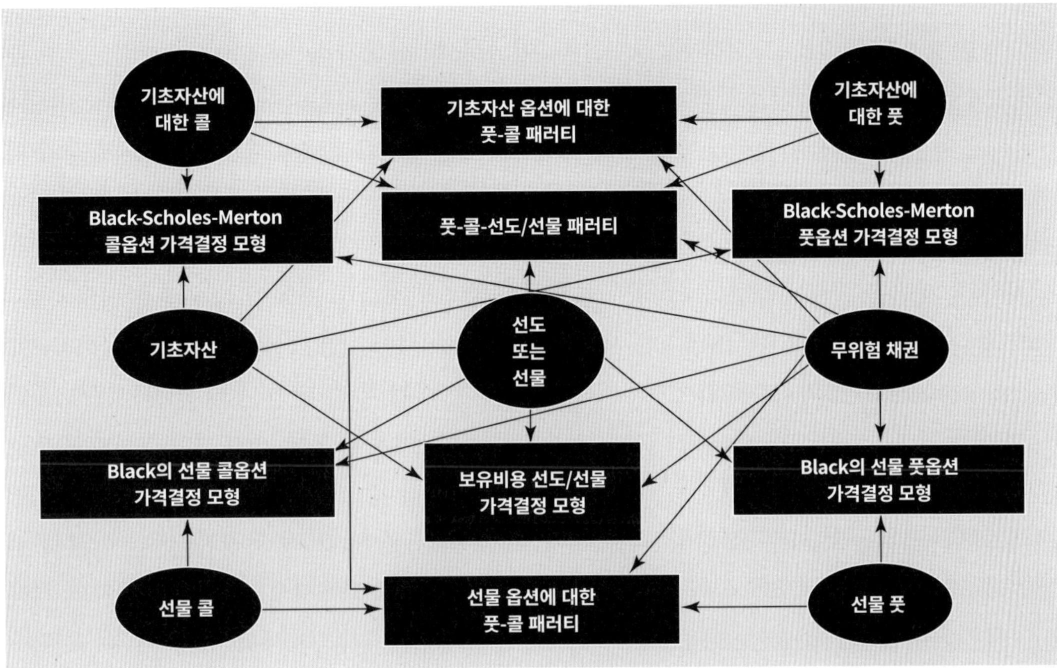

연습문제

1. 연간 복리 무위험수익률이 6.01%임을 가정하여, 만기가 9월 10일이고 6월 10일 현재 현물가격이 $45인 일반 자산에 기초한 선도계약의 가격을 계산하시오.
2. 투자자가 만기 이틀 전에 매입포지션을 보유하고 있는 경우, 그는 언제 선물계약을 선도계약보다 선호하는가? (이자율의 확실성을 가정하지 마시오.)
3. 연 복리(annually compounded) 무위험수익률이 6.83%에서 6.60%로 변화할 때, 3월 30일 현재 현물가격이 $49.90인 상품선물계약의 가격에 미치는 순효과를 계산하시오. 보관비용은 $5.60이고 선물계약의 만기는 11월 30일임을 가정하시오.
4. 콘탱고(contango), 백워데이션(backwardation), 정상 콘탱고, 정상 백워데이션 시장의 특징을 비교하고 대조하시오.
5. 7월 10일, 농부가 옥수수 현물가격이 부셸당 $2.735이고 9월 선물가격이 $2.76임을 알았다. 농부는 9월 현물가격에 대한 예측을 원하지만, 시장이 옥수수 매입포지션을 보유한 헤지거래자들에 의해 지배되고 있다고 생각한다. 농부가 옥수수 선물가격을 예측할 때 이 정보를 어떻게 사용할 것인지 설명하시오.
6. 현물 콜옵션이 조기에 행사될 수 없을 때 미국식 선물 콜옵션이 조기에 행사될 수 있는 이유를 설명하시오. 배당은 없다고 가정하시오.
7. 유로달러선물에 기초한 옵션가격 결정을 위해 Black의 선물옵션 가격결정모형을 사용할 때 두 가지 문제점을 설명하시오.
8. Black의 선물옵션 가격결정모형이 단순히 보유비용이 영(0)인 상품에 대한 옵션의 가격결정모형인 이유를 설명하시오.
9. 어떤 실물상품에 대해 선도시장이 있다고 가정하자. 이 상품의 선도가격은 $45이다. 계약은 1년 후에 만기가 된다. 무위험이자율은 10%이다. 이제 6개월 후 현물가격은 $52이다. 이때 선도계약의 가치는 얼마인가? 선도계약이 선물계약처럼 유동성이 있는 시장에서 거래되지 않음에도 이것이 6개월 후 선도계약의 정확한 가치인 이유를 설명하시오.
10. 어느 특정일에 S&P 500 선물의 정산가격은 899.30이었다. 장 마감 무렵 당신은 그 정산가격으로 한 계약을 매입한다. 다음날 선물계약은 899.70으로 시작하며 당일 장 마감 시 정산가격은 899.10이다. 개장 시점, 장 마감 직전 및 장 마감 이후의 선물계약 가치를 결정하시오. S&P 선물계약의 거래승수는 $250임을 기억하시오.
11. 공매도가 가능한 자산과 관련된 차익거래 사례를 만들고, 이를 사용하여 선물가격 결정을 위한 보유비용모형을 설명하시오.
12. 9월 26일, 밀 현물가격은 부셸당 $3.5225였으며, 12월물 밀 선물가격은 부셸당 $3.64였다. 만기까지 한 부셸에 묶인 돈에 대해 포기한 이자는 0.03이고 밀의 보관비용은 부셸당 0.0875이다. 위험프리미엄은 부셸당 0.035이다.
    a. 12월 현물시장에서 밀의 기대가격은 얼마인가?
    b. 선물가격이 현물가격과 어떤 관련이 있는지 보이시오.
    c. 만기 시점의 기대현물가격(문제 a의 답)이 오늘의 선물가격과 어떤 관련이 있는지 보이시오.
    d. 만기 시점의 기대선물가격이 오늘의 선물가격과 어떤 관련이 있는지 보이시오.
    e. 누가 위험프리미엄을 받는지와 그 이유를 설명하시오.
13. 어느 특정일에 9월물 S&P 500 주가지수 선물가격은 960.50이었다. S&P 500 지수는 956.49였다. 9

월물 선물계약은 73일 후에 만기가 된다.

a. 연속복리를 가정할 때, 무위험이자율은 5.96%이고 지수의 배당수익률은 2.75%라고 하자. 선물가격이 고평가되어 있는가? 또는 저평가되어 있는가?

b. 연 복리(annual compounding)를 가정할 때, 무위험이자율은 5.96%이고 지수 배당금의 미래가치는 $5.27이라고 하자. 선물가격이 고평가되어 있는가? 또는 저평가되어 있는가?

14. 기대 미래 현물가격이 $60인 실물상품이 있다고 가정하자. 투자자가 선물계약을 매입하도록 유도하려면 $4의 위험프리미엄이 요구된다. 선물계약의 수명 동안 실물상품을 보관하는 데 드는 비용은 $5.50이다. 선물가격을 구하시오.

15. 다음 정보를 이용할 수 있었다: 일본 엔 현물환율: $0.009313; 일본 엔에 대한 730일 선물환율: $0.010475(1년은 365일로 가정); 미국 무위험이자율: 7.0%; 일본 무위험이자율: 1.0%

a. 연 복리를 가정할 때, 이자율평가이론이 유지되는지 여부와 그렇지 않은 경우 전략을 제시하시오.

b. 연속복리를 가정할 때, 이자율평가이론이 유지되는지 여부와 그렇지 않은 경우 전략을 제시하시오.

16. 9월 12일, 주가지수 선물계약은 423.70이었다. 행사가격이 400인 12월물 콜옵션 가격은 26.25였고 풋옵션 가격은 3.25였다. 지수는 420.55였다. 선물과 옵션은 12월 21일에 만기가 된다. 이산적(discrete) 무위험이자율은 2.75%였다. 선물과 옵션의 가격이 서로에 대해 올바르게 평가되었는지 결정하시오. 그렇지 않은 경우, 무위험 포트폴리오를 구성하고 이 포트폴리오가 어떻게 무위험이자율보다 더 나은 수익률을 얻게 될 것인지를 보이시오.

17. 선물계약을 기초로 하고 행사가격이 480인 일단의 3월물 옵션에 대해 특정 연도 1월 31일부터의 다음 자료를 사용하여 a에서 g까지의 문제에 답하십시오.

선물가격: 483.10
만기일: 3월 13일
무위험이자율: 0.0284%(단순)
콜 가격: 6.95
풋 가격: 5.25

a. 콜옵션의 내재가치를 결정하시오.

b. 콜옵션의 시간가치를 결정하시오.

c. 콜옵션의 하한을 결정하시오.

d. 풋옵션의 내재가치를 결정하시오.

e. 풋옵션의 시간가치를 결정하시오.

f. 풋옵션의 하한을 결정하시오.

g. 풋–콜 패러티(parity)가 유지되는지 여부를 결정하시오.

18. 풋–콜 패러티 규칙은 $C–P = [f_0(T) - X](1+r)^{-T}$로 나타낼 수 있다. 다음의 자료를 고려하자: $f_0(T) = 102$, $X = 100$, $r = 0.1$, $T = 0.25$, $C = 4$, 그리고 $P = 1.75$. 몇 가지 계산을 통해 가격이 규칙을 따르지 않는다는 것을 알 수 있다. 차익거래 전략을 제시하고 그것이 무위험 이익을 포착하는 데 어떻게 사용될 수 있는지를 보이시오. 거래비용은 없다고 가정하시오. 당신의 답이 만기의 수익을 나타내고 그 수익이 무위험임을 입증하는지를 확인하시오.

19. 표준편차를 8%로 가정하고 Black 모형을 사용하여 17번 문제의 콜옵션 가격이 올바르게 결정되었는지 확인하시오. 그렇지 않다면, 무위험 헤지 전략을 제시하시오.

20. 이전 문제의 정보와 Black 모형을 사용하여 17번 문제에 설명된 풋옵션 가격을 계산하시오.

21. 향후 6개월 동안 미국의 이자율이 1.5%(연 복리)

라고 가정하자. 해외 금리는 2%(연 복리), 외화의 현물가격은 달러로 $1.665, 그리고 선도가격은 $1.664이다. 정확한 선도가격을 결정하고 차익거래 전략을 추천하시오.

22. 1년 만기 선물가격이 $100, 선물옵션 행사가격이 $90, 그리고 이자율이 5%(연 복리)라고 가정하자. 선물옵션 콜 가격이 $9.40에 호가되는 경우, 차익거래기회가 있는지를 식별하고 이를 포착하는 방법을 설명하시오.

23. 풋–콜 패러티의 세 가지 버전을 식별하고 정의하시오.

24. Black–Scholes–Merton 옵션가격결정모형과 선도계약에 대한 일반적인 보유비용 공식(연속복리 사용)을 사용하여 $C_e(S_0, T, X)=C_e[f_0(T), T, X]$임을 보이시오.

25. (개념 문제) 현재 $100의 가치가 있는 주식 포트폴리오에 대한 선물계약이 있다고 가정하자. 선물의 수명은 90일이며, 그 기간 동안 주식들은 30일 내에 $0.75, 60일 내에 $0.85, 90일 내에 $0.90의 배당금을 지급한다. 단순 금리는 12%이다.

    a. 차익거래 기회가 없다고 가정하고 선물계약의 가격을 구하시오.

    b. 달러 보유비용 θ의 가치를 구하시오.

26. (개념 문제) 선물 증거금 계정이 이자를 지급하지만 무위험이자율보다 낮은 이자율을 지급한다고 가정하자. 자산을 매입하고 선물을 매도하여 무위험 헤지를 구성하는 거래자를 고려하자. 그 거래자는 증거금 계정이 무위험이자율로 이자를 지급하는 경우보다 선물가격이 낮아야 한다고 믿는가? 높아야 한다고 믿는가?

참고문헌

다음은 선도 및 선물 가격결정에 관한 훌륭한 설명을 제공한다.

Duffie, D. *Futures Markets*. Englewood Cliffs, NJ: Prentice Hall, 1989.

French, K. C. "Pricing Financial Futures Contracts: An Introduction." *Journal of Applied Corporate Finance* 1 (1989): 59–66.

선물가격과 선도가격 간의 관계는 다음 논문들에 의해 처음으로 유도되었다:

Cox, J. C., J. E. Ingersoll, Jr., and S. A. Ross. "The Relation between Forward Prices and Futures Prices." *Journal of Financial Economics* 9 (1981): 321–346.

Jarrow, R. A., and G. S. Oldfield. "Forward Contracts and Futures Contracts." *Journal of Financial Economics* 9 (1981): 373–382.

이 장에서 배운 일부 가격결정 관계에 관한 실증연구는 다음의 논문들에서 발견된다:

Bell, A. R., C. Brooks, and P. Dryburgh. "Interest Rates and Efficiency in Medieval Wool Forward Contracts." *Journal of Banking and Finance* 31 (2007): 361–380.

Brooks, R. "Samuelson Hypothesis and Carry Arbitrage." *Journal of Derivatives* 20 (2013): 37–65.

Clements, S., A. J. Ziobrowski, and M. Holder. "Lumber Futures and Timberland Investments." *Journal of Real Estate Research* 33 (2011): 49–71.

Cornell, B., and M. Reinganum. "Forward and Futures Prices: Evidence from the Foreign Exchange Markets." *Journal of Finance* 36 (1981): 1035–1046.

French, K. R. "A Comparison of Futures and Forward Prices." *Journal of Financial Economics* 12 (1983): 311–342.

French, K. R. "Detecting Spot Price Forecasts in Futures Prices." *Journal of Business* 59 (1986): S39–S54.

부록 B는 도서, 논문, 기타 자료와 같은 좀 더 광범위한 참고문헌을 포함하고 있으며, 이 책의 동반 사이트에 있다. 접속하려면, www.cengagebrain.com을 방문하여 ISBN 9781305104969를 검색한 후 "Free Materials", "Access Now" 탭을 차례로 클릭하라.

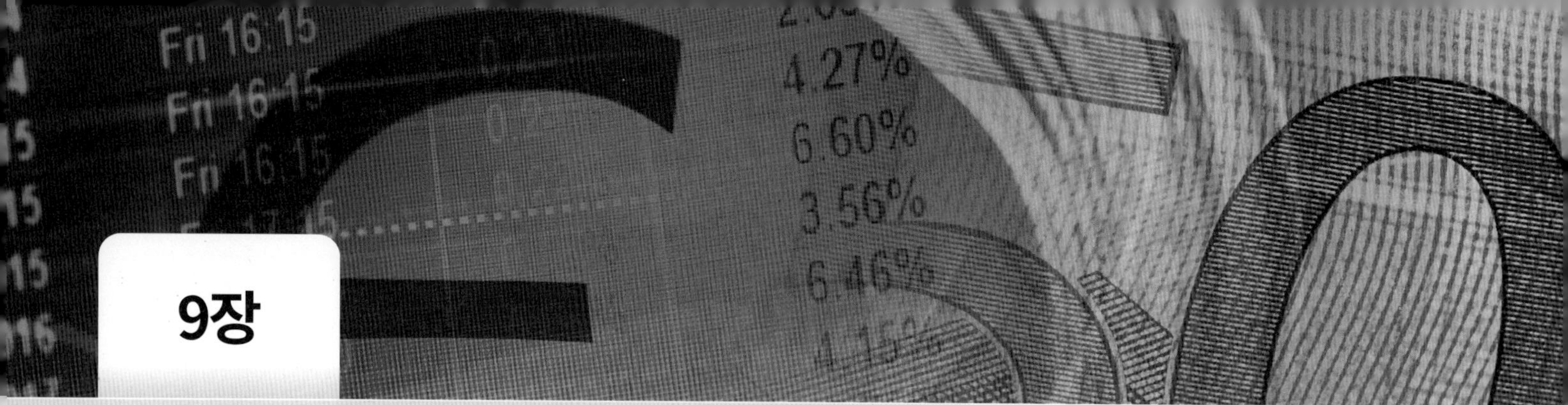

9장

이 장의 목표

- 단기 금리선물, 중장기 금리선물, 주가지수선물, 외환선물을 이용한 차익거래전략을 설명한다.
- 장기 재무부채권 선물계약에 관한 최저가인도채권을 결정하는 방법을 설명한다.
- 장기 재무부채권 선물계약에 관한 인도(delivery) 옵션을 검토한다.

선물 차익거래 전략

"Jadwin은 그 광경을 자주 주목했고, 비록 상상력은 부족했지만, 거래소 건물 안에서 거리의 흐름을 손아귀에 쥐고 끌어당겼다 내던졌다를 번갈아 하는 어떤 거대하고 저항할 수 없는 힘의 개념을 상상해온 지 오래되었다. 그 안에는 거대한 소용돌이, 굉음과 함께 회전하고 천둥을 치는 웅덩이가 있으며, 도시의 삶의 조수를 빨아들이고, 그것을 무시무시한 배설강의 입으로, 거대한 하수구의 아가리로 빨아들인다. 그런 다음 그것을 다시 토하고 밖으로 뿜어내지만, 돌아오는 소용돌이 안에서 그것을 잡아 다시 빨아들일 뿐이다."

Frank Norris

The Pit, 1902, 1994 edition, Penguin Books, p. 72

이 장에서는 선물 차익거래 전략을 검토한다. 우리는 이전 장들에서 차익거래에 대해 자주 논의하였다. 차익거래는 파생상품 가격을 현물가격에 연결하는 메커니즘 중 하나이다. 차익거래가 없다면, 시장은 훨씬 덜 효율적일 것이다. 그러나 파생상품 가격과 현물가격이 항상 이론적인 관계를 따르는 것은 아니다. 이런 일이 발생하면, 차익거래자들이 개입하여 수익을 창출하는 거래를 실행함으로써 가격을 이론적인 수준으로 빠르게 되돌린다. 이 장에서는 선물시장의 적절한 기능과 효율성에 중요한 차익거래들 중 일부를 설명한다. 이 예들에서는 때때로 거래비용을 무시하는 경우가 있지만, 실무적으로 모든 차익거래 기회는 이익이 거래비용을 커버하는지 여부를 고려하여 평가되어야 한다는 점에 유의해야 한다.

여기서 우리의 접근 방법은 4 가지 그룹의 선물계약들을 검토하는 것이다: 단기 금리 선물계약, 중장기 금리 선물계약, 주가지수 선물계약, 그리고 외환 선물계약. 각 그룹의 계약들 내에서 이 상품들을 이용한 차익거래의 고유한 과제들을 검토할 것이다.

9-1 단기 금리 차익거래

단기 금리선물의 범주에서 우리는 연방기금과 유로달러선물 전략들을 살펴볼 것이다. 그러나 구체적인 전략을 살펴보기 전에, 이러한 유형의 선물계약 가격을 유도하는 차익거래를 이해하는 데 사용되는 몇 가지 기본적인 개념을 살펴보자. 매입차익거래(carry arbitrage)의 개념 및 그와 관련된 개념인 환매조건부채권 내재금리(implied repo rate)를 살펴보는 것으로 시작한다.

9-1a 매입차익거래와 환매조건부채권 내재금리

8장에서 선물가격이 현물가격과 보유비용에 의해 결정되는 것을 보았다. 이러한 관계를 결정하는 기본적인 차익거래를 종종 **매입차익거래(cash-and-carry arbitrage** 또는 단축하여 **carry arbitrage**)라고 한다. 투자자는 현물시장에서 증권을 매입하고 선물계약을 매도한다. 선물계약이 만기까지 보유되면, 해당 증권의 매도가격이 보장된다.[1] 이 거래는 위험이 없기 때문에, 포지션이 차입으로 완전히 조달된다는 가정 하에 증권 매입에 따른 보유비용이나 금융 비용을 커버할 수 있을 만큼의 충분한 수익을 제공해야 한다. 위험이 없기 때문에 투자자는 위험프리미엄을 얻지는 못할 것이다.

이 문제에 접근하는 또 다른 방법은 증권 매입 자금을 조달할 수 있는 이자율에 초점을 맞추는 것이다. 보통 자금조달은 환매조건부채권을 통해 이루어진다. 환매조건부채권(repurchase agreement 또는 repo)은 금융기관과의 약정으로, 증권의 소유자가 보통 하루 후에 다시 재매입하기로 약속하고 해당 증권을 금융기관에 매도하는 것이다. 이 거래를 1일물(overnight) repo라고 한다. 따라서 repo는 담보 대출의 한 형태이다. 투자자는 증권을 담보로 제공하여 그 증권을 매입하기 위한 자금의 사용권을 얻는다. repo에 부과되는 이자는 일반적으로 1년이 360일인 것처럼 호가되고 계산되지만, 여기서는 1년이 365일이라는 가정을 사용할 것이다.

환매조건부채권은 정부 증권과 관련된 거래에서 빈번히 사용된다. 1일물 repo가 더 일반적이지만, 기간 repo라고 하는 최장 2주까지의 더 긴 약정이 사용되기도 한다. 매입차익거래

1 만기 현물가격은 만기 선물가격과 같기 때문에 이것이 사실임을 상기하자. 현물거래의 이익은 $S_T - S_0$이고 선물거래의 이익은 $-[f_T(T)-f_0(T)]$이다. 총이익은 $f_0(T)-S_0$이다. 따라서 $f_0(T)$는 기초자산의 실질적인 매도가격이다.

에서 증권은 repo를 사용하여 자금이 조달되는 것으로 간주된다. 거래 수익률이 repo 금리보다 크면, 차익거래는 수익을 낼 것이다.

8장으로부터, 선물-현물 가격 관계는 다음과 같다:

$$f_0(T)=S_0+\theta.$$

여기서는 증권에 초점을 맞추고 있기 때문에, 큰 보관비용이 들지 않는다; 따라서 보유비용 θ는 엄밀히 말하면 이자 iS_0이다. 이제 암묵적 이자비용을 다음과 같이 정의하자.

$$\theta=f_0(T)-S_0.$$

환매조건부채권 내재금리는 현물가격과 선물가격 간의 매입차익거래 관계에 의해 내재된 수익률이며, 매입차익거래 포지션에 대한 수익률을 반영한다.

따라서 θ는 달러로 표시되는 내재 자금조달 비용이다. 그것을 현물가격의 백분율 θ/S_0로 나타내고 이를 $\hat{r}$로 표기하기로 하자. 그러면, $\hat{r}$는 **환매조건부채권 내재금리(implied repo rate)**이다. 포지션 자금조달 비용(실제 repo 금리)이 repo 내재금리보다 낮으면 차익거래는 수익을 낼 것이다.

내부수익률(IRR)의 개념에 익숙한 독자들은 그것이 repo 내재금리와 유사하다는 것을 발견할 것이다. 차익거래에서 수익이 발생하지 않는다면, 자금조달 비용은 repo 내재금리이다. 자본예산(capital budgeting) 문제에서 0의 순현재가치(NPV)는 내부수익률을 정의한다. 기회비용이 IRR보다 작으면, 해당 프로젝트는 매력적이며 양(+)의 NPV를 산출한다. 마찬가지로, repo 내재금리보다 낮은 금리로 자금을 조달할 수 있으면 차익거래는 수익성이 있다.

T시점에 만기가 되는 증권과 그보다 더 이른 t시점에 만기가 되는 동일한 증권이 있다고 가정하자. 또한 t시점에 만기가 되는 선물계약도 있다. 당신은 r(연율)의 금리로 자금을 조달하여 만기가 더 긴 증권을 S_0의 가격에 매입하고 선물계약을 매도한다. t시점에서 선물은 만기가 되고 당신은 증권을 인도한다. 당신은 사실상 t시점에 $f_0(T)$의 가격으로 증권을 매도했다. 거래 이익은 다음과 같다:

$$\Pi=f_0(t)-S_0(1+r)^t.$$

$S_0(1+r)^t$항은 t기간에 걸친 자금조달 비용을 포함하여 당신이 증권에 지불한 금액을 반영한다. repo 내재금리 $\hat{r}$은 차익거래 이익을 발생시키지 않는 자금조달 비용이다: 따라서 이 금리에 대해 풀면,

$$\hat{r}=\left[\frac{f_0(t)}{S_0}\right]^{1/t}-1.$$

지수 1/t은 365/일로 쉽게 해석할 수 있으며, 여기서 "일"은 거래가 유지되는 일 수이다. $f_0(t)/S_0$를 이 지수로 거듭제곱하면, 금리가 연율화된다.

기본적인 매입차익거래를 이해하는 또 다른 접근 방식이 있다. T시점에 만기가 되는 증권을 매입하는 동시에 t(t < T)시점에 만기가 되는 선물계약을 매도한다고 가정하자. 선물계약이

만기가 되면, 잔존 만기가 T-t인 증권을 인도한다. 순효과는 우리가 T시점에 만기가 되는 증권을 취하여 그것의 만기를 t시점으로 단축한 것이다. 따라서 우리는 합성(synthetic) t-기간 상품을 만들었다. 합성 t-기간 상품의 수익률이 t시점에 만기가 되는 실제 증권의 수익률보다 크면, 가격들이 균형을 이탈한 상태가 되고 차익거래 이익이 가능하다.

9-1b 연방기금선물 차익거래와 환매조건부채권 내재금리

은행들은 자본 지급준비금 요건을 충족하기 위해 연방준비은행에 지급준비금을 보관한다. 한 은행이 지급준비금 요건을 초과해 보유하는 지급준비금 잔액은 지급준비금이 부족한 다른 은행에 대출할 수 있다. 이러한 대출은 일반적으로 매우 단기적이며, 보통 1일(overnight) 대출이다. 연방기금(federal funds 또는 fed funds)은 다른 은행에 대출해줄 수 있는 연방준비은행에 보관된 지급준비금 잔액이다. 연방기금은 상업은행, 저축 기관, 연방 기관, 미국 내 외국은행 지점 및 정부증권 딜러가 보유할 수 있다. 연방기금금리는 단기 재무부채권(Treasury bill) 금리, LIBOR, 상업어음 금리와 높은 상관관계가 있으며, 장기 회사채 및 국채 금리와도 어느 정도 상관관계가 있다. 예를 들어, 1일 실효(effective) 연방기금금리와 1개월 LIBOR 간의 상관계수는 0.98 이상으로 추정된다.[2] 따라서 차익거래자들은 그들의 거래 활동에서 연방기금만이 아닌 다른 금리상품을 사용할 수 있다. 연방기금은 실제 일수 계산 및 1년 360일을 사용하여 부가이자(add-on interest) 기준으로 호가된다.

연방기금 선물계약은 $5,000,000의 연방기금을 커버한다. 따라서 1 베이시스 포인트(basis point)는 $41.67[=5,000,000×0.0001×(30/360)]의 가치가 있다. 가격은 100에서 인도월의 일평균 연방기금 1일물 금리를 뺀 값으로 표시된다. 만약 일평균 연방기금 1일물 금리가 5%라면, 선물계약은 95.00로 호가된다. 거래자가 단기 금리가 상승할 것이라고 믿는다면, 그녀는 연방기금 선물계약을 매도할 수 있다.

우리는 잠재적인 차익거래 전략을 설명하기 위해 연방기금 선물계약을 사용할 것이다. 다음의 전략은 LIBOR와 연방기금금리가 완전 대체재라는 가정에 기반한다. 즉, 베이시스 위험(basis risk)이 없다. 이 가정에 대해서는 예시를 든 후에 더 자세히 언급할 것이다. 2개월 LIBOR 금리를 기준으로 대출을 하고 한 달 후에 만기가 되는 연방기금 선물계약을 매도한다고 가정하자. 이 거래는 실제 1개월 LIBOR 금리와 같아야 하는 금리로 합성 1개월 LIBOR 기반 대출을 생성한다. 그렇지 않으면, 차익거래자들은 이 전략에 매력을 느낄 것이고, 그들의 거래는 합성 LIBOR 기반 대출 금리와 실제 LIBOR 금리가 같아질 때까지 2개월 LIBOR 금리를 낮추고 연방기금 선물가격을 떨어뜨릴 것이다. 또는 그 반대의 경우도 가능하다.

예시 [표 9.1]은 연방기금 선물계약과 LIBOR 간 매입차익거래를 보여준다. 이것은 만기가 더 긴 LIBOR에 기반한 대출, LIBOR 대출의 만기 전에 만기가 되는 연방기금 선물계약의 매

2 2008년의 금융위기와 같은 심각한 금융 스트레스 기간에는 보통 다양한 이유로 상관관계가 크게 떨어진다.

도, 그리고 선물이 만기가 될 때 연방기금금리에 기반한 차입이 합성 단기 LIBOR 대출을 만드는 상황을 보여주는 예이다. 이 합성 LIBOR 대출의 수익률은 만기가 같은 실제 LIBOR 대출의 수익률보다 약 23bp 더 높다.

표 9.1 연방기금 매입차익거래

시나리오: 3월 1일에 1개월 LIBOR 금리는 5.50%이고 2개월 LIBOR 금리는 6.00%이다. 4월 연방기금선물은 93.75에 호가되고 있어 차익거래 기회가 있다. 계약 규모는 $5,000,000이며, 이 예는 한 계약에 대한 차익거래 전략을 보여준다.

날짜	현물시장	선물시장
3월 1일	1개월 LIBOR 금리로 $5,000,000의 현재가치($4,977,187.89)를 빌린다; 2개월 LIBOR금리로 같은 금액을 대출한다.	4월물 연방기금 선물계약 1계약을 93.75에 매도한다.
4월 1일	차입금을 갚는다(-$5,000,000). 대출금의 현재가치를 회수한다.	처음 선물 포지션을 반대매매하기 위해 4월물 연방기금선물 1계약을 매입한다.

분석: 2개월 LIBOR 대출의 4월 1일에 필요한 상환액이 4월 1일에 관찰되는 1개월 LIBOR 금리에 의존한다는 것을 이해하는 것이 핵심이다. 또한 인도월이 아닌 한, 1개월 LIBOR 금리와 연방기금선물 내재금리 간 베이시스 위험은 없다고 가정한다. 5월 1일 대출 잔액은 다음과 같다.

$$LB_2 = LB_0\left[1 + r_2\left(\frac{60}{360}\right)\right] = \$4,977,187.89\left[1 + 0.06\left(\frac{60}{360}\right)\right] = \$5,026,959.77.$$

4월 1일에 관찰된 1개월 LIBOR 금리가 7.25%라고 가정하면, 한 달 후 초기 2개월 대출의 현재가치는 다음과 같다.

$$PV_1(LB_2) = \frac{LB_2}{\left[1 + r_{1,1}\left(\frac{30}{360}\right)\right]} = \frac{\$5,026,959.77}{\left[1 + 0.0725\left(\frac{30}{360}\right)\right]} = \$4,996,770.94$$

베이시스 위험이 없다고 가정할 때, 한 달 후 연방기금 선물가격은 92.75(=100-7.25)이다. 따라서 연방기금 선물계약의 이익은 $4,166.67 [=(93.75-92.75)×($5,000,000)×(30/360)/100]이다. 2개월 대출의 현재가치 금액에 선물계약의 이익을 더하면 $5,000,937.61이 된다. 1개월 대출을 상환하면 $937.61의 차익거래 이익이 발생한다. 그러므로, 1개월 repo 내재금리는

$$\left(\frac{\$5,000,937.61}{\$4,977,187.89} - 1\right)\frac{360}{30} = 0.0573,$$

또는 5.73%이다. 1개월 LIBOR 금리는 5.50%이므로 잠재적인 차익거래 기회를 나타낸다.

그러나 이 전략의 효과에는 몇 가지 한계가 있다. 이 전략의 효과는 1개월 LIBOR와 연방기금금리 간에 베이시스 위험이 없다는 가정에 결정적으로 달려있다. 연방기금금리는 다소 변동성이 큰 금리이긴 하지만, 역사적으로 단기 LIBOR 금리와 연방기금금리 간 차이는 단지 몇 베이시스 포인트에 불과하다. 과거 데이터를 보면 연방기금금리과 1개월 LIBOR 간의 상관계수가 매우 높다는 사실을 확인할 수 있다. 이 사실이 타당한 이유는 은행들이 연방준비은행이나 은행 간 시장(LIBOR)을 통해 그들의 초과 지급준비금을 다른 은행들에게 대출하는 것을 결정하기 때문이다. 연방기금 선물계약은 인도월(delivery month)에 관찰된 일평균 실효 금리를 기준으로 현금결제된다. 따라서 인도월 내에는 단기 LIBOR 금리와 연방기금선물 내재금리 사이에 상당한 차이가 있다.[3] 매입차익거래의 또 다른 한계는 repo 금리가 전체 기간 동안 고정되어 있지 않다는 것이다. 앞서 언급한 것처럼, 최장 2주 동안 일부 기간 repo

3 여기서 설명된 차익거래에는 다른 미묘한 위험들이 있다. 연방기금 선물계약에도 적용되는 유로달러 선물계약과 관련된 이슈는 각주 4를 참조하라.

를 사용할 수 있지만, repo를 이용한 대부분의 자금조달은 1일(overnight) 동안이다. 두 경우 모두 차익거래가 실행될 때 이 전략에 대한 자금조달 금리는 알 수 없다. repo가 만기가 될 때마다 새로운 자금조달이 약정되어야 하며, 아마도 금리는 원래 예상했던 것보다 훨씬 높을 수 있다. 다른 선물상품으로부터 repo 내재금리를 결정할 때, 거래비용과 같은 그 밖의 많은 제한 사항이 작용한다. 다른 몇 가지 매우 기술적인 제한 사항들이 있지만, 그것들은 이 입문서의 범위를 벗어난다.

9-1c 유로달러 차익거래

유로달러 예금 및 유로달러 파생상품시장은 외국 은행과 미국 은행의 외국 지점이 달러 표시 예금을 발행하고 흔히 선도 및 선물 거래를 하는 대규모 시장이다. 유로달러 선물계약은 1981년 시카고상업거래소(CME)에 의해 도입되었으며, 100만 달러의 은행 간 3개월 예금에 대한 매도 금리를 나타낸다. 1981년 12월 9일 도입된 이래 유로달러선물은 세계에서 가장 널리 거래되는 화폐시장 선물계약 중 하나로 발전하였다. 이 계약은 계약월의 세 번째 수요일 직전 두 번째 런던 은행 영업일에 현금결제된다. 각 유로달러 선물계약은 3개월 LIBOR 설정을 기초로 하며, 선물계약의 결제 후 이틀부터 시작되는 미국 외 지역에 예치된 3개월 은행 간 달러 정기예금에 대해 지급되는 이자를 나타낸다. LIBOR는 단순히 다음의 질문에 대한 기여은행들의 답변을 기반으로 한 종합 설문조사 응답이다. "어떤 금리로 자금을 차입할 것인가, 오전 11시 직전에 적정 시장규모로 은행 간 제안을 요청하고 수락하여 그렇게 할 것인가?"[4] 2000년부터 2009년까지 10년 동안 이 설문조사에 대해 사기성 응답이 있다는 광범위한 주장이 있었다. 광범위한 사기행위에도 불구하고, 유로달러 선물시장은 여전히 매우 인기가 있다.

유로달러 선물계약의 기초 이자율은 인도월의 세 번째 수요일에 시작하는 90일 기간에 적용되는 LIBOR 예금 금리이다. 유로달러 시장은 매우 효율적이지만, 현물과 선물 또는 선도 가격 간의 매입차익거래 관계 위반으로부터 발생하는 차익거래 기회가 이따금 있을 수 있다.

예시 [표 9.2]는 180일 유로달러 정기예금을 발행해야 하는 한 런던 은행이 90일 정기예금을 발행하고 90일 후에 만기가 되는 선물을 매도함으로써 더 나은 금리를 얻을 수 있음을 알게 된 상황을 보여준다. 이 은행은 90일 정기예금을 선물계약과 연계함으로써 더 나은 금리를 갖는 합성 180일 정기예금을 만든다.

결과는 12월 16일에 발행된 정기예금의 금리에 따라 결정되는 것처럼 보일 수 있다. 9월에는 그 금리를 알 수 없었다. 실제로 이 거래의 결과는 실행되었을 때 알게된다. 90일 정기예금은 90일 동안 0.0825(90/360) = 0.020625의 금리로 발행되었다. 유로달러선물은 0.0863(90/360) = 0.021575의 금리로 매도되었다. 따라서 은행이 0.020625에 90일 정기예금을 발행하고 연달아 0.021575에 90일 정기예금을 발행하면, 180일 동안의 전체 금리는

4 2012년 5월 21일에 마지막으로 접속된 http://bbalibor.com/bbalibor-explained/the-basics를 참조하라.

$$(1.020625)(1.021575) - 1 = 0.042645.$$

이 금리를 연율화하면

$$(1.042645)^{(365/180)} - 1 = 0.0884.$$

이것이 은행이 얻게 되는 금리이다.[5]

표 9.2 유로달러 차익거래

시나리오: 9월 16일에 한 런던 은행은 1,000만 달러의 180일 유로달러 정기예금을 발행해야 한다. 그런 정기예금의 현재 금리는 8.75%이다. 은행은 현재 8.25%의 금리로 90일 정기예금을 발행하고 유로달러 선물계약을 매도하는 대안을 고려하고 있다. 180일 정기예금이 발행되면, 은행은 다음의 금액을 상환해야 할 것이며,

$$\$10,000,000[1+0.0875(180/360)]=\$10,437,500,$$

실효 금리는 다음과 같다.

$$\left(\frac{\$10,437,500}{\$10,000,000}\right)^{365/180} - 1 = 0.0907.$$

현물 및 선물 시장에서 이용 가능한 금리는 은행이 다음을 수행함으로써 더 나은 금리를 얻을 수 있는 정도이다.

날짜	현물시장	선물시장
9월 16일	90일 정기예금 금리는 8.25%이다. **$10,000,000에 대한 90일 정기예금을 발행한다.**	12월 유로달러 IMM 지수는 91.37이다. $100 액면가에 대한 가격: 100-(100-91.37)(90/360)=97.8425. 계약당 가격: $978,425. **10계약 매도한다.**
12월 16일	90일 정기예금이 만기가 되고 은행의 빚은 10,000,000[1+0.0825(90/360)]=$10,206,250. 신규 90일 정기예금 금리는 7.96%이다. **$10,223,000에 대한 신규 90일 정기예금을 발행한다.**	12월 유로달러 IMM 지수는 92.04이다. $100 액면가에 대한 가격: 100-(100-92.04)(90/360)=98.01. 계약당 가격: $980,100. **10계약 매입한다.**

분석: 9월 16일, 은행은 새로 발행된 90일 정기예금으로부터 $10,000,000를 받았다. 12월 16일, 10개의 선물계약을 10($980,100-$978,425)=$16,750의 손실을 보고 환매하였다. $10,223,000의 신규 정기예금을 발행하여 $16,750는 선물계좌의 손실을 충당하는 데, 그리고 나머지 $10,206,250는 만기 90일 정기예금을 상환하는 데 사용하였다. 3월 16일, 신규 정기예금에 대해 다음의 금액을 상환하였다:

$$10,223,000[1+0.0796(90/360)]=\$10,426,438.$$

따라서 9월 16일 $10,000,000를 받았고, 3월 16일 $10,426,438를 지불하였다. 그동안 다른 현금흐름은 없었다. 따라서 180일 동안의 실제 차입비용은

$$\left(\frac{\$10,426,438}{\$10,000,000}\right)^{365/180} - 1 = 0.0884.$$

이는 180일 유로달러 정기예금의 비용보다 23bp 낮다.

9-2 중장기 금리 차익거래

중장기 금리선물에는 중기 재무부채권(Treasury note) 선물과 장기 재무부채권(Treasury bond) 선물, 그리고 초장기 재무부채권(Ultra Treasury bond) 선물이 있다. 앞서의 장들에

5 여기에 기술된 차익거래는 그 결과에 적은 위험이 없는 것은 아니란 점에서 완벽한 거래가 아니다. 유로달러 선물계약은 만기에 할인(즉, 액면가에서 금리 × 일수/360을 뺀) 상품으로 결제되고 현물 유로달러는 부가(즉, 액면가에 1 + 금리 × 일수/360을 곱한) 상품으로 가격이 결정되기 때문에, 현물가격과 선물가격이 정확히 수렴하지 않는다. 유로달러 시장의 이러한 특성은 차익거래가 무위험이 되는 것을 막는다. 차익거래자들은 전략의 전반적인 성공에 중요하거나 중요하지 않을 수 있는 결과의 작은 변동 가능성을 고려할 것이다.

서 언급했듯이 이 상품들은 미국 국채상품들의 적격 만기를 제외하고는 사실상 동일하다. 여기서 우리는 장기 재무부채권 계약을 집중적으로 다룰 것이다. 장기 재무부채권 계약은 기초채권이 6%의 이표율(coupon rate)과 인도월의 1일부터 측정하여 15년 이상 25년 이하의 만기일 또는 상환일을 갖는다는 가정에 기초한다.[6]

당신이 현재 연도(YY로 표시) 3월물 계약을 매도했다고 가정하자. 매도포지션 보유자로서 당신은 인도월 중 어느 날 인도할 것인지 그리고 적격 채권 중에서 어떤 채권을 인도할 것인지에 대한 선택권을 가지고 있다.

당신이 5½%의 이표(coupon)를 가진 채권을 인도하기로 결정했고 그 채권의 만기는 16년 후 8월 15일(8/15/YY+16)이라고 가정하자. 이 특정 예에서 인도는 YY년 3월 8일 목요일에 이루어진다고 가정하자. 미국 장기 재무부채권 선물계약의 기초채권 인도를 관리할 때, 두 가지 중요한 날짜가 있다. 첫째, 매도자가 청산소에 채권 인도 의사를 통지하고 선물 결제가격이 결정되는 의사통지일이다. 둘째, 인도된 채권의 경과이자(accrued interest)를 계산하는 인도일(의사통지일 2영업일 후)이다. 인도 당일, 채권을 인수하는 매입자는 청산소에 자금이 준비되어 있어야 하고 매도자는 채권이 준비되어 있어야 한다.

선물계약은 6% 이표를 가진 채권의 인도를 가정하기 때문에, 5½% 이표 채권을 인도하려면 매입자가 매도자에게 지불하는 가격을 조정해야 한다.

전환계수는 채권선물계약의 인도 가능한 채권과 동일한 이표와 만기를 가진 $1 채권의 가격이며, 이표는 6%이다. 전환계수로 인해 둘 이상의 채권이 적격 인도 채권이 될 수 있다.

조정은 CBOT의 전환계수(conversion factor) 시스템을 바탕으로 한다. **전환계수(CF)**는 주어진 계약에 대한 각 적격 채권에 대해 정의된다. 전환계수는 액면가가 1달러, 이표와 만기가 인도 가능한 채권과 동일하고, 수익률이 6%인 채권의 가격이다. 만기는 인도월 1일에 채권의 만기로 정의된다. 채권이 상환가능한(callable) 경우, 만기일은 상환일로 대체된다. 만기가 YY+16년 이고 이자율이 5½%인 채권에 대한 전환계수는 액면가 $1, 5½%의 이표, YY년 3월 1일(해당 월의 첫 번째 날)부터 채권 만기일인 YY+16년 8월 15일까지의 남은 기간에 해당하는 만기, 그리고 6%의 수익률을 가진 채권의 가격이다. YY년 6월 계약에 따라 인도되는 동일한 채권은 만기가 다르므로(YY년 3월이 아닌 YY년 6월) 전환계수가 다르다. YY년 3월 계약에 따라 인도되는 다른 채권도 전환계수가 다르다.

전환계수 시스템은 인도를 목적으로 모든 채권을 동등한 기준에 두도록 고안되었으며, 이는 하나의 채권이 초과 인도수요에 놓일 가능성을 줄이도록 고안된 것이다. 매도포지션 보유자가 6%를 초과하는 이표를 가진 채권을 인도하면, 전환계수(CF)는 1보다 클 것이다. 그러면 선물 매도자는 채권에 대한 대가로 선물가격보다 더 많은 금액을 받게 될 것이다. 이표가 6% 미만이면, CF는 1보다 작을 것이고 매도자는 채권에 대한 대가로 선물가격보다 더 적은 금액을 받게 될 것이다.

전환계수표를 이용할 수 있으며, 전환계수를 결정하는 구체적인 공식이 [부록 9]에 나

6 초장기 재무부채권 계약은 인도월의 첫 번째 영업일 기준 만기 25년 이상의 채권을 포함하며, 10년 중기 재무부채권은 인도월의 첫 번째 영업일 기준 만기 6.5년 이상 10년 이하의 국채를 포함한다. 계약의 세부 사항은 자주 변경되므로 현재의 계약 명세에 대해서는 www.cmegroup.com을 참조하라.

와 있다. 소프트웨어에는 전환계수를 계산하는 Excel 스프레드시트 ConversionFactor10e.xlsm이 포함되어 있으며, 스프레드시트와 전환계수는 부록에 설명되어 있다. 이 문제에서 YY년 3월물 계약에 따라 인도되는 YY+16년 만기, 5½% 이표 채권의 CF는 0.9485가 될 것이다. 인도가격(invoice price, 채권에 대해 매입자가 매도자에게 지불하는 금액)을 결정하려면 CF에 의사통지일의 결제가격을 곱한다. 그런 다음, 마지막 이표지급일부터 인도일까지의 경과이자가 더해진다.[7]

인도가격 = (의사통지일 결제가격) (전환계수) + 인도일의 경과이자.

이 문제에서 의사통지일인 3월 6일 화요일의 결제가격이 140 또는 $140,000였다고 가정하자. 채권의 이표지급일은 2월 15일과 8월 15일이다. 따라서 마지막 이표지급일은 YY년 2월 15일이다. 2월 15일부터 3월 8일 인도일까지의 일수는 22일이고(YY년은 윤년이라 가정하자.), 이표지급일인 YY년 2월 15일과 YY년 8월 15일 사이의 일수는 182이다. 따라서 경과이자는

$$\$100,000(0.055/2)(22/182) = \$332.42.$$

그러므로 인도가격은

$$\$140,000(0.9485) + \$332.42 = \$133,122.42.$$

인도일인 3월 8일 목요일에 매입포지션 보유자는 $133,122.42의 청구서를 받고 이 금액을 지불해야 하며, 채권을 받아야 한다. 전환계수는 이표의 수준에 따라 직접적으로 달라진다. 예를 들어, 6.5% 이표를 가진 동일한 채권(YY+16년 8월 15일 만기)의 전환계수는 5.5% 이표 채권의 0.9485보다 높은 1.0513이 된다.

9-2a 장기 재무부채권 선물계약에 대한 최저가인도채권의 결정

앞서 설명한 바와 같이, 장기 재무부채권 선물계약의 상품명세에 따르면 최소 15년 만기 또는 상환일과 최대 25년 만기를 갖는 많은 다양한 채권을 인도할 수 있다. 언급한 바와 같이, 전환계수 시스템은 인도를 목적으로 모든 채권을 동등한 기준에 두도록 고안되었다. 전환계수 시스템이 완전하다면, 모든 채권이 인도를 위해 동등하게 바람직할 것이다. 그러나 전환계수 시스템은 완전하지 않으며, 모든 채권이 인도를 위해 동등하게 바람직하지는 않다. 만기 전 주어진 시간에 어떤 채권이 인도될지 결정하는 것은 불가능하다. 그러나 인도될 가능성이 가장 높은 채권을 찾는 것은 가능하다. 그 채권을 **최저가인도채권(cheapest-to-deliver, CTD)**이라고 한다.

7 경과이자(accrued interest)는 마지막 이표지급일 이후에 누적된 이자 금액이다. 대부분의 채권은 만기일과 그 후 6개월에 반기별로 이자를 지급한다. 따라서 YY+16년 8월 15일에 만기가 되는 채권은 매년 2월 15일과 8월 15일에 이자를 지급한다. 경과이자는 마지막 이표지급일 이후의 일수를 마지막 이표지급일과 다음 이표지급일 간의 일수로 나눈 값에 반기 이표를 곱한 것이다. 그것은 단순히 다음 이표의 비례 배분이다. 채권 매입자는 다음 이표 전부를 받게 되지만, 그(녀)는 이표 전부를 받을 권리가 없기 때문에 매도자에게 경과이자를 지급해야 한다. 실제 정확한 채권 가격에는 경과이자가 정확하게 포함되지만, 호가에는 포함되지 않는다.

오늘이 YY-1년 9월 15일 목요일이고, 당신은 다가오는 YY년 3월물 계약에 따라 인도될 가능성이 가장 높은 채권을 결정하는 데 관심이 있다고 가정하자. 이 절차에는 특정 채권(YY+18년 5월 15일에 만기가 되는 6¼% 이표 채권)에 대해 이제 설명할 일련의 계산과정이 포함된다.

이 채권의 매입포지션 보유자가 장기 재무부채권 선물계약의 매도포지션도 보유하고 있다면, 해당 거래자는 만기까지 그 포지션을 유지하고 이 특정 채권을 인도하는 것을 선택할 수 있다. 다른 채권을 인도하는 것이 더 저렴하더라도 거래자는 항상 이미 보유하고 있는 채권을 인도할 수 있는 옵션이 있다. 특정 채권을 인도하는 비용은 채권을 매입하고, 선물을 매도하며, 만기까지 그 포지션을 유지한 후 채권을 인도함으로써 발생하는 순손익이다. 따라서 거래자는 보유 채권에 대한 보유비용을 부담한다. 이 비용은 채권으로부터 받은 이표에 의해 어느 정도 상쇄된다는 점을 기억하자.

T시점에 인도하기에 가장 좋은 채권을 t시점에서 평가하는 경우, 채권 인도 비용에 대한 일반적인 식은 다음과 같다:

$$f_0(T)(CF)+AI_T-[(B+AI_t)(1+r)^{(T-t)}-CI_{t,T}],$$

여기서 AI_T는 인도일인 T시점에서 채권에 대한 경과이자; AI_t는 t시점 현재 채권에 대한 경과이자; r은 채권에 투자된 자금에 대해 지불한 이자를 나타내는 repo 금리; 그리고 $CI_{t,T}$는 t에서 T까지의 기간 동안 받아서 재투자된 이표의 T시점에서의 가치이다. 단순화를 위해 중간에 받은 모든 이표 지급액은 repo 금리로 재투자된다고 가정하자. 괄호 안의 항은 채권의 현물가격(호가 + 경과이자)으로, 보유비용 만큼 증가하고 포지션을 보유하는 동안 받은 이표의 복리 미래가치 만큼 줄어든 것이다. 물론 이 이표들은 보유비용을 상쇄하는 데 도움이 되며, 보유비용을 차감함으로써 단순히 순보유비용을 반영하는 것이다. 따라서 괄호 안의 항은 채권의 선도가격이다. 첫 두 항은 거래자가 채권을 인도함으로써 받는 금액으로 인도가격이다.

예시 다시 선물가격은 140이고, 현재는 YY-1년 9월 15일이며, 채권(YY+18년 5월 15일에 만기가 되는 6¼% 이표 채권)의 전환계수는 1.0273이라 가정하자. YY-1년 9월 15일에 경과이자는 2.0890이고, 인도 예정일인 YY년 3월 8일에 경과이자는 1.9574이다.[8] 해당 채권에 대한 호가는 148:17 또는 148.53125이다. repo 금리는 1.0%이다. YY-1년 11월 15일과 YY년 3월 8일 사이에는 114일이 있다. 선물의 인도가격은 다음과 같다.

$$140(1.0273)+1.9574=145.7794.$$

11월 15일에 지급되는 중간 이표가 하나 있다. 따라서 채권의 선도가격은

$$(148.53125+2.0890)(1.01)^{(175/365)}+3.125(1.01)^{(114/365)}=148.2058.$$

따라서 YY+18년 5월 15일 만기의 6¼% 이표 채권은 받은 금액보다 2.43(=148.2058-145.7794)만큼 더 비싸다.

8 윤년을 가정했음을 상기하자.

이 결론만으로는 우리가 결정을 내릴 수 없다. 우리는 한 채권에 대한 이 수치를 다른 채권에 대한 수치와 비교만 할 수 있다. 두 번째 채권인 YY+15년 11월 15일 만기의 6 1/8% 이표 채권을 가정해 보자. 이 채권의 전환계수는 1.0125이고 가격은 144:5/32 또는 144.15625이다. 경과이자는 YY-1년 9월 15일에 2.0472이고 YY년 3월 8일에 1.9183이다. 11월 15일에 받은 이표 3.0625는 114일 동안 1.0%로 재투자되고 다음의 가치로 증가한다.

$$3.0625(1.01)^{(114/365)}=3.0720.$$

따라서 채권의 선도가격은

$$(144.15625+2.0472)(1.01)^{(175/365)}+3.0720=143.8306.$$

인도가격은

$$140(1.0125)+1.9183=143.6683.$$

따라서 YY+15년 11월 15일 만기의 6 1/8% 이표 채권은 받은 금액보다 0.16(= 143.8306-143.6683)만큼 더 비싸다.

그러므로, YY+15년 11월 15일 만기의 6 1/8% 이표 채권이 YY+18년 5월 15일 만기의 6 1/4% 이표 채권보다 인도하기에 더 좋다는 것은 분명하다. 물론 이러한 계산은 인도에 적격한 모든 채권에 대해 수행되어야 한다. 받은 금액과 지불한 금액의 차이가 최대인 채권이 최저가인도채권이다.

Excel 스프레드시트 CheapestToDeliver10e.xlsm은 당신을 위해 이러한 계산을 자동적으로 수행한다. Software Demonstration 9.1은 CheapestToDeliver10e.xlsm을 사용하는 방법을 보여준다.

최저가인도채권은 채권의 인도로부터 받은 수입과 채권을 사고 보유하는 데 따른 비용의 차이가 최대인 채권이다.

최저가인도채권은 여러 가지 이유로 중요하다. 모든 선물계약은 현물가격의 움직임을 반영해야 한다. 장기 및 중기 재무부채권 선물의 경우, 이른바 '현물가격'을 결정하는 것이 쉽지 않다. 최저가인도채권은 선물계약이 추적하는 현물상품을 대표하는 채권이다. 따라서 8장에서 살펴본 보유비용모형은 최저가인도채권에만 적용된다.

9-2b 인도 옵션

장기 재무부채권 선물계약의 특성은 주의 깊은 투자자들에게 몇 가지 흥미로운 기회를 제공한다. 특히 계약에는 몇 가지 내재된 옵션이 포함되어 있다. 이러한 **인도 옵션(delivery options)**은 주식 옵션과 같은 방식으로 공식적으로 거래되지는 않지만, 이전 장들에서 배운 옵션의 많은 특성을 가지고 있다. 여기서는 이러한 옵션들 중 몇 가지를 살펴볼 것이다.

와일드카드 옵션 **와일드카드 옵션(wild card option)**은 현물시장과 선물시장의 마감 시간이 다르기 때문에 발생한다. 장기 재무부채권 선물계약은 미국 동부 시간으로 오후 3시에

소프트웨어 데모 9.1

Excel 스프레드시트 CheapestToDeliver10e.xlsm을 사용해 최저가인도채권 찾기

스프레드시트 CheapestToDeliver10e.xlsm은 Excel로 작성된 것이다. 이것은 시카고상품거래소(Chicago Board of Trade) 채권 선물계약에 대한 채권 집합 중에서 최저가인도채권을 찾는다. 이 스프레드시트는 제품 지원 웹사이트를 통해 다운로드하여 사용할 수 있다. 웹사이트에 접속하려면:

1. www.cengagebrain.com으로 가서 ISBN 9781305104969를 찾는다.
2. "Free Materials" 탭을 클릭한 다음 "Access Now"를 클릭한다.
3. CheapestToDeliver10e.xlsm 링크를 클릭한다.
4. 웹 페이지의 지침에 따라 스프레드시트를 다운로드하고 설치한다.

이 스프레드시트는 읽기 전용 스프레드시트이다. 즉, 원본 파일을 보존하는 CheapestToDeliver10e. xlsm 이름으로 저장할 수 없다.

이제 예를 들어 보자. 2014년 5월 11일, 당신은 2014년 6월물 계약에 대한 최저가인도채권을 찾기를 원한다. 현재 repo 금리는 1.0%이고 선물 가격은 135 22/32이다. 당신은 만기 요건을 충족하고 인도할 수 있는 10개의 채권을 찾았다.

스프레드시트에서 "Inputs:"으로 표시된 부분을 보자. 값이 입력될 각 셀은 이중선 테두리로 되어있고, 스프레드시트를 볼 때 값은 파란색으로 표시된다. mm/dd/yyyy 형식으로 현재 날짜를 입력한다. 해당 박스에 "5/11/2014"을 입력한다. 그런 다음, 해당 박스에 인도일 "6/8/2014"를 입력한다. repo 금리는 해당 상자에 "1.0" 또는 "0.01"로 입력될 수 있다. 선물가격은 포인트로 그리고 1/32 단위로 입력되어야 한다. 예를 들어, 135 22/32는 "135.22"로 입력되어야 한다. 142 20/32에 대한 "142.2"와 같은 값에 대해서는 후행 0을 생략할 수 있다. 다음 부분에 개별 채권들을 나열한다. 첫 번째 채권을 고려해 보자. 이 채권의 이표율이 6.25%, 만기는 2030년 5월 15일, 그리고 매도호가가 140 29/32라고 하자. 이표율에는 "6.25" 또는 "0.0625"를 입력한다. 만기일은 "5/15/2030"으로 입력한다. 매도호가는 선물가격과 같은 방법으로 입력한다. 따라서 140 29/32는 "140.29"로 입력된다. F9 키를 눌러 재계산하면 "Results:" 부분에 각 채권에 대한 값이 나타날 것이다. 출력 셀들은 단선 테두리로 되어있다.

나타나는 계산 결과는 선도가격; 인도 가격; 인도 가격과 선도 가격의 차이; 1/32 단위에서 소수 단위로 변환된 단순 매도호가인 십진법 가격; 현재일의 경과이자; 인도일의 경과이자; 그리고 인도시 이표의 가치이다. 마지막 숫자는 현재일과 인도일 사이에 지급된 이표의 가치와 이표의 재투자에 대해 지급된 모든 이자를 더한 값이다. 각 행의 오른쪽에는 계산을 수행하는 데 사용되는 추가 열이 있다. 이러한 열에는 전환계수와 계산에 사용된 기타 다양한 수치가 포함된다. "Difference"로 표시된 열은 당신이 찾고 있는 값이다. 차이가 가장 큰 채권은 음수값이 가장 작은 것이 될 것이고, 이 채권이 곧 최저가인도채권이다.

당신이 분석하고자 하는 채권의 수는 다를 수 있다. 추가적인 채권을 담으려면, 열 D에서 AE까지의 모든 공식을 새 행들로 복사한다.

TREASURY BOND FUTURES
CHEAPEST TO DELIVER
10e

Inputs:

Current Date (mm/dd/yyyy): May 11, 2014

Delivery Date (mm/dd/yyyy): June 8, 2014

Repo rate (decimal or percent): 1.0000%

Futures price (points and 32nds after the decimal): 135.22

Results:

Coupon Rate	Maturity Date (mm/dd/yyyy)	Ask Price (pts & 32nds)	Forward Price	Invoice Price	Difference	Decimal Price	Accrued Interest Today	Accrued Interest at Delivery	Value of Coupons at Delivery
6.2500%	May 15, 2030	140.29	140.9451	139.5049	-1.4402	140.9063	3.0559	0.4076	3.1270
6.1250%	August 15, 2029	138.13	139.9356	139.2617	-0.6739	138.3906	1.4382	1.9119	0.0000
5.3750%	February 15, 2031	129.32	131.3545	128.5601	-2.7944	129.9922	1.2621	1.6778	0.0000
5.0000%	May 15, 2037	128.15	128.4962	119.2789	-9.2173	128.4531	2.4448	0.3261	2.5016
4.7500%	February 15, 2037	124.10	125.5314	116.3772	-9.1542	124.3203	1.1153	1.4827	0.0000
4.3750%	February 15, 2038	118.03	119.2042	109.4644	-9.7398	118.0859	1.0273	1.3657	0.0000
4.5000%	February 15, 2036	120.04	121.2585	112.6869	-8.5717	120.1094	1.0566	1.4047	0.0000
4.5000%	May 15, 2038	120.09	120.3314	110.3791	-9.9523	120.2891	2.2003	0.2935	2.2515
4.2500%	May 15, 2039	116.04	116.1513	105.5404	-10.6109	116.1094	2.0780	0.2772	2.1264
3.5000%	February 15, 2039	103.01	103.9167	93.5268	-10.3899	103.0156	0.8218	1.0925	0.0000

거래를 중단한다. 장기 재무부채권 현물시장은 동부 시간으로 오후 5시까지 운영된다. 인도월 동안 매도포지션 보유자는 오후 3시에 그날의 결제가격을 알 수 있다. 결제가격에 전환계수를 곱하면 특정 채권이 인도될 경우 채권보유자가 받을 인도가격이 주어진다. 이 수치는 다음 날 거래가 시작될 때까지 고정된다.

선물시장이 마감된 후 2시간 동안 현물시장은 거래를 계속한다. 만약 그 두 시간 동안 현물가격이 하락한다면, 선물 매도포지션 보유자는 채권을 매입해서 인도하는 것이 매력적이라고 생각할 수 있다. 선물시장이 마감되고 인도가격이 확정되었기 때문에, 선물시장은 현물가격을 끌어내린 새로운 정보에 반응할 수 없다. 게다가, 선물 매도자는 오후 9시 무렵까지 인도 결정을 내려야 한다.

다음의 기호들을 사용하도록 하자:

f_3 = 오후 3시 선물가격

B_3 = 오후 3시 현물가격

CF = 고려 중인 채권의 전환계수

당신은 이번 달에 만기가 될 선물계약에 대해 매도포지션을 보유하고 있다. 당신이 1/CF의 채권을 소유하고 있다고 가정하자. 왜 이런 특이한 수량의 채권을 소유한다고 가정하는가? 채권을 소유하고 있지 않다면 당신의 포지션은 상당히 위험해질 것이다. 또한 고려 중인 채권은 최저가인도채권이어야 한다. 그렇게 하면 당신의 위험은 상당히 낮아진다. 선물가격의 예상치 못한 변화는 1/CF 채권의 가치 변화와 거의 일치한다. 우리는 CF > 1.0인 경우가 필요하다.

와일드 카드 옵션은 매도 선물계약 보유자가 오후 3시에 인도가격을 확정하고, 오후 3시에서 오후 5시 사이에 현물가격이 확정된 인도가격 아래로 떨어지면 인도할 수 있는 기회이다. 옵션은 인도월에만 존재한다.

당일 인도하는 경우 계약당 하나의 채권을 인도해야 한다. 당신은 1/CF 채권만을 소유하고 있으므로 1-1/CF채권을 추가로 매입해야 할 것이다. 오후 3시와 5시 사이에 채권의 현물가격이 충분히 하락한다면, 당신은 이익을 낼 수 있을 만큼 낮은 가격에 채권을 추가로 매입할 수도 있을 것이다. 이런 추가적인 채권을 '꼬리(tail)'라고 한다.

이제 오후 5시에 채권 가격이 B_5라 가정하자. B_5의 가격에 1-1/CF채권을 추가로 매입해서 인도하면, 당신의 수익은 다음과 같을 것이다:

$$\Pi = f_3(CF) - \left[\left(\frac{1}{CF}\right)B_5 + \left(1 - \frac{1}{CF}\right)B_5\right] = f_3(CF) - B_5.$$

첫 번째 항인 f_3(CF)는 인도가격이다. 이것은 단순히 선물계약의 오후 3시 결제가격에 채권의 전환계수를 곱한 것이다. 인도가격은 인도 시 받는 금액이다. 괄호 안의 항들은 당신이 인도할 채권의 가치를 나타낸다. 첫 번째 항인 (1/CF)B_5는 당신이 이미 소유한 1/CF 채권의 오후 5시 가치이다. 두 번째 항은 오후 5시 가격에 매입한 1 - 1/CF채권의 비용이다. 위에 나타낸 대로 식은 f_3(CF) - B_5로 단순화된다. 인도 결정이 오후 5시에 이루어지기 때문에 오후 3시의 채권 가격은 인도 결정에 들어가지 않는다. 그때쯤이면 1/CF 채권은 (1/CF) B_5의 가치가 있고, 해당 금액에 매도될 수 있다.

거래가 이익이 남으면, $\Pi > 0$. 이는 다음을 요구한다:

$$B_5 < f_3(CF).$$

거래자는 오후 5시에 현물가격을 관찰할 수 있다. 가격이 충분히 낮으면, 거래자는 나머지 1 - 1/CF의 채권을 매입해서 인도해야 한다. 따라서 와일드카드 옵션은 오후 5시 현물가격이 오후 3시에 설정된 인도가격보다 낮은 경우 유익할 것이다.

3월 2일, 3월물 선물계약의 오후 3시 결제가격이 101.8125라고 가정하자. 최저가인도채권은 약 22년 후에 만기가 되는 12 ½% 이표 채권으로 전환계수가 1.464였다. 오후 3시 현물가격은 없지만 149.65라고 가정하자. 우리가 선물 100계약을 매도한다고 가정하자. 이 계약은 액면가가 100($100,000) = $10,000,000인 채권을 인도해야 한다. 각 채권의 액면가가 $1,000라고 가정하자. 따라서 우리는 10,000개의 채권을 인도해야 할 것이다. 이 전략을 시작하려면 현물 장기 재무부채권에 대한 포지션을 확보해야 한다. 그렇지 않으면, 리스크가 상당히 커질 것이다. 우리는 이 포지션에 전환계수를 가중치로 부여한다. 즉, 액면가가 $10,000,000(1/1.464) = $6,830,601인 채권을 보유한다. 즉, 약 6,831개의 채권이다. 채권의 인도를 위해서는 3,169개의 채권을 매입해야 한다. 우리가 이익을 내려면 오후 5시 가격이

$$B_5 < 101.8125(1.464) = 149.05$$

이하로 하락해야 한다. 따라서 오후 5시까지 현물가격이 최소 0.60 하락하면, 나머지 3,169개의 채권을 매입하여 인도하는 것은 수익을 낼 것이다.

인도하는 것의 대안은 다음날까지 포지션을 유지하는 것이다. 사실, 그것은 전환계수가 1.0보다 작으면 항상 더 나은 선택이 될 것이다. CF < 1.0이라면, 헤지된 포지션에는 1.0을 초과하는 1/CF 채권이 포함된다. 따라서 헤저(hedger)는 선물보다 더 많은 채권을 보유하게 되며, 더 낮은 오후 5시 가격으로 매입할 꼬리나 추가적인 채권은 없을 것이다. 이 경우 와일드카드 옵션은 가치가 없다. 또한 오후 5시까지 가격이 충분히 하락하지 않을 경우, 인도하는 것보다 포지션을 유지하는 것이 바람직하다. 물론, 와일드카드 옵션은 전혀 행사할 가치가 없을 수도 있는데, 이것은 단순히 다른 많은 옵션들처럼 와일드카드 옵션이 외가격으로 끝난다는 것을 의미한다.

품질 옵션 매도포지션 보유자는 다수의 인도 가능한 채권들 중 어떤 것이라도 인도할 수 있는 권리가 있다. 때때로 매도포지션 보유자는 인도하기에 가장 좋은 것이 아닌 채권을 보유하고 있을 것이다. 그 경우 때때로 다른 채권으로 전환하여 이익을 얻을 수 있다. 인도 가능한 채권이 다른 품질을 갖는 것으로 간주되기 때문에 이를 **품질 옵션(quality option)**이라고 하며, 때로는 스위칭(switching) 옵션이라고도 한다.

이 옵션의 가치는 이자율 기간 구조의 변화로 인해 발생한다. 당신은 선물계약에 따라 보유 채권을 인도할 것으로 예상하여 장기 재무부채권과 선물로 구성된 헤지된 포지션을 보유

할 수 있다. 그런 다음, 기간 구조가 변하면, 다른 채권이 최저가인도채권이 될 수 있다. 당신은 언제든지 보유하고 있는 채권을 전달할 수 있지만, 더 유리한 가격의 채권으로 바꿀 수 있는 권리는 가치가 있다.

품질 옵션은 매도포지션 보유자에게 권리를 양도한다. 이 권리는 가치가 있으므로, 선물가격은 이 옵션의 가치만큼 낮아지는 경향이 있다. 즉, 선물 매도자는 가치 있는 옵션이 계약에 부가된 것을 반영하여 더 낮은 가격을 받는다. 마찬가지로, 매도자에게 이런 가치 있는 권리를 부여하므로 매입자는 더 낮은 가격을 지불한다.

품질 옵션은 장기 및 중기 재무부채권 시장뿐만 아니라 많은 상품선물시장에도 존재한다. 예를 들어, CME Group을 통해 거래되는 소맥(wheat) 선물계약은 매도포지션 보유자가 4가지 다른 등급의 밀을 인도할 수 있다고 명시하고 있다. 다른 농산물 계약들에도 유사한 옵션이 있다. 사실, 농산물 계약들은 일반적으로 여러 위치 중 한 곳에서 인도할 수 있는 권리를 부여한다. 위치(location) 옵션이라고 하는 이 특징은 본질적으로 품질 옵션과 동일한 경제적 효과를 갖는다.

품질 옵션은 다른 인도 가능한 채권의 가격이 더 유리해지면 매도 선물계약 보유자가 그 채권으로 바꿀 수 있는 기회이다. 이 옵션은 여러 가지 기초자산들 중 하나를 인도할 수 있도록 허용하는 모든 선물계약에 존재하며, 매도포지션 보유자가 그 결정을 내린다.

월말 옵션은 매도 선물계약 보유자가 해당 월의 마지막 영업일에 인도할 수 있는 기회이다. 선물계약은 더 이상 거래되지 않으므로 인도가격은 고정되어 있고, 해당 월의 마지막 몇 거래일 동안 현물가격이 하락하면 월말 옵션은 이익을 낼 수 있다.

월말 옵션 장기 재무부채권 선물계약의 최종거래일은 인도월의 마지막 영업일로부터 8번째 영업일이다. 채권의 인도는 남은 영업일 동안 가능하다. 이 최종 인도일 기간에 인도가격은 최종거래일의 결제가격을 기준으로 한다. 따라서 마지막 7일의 인도일 동안 매도포지션 보유자는 채권을 인도함으로써 받게 될 가격을 충분히 알고 있다. 이는 매도포지션 보유자에게 현물시장에서 채권 가격의 하락을 관찰할 수 있는 기회를 제공한다. 마지막 영업일까지 인도가 이루어져야 하므로, 거래자는 마지막 영업일로부터 두 번째 영업일까지 현물가격의 하락을 계속 기다릴 수 있다.

따라서 **월말 옵션(end-of-month option)**은 와일드카드 옵션과 유사하다. 인도가격이 고정되어 있는 동안 현물가격이 변할 수 있는 기간이 있다. 매도포지션 보유자가 다른 채권으로 바꿀 수도 있기 때문에, 월말 옵션은 품질 옵션과도 관련이 있다.

타이밍 옵션 보통 선물 매도자는 인도월 중 어느 날이든 인도가 허용되기 때문에 그(녀)는 가치 있는 또 다른 옵션을 보유하고 있다. 장기 재무부채권이 포지션의 금융비용, 즉 repo 금리을 초과하는 이표를 지급한다고 가정하자. 그렇다면, 채권이 비용보다 더 많은 것을 지급하기 때문에 선물 매도자는 채권 매입과 선물 매도포지션을 가능한 한 오래 유지해야 한다. 만약 repo 금리가 채권의 이표를 초과하면, 포지션이 지급하는 것보다 유지하는 데 드는 비용이 더 많다. 따라서 조기 인도가 권장된다. 다른 모든 인도 옵션들을 무시하면, 이 **타이밍 옵션(timing option)**은 모든 인도가 월초 또는 월말에 일어날 것임을 시사한다. 그러나 이미 언급했듯이 유효한 다른 많은 옵션들이 있으며, 조기 인도로 인해 다른 옵션들 중 일부를 이용할 수 있는 권리가 배제될 수 있다.

이 인도 옵션들의 가치를 결정하는 것은 매우 어렵다. 대부분의 계약에는 하나 이상의 옵션이 포함되어 있으며, 앞서 언급했듯이 장기 재무부채권 선물계약에는 여러 가지 인도 옵션이 포함되어 있다. 따라서 이들을 분리하여 각각의 효과를 관찰하는 것은 어렵다. Chance and Hemler(1993)에 의해 조사된 많은 연구들이 있는데, 대부분의 연구들은 인도 옵션의 가치가 상당히 작다는 것을 발견하였다. 그렇다고 해서 그것들을 대수롭지 않은 것으로 여겨도 된다는 것은 아니다. 이런 옵션들 중 하나 이상을 보유한 사람에게 때때로 그 가치는 상당히 클 수 있다. 그러나 우리의 목적상 우리는 선물가격을 결정하는 더 중요한 요소들에 비해 그 옵션들의 경제적 효과가 미미하다는 결론을 안전하게 내릴 수 있다.

9-2c repo 내재금리, 매입차익거래, 장기 재무부채권선물

이 장의 앞부분에서 우리는 연방기금선물에 대한 매입차익거래 모형과 관련하여 repo 내재금리의 개념을 살펴보았다. 이 개념은 장기 재무부채권선물에도 동일하게 적용될 수 있다.

먼저, 우리는 최저가인도채권을 찾아야 한다. 오늘(시점 0) 그 채권을 매입하면 현물가격에 경과이자를 더한 금액을 지불한다. repo의 매도는 채권의 매입 자금을 조달한다. 이것은 우리가 채권을 매도하고 지정된 후일에 그 채권을 다시 매입하기로 약속함으로써 자금을 빌리는 것을 의미한다. 동시에 T시점에 만기가 되는 선물계약을 매도한다. 0에서 T까지의 기간 동안, 우리는 이표를 받을 수 있다. 이 이표는 적절한 금리로 재투자되고 T에서 어떤 가치로 누적된다. 재투자된 이표의 이 가치를 $CI_{0,T}$로 표시하자. 따라서 우리는 0에서 T까지 포지션을 유지하면서 이표를 모으고 재투자한다. 만기에 우리는 채권을 인도하고 선물가격에 전환계수를 곱한 것에 채권의 경과이자를 더한 $(CF)[f_0(T)]+AI_T$를 실질적으로 받는다. 효율적인 시장에서는 차익거래 이익이 없어야 한다. 그러므로 우리가 채권에 대해 받은 금액은 그에 대해 지불한 금액에 보유비용을 더한 금액과 같아야 한다:

$$(CF)[f_0(T)]+AI_T + CI_{0,T} = (B_0 + AI_0)(1+\hat{r})^T,$$

여기서 B_0는 매입 시의 채권 가격, AI_T는 만기 시 채권의 경과이자, AI_0은 채권 매입 시의 경과이자, 그리고 $\hat{r}$은 repo 내재금리이다. 공식의 좌측은 인도 시 받는 금액이다. 우측은 채권에 대해 지불된 금액 $B_0 + AI_0$와 0에서 T까지의 보유기간 동안 금융비용을 고려한 것이다. $\hat{r}$에 대해 풀면,

$$\hat{r} = \left[\frac{(CF)[f_0(T)] + AI_T + CI_{0,T}}{B_0 + AI_0}\right]^{(1/T)} - 1.$$

지수 1/T은 바로 365/일이며, 여기서 "일"은 해당 포지션이 유지되는 일수이다. 이 지수는 금리 $\hat{r}$을 얻기 위해 단순히 계산을 연률화 한다. 채권의 매입 자금이 repo 시장에서 $\hat{r}$미만의 금리로 조달될 수 있다면, 이익을 낼 수 있는 차익거래가 가능하다.

예시 YY-1년 9월 15일, 다가오는 3월물 계약에 따라 인도되는 최저가인도채권은 YY+15년 8월 15일 만기의 6 3/8% 이표 채권이다. 이 특정 예의 경우 3월 8일 인도를 가정한다. 현물가

격은 147 18/32, 경과이자는 0.5370, 전환계수는 1.0370, 그리고 선물가격은 140이다. 9월 15일부터 3월 8일까지가 175일이므로, T = 175/365 = 0.47945이고 실제 repo 금리는 1.0%임을 가정하자. 이 기간 동안 한 번의 이자 지급이 있으므로, 재투자 수익률 또한 1%임을 가정하면 $CI_{0,T} = 3.1894[= (6.375/2)(1.01)^{(22/365)}]$. YY년 3월 8일 현재 경과이자는 0.3853이다. 그러므로 repo 내재금리는

$$\hat{r} = \left[\frac{140(1.0370) + 0.3853 + \ 3.1894}{147.5625 + 0.5370}\right]^{1/0.47945} - 1 = 0.00925$$

채권 매입 자금이 repo 시장에서 repo 내재금리보다 낮은 금리로 조달될 수 있다면, 차익거래는 수익을 낼 수 있을 것이다. repo 내재금리(0.925%)가 실제 repo 금리(1%)보다 낮으며, 이는 적정하게 이익을 내는 차익거래가 나타나지 않는다는 것을 의미하는 것임에 유의하자. 비동기(asynchronous) 가격처럼, 관측된 금리 차이를 쉽게 설명할 수 있는 몇 가지 미시구조 이슈가 있다.

9-2d 장기 재무부채권선물 스프레드와 repo 내재금리

7장에서 우리는 한 옵션을 매입하고 다른 옵션을 매도하는 거래인 옵션 스프레드에 대해 배웠다. 스프레드는 선물거래, 특히 장기 재무부채권 계약에서도 널리 사용된다. 어떤 거래자가 선물계약에서 매입포지션을 취한다고 가정하자. 이것이 유일한 거래라면 위험이 상당히 높다. 위험을 수정하는 한 가지 방법은 장기 재무부채권을 공매도하는 것이지만, 공매도는 거래자가 현물시장에서 거래를 실행해야 한다. 또한 공매도에는 증거금 요건이 있다. 실행하기 쉬운 대안은 단순히 다른 장기 재무부채권 선물계약을 매도하는 것이다. 해당 거래는 같은 거래소 장내(trading pit)에서 실행될 수 있다. 또한 스프레드에 대한 증거금 요건은 매입 또는 매도포지션에 대한 증거금 요건보다 훨씬 낮다.

t시점에 만기가 되는 선물계약이 있고 T시점에 만기가 되는 또 다른 선물계약이 있으며, t는 T보다 선행한다고 가정하자. 오늘(시점 0) 우리가 원월물 선물계약을 매도하고 근월물 선물계약을 매입한다고 가정하자. t시점에서는 근월물 계약이 만기가 된다. 우리는 repo 금리 r로 자금을 조달하여 채권을 인도받고 그것을 원월물 계약이 만기가 되는 T시점까지 보유한다. 원월물 계약은 매도했기 때문에 단순히 채권을 인도한다. 오늘 근월물 계약에 따라 인도되는 최저가채권을 찾을 수 있다고 가정하자.

다음의 표기를 고려하자.

CF(t) = t시점에 인도되는 채권의 전환계수

CF(T) = T시점에 인도되는 채권의 전환계수

$f_0(t)$ = t시점에 만기가 되는 선물계약의 오늘 가격

$f_0(T)$ = T시점에 만기가 되는 선물계약의 오늘 가격

AI_t = t시점에서 채권의 경과이자
AI_T = T시점에서 채권의 경과이자

t시점에 우리는 채권을 인수하고 다음의 인도가격을 지불한다:

$$[CF(t)]f_0(t)+AI_t.$$

이 채권의 인수 및 보유 자금을 조달하기 위해 우리는 이 금액을 r의 금리로 차입한다. 그런 다음, T시점에 채권을 인도하고 인도가격과 t에서 T까지 수취하여 재투자된 이표를 더한 금액을 수취한다.

$$[CF(T)]f_0(T)+AI_T+CI_{t,T}.$$

이 거래는 위험이 없으므로, 거래 이익은 0이 되어야 한다. 그러므로,

$$\{[CF(t)]f_0(t)+AI_t\}(1+\hat{r})^{T-t}=[CF(T)]f_0(T)+AI_T+CI_{t,T}.$$

좌측의 괄호로 묶인 항은 t시점에서 채권에 대해 지불한 금액이다. 우리는 이 금액을 차입했으므로, T-t 기간 동안 복리로 증액해줘야 한다. 우측은 T시점에서 채권을 인도하여 받은 금액이다. 이제 repo 내재금리 $\hat{r}$에 대해 풀 수 있다:

$$\hat{r}=\left\{\frac{[CF(T)]f_0(T)+AI_T+CI_{t,T}}{[CF(t)]f_0(t)+AI_t}\right\}^{1/(T-t)}-1.$$

분자는 채권에 대해 받은 금액이고 분모는 채권에 대해 지불한 금액이다. 이 두 숫자를 나누면 T-t 기간 동안의 수익률이 나온다. 이 항을 1/(T-t) 제곱하면 수익률이 연율화된다. 따라서 repo 내재금리는 T-t 기간 동안 우리가 얻을 수 있는 수익률이다. 이 금리보다 낮은 금리로 채권의 자금을 조달할 수 있다면, 거래는 이익을 낼 수 있을 것이다.

스프레드의 repo 내재금리는 스프레드의 근월물 선물계약 만기 시 매입보유 포지션을 설정하는 것의 내재 비용이다.

예시 YY-1년 9월 15일, 최저가인도채권은 YY+15년 8월 15일 만기의 6 3/8% 이표 채권이다. 3월물-6월물 장기 재무부채권선물 스프레드를 살펴보도록 하자. 이 특정 예의 경우, 3월물과 6월물의 인도일을 각 인도월의 8일로 가정하자. 3월물 계약의 가격은 140이고 전환계수는 1.0370이다. 6월물 선물가격은 139이다. 3월 8일부터 6월 8일까지 92일이 있으므로, T-t = 92/365 = 0.2521. 6월물 선물계약에 따라 인도되는 YY+15년 8월 15일 만기의 6 3/8% 이표 채권에 대한 전환계수는 1.0368이다. 3월 8일에 그 채권의 경과이자는 0.3853이고, 6월 8일에 경과이자는 1.9966이다. 두 선물 만기일 사이에 이표는 없으므로, $CI_{t,T}=0$. 3월 8일부터 6월 8일까지의 기간은 92일이므로, repo 내재금리는

$$\hat{r}=\left[\frac{1.0368(139)+1.9966}{1.0370(140)+0.3853}\right]^{1/0.2521}-1=0.0150.$$

따라서 repo 내재금리는 1.50%이다. 이 금리는 3월 8일부터 6월 8일까지의 미래 기간에 대한 repo 금리를 반영하기 때문에 선도금리인 점에 유의하자. 3월 8일부터 6월 8일까지 1.50% 미

만의 금리로 채권 자금이 조달될 수 있다면 거래는 수익성이 있을 것이다.

거래자가 스프레드에 대한 repo 내재금리가 매력적인지 판단하는 한 가지 방법은 거북이 거래(turtle trade)를 평가하는 것이다. 1.50%의 repo 내재금리는 내재선도금리이다. 이것은 연방기금 선물시장의 내재금리와 비교할 수 있다. 연방기금선물 금리가 더 낮으면, 거래자는 연방기금선물을 매도하고 장기 재무부채권 스프레드를 매입한다. 이는 무위험 포지션을 생성하고 장기 재무부채권 스프레드의 repo 내재금리와 연방기금선물의 내재금리 간 차이를 얻는다. 연방기금선물의 내재금리가 더 높으면, 투자자는 장기 재무부채권 스프레드를 반대로 거래하고 연방기금선물을 매입한다.

9-3 주가지수 차익거래

우리는 연방기금, 유로달러 및 장기 재무부채권 선물을 이용한 매입차익거래에 대해 논의하였다. 이 개념은 주가지수선물에도 동일하게 적용된다. 실제로 이런 유형의 거래는 선물시장에서 인기가 있으며, 이를 **주가지수 차익거래(stock index arbitrage)**라고 한다.

주가지수 차익거래는 주가지수를 복제하는 주식 포트폴리오의 매매와 해당 지수에 기초한 선물계약의 매매이다. 주가지수 차익거래는 선물가격이 보유비용모형을 따르지 않을 때 발생하며, 적절히 실행될 경우 위험 없이 선물가격과 이론선물가격 간의 차액을 얻게 된다.

이자와 배당금을 연속복리 형태로 나타낼 때, 주가지수 선물가격의 모형은 다음과 같음을 상기해보자:

$$f_0(T)=S_0e^{(r_c-\delta_c)T},$$

여기서 r_c는 연속복리 무위험이자율이고 δ_c는 연속복리 배당수익률이다. 만기까지 40일이 남은 다음 선물계약의 예를 고려해 보자. S&P 500 지수는 1,305, 무위험이자율은 5.2%, 그리고 배당수익률은 3%이다. 만기까지의 기간은 40/365 = 0.1096이다. 따라서 선물가격은 다음과 같아야 한다:

$$f_0(T)=1{,}305e^{(0.052-0.03)(0.1096)}=1{,}308.15.$$

이제 실제 선물가격이 1,309.66이라 가정하자. 따라서 선물계약은 다소 고평가되어 있다. 우리는 선물을 매도하고 S&P 500 지수의 주식들을 지수에 있는 것과 같은 비율로 매입할 것이다. 주식을 취득하는 데 필요한 자금은 무위험이자율(r_c)로 조달되었다고 가정한다. 만기에 선물가격은 S&P 500 지수의 현물가격과 같아진다. 그렇다면 우리는 주식을 매도하여 대출금을 갚을 것이다. 거래는 이론적으로 위험이 없으며 무위험이자율을 초과하는 수익률을 얻는다.

이제 만기에 지수가 1,300.30으로 마감된다고 가정해 보자. 선물계약의 이익은 1,309.66−1,300.30=9.36이다. 우리는 1,305에 주식을 매입하였다. 그러나 선물의 만기까지 이 투자는 5.2%의 금리로 이자를 잃고 3%의 수익률로 배당금을 쌓았다. 따라서 주식의 실질적인 비용은 $1,305e^{(0.052-0.03)(0.1096)}=1,308.15$였으며, 이것은 우연의 일치가 아니라 이론적 선물 가격이다. 이 주식은 1,300.30에 판매되어 1,300.30-1,308.15= -7.85의 이익을 얻는다. 따라서 전체 이익은 9.36-7.85=1.51이다. 이것은 이론적인 선물가격과 실제 선물가격의 차이이다. 실제 선물가격이 이론가격보다 높았기 때문에 우리는 1.51의 차이를 포착하기 위해 주식 매입과 선물 매도를 포함하는 차익거래를 실행할 수 있었다. 실제 선물가격이 이론가격보다 낮았다면, 선물 매입과 주식 공매도를 포함하는 매도차익거래(reverse carry arbitrage)를 실행했을 것이고, 이는 무위험이자율보다 적은 비용이 드는 합성 대출을 만들었을 것이다.

이제 repo 내재금리를 결정해 보자. 가격 공식 $f_0(T)=S_0e^{(r_c-\delta_c)T}$을 고려할 때, 선물가격이 이론적인 공정가격(fair price)과 같다고 가정하자. 그렇다면, 우리는 내재금리 $\hat{r}_c$에 대해 이 방정식을 풀어 다음을 얻는다:

$$\hat{r}_c = \frac{\ln[f_0(T)/S_0]}{T} + \delta_c.$$

이 예에서 우리는 다음을 얻는다:

$$\hat{r}_c = \frac{\ln[1,309.66/1,305]}{0.1096} + 0.03 = 0.0625.$$

이 거래가 착수되면, 6.25%의 무위험수익률을 제공할 것이다. 무위험이자율이 5%일 때, 이 거래는 매력적인 기회이다. 또한 차익거래자가 5%로 차입할 수 없지만 6.25% 미만으로 차입할 수 있다면, 이 거래는 여전히 실행할 가치가 있다.

주가지수 차익거래는 특히 인기가 있는 것으로 입증되었다. 그러나 그것의 수익성을 제한할 수 있는 여러 가지 심각하고도 실무적인 고려 사항들이 있는 것으로 밝혀졌다.

몇 가지 실무적인 고려 사항들 주가지수 차익거래를 수행하는 데는 몇 가지 문제가 있다. 우리는 차익거래자가 1,305에 주가지수를 매입하는 것으로 언급하였다. 실제로 차익거래자는 지수와 같이 적절한 비율로 500개 주식 모두를 매입하고 모든 거래를 즉시 실행해야 한다. 1976년 뉴욕증권거래소는 거래를 신속하게 처리하는 지정주문처리(Designated Order Turnaround, DOT)라고 하는 컴퓨터 주문 처리 시스템을 구축하였으며, 시간이 지남에 따라 시스템을 지속적으로 개선해왔다. 그럼에도 불구하고, 어떤 단일 주식의 가격이 변동하기 전에 모든 거래를 완료하는 것은 여전히 어렵다. 따라서 대부분의 차익거래자들은 지수를 복제하지 않고 더 작은 하위 집합의 주식들을 사용한다. 당연히 이것은 무위험 거래로 간주되는 것에 약간의 위험을 초래한다.[9]

그러나 모든 거래가 동시에 실행될 수 있다고 가정하자. 지수는 1,305라고 하자. 이제 차익거래자가 2천만 달러를 사용할 수 있다고 가정하자. 그러면, 차익거래자는 그 돈으로 적절

9 대안으로, 차익거래자는 상장지수펀드(ETF)를 사용할 수 있는데, 이것은 기초지수와 동일한 포트폴리오에 대한 청구를 나타내는 증권이다. 많은 상장지수펀드가 매우 활발하게 거래되고 있다.

하게 가중치가 부여된 500개의 주식을 매입할 것이다. 선물에 대한 $250 승수 때문에 S&P 500의 실제 가격은 1,305(250) = $326,250이므로 차익거래자는 $20,000,000/$326,250 = 61.30 선물계약을 매입해야 한다. 부분 계약을 매입할 수 없기 때문에 그 거래는 정확한 가중치가 주어지지 못할 것이다.

또한 주식 시장가치의 약 0.5%에 해당하는 거래비용이 있다. 이 예에서 거래비용은 이익을 줄일 것인가? 지수가 1,305이고 순이익이 1.51이라면, 이익은 지수의 약 0.0012%이며 거래비용에 의해 흡수될 것이 분명하다.

또한, 만기에 지수 내 모든 종목을 동시에 매도하는 것과 관련된 문제도 있다. 이러한 거래는 포트폴리오가 각 주식의 종가에서 청산되도록 실행되어야 한다. 이는 실행하기 매우 어려우며, 만기에 비정상적인 주가 변동을 빈번히 유발한다.

그럼에도 불구하고, 많은 대형 금융기관들이 이러한 유형의 차익거래를 실행한다. 이 선물가격결정 모형을 기반으로 매일 수십억 달러가 거래된다. 이렇게 대량의 주식을 동시에 거래하는 것을 **프로그램 매매(program trading)**라고 한다.[10] 뉴욕증권거래소(NYSE)는 프로그램 매매를 "총 시장가치가 100만 달러 이상인 15개 이상의 주식을 동시에 또는 거의 동시에 매매하는 것"으로 정의한다. 뉴욕증권거래소는 이런 프로그램 매매를 거래소에 보고하도록 요구하고 있으며, 모든 지수 차익거래도 보고되어야 한다. 2014년, 프로그램 매매에 기인하는 모든 NYSE 거래의 주간 평균 비율은 일반적으로 25~30% 및 약 4억 주였다.

프로그램 매매는 주식시장에서 대량의 동시 매수 또는 매도 주문을 실행하는 것이다. 일반적으로 이 거래는 차익거래 기회를 감지하거나 대규모 주식포트폴리오를 신속하게 구축해야 할 어떤 다른 이유를 제시하는 컴퓨터 프로그램에 의해 촉발된다.

이러한 유형의 거래에서 모형은 컴퓨터에 프로그래밍되어 선물가격과 개별 주가를 지속적으로 모니터링한다. 컴퓨터가 모형과의 편차를 식별하면 사용자에게 신호를 보낸다. 많은 대형 기관들이 많은 동시 거래를 즉시로 실행하기 위한 절차를 확립해왔으며, 보통 DOT와 같은 시스템을 통해 주문을 전송한다. [표 9.3]은 앞서와 동일한 예를 사용하지만 훨씬 더 고평가된 선물을 이용하는 성공적인 지수 차익거래를 보여준다.

주가지수 선물계약의 가격이 정확하게 결정되었는가? 인덱스 차익거래에서 수익을 내는 것이 정말 가능한가? 이 질문은 오랫동안 연구되어 왔다. 주가지수 선물거래 초기에는 주가지수 선물가격이 너무 낮다는 증거가 많았다(Figlewski, 1984). Cornell(1985)이 보인 것처럼, 시간이 지남에 따라 가격은 모형에 더 가깝게 일치하기 시작했다. 그러나 모형과의 편차는 여전히 남아 있으며, 일부는 거래비용이 충분히 낮은 거래자들이 활용할 수 있다. MacKinlay and Ramaswamy(1988)에 따르면, (1) 만기까지 남은 기간이 길수록 가격결정 오류가 더 흔하며, (2) 계약이 고평가 또는 저평가되었을 때, 고평가에서 저평가로 또는 저평가에서 고평가로 전환하기보다는 고평가 또는 저평가 상태를 유지하는 경향이 있음이 드러났다. Sofianos(1993)는 모든 거래를 동시에 실행하는 문제를 고려한 후 지수 차익거래에서 수익을 내는 것이 매우 어렵다는 것을 발견하였다.

10 지수 차익거래는 프로그램 매매의 한 형태일 뿐이다. 다른 형태의 프로그램 매매에 대한 논의는 Hill and Jones(1988)를 참조하라.

표 9.3 주가지수 차익거래

시나리오: 11월 8일, S&P 500 지수는 1,305, 연속복리 배당수익률은 3%, 그리고 연속복리 무위험이자율은 5.2%이다. 40일 후에 만기가 되는 12월물 선물계약의 가격은 1,316.30이다. 이론 선물가격은

$$f=1{,}305e^{(0.052-0.03)(0.1096)}=1{,}308.15,$$

단, T = 40/365 = 0.1096이다. 따라서 선물계약은 고평가되어 있고, 2천만 달러를 사용하여 매입차익거래를 실행할 것이다. 거래비용은 투자된 달러의 0.5%이다.

날짜	현물시장	선물시장
11월 8일	S&P 500은 1,305이다. 주식 배당수익률은 3%이다. 무위험이자율은 5.2%이다. **S&P 500을 구성하는 것과 같은 비율로 2천만 달러의 주식을 매입한다.**	12월 18일에 만기가 되는 S&P 500 선물가격은 1,316.30이다. 적절한 선물계약 수는 \$20,000,000/[(1,305)(250)] = 61.30.* **61계약 매도한다.**
12월 18일	S&P 500은 1,300.36이다. 주식의 가치는 (1,300.36/1,305)(\$20,000,000) = \$19,928,889. 주식에 투자한 2,000만 달러의 실질적인 비용은 (\$20,000,000)$e^{(0.052-0.03)(0.1096)}$ = \$20,048,242. 거래비용은 (\$2천만)(0.005) = \$100,000(선물 비용 포함). **주식을 매도한다.**	**만기에 선물을 청산한다.**
분석		
주식거래 이익	\$19,928,889 (주식을 매도하여 받은 금액) \$20,048,282 (주식에 투자한 금액) -\$119,393	
선물거래 이익	61(250)(1,316.30) (선물 매도가격) -61(250)(1,300.36) (선물 매입가격) \$243,085	
총이익	\$243,085 (선물로부터) -\$119,393 (주식으로부터) \$100,000 (거래비용) \$23,692	

*2천만 달러의 주식에 상응하는 적절한 선물계약 수는 2천만 달러를 선물가격이 아닌 지수가격에 승수를 곱한 값으로 나눈 것이다. 2천만 달러를 500개의 서로 다른 주식에 할당하더라도, 2천만 달러/1,305 = 15,326 "주"의 S&P 500을 사는 것과 같다. 적절한 선물계약 수는 S&P 500의 동등한 각 "주"에 대해 하나씩이다. 물론, 각 선물에는 250달러의 승수가 있다.

프로그램 거래의 한 가지 결과는 큰 주가 변동이 빠르게, 그리고 새로운 정보의 뚜렷한 흐름이 없는데도 자주 발생한다는 것이다. 예를 들어, 지수나 선물가격이 보유비용모형을 벗어나게 되면 많은 투자자들이 이 사건을 동시에 인지하고 대량의 주식과 선물을 사고파는 반응을 보인다. 이러한 행동은 언론으로부터 상당한 주목을 받았다. 비평가들은 프로그램 거래가 현물시장의 변동성을 증가시켰다고 비난하였다. 규제 당국과 국회의원들은 서킷 브레이커(circuit breakers)의 형태로 이러한 거래에 대한 제한을 요구하였고 빠르게 주문을 실행하는 DOT 시스템에 대한 접근을 줄였다. 다른 사람들은 선물거래에 더 높은 증거금을 부과해야 한다고 주장하였다. 이러한 이슈들은 계속해서 많은 논쟁을 불러일으키고 있다.

9-4 외환 차익거래

지금까지 연방기금, 유로달러, 장기 재무부채권 선물 및 주가지수를 이용한 매입차익거래에 대해 논의하였다. 차익거래 개념은 외환선물에도 적용된다. 외환선물 가격결정모형은 다음과 같음을 상기하자:[11]

$$f_0(T)=S_0(1+r)^T/(1+\rho)^T,$$

단, S_0는 외화 한 단위당 자국통화로 표시되는 현물환율, r은 국내 무위험이자율(연복리), 그리고 ρ는 외국 무위험이자율(연복리)을 나타낸다. 상응하는 연속복리 모형은 다음과 같이 표현된다.

$$f_0(T)=S_0e^{(r_c-\rho_c)T},$$

단, r_c는 연속복리 무위험이자율이고 ρ_c는 연속복리 외국 이자율이다. 현물환율과 선도/선물 가격 간의 이러한 관계는 이자율평가이론(interest rate parity)으로 알려져 있음을 상기하자. 이자율평가이론은 4가지 거래를 기반으로 한다: 현물거래, 국내은행 차입 또는 대출 거래, 외국은행 차입 또는 대출 거래, 그리고 선물환거래. 선물환거래를 생략하면, 캐리 트레이드(carry trade)라고 하는 거래가 된다. 이 거래는 높은 금리를 얻기 위해 자국의 화폐를 외국에 수출할 목적으로 행해지는 경우가 많다. 그러나 선물환계약이 없다면 캐리 트레이드는 상당한 위험을 감수해야 한다. 거래가 이루어지는 동안 외화가 약세를 보이면, 국내통화로 다시 환전할 때 잠재적으로 큰 손실을 볼 수 있을 것이다. 따라서 높은 외화 금리로부터 얻을 수 있는 것이 불리한 환율 변동으로 인한 손실보다 더 작을 수 있다. 선물환계약을 추가하면 외화가 국내통화로 다시 전환되는 환율이 고정되어 거래가 환율 위험에서 벗어날 수 있다. 차익거래는 위험이 없어야 하기 때문에 선물환거래는 외환 차익거래의 중요한 부분이다.

수치 예시 유럽인의 관점에서 다음의 예(p. 311)를 다시 고려해 보자. 특정 연도 6월 9일에 달러 현물환율은 0.7908유로였다. 미국 금리는 5.84%(연복리), 유로 금리는 3.59%(연복리)였다. 만기까지의 기간은 90/365 = 0.2466. 다음을 상기해 보자:

$$f_0(T)=€0.7908(1.0359)^{0.2466}/(1.0584\ )^{0.2466}=0.7866\text{유로}.$$

다시, 선물환율은 약 0.7866유로여야 한다.

외환 차익거래는 외환의 매매와 외환 선물계약의 매매이다. 외환 차익거래는 선물가격이 매입차익거래 모형을 따르지 않을 때 발생하며, 적절하게 실행될 경우 위험 없이 선물가격과 이론선물가격 간의 차액을 얻게 된다.

이제 관찰된 시장선물환율이 0.80유로라고 가정하자. 그렇다면 차익거래 기회가 있다. 차익거래자는 \$0.9861(€0.7908) = 0.7798유로에 $(1.0584)^{-0.2466}$ = 0.9861달러를 매입하고 0.80유로의 선물환율로 선물환 한 계약을 매도한다. 0.9861달러는 미국 무위험이자율로 투자된다. 계약이 만기가 되면 차익거래자는 1달러를 갖게 되며 이 금액은 선물환계약에 따라 인도되고 대신 0.80유로를 받는다. 따라서 차익거래자는 90일 동안 0.7798유로를 투자하여 0.80유로를

11 8장에서 우리는 선물환계약을 소개하였다. 여기서는 선도 및 선물과 관련된 차이점을 무시한다.

받았다. 연간 수익률은

$$\left(\frac{0.80}{0.7798}\right)^{365/90} - 1 = 0.1093.$$

이것은 유로 무위험이자율 3.59%를 초과한다. 이 거래를 **무위험금리차익거래(covered interest arbitrage)**라고 한다. 수많은 차익거래자들의 결합된 효과는 현물환율과 선물환율이 양국의 상대 금리와 적절하게 조정될 때까지 현물환율을 올리고/거나 선도환율을 내리게 할 것이다.[12] 물론 일부 거래비용과 딜러의 호가 스프레드로 인해 그 관계가 정확하게 유지되지 못할 수도 있다.

TECHNICAL NOTE

이자율평가이론에 대해 더 자세히 알고 싶다면, www.cengagebrain.com을 방문하여 ISBN 9781305104969를 검색하시오.

연결하기_MAKING THE CONNECTION

환헤지된 국가 간 지수 차익거래

우리는 이제 무위험금리차익거래에 참여하는 방법을 다루었다. 이 거래에서 거래자는 한 통화를 매입하고, 그것을 다시 거래자의 통화로 환전하는 것을 선도 또는 선물계약을 사용하여 헤지한다. 우리는 또한 주가지수 차익거래에 참여하는 방법도 다루었는데, 거래자는 주식 포트폴리오를 매입하고 포트폴리오와 일치하는 지수 선물을 매도한다. 이제 이 두 가지 전략을 결합하는 것에 대해 살펴볼 것이다.

당신이 다양한 유럽 국가의 주식을 추종하는 스위스 주식 거래자라고 가정해 보자. 특히, Dow Jones Euro STOXX 50은 유럽의 주요 50개 주식의 유로화 표시 지수이다. 또한 유로화로 표시된 선물계약은 유럽의 파생상품 거래소인 EUREX에서 거래된다. 거래자는 선물이 고평가된 것 같다고 관찰한다. 주가지수 차익거래는 상장지수펀드 또는 ETF를 사용하여 실행할 수 있으며, 이는 성해진 지수에 대한 청구를 나타내는 포트폴리오이다. 그러나 이 거래를 수행하려면 거래자는 자신의 통화(스위스 프랑)을 유로로 환전하여 주가지수 차익거래를 한 다음, 유로를 스위스 프랑으로 다시 환전해야 한다. 따라서 이 거래는 유로-스위스 프랑 환율의 위험에 노출된다. 거래자는 유로를 다시 스위스 프랑으로 환전하는 것을 헤지(hedge)할 수 있다는 사실을 알고 있지만, 세부 사항은 유로를 스위스 프랑으로 직접 환전하는 것보다 더 복잡하다. 거래자는 선도계약의 규모를 결정할 때, 헤지된 포트폴리오의 가치를 고려해야 할 것이다.

Dow Jones Euro STOXX 지수가 2,664라고 가정하자. 이 주가지수에 대한 선물계약 가격은 2,680이다. 두 숫자 모두 유로화 표시이다. 유로 금리는 3%이고 스위스 프랑 금리는 2.5%이다. 이 금리들은 LIBOR 유형의 이자에 기반했지만, 연속복리 등가로 변환되었다. 지수의 연속복리 배당수익률은 1.2%이다. 환율은 유로당 SF1.4726이다. 선물은 정확히 3개월 후에 만기가 되며, 각 선물계약은 €10를 커버한다. 즉, 호가된 선물가격에 10을 곱하여 실제 선물가격을 구한다. 이 지수에 대한 ETF는 지수의 1/10 가격에 거래된다. 따라서 ETF 가격은 266.40이다.

먼저, 거래자는 선물의 이론가격을 계산한다:

$$2{,}664e^{(0.03-0.012)(0.25)}=2{,}676.$$

2,680의 선물가격을 관찰한 거래자는 선물이 고평가되어 있다는 것을 알게 되었다. 그는 1,000계약을 매도하기로 결정한다. 승수를 고려하면 이는 1,000(10) = 10,000주를 커버하는 선물을 매도하는 것과 같다. 그러나 ETF를 매입할 경우, 가격이 지수의 1/10로 책정된다는 점을 염두에 두어야 한다. 따라서 그는 ETF 100,000주를 매입해야 한다. 또한 주식을 사면 연간 1.2%의 배당률로 배당금을 축적하게 된다. 그는 이 배당금을 새로운 주식에 재투자할 수 있다. 그는 3개월 후 ETF 주식 100,000주에 상당하는 등가물을 원하므로, ETF 주식

$$100{,}000e^{-(0.012)(0.25)} = 99{,}700$$

12 차익거래는 또한 양국의 금리에 압력을 가할 수 있다. 미국 금리는 하락할 수 있는 반면, 유로 금리는 상승할 수 있다. 그러나 금리는 인플레이션, 정부 차입 및 중앙은행 정책과 같은 다른 요인들에 의해 크게 영향을 받기 때문에, 차익거래자들이 금리에 영향을 미칠 가능성은 거의 없다.

주를 매입해야 한다. 그런 다음, 그는 선물 1,000계약을 2,680에 매도한다. 그는 또한 특정 금액의 유로를 스위스 프랑으로 환전하기 위해 선도계약을 체결해야 한다. 그는 사실상 지수 10,000주를 2,680에 매도할 것이기 때문에, 그가 받아야 할 유로 금액은 10,000(2,680) = 26,800,000이다. 따라서 선도계약은 €26,800,000를 커버하도록 작성되어야 한다. 선도가격은 다음과 같다:

$$1.4726e^{(0.025-0.03)(0.25)} = 1.4708$$

선도계약 가격이 정확하게 책정된 것으로 가정하므로, 거래자는 유로당 SF1.4708에 €26,800,000를 인도하기로 약속했다.

따라서 거래자는 ETF 99,700주의 형태로 주식을 매입한다. 이를 위해서는 99,700(€266.40) = €26,560,080가 필요하므로, €26,560,080(SF1.4726/€) = SF39,112,374를 지불해야 한다. 거래자는 이 돈을 스위스에 위험 없이 투자하여 2.5%를 벌 수 있음을 기억하자. 그는 선물 1,000계약을 2,680에 매도하고 €26,800,000에 대한 선도계약을 SF1.4708에 매도한다.

만기에 지수 가격은 S_T이고 ETF 가격은 $(1/10)S_T$이다. 배당금의 재투자로 인해 그는 현재

$$99{,}700e^{(0.012)(0.25)} = 100{,}000$$

주의 ETF를 보유하고 있으며, 그것의 가치는

$$100{,}000(1/10)S_T.$$

시가평가 영향을 무시했을 때, 선물수익은

$$-1000(10)(S^T - 2{,}680).$$

따라서 총수익은

$$100{,}000(1/10)S_T - 1000(10)(S_T - 2{,}680) = 26{,}800{,}000$$

유로이다. 선도계약을 사용하여 그는 이 금액을 SF1.4708의 환율에 스위스 프랑으로 다시 환전하고 다음을 얻는다:

$$€26{,}800{,}000(SF1.4708/€) = SF39{,}417{,}440.$$

이제 그가 얼마나 잘했는지 보자. 그는 SF39,112,374를 투자하여 SF39,417,440을 얻었다. 이것은 투자된 스위스 프랑당 39,417,440/ 39,112,374 = 1.00779973의 수익이다. 연율화된 연속복리수익률은 다음의 방식으로 구할 수 있다.

$$\frac{39{,}417{,}440}{39{,}112{,}374} = e^{k(0.25)}.$$

그러면,

$$\ln\left[\frac{39{,}417{,}440}{39{,}112{,}374}\right] = k(0.25).$$

그리고 k는 3.11%가 될 것이며, 이는 위험을 부담하지 않고 벌어들인 것이다. 이것은 그가 스위스에 위험 없이 투자해서 얻을 수 있었던 2.5% 수익률보다 낫다. 물론 거래자는 필요한 거래를 신속하게 실행해야 하고 모든 비용을 부담해야 한다.

부록 9

장기 재무부채권 전환계수의 결정

1단계 만기월의 1일을 기준으로 채권의 만기를 년, 월, 일 단위로 결정한다. 채권이 상환 가능한 경우 만기일 대신 첫 번째 상환일을 사용한다. YRS를 햇수, MOS를 월수라고 하자. 일수는 무시한다. c를 채권의 이표율이라고 하자.

2단계 월수를 0, 3, 6 또는 9로 절사한다. 이를 MOS*라고 하자.

3단계 MOS* = 0이면,

$$CF_0 = \frac{c}{2}\left[\frac{1-(1.03)^{-2^*YRS}}{0.03}\right] + (1.03)^{-2^*YRS}.$$

MOS* = 3이면,

$$CF_3 = (CF_0 + c/2)(1.03)^{-0.5} - c/4.$$

MOS* = 6이면,

$$CF_6 = \frac{c}{2}\left[\frac{1-(1.03)^{-(2^*YRS+1)}}{0.03}\right] + (1.03)^{-(2^*YRS+1)}.$$

MOS* = 9이면,

$$CF_9 = (CF_6 + c/2)(1.03)^{-0.5} - c/4.$$

예시: YY년 3월물 장기 재무부채권 선물계약에 대해 만기가 YY+17년 2월 15일이고 이표율이 5 1/4%인 채권을 인도하기 위한 전환계수(CF)를 결정해 보자.

YY년 3월 1일, 채권의 잔여 만기는 16년 11개월 14일이다. 따라서 YRS = 16이고 MOS = 11이다. 절사하면, MOS* = 9이다. 먼저 CF_6를 알아야 한다:

$$CF_6 = \frac{0.0525}{2}\left\{\frac{1-(1.03)^{-[2(16)+1]}}{0.03}\right\} + (1.03)^{-[2(16)+1]} = 0.922128.$$

그런 다음, 다음과 같이 CF_9을 찾는다:

$$CF_9 = (0.922128+0.0525/2)(1.03)^{-0.5} - 0.0525/4 = 0.9213,$$

Excel 스프레드시트 ConversionFactor10e.xlsm은 당신을 위해 전환계수를 자동으로 계산할 것이다. 소프트웨어 데모 9.2는 ConversionFactor10e.xlsm을 사용하는 방법을 보여준다.

소프트웨어 데모 9.2

Excel 스프레드시트 ConversionFactor10e.x1sm을 사용하여 CBOT 전환계수 결정하기

스프레드시트 ConversionFactor10e.x1sm은 Excel Macro-Enabled Workbook에 저장되어 있다. 이것은 장기 재무부채권 선물계약에 따라 인도되는 채권의 전환계수를 계산한다. 이 스프레드시트는 제품 지원 웹사이트를 통해 다운로드하여 사용할 수 있다. 웹사이트에 접속하려면:

1. www.cengagebrain.com으로 가서 ISBN 9781305104969를 찾는다.
2. "Free Materials" 탭을 클릭한 다음 "Access Now"를 클릭한다.
3. ConversionFactor10e.x1sm 링크를 클릭한다.
4. 웹 페이지의 지침에 따라 스프레드시트를 다운로드하고 설치한다.

이 스프레드시트는 읽기 전용 스프레드시트이다. 즉, 원본 파일을 보존하는 ConversionFactor10e. x1sm 이름으로 저장할 수 없다.

이제 예를 들어 보자. 2015년 3월물 계약에 2039년 2월 15일 만기의 3 1/2% 이표 채권을 인도하길 원한다고 가정하자. 입력을 받아들일 각 셀에는 이중선 테두리가 있고, 스프레드시트를 볼 때 값은 파란색으로 표시된다. "Inputs:" 부분에는 인도일을 넣어야 한다. 이것은 항상 단순히 월과 연도가 될 것이다. 그것을 mm/yyyy 형식으로 입력한다. 따라서 셀에 "3/2015"를 넣어야 한다. 아래의 몇몇 행에는 이표율과 만기일을 입력해야 한다. 이표율은 백분율 또는 소수로 입력한다. 예를 들어, 인도하려는 채권의 이표가 3.5%이므로 "3.5" 또는 "0.035"를 입력한다. 만기일은 mm/dd/yyyy 형식으로 입력한다. 따라서 이 경우 "2/15/2039"를 입력한다. 스프레드시트는 이 두 날짜를 모두 Excel의 날짜 형식으로 보여준다. F9(수동 재계산) 키를 누른다.

그러면 결과가 계산되어 "Results:" 부분에 나타난다. 출력값들에는 단선 테두리가 있다. 여기서 전환계수는 0.6856이다. 또한 스프레드시트는 만기월 1일을 기준으로 년(여기서는 23), 월(11), 일(14) 단위로 만기를 보여준다. 이를 통해 채권이 장기 또는 중기 재무부채권 선물계약에 따라 인도될 수 있을 만큼 충분히 긴 만기를 가지고 있는지 확인할 수 있다.

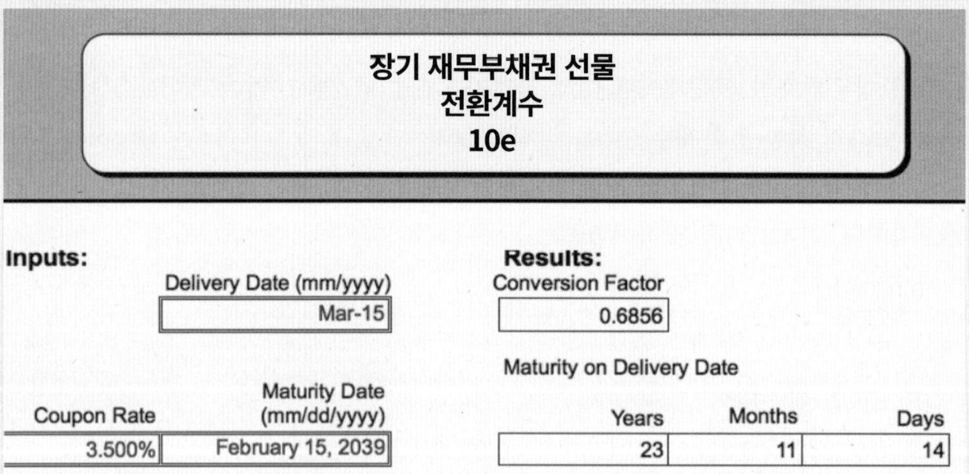

연습문제

1. 미국 장기 재무부채권 선물계약과 관련된 4가지 비거래(nontraded) 인도 옵션을 파악하고 논의하시오.
2. 미국 장기 재무부채권 선물 스프레드 포지션의 repo 내재금리를 설명하시오.
3. 이자율이 호가되는 방식에 따라 이자율평가이론을 표현하는 두 가지 방법을 찾으시오. 두 방법 모두 실제로는 동일한 정보를 포함하는 이유를 설명하시오.
4. 프로그램 매매로 인해 제기되는 일부 잠재적인 위험은 무엇인가?
5. 매입차익거래에서 시장참여자가 위험프리미엄을 얻지 못하는 이유는 무엇인가?
6. S&P 500 지수는 1,371.00, 연속복리 무위험이자율은 5.12%, 잔존만기는 55일, 그리고 선물가격은 1,376.42이다. 선물가격이 이론적인 공정가격과 같고 기초자산이 연속복리 배당수익률을 갖는다고 가정할 때, 내재 배당수익률을 구하시오.
7. 특정 연도의 2월 4일에 유로(€)로 표시된 미국 달러($)의 현물환율은 $0.7873/€였다. 미국 금리(반기 복리)는 5.36%인 반면, 유로 금리(반기 복리)는 3.11%였다. 유럽인의 관점에서 9월 4일에 만기가 되는 계약의 선물환율은 얼마여야 하는가?(각 월은 1년의 1/12로 가정하시오.)
8. 다시, 앞 문제와 마찬가지로 특정 연도의 2월 4일에 유로(€)로 표시된 미국 달러($)의 현물환율은 $0.7873/€였다. 미국 금리(연 복리)는 5.36%인 반면 유로 금리(연 복리)는 3.11%였다. 유럽인의 관점에서 9월 4일에 만기가 되는 계약의 선물환율은 얼마여야 하는가?(각 월은 1년의 1/12로 가정하시오.) 여기서의 답은 앞 문제의 답과 어떻게 다른가?
9. 11월 1일, 1개월 LIBOR 금리는 4.0%이고 2개월 LIBOR 금리는 5.0%이다. 연방기금 선물계약이 인도월 초에 1개월 LIBOR보다 25 베이시스 포인트 낮은 금리로 거래된다고 가정하자. 12월 연방기금 선물은 94.75에 호가되고 있다. 인도월 초에 연방기금과 1개월 LIBOR 간에 베이시스 위험이 없다고 가정하고 차익거래 기회가 있는지 확인하시오. 계약 규모는 $5,000,000이다. 한 계약에 대한 차익거래 전략을 설명하시오. 달러 차익거래를 보이기 위해 12월 1일의 1개월 LIBOR 금리가 7%였다고 가정하시오.
10. 앞 문제를 반복하되, 이제 12월 1일의 1개월 LIBOR 금리가 5.5%였다고 가정하시오.
11. 소속 기업의 잉여현금을 유로달러 시장에 종종 투자하는 기업 현금 관리자가 6.15% 금리의 유로달러 CD에 180일 동안 2천만 달러를 직접 투자할 가능성을 고려하고 있다. 대안으로 그녀는 90일 금리가 6%이고 90일 만기 유로달러선물의 가격이 93.75(IMM 지수)라는 사실을 고려한다. 그녀는 90일 CD와 선물계약의 조합이 180일 동안 2,000만 달러를 대출하는 더 나은 방법이 될 것이라고 믿는다. 그녀가 이 전략을 실행하고 90일 후 90일 유로달러 CD 금리가 5.9%라고 가정하자. 그녀가 180일 동안 받게 되는 연수익률을 결정하고 이를 180일 CD의 연수익률과 비교하시오.
12. 특정 연도 9월 26일에 3월물 장기 재무부채권 선물계약의 정산가격은 94-22이다. 다음 두 채권을 비교하고 어느 것이 인도하기에 더 저렴한 채권인지 결정하시오. 인도는 3월 1일에 이루어질 것으로 가정하시오. repo 금리로 5.3%를 사용하시오.
    a. 채권 A: 148 9/32의 가격과 1.4433의 CF로 약 19년 내에 상환 가능하고 약 24년 만기의 12 3/4% 채권. 이표(coupon)는 11월 15일과 5월 15일에 지급된다. 경과이자는 9월 26일에 4.64

이고 3월 1일에 3.73이다.

b. 채권 B: 159 27/32의 가격과 1.5689의 CF로 약 20년 상환 및 약 25년 만기의 13 7/8% 채권. 이표는 11월 15일과 5월 15일에 지급된다. 경과이자는 9월 26일에 5.05, 3월 1일에 4.06이다.

13. 지금은 8월 20일이고, 당신은 12월 장기 재무부채권 선물계약에 대해 두 채권 중 어느 것이 인도하기에 더 저렴한 채권인지를 결정하려고 한다. 선물가격은 89 12/32이다. 인도는 12월 14일에 이루어질 것이라고 가정하고 repo 금리로 7.9%를 사용하시오. 더 저렴한 인도 채권을 찾으시오.

a. 채권 X: 가격이 100 14/32이고 CF가 1.1106인 약 28년 만기의 9% 만기상환채권(noncallable bond). 이표는 11월 15일과 5월 15일에 지급된다. 경과이자는 8월 20일에 2.37, 12월 14일에 0.72이다.

b. 채권 Z: 가격이 121 14/32이고 CF가 1.3444인 약 25년 만기의 11 1/4% 만기상환채권. 이표는 2월 15일과 8월 15일에 지급된다. 경과이자는 8월 20일에 0.15, 12월 14일에 3.7이다.

14. 3월 16일, 6월물 장기 재무부채권 선물계약에 대한 최저가인도채권이 약 19년 내에 상환 가능하고 만기가 약 24년인 14s라고 가정하자. 이표는 11월 15일과 5월 15일에 지급된다. 채권 가격은 161 23/32이고 CF는 1.584이다. 6월물 선물가격은 100 17/32이다. 5.5%의 재투자 수익률을 가정하시오. 이 선물계약의 repo 내재금리를 결정하고 그 결과를 해석하시오. 경과이자를 결정할 필요가 있다는 점에 유념하시오. 6월 1일 인도를 가정하시오.

15. 7월 5일, 주가지수 선물계약의 가격은 394.85였다. 지수는 392.54, 무위험이자율은 2.83%, 배당수익률은 2.08%였고, 계약은 9월 20일 만기가 되었다. 차익거래 기회가 있었는지 확인하고 어떤 거래가 실행되었는지 설명하시오.

16. 만기에 지수가 388.14였다고 가정하고 앞의 문제를 다시 푸시오. 차익거래 이익을 결정하고, 거래의 현물 및 선물 측면의 이익으로 나타내시오. 당신의 답은 15번 문제의 답과 어떤 관련이 있는가?

17. 8월 20일, 만기일이 9월 20일인 주가지수선물의 가격은 429.70이었다. 지수는 428.51이었다. 배당수익률은 2.7%였다. 지수차익거래에 대한 repo 내재금리의 개념에 대해 논의하시오. 이 거래에 대한 repo 내재금리를 결정하고 평가 방법을 설명하시오.

18. 3월 16일, 3월물 장기 재무부채권 선물의 정산가격은 101 21/32였다. 약 22년 만기의 12 1/2% 채권이 최저가인도채권이라고 가정하자. CF는 1.4639이다. 오후 3시에 가격은 150 15/32였다고 가정하자. 인도를 정당화하는 데 필요한 오후 5시 가격을 결정하시오.

19. 9월 12일, 12월물 장기 재무부채권 선물계약에 대한 최저가인도채권은 YY+18년 11월의 9s이다. 채권은 5월 15일과 11월 15일에 반기마다 이자를 지급한다. 가격은 125 12/32이다. 12월물 선물가격은 112 24/32이다. 채권의 전환계수는 1.1002이다. 9월 12일의 경과이자는 2.91이고 12월 1일의 경과이자는 4.92이며, 이는 11월 15일의 이표 지급을 반영한다. 12월 1일의 인도를 가정하여 repo 내재금리를 결정하시오. 그런 다음, 결과에 대한 해석을 작성하시오.

20. 3월 16일, 6월물 장기 재무부채권 선물계약의 가격은 100 17/32이었고, 9월물 계약의 가격은 99 17/32이었다. 두 가격 스프레드의 repo 내재금리를 결정하시오. 두 계약 모두에 대해 최저가인도채권은 28년 만기의 11 1/4 채권이고 이 채권의 현

재 가격은 140 21/32인 것으로 가정하시오. 6월 인도 CF는 1.3593이고, 9월 인도 CF는 1.3581이었다. 인도는 해당 월의 1일에 이루어지며, 이표는 2월 15일과 8월 15일에 지급된다. 경과이자는 6월 1일에 3.29, 9월 1일에 6.16이다.

21. 만기가 더 긴 선물계약의 매입호가로부터 매도호가로의 변경이 repo 내재금리에 미치는 영향을 설명하시오.

22. YY년 12월 2일, 최저가인도채권은 만기가 YY+18년 8월 15일이고 이표율이 6 1/4%인 채권이었다고 가정하자. 3월물 선물계약의 가격은 112이고 전환계수는 1.0269이다. 6월물 선물가격은 111.75이다. 6월물 계약에 인도되는 6 1/4s 채권에 대한 전환계수는 1.0265이다. 예상 인도일인 3월 7일에 채권의 경과이자는 0.35, 6월 5일의 경과이자는 1.90이다. 두 선물 만기일 사이에는 이표가 없다. YY+1년 3월-6월 장기 재무부채권 선물 스프레드의 repo 내재금리를 계산하시오. 실제 선도 repo 금리가 4%라면, 무엇을 추천하겠는가?

23. (개념 문제) 본 장에서는 장기 재무부채권 선물계약과 관련된 repo 내재금리에 대해 두 가지 방정식이 제시되었다. 이 방정식들을 설명하고 이들 간의 차이점에 대해 논의하시오.

$$\hat{r} = \left\{\frac{(CF)[f_0(t)] + AI_T + CI_{0,T}}{B_0 + AI_0}\right\}^{(1/T)} - 1 \quad \text{및}$$

$$\hat{r} = \left\{\frac{[CF(t)]f_0(t) + AI_t + CI_{t,T}}{[CF(t)]f_0(t) + AI_t}\right\}^{1/(T-t)} - 1$$

24. (개념 문제) 15번 문제를 참조하여 거래비용이 주가지수 가치의 0.5%라고 가정하자. 이러한 비용이 수익성과 지수 차익거래 발생에 어떤 영향을 미치는지 설명하시오. 그런 다음 차익거래가 발생하지 않는 선물가격의 가능한 범위를 계산하시오.

참고문헌

인도(delivery) 옵션에 관한 문헌 조사는 다음 논문에 있다:

Chance, D. M., and M. L. Hemler. "The Impact of Delivery Options on Futures Prices: A Survey." *Journal of Futures Markets* 13 (1993): 127–155.

다음 논문들은 선물시장에서의 차익거래 기회에 대한 실증 검증을 포함하고 있다:

Elton, E. J., M. J. Gruber, and J. Rentzler. "Intra-Day Tests of Efficiency of the Treasury Bill Futures Market." *Review of Economics and Statistics* 66 (1984): 129–137.

MacKinlay, A. C., and K. Ramaswamy. "Index-Futures Arbitrage and the Behavior of Stock Index Futures Prices." *Review of Financial Studies* 1 (1988): 137–158.

Neal, R. "Direct Tests of Index Arbitrage Models." *Journal of Financial and Quantitative Analysis* 31 (1996): 541–562.

Rendleman, R. J., Jr., and C. Carabini. "The Efficiency of the Treasury Bill Futures Market." *Journal of Finance* 44 (1979): 895–914.

다음 논문들은 프로그램 매매와 주가지수 차익거래를 조사한다:

Furbush, D. "Program Trading and Price Movement: Evidence from the October 1987 Market Crash." *Financial Management* 18 (1989): 68–83.

Stoll, H. R., and R. E. Whaley, Jr. "Program Trading and Expiration Day Effects." *Financial Analysts Journal* 43 (March–April, 1987): 16–28.

또한, 파생상품 거래소들의 웹사이트는 선물계약이 어떻게 사용될 수 있는지에 대해 많은 훌륭한 예시를 제공한다.

부록 B는 도서, 논문, 기타 자료와 같은 좀 더 광범위한 참고문헌을 포함하고 있으며, 이 책의 동반 사이트에 있다. 접속하려면, www.cengagebrain.com을 방문하여 ISBN 9781305104969를 검색한 후 "Free Materials", "Access Now" 탭을 차례로 클릭하라.

10장

이 장의 목표

- 헤징(hedging)을 찬성하거나 반대하는 몇 가지 이유를 설명한다.
- 베이시스(basis), 매도 및 매입 헤징, 헤징의 위험 등 헤징과 관련된 기본적인 개념을 제시한다.
- 헤지를 수행하기로 결정하는 것과 관련된 요소를 식별한다.
- 헤지에서 사용할 선물계약 수를 결정하는 다양한 방법(가격 민감도, 최소분산)을 설명한다.
- 시장 내 및 시장 간 스프레드 전략의 예를 설명한다.
- 목표 듀레이션, 알파 포착, 목표 베타, 그리고 전술적 자산 배분을 포함하여 선택된 목표 전략을 검토한다.

선도 및 선물 헤징, 스프레드, 목표 전략

"금융과 투기의 매력은 그것이 사람마다 다를 수 있다는 점이었다. 어떤 사람들에게는 시(poetry)나 짜릿한 드라마, 다른 사람들에게는 물리학이나 과학적이고 불변인 것, 또 다른 사람들에게는 정치나 철학. 그리고 또 다른 이들에게는 전쟁."

Michael M. Thomas

Hanover Place, 1990, p. 37

헤징(hedging)은 위험을 줄이거나 경우에 따라서는 위험을 제거하도록 고안된 거래 유형이다. 옵션에 대한 내용에서 많은 헤지 예를 제시했는데, 가장 분명한 것은 커버드 콜과 보호적 풋이다. 이제 우리는 경우에 따라 선도 또는 선물을 사용하여 헤지하는 것이 더 바람직할 수도 있다는 것을 알게 될 것이다.

지금까지 우리는 선도계약과 선물계약 간에 많은 유사점과 차이점이 있다는 것을 강조해 왔다. 두 상품 모두 헤징에 사용될 수 있다. 옵션을 이용한 헤지보다 선도 또는 선물을 이용한 헤지를 선택한다면, 헤저(hedger)는 미래 손익을 포기하는 데 동의하는 것이다. 초기 비용은 발생하지 않는다. 대조적으로, 보호적 풋과 같은 옵션 헤지는 미래 이익을 보존하지만 초기 비용인 옵션 프리미엄을 부담한다. 앞서 언급한 바와 같이 선도계약은 어느 정도의 신용위험을 수반하며, 일반적으로 매우 큰 거래규모로만 이용할 수 있다. 그러나 선도계약은 사용자가 거래 조건을 맞춤화하여 거의 완벽한 헤지를 얻을 수 있도록 한다. 특정 유형의 비즈니스 상황은 선도 헤지에 더 적합하다. 다른 것들은 선물 헤지에 더 적합하다. 그 밖의 경우에는 옵션이 더 적절하게 사용된다. 상품의 선택은 흔히 각각의 장단점을 교환하는 것이지만, 또한 선택된 상품은 헤지 거래자가 상품 유형에 친숙한 정도, 경쟁 기업이 하는 일, 그리고 선물거래소와 장외 딜러들이 자사의 상품을 사용하도록 헤지 거래자들을 설득하기 위해 기울이는 노력의 함수라는 것도 때로는 사실이다.

이 장에서 우리는 다양한 유형의 헤지에 대한 많은 예를 살펴볼 것이다. 여기에는 외화 선도 및 선물, 중기 및 장기 재무부채권선물, 주가지수선물에 대한 헤지가 포함된다.

이 장에서는 다양한 스프레드 전략에 대해서도 살펴볼 것이다. 스프레드 전략은 일반적으로 거래자가 다양한 선물계약의 미래 방향에 대해 특별한 견해를 가질 때 추구된다. 또한 투자자가 선물계약을 사용하여 원하는 듀레이션(durations)과 베타(betas)를 목표로 삼는 목표 전략도 다룬다.

우리는 헤징 과정과 관련된 몇 가지 일반적인 이슈에 대한 논의로 이 장을 시작한다. 예를 들어, 우선 왜 헤지해야 하는가?

10-1 왜 헤지하는가?

헤징의 기술적 측면들로 시작하기 전에 두 가지 질문을 해볼 가치가 있다: (1) 기업이 헤지를 하는 이유는 무엇인가? (2) 기업은 헤지해야 하는가? 위험을 줄이기 위해 헤징이 수행되지만, 이것이 바람직한가? 모두가 헤지한다면, 우리는 결국 단순히 아무도 위험을 감수하지 않는 경제에 이르지 않을까? 이것은 분명히 경기침체로 이어질 것이다. 더욱이 우리는 헤징이 실제로 주주의 부를 증가시킬 수 있는지 궁금해해야 한다.[1]

유명한 모딜리아니-밀러(Modigliani-Miller)의 명제가 옳다면, 기업의 가치는 헤징을 포

1 이 섹션의 내용은 대부분 다음의 논문들로부터 가져온 것이다: C. W. Smith and R. M. Stulz, "The Determinants of Firms' Hedging Policies," *Journal of Financial and Quantitative Analysis* 20 (1985): 391–405; D. Duffie, "Corporate Risk Management 101: Why Hedge?" *Corporate Risk Management* 3 (May 1991): 22–25; D. R. Nance, C. W. Smith Jr., and C. W. Smithson, "On the Determinants of Corporate Hedging," *Journal of Finance* 48 (March 1993): 267–284; and K. A. Froot, D. S. Scharfstein, and J. C. Stein, "Risk Management: Coordinating Corporate Investment and Financing Policies," *Journal of Finance* 48 (December 1993): 1629–1658.

함한 재무적 결정과 무관하다. 그러나 주주들은 단순히 더 만족스러운 기대수익과 위험의 조합을 찾기 위해 헤지를 원할 수 있다. 물론, 주주들은 그들이 원할 경우 스스로 헤지할 수 있기 때문에 기업이 헤지할 필요가 없다고 주장할 수 있다. 그러나 이런 주장은 몇 가지 중요한 사항을 간과하고 있다. 그것은 기업의 헤지될 수 있는 모든 위험을 주주들이 정확하게 평가할 수 있다고 가정한다. 회사가 변동성이 높은 원자재 가격과 관련된 위험에 노출되어 있는 경우, 주주들이 위험의 정도를 적절하게 결정할 수 있는가? 그들은 그 위험이 가장 큰 기간을 결정할 수 있는가? 그들은 총위험 중 자신들의 몫을 헤지하는 데 필요한 선물계약 수를 정확히 결정할 수 있는가? 그들은 선물 중개 계좌를 개설할 자격을 갖추고 있는가? 그들의 거래 비용은 기업이 헤지를 한 경우 발생하는 거래비용의 비례적인 몫과 같거나 더 작은가? 이러한 질문 각각에 대한 대답은 "그렇지 않을 수도 있다."이다. 주주가 항상 기업만큼 효과적으로 헤징을 할 수 있는 것이 아니라는 점은 분명하다.

기업의 헤징 활동은 내부 및 외부 자금조달의 상대적 비용과 관련될 수 있다. Froot, Scharfstein, and Stein은 매력적인 투자 기회가 있을 때 내부적으로 더 낮은 비용의 자금조달을 보장하려는 욕구가 기업의 헤징에 동기를 부여한다고 말한다.

기업이 헤지하는 것은 세금을 절약하고 파산비용을 줄이기 위한 것이며, 경우에 따라서는 경영자들이 기업의 성과와 관련된 자신들의 부(wealth)의 위험을 줄이고 싶어하기 때문이다. 헤징은 또한 고객에게 위험관리 서비스를 제공하는 과정에서, 그리고 아마도 주주들이 기업만큼 효과적으로 헤지를 할 수 없기 때문에 수행된다.

게다가 세금 혜택과 같이 기업이 헤지하는 다른 이유가 있을 수 있다. 저소득 기업, 예를 들어, 최고 법인세율 아래에 있는 기업들은 특히 헤징과 누진적 법인 소득세 구조 간의 상호 작용으로부터 이익을 얻을 수 있다. 헤징은 또한 파산 가능성을 감소시킨다. 이는 회사가 파산할 경우 발생하는 기대 비용을 줄일 수 있다는 점 외에 주주에게 반드시 가치가 있는 것은 아니다.

기업은 경영자들의 생계가 기업의 성과와 밀접하게 관련되어 있을 수 있기 때문에 헤지를 선택할 수 있다. 그러면 경영자는 기업의 위험을 줄이는 것으로부터 이익을 얻을 수 있다. 이것은 주주들에게 최선의 이익이 아닐 수도 있지만, 적어도 일부 기업이 헤지하는 이유를 설명할 수는 있다. 끝으로, 헤징은 잠재적 채권자들에게 기업이 기초자산의 가치를 보호하기 위해 공동의 노력을 기울이고 있다는 신호를 보낼 수 있다. 이는 보다 유리한 신용조건과 비용이 덜 드는 제한 약정(restrictive covenants)으로 이어질 수 있다.

금융기관과 같은 많은 기업들은 고객을 대신하여 스왑 및 선도와 같은 장외 금융상품을 지속적으로 거래하고 있다. 그들은 고객이 위험을 관리할 수 있도록 이러한 서비스를 제공한다. 그런 다음, 이 금융기관들은 방향을 바꿔 고객을 대신하여 부담한 위험을 헤지한다. 그들은 어떻게 돈을 버는가? 그들은 헤지비용을 충당하고 이익을 포함하기에 충분한 스프레드를 반영하는 금리와 가격을 고객들에게 제시한다. 이런 방식으로 그들은 헤징 서비스의 소매업자가 된다.

헤징에 대해 일방적인 견해를 갖지 않도록 하기 위해, 헤지를 하지 않는 몇 가지 이유를 고려하는 것이 중요하다. 한 가지 이유는 헤징이 위험의 감소량에 대해 잘못된 인상을 줄 수 있기 때문이다. 파생상품에는 "유일하게 완벽한 헤지는 일본 정원에 있다."는 오래된 속담이 있다. 헤지는 거의 항상 약간의 위험을 남기고, 일부 헤지는 제거되어야 했던 놀라운 양의 위험을 남긴다. 헤징은 항상 위험을 줄이되 제거하지는 않는 것으로 봐야 하므로, 나머지 위험을 식별하고 모니터링해야 한다.

헤징의 또 다른 문제는 헤징이 유리한 시장 상황을 이용할 기회를 제거한다는 것이다. 다시 말해, 헤징은 손실 가능성뿐만 아니라 이익 가능성도 감소시킨다. 극단적인 경우, 헤징은 애초에 사업을 하는 이유를 거의 제거할 수 있다. 부의 창출은 무분별한 헤징으로 이루어지지 않는다. 헤징은 선택적이어야 한다. 즉, 유리한 점으로 인식되는 노출을 유지하면서 특정 위험을 줄이는 것이다.

마지막으로, 헤지 같은 것은 실제로 없다는 점을 덧붙여야겠다. 놀랍게 들리겠지만, 다음을 고려해 보자. 투자자가 모든 자금을 주식에서 현금으로 옮길 때, 그는 자신이 헤지하고 있다고 생각할 수도 있지만 실제로는 시장이 하락할 것이라는 입장을 취하는 것이다. 기업이 변동금리 차입과 관련된 위험을 회피할 때는 금리가 오를 것이라는 입장을 취하고 있는 것이다. 어느 경우든 위험의 제거는 시장에서 불리한 사건이 발생할 것이라는 관점에 근거하여 입장을 취하고 있는 것이다. 이는 주식시장에 모든 자금을 투자하거나 변동금리로 차입하는 것만큼이나 투기적인 행위이다. 즉, 위험을 줄이는 것은 시장에서 나쁜 일이 일어날 것이라는 데 돈을 거는 것이다.

그러나 헤징에 대한 이 모든 논의에도 불구하고, 헤징은 위험관리라고 하는 전체 프로세스의 일부일 뿐이라는 사실을 언급하지 않을 수 없다. 헤징은 위험을 줄일 목적으로 위험을 관리하는 특정한 예이다. 그러나 보다 넓은 의미에서 위험관리에는 헤징뿐만 아니라 훨씬 더 많은 것이 있다. 어떤 상황에서는 위험이 원하는 수준보다 낮아 위험의 증가가 필요할 것이다. 이것은 헤징의 반대인가? 어떤 사람들은 그것을 투기라고 하겠지만, 사실 이것은 실제 위험 수준과 원하는 위험 수준을 조정하는 위험관리 전체 과정의 일부일 뿐이다.

헤징은 실제 위험 수준을 원하는 위험 수준에 맞춰 조정하는 위험관리라고 하는 보다 일반적인 프로세스의 구성요소이다.

10-2 헤징 개념

특정 헤지를 하는 이유 또는 그 작동 방식을 이해하기 전에, 몇 가지 기본적인 헤징 개념을 숙지할 필요가 있다. 우리는 앞서 이러한 사항들 중 몇 가지를 언급했지만, 특별히 헤지 전략에 적용하지는 않았다. 아래 논의에서 우리는 주로 선물을 언급할 것이나, 그 아이디어는 선도계약에도 거의 항상 적용될 수 있다.

10-2a 매도헤지와 매입헤지

매도헤지(short hedge)와 **매입헤지**(long hedge)라는 용어는 각각 선물계약의 매도포지션과 매입포지션을 포함하는 헤지를 구분한다. 다량의 밀 재고를 소유한 대형 곡물창고 운영자처럼, 자산을 보유하고 그것의 가격 하락을 우려하는 헤저(hedger)는 선물 매도포지션으로 헤지하는 것을 고려할 수 있다. 현물가격과 선물가격이 함께 움직이면, 헤지는 그 위험의 일부를 줄일 것이다. 예를 들어, 현물가격이 하락하면 선물가격도 하락할 것이다. 헤저는 선물계약을 매도하기 때문에 선물거래는 현물포지션의 손실을 적어도 부분적으로 상쇄하는 이익을 낳는다. 헤저가 선물을 매도하기 때문에 이것을 매도헤지라고 한다. 대형 곡물창고 운영자는 소맥 선물(wheat futures) 매도포지션으로 가격 위험을 헤지할 수 있다.

또 다른 유형의 헤지 상황은, 시리얼 생산자와 같이, 당사자가 나중에 자산을 매입할 계획을 가지고 있을 때 직면한다. 밀 가격 상승을 우려하는 시리얼 생산자는 선물계약을 매입할 수 있다. 그러면, 밀 가격이 상승하는 경우 밀 선물가격도 상승하여 선물포지션에서 이익이 발생할 것이다. 그 이익은 더 높은 밀 매입비용을 적어도 부분적으로는 상쇄할 것이다. 이 예에서 시리얼 생산자인 헤저는 선물시장에서 매입하기 때문에 이것을 매입헤지라고 한다. 선행 거래가 포함되기 때문에 때로는 **선행 헤지(anticipatory hedge)**라고도 한다.

또 다른 유형의 매입헤지는 자산을 공매도하고 있을 때 하게 될 수 있다. 이 헤지는 흔하지는 않지만, 주식을 공매도하고 주식시장이 상승할 것을 우려하는 사람에게 적절하다. 공매도 포지션을 청산하는 대신, 선물계약을 매입하여 선물 매입포지션에서 이익을 얻음으로써 주식 공매도 포지션의 손실을 적어도 부분적으로 상쇄할 수 있다.

매도헤지는 선물계약에 매도포지션을 취하여 헤지하는 것을 의미한다. 매입헤지는 선물계약에 매입포지션을 취하여 헤지하는 것을 의미한다.

이들 각각의 경우에 헤저는 위험이 따르는 현물시장에서 포지션을 보유했다. 선물거래는 현물거래를 일시적으로 대체했다. 따라서 자산을 보유하고 있고 가격하락이 우려되지만 매각을 원하지 않을 때, 선물 매도거래를 할 수 있다. 선물계약을 매도하는 것은 상품의 매각을 대체할 것이다. [표 10.1]은 이들 다양한 헤징 상황을 요약한 것이다.

표 10.1 헤징 상황의 요약

오늘의 상황	위험	적절한 헤지
자산 보유	자산가격이 하락할 수 있다	매도헤지
자산을 매입할 계획	자산가격이 상승할 수 있다	매입헤지
자산을 공매도	자산가격이 상승할 수 있다	매입헤지

주: 매도헤지는 현물 매입과 선물 매도를 의미하며, 매입헤지는 현물 매도와 선물 매입을 의미한다.

10-2b 베이시스

베이시스(basis)는 헤징 과정을 이해하는 데 도움이 되기 때문에 선물시장에서 가장 중요한 개념 중 하나이다. 베이시스는 보통 현물가격에서 선물가격을 뺀 값으로 정의된다. 그러나 일부 책과 논문에서는 이를 선물가격에서 현물가격을 뺀 값으로 정의한다. 이 책에서는 전자의 정의를 사용할 것이다:

$$\text{베이시스} = \text{현물가격} - \text{선물가격}$$

헤징과 베이시스 여기서 우리는 헤징의 개념과 베이시스가 헤지의 성과에 어떻게 영향을 미치는지 살펴볼 것이다. 궁극적으로 우리는 베이시스에 영향을 미치는 요인들을 이해할 필요가 있다.

다음의 표기를 정의하자.

T = 만기 시점(예를 들어, 특정한 월, 일, 년)
t = 만기 전 시점(t=0은 "오늘"을 의미한다)
S_0 = 오늘의 현물가격
f_0 = 오늘의 선물가격
S_t = 만기 전 t시점의 현물가격
f_t = 만기 전 t시점의 선물가격
S_T = 만기 시점의 현물가격
f_T = 만기 시점의 선물가격
Π = 특정 전략의 이익

당분간 우리는 시가평가(marking to market), 자산 보관비용, 그리고 기타 거래비용을 무시할 것이다.

헤지의 개념은 새로운 것이 아니다. 옵션을 살펴봤을 때, 우리는 몇 가지 유형의 헤지를 구성했으며 그 중 일부는 위험이 없었다. 주식에 어떤 포지션을 취하고 옵션에 그와 반대되는 포지션을 취함으로써 주식의 이익(손실)은 옵션의 손실(이익)(으)로 상쇄된다. 선물로도 같은 일을 할 수 있다. 현물시장에서 매입(매도)포지션을 보유하고 선물시장에서 매도(매입)포지션을 보유한다. 현물시장에서 매입포지션을 취한 경우, 만기까지 보유된 헤지 포지션의 이익은

$$\Pi(\text{매도헤지}) = (S_T - S_0)(\text{현물시장 이익}) + (f_0 - f_T)(\text{선물시장 이익}).$$

이익은 항상 매도가격에서 매입가격을 뺀 값이라는 점을 상기하자. 매도포지션의 선물시장 이익은 $(f_0 - f_T)$ 또는 $-(f_T - f_0)$이다. 현물시장의 공매도포지션과 선물시장의 매입포지션의 경우, 앞의 등식에서 각 기간의 부호는 반대이다. 즉,

$$\Pi(\text{매입헤지}) = (S_0 - S_T)(\text{현물시장 이익}) + (f_T - f_0)(\text{선물시장 이익}).$$

어떤 경우 t시점, 즉, 만기 전에 포지션을 청산하기를 원할 수 있다. 그러면 매도헤지와 매입헤지의 이익은

$$\Pi(\text{매도헤지}) = (S_t - S_0) + (f_0 - f_t)$$
$$\Pi(\text{매입헤지}) = (S_0 - S_t) + (f_t - f_0).$$

만기에, 선물계약을 매입한 사람은 상품을 즉시 인도받을 것으로 기대할 수 있다. 따라서 만기가 되는 선물계약은 현물상품을 매입한 것과 같다. 그러므로 $S_T = f_T$. 따라서 매도헤지가 만

기까지 유지되는 경우, 이익은 단순히 f_0-S_0이다. 이것은 헤지가 S_0의 가격에 자산을 매입하고 그 즉시 f_0의 매도가격을 보장하는 것과 같다는 것을 의미한다. 또한 매입헤지가 만기까지 유지되는 경우 이익은 S_0-f_0이며, 이는 S_0의 가격에 자산을 매도하고 그 즉시 f_0의 매입가격을 보장하는 것과 같다.

예를 들어, 당신이 어떤 자산을 $100에 매입하고 해당 자산에 대한 선물계약을 $103에 매도한다고 가정하자. 따라서 당신은 매도헤지를 한 것이다. 만기에 현물가격과 선물가격은 모두 $96이다. 당신은 해당 자산을 $96에 매도하여 $4 손실을 보고, 선물계약을 $96에 청산하여 $7 이익을 얻음으로써 결과적으로 $3의 순이익을 낸다. 또는 선물계약의 기초자산을 인도하여 $96를 받고 선물계정에 누적된 $7를 회수하여 해당 자산의 실제 매도가격을 $103로 만들 수 있다. 두 경우 모두, 거래는 해당 자산을 원래 선물가격인 $103에 매도하는 것과 같다.

대신에 이제 당신이 어떤 자산을 $100에 공매도하고 해당 자산에 대한 선물계약을 $103에 매입한다고 가정하자. 따라서 당신은 매입헤지를 한 것이다. 만기에 현물가격과 선물가격은 모두 $96이다. 당신은 해당 자산을 $96에 되사서 $4 이익을 얻고 선물계약을 $96에 청산하여 $7 손실을 봄으로써 결과적으로 $3의 순손실을 본다. 또는 선물계약의 기초자산을 매입하는데 $96를 지불하고 선물계정에 누적된 $7 손실을 더하면, 해당 자산의 실제 매입가격은 $103가 된다. 두 경우 모두, 거래는 해당 자산을 원래 선물가격인 $103에 매입하는 것과 같다.

베이시스는 현물가격에서 선물가격을 뺀 값으로 정의되기 때문에 변수 b로 쓸 수 있고, 여기서

$b_0=S_0-f_0$ (당초 베이시스)
$b_t=S_t-f_t$ (t시점의 베이시스)
$b_T=S_T-f_T$ (만기 베이시스).

따라서 t시점에 청산되는 포지션에 대해,

$$\Pi\ (\text{매도헤지})=(S_t-f_t)-(S_0-f_0)$$
$$\Pi\ (\text{매도헤지})=b_t-b_0$$
$$\Pi\ (\text{매입헤지})=(S_0-f_0)-(S_t-f_t)$$
$$\Pi\ (\text{매입헤지})=b_0-b_t$$

헤징은 헤지 기간 동안 베이시스의 불확실성인 베이시스 위험의 가정을 수반한다. 헤지 이익은 베이시스의 변화이다.

헤지에서 얻는 이익은 단순히 베이시스의 변화이다. 베이시스가 어떻게 변할지에 대한 불확실성을 **베이시스 위험(basis risk)**이라고 한다. 헤지는 현물가격의 변화를 베이시스 변화로 대체한다. 일반적으로 베이시스 변화는 현물가격 변화보다 변동성이 훨씬 적다. 따라서 헤지 포지션은 헤지되지 않은 포지션보다 위험이 적다. 베이시스 위험은 베이시스 변화에 대한 불확실성으로 인해 발생하기 때문에, 헤징은 헤지되지 않은 포지션보다 훨씬 낮은 위험 수준을 초래하는 투기적 활동이다.

헤징은 자산의 기대 미래 가격을 설정하려는 거래로도 볼 수 있다. 매도(매입)헤지는 기대 미래 매도(매입)가격을 설정한다. 예를 들어, 매도헤지의 이익 방정식은 $f_0+(S_t-f_t)-S_0$로 쓸 수 있다. 매도헤저는 S_0 달러를 지불하고 자산을 매입했기 때문에 자산의 실제 매도가격은 $f_0+(S_t-f_t)$로 볼 수 있으며, 이것은 f_0+b_t로 쓸 수 있다. 즉, 매도헤지는 자산의 미래 매도가격을 현재의 선물가격에 베이시스를 더한 값으로 설정한다. f_0는 알려져 있기 때문에, 실질적인 미래 매도가격은 베이시스가 불확실한 범위까지만 불확실하다. 매도헤지가 만기까지 유지되면 실질적인 매도가격은 f_0+b_t가 되며, 만기에 베이시스는 0이기 때문에 실질적인 매도가격은 단순히 f_0이다. 따라서 자산의 매도가격은 거래가 시작될 때 f_0로 설정된다. 매도헤저(short hedger)는 선물가격에 자산을 실질적으로 매도할 수 있다고 확신하는 것이다. 이것은 '완전한' 매도헤지가 될 것이다. 대부분의 헤지는 다양한 이유로 불완전하지만, 일반적으로 헤저가 만기까지 포지션을 보유하지 않기 때문이다.

현물가격이 선물가격보다 더 많이 오르면 베이시스는 증가할 것이다. 이를 베이시스가 강화된다고 하며, 매도(매입)헤지의 성과를 향상(감소)시킨다. 선물가격이 현물가격보다 더 많이 상승하면 베이시스는 감소할 것이고, 이는 매도(매입)헤지의 성과를 감소(향상)시킨다. 이 경우 베이시스가 약화된다고 한다. 헤징 수익성과 베이시스 간의 이러한 관계는 [표 10.2]에 요약되어 있다.

표 10.2 헤징 수익성과 베이시스

헤지 유형	이익이 발생하는 베이시스의 변화	베이시스 변화의 발생 조건
매도헤지	베이시스 강화	현물가격이 선물가격보다 더 많이 오르거나, 현물가격이 선물가격보다 더 적게 내리거나, 현물가격은 오르고 선물가격은 내리는 경우
매입헤지	베이시스 약화	현물가격이 선물가격보다 더 적게 오르거나, 현물가격이 선물가격보다 더 많이 내리거나, 현물가격은 내리고 선물가격은 오르는 경우

앞서 언급한 바와 같이, 헤지가 만기까지 내내 유지되면 베이시스는 0이 된다. 이 경우 이익은 단순히 매도헤지에서는 $-b_0$이고 매입헤지에서는 $+b_0$이다.

마지막으로 헤징은 선물의 거래비용과 같은 비용을 발생시킨다는 점을 기억해야 한다. 또한 자산을 보유하는 경우, 보관비용이 발생할 것이다. 이는 이익을 감소시킬 것이나, 일반적으로 그 영향은 이미 알려진 것이므로 위험을 추가하지는 않는다.

헤징 예시 금(gold)을 사용하는 예를 고려해 보자. 3월 30일, 6월 만기 금 선물가격은 트로이 온스당(per troy ounce) $1,388.60였다. 금 현물가격은 $1,387.15였다. 금 딜러가 100($1,387.15) = $138,715의 가치가 있는 금 100 트로이 온스를 보유하고 있다고 가정하자.

보관비용은 상당히 확실한 것이므로 무시할 것이다. 딜러는 금 가격 하락으로부터 자산가치를 보호하기 위해 100 트로이 온스의 선물 1계약을 매도할 수 있고, 따라서 그는 매도헤지에 들어갔다. 우리의 표기로,

$$S_0=1,387.15$$
$$f_0=1,388.60$$
$$b_0=1,387.15-1,388.60=-1.45$$

만기까지 헤지를 유지하면, 베이시스는 0으로 수렴해야 한다. 그러나 베이시스는 정확히 0이 되지 않을 수 있으며, 그 이유는 나중에 살펴볼 것이다. 베이시스가 0으로 수렴하면, 이익은 당초 베이시스의 -1배에 온스 수를 곱한 값이어야 한다.

$\Pi=-1(-1.45)(100)=145$.

만기에 금 현물가격이 \$1,408.50이라 가정하자. 그러면, 딜러는 현물시장에서 금을 매도하여 100(1,408.50 -1,387.15)=\$2,135의 이익을 본다. 매도한 선물계약은 선물시장에서 그것을 매입함으로써 상쇄되고, 딜러는 -100(1,408.50 -1,388.60)= -\$1,990의 이익을 본다. 그러므로 총이익은 우리가 예측했던 대로 -1,990+2,135=\$145이다.

이제 만기 전에 포지션을 청산한다고 가정하자. 예를 들어, 5월 5일 금 현물가격은 \$1,377.52이고 6월을 선물가격은 \$1,378.63이다. 우리의 표기로, $S_t=1,377.52$이고 $f_t=1,378.63$이다. 금을 현물시장에서 매도하면 이익은 100(1,377.52-1,387.15)=-\$963이다. 선물계약은 \$1,378.63에 되사서 -100(1,378.63-1,388.60)=\$997의 이익을 얻는다. 순이익은 -963+997=\$34이다. 앞서 언급했듯이 이것은 베이시스의 변화 b_t-b_0와 같아야 한다. 원래의 베이시스는 -1.45였다. 포지션이 청산될 때의 베이시스는 S_t-F_t 또는 1,377.52-1,378.63 =-1.11이다. 그러므로 이익은

$$-1.11-(-1.45) = 0.34.$$

이것이 금 온스당 헤지 이익이다.

베이시스의 행태 [그림 10.1]은 만기 전 2년 동안의 9월물 S&P 500 주가지수 선물계약의 베이시스를 보여준다. 베이시스는 변동성이 상당히 크지만, 만기가 가까워짐에 따라 마침내 0으로 수렴한다는 점에 주목하자. 베이시스의 변동성은 금리 변화, 배당금 지급의 기대 변화, 그리고 비동시적(asynchronous) 가격 때문일 수 있다. 비동시적 가격결정은 서로 다른 시점에 설정되는 가격결정을 말한다. S&P 500 지수 종가는 해당 지수에 속한 500개 종목의 종가를 기준으로 설정된다. 주식시장은 미국 동부시간으로 오후 3시에 마감된다. S&P 500 지수 선물시장은 동부시간으로 오후 3시 15분에 마감된다. 따라서 약간의 시간 차이가 있다.

베이시스가 항상 정확히 0으로 수렴되는 것은 아니다. 예를 들어, 금의 경우 현물시장에서 금을 매입한 즉시 만기가 임박한 선물계약을 매도한 투자자는 금을 인도해야 한다. 어쩌면 상당한 인도비용이 들어갈 수도 있으므로, 이것이 선물가격을 현물가격보다 약간 높일 수 있다.

■■ 그림 10.1 9월물 S&P 500 주가지수의 베이시스

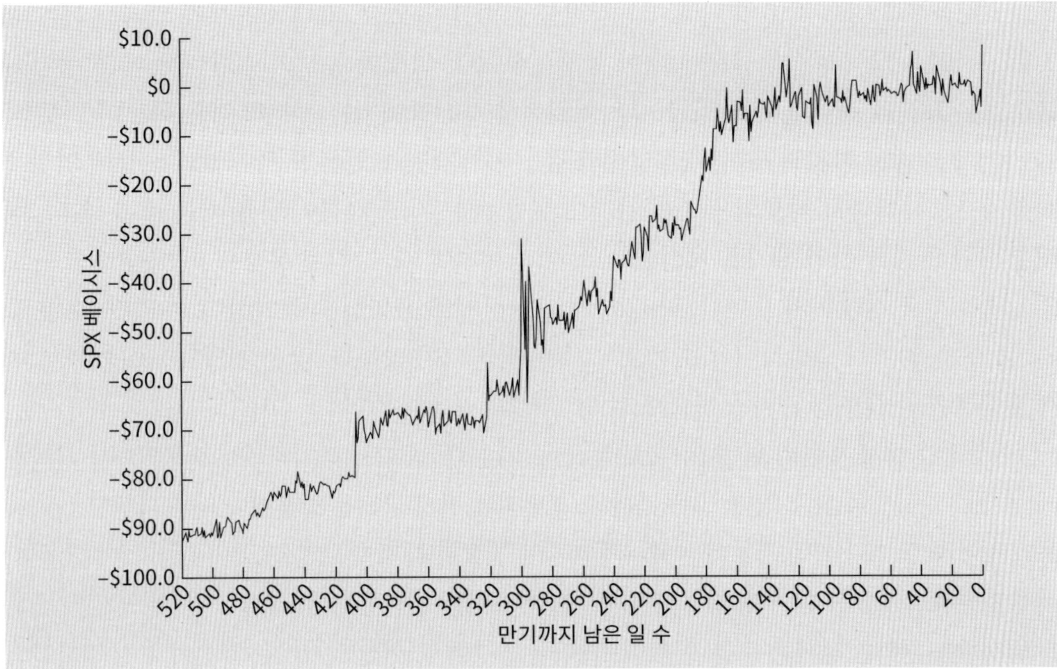

일부 상품의 경우, 인도될 수 있는 몇 가지 허용 등급이 있으므로 여러 현물가격이 있다. 매도자는 상품의 인도를 조절하며, 가장 경제적인 등급의 상품 인도를 선택할 것이다. 선물가격은 인도될 가능성이 가장 높은 상품의 현물가격에 수렴하는 경향이 있다.

물론, 선도시장에서는 베이시스가 거의 문제 되지 않는다. 헤지는 베이시스 위험을 제거할 수 있도록 맞춤식으로 이루어진다.

10-2c 일부 헤징위험

때로는 헤지 대상 자산과 선물계약의 기초자산이 다르다. 나중에 설명하겠지만, 전형적인 예는 회사채를 장기 재무부채권 선물계약으로 헤지하는 것이다. 이를 **교차헤지(cross hedge)**라고 하며, 국채를 장기 재무부채권 선물로 헤지할 때 직면하는 것보다 훨씬 더 큰 베이시스 위험의 유형이다. 회사채와 국채 가격은 함께 움직이는 경향이 있지만 두 국채보다 그 관계가 약하다. 또한 등급이 높은 채권은 국채와 더 높은 상관관계를 보일 것이다. 따라서 등급이 낮은 회사채는 추가적인 베이시스 위험을 수반할 것이고, 헤지의 효과가 떨어지는 경향이 있다.

> 교차헤징은 헤지 대상 자산이 선물의 기초자산과 같지 않다는 사실로부터 발생하는 베이시스 위험의 추가적인 원천이다.

어떤 경우에는 헤지 대상 자산의 가격과 선물계약의 가격이 반대 방향으로 움직인다. 그러면 헤지는 현물 및 선물 포지션에서 모두 이익이나 손실을 초래할 것이다. 올바른 선물 계약을 선택하면 이런 일이 일어나지 않을 것이다. 그런 일이 자주 발생한다면, 헤저는 다른 선물계약을 찾아야 한다.

헤징은 또한 **수량 위험(quantity risk)**이라는 또 다른 형태의 위험을 수반한다. 예를 들

> 수량 위험은 위험에 노출되어 있는 기초물의 수량의 불확실성이다. 이는 일반적으로 헤저가 후일에 얼마나 많은 단위의 기초물을 자신이 소유하거나 빚지게 될지 모를 때 발생한다.

어, 농부가 아직 수확하지 않은 작물의 매도가격을 고정하기를 원한다고 가정해 보자. 농부는 선물계약을 매도하여 작물의 미래 매도가격을 설정할 수 있다. 그러나 농부가 알지 못하여 헤지할 수 없는 것은 작물의 규모에 대한 불확실성이다. 이것이 농부의 수량 위험이다. 농부의 총수입은 작물의 가격과 규모의 곱이다. 치열한 경쟁시장에서는 농부의 작물 규모가 너무 작아 가격에 영향을 미치지 못하지만, 날씨와 같은 체계적인 요인은 모든 사람의 작물에 영향을 미칠 수 있다. 따라서 작물의 규모는 가격이 높을 때는 작고 가격이 낮을 때는 클 수 있다. 이러한 상황은 자체 자연 헤지를 생성한다. 농부가 헤지할 때, 가격 변동성은 더 이상 작물 규모의 불확실성을 상쇄하지 못한다. 따라서 헤지는 실제로 총위험을 증가시킬 수 있다. 수량 불확실성은 농업에서 일반적이지만, 결코 그것에 국한되지 않는다. 많은 기업과 금융기관이 미래 현금흐름의 규모를 알지 못하므로, 수량 위험과 씨름해야 한다.

이상적인 헤지, 이른바 완전 헤지(perfect hedge)에서 헤저는 헤지하려는 현물거래를 시작하게 될 헤지 종료일을 알고 있다. 그는 정확히 그 날짜에 만기가 되는 선물이나 다른 파생상품을 사용할 것이다. 그러나 어떤 경우에는 헤저가 헤지에 필요한 헤지 종료일을 알지 못한다. 예를 들어, 어떤 자산의 소유자는 그가 장래에 해당 자산을 매도해야 한다는 것은 확실히 알 수 있지만, 매도가 발생하는 정확한 날짜는 모를 수 있다. 또 다른 상황에서, 어떤 당사자는 자신이 후일 얼마간의 현금을 받아 특정 자산을 매입하는 데 사용할 것이란 점을 알 수도 있다. 그러나 그녀는 현금을 받을 정확한 날짜를 알지 못할 수 있다. 헤저가 헤지 종료일을 알지 못하면, 선물 또는 선도 계약의 만기일을 그 날짜와 맞추는 것이 더욱 어려워진다. 그러면 헤지의 효과성은 떨어질 것이다.

10-2d 계약의 선택

선물을 사용하여 헤지할 때, 계약의 선택은 실제 네 가지 결정으로 구성된다: (1) 어떤 선물의 기초자산, (2) 어떤 만기월, (3) 매입 또는 매도 여부, (4) 계약 수. 계약의 수는 매우 중요하므로 다음의 주요 섹션으로 논의를 미루기로 한다.

헤징에 사용되는 선물계약은 유동성이 높아야 하며, 헤지 대상 자산과 높은 상관관계가 있는 자산에 기초한 것이어야 한다.

어떤 선물의 기초자산? 이전 섹션에서 우리는 헤지 대상 기초자산과 높은 상관관계가 있는 자산에 대한 선물계약을 선택하는 것이 중요하다는 것을 알 수 있었다. 많은 경우에 선택은 분명하지만, 그렇지 않은 경우도 있다.

예를 들어, 한 당사자가 매우 잘 분산투자된 중형주 포트폴리오의 가치를 헤지하고자 한다고 가정하자. 중간 규모의 주식 400개의 성과 척도인 S&P MidCap 지수에 대한 선물계약이 있다. 그러나 위험에 노출되어 있는 포트폴리오는 S&P MidCap 지수와 완벽하게 일치하지 않는다. 더욱이 이 지수에 대한 선물계약이 그렇게 활발하게 거래되는 것은 아니다. 따라서 헤저는 보다 활발하게 거래되는 대형주 또는 소형주 지수에 대한 선물계약을 사용하기를 원할 수 있다. 물론, 헤저가 포트폴리오와 헤징 계약의 기초지수가 완벽하게 일치하기를 원한다면, 자신의 포트폴리오에 맞게 맞춤화된 선도계약을 선택할 것이지만, 더 높은 비용은 표준화된 선물계약을 선택하게 하는 한 요인이 될 수도 있다.

고려해야 할 또 다른 요인은 선물계약의 가격이 적정하게 결정되었는지 여부이다. 매도헤저는 선물계약을 매도할 것이므로 고평가되거나, 최악의 경우 가격이 공정하게 평가된 계약을 찾아야 한다. 매입헤저는 저평가된 선물계약이나, 최악의 경우 가격이 공정하게 평가된 선물계약을 매입하여 헤지해야 한다.

때로는 하나 이상의 선물상품을 사용하여 최상의 헤지를 얻을 수 있다. 예를 들어, 제트 연료 포지션의 헤지는 난방유 선물과 원유 선물이 함께 사용될 때 더욱 효과적일 수 있다.

어떤 만기월? 선물상품을 선택한 후에는 만기월을 결정해야 한다. 우리가 아는 바와 같이, 특정 기간에는 특정 만기월만 거래된다. 예를 들어, 9월에 장기 재무부채권 선물계약은 현재 연도 12월, 다음 해 3월, 6월, 9월, 12월, 그리고 그다음 해 3월, 6월, 9월의 만기가 있다. 장기 재무부채권 선물계약이 적절한 헤징 수단이라면, 사용되는 계약은 이 만기 그룹으로부터 나온 것이어야 한다.

헤저는 가능한 한 헤지 종료일에 가깝되 그 이후에 만기가 되는 계약을 선택해야 한다.

대부분의 경우 헤저는 헤지가 유효해야 하는 기간을 알고 있다. 베이시스 위험을 최대한 줄이려면 헤저는 가능한 한 그 날짜에 가까워질 때까지 선물포지션을 유지해야 한다. 따라서 적절한 계약 만기는 헤지 종료일과 가능한 한 가까운 만기이다. 그러나 일반적으로 만기월에 선물포지션을 보유하는 것은 피하는 것이 좋다. 만기월에는 때때로 비정상적인 가격 움직임이 관찰되고 이는 헤저들에게 추가적인 위험을 주기 때문이다. 따라서 헤저는 가능한 한 헤지가 종료되는 월에 가깝되 그 이후의 만기월을 선택해야 한다.[2]

[표 10.3]은 장기 재무부채권선물을 이용하여 헤지할 때 가능한 헤지 종료일과 사용하기에 적절한 계약을 나열하고 있다. 그러나 만기까지 남은 기간이 길수록 계약의 유동성이 더 떨어진다는 점을 고려하자. 따라서 유동성이 높은 계약을 사용할 필요성이 있으므로 앞의 기준에 따라 계약을 선택하는 것은 번복될 수 있다. 이 경우 만기가 더 가까운 계약을 사용해야

표 10.3 계획된 헤지 종료일에 대한 계약 만기(YY년 9월 30일에 시작된 장기 재무부채권선물 헤지)

헤지 종료일	적절한 계약
YY년 10월 1일 ~ YY년 11월 30일	YY년 12월
YY년 12월 1일 ~ YY+1년 2월 28일	YY+1년 3월
YY+1년 3월 1일 ~ YY+1년 5월 31일	YY+1년 6월
YY+1년 6월 1일 ~ YY+1년 8월 31일	YY+1년 9월
YY+1년 9월 1일 ~ YY+1년 11월 30일	YY+1년 12월
YY+1년 12월 1일 ~ YY+2년 2월 28일	YY+2년 3월
YY+2년 3월 1일 ~ YY+2년 5월 31일	YY+2년 6월
YY+2년 6월 1일 ~ YY+2년 8월 31일	YY+2년 9월
YY+2년 9월 1일 ~ YY+2년 11월 30일	YY+2년 12월

주: 적절한 계약은, 어떤 계약도 만기월에는 보유되지 않는다는 전제하에, 헤지 종료일 이후에 가능한 한 빨리 만기일이 되어야 한다는 규칙을 기반으로 한다. 유동성의 고려로 인해 일부 더 먼 계약은 부적절할 수 있다. YY는 현재 연도를, YY+1은 다음 연도를, 그리고 YY+2는 현재 연도로부터 2년 후 연도를 나타낸다.

2 모든 계약이 만기월에 비정상적인 가격 행동을 보이는 것은 아니다. 따라서 이 규칙을 항상 엄격하게 따를 필요는 없다.

한다. 계약이 만기월로 이동하면 선물포지션을 청산하고 다음 만기월에 새로운 포지션을 취한다. 헤지 이연(rolling the hedge forward)이라고 하는 이 프로세스는 약간의 추가적인 위험을 발생시키지만, 그럼에도 상당히 효과적일 수 있다.

물론, 헤지 기간의 문제는 장외시장에서 선도계약을 이용하여 완벽하게 처리될 수 있다. 사실, 일부 헤저들은 10년 이상의 헤지 기간을 갖는데, 그것은 선도계약이나 스왑을 사용해서만 헤지될 수 있다.

매입 또는 매도? 선도나 선물의 사용 여부에 관계없이 가장 중요한 결정은 매입 또는 매도할 것인지 여부이다. 여기에는 실수할 여지가 전혀 없다. 헤저가 매도(또는 매입)했어야 할 때 매입(또는 매도)한다면 위험이 두 배로 늘어난다. 최종 결과는 헤지되지 않은 포지션의 손익의 두 배에 해당하는 손익이 될 것이다.

선도 또는 선물의 매입이나 매도 여부를 결정하는 것은 매우 중요하며, 그 결정은 현물시장의 움직임이 현물포지션에 도움이 될 것인지 아니면 손해를 끼칠 것인지 그리고 선도 또는 선물시장이 이러한 위험을 상쇄하는 데 어떻게 사용될 수 있는지를 결정함으로써 내릴 수 있다.

매입 또는 매도 여부를 결정하려면 어떤 유형의 시장 움직임이 현물시장에서 손실을 초래하는지를 결정해야 한다. 그런 다음 현물포지션이 손실을 보는 동안 수익성이 있을 선도 또는 선물포지션을 설정해야 한다. [표 10.4]는 적절한 거래를 올바르게 식별하는 세 가지 방법

표 10.4 헤지 시 선도/선물을 매수할지 또는 매도할지를 결정하는 방법

최악의 시나리오 방법

1. 현물시장과 선도/선물시장이 함께 움직인다고 가정하고, 시장이 오르거나 내릴 때 선도/선물의 매입포지션과 매도포지션이 수익성이 있는지 여부를 결정한다.
2. 현물시장에서 일어날 수 있는 최악의 상황은 무엇인가?
   a. 현물시장이 상승한다.
   b. 현물시징이 하락한다.
3. 2번의 답변을 고려할 때, 일어날 수 있는 최악의 상황이 일어날 것이라고 가정한다.
4. 3번의 답변을 고려하고 1번의 답변을 사용하여 수익성이 있는 선도/선물포지션을 취한다.

현재의 현물포지션 방법

1. 현물시장에서 당신의 현재 포지션이 매입인지 매도인지 결정한다.
   a. 자산을 소유하고 있다면, 현재 포지션은 매입이다.
   b. 자산을 공매도하고 있다면, 현재 포지션은 매도이다.
   c. 장래에 자산을 매입하기로 약속했다면, 현재 포지션은 매도이다.
2. 1번에서 답변한 포지션과 반대되는 선도/선물포지션을 취한다.

예상되는 향후 현물거래 방법

1. 헤지가 종료될 때 어떤 유형의 현물거래를 할 것인지 결정한다.
   a. 자산을 매도한다.
   b. 자산을 매입한다.
2. 1번의 답변을 고려할 때, 1번의 것과 반대의 거래를 하여 헤지 종료일에 선도/선물포지션을 청산해야 할 것이다(예를 들어, 1번의 답변이 "매도"인 경우, 여기서의 답변은 "선도/선물을 매입한다"이다.)
3. 2번의 답변을 고려할 때, 반대의 방법으로 오늘 선도/선물계약을 체결해야 할 것이다(예를 들어, 2번의 답변이 "선도/선물을 매입한다"인 경우, 여기서의 답변은 "선도/선물을 매도한다"가 되어야 한다.

을 요약한다. 첫 번째 방법은 헤저가 최악의 시나리오를 식별한 다음, 최악의 경우가 발생할 경우 이익을 얻을 선도/선물포지션을 설정하도록 한다. 두 번째 방법은 현재 현물포지션과 반대되는 선도/선물포지션을 취하도록 한다. 이것은 간단한 방법이지만, 경우에 따라서는 현재의 현물포지션을 식별하기가 어렵다. 세 번째 방법은 헤지가 종료될 때 수행될 현물거래를 식별하는 것이다. 헤지가 종료될 때 수행될 선도/선물거래는 이 현물거래와 반대여야 한다. 오늘 해야 하는 선도/선물거래는 헤지 종료 시점에 해야 하는 선도/선물거래와 반대여야 한다.

10-2e 증거금 요건과 시가평가

선물계약으로 헤지할 때 고려해야 할 두 가지 다른 사항은 증거금 요건(margin requirement)과 시가평가(marking to market)의 영향이다. 우리는 앞서 이 요인들에 대해 논의했지만, 이제 그것들이 헤징에 미치는 영향을 고려할 필요가 있다.

알고 있는 것처럼, 증거금 요건은 헤지되는 포지션의 규모에 비해 매우 작고 사실상 미미하다. 더욱이, 헤지에 대한 증거금 요건은 투기거래에 대한 증거금보다 훨씬 적다. 또한 때로는 무위험 증권으로 증거금을 납입할 수 있으므로 그 돈에 대한 이자를 여전히 받을 수 있다. 따라서 납입된 증거금의 초기 금액은 헤징에서 그렇게 중요한 요인이 아니다.

그러나 중요한 것은 시가평가의 영향과 마진콜(margin call)의 가능성이다. 선물거래 이익은 현물 자산의 손실을 상쇄해야 한다는 점을 기억하자. 적어도 일부 기간에서는 현물 자산의 이익과 선물계약의 손실이 있을 것이다. 선물계약이 손실을 발생시키는 특정일에 헤저는 해당 손실을 충당하기 위해 추가 증거금을 예치해야 한다. 현물포지션이 선물계약의 손실을 초과하는 이익을 발생시켰다고 하더라도, 선물포지션의 손실을 충당하기 위해 현물포지션의 이익을 인출하는 것은 불가능하거나 최소한 불편할 수 있다.

이것은 선물을 보다 널리 사용하는데 주요 장애물 중 하나가 된다. 선물 손익은 즉시 실현되고 현물 손익은 헤지가 종료될 때까지 발생하지 않기 때문에, 많은 잠재적 헤저들이 현물포지션의 이익보다 선물포지션의 손실에 더 큰 비중을 두는 경향이 있다. 그들은 또한 헤지를 사전적으로(ex ante)보다는 사후적으로(ex post) 생각하는 경향이 있다. 헤지가 현물포지션에서 이익을 내고 선물포지션에서 손실을 냈다면, 헤지가 최선의 선택이 아니었음은 사후적으로 분명하다. 그러나 이것은 사전적으로 알려지지 않았을 것이다.

따라서 헤저는 헤징이 선물거래에서 이익과 손실을 모두 초래할 수 있고 주기적인 마진콜을 요구할 것이란 사실을 알고 있어야 한다. 마진콜을 충족시키지 못하는 것에 대한 대안은 선물포지션을 청산하는 것이다. 연속적인 손실과 마진콜 후에는 그렇게 하고 싶은 유혹이 있다. 그러나 선물포지션이 청산되면 헤지는 더 이상 유효하지 않으며, 개인이나 기업은 헤지의 위험보다 더 큰 현물시장의 위험에 노출될 것이다.

8장에서 우리는 시가평가가 선물가격에 미치는 영향을 살펴보았다. 우리는 그 영향이 상당히 작다는 결론을 내렸다. 다만, 변동증거금에 대해 받거나 지불한 이자가 적지 않은 경우,

최적 계약 수를 설정할 때 이를 고려할 수 있다. 이 주제는 이후 섹션에서 다룰 것이다.

물론, 선도계약에는 증거금 요건과 시가평가가 필요하지 않지만, 신용위험이 따른다.[3] 사실 증거금 요건과 시가평가는 신용위험을 효과적으로 제거하지는 못하더라도 감소시키기 위해 주로 선물시장에서 사용된다.

이것이 헤지를 시작하기 전에 고려해야 할 가장 중요한 몇 가지 요인들이다. 앞서 언급했듯이 또 다른 중요한 고려 사항은 헤지 거래의 규모이다. 선도 헤지를 이용하면 적절한 규모를 결정하는 것은 매우 간단하다. 예를 들어, 헤지 기간이 정확히 60일인 자산에 대해 1천만 달러의 포지션을 선도계약으로 헤지하는 경우, 헤저는 1천만 달러의 자산을 커버하는 60일 만기 선도계약을 원한다고 명시하기만 하면 된다. 선물계약의 경우 결정이 그렇게 간단하지 않다. 첫째, 언급한 바와 같이 선물의 기초자산이 헤지 대상 자산과 일치하지 않을 수 있다. 둘째, 선물계약의 기초자산이 헤지 대상 자산과 일치하더라도, 선물계약은 배수로 1천만 달러에 해당하는 단위로 제공되지 않을 수 있다. 예를 들어, 표준 규모는 3백만 달러가 될 수 있다. 셋째, 헤지 종료일이 헤저가 이용할 수 있는 모든 선물계약의 만기일과 일치하지 않을 수 있다. 헤저가 선물계약을 선택했다고 가정하면, 선물계약에 의해 추가되는 위험과 그가 헤지하려는 위험의 균형을 맞추기 위해 사용할 선물계약 수를 신중하게 결정해야 할 것이다. 적절한 선물계약 수를 헤지비율(hedge ratio)이라고 한다.

10-3 헤지비율의 결정

헤지비율은 현물시장의 위험을 상쇄하는 데 필요한 선물계약의 수이다.

헤지비율은 현물시장에서 특정 노출을 헤지하기 위해 사용해야 하는 선물계약의 수이다.[4] 헤지비율은 선물 손익과 현물 손익이 일치하는 비율이어야 한다. 헤지하기 전에 헤지비율을 결정하는 정확한 방법은 없다. 그러나 이를 추정하는 몇 가지 방법이 있다.

가장 기본적인 방법은 선물시장에서 현물시장의 포지션과 같은 규모의 포지션을 취하는 것이다. 예를 들어, 1천만 달러의 자산을 보유하고 있다면 1천만 달러를 커버하는 선물계약을 보유해야 한다. 각 선물계약의 가격이 $80,000인 경우, 125계약을 매도해야 한다. 이 접근법은 선물가격과 현물가격이 같은 비율로 변화하지 않을 수도 있다는 점을 고려하지 못하기 때문에 상대적으로 단순한 것이다. 그러나 어떤 경우, 특히 헤지 대상 자산이 선물계약의 기초자산과 동일한 경우에는 그런 헤지비율이 적절할 것이다.

그럼에도 불구하고, 다른 대부분의 경우 선물가격과 현물가격은 다른 비율로 변화할 것이다. 헤지로부터의 이익을 다음과 같이 쓴다고 가정하자:

$$\Pi = \Delta S + \Delta f N_f,$$

3 우리는 다시 이 선도계약들이 중앙청산되지 않는다고 가정한다.

4 기술적으로 헤지비율은 현물포지션의 달러 가치 대비 선물포지션의 달러 가치이다. 그런 다음, 이것을 필요한 선물계약 수를 결정하는 데 사용한다. 이 책에서 우리는 헤지비율을 선물계약 수로 나타낼 것이다.

여기서 기호 Δ는 "변화"를 의미한다. 따라서 헤지 이익은 선물가격 변화(Δf)와 선물계약 수(N_f)를 곱하고 이를 현물가격 변화(ΔS)에 더한 값이다. 양(+)의 N_f는 매입포지션을 의미하고 음(-)의 N_f는 매도포지션을 의미한다. 선물 손익이 현물 손익을 완전히 상쇄하게 하려면 $\Pi = 0$ 으로 설정하고 N_f값을 다음과 같이 찾는다:

$$N_f = -\frac{\Delta S}{\Delta f}.$$

선물가격과 현물가격은 같은 방향으로 움직일 것이라고 가정하기 때문에, ΔS와 Δf는 같은 부호를 갖는다. 따라서 N_f는 음수이다. 이 예는 매도헤지이지만, 그 개념은 $\Pi = -\Delta S + \Delta f N_f$이고 N_f가 양수인 매입헤지에도 똑같이 적용될 수 있다.

이제 $\Delta S / \Delta f$비율을 알아야 한다. 이 값을 추정하는 방법에는 여러 가지가 있다.

10-3a 최소분산 헤지비율(Minimum Variance Hedge Ratio)

헤지(사실, 모든 투자 결정)의 목적은 투자자의 기대효용을 극대화하는 것이다. 그러나 이 책에서 우리는 기대효용 극대화의 원리를 개발하지는 않는다. 그러므로 우리는 헤징 문제에 대해 훨씬 단순한 접근 방식을 취하고 위험 최소화에 중점을 둘 것이다. 여기서 사용된 모형은 Johnson(1960)과 Stein(1961)의 연구에서 가져온 것이다.

매도헤지 이익은[5]

$$\Pi = \Delta S + \Delta f N_f.$$

이익의 분산은

$$\sigma_\Pi^2 = \sigma_{\Delta S}^2 + \sigma_{\Delta f}^2 N_f^2 + 2\mathrm{Cov}_{\Delta S,\Delta f} N_f,$$

단,

$$\begin{aligned}
\sigma_\Pi^2 &= \text{헤지된 이익의 분산} \\
\sigma_{\Delta S}^2 &= \text{현물가격 변화의 분산} \\
\sigma_{\Delta f}^2 &= \text{선물가격 변화의 분산} \\
\mathrm{Cov}_{\Delta S,\Delta f} &= \text{현물가격 변화와 선물가격 변화의 공분산} \\
\rho_{\Delta S,\Delta f} &= \text{현물가격 변화와 선물가격 변화의 상관계수.}
\end{aligned}$$

목표가 위험을 최소화하는 것일 때, 최소분산 헤지비율은 최적 선물계약 수를 제공한다.

$\mathrm{Cov}_{\Delta S,\Delta f} = \sigma_{\Delta S}\sigma_{\Delta f}\rho_{\Delta S,\Delta f}$임을 상기하자. 따라서 공분산과 상관계수 간에는 직접적인 관계가 있다. 목표는 σ_Π^2의 최솟값을 제공하는 N_f값을 찾는 것이다.[6] 최적 선물계약 수 N_f^*에 대한 공식은

$$N_f^* = -\frac{\sigma_{\Delta S,\Delta f}}{\sigma_{\Delta f}^2} = -\rho_{\Delta S,\Delta f}\frac{\sigma_{\Delta S}}{\sigma_{\Delta f}}.$$

5 여기서는 이익의 측면에서 문제를 공식화한 것이다. 대안이자 어떤 면에서 더 바람직한 것은 헤저의 부(wealth)에 대한 수익률 측면에서 문제를 공식화하는 것이다. 문헌에서는 이익 공식화를 더 자주 접할 수 있기 때문에, 여기서는 그것을 사용할 것이다.

6 "최소분산 헤지비율" 섹션에 있는 "헤지비율과 선물계약" TECHNICAL NOTE를 참조하라.

TECHNICAL NOTE

헤지비율과 선물계약
www.cengagebrain.com을 방문하여 ISBN 9781305104969를 검색하시오.

이 공식은 가능한 가장 낮은 분산을 산출할 선물계약 수를 제공한다. 거의 모든 경우에 공분산/분산은 양수이므로 음수 부호는 헤저가 선물을 매도해야 함을 의미한다. 매입헤지의 문제를 공식화한다면 부호는 양수가 될 것이다.

N_f에 대한 공식은 최소자승회귀(least squares regression)에서 베타(β)에 대한 공식과 매우 유사하다는 것을 알 수 있다. 사실, ΔS를 종속변수로 하고 Δf를 독립변수로 하는 회귀분석을 실행하여 N_f를 추정할 수 있다. 물론 이것은 과거 데이터 집합에 대해서만 정확한 N_f 값을 제공할 수 있다. 다가오는 기간 동안 N_f의 실제 값은 알 수 없다. 과거로부터 미래를 추론하는 것은 위험하지만, 최소한 그것은 출발점이다.

최소분산헤지의 효과성은 감소된 위험의 비율을 조사하여 추정할 수 있다. **헤징 효과성(hedging effectiveness)**을 다음과 같이 정의한다고 가정하자:

$$e^* = \frac{\text{헤지되지 않은 포지션의 위험} - \text{헤지된 포지션의 위험}}{\text{헤지되지 않은 포지션의 위험}}$$

이것은 다음과 같이 쓸 수 있다:

$$e^* = \frac{\sigma^2_{\Delta S} - \sigma^2_{\Pi}}{\sigma^2_{\Delta S}}.$$

따라서 e^*는 헤지가 제거하는 헤지되지 않은 위험의 비율을 제공한다. e^*에 대한 공식에 σ^2_{Π}와 N^*_f에 대한 공식을 대입하고 항들을 다시 정리하면 다음을 얻는다:

$$e^* = \frac{N^{*2}_f \sigma^2_{\Delta f}}{\sigma^2_{\Delta S}} = \rho^2_{\Delta S, \Delta f}.$$

이 식은 공교롭게도 회귀분석에 대한 결정계수 공식으로, 상관계수의 제곱이다. 독립변수 Δf에 의해 설명되는 종속변수 ΔS의 분산 비율을 나타낸다.

우리는 이 장의 뒷부분에서 살펴보는 한 헤징 상황에서 최소분산 헤지비율의 예를 보게 될 것이다.

10-3b 가격 민감도 헤지비율

가격 민감도(price sensitivity) 헤지비율은 Kolb and Chiang(1981)의 연구에서 나온 것이다. 여기서 목표는 금리의 작은 변화에 대해 채권 포트폴리오 가치에 최소 변화를 가져올 N^*_f 값을 결정하는 것이다. 이 전략은 금리 선물을 위해 고안되었기 때문에, 우리는 채권 및 채권 선물계약을 참조하여 설명할 것이다.

가격 민감도 공식을 이해하려면 먼저 채권의 **듀레이션(duration)** 개념을 검토해야 한다. 듀레이션에는 몇 가지 구체적인 정의가 있지만 일반적으로 가격 민감도의 척도로 사용된다. 채권가격 B는 채권이 지급하는 각 현금지급액(이표 이자 및 원금)의 현재가치 합계이다. 이러한 현재가치는 각 현금 지급액을 수익률 또는 때때로 만기수익률(y_B)로 알려진 단일 금리로

할인하여 구할 수 있다. 공식적으로, 우리는 다음을 갖는다:

$$B = \sum_{t=1}^{T} \frac{CP_t}{(1 + y_B)^t},$$

여기서 CP_t는 t시점에 이루어진 현금 지급액이며 이표 이자나 원금이 될 것이다. 수익률이 변하면, 우리는 가격이 반대로 변한다는 것을 알고 있다. 수익률 변화와 관련된 가격 변화에 대한 근사치는 다음의 공식으로 주어진다:

$$\Delta B \approx -B\frac{DUR_B(\Delta y_B)}{1 + y_B},$$

여기서 DUR_B는 채권의 듀레이션을 나타내고 Δ는 B 또는 y_B의 변화를 나타낸다. 공식적으로 듀레이션은 각 현금 지급일까지의 기간의 가중평균이며 기간 단위로 명시된다. 듀레이션의 개념에는 몇 가지 버전이 있다. 이 특별한 것은 흔히 듀레이션이라고 하지만, 더 정확하게는 **맥컬리 듀레이션(Macaulay's duration)**으로 식별되며, 이를 도출한 최초의 경제학자들 중 한 사람의 이름을 따서 명명되었다.

맥컬리 듀레이션은 채권 현금흐름의 시기와 규모를 측정한다. 이표율이 높고 만기가 짧은 채권은 듀레이션이 짧고, 이표율이 낮고 만기가 긴 채권은 듀레이션이 길다. 무이표채권(zero coupon bond)은 만기와 같은 듀레이션을 갖는 반면, 30년 만기 채권은 8~14년의 듀레이션을 가질 수 있다. 앞의 방정식으로부터 듀레이션은 채권의 가격 민감도를 나타내는 척도이며, 듀레이션이 더 긴 채권이 더 민감하다는 것을 알 수 있다. 비교를 위해, 예를 들어, 10년 만기 무이표채권은 듀레이션이 10인 30년 만기 채권과 동일한 가격 민감도를 가지고 있다고 말할 수 있다.

맥컬리 듀레이션의 한 가지 중요한 변형은 수정 듀레이션으로, 이것은 수익률(복리계산하는 기간당 수익률) 수준에 대해 조정된 채권가격의 변화를 측정한다. 구체적으로, **수정 듀레이션(modified duration)**은 다음과 같이 표현된다:

$$MD_B = \frac{DUR_B}{1 + y_B} \approx -\frac{\Delta B/B}{\Delta y_B}.$$

이후에 나오는 모든 내용에서, 우리는 수정 듀레이션을 사용할 것이다. 수정 듀레이션에는 몇 가지 한계가 있지만, 헤징에서 매우 유용한 개념이다. 채권의 수정 듀레이션을 알면, 적절한 선물계약의 수정 듀레이션에 대한 지식을 사용하여 채권의 위험을 상쇄하기에 충분한 선물을 거래함으로써 채권의 가격 민감도를 헤지할 수 있다.[7] 이제 헤지를 디자인하는 방법을 살펴보도록 하자.

모든 채권의 금리 변화가 채무불이행이 없는 국채금리로 간주할 수 있는 단일 금리 r의 변

7 또 다른 잠재적 듀레이션 척도는 실효 듀레이션이다. 실효 듀레이션은 현금흐름이 조정된 위험 척도로서, 주어진 수익률 변화에 대한 채권가격의 백분율 변화 추정치를 기반으로 하며, 주어진 수익률 변화의 모든 현금흐름 효과를 포함한다. 예를 들어, 수의상환채권(callable bond)은 금리가 하락하면 상환될 수 있으므로, 상환될 때 듀레이션이 0으로 단축된다.

화로 인해 발생한다고 가정하자. 따라서 r이 변하면 다른 모든 채권수익률이 변한다. B를 현물시장에서 보유하고 있는 채권의 가격이라 하고, y_B를 그 채권의 수익률이라고 하자. 우리는 채권 선물계약이 단일 국채에 기초한다고 가정한다. 선물계약의 가격은 f이다. 이 가격, 선물 만기에 인도 가능한 채권의 남은 만기, 그리고 인도 가능한 채권의 이표를 바탕으로, 우리는 만기에 인도 가능한 채권의 수익률이 y_f이고 수정 듀레이션은 MD_f가 될 것이라고 추론할 수 있다. 이를 선물의 **내재수익률(implied yield)**과 **내재 수정 듀레이션(implied modified duration)**이라고 한다.

헤지 이익은 금리 r의 변화에 따른 헤저 포지션의 가치 변화이다. 헤지된다면, 이 가치 변화는 0이 되어야 한다.[8] N_f^*에 대한 공식은

$$N_f^* = -\left(\frac{\Delta B}{\Delta f}\right)\left(\frac{\Delta y_f}{\Delta y_B}\right).$$

가격 민감도 헤지비율은 금리변동에 대해 헤지할 최적 선물계약 수를 제공한다.

이 식은 상당히 단순화될 수 있다. 이전의 공식으로부터 수정 듀레이션을 다음과 같이 나타낼 수 있음을 상기하자:

$$MD_B \approx -\frac{\Delta B/B}{\Delta y_B}.$$

선물계약의 내재 수정 듀레이션도 유사한 방법으로 다음과 같이 나타낼 수 있다:

$$MD_f \approx -\frac{\Delta f/f}{\Delta y_f}.$$

$\Delta y_f = \Delta y_B$라 하고 이를 N_f에 대한 식에 대입하면,

$$N_f^* = -\left(\frac{MD_B}{MD_f}\right)\left(\frac{B}{f}\right).$$

그러나 또 다른 버전의 가격 민감도 헤지비율이 실무에서 흔히 사용되며, 그것은 다음으로 주어진다:

$$N_f^* = -(\text{수익률 베타})\frac{PVBP_B}{PVBP_f},$$

여기서 $PVBP_B$는 채권에 대한 베이시스 포인트(basis point) 변화의 현재가치이고, 구체적으로 $\Delta B/\Delta y_B$로 정의되며, 이는 우리가 $-MD_B B$로 알고 있는 것이다. $PVBP_f$는 선물에 대한 베이시스 포인트 변화의 현재가치이고 $\Delta f/\Delta y_f$로 정의되며, 이는 $-MD_f f$이다. 이 변수들은 사실상 수익률 변화인 Δy_B또는 Δy_f에 대한 채권가격 또는 선물가격의 변화이다.

수익률 베타(yield beta)는 선물의 내재수익률에 대한 채권수익률의 회귀계수이다. 가격 민감도 공식에서 우리는 채권수익률이 선물의 내재수익률과 일대일로 변한다고 가정했다. 이것은 수익률 베타를 1로 만든다. 그러나 수익률 베타는 항상 1과 같지 않으며, 앞의 방정식은 다음과 같이 된다:

8 "최소분산 헤지비율" 부분의 "헤지비율과 선물계약" TECHNICAL NOTE를 참조하라.

$$N_f^* = -\left(\frac{MD_B}{MD_f}\right)\left(\frac{B}{f}\right)\beta_y,$$

이것이 수익률 베타가 조정된 가격 민감도 공식이다. 그러나 헤저가 채권가격과 선물가격이 1:1 비율로 변할 것이라고 믿지 않는다면, 수익률 베타를 실제로 추정해야 한다. 이 장에서 사용된 예에서는 수익률 베타가 1이라고 가정할 것이다.

가격 민감도 공식은 채권 및 선물 가격의 변동성을 고려한다. 따라서 과거 채권가격을 과거 선물가격에 대해 회귀분석하기보다는 현재의 가격 정보를 포함시킨다. 두 접근 방식 모두 장점이 있으며, 실제로는 한 접근 방식이 때때로 다른 접근 방식보다 더 실용적일 수 있다. 이 장의 뒷부분에 있는 몇몇 헤징 예에서 두 가지 방법을 모두 설명할 것이다.

가격 민감도 공식을 사용할 때 고려해야 할 또 다른 사항이 있다. 공식이 미적분학으로부터 도출되었기 때문에 그것은 아주 작은 금리 변화에 대해서만 헤지한다. 그 변화는 매우 짧은 기간에 발생해야 한다. 일단 금리가 변하고(거나) 일정 기간이 경과하면, 채권 및 선물의 수정 듀레이션이 변하며, 따라서 새로운 헤지비율이 필요하다. 이 문제는 앞서 Black-Scholes-Merton 모형에서 다루었던 델타 헤징과 매우 유사하다. 기껏해야 몇 개월에 걸쳐 진행되는 대부분의 채권 헤지는 헤지비율에 큰 변화가 요구되지 않을 수 있다. 그럼에도 불구하고, 여기서의 우리의 목적을 위해, 헤지가 완벽하지 않을 것이라는 점을 염두에 두고 초기 조건 하에서 공식으로부터 얻은 것과 동일한 값으로 헤지비율을 유지할 것이다. 실제로 완벽한 헤지를 원한다면, 조정을 해야한다.

여기서 개발된 예에서 헤지되는 상품은 개별 채권이다. 실제로는 헤지되는 상품이 채권 포트폴리오일 경우가 많다. 따라서 기초물 B의 가치는 구성 채권들의 가치의 합이 될 것이다. 수정 듀레이션 MD_B는 포트폴리오의 전체 수정 듀레이션이 될 것이며, 이는 구성 채권들의 수정 듀레이션의 가중평균으로 각 채권의 가중치는 포트폴리오의 전체 시장가치 대비 해당 채권의 시장가치로 수어신다. 총수익률 y_B는 포트폴리오의 시장가치와 포트폴리오의 모든 현금흐름의 현재가치를 같게 하는 포트폴리오에 대한 총할인율이다. 이것은 구성 채권수익률의 복합 가중평균이다. 우리는 총수익률을 얻는 방법에 대해서는 다루지 않을 것이다. 어떤 채권 포트폴리오 관리 소프트웨어를 이용하더라도 그 숫자를 쉽게 얻을 수 있으므로, 우리는 총수익률이 알려진 것으로 가정할 것이다. 가격 민감도 공식은 포트폴리오 수준에서 자주 사용되겠지만, 그 기초가 되는 원리는 개별 채권에 대해 여기서 배운 것과 정확히 동일하며, 그것의 효과성은 포트폴리오 수준보다 더 크지는 않더라도 그만큼은 될 것이다.

10-3c 주가지수선물 헤징

가격 민감도 헤지는 주가지수선물에 적용될 수 없기 때문에, 보통 최소분산헤지가 사용된다. ΔS를 Sr_s로 정의한다고 가정하자. 단, r_s는 주식수익률, 즉 가격의 백분율 변화이다. 그런 다음

Δf를 fr_f로 정의하자. 여기서 r_f는 선물계약 가격의 백분율 변화이다. 이것은 선물계약의 수익률이 아닌 것에 유의하자. 초기 지출이 없기 때문에 선물계약에 대한 수익률은 없다. N_f^*에 대한 최소분산 공식에서 ΔS와 Δf에 각각 Sr_s와 fr_f를 대입하면 다음 식을 얻는다:

$$N_f^* = -\left(\frac{S}{f}\right)\left(\frac{Cov_{r_s, r_f}}{\sigma_{r_f}^2}\right),$$

여기서 Cov_{r_s,r_f}는 r_s와 r_f 간의 공분산이고 $\sigma_{r_f}^2$는 r_f의 분산이다. 선물가격의 백분율 변화에 대해 현물가격 백분율 변화를 회귀분석하면, β_s로 나타낼 수 있는 회귀계수를 얻는다. 이 개념은 자본자산가격결정모형(CAPM)의 베타와 유사하다는 것을 알 수 있다. 그렇다면 이것은 같은 베타인가? 반드시 그렇다고는 할 수 없지만, 선물계약은 시장지수를 기초로 하기 때문에 베타는 어느 정도 비슷할 것이다. 그 경우, 주가지수 선물계약의 최소분산 헤지비율은 다음과 같다:

$$N_f = -\left(\frac{\beta_S}{\beta_f}\right)\left(\frac{S}{f}\right)$$

여기서 β_s는 주식 포트폴리오의 베타이고 β_f는 선물계약의 베타이다

주식 포트폴리오의 베타는 항상 어떤 광범위한 지수와 비교하여 측정된다. 선물의 기초지수가 광범위한 지수인 경우 위 방정식의 선물 베타는 1.0에 가까울 것이고 사실상 무시될 수 있는 것으로 흔히 가정된다. 그 경우 선물 베타는 실제로 1에 가까울 것이고, 약간의 이자 및 배당금 관련 조정만 다를 뿐이다. 그러나 설령 베타를 광범위한 지수와 비교하여 측정한다 하더라도, 많은 포트폴리오가 광범위한 시장지수들을 기반으로 하지 않는다. 헤저가 포트폴리오에 대한 좋은 헤징 수단이 될 선물계약을 사용한다면, 그(녀)는 광범위 지수와 비교하여 그 선물계약의 베타를 알아야 할 것이다. 따라서 예를 들어, 어떤 포트폴리오는 평균보다 약간 더 높은 위험 주식들로 구성되고 베타가 1.15일 수 있다. 장외 주식 포트폴리오를 기초로 한 선물계약이 좋은 헤징 수단이 될 수도 있다. 그것의 베타는 1.10일 수 있다. 따라서 비율 1.15/1.10=1.045는 헤지비율의 계산에서 중요한 역할을 하며, 선물에 대해 베타를 1.0으로 가정하여 얻을 수 있는 결과와는 상당히 다를 것이다. 이 장 전체에 걸쳐 우리는 선물 베타를 1.0으로 가정할 것이다.

또한 여기서 설명된 헤징 접근법은 포트폴리오의 주식들에 대한 배당금을 고려하지 않는다. 배당금은 거래의 전반적인 결과에 영향을 미치지만, 대부분의 헤지 기간 동안 배당금의 불확실성은 상당히 작으며, 대부분의 포트폴리오 운영자들이 헤지해야 하는 것에 대해 걱정할 위험이 아니다.

이 장의 뒷부분에서 몇 가지 주가지수선물 헤징 예를 보게 될 것이다.

10-4 헤징 전략

지금까지 우리는 헤징을 실행하는데 근간이 되는 몇 가지 기본 원리들을 살펴보았다. 다음 단계는 헤지가 실행되는 방법을 설명하는 것이다. 우리는 여러 헤징 원리를 설명하는 다양한 경제 및 금융 환경으로부터 개발된 몇 가지 예를 살펴볼 것이다.

이 예들은 세 그룹으로 분류된다: 외화 헤징, 중장기 금리 위험 헤징, 주식 헤징. 우리 목록에서 한 가지 범주가 빠진 것이 눈에 띈다. 바로 단기 금리 헤징이다. 사실 단기 금리와 관련된 위험은 금융시장에서 가장 쉽게 볼 수 있는 위험 중 하나이다. 단기 금리 선물계약은 이런 유형의 위험을 헤지하기 위한 목적으로 존재하는데, 이는 주로 기업이 차입 및 대출하는 과정에서, 그리고 은행이 차입, 대출 및 장외 파생상품의 딜러 활동에 참여함에 따라 직면하게 되는 위험이다. 그러나 실제로 단기 금리 선물이 헤지 목적으로 사용되는 경우는 상대적으로 매우 적다. 미국에서 연방기금 및 1개월 LIBOR 선물계약은 상대적으로 거래량이 적다.

유로달러선물은 널리 거래되지만, 기업이 금리 위험을 헤지하기 위해 사용하는 경우는 거의 없다. 헤지 목적으로 기업들은 스왑 및 맞춤형 금리 파생상품을 선호한다. 은행들은 유로달러선물을 많이 사용하지만, 이는 대부분 그들의 딜러 활동에서 사용하는 스왑 및 기타 금리 파생상품을 헤지하기 위한 것이다.

10-4a 외화 헤지

외화 헤징에 대해 자세히 알아보기 전에 외화 선물 및 선도 계약의 몇 가지 개념을 재검토해보자. 선물계약은 외화 금액으로 표시되고 특정 규모로 제공된다. 예를 들어, 미국에서 가장 활발하게 거래되는 외화 선물계약들 중 세 가지는 €125,000 규모로 제공되는 유로, £62,500 단위로 제공되는 영국 파운드, 그리고 ¥12,500,000을 커버하는 계약으로 제공되는 일본엔이다. 물론 헤저는 정수 단위의 선물계약만 거래할 수 있다. 따라서 일부 헤지는 헤지되는 포지션의 규모보다 약간 더 많게 또는 약간 더 적게 커버할 것이다.

외화 선물가격은 자국 통화로 표시된다. 따라서 미국에서 유로 선물가격은 $1.05로, 영국 파운드 선물가격은 $1.58로 호가될 수 있다. 한 계약의 경우, 이는 총가격이 유로 계약의 경우 125,000($1.05)=$131,250이고, 파운드 계약의 경우 62,500($1.58)=$98,750임을 의미한다. 1달러와 교환되는 일본 엔은 큰 수이기 때문에(일반적으로 100을 초과), 가격은 보통 앞자리 두 개의 0 없이 호가된다. 따라서 0.8310의 가격은 실제로 $0.008310이며, 이는 달러당 약 120.34엔에 해당한다. 총계약가격은 12,500,000($0.008310)=$103,875이다.

외화 선물 매입헤지 선물을 이용한 매입헤지에는 선물계약 매입이 포함된다는 점을 상기하자. 외화의 경우, 매입헤저(long hedger)는 외화 가치가 상승할 것을 우려한다. 한 가지 예가 [표 10.5]에 제시되어 있다.

여기서 미국 자동차 딜러는 영국 스포츠카 20대를 구매할 계획이다. 각 자동차의 가격은 £35,000이며, 영국 통화로 지불해야 할 것이다. 현재의 파운드 선물환율을 기준으로 딜러의 현재 비용은 $914,200이다. 그러나 파운드 가치가 상승하면, 자동차 비용이 더 많이 들게 될 것이다. 딜러는 파운드화 선물을 매입하여 헤지한다. 표에서 알 수 있듯이 파운드가 절상되었기 때문에 이는 좋은 결정이었다. 자동차 비용은 $1,009,400로 $95,200가 추가되었지만, 선물계약은 $109,656.25의 이익을 냈으며, 이는 증가한 자동차 비용을 충당하고도 남는다.

파운드 현물환율과 선물환율이 같은 방향으로 움직이는 한, 헤지를 통해 현물시장의 손실을 일부 줄일 수 있을 것이다. 파운드화가 약세를 보였다면, 선물시장에서 손실이 발생하여 현물시장에서 얻은 이익의 일부 또는 전부를 상쇄했을 것이다.

이 거래는 선물시장에서 실행되었다. 선물계약에는 표준화된 계약조건들이 있고 거래상대방 측의 채무불이행에 대해 보증을 제공한다는 점을 기억하자. 선도계약은 거래당사자들이 계약조건을 맞춤식으로 정할 수 있도록 한다. 그러나 이 거래는 선도계약을 정당화할 만큼 충분히 크지 않다. 다음 예에서 우리는 선도시장에서 헤지를 실행할 것이다.

표 10.5 외화 선물을 이용한 매입헤지

시나리오: 7월 1일, 미국 자동차 딜러가 11월 1일에 영국 파운드화로 지불할 영국 스포츠카 20대를 구매하는 계약을 체결한다. 각 자동차의 가격은 £35,000이다. 딜러는 파운드화가 앞으로 몇 달 동안 강세를 보여 달러화 표시 자동차 구입비용이 더 많아질 것을 우려하고 있다.

날짜	현물시장	선물시장
7월 1일	현재 환율은 파운드당 $1.3190이다. 파운드의 선물환율은 $1.3060이다. 자동차 20대의 선도 비용: 20(35,000)($1.3060) = $914,200.	12월물 파운드 계약 가격은 $1.278이다. 계약당 가격: 62,500($1.278) = $79,875. 적절한 계약 수는 $\frac{20(35,000)}{62,500} = 11.2.$ **11 계약 매입한다.**
11월 1일	현물환율은 $1.442이다. 20대의 차를 사기 위해 £700,000를 매입한다. 달러 비용: 700,000($1.442) = $1,009,400.	12월물 파운드 계약 가격은 $1.4375이다. 계약당 가격: 62,500($1.4375) = $89,843.75. **11 계약 매도한다.**

분석: 자동차 비용은 $1,009,400 - $914,200 = $95,200 추가되었다.
선물거래 이익은 다음과 같다:

11($89,843.75) (선물 매도가격)
<u>–11($79,875.00)</u> (선물 매입가격)
$109,656.25 (선물 이익)

선물거래 이익은 더 증가한 자동차 비용을 상쇄하고, $109,656.25–$95,200 = $14,456.25의 순이익을 남긴다. 딜러가 20대의 차량에 대해 실제 지불한 금액은 $1,009,400–$109,656.25 = $899,743.75이다.

외화 선도 매도헤지 매도헤지는 선물이나 선도(선물환)를 사용하여 통화를 매도하는 약정이며, 외화 가치의 하락으로부터 보호하기 위해 디자인된다. [표 10.6]에는 한 다국적 기업이 나중에 환전할 1,000만 파운드를 가지고 있는 상황이 제시되어 있다. 이런 규모의 거래는 흔히 맞춤형 선도계약으로 더 잘 실행될 수 있다. 또한 노출 금액이 클 경우, 선물계약의 베이시스 위험은 부담할 가치가 없는 위험일 수 있다. 이 예에서 고객은 파운드화를 매입하고 있으며, 파운드화 약세 위험에 노출되어 있다. 이러한 위험을 막기 위해, 고객은 환전일에 만기가 되는 계약으로 환전할 정확한 액수의 파운드에 대한 선도계약을 매도한다. 이를 통해 해당 기업은 선도계약의 반대편에 있는 딜러에게 단순히 파운드를 인도함으로써 파운드를 달러로 환전할 수 있다. 표에서 알 수 있는 것처럼, 파운드화의 가치는 절하되었고, 이는 $1,195,000의 손실을 초래했을 것이다. 그러나 기업은 선도계약을 체결한 날에 환율을 고정시켰다.

이제 중장기 금리 위험의 헤징으로 넘어가도록 하자.

표 10.6 외화 선도를 이용한 매도헤지

시나리오: 6월 29일, 영국 자회사가 있는 한 다국적 기업이 런던에 있는 계좌에서 뉴욕 은행 계좌로 1,000만 파운드를 이체할 필요가 있다고 결정한다. 이체는 9월 28일에 이루어질 것이다. 이 기업은 앞으로 두 달 동안 파운드화가 약세를 보일 것을 우려하고 있다.

날짜	현물시장	선도시장
6월 29일	현재 환율은 파운드당 $1.362이다. 파운드의 선물환율은 $1.357이다. 자금의 선도 가치: 10,000,000($1.357) = $13,570,000.	9월 28일 인도할 수 있도록 파운드 선도계약을 $1.357에 매도한다.
9월 28일	현물환율은 $1.2375이다.	파운드를 인도하고 다음을 수취한다: 10,000,000($1.357) = $13,570,000.

분석: 파운드화의 가치는 결국 $13,570,000-$12,375,000 = $1,195,000 감소하지만, 선도계약에 따라 $13,570,000에 인도되므로 위험이 완전히 제거된다. 거래를 실행하지 않았다면, 이 기업은 $1.2375의 현물환율로 파운드를 환전했을 것이다.

10-4b 중장기 금리 헤지

중장기 금리와 관련된 위험은 일반적으로 채권의 현재 및 예상 포지션을 담당하는 채권 포트폴리오 운영자들이 직면한다. 이들 채권은 정부나 기업이 발행할 수 있다. 대부분의 국가에서 금리 선물시장은 매우 활성화되어 있으며, 금리 변동과 관련된 위험을 헤지하려는 채권 포트폴리오 운영자들에 의해 널리 사용되고 있다. 이 선물계약들의 대부분은 연방정부 채권을 기초로 하며, 일반적으로 연방정부 채권은 회사 또는 비연방정부 채권보다 더 활발하게 거래된다. 우리는 회사, 주(state), 그리고 비연방정부 채권과 관련된 많은 위험이 신용상태에 대한 인식 변화의 함수라는 점에 유의해야 한다.

연결하기_MAKING THE CONNECTION

우발적 외화 위험 헤징

이 장에서 우리는 선도 및 선물계약을 사용하여 헤지하는 방법을 배우고 있다. 헤저가 기초자산의 유리한 움직임으로부터 이득을 얻고자 한다면 옵션을 사용할 수 있다. 우리는 6장에서 커버드 콜과 보호적 풋을 사용하여 이러한 유형의 전략의 예를 보았다.

통화옵션이 특히 가치가 있을 수 있는 한 가지 특별한 상황이 있다. 바로 우발적 외화 위험의 헤징이다. 이 시나리오는 당사자가 미래 외화 포지션의 (확실하지는 않지만) 가능성을 예상할 때 발생한다.

예를 들어, 어떤 미국 회사가 런던에 스포츠 단지를 건설하는 계약에 입찰하고 있다고 가정하자. 입찰은 영국 파운드로 제출해야 한다. 이 회사는 2,500만 파운드의 입찰을 할 계획이다. $1.437의 선물환율에서 달러 입찰가는 £25,000,000($1.437) = $35,925,000이다. 일단 입찰이 제출되면, 회사는 입찰에 성공할 경우 2,500만 파운드를 받을 준비가 되어 있어야 한다. 이 회사는 미국 회사이므로, 지급이 이루어지는 날짜의 시장환율에 따라 파운드를 달러로 환전할 것이다. 파운드가 약세를 보이면 이 회사는 실제로 더 적은 달러를 받게 된다. 예를 좀 더 단순화하기 위해, 건설 계약을 수주하는 회사가 결정되는 대로 대금 지급이 이루어지는 것을 가정하자.

파운드화에 대한 풋옵션 매입와 비교하여 선도 또는 선물의 헤지 가능성을 고려하자. 논의의 목적상, 우리는 선도 및 풋 헤지만을 언급할 것이다.

입찰이 성공적이고 파운드화가 상승하면, 그 회사는 이제 파운드당 더 많은 달러로 평가되는 파운드화를 받게 될 것이다. 그러나 선도헤지는 헤지가 매도포지션일 것이기 때문에 그 이익을 감소시킬 것이다. 옵션이 사용되면, 풋옵션은 가치 없이 만기를 맞을 것이다.

입찰이 성공적이고 파운드화가 하락하면, 선도헤지는 파운드화의 가치 하락으로 인한 손실을 줄일 것이다. 그러나 옵션 또한 파운드화에 대한 손실을 줄일 수 있다.

입찰이 성공적이지 못하고 파운드화가 상승하면, 선도헤지는 잠재적으로 큰 투기적 손실을 초래할 것이다. 낙찰에 실패하면 그 회사는 파운드화를 받지 못하고 선도계약 매도포지션을 갖게 될 것이기 때문이다. 옵션 헤지를 사용하면, 풋옵션은 가치 없이 만기를 맞을 것이다. 기업은 손실(풋옵션 프리미엄)을 보겠지만, 손실 금액은 선도헤지를 했을 때보다 적을 가능성이 높다.

입찰이 성공적이지 못하고 파운드화가 하락하면, 선도헤지는 잠재적으로 큰 투기적 이익을 초래할 것이다. 왜냐하면 그 회사는 낙찰에 실패하여 파운드화를 받지 못하고 선도계약 매도포지션을 갖게 될 것이기 때문이다. 옵션 헤지를 사용하는 경우, 풋옵션 행사로 인해 풋옵션에서도 잠재적으로 큰 이익을 얻을 수 있을 것이다.

옵션 헤지는 낙찰에 실패할 때 가장 유리하다. 회사가 파운드화를 받지 못하기 때문에 선도포지션은 잠재적으로 큰 이익이나 손실을 발생시킨다. 그러나 옵션은 파운드화가 하락하면 큰 이익을 발생시킬 수 있으며, 파운드화가 상승하면 손실은 프리미엄으로 제한될 것이다. 물론 옵션 헤지는 옵션 프리미엄을 지불해야 하는 반면, 선도 헤지는 담보가 필요할 수도 있다. 두 유형의 헤지 모두 다른 유형을 지배하지 못하며, 각각의 장점이 있다.

이제 이 특정 헤지를 살펴보도록 하자. 그 회사는 예상되는 수입 2,500만 파운드를 헤지해야 한다. 우리는 그 회사가 선도 또는 장외 풋옵션을 사용한다고 가정할 것이다. 선도가격은 $1.424이고 옵션 프리미엄은 $0.025이다. 따라서 옵션 비용은 £25,000,000($0.025) = $625,000이다. 선도계약은 £25,000,000($1.424) = $35,600,000를 확정한다. 우리는 옵션이나 선도계약이 입찰 결과가 결정되는 날짜에 만기가 되고, 그 날짜에 회사가 2,500만 파운드의 현금을 지급받거나 받지 못한다고 가정할 수 있다.

입찰이 성공적인 경우, 두 헤지 모두 상당히 잘 작동한다. 옵션 헤지는 보호적 풋과 같은 것으로, 파운드화 강세로부터는 이익을 얻고 파운드화 약세로부터의 손실은 제한한다. 선도 헤지는 파운드화의 가치에 관계없이 $35,600,000를 확정한다. 회사가 헤지하지 않는다면, 전체 가치는 파운드화 가치와 일대일로 움직일 것이란 점에 주목하자.

낙찰에 실패하는 경우, 선도 헤지는 회사를 큰 위험에 노출되게 하여 꽤 상당한 손실을 초래할 수 있다. 옵션 헤지에서 회사가 잃을 수 있는 최대 금액은 $625,000의 옵션 프리미엄이지만, 낙찰되지 않았더라도 파운드화가 하락하면 이익을 얻을 수 있다.

물론, 입찰하지 않을 수도 있지만, 건설업의 특성상 입찰 계약이기 때문에 그럴 가능성은 낮다. 회사는 헤지하지 않는 것을 선택할 수 있지만, 파운드가 크게 하락하면 낙찰되고도 훨씬 적은 이익을 얻거나 심지어 손실을 볼 수도 있다. 옵션 헤지는 일부 기업들에게 매력적일 수 있는 대안을 제공하는 반면, 선도 헤지는 다른 기업들에게 더 좋을 수 있다. 그들의 기대와 환위험을 감수하려는 의지의 차이가 옵션을 사용할지 아니면 선도를 사용할지를 결정할 것이다.

이제 미국의 중기 및 장기 재무부채권선물을 사용하는 채권 포트폴리오 헤징의 몇 가지 예를 살펴보자. 중기 재무부채권(Treasury note) 선물계약은 2년, 5년 및 10년 만기에 기초한 세 가지가 있는 반면, 장기 재무부채권(Treasury bond) 선물계약은 최소 15년 동안은 상환되지 않고 15년 이상 25년 미만의 만기를 갖는 장기 재무부채권들에 기초한다. 이점을 제외하면 두 채권선물은 사실상 동일하다. 초장기 재무부채권(Ultra Treasury bond) 선물계약은 25년 이상의 만기를 가진 채권들을 대상으로 한다. 따라서 중기 재무부채권 계약은 중기금리 선물계약이고 장기 재무부채권 계약은 장기금리 선물계약이다. 기초상품의 만기와 증거금 요건의 차이를 제외하면, 계약조건은 본질적으로 동일하다.[9]

9장에서 논의한 바와 같이, 장기 재무부채권 계약은 기초채권의 이표율이 6%이고, 언급된 것처럼 만기 또는 상환일이 15년 이상 25년 미만이라는 가정에 기초한다. 그러나 구체적인 이표 요건은 제한되지 않으며, 선물거래소는 채권의 수취 가격을 적절히 조정하여(전환계수를 상기해 보자) 다른 이표율을 가진 채권의 인도를 허용한다. 주어진 선물계약에 따라 인도할 수 있는 다양한 채권들이 발행되고 있다.

장기 재무부채권 선물가격은 달러로, 그리고 $100 액면가의 1/32 단위로 호가된다. 예를 들어, 선물가격 93-14.5는 93 14.5/32 또는 93.453125이다. 선물계약의 기초가 되는 장기 재무부채권의 액면가는 $100,000이다. 따라서 93.453125의 가격은 $93,453.125이다. 만기월은 3월, 6월, 9월, 12월이며, 약 2년간 연장된다. 최종거래일은 만기월 마지막 영업일의 7 영업일 전이다. 첫 인도일은 해당 월의 첫 영업일이다.

국채 매입포지션의 헤징 포트폴리오 운영자는 유가증권을 언제 사고팔지에 대한 결정에 끊임없이 직면한다. 어떤 경우에는 그런 결정이 자동적으로 이루어진다. 유가증권은 연금 지급과 같은 의무를 이행하는데 필요한 현금을 창출하기 위해 특정 시기에 판매된다. 다음의 예를 고려하자.

2월 25일, 포트폴리오 운영자는 이표율이 11 7/8%이고 만기가 약 25년인 액면가 100만 달러의 국채를 보유하고 있다. 채권의 현재 가격은 $100 액면가당 101이며, 수익률은 11.74%이다. 수정 듀레이션은 7.83년이다. 채권은 의무를 이행할 현금을 마련하기 위해 3월 28일에 매각될 예정이다.[10]

포트폴리오 운영자는 금리가 인상되어 채권가격이 낮아지고 채권 매각으로 인한 수익금이 의무를 이행하는데 부족할 가능성을 우려하고 있다. 이 운영자는 금리가 상승하면 선물 매도포지션이 적어도 채권가치 하락의 일부를 상쇄할 수 있는 이익을 낼 것이라는 점을 알고 있다. 채권이 국채이므로 장기 재무부채권 선물계약을 사용해야 한다.[11]

9 국채 선물계약에 대한 세부 사항은 www.cmegroup.com을 참조하라.

10 실제 상황에서 포트폴리오 운영자는 분산투자된 채권 포트폴리오를 보유한다. 전체 포트폴리오를 헤지하려는 의도라면, 헤지비율은 전체 포트폴리오의 가치, 수익률 및 듀레이션에 바탕을 둘 것이다. 우리는 운영자가 3월 28일에 약 100만 달러의 현금이 필요하고 이 채권만을 매각하여 현금을 마련할 것이라고 가정한다.

11 기술적으로, 경과이자는 이 전략의 결과를 구성하는 요소이지만, 불확실성의 영향을 받지 않으므로 헤지 예에서 제외한다.

[표 10.7]은 헤지 결과를 제공한다. 운용자는 6월물 장기 재무부채권 선물계약을 사용할 것이다. 가격 민감도 헤지비율을 사용하여 운영자는 16계약을 매도해야 한다고 결정한다. 채권이 3월 28일 매각되었을 때 $53,000가 넘는 손실이 발생하였다. 선물거래는 $60,000가 넘는 이익을 냈다. 따라서 헤지는 모든 손실을 제거하고 나서도 이익을 창출했다. 채권가격이 올랐다면, 선물가격도 상승했을 것이고 선물거래로 인해 손실이 발생하여 채권의 가치 상승을 줄이거나 아마 전부 제거했을 것이다.

표 10.7 장기 재무부채권 매입포지션의 헤징

시나리오: 2월 25일, 포트폴리오 운용자는 이표가 11 7/8%이고 만기가 약 25년인 액면가 100만 달러의 국채를 보유하고 있다. 이 채권의 현재 가격은 101이며, 수정 듀레이션은 7.83이다. 그 운용자는 3월 28일 채권을 매각하여 의무를 이행하기 위한 현금을 마련할 예정이다.

날짜	현물시장	선물시장
2월 25일	채권의 현재 가격은 101이다. 포지션의 가치: $1,010,000. 금리기간구조의 불리한 부분이 평평하므로, 이것이 3월에 채권의 선도가격이다.	6월물 장기 재무부채권 선물가격은 70 16/32이다. 계약당 가격: $70,500. 선물가격과 인도 가능한 채권의 특성은 7.20의 수정 듀레이션을 의미한다. 적절한 계약 수: $N_f = -\left(\frac{7.83}{7.20}\right)\left(\frac{1,010,000}{70,500}\right) = -15.6$ **16 계약 매도한다.**
3월 28일	95 22/32의 현재 가격에 채권을 매도한다. 이는 채권당 $956.875의 가격이다. 포지션의 가치: $956,875.	6월물 장기 재무부채권 선물가격은 66 23/32이다. 계약당 가격: $66,718.75. **16 계약 매입한다.**

분석: 3월 28일, 액면가 $100만의 채권이 매도될 때, 그 가치는 $956,875이고, 가치 손실은 $1,010,000 - $956,875 = $53,125이다.
선물거래 이익은 다음과 같다:

16($70,500) (선물 매도가격)
-16($66,718.75) (선물 매입가격)
$60,500 (선물 이익)

따라서 헤지는 가치의 전체 손실을 제거하였고, 결과적으로 $60,500-$53,125 = $7,375의 전체적인 가치 상승을 결과하였다.

이런 매도헤지는 가장 일반적인 헤징의 응용 중 하나이며, 나중에 주가지수선물 헤징을 검토할 때 약간의 변형을 보게 될 것이다. 이런 헤지는 은행, 보험회사, 연기금 및 뮤추얼 펀드와 같은 많은 기업과 기관에 적용될 수 있다.

중기 재무부채권의 장래 매입에 대한 선행 헤지(anticipatory hedge) 앞서 우리는 장래의

장기 재무부채권 매입을 헤지할 수 있는 방법을 살펴보았다. 이 예에서 우리는 중기 재무부채권으로 동일한 작업을 수행한다.

3월 29일, 포트폴리오 운영자가 7월 15일에 약 100만 달러를 투자하기로 결정한다고 가정하자. 그 운영자는 약 9년 후에 만기가 되고 11 5/8%의 이표를 가진 중기 재무부채권을 매입하기로 결정한다. 이 채권의 선도가격은 97 28/32 또는 액면가 100만 달러에 대해 $978,750이다. 이 가격은 12.02%의 선도수익률을 의미한다. 수익률이 하락하면 채권가격이 상승할 것이고 운영자가 채권을 매입하지 못할 수도 있다. 이 경우, 선물계약을 매입하여 이익을 낼 수 있다. 중기 재무부채권 선물계약은 매우 유동성이 높기 때문에 운용자는 그 선물을 매입하기로 결정한다. 헤지는 7월 15일에 종료될 예정이므로 9월물 계약이 적절하다. 그 결과는 [표 11.8]에 제시되어 있다.

결국 채권을 매입하게 되면 $97,000가 넘는 비용이 더 들지만, 선물거래는 $82,000가 넘는 이익을 냈다. 따라서 실질적인 매입가격은 실제로 약 $15,000 더 높고 11.75%의 실효수익

표 10.8 중기 재무부채권의 장래 매입에 대한 선행 헤지

시나리오: 3월 29일, 포트폴리오 운영자는 7월 15일에 약 100만 달러를 투자에 사용할 수 있다고 결정한다. 이 운영자는 약 9년 후에 만기가 되고 11 5/8%의 이표를 가진 중기 재무부채권을 매입할 예정이며, 채권의 수정 듀레이션은 5.6이다.

날짜	현물시장	선물시장
3월 29일	채권의 선도가격은 97 28/32이다. 현재 채권의 선도가치: $978,750. 이것은 12.02%의 수익률을 의미한다.	7월물 중기 재무부채권 선물가격은 70 21/32이다. 계약당 가격: $78,656.25. 선물가격과 인도 가능한 채권의 특성은 6.2의 수정 듀레이션을 의미한다. 적절한 계약 수: $N_f = -\left(\frac{\$ 978,750}{\$78,656\ 25}\right)\left(\frac{5.6}{6.2}\right) = 11.24$ **11 계약 매입힌다.**
7월 15일	107 19/32의 현재 가격에 채권을 매입한다. 이는 채권당 $1,075.9375의 가격이다. 포지션의 가치: $1,075,937.50.	9월물 중기 재무부채권 선물가격은 86 6/32이다. 계약당 가격: $86,187.50. **11 계약 매도한다.**

분석: 7월 15일, 액면가 $100만의 채권을 매입할 때, 그 비용은 $1,075,937.50이고, 증가된 비용은 $1,075,937.50 - $978,750 = $97,187.50이다. 이 가격에서 수익률은 10.31%이다.
선물거래 이익은 다음과 같다:

11($86,187.50) (선물 매도가격)
-11($78.656.25) (선물 매입가격)
$82,843.75 (선물 이익)

따라서 헤지는 증가된 비용의 약 85%를 상쇄한다. 채권의 실질적인 매입가격은 $1,075,937.50 - $82,843.75 = $993,093.75이고, 이것은 11.75%의 실효수익률을 나타낸다.

률을 제공하는데, 이는 목표 선도수익률 12.02%에 상당히 가까운 것이다.

채권가격이 하락했다면 헤저는 헤지한 것을 후회했을 것이다. 채권은 더 싸졌지만, 이것은 선물계약의 손실로 상쇄되었을 것이다. 다시 한 번, 이것은 손실을 제한하기 위해 이익을 포기하는 헤징의 대가이다.

회사채 발행의 헤징 금리선물 헤지의 한 가지 흥미로운 적용은 기업이 장래 날짜에 채권을 발행하기로 결정할 때 발생한다. 기업이 필요한 서류를 준비하고 채권 배분을 위한 인수약정을 체결하는 중간 기간이 있다. 그 기간 동안 금리가 상승하여 결국 채권이 발행될 때 더 높은 수익률을 요구할 수 있다. 이것은 발행자의 비용을 더욱 증가시킬 것이다.

다음의 예를 고려하자. 2월 24일, 한 기업이 5월 24일에 액면가 500만 달러의 채권을 발행하기로 결정했다. 비교 기준으로서, 이 기업은 현재 9 3/8%의 이표, 13.76%의 수익률, 그리고 약 21년의 만기로 기발행된 채권을 보유하고 있다. 발행되는 모든 신규 채권은 유사한 수익률을 요구할 것이다. 따라서 그 기업은 5월에 채권이 발행될 때 이표가 13.76%로 설정되어 채권이 액면가로 나갈 것으로 예상하고 있다.

금리가 상승하면 그 기업은 채권을 할인하거나 새로운 시장수익률에 맞게 이표를 상향 조정해야 할 것이다. 우리는 이표가 고정되어 있어서 가격이 하락한다고 가정한다. 어느 경우든 이 기업은 손실을 볼 것이다. 이 기업은 금리가 오르면 선물 매도거래에서 이익을 얻을 수 있다는 것을 알고 있다. 따라서 선물계약을 매도하여 채권발행을 헤지하기로 결정한다.

회사채 선물계약이 없으므로, 헤저는 장기 재무부채권 선물계약을 선택한다. 헤지가 5월 24일에 종료될 것이기 때문에 6월물 계약이 선택된다.

헤지는 [표 10.9]에 설명되어 있다. 가격 민감도 헤지비율을 사용하여 이 기업은 선물 67계약을 매도한다. 채권이 최종 발행될 때, 수익률은 15.25%이다. 이로 인해 채권에서 $460,000가 넘는 손실이 발생했지만 선물거래는 $500,000가 넘는 이익을 냈다. 해당 기업은 약 $44,000의 순이익을 얻었다. 약 450만 달러의 채권 수익금에 선물이익을 더하면 500만 달러가 약간 넘는 실질적인 발행가격을 유추할 수 있다. 이에 따라, 채권의 실효수익률은 13.63%로 설정되고, 그것은 목표치인 13.76%에 상당히 가깝다.

이자율이 하락했다면, 그 기업은 채권에 대해 더 높은 가격을 받았을 테지만, 이것은 선물거래의 손실로 인해 적어도 부분적으로는 상쇄되었을 것이다. 헤지를 실행함으로써 그 기업은 발행을 준비하는 기간 동안 금리 변동으로부터 자신을 보호할 수 있었다. 비슷한 맥락에서 투자은행가는 이런 유형의 헤지를 할 수도 있다. 투자은행가는 기업으로부터 채권을 매입한 다음 투자자에게 재판매한다. 채권을 매입하고 재판매하는 시간 사이에 투자은행가는 채권수익률이 상승할 위험에 노출된다.[12] 따라서 이와 같은 매도헤지가 적절할 것이다. 많은 투자은행 회사들이 금리선물로 헤지함으로써 큰 손실로부터 스스로를 보호할 수 있었다.

12 투자은행가들은 그들의 위험 노출을 최소화하는 다른 수단을 사용한다. 다수의 투자은행가가 개별적으로 발행의 작은 부분을 담당하는 신디케이트(syndicate)를 사용하면 위험이 분산된다. 많은 발행이 "모집주선(best efforts)"을 기반으로 이루어진다. 이를 통해 투자은행가는 시장 여건상 상당한 가격할인 없이는 증권을 판매할 수 없는 경우 발행 기업에 증권을 반환할 수 있다.

선도계약은 중장기 증권과 관련된 위험을 헤지하기 위해 일반적으로 선물보다 더 적게 사용된다. 선물시장은 이러한 종류의 위험을 부담하는 당사자들의 헤징 요구를 충족시키기 위해 틈새시장을 개발했다.

표 10.9 회사채 발행의 헤징

시나리오: 2월 24일, 한 기업이 5월 24일에 500만 달러의 채권을 발행하기로 결정한다. 이 기업은 현재 9 3/8%의 이표, 13.76%의 수익률, 그리고 약 21년의 만기를 가진 기발행된 비교 가능한 채권을 보유하고 있다. 이 기업은 여건이 변하지 않으면 5월 발행 시 채권이 13.76%의 이표와 함께 발행되고, 20년 만기 및 7.22의 수정 듀레이션과 함께 액면가 가격이 책정될 것으로 예상하고 있다.

날짜	현물시장	선물시장
2월 24일	5월에 발행될 경우, 채권은 13.76%의 이표를 제공하고 7.22의 수정 듀레이션과 함께 액면가 가격이 책정될 것으로 예상된다. 포지션의 가치: $5,000,000.	6월물 장기 재무부채권 선물가격은 68 11/32이다. 계약당 가격: $68,343.75. 선물가격과 인도 가능한 채권의 특성은 7.88의 수정 듀레이션과 13.60%의 수익률을 의미한다. 적절한 계약 수: $N_f = -\left(\frac{7.22}{7.88}\right)\left(\frac{5,000,000}{68,343.75}\right) = -67.0.$ **67 계약 매도한다.**
5월 24일	비교 가능한 채권의 수익률은 15.25%이다. 채권은 13.76%의 이표와 함께 90.74638의 가격으로 발행된다. 채권당 가격: $907.46. 채권의 가치: $4,537,319.	6월물 장기 재무부채권 선물가격은 60 25/32이다. 계약당 가격: $60,781.25. **67 계약 매입한다.**

분석: 5월 24일, 액면가 500만 달러의 채권이 발행되었을 때, 그 가치는 $4,537,319이며, $5,000,000-$4,537,319 = $462,681의 가치 손실이 발생한다. 이 가격에서 수익률은 15.25%이다. (참고: 또는 채권이 5월 24일의 수익률 15.25%로 설정된 이표와 함께 액면가에 실제 발행된 경우, 이 기업은 $5,000,000 전부를 받지만 증가된 이자비용의 현재가치는 $462,681가 된다.) 선물거래 이익은 다음과 같다:

67($68,343.75) (선물 매도가격)
-67($60,781.25) (선물 매입가격)
$506,687.50 (선물 이익)

따라서 헤지는 증가된 비용을 초과 상쇄하여 $506,687.50-$462,681 = $44,006.50의 순이익을 남겼다. 채권의 실질적인 발행가격은 $4,537,319+$506,687.50 = $5,044,006.50이며, 따라서 실효수익률은 13.63%이다.

주식 시장 헤지 주가지수선물은 금융시장의 눈부신 성공 사례 중 하나였다. 이 현금결제 계약들은 주식을 기초로 한다. 투자자는 주가지수선물을 사용하여 주식 포지션을 헤지하고, 주식시장의 전반적인 방향성에 투기거래를 하며, 유사한 조합의 주식들에 대해 해당 계약을 차

익거래한다.

주가지수 선물계약은 보통주 지수를 기초로 한다. 미국에서 가장 널리 거래되는 지수 선물계약은 시카고상품거래소(CME)의 E-mini S&P 500 선물이다.[13] 선물가격은 지수와 동일한 방식으로 호가된다. E-mini S&P 500 선물계약에는 $50의 승수가, 그리고 표준 S&P 500 선물계약에는 $250의 승수가 내재되어 있다. 따라서 E-mini 선물가격이 1,300이라면, 실제 가격은 1,300($50) = $65,000이다. 만기에 결제가격은 S&P 500 지수의 가격으로 설정되고, 계약은 현금으로 결제된다. 만기월은 3월, 6월, 9월, 12월이다. 최종거래일은 만기월의 세 번째 금요일 전 목요일이다.

중기 및 장기 재무부채권선물로 예시된 헤징 예들 중 일부는 기업이 증권 또는 포트폴리오의 매입포지션을 헤지하려 하는 주가지수선물 헤지와 유사하다. 우리가 고려할 첫 번째 예는 주식 포트폴리오의 헤지이다.

주식 포트폴리오 헤지 현대 투자이론의 핵심 원리는 분산투자가 비체계적 위험을 제거하고 체계적 위험만 남겨둔다는 것이다. 주가지수선물이 만들어지기 전까지 투자자들은 체계적 위험을 제거할 수 없다는 사실을 받아들여야 했다. 이제 투자자는 주가지수선물을 사용하여 체계적 위험을 헤지할 수 있다. 하지만 투자자들이 그렇게 해야 하는 것일까? 체계적 및 비체계적 위험이 모두 제거된다면, 포트폴리오는 무위험 수익만을 기대할 수 있다. 그렇다면 그냥 무위험 채권을 사는 것이 낫지 않을까? 대답은 투자자들이 때때로 짧은 기간 동안 체계적 위험을 변경하거나 제거하기를 원한다는 것이다. 시장이 비정상적으로 변동하는 시기에 그들은 주가지수선물을 사용하여 체계적 위험을 조정하거나 제거할 수 있다. 이것은 각 주식에 투자된 상대적 비중을 조정하는 것보다 훨씬 쉽고 비용이 적게 든다. 나중에 포트폴리오 운용자는 선물포지션을 청산할 수 있으며, 포트폴리오의 체계적 위험은 원래 수준으로 돌아갈 것이다.

3월 31일 현재, 7월 27일까지의 시장에 대해 우려하는 포트폴리오 운용자를 고려해 보자. 포트폴리오는 인상적인 이익을 축적하였고 운용자는 이 기간 동안 포트폴리오의 가치를 보호하고자 한다. 운용자는 포트폴리오가 개별 주식의 비체계적 위험으로 인한 손실뿐만 아니라 시장 전체의 하락으로 인한 가치 손실, 즉 체계적 위험의 영향에 노출되어 있다는 사실을 알고 있다. 포트폴리오에 포함된 주식이 8개 종목에 불과하지만, 운용자는 비체계적 위험에 대해서는 특별히 걱정하지 않는다. 운용자는 S&P 500 주가지수선물, 특히 9월물 계약을 사용하여 체계적 위험을 헤지할 수 있다는 것을 알고 있으며, 우리는 이 계약의 베타가 1.0이라고 가정할 것이다.

그 결과가 [표 10.10]에 나와 있다. 전체 시장이 주식 또는 포트폴리오에 미치는 영향을 반영하는 포트폴리오 베타는 구성 주식들의 베타의 가중평균이며, 여기서 특정 주식의 각 가중치는 해당 주식의 시장가치를 포트폴리오의 총시장가치로 나눈 것이다. 이는 1.06의 포트폴

13 Futures Industry 2014년 3월호에 보고된 통계에 근거한다.

리오 베타를 제공한다. 최소분산 헤지비율을 사용하면, 25계약을 매도하게 된다. 7월 27일에 포트폴리오의 가치는 $200,000 넘게 하락하여 2.68%의 손실이 발생하였다. 그러나 선물거래에서 $60,000의 이익이 발생하여 실제 손실을 1.90%로 줄였다.

헤지의 목적은 체계적 위험을 제거하는 것이었다. 분명히 체계적 위험은 감소했지만 제거되지는 않았다. 주식 포트폴리오 가치는 약 2.68% 하락한 반면, 선물가격은 1% 조금 넘게 하락하였다. 헤지가 확실히 도움이 되었지만 완벽하지는 않았다. 이 결과는 몇 가지로 설명될 수 있다. 하나는 베타가 유명 투자자문 서비스에서 가져온 추정치라는 것이다. 최근의 과거 기간에 걸쳐 추정된 베타가 반드시 안정적인 것은 아니다. 또한 포트폴리오가 충분히 분산되지 않았고 약간의 비체계적 위험이 손실에 기여했을 수도 있다. 일부 주식들은 헤지기간 동안 배당을 지급했을 수 있다. 우리는 헤지 결과를 설명할 때 이러한 배당을 고려하지 않았다. 배당은 포트폴리오의 손실을 줄이고 헤지를 좀 더 효과적인 것으로 만들었을 것이다.

시장이 상승했다면 포트폴리오는 이익을 나타냈을 것이지만, 이는 선물거래의 손실에 의해 적어도 부분적으로는 상쇄되었을 것이다. 그러나 어느 경우든 포트폴리오 운용자는 최소한 포트폴리오에 누적된 이익의 일부를 확보하는 데 상당한 성공을 거두었을 것이다.

표 10.10 주식 포트폴리오 헤지

시나리오: 3월 31일, 포트폴리오 운용자는 향후 4개월 동안의 시장에 대해 우려하고 있다. 포트폴리오는 인상적인 이익을 축적하였고, 운용자는 7월 27로 끝나는 기간 동안 표준 S&P 500 주가지수 선물계약을 사용하여 그 이익을 보호하고자 한다. 가격, 주식 수 및 베타는 다음과 같다.

주식	가격(3/31)	주식 수	시장가치($)	가중치	베타
Federal Mogul	18.875	18,000	339,750	0.044	1.00
Lockheed Martin	73.500	16,000	1,176,000	0.152	0.80
IBM	50.875	7,000	356,125	0.046	0.50
US West	43.625	10,800	471,150	0.061	0.70
Bausch & Lomb	54.250	21,000	1,139,250	0.148	1.10
First Union	47.750	28,800	1,375,200	0.178	1.10
Walt Disney	44.500	25,000	1,112,500	0.144	1.40
Tesoro	52.875	33,200	1,755,450	0.227	1.20
			7,725,425	1.000	

포트폴리오 베타:

0.044(1.00)+0.152(0.80)+0.046(0.50)+0.061(0.70)+0.147(1.10)+0.178(1.10)+0.144(1.40)+0.227(1.20)
= 1.06.

9월물 선물계약(1.0의 베타를 갖는 것으로 가정됨):

3월 31일 가격: 1,305
승수: $250
한 계약의 가격: $250(1,305) = $326,250
최적 선물계약 수:

$$N_f = -1.06\left(\frac{7,725,425}{326,250}\right) = -25.10.$$

25 계약 매도한다.

결과: 7월 27일, 주식들의 가치는 다음과 같다.

주식	가격(7/27)	시장가치($)
Federal Mogul	21.625	389,250
Lockheed Martin	81.500	1,304,000
IBM	43.875	307,125
US West	47.125	508,950
Bausch & Lomb	45.875	963,375
First Union	48.125	1,386,000
Walt Disney	40.000	1,000,000
Tesoro	50.000	1,660,000
		7,518,700

9월물 S&P 500 선물계약:
7월 27일 가격: 1,295.40
승수: $250
한 계약의 가격: $250(1,295.40) = $323,850.
2 5계약 매입한다.
분석: 주식들의 시장가치는 $7,725,425-$7,518,700 = $206,725만큼 하락하였다(2.68% 손실). 선물 이익은 다음과 같다:

25($326,250) (선물 매도가격)
-25($323,850) (선물 매입가격)
$60,000 (선물 이익)

따라서 주식들의 총손실은 사실상 $206,725 - $60,000 = $146,725로 줄었다(1.90% 손실).

기업인수의 선행 헤지(anticipatory hedge) 흥미진진한 인수(takeover 또는 acquisition)의 세계는 헤징 개념을 적용할 수 있는 훌륭한 기회를 제공한다. 인수기업은 대상 기업을 물색하고 대상 기업의 주식에 입찰하려고 한다. 대개 인수기업은 지배력을 확보하기에 충분한 주식을 매입하려고 계획한다. 일반적으로 많은 양의 주식이 수반되고 인수 소문이 퍼지는 속

도 때문에, 인수기업은 지배력을 확보하기에 충분한 주식을 축적할 때까지 일련의 소규모 매입를 자주 한다. 인수기업이 천천히 그리고 조용히 주식을 매입하고 있는 기간 동안 이 기업은 주가가 전반적으로 상승할 위험에 노출되어 있다. 이것은 주식을 매입하는데 더 많은 비용이 들거나 주식을 더 적게 매입할 수 있다는 것을 의미한다.

다음 상황을 고려해 보자. 7월 15일, 한 기업이 잠재적 인수 대상으로 Felix Corporation이라는 기업을 찾아냈다. Felix 주식은 현재 $26.50에 매도되고 있으며 베타는 1.80이다. 인수기업은 100,000주를 매입할 계획이며, 265만 달러가 들것이다. 주식 매입은 8월 15일에 이루어질 것이다. 이는 궁극적으로 대상 기업에 대한 지배 지분을 획득하기 위해 설계된 일련의 매입들 중 한 번의 매입으로 볼 수 있다. 인수기업은 주가가 전체적으로 상승하면 주식이 더 비싸질 것이라는 점을 안다. 그러나 그 기업이 주가지수선물을 매입하면, 주가의 전반적인 상승은 선물시장의 이익으로 이어질 것이다.

헤지는 8월 15일에 종료될 것이므로, 인수기업은 9월물 S&P 500 선물을 매입하기로 선택한다. [표 10.11]은 헤지 결과를 보여준다. 8월 15일, Felix의 주가는 $28.75이다. 따라서 주식 매입에는 $225,000의 추가 비용이 들었다.[14] 그러나 선물거래 이익은 $250,125였다. 따라서 주식의 실제 비용은 $26.25이다.

헤지는 주식의 추가 비용을 일부 줄이는 데 성공했지만, 비체계적 위험은 헤지될 수 없다. 인수 상황에서 비체계적 위험은 매우 높을 수 있다. 예를 들어, 누군가가 주식을 매집하고 있다는 말이 새어나가면 가격이 크게 상승하는 경향이 있다. 이는 시장 전체가 하락하는 경우에도 발생할 수 있다. 또한 연방 규정에 따라 특정 인수 시도는 사전에 발표되어야 한다. 그러나 대상 기업의 주식에 대한 옵션이나 선물이 있다면, 인수기업은 이를 사용하여 비체계적 위험을 헤지할 수 있다.

인수전은 치열하고 흥미진진하며 높은 위험과 큰 이익의 가능성이 있다. 주가지수선물은 중요한 역할을 할 수 있지만, 이러한 유형의 활동 중 대부분이 최소한의 홍보로 이루어지기 때문에 이런 종류의 위험을 헤지하기 위해 선물이 사용되는 정도는 알려져 있지 않다.

이 인수의 예는 기업이 주가지수선물로 매입헤지를 할 수 있는 상황의 한 유형에 불과하다. 누군가가 주식 매입을 고려할 때마다 그 매입이 이루어지기 전에 주가가 상승할 위험이 있다. 주가지수선물은 기업 고유의 요인이 주가를 상승시킬 위험을 헤지할 수는 없지만, 시장 전체의 상승으로부터 보호하는 데는 사용될 수 있다.

주식 및 주가지수에 대한 선도시장은 널리 사용되지 않는다. 그러나 선도계약과 밀접한 관련이 있는 스왑은 주식시장의 위험을 통제하는 데 널리 사용되는 수단이다. 이제 다양한 스프레드 전략을 살펴볼 차례이다. 헤징 전략은 위험 감소에 초점을 맞추는 반면, 스프레드 전략은 일반적으로 수익 향상에 초점을 맞추며 위험은 조금씩 점진적으로 증가한다.

14 100,000주를 모두 같은 가격에 구매했을 가능성은 거의 없다. 따라서 $28.75는 주식을 취득한 평균가격으로 간주해야 할 것이다.

표 10.11 기업인수의 선행 헤지

시나리오: 7월 15일, 한 기업이 지배 지분 확보라는 궁극적인 목적을 가지고 Felix Corporation의 주식을 매집하기로 결정했다. 인수는 충분한 지배력이 확보될 때까지 약 10만 주의 주식을 여러 번 매입하는 방식으로 이루어진다. 첫 번째 100,000주 매입은 8월 15일에 실행될 것이다. 현재 주식의 가치는 $26.50이고 베타는 1.80이다.

날짜	현물시장	선물시장
7월 15일	현재 주가는 $26.50이다. 현재 주식의 비용은: 100,000($26.50) = $2,650,000. 베타는 1.80이다.	9월물 S&P 500 선물가격은 1,260.50이다. 계약당 가격: $315,125. 대략적인 계약 수: $N_f = -1.8\left(\frac{-2,650,000}{315,125}\right) = 15.14$ 따라서 이 기업은 선물을 매입해야 한다. **15 계약 매입한다.**
8월 15일	주식을 현재 가격인 $28.75에 매입한다. 주식의 비용: 100,000($28.75) = $2,875,000.	9월물 S&P 500 선물가격은 1,327.20이다. 계약당 가격: $331,800. **15 계약 매도한다.**

분석: 8월 15일, 100,000주를 매입하면, 그 비용은 $2,875,000로서 $225,000가 추가적으로 든다. 선물거래 이익은 다음과 같다:

15($331,800) (선물 매도가격)
-15($315,125) (선물 매입가격)
$250,125 (선물 이익)

따라서 헤지는 추가 비용을 모두 제하고 약간의 이익을 남겼다. 해당 주식들은 사실상 ($2,875,000-$250,125)/100,000 = $26.25의 비용이 든다.

10-5 스프레드 전략

시장 내 스프레드는 한 선물계약의 매입포지션과 기초물은 같으나 만기가 다른 선물계약의 매도포지션으로 구성된다.

시장 간 스프레드는 한 선물계약에 대한 매입포지션과 기초물이 다른 선물계약에 대한 매도포지션으로 구성된다.

이제 선택된 스프레드(spread) 전략으로 넘어가 보자. 스프레드 전략은 두 포지션으로 구성되는데 그중 한 포지션이 다른 포지션의 위험을 상쇄하거나 부분적으로 상쇄하기 위한 것이란 점에서 헤지 전략과 유사하다. 헤지의 경우 한 포지션은 기초물에 있고 다른 하나는 선물에 있다. 스프레드의 경우 두 포지션 모두 선물에 있다. 두 가지 형태의 스프레드 전략이 검토된다: 시장 내 스프레드와 시장 간 스프레드. **시장 내 스프레드(intramarket spread)**는 같은 기초상품에 대한 선물계약의 매입과 매도를 수반하는 반면, **시장 간 스프레드(intermarket spread)**는 서로 다른 기초상품에 대한 선물계약의 매입과 매도를 수반한다.

스프레드 전략은 다양한 선물계약의 유동성에 매우 중요하다. 헤저는 보통 헤징 목표를 달성하는 데 필요한 특정 계약과 특정 만기를 가지고 있다. 차익거래가 가능할 때, 차익거래자들은 헤징 수요를 지원하는 데 필요한 유동성을 제공할 수 있다. 차익거래는 취득한 위험이 관련 상품(보통 기초물)으로 상쇄되어야 한다는 점을 상기해 보자. 차익거래자는 기초물의

연결하기_MAKING THE CONNECTION

기업인수에서 파생상품의 사용

대부분의 사람들은 포르쉐(Porsche)를 빠른 자동차를 만드는 독일 회사로 생각한다. 2008년 여름, 포르쉐는 파생상품도 만든다는 사실을 세상에 알렸다. 즉, 파생상품을 꽤 성공적으로 사용한 것이 분명하다. 미국 자동차 회사들이 파산 직전의 위기에 처한 시기에 포르쉐는 기록적인 이익을 발표했는데, 그 이익의 대부분이 다름 아닌 주요 경쟁업체 중 하나인 폭스바겐(Volkswagen)의 옵션을 매입한 것으로부터 나왔다.

2005년 포르쉐는 연간 자동차 생산량이 포르쉐의 60배에 달하는 폭스바겐을 인수하겠다고 발표했다. 이 장에서 설명한 바와 같이, 다른 기업을 매입할 계획인 기업은 대상 기업의 주가가 상승할 위험에 노출되어 있다. 앞서 설명한 바와 같이, 주가지수선물은 시장 상승의 효과와 대상 기업의 가격 인상을 헤지할 수 있지만, 대상 기업의 주가가 시장과 독립적으로 움직일 것이라는 비체계적 효과는 헤지할 수 없다. 그 가능성을 헤지하기 위해, 그렇지 않으면 아마도 폭스바겐의 가격 상승에 투기하기 위해, 포르쉐는 현금으로 결제되는 폭스바겐에 대한 장외 콜옵션을 매입하기 시작했다. 옵션 행사 시 포르쉐는 폭스바겐 주가와 선택한 행사가격 간의 차액을 받게 된다. 폭스바겐의 주가가 행사가격 아래로 떨어지면, 포르쉐는 옵션이 그냥 만기를 맞도록 내버려 둘 것이고 지불한 프리미엄 손실을 받아들일 것이다. 옵션을 행사함에 따라 폭스바겐 주식을 매입하기 시작했지만, 사적으로 협상된 장외 옵션을 매입함으로써 포르쉐는 폭스바겐에 대한 노출을 어느 정도 위장할 수 있었다.

이후 2년 동안 포르쉐는 주식과 옵션으로 폭스바겐에 매우 큰 포지션을 축적했다. 포르쉐에 매도한 옵션을 헤지하고 있던 은행들이 보유한 주식과 포르쉐가 보유한 주식 사이에서 시장은 사실상 궁지에 몰렸다. 주로 헤지펀드인 공매도자들은 폭스바겐 주식을 미련해야 했지만 가질 수 있는 주식이 거의 없었다. 주식이 절실히 필요했던 공매도자들은 폭스바겐 주식을 매우 높은 가격에 입찰하여 포르쉐가 주식과 옵션에서 더 큰 이익을 내도록 했다.

이러한 전략은 돌이켜 보면 훌륭해 보이지만 많은 위험이 도사리고 있다. 폭스바겐의 주가가 하락했다면, 포르쉐는 엄청난 노출을 감안할 때 큰 손실을 입었을 것이다. 더욱이, 포르쉐가 한 일은 시장 관찰자들과 규제기관들이 종종 나쁘게 여기는 것이다. 심지어 일부 국가에서는 불법적인 것일 수도 있다. 반면에 주가가 오르고 포르쉐가 옵션을 사지 않았다면 인수 목적을 추구하면서 훨씬 더 많은 돈을 투자해야 했을 것이다.

거래를 충분한 양으로 실행하지 못할 수 있다. 따라서 차익거래자는 다른 선물계약을 통해 원하는 결과를 얻을 수 있으며, 이는 결과적으로 스프레드 전략을 실행한 것이 된다. 투기거래자들과 기타 시장참여자들은 종종 스프레드 전략을 사용하여 원하는 목표를 달성한다. 이 추가적인 거래 활동은 흔히 유동성을 제공하여 헤징 수요를 지원한다. 투기거래자들은 상대가치의 평가에 매우 신중하며, 충분한 위험 프리미엄이 주어질 때 포지션을 취하게 될 것이다. 먼저, 선택된 시장 내 스프레드를 살펴본 다음, 선택된 시장 간 스프레드로 관심을 돌려보자.

10-5a 시장 내 스프레드

시장 내 스프레드 거래 활동은 시장에 유동성을 더하여 헤징 활동의 비용을 줄인다. 우리는 먼저 매입차익거래 모형을 사용하여 일반적인 선물 스프레드에 초점을 맞춘 다음, 장기 재무부채권 선물계약과 주가지수 선물계약을 사용하여 시장 내 스프레드를 설명한다.

일반적인 시장 내 선물 스프레드 우리는 먼저 일반적인 선물계약의 행동을 탐구한다. 8장에서 선물가격은 현물가격에 보유비용을 더한 값으로 설정되었음을 상기해 보자. 이제 만기

가 T_1과 T_2로 서로 다른 두 선물계약을 고려하자. 원월물(longer-term contract)의 선물가격 $f_0(2)$는 $S_0 + \theta_{0,2}$와 같고, 근월물(shorter-term contract)의 선물가격 $f_0(1)$은 $S_0 + \theta_{0,1}$과 같다. 그 둘을 빼면, 우리는 다음을 얻는다:

$$f_0(2)-f_0(1)=\theta_{0,2}-\theta_{0,1}.$$

이 방정식은 선물가격 간의 스프레드를 정의한다. 근월물과 원월물 간의 스프레드는 그들 각각의 보유비용의 차이이다. $\theta_{0,2}-\theta_{0,1}$항은 매입차익거래 관계 $f_0(i)=S_0+\theta_{0,i}$ (i=1, 2)에 근거하여 시점 0에서 관찰된 T_1과 T_2 사이의 시간 구간에 대한 보유비용이다. 따라서 스프레드 거래의 이익은 두 포지션의 이익으로 표현될 수 있다. 계약 2를 매입하고 계약 1을 매도한다고 가정할 때, 그 이익은 다음과 같다:

$$\begin{aligned}\Pi&=[f_t(2)-f_0(2)]-[f_t(1)-f_0(1)]\\&=[\theta_{t,2}-\theta_{0,2}]-[\theta_{t,1}-\theta_{0,1}]=[\theta_{t,2}-\theta_{t,1}]-[\theta_{0,2}-\theta_{0,1}].\end{aligned}$$

이는 계약 2와 계약 1의 보유비용 변화 간 차이이다. 이 결과에 근거할 때, 스프레드 거래와 관련된 위험과 기회는 전적으로 시간의 경과에 따른 보유비용의 변화에 달려있다.

시장 내 스프레드의 성과는 선물계약이 거래되는 동안 각 계약의 보유비용 변화에 달려있다.

성공적인 스프레드 거래는 보유비용의 변화를 성공적으로 예측하는 데 달려있다. [그림 10.2]는 보유비용 변화의 시뮬레이션에 기초한 스프레드의 변화를 보여준다.[15] 두 가지 경우가 제시되는데, 하나는 보유비용이 증가하도록 시뮬레이션된 경우이고 다른 하나는 보유비용이 감소하도록 시뮬레이션된 경우이다. 보유비용의 변화를 적정하게 예측할 수 있다면, 수익성 있는 스프레드 거래 전략이 존재한다는 것을 알 수 있다. 보유비용이 증가할 것으로 예상되면, 거래자는 원월물인 계약 2를 매입하고 근월물인 계약 1을 매도해야 한다. 보유비용이 감소할 것으로 예상되면, 거래자는 원월물인 계약 2를 매도하고 근월물인 계약 1을 매입해야 한다.

장기 재무부채권선물 스프레드 장기 재무부채권 선물계약에는 전환계수의 적용과 어떤 채권이 최저가 인도 채권인지에 대한 질문을 포함하여 몇 가지 복잡한 이슈들이 있었음을 상기하자. 따라서 장기 재무부채권 스프레드 거래에는 몇 가지 추가적인 위험이 따른다.

장기 재무부채권 선물계약은 1/32 단위로 호가되므로, 가격은 각 1/32 차이마다 점프(jumps)를 보일 것이다. [그림 10.3]은 12월물과 9월물 선물계약 간의 스프레드를 보여준다. 이 그래프가 만들어졌을 당시 단기 금리는 장기 재무부채권 수익률보다 대부분 낮았다. 따라서 미국 장기 재무부채권 선물계약은 음(-)의 보유비용을 보였고, 그러므로 스프레드는 음(-)이었다. [그림 10.4]는 동일한 기간 동안의 단기 금리를 보여주고 있으며, 금리가 보유비용의 중요한 구성요소임을 나타낸다. 단기 금리와 장기 재무부채권선물 스프레드 간에는 일반적인 관계가 나타난다.

[표 10.12]는 장기 재무부채권 시장의 금리 변화를 예상하여 취한 단순 스프레드의 예이다. 거래자는 약간의 이익을 기대하면서 9월물 계약을 매도하고 12월물 계약을 매입한다. 거

15 일반적인 매입차익거래 모형을 가정하며, 여기서 보유비용은 평균이 양(+) 또는 음(-)의 25%이고 표준편차가 10%인 기하 브라운 운동(geometric Brownian motion)을 따른다고 가정한다.

■■그림 10.2 보유비용 변화에 기초한 스프레드의 변화

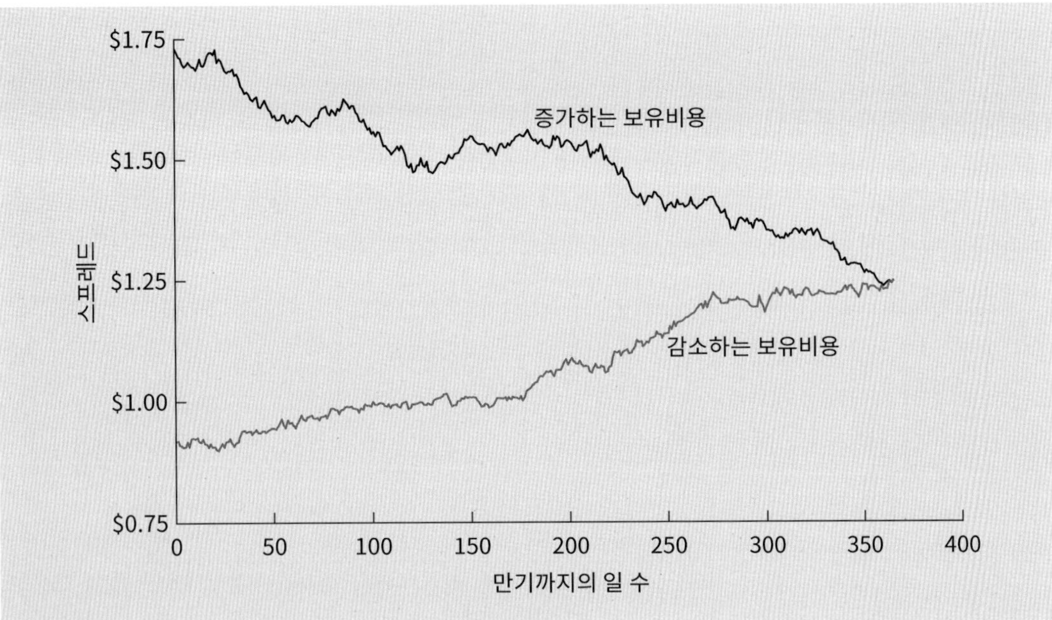

■■그림 10.3 미국 장기 재무부채권 선물계약의 스프레드 변화

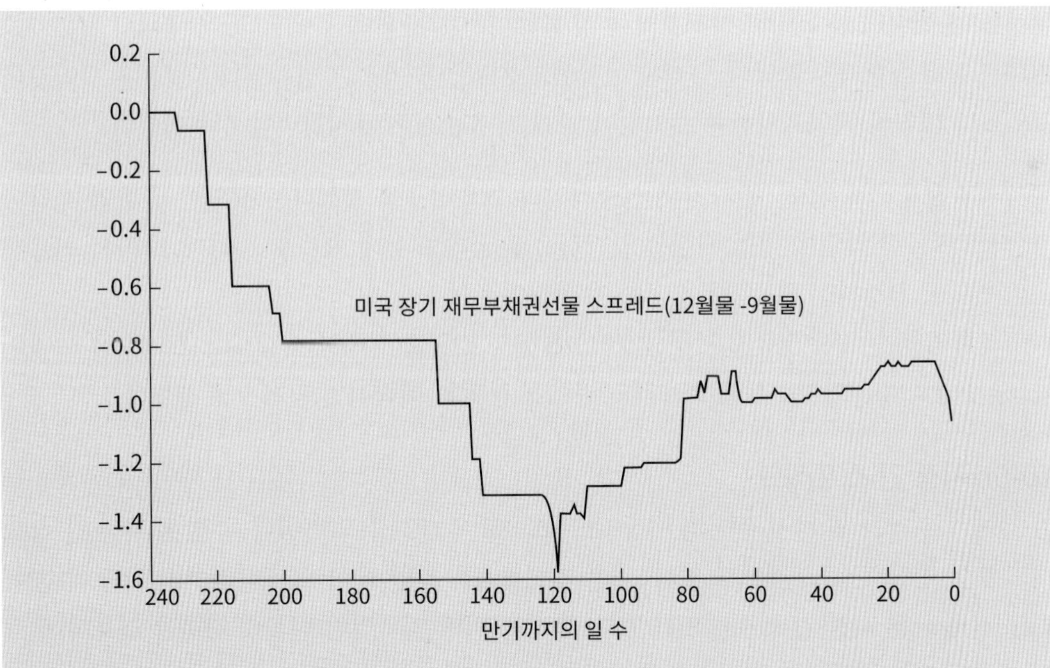

래자의 예측이 틀리더라도 손실은 크지 않을 것이다. 이 예는 한 계약 매입과 한 계약 매도의 단순 포지션을 가정한다. 실제로는 많은 거래자들이 가중된 포지션을 사용하는데, 이는 선물계약들의 서로 다른 변동성이 균형을 이루도록 매입계약이나 매도계약을 더 많이 취하는 것이다. 무위험 포지션을 제공하기 위한 각 계약의 적정 수는 현물 매입과 선물 매도 포지션을

■■그림 10.4 단기 LIBOR 금리

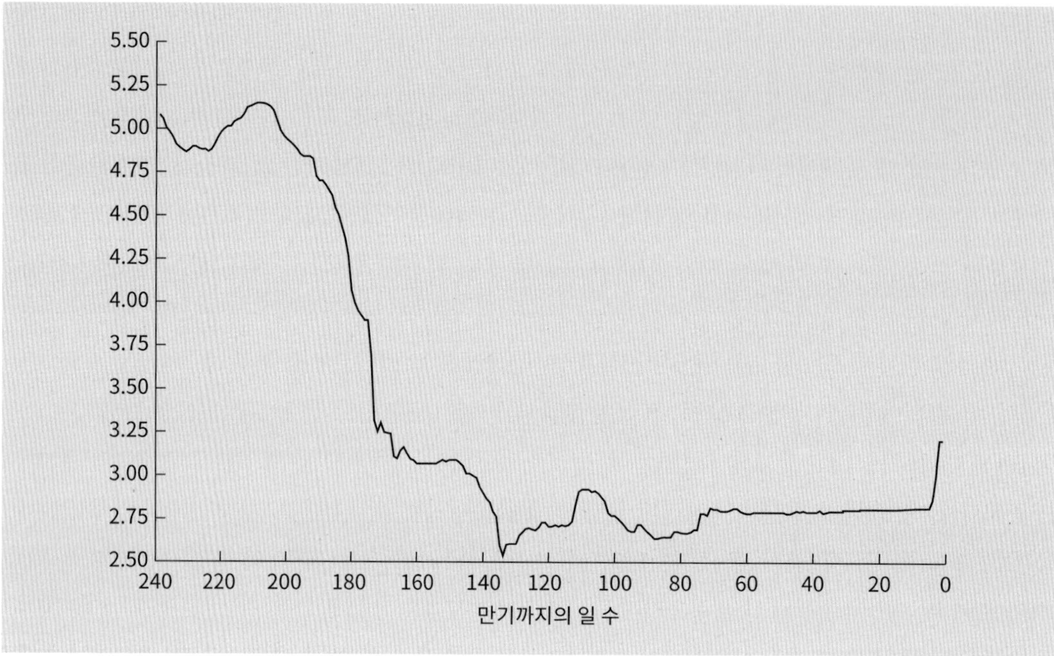

구성할 때 했던 것과 동일한 방식으로 수정 듀레이션을 사용하여 얻는다. 이 예에서 거래자의 기대는 전혀 실현되지 않았다. 금리는 하락했고 채권선물 가격은 상승했다. 9월물은 수익성이 없었으나 12월물 매입포지션은 수익성이 있었고, 총손실은 무시할만한 수준이었다.

주가지수선물 스프레드 주가지수 선물계약의 보유비용을 결정하는 요인은 금리와 배당이다. 다소 지루한 작업이지만, 배당은 일반적으로 금리보다 더 예측 가능하다. 따라서 스프레드의 변화를 결정하는 원동력은 금리여야 한다.

[그림 10.5]는 S&P 500 지수 선물계약 9월물과 12월물에 대한 시장 내 스프레드를 보여준다. 단기 금리와 주가지수선물 스프레드 간에는 분명히 대략적인 관계가 존재한다.

10-5b 시장 간 스프레드

앞 절에서 우리는 세 가지 형태의 시장 내 스프레드에 대해 논의하였다. 수많은 시장 간 스프레드 또는 상품 간 스프레드도 있다. 이는 기초상품이 다른 두 선물계약의 거래이다. 수없이 많은 서로 다른 시장 간 스프레드가 있다. 우리는 먼저 일반적인 선물의 사례를 검토하여 시장 내 스프레드 전략과의 차이점을 강조한 다음, 채권 및 주식 전략만을 간략하게 검토한다.

일반적인 시장 간 선물 스프레드 시장 간 스프레드는 두 포지션이 공통의 기초상품을 공유하지 않기 때문에 더 위험한 경향이 있다. 따라서 다음의 등식에서 볼 수 있는 것처럼, 시장 간 스프레드는 보유비용의 변화뿐만 아니라 기초상품의 가치 변화로 인해 그 가치가 변한다.

표 10.12 장기 재무부채권선물 스프레드

시나리오: 오늘은 7월 6일이다. 지난 6개월 동안 금리는 꾸준히 상승했다. 장기 재무부채권 수익률은 13.54%이다. 장기 재무부채권선물 장내 거래자(floor trader)는 금리가 계속 상승할 것으로 예상한다. 그러나 경제는 여전히 강건하며 연준이 통화 공급을 긴축하여 금리를 더 올릴 것이라는 징후는 없다. 따라서 그 거래자는 경제에 대해 비관적이긴 하지만, 다른 경제 요인들에 의해 고무되어 있다. 그녀는 장기 재무부채권선물에 투기적 매도포지션을 취하길 원하지만, 금리가 하락하여 큰 손실을 입을 가능성을 우려하고 있다. 그녀는 8월 말까지 금리가 변하지 않는다면, 그 이후로도 전혀 변하지 않을 것이라 믿고 있다. 따라서 그녀는 9월물 선물을 매도하고 12월물을 매입한다.

날짜	선물시장
7월 6일	재무부채권선물 9월물 가격은 60 22/32 또는 60.6875이다. 계약당 가격: $60,687.50. **1 계약 매도한다.** 재무부채권선물 12월물 가격은 60 2/32 또는 60.0625이다. 계약당 가격: $60,062.50. **1계약 매입한다.**
8월 31일	재무부채권선물 9월물 가격은 65 27/32 또는 65.84375이다. 계약당 가격: $65,843.75. **1 계약 매입한다.** 재무부채권선물 12월물 가격은 65 5/32 또는 65.15625이다. 계약당 가격: $65,156.25. **1 계약 매도한다.**

분석: 9월물의 이익은

$60,687.50 - $65,843.75 = -$5,156.25.

12월물의 이익은

$65,156.25 - $60,062.50 = $5,093.75.

따라서, 전체 이익은

-$5,156.25 + $5,093.75 = -$62.50.

$$f_0(C2) - f_0(C1) = S_{0,C2} + \theta_{0,C2} - [S_{0,C1} + \theta_{0,C1}].$$

이 방정식은 서로 다른 두 기초상품(C1과 C2로 표시)과 관련된 선물가격들 간의 스프레드를 정의하며, 여기서 C2 선물계약은 매입하고 C1 선물계약은 매도하는 것으로 가정한다. S_0는 시점 0에서 기초물의 가격을 나타내고 θ_0는 시점 0에서 보유비용을 나타낸다는 것을 상기하자. 그러므로 스프레드 거래의 이익은 두 포지션의 이익으로 표현될 수 있다:

$$\begin{aligned}\Pi &= [f_t(C2) - f_0(C2)] - [f_t(C1) - f_0(C1)]\\ &= [S_{t,C2} + \theta_{t,C2} - S_{0,C2} - \theta_{0,C2}] - [S_{t,C1} + \theta_{t,C1} - S_{0,C1} - \theta_{0,C1}]\\ &= \{[S_{t,C2} - S_{t,C1}] - [S_{0,C2} - S_{0,C1}]\} + \{[\theta_{t,C2} - \theta_{t,C1}] - [\theta_{0,C2} - \theta_{0,C1}]\},\end{aligned}$$

이 식은 차이의 두 묶음으로, 하나는 계약 2와 1의 기초상품 가격 변화 간의 차이이고 다른 하나는 계약 2와 1의 보유비용 변화 간의 차이이다. 그러므로 예측은 더 복잡해진다. 보통 기초상품 가격 변화의 변동성은 보유비용의 변동성보다 훨씬 높다. 따라서 스프레드 거래자의 주요 과제는 기초상품의 가격과 보유비용의 변화를 예측하는 것과 관련이 있다.

시장 간 스프레드의 성과는 선물계약의 수명 동안 두 기초자산의 가격과 보유비용의 변화에 달려 있다.

■■ 그림 10.5 S&P 500 지수선물 스프레드와 단기 금리

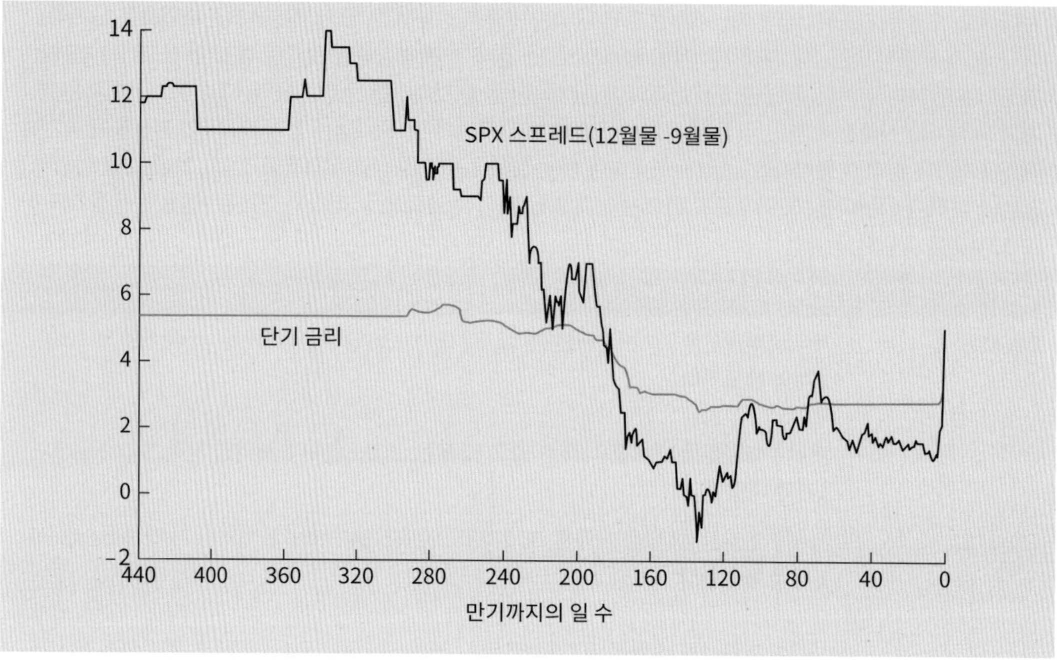

중기 및 장기 재무부채권선물 부채시장(debt market) 안에는 다양한 시장 간 스프레드 전략이 있다. 우리는 여기에서 NOB 스프레드 또는 장기 재무부채권에 대한 중기 재무부채권(notes over bonds) 스프레드를 검토한다. 이 스프레드는 중기와 장기 재무부채권선물을 비교하는 것이다.

NOB 거래는 수익률 곡선의 이동을 활용하는 데 사용된다. 예를 들어, 거래자가 수익률 곡선의 7~10년 범위의 금리가 하락하고 15년 이상 범위의 금리가 그보다 적게 오르거나 내릴 것이라고 믿는다면, NOB 스프레드의 매입포지션이 타당할 수 있다. 투자자의 기대가 맞다면, 중기 재무부채권 선물가격은 오르고 장기 재무부채권 선물가격은 그보다 적게 오르거나 떨어지기 때문에 이익을 얻을 수 있다. 물론, 시장의 장기 채권 수익률이 하락하면, 장기 채권 가격이 주어진 수익률 변화에 대해 더 큰 폭으로 상승할 것으로 예상되기 때문에 그 거래자는 결국 돈을 잃을 수 있다. 따라서 거래자는 장기 재무부채권선물에 대한 중기 재무부채권선물의 비율이 1:1이 아닌 가중된 포지션을 선호할 수 있다. 그러나 일반적으로 NOB 스프레드는 중기 재무부채권 선물가격과 장기 재무부채권 선물가격 간의 관계 변화를 활용하도록 디자인된다.

주가지수선물 시장 간 스프레드 거래는 주가지수선물 계약으로도 수행될 수 있다. 스프레드 거래자는 다른 주식 부문과 비교했을 때 한 주식 부문의 상대적 성과에 대해 나름의 견해를 가질 수 있다. 개별 주식 선물계약이 추가됨에 따라, 선물계약을 이용한 스프레드 거래는 이제 두 개의 개별 주식 또는 하나의 개별 주식과 하나의 주가지수를 포함할 수 있다. 다른 시장 간 스프레드 거래 활동과 마찬가지로, 스프레드 거래자의 성공은 예측 능력과 직접적으로 관련되어 있다.

10-6 목표 전략

이제 다양한 목표 전략으로 넘어가 보자. 구체적으로, 우리는 채권선물을 이용한 목표 듀레이션 전략, 알파(alpha) 포착, 주가지수선물을 이용한 목표 베타 전략 및 전술적 자산 배분을 탐구한다. 고려해야 할 다른 많은 목표 전략들이 있을 수 있지만, 여기서 다루는 것들은 목표 전략에 대한 충분한 개관을 제공할 것이다.

10-6a 채권선물을 이용한 목표 듀레이션 전략

우리는 선물을 사용하여 헤지비율을 구성하는 방법을 제시하였다. 이 절차는 기본적으로 선물을 결합하여 전반적인 투자가 금리 변화에 둔감하도록 만든다. 사실상, 이것은 수정 듀레이션을 0으로 변화시키는 것이다. 어떤 시장 적시성 투자자(market timer)가 금리가 한 방향으로 혹은 다른 방향으로 움직일 것이라고 믿지만, 수정 듀레이션을 0으로 설정하여 노출을 완전히 제거하기를 원하지 않는다고 가정하자. 금리가 하락할 것으로 예상되면, 그 투자자는 수정 듀레이션을 증가시키려 할 수 있으며, 금리가 상승할 것으로 예상되면 수정 듀레이션을 줄이고자 할 수 있지만 반드시 0으로 줄이는 것은 아니다.

선물 매입 또는 매도는 채권의 수정 듀레이션을 증가시키거나 감소시키는 간단한 방법을 제공하여 목표 듀레이션 전략에 참여할 수 있도록 한다.

한 채권 포트폴리오의 시장가치가 B이고 수정 듀레이션은 MD_B라고 가정하자. 선물계약의 수정 듀레이션은 MD_f이고 선물가격은 f이다. 시장 적시성 투자자는 현물 채권의 수정 듀레이션을 목표 수정 듀레이션인 MD_T로 증가시키고자 한다. 이를 수행하는 한 가지 방법은 높은 수정 듀레이션을 가진 채권에 더 많은 돈을 투자하고 낮은 수정 듀레이션을 가진 채권에 더 적은 돈을 투자하는 것이지만, 이는 최소한 두 가지 채권을 매매하는 데 따른 거래비용을 발생시킨다. 선물을 사용하면 수정 듀레이션을 쉽게 조정할 수 있다. 또한 현물 상품을 매매하는 것보다 선물거래를 함으로써 거래비용을 크게 절감할 수 있다.

수정 듀레이션을 MD_T로 변경하는 데 필요한 선물계약의 수는[16]

$$N_f = \left(\frac{MD_T - MD_B}{MD_f}\right)\left(\frac{B}{f}\right).$$

이 공식이 이 장의 앞부분에서 주어진 공식과 얼마나 유사한지 주목하자. 그 공식은 다음과 같았다:

$$N_f^* = -\left(\frac{MD_B}{MD_f}\right)\left(\frac{B}{f}\right),$$

이는 금리 민감도와 수정 듀레이션을 0으로 줄인다.[17] N_f^*는 가격 변동성을 최소화하는 것이 목적인 최적 헤지비율을 나타낸다. 여기서는 수정 듀레이션을 0이 아닌 목표로 변경하려고 할

16 "최소분산 헤지비율" 절에 있는 "헤지비율과 선물계약" TECHNICAL NOTE를 참조하라.

17 앞에서 언급했듯이 이 공식들은 매우 짧은 보유기간에만 적용된다. 기간이 증가하거나 수익률이 변하면 선물계약 수를 다시 계산해야 하므로, 보유기간 동안 계약 수를 조정해야 한다.

때 별표(*)를 사용하지 않을 것이다. 새 공식에서 목표 듀레이션이 0이면 이전 공식을 얻게 된다. 따라서 새로운 공식은 수정 듀레이션을 선택한 값으로 조정할 수 있기 때문에 이 장의 앞부분에서 다룬 최적 헤지비율을 훨씬 더 일반적인 것으로 수정한 것이다. 투자자가 금리 하락을 예상하고 수정 듀레이션을 증가시키고자 한다면 MD_T는 MD_B보다 클 것이다. 그러면 N_f는 양수이고 선물을 매입하게 될 것이다. 이것이 타당한 이유는 현물 매입포지션에 선물을 추가하면 위험이 증가해야 하기 때문이다. 거래자가 시장에 대해 비관적이고 수정 듀레이션을 줄이고자 하면, MD_T는 MD_B보다 작을 것이고 N_F는 음수가 되어 선물이 매도되는 것을 의미한다. 이는 위험을 줄이려면 선물에서 반대 포지션이 필요하기 때문이다.

예시 [표 10.7]에 있었던 장기 재무부채권 헤징 예를 다시 살펴보도록 하자. 그 문제에서, 2월 25일에 포트폴리오 운용자는 이표율이 11 7/8%이고 만기가 약 25년인 액면가 100만 달러의 장기 재무부채권을 보유하고 있었다. 채권가격은 101이고 3월 28일에 매도될 예정이다. 이 예에서 우리는 금리 상승을 염려했고 16개의 선물계약을 매도하여 수정 듀레이션을 0으로 낮췄다. 그러나 수정 듀레이션을 현재 수준인 7.83에서 4로 낮추고 싶다고 가정하자. 이렇게 하면 포트폴리오가 금리에 덜 민감하게 되지만, 그 영향을 전적으로 배제할 수는 없다. 그런 방식으로, 설령 예측이 잘못된 것으로 판명되더라도 양(+)의 수정 듀레이션은 여전히 이익을 낼 수 있는 여지를 남긴다.

그 예는 [표 10.13]에 제시되어 있다. 채권은 결국 2.26%를 잃게 된다. 결과가 원하는 결과에 얼마나 가까웠는지 확인하려면 채권수익률의 변화를 알아야 한다. 2월 25일, 현물 채권의 수익률은 11.74%였고, 3월 28일, 95 22/32의 가격에 상응하는 수익률은 12.50%였다. 다음 공식은 수익률 변화와 채권가격의 백분율 변화 간의 관계를 나타낸다는 점을 상기하자:

$$\frac{\Delta B}{B} \approx -MD(\Delta y),$$

여기서 B는 채권가격을 나타낸다. 수정 듀레이션을 4로 재설정하면, 공식은 다음을 예측한다: 0.1250 - 0.1174 = 0.0076의 수익률 변화에 대해 백분율 가격 변화는

$$\frac{\Delta B}{B} \approx -4(0.0076) = -0.0304,$$

또는 3.04%가 된다. 실제 변화는 2.26%였다. 선물포지션이 없었다면 수정 듀레이션은 여전히 7.83이었을 것이다. 공식에 대입하면, 채권 가격의 예측된 백분율 변화는

$$\frac{\Delta B}{B} \approx -7.83(0.0076) = -0.0595,$$

또는 5.95%의 손실이다. 헤지하지 않았을 때의 실제 변화는 -\$53,125/\$1,010,000= -0.0526 또는 5.26% 손실이 되었을 것이다.

표 10.13 채권선물을 이용한 목표 듀레이션 전략

시나리오: 2월 25일, 포트폴리오 운용자는 이표율이 11 7/8%이고 만기가 약 25년인 액면가 100만 달러의 국채를 보유하고 있다. 이 채권의 현재 가격은 101이고, 수정 듀레이션은 7.83이며, 수익률은 11.74%이다. 그 운용자는 3월 28일 채권을 매각할 예정이다. 그 운용자는 금리 상승을 우려하고 있으며, 수정 듀레이션을 4로 낮추어 채권의 금리 민감도를 줄이고자 한다. 이렇게 하면 금리 민감도가 낮아져서 금리가 상승할 때 도움이 되며, 금리 하락으로 인한 이익의 가능성을 제거하지는 않을 것이다.

날짜	현물시장	선물시장
2월 25일	채권의 현재 가격은 101이다. 포지션의 가치: $1,010,000. 금리기간구조의 불리한 부분이 평평하므로, 이것이 3월에 채권의 선도가격이다.	6월물 장기 재무부채권 선물가격은 70 16/32이다. 계약당 가격: $70,500. 선물가격과 인도 가능한 채권의 특성은 7.20의 수정 듀레이션과 14.92%의 수익률을 의미한다. 적절한 계약 수: $N_f = \left(\frac{4 - 7.83}{7.20}\right)\left(\frac{1,010,000}{70,500}\right) = -7.62$ **8 계약 매도한다.**
3월 28일	95 22/32의 현재 가격에 채권을 매도한다. 이는 채권당 $956.875의 가격이다. 포지션의 가치: $956,875.	6월물 장기 재무부채권 선물가격은 66 23/32이다. 계약당 가격: $66,718.75. **8 계약 매입한다.**

분석: 3월 28일, 액면가 $100만의 채권이 매도될 때, 그 가치는 $956,875이고, 가치 손실은 $1,010,000-$956,875=$53,125이다. 선물거래 이익은 다음과 같다:

8($70,500) (선물 매도가격)
-8($66,718.75) (선물 매입가격)
$30,250 (선물 이익)

따라서, 전체 거래에서 $53,125-$30,250=$22,875의 가치 손실이 발생했으며, 이는 총가치에서 2.26% 감소한 것이다.

10-6b 알파(alpha) 포착

분산투자된 포트폴리오의 체계적 위험은 주가지수선물을 사용하여 헤지할 수 있다는 사실을 상기하자. 포트폴리오가 분산투자되어 있기 때문에 비체계적 위험은 없으며, 따라서 포트폴리오는 위험이 없다. 그러나 어떤 경우 투자자는 체계적 위험은 헤지하고 비체계적 위험은 유지하기를 원할 수 있다.

체계적 또는 시장 전반에 걸친 요인과 관련된 위험 이상의 투자 성과를 반영하는 비체계적 수익을 알파(alpha)라고 한다. 효율적인 시장에서 투자자는 양(+)의 알파를 얻을 것으로 기대할 수 없다. 그러나 전문 재무 분석가들은 이것이 사실이라고 믿지 않는다. 수많은 분석가들이 고평가되거나 저평가된 주식을 찾는 데 그들의 모든 시간을 할애한다. 주식이 저평가되었다고 생각하는 분석가는 일반적으로 매입할 것을 권장한다. 주식을 매입하고 시장이 하락하면 주식의 전반적인 성과가 나빠질 수 있다. 예를 들어, 제약 회사는 당뇨병 치료에 도움이 될 수 있는 중요한 신약을 발표할 수 있다. 이 발표가 강한 약세장에서 발생하면, 시장 효과에 의해 주가가 하락할 수 있다. 주식이 시장과 함께 움직이는 정도는 그것의 베타로 측정된다. 이 절에서는 주가지수선물을 사용하여 성과의 체계적 요소를 제거하고 비체계적 성과인 알파를 남겨둠으로써 알파를 포착하는 방법을 살펴볼 것이다. 이런 의미에서 그 전략은 0의 목표 베타를 기반으로 한다.

다음의 표기가 사용될 것이다:

S = 주가
M = 모든 위험자산의 시장포트폴리오 가치
r_s = 주식 수익률
r_M = 시장 수익률
β = 주식의 베타

주식 수익률은 체계적 수익률(βr_M)과 비체계적 수익률인 알파(α)로 구성된다. 따라서,

$$r_S = \beta r_M + \alpha.$$

방정식의 양변에 S를 곱하면, 다음을 얻고,

$$Sr_S = S\beta r_M + S\alpha,$$

이는 다음과 같다:

$$\Delta S = S\beta(\Delta M/M) + S\alpha.$$

이것은 달러로 표시된 주식의 수익이다. 거래의 목적은 달러 알파($S\alpha$)와 동일한 이익을 포착하는 것이다.

주식과 N_f선물계약으로 구성된 거래 이익은

$$\Pi = \Delta S + N_f^* \Delta f.$$

주가지수선물은 투자자가 저평가된 증권을 찾아 알파를 포착할 수 있도록 체계적 위험을 제거하는 데 사용할 수 있다.

일반적인 주가지수선물 헤지에서 N_f^*에 대한 공식은 $-\beta(S/f)$임을 상기해 보자. 그리고 N_f^*를 이것으로 대체하자:

$$\Pi = \Delta S - \beta\left(\frac{S}{f}\right)\Delta f.$$

이제 ΔS를 $S\beta(\Delta M/M) + S\alpha$로 대체하고, 선물가격 변동이 지수가격 변동과 일치한다고 가정할 필요가 있다. 그 경우, $\Delta M/M = \Delta f/f$. 이러한 대체를 수행하면, 다음을 얻는다:

$$\Pi = S\alpha.$$

따라서 N_f^* 선물계약을 사용하면, 체계적 위험이 제거되고 이익은 달러 알파가 될 것이다. 여기서 N_f^*는 주가지수선물의 일반적인 헤지비율이다.

예시 [표 10.14]는 이 결과의 적용을 보여준다. 이 예에서 당신은 저평가된 주식이라고 생각하는 것을 찾았다. 그러나 당신은 시장 전체가 하락하여 주가를 끌어 내리지 않을까 염려하고 있다. 시장 효과를 헤지하기 위해 당신은 주가지수선물을 매도한다.

이 거래는 무위험 거래로 간주되어서는 안 된다. 당신의 분석이 정확하지 않고 그 회사가

강세장에서 나쁜 소식을 발표한다고 가정해 보자. 선물계약을 매도하면, 강세장 효과를 제거하면서 악재 발표의 효과를 유지하게 된다. 더욱이, 이러한 유형의 거래는 분석의 정확성뿐만 아니라 베타의 안정성에 의존한다.

표 10.14 알파 포착

시나리오: 7월 1일, 당신은 가격이 17.38이고 베타가 1.10인 Helene Curtis 주식을 추종하고 있다. 전반적인 주가 수준의 변화를 제외하고, 당신은 주가가 9월 말까지 약 10% 상승할 것으로 기대한다. 시장 전체에 대한 당신의 분석은 같은 기간 동안 일반적으로 약 8%의 주가 하락을 요구한다. 주식의 베타가 1.10이므로, 이는 주가를 1.10(.08) = 0.088 또는 8.8% 떨어뜨려 10%로 예상되는 비체계적 주가 상승을 거의 완전히 상쇄할 것이다. 당신은 승수가 500인 특정 주가지수 선물계약을 매도하여 시장 효과를 헤지하기로 결정했다.

날짜	현물시장	선물시장
7월 1일	17.38에 Helene Curtis 주식 150,000주를 소유한다. 주식 가치: 150,000($17.38) = $2,607,000.	12월물 주가지수 선물가격은 444.60이다. 한 계약의 가격: 444.60($500) = $222,300. 적절한 계약 수: $N_f = -1.10\left(\frac{\$2,607,000}{\$222,300}\right) = -12.90.$ **13계약 매도한다.**
9월 30일	주가는 17.75이다. 주식 가치; 150,000($17.75) = $2,662,500.	12월물 주가지수 선물가격은 411.30이다. 한 계약의 가격: 411.30($500) = $205,650. **13계약 매입한다.**

분석:

주식 이익:	$ 2,662,500
	−$ 2,607,000
	$ 55,500
선물이익:	13($ 222,300)
	−13($ 205,650)
	$ 216,450
총이익:	$ 55,500
	+$ 216,450
	$ 271,950
총수익률:	$\frac{\$271,950}{\$2,607,000} = 0.1043$

10-6c 주가지수선물과 목표 베타

앞의 헤징 논의에서 우리는 체계적 위험을 제거하기 위해 주가지수선물을 매도한 포트폴리오 운용자를 고려하였다. 나중에 선물계약은 환매되었고 포트폴리오는 이전의 체계적 위험 수준

생활에서 위험 감수하기_TAKING RISK IN LIFE

월요일 아침에 뒷북치기(Quarterbacking)

미식축구는 미국에서 대단히 인기 있는 스포츠이며, 미국 경제에 수십억 달러를 쏟아붓는다. 미식축구는 심지어 영어에도 몇 가지 표현을 도입했다. 예를 들어, "골대를 옮기다"는 조치를 취한 후에 규칙이나 정책을 변경하는 것을 의미한다. "펀트(punt)하다"는 포기하는 것을 의미한다. "월요일 아침에 뒷북치기"(Monday morning quarterbacking)는 마치 의사결정자가 사실이 있기 전에 결과를 알고 있었던 것처럼 사실 이후에 위험한 결정을 평가하는 것을 의미한다. 이 표현은 미국에서 미식축구가 전통적으로 주말 스포츠이기 때문에 발생한다. 사람들은 주말에 경기를 시청한 다음 월요일에 직장에서 결과에 대해 토론하고, 종종 잘못된 결정에 대해 코치나 선수를 비판한다. 월요일 아침에 뒷북치기의 개념은 위험관리의 중요한 요소를 보여주기 때문에, 비즈니스 및 금융을 이해하는 것과 매우 밀접한 관련이 있다. 언제가 좋은 결정이고 언제가 나쁜 결정인가?

스포츠, 비즈니스 또는 생활에서, 위험 및 정보의 부족이나 신뢰할 수 없는 정보에도 불구하고 사람들은 끊임없이 의사결정을 내려야 한다. 비가 올 수도 있다는 사실을 알면서, 많은 돈을 쓰고 많은 사람들을 초대하는 야외 활동을 계획해야 하는가? 기업이 신제품을 출시해야 하는가? 투자자가 주식을 사야 하는가, 또는 대출자가 대출을 해야 하는가? 코치는 특정 플레이를 요구해야 하는가, 아니면 다른 플레이를 요구해야 하는가? 성공할 가능성은 얼마나 되는가? 우리가 그 가능성을 알기는 하는가? 우리는 모든 위험을 알고 있는가? 2009년 내셔널 풋볼 리그(NFL) 경기에서 일어난 상황을 살펴보자.

그들의 뛰어난 코치 Bill Belichick과 함께, New England Patriots는 11월 15일 인디애나폴리스에서 열린 경기에서 Indianapolis Colts와 상대하고 있었는데, Colts에는 전설적인 Tony Dungy가 교체된 후 새로운 코치 Chris Polian이 그의 첫 시즌을 보내고 있었다. 스타 쿼터백인 Patriots의 Tom Brady와 Colts의 Peyton Manning이 경기장에서 각 팀을 이끌었다. Patriots는 그 시점까지 8경기 중 6승을 거둔 반면, Colts는 8경기 무패였다. 최고팀 대 최고팀 간의 최고 수준의 경기였다.

경기가 2분 남짓 남은 상황에서 Patriots는 34-28로 앞서 있었다. 미식축구에서 6점 차로 앞서는 것은 마음이 편치 않다. 상대 팀이 터치다운(touchdown)을 하면 경기는 동점이다. 그런 다음 득점한 팀은 NFL에서 약 99% 성공하는 쉬운 20야드 킥으로 1점을 추가하기만 하면 된다. 게다가 Patriots는 Peyton Manning처럼 기량이 출중한 쿼터백(quarterback)을 상대로 한 6점 차 리드는 극도로 빈약하다는 것을 알고 있었다. 왜냐하면 Manning은 그의 팀이 뒤지고 있고 골라인에서 멀리 떨어져 있을 때 득점하는 능력을 계속해서 보여주었기 때문이다.

Patriots는 그들 영역의 28야드 라인에 있었고, 이는 득점을 하려면 경기장의 약 4분의 3을 전진해야 한다는 것을 의미한다. 첫 번째 다운을 만들기 위해 2야드를 남겨둔 4번째 다운 시도였고, 그래서 그들은 4번의 플레이를 더 하기 위해 공을 붙잡았다. 즉, 그들은 한 번의 플레이를 실행할 수 있지만 적어도 2야드를 얻어야 한다. 그렇게 못하면, 그들은 공을 Colts와 Manning에게 넘길 것이고 그의 팀원들은 약 2분 내에 공을 28야드만 움직이면 될 것이다. 이 경우 Manning이 성공하고 Patriots가 경기에서 패할 확률이 높았다. 플레이를 실행하는 것의 대안은 Colts에 공을 펀트하는 것이다. 펀트는 Colts를 약 40-50야드 더 뒤로 물러나게 하고 Manning은 득점을 위해 커버해야 할 60야드 이상을 남겨두게 될 것이다.

수년간의 축구 지식의 모든 지혜는 Patriots가 공을 펀트해야 한다고 말할 것이다. 2야드만 필요한 경우라도 모든 플레이를 실행하는 데는 많은 위험이 따른다. 특히 상대 팀이 이를 막으면 게임에서 이길 수 있는 기회가 열린다는 것을 알고 있는 경우에는 더욱 그렇다. 거의 모든 미식축구 코치들이 플레이를 실행하는 대신 공을 펀트할 것이다.

Belichick이 플레이를 실행하는 것을 선택한다.

그것은 성공하지 못했다.

Colts는 경기에서 승리하기 위해 커버해야 할 단 28야드를 남기고 공을 확보했다.

Colts는 35-34로 경기에서 승리했다.

다음날 스포츠 해설자들과 팬들은 Belichick을 맹비난했다. 그들은 그가 그 결정을 내릴 때 미쳤었다고 생각했고, 플레이가 실패한 후에는 그가 더 미쳤다고 생각했다. 어떤 사람들은 그것이 지금까지 코치가 내린 최악의 결정 중 하나라고 생각했다. 그러나 게임과 위험 요소를 진정으로 이해하는 사람들은 그 결정이 옳았을 수도 있다는 것을 안다. 왜 그런지 보자.

Belichick은 Patriots의 수비가 꽤 좋았지만 Peyton Manning과 Colts는 시간이 많이 남지 않은 상태에서 경기장의 어느 곳에서든 최고의 팀을 상대로도 득점할 수 있는 놀라운 능력을 가지고 있다는 것을 알고 있었다. 반면에 Patriots가 플레이에서 최소 2야드를 전진할 수 있었다면, 공을 잡고 더 많은 시간을 흘려보낼 수 있는 기회를 갖게 되고, 아마도 공을 경기장 아래쪽으로 더 멀리 이동시킬 수 있었을 것이다. 최소한, 그것은 Manning이 볼을 붙잡는 시간을 좀 더 늦췄을 것이다. Belichick은 분명 위험 대비 편익을 저울질했을 것이고 위험을 감수할만한 가치가 있다고 판단했을 것이다.

위험 하에서의 결정은 항상 부정적인 결과가 발생할 가능성이 있다. 설령 부정적인 결과가 나타날 확률이 상당히 낮더라도 때때로 부정적인 결과가 발생한다. 단지 부정적인 결과가 발생했다고 해서 그 결정이 나빴다고 할 수는 없다. 좋은 의사결정은 일관성을 의미한다. New England Patriots의 경우, 대부분 한 플레이에서 공을 2야드 전진시킬 것이다. 이 팀은 평균적으로 각 플레이에서 그 거리의 거의 3배를 전진시켰고, 그날 훌륭한 팀을 상대로 이미 34점을 득점했었다. 따라서 대부분의 경우 그 결정은 성공적인 결과로 이어질 것이다. 마찬가지로, Colts에게 공을 펀트하는 대안은, Manning이 그의 경력에서 자주 그래왔던 것처럼, 그에게 공과 그 경기에서 이길 수 있는 충분한 시간을 넘겨줬을 것이다.

그러나 부정적인 결과를 초래하는 결정에서 배울 교훈이 있을 수 있다. 어떤 경우에는 의사결정자가 정보의 질이 좋지 않거나 신뢰할 수 없다는 것을 알게 된다. 어떤 경우에는 의사결정자가 자신의 개인적인 편견이 방해가 될 수 있음을 알게 된다. 그러나 이러한 우려가 없음에도, 어떤 경우에는 결과가 나쁠 것임을 알면서도 위험을 무릅쓰고 결정을 내린다. 결정이 항상 틀리는 것은 아니라는 점을 이해하는 것이 올바른 의사결정의 중요한 부분이다. 좋은 결정은 실제로 때로는 나쁜 결과로 이어진다.

으로 되돌아갔다. 선물의 베타가 1이라고 가정하면, 선물계약 수는 다음 공식에 의해 주어졌다:

$$N_f^* = -\beta_S \frac{S}{f}.$$

경우에 따라 포트폴리오 운용자는 체계적 위험을 변경하되 완전히 제거하는 것은 원하지 않을 수 있다. 예를 들어, 포트폴리오 운용자가 시장 변동성이 매우 높다고 생각하는 경우, 포트폴리오 베타를 낮출 수는 있으나 0으로까지 줄이지 않을 수 있다. 이렇게 함으로써 시장이 상승하면 포트폴리오가 이익을 낼 수 있고, 시장이 하락하면 더 적은 손실이 발생한다. 더 낙관적인 시기에는 포트폴리오 베타를 증가시킬 수 있다. 주가지수선물(또는 옵션)이 없는 경우, 포트폴리오 베타를 변경하려면 비용이 많이 드는 개별 주식 거래를 해야 한다.

그 가치가 S로 평가되는 주식과 N_f개의 선물계약을 포함하고 있는 포트폴리오를 가정하자. 지금은 최소 위험 해(solution)에 초점을 맞추고 있지 않으므로, 별표 *는 생략한다. 포트폴리오 수익률은 r_{Sf}로 주어지며, 여기서

$$r_{Sf} = \frac{\Delta S + N_f \Delta f}{S}.$$

분자의 첫 번째 항인 Δ S는 주가의 변화이다. 두 번째 항 $N_f\Delta f$는 선물계약 수에 선물가격의 변화를 곱한 값이다. 분모 S는 주식에 투자한 금액이다. 포트폴리오의 기대수익률 $E(r_{Sf})$는 다음과 같다:

$$E(r_{Sf}) = \frac{E(\Delta S)}{S} + N_f \frac{E(\Delta f)}{S} = E(r_S) + \frac{N_f}{S} E(\Delta f),$$

여기서 $E(r_S)$는 E(Δ S/S)로 정의되는 주식의 기대수익률이고, E(Δ f)는 선물계약 가격의 기대변화이다.

현대 포트폴리오 이론에서 자본자산가격결정모형(CAPM)은 주식에 대한 기대수익률을 $r + [E(r_M) - r]\beta$로 제공하며, 여기서 베타는 체계적 위험이고 주식에 대한 시장 전체의 영향을 반영한다. 시장이 효율적이라면, 투자자의 요구수익률은 기대수익률과 같을 것이다. CAPM이 주식에 대해 타당하다면 주가지수선물에도 타당해야 한다. 그러나 주가지수선물에 대한 것은 다음과 같이 쓸 수 있다:

$$\frac{E(\Delta f)}{f} = [E(r_M) - r]\beta_f = E(r_M) - r,$$

여기서 β_f는 선물계약의 베타이며 1로 가정된다. 실제로 β_f는 정확히 1은 아니지만, 1로 가정할 만큼 충분히 가깝고, 또 예를 단순하게 유지하기 위해 그렇게 가정할 것이다. 이 CAPM 방정식은 우변에서 r 항이 누락된 것처럼 보이는 것에 주목하자. 무위험이자율은 자산에 투자한 돈의 기회비용을 반영한다. 선물계약은 초기 지출이 필요하지 않기 때문에 기회비용이 없다. 따라서 r 항은 생략된다. 그러므로 주가지수 선물계약의 매입포지션은 시장 위험프리미엄을 보상할 것으로 기대되고, 주가지수선물 계약의 매도포지션은 시장 위험프리미엄을 잃

을 것으로 기대된다.

목표는 포트폴리오 베타 β_S와 기대수익률 $E(r_{Sf})$를 더 선호하는 수준으로 조정하는 것이다. CAPM이 포트폴리오에 대해 타당하므로, 기대수익률과 베타 간의 관계를 다음과 같이 쓸 수 있다:

$$E(r_{Sf}) = r + [E(r_M) - r]\beta_T,$$

여기서 β_T는 **목표 베타(target beta)**, 즉 원하는 위험 수준이다. 이제 $E(r_S)$와 $E(\Delta f)$를 대체하고 다음을 얻는다:

$$E(r_{Sf}) = r + [E(r_M) - r]\beta_S + N_f(f/S)[E(r_M) - r].$$

이를 $r+[E(r_M)-r]\beta_T$와 같게 놓고 N_f에 대해 풀면,

$$N_f = (\beta_T - \beta_S(S/f).$$

선물을 매입하거나 매도하는 것은 주식 포트폴리오의 베타를 증가시키거나 감소시켜 목표 베타 전략에 참여하는 간단한 방법을 제공한다.

이 공식은 이 장 앞부분의 헤징 내용에서 다루었던 N_f^*의 이전 공식과 조금 다를 뿐이다. 사실, N_f^*공식은 이것의 특별한 경우에 불과하다. 예를 들어, 목표 베타가 0이면, 위 공식은 $-\beta_S(S/f)$ 로 축약된다. 여기서 음수 부호는 N_f선물계약을 매도할 것임을 의미한다. 이것은 체계적 위험을 제거하기 위해 앞의 헤징 논의에서 사용했던 것과 동일한 공식이다.

운용자가 베타를 증가시키고자 할 때, β_T는 β_S 보다 크고 N_f는 양수일 것이다. 이 경우, 운용자는 선물계약을 매입할 것이다. 이것이 타당한 이유는 위험이 증가하기 때문이다. 베타를 줄여야 할 때, β_T는 β_S 보다 작을 것이고, 운용자는 위험을 줄이기 위해 선물을 매도해야 한다.

예시 [표 10.15]는 베타가 0.95인 포트폴리오의 운용자가 일시적으로 베타를 1.25로 증가시키려는 예를 보여준다. 운용자는 주가지수 선물을 매입하며, 이로 인해 주식들 자체가 단지 10% 상승했을 때 전체 이익은 거의 12%에 달하게 된다.

10-6d 주식 및 채권 선물을 이용한 전술적 자산 배분

전형적인 투자 포트폴리오는 흔히 특정 자산군에 할당된 돈으로 구성된다. 주식은 하나의 일반적인 자산군이고 채권은 또 다른 자산군이다. 일부 포트폴리오에는 부동산, 헤지 펀드, 벤처 캐피탈 또는 실물상품과 같은 추가적인 자산군이 포함된다. 주어진 자산군 내에서 더 구체적인 자산군으로 세분화될 수도 있다. 예를 들어, 주식 자산군은 국내 주식과 국제 주식으로, 또는 어쩌면 대형주(large-cap stock), 중형주(mid-cap stock) 및 소형주(small-cap stock)로 나눌 수 있다.[18] 그런 다음, 포트폴리오 운용자는 보통 가장 매력적인 자산군에 가장 높은 가중치를 주는 방식으로 자산군 간에 자금 배분을 조정하려고 한다. 이런 형태의 포트폴리오 관리를 일반적으로 자산 배분(asset allocation)이라고 한다.

장기적으로 포트폴리오에는 보통 각 자산군에 대해 특정 목표 가중치 집합이 있다. 이러한

18 Cap은 시가총액 또는 발행된 보통주의 현재 시장가치의 약어이다.

표 10.15 주가지수선물을 이용한 목표 베타 전략

시나리오: 8월 29일, 포트폴리오 운용자는 $3,783,210 상당의 주식 포트폴리오를 보유하고 있다. 포트폴리오 베타는 0.95이다. 이 운용자는 주식시장이 앞으로 3개월 동안 전반적으로 크게 상승할 것으로 예상하고 포트폴리오 베타를 1.25로 증가시키고자 한다. 그는 포트폴리오 내 주식들을 매매할 수 있지만, 그렇게 하는 것은 높은 거래비용을 발생시키고 나중에 포트폴리오 베타를 다시 0.95로 조정해야 한다. 그는 포트폴리오의 체계적 위험을 일시적으로 증가시키기 위해 주가지수선물을 매입하기로 결정한다. 가격, 주식 수 및 베타는 다음과 같다. 포트폴리오를 평가하는 목표일은 11월 29일이다.

주식	가격(8/29)	주식 수	시장가치($)	가중치	베타
Beneficial Corp.	40.50	11,350	459,675	0.122	0.95
Cummins Engine	64.50	10,950	706,275	0.187	1.10
Gillette	62.00	12,400	768,800	0.203	0.85
Kmart	33.00	5,500	181,500	0.048	1.15
Boeing	49.00	4,600	225,400	0.059	1.15
W. R. Grace	42.62	6,750	287,685	0.076	1.00
Eli Lilly	87.38	11,400	996,132	0.263	0.85
Parker Pen	20.62	7,650	157,743	0.042	0.75
			$3,783,210	1.000	

포트폴리오 베타:

0,122(0.95)+0.187(1.10)+0.203(0.85)+0.048(1.15)+0.059(1.15)+0.076(1.00)+0.263(0.85)+0.042(0.75) = 0.95.

12월물 주가지수 선물계약:

8월 29일 가격: 759.60

승수: $250

한 계약의 가격: $250(759.60) = $189,900

필요한 선물계약 수:

$$N_f = (1.25 - 0.95)\left(\frac{3,783,210}{189,900}\right) = 5.98.$$

6 계약 매입한다.

결과: 11월 29일, 주식들의 가치는 다음과 같다.

주식	가격(7/27)	시장가치($)
Beneficial Corp.	45.13	512,226
Cummins Engine	66.75	730,913
Gillette	69.87	866,388
Kmart	35.12	193,160
Boeing	49.12	225,952
W. R. Grace	40.75	275,062
Eli Lilly	103.75	1,182,750
Parker Pen	22.88	175,032
		$4,161,483

12월물 주가지수 선물계약:

11월 29일 가격: 809.60

승수: $250

한 계약의 가격: $250(809.60) = $202,400.

6 계약 매도한다.

분석: 주식들의 시장가치는 $4,161,483 - $3,783,210 = $378,273만큼 증가했다(약 10%의 이익). 선물 이익은 다음과 같다:

6($202,400) (선물 매도가격)

–6($189,900) (선물 매입가격)

$75,000 (선물 이익)

따라서 포트폴리오 전체 이익은 사실상 $378,273+$75,000 = $453,273으로 증가했다(약 12%의 수익률).

가중치들을 일반적으로 전략적(strategic) 자산 배분이라고 한다. 단기적으로 포트폴리오 운용자는 가장 좋은 성과를 제공할 것으로 예상되는 자산군에 더 많은 자금을 배분함으로써 그 가중치들로부터 이탈할 수 있다. 전략적 자산 배분으로부터의 이런 단기적인 이탈은 전술적(tactical) 자산 배분이라고 하는 프로세스를 구성한다. 물론, 그 같은 전략은 우리가 주식 및 채권 선물에 대해 논의한 바와 같이, 목표 전략의 한 변형일 뿐이다.

전술적 자산 배분 전략의 실행은 다양한 자산군 내에서 자산들을 매매하는 방식으로 수행될 수 있다. 자산군과 매우 유사한 기초물들이 있고 이 기초물들에 대한 선물을 이용할 수 있는 경우, 이런 전략을 보다 효율적이고 비용이 적게 드는 방식으로 실행하기 위해 종종 선물이 사용된다. 이것이 어떻게 수행될 수 있는지 보자.

주식과 채권, 두 가지 자산군으로 구성된 포트폴리오를 고려하자. 주식 자산군은 특정 베타를 가지고 있고, 채권 자산군은 특정 수정 듀레이션을 가지고 있다. 운용자가 주식에 대한 배분을 줄이고 채권에 대한 배분을 늘리고 싶다면, 주식을 매도하고 채권을 매입하면 된다. 또는 원하는 결과를 얻기 위해 주식선물을 매도하고 채권선물을 매입할 수도 있다. 물론 선물이 실제 증권의 거래를 대체할 수 있는지 여부는 주가지수선물의 기초가 되는 주가지수가 포트폴리오 내 주식들과 충분히 유사한지 그리고 채권선물의 기초가 되는 채권이 포트폴리오 내 채권들과 충분히 유사한지에 달려있다. 실무자들은 자산 배분을 변경하기 위해 이 상품들을 매우 자주 사용하므로, 주식 및 채권 선물이 이런 목적으로 사용될 수 있도록 앞의 조건이 유지된다고 가정해도 무방하다.

운용자가 특정 달러 금액의 주식을 매도하고 그에 상응하는 달러 금액의 채권을 매입하려 한다고 가정해 보자. 주가지수선물을 이용한 목표 베타 전략에서 제시된 이전의 공식을 사용하여, 운용자는 계산된 수만큼의 선물계약을 매도함으로써 주어진 수량의 주식에 대한 베타를 현재 수준에서 0으로 조정할 것이다. 이 거래는 주식을 매도하여 현금으로 바꾸는 효과가 있다. 이제 운용자는 합성적으로 만들어진 그 현금을 채권으로 바꾸려 할 것이다. 그렇다면, 운용자는 이 합성 현금의 수정 듀레이션을 0에서 원하는 수준으로, 즉 포트폴리오 내 기존 채권들의 수정 듀레이션으로 조정하기 위해 채권선물을 매입할 것이다.

주가지수 및 채권 선물은 주식 및 채권 자산군과 관련된 자산 배분 전략을 효율적으로 실행하는 데 사용될 수 있다.

포트폴리오 내 증권들은 변하지 않았지만, 주가지수선물의 매도포지션과 채권선물의 매입포지션이 추가되어 주식과 채권 간의 배분이 합성적으로 변화한 것에 주목하자. 이제 운용자가 기존 주식 및 채권 자산군의 위험 특성도 변화시키려 한다고 가정하자. 그렇다면, 운용자는 더 많은 주가지수 선물계약을 매매하여 주식의 베타를 조정할 수 있으며, 더 많은 채권 선물계약을 매매하여 채권의 수정 듀레이션을 조정할 수 있다.

예시 [표 10.16]은 이러한 유형의 전략을 보여준다. 여기서 포트폴리오 운용자는 자산 배분을 주식 2/3와 채권 1/3에서 주식 1/2과 채권 1/2로 바꾸려고 한다. 또한 운용자는 주식에 대한 위험 노출을 낮추고 채권에 대한 위험 노출을 늘리기를 원한다.

표 10.16 주식 및 채권 선물을 이용한 전술적 자산 배분

시나리오: 3,000만 달러의 포트폴리오는 베타가 1.15인 주식 2,000만 달러와 수익률이 7.15%이고 수정 듀레이션이 6.25인 채권 1,000만 달러로 구성되어 있다. 운용자는 1,500만 달러의 주식과 1,500만 달러의 채권으로 자산 배분을 변경하고자 한다. 또한 운용자는 주식의 베타를 1.05로, 채권의 수정 듀레이션을 7로 조정하고자 한다. 주가지수 선물계약의 가격은 $225,000이며, 그것의 베타는 1.0으로 가정할 수 있다. 채권 선물계약의 가격은 $92,000이며, 그것의 내재 수정 듀레이션은 5.9이고 내재수익률은 5.65%이다. 운용자는 선물을 사용하여 500만 달러의 주식을 합성 매도하고 나머지 주식의 베타를 줄이며, 500만 달러의 채권을 합성 매입하고 나머지 채권의 수정 듀레이션을 증가시킬 것이다. 투자 기간은 3개월이다.

1단계. 500만 달러의 주식을 합성 매도한다.
이 거래는 500만 달러의 주식에 대한 베타를 사실상 0으로 줄임으로써 주식을 현금으로 합성 전환할 것이다. N_{sf}로 나타내는 주가지수선물 계약 수는 다음과 같을 것이다:

$$N_{sf} = (0 - 1.15)\left(\frac{5,000,000}{225,000}\right) = -25.56.$$

이것은 26계약을 매도하는 것으로 반올림한다. 이 거래를 실행한 후, 포트폴리오는 사실상 베타가 1.15인 주식 1,500만 달러, 수정 듀레이션이 6.25인 채권 1,000만 달러, 그리고 합성 현금 500만 달러로 구성된다. 물론, 실제 포트폴리오는 베타가 1.15인 주식 2,000만 달러, 수정 듀레이션이 6.25인 채권 1,000만 달러, 주가지수선물 매도 500만 달러로 구성된다.

2단계. 채권 500만 달러를 합성 매입한다.
이 거래는 수정 듀레이션이 0인 채권으로 취급될 수 있는 500만 달러의 합성 현금을 사실상 수정 듀레이션이 6.25인 500만 달러의 합성 채권으로 전환할 것이다. N_{bf}로 나타내는 채권선물의 수는 다음과 같을 것이다:

$$N_{bf} = \left(\frac{6.25 - 0}{5.9}\right)\left(\frac{5,000,000}{92,000}\right) = 56.6.$$

이것은 57계약을 매입하는 것으로 반올림한다. 이 거래를 실행한 후, 포트폴리오는 사실상 베타가 1.15인 주식 1,500만 달러와 수정 듀레이션이 6.25인 채권 1,500만 달러로 구성된다. 물론, 실제 포트폴리오는 베타가 1.15인 주식 2,000만 달러, 수정 듀레이션이 6.25인 채권 1,000만 달러, 주가지수선물 매도 500만 달러, 그리고 채권선물 매입 500만 달러로 구성된다.

3단계. 주식의 베타를 1.15에서 1.05로 낮춘다.
이제 운용자는 1,500만 달러의 주식에 대한 베타를 1.15에서 1.05로 낮추고자 한다. 이를 위해 필요한 선물계약 수는 다음과 같다:

$$N_{sf} = (1.05 - 1.15)\left(\frac{15,000,000}{225,000}\right) = -6.67.$$

반올림하면, 운용자는 7계약을 매도할 것이다. 전체적으로 운용자는 주가지수선물 33계약을 매도할 것이다.

4단계. 채권의 수정 듀레이션을 6.25에서 7로 높인다.
이제 운용자는 1,500만 달러의 채권에 대한 수정 듀레이션을 6.25에서 7로 높이려고 한다. 이를 위해 필요한 선물계약 수는 다음과 같다:

$$N_{bf} = \left(\frac{7 - 6.25}{5.9}\right)\left(\frac{15,000,000}{92,000}\right) = 20.73$$

반올림하면, 운용자는 21계약을 매입할 것이다. 전체적으로 운용자는 채권선물 78계약을 매입할 것이다.

거래를 다른 순서로 실행하더라도 같은 결과를 얻게 된다는 사실을 아는 것이 중요하다. 운용자는 먼저 2,000만 달러의 주식에 대한 베타를 줄인 다음, 500만 달러의 주식을 합성 매도할 수 있다. 그런 다음, 운용자는 1,000만 달러의 채권에 대한 수정 듀레이션을 증가시킨 후, 500만 달러의 채권을 합성 매입할 수 있다.

결과

3개월 후, 주식의 가치는 $19,300,000이고 채권의 가치는 $10,100,000이다. 주가지수 선물가격은 $217,800로 하락하고 채권 선물가격은 $92,878로 상승한다. 주가지수 선물거래의 이익은

$$-33(\$217,800 - \$225,000) = \$237,600.$$

채권 선물거래의 이익은

$$78(\$92,878 - \$92,000) = \$68,484.$$

포트폴리오 전체 가치는

주식	$ 19,300,000
주가지수선물 이익	$ 237,600
채권	$ 10,100,000
채권선물 이익	$ 68,484
합계	$ 29,706,084.

거래가 실행되지 않았다면, 포트폴리오의 가치는

주식	$ 19,300,000
채권	$ 10,100,000
합계	$ 29,400,000.

물론, 이 거래는 투기적이다. 주식 배분의 축소 및 주식 베타의 축소는 채권 배분의 증가 및 채권 수정 듀레이션의 증가와 맞물려 좋은 움직임이었지만 나쁜 움직임일 수도 있었다. 그러나 어쨌든 파생상품을 사용하여 이런 거래들을 합성적으로 그리고 저비용으로 실행할 수 있었다.

연습문제

1. 한 대형 제빵사가 가까운 장래에 밀을 구매할 계획이다. 적절한 헤징 전략을 찾아 설명하시오.
2. 스프레드 거래의 repo 내재금리가 근월물 선물계약의 그것과 어떻게 다른지 설명하시오.
3. 당신이 설탕 딜러(dealer)라고 가정하자. 현재는 9월 26일이고, 당신은 파운드당 $0.0479 상당의 설탕 112,000파운드를 보유하고 있다. 1월 만기 선물계약의 가격은 파운드당 $0.0550이다. 각 계약은 112,000파운드이다.
   a. 시초 베이시스를 결정하시오. 그런 다음 만기까지 보유하고 베이시스가 0으로 수렴하는 경우 헤지의 이익을 계산하시오. 그 이익이 베이시스만의 움직임으로 어떻게 설명되는지 보이시오.
   b. 이 문제를 다시 풀되, 12월 10일에 헤지가 종료되고, 이때 현물가격이 $0.0574, 1월물 선물가격이 $0.0590이라고 가정하시오.
4. a. 최소분산 헤지비율과 헤징효과성의 척도를 정의하시오. 이 두 값은 무엇을 말하는가?
   b. 가격 민감도 헤지비율이란 무엇인가? 가격 민감도와 최소분산 헤지비율은 어떻게 유사한가? 그들은 어떻게 다른가?
5. 헤징 시 선물을 매입할지 매도할지 결정하는 방법을 설명하시오.
6. 다음 각 상황에 대해 매입 또는 매도 헤지가 적절한지 결정하시오. 답변을 정당화하시오.
   a. 한 기업이 3개월 후에 주식을 발행할 것으로 예상한다.
   b. 한 투자자가 30일 후에 채권을 매입할 계획이다.
   c. 한 기업이 일부 외화 표시 자산을 매각해서 그 대금을 국내 통화로 환전할 계획이다.
7. 특정 연도 6월 17일, 미국의 한 시계 딜러가 100,000개의 스위스 시계를 수입하기로 결정했다. 각 시계의 구입비용은 SF225이다. 그 딜러는 달러/스위스 프랑(SF) 환율 변동에 대해 헤지하고자 한다. 선물환율은 $0.3881이었다. 헤지는 8월 16일 종료되었고, 이때 현물환율은 $0.4434였다. 헤지 결과를 결정하시오.
8. 특정 연도의 1월 2일, 한 미국 회사가 2월 28일 한 캐나다 은행의 계좌를 폐쇄하기로 결정했다. 이 회사는 인출 시 계좌에 500만 캐나다 달러가 있을 것으로 예상하고 있으며, 그 자금을 미국 달러로 환전하여 뉴욕의 한 은행으로 이체하려고 했다. 적절한 현물환율은 $0.7564였다. 3월물 캐나다 달러 선물계약의 가격은 $0.7541였다. 2월 28일에 현물환율이 $0.7207이고 선물환율이 $0.7220인 경우 선물 헤지 결과를 결정하시오. 모든 가격은 캐나다 달러당 미국 달러이다. 캐나다 달러 선물계약은 100,000 캐나다 달러를 커버한다.
9. 1월 31일, 한 회사는 5월 31일에 추가 자금을 사용할 수 있다는 사실을 알게 되었다. 이 자금을 사용하여 액면가 $5,000,000의 약 21년 만기 APCO 9 1/2% 채권을 매입할 것이다. 이자는 반년마다 3월 1일과 9월 1일에 지급된다. 이 채권은 Moodys에 의해 A2 등급으로 평가되었으며, 100당 78 7/8에 판매되고 있고, 수익률은 12.32%이다. 수정 듀레이션은 7.81이다.

   회사는 9월 장기 재무부채권 선물로 예상 매입을 헤지하는 것을 고려하고 있다. 선물가격은 71 8/32이다. 이 회사는 그 선물계약이 약 25년 만기와 12 3/4%의 이표를 가진 재무부채권을 추적하고 있다고 믿고 있다. 이 회사는 선물계약의 내재수익률이 11.40%이고 수정 듀레이션은 8.32라고 결정했다. 이 회사는 선물계약의 기초가 되는 채권 수익률이 1포인트 변동할 때마다 APCO 채권 수익률이 1포인트 변동할 것이라고 믿는다.

a. 헤지를 설정하기 위해 이 회사가 1월 31일에 실행해야 하는 거래를 결정하시오.

b. 5월 31일, APCO 채권의 가격은 82 3/4이었다. 9월 선물가격은 76 14/32였다. 헤지의 결과를 결정하시오.

10. 7월 1일, 한 포트폴리오 운용자는 약 29년 만기와 11 1/4% 이표를 가진 액면가 100만 달러의 장기 재무부채권을 보유하고 있다. 그 가격은 107 14/32이다. 채권은 8월 30일에 판매되어야 한다. 운용자는 금리 상승에 대해 우려하고 있으며, 헤지하는 것이 적절하다고 믿는다. 9월물 장기 재무부채권 선물가격은 77 15/32이다. 가격 민감도 헤지비율은 회사가 13 계약을 사용해야 함을 시사한다.

a. 그 회사는 7월 1일에 어떤 거래를 해야 하는가?

b. 8월 30일, 그 채권은 101 12/32에 판매되었고 선물가격은 77 5/32였다. 헤지의 결과를 결정하시오.

11. 당신이 회사의 항공유 노출에 대해 우려하고 있다고 가정하자. 또한 당신의 분석에 따르면 항공유를 헤지하기 위한 최고의 선물계약은 무연휘발유이다. 연료 변동성(당신 회사의 전체 항공유 노출 변동의 표준편차)은 $17,347,281이고, 무연휘발유 선물계약 변동성(무연휘발유 선물 한 계약 가격변동의 표준편차)은 $14,490이다. 연료 변동성과 무연휘발유 선물계약 변동성 간의 상관계수가 0.71이라고 가정하자. 최소분산 헤지비율을 계산하시오. 이것이 완벽한 헤지인지 옹호하시오.

12. 앞 문제의 항공유 노출 정보를 바탕으로 헤징 효과성을 계산하시오. 이 숫자를 어떻게 해석해야 하는지 설명하시오.

13. 수익률 베타를 포함하여 가격 민감도 헤지비율은 이 장에서 다음과 같이 나타냈다:

$$N_f^* = -\left(\frac{MD_B}{MD_f}\right)\left(\frac{B}{f}\right)\beta_y.$$

5개의 각 입력 매개변수(parameter)의 변화가 헤지비율에 어떤 영향을 미치는지 논의하시오(모든 입력 매개변수가 양수라고 가정하시오).

14. 당신은 주식 포트폴리오 운용자이다. 10월 1일, 당신의 보유 주식은 다음 표에 나열된 8개 주식으로 구성되어 있으며 12월 31일에 매도할 계획이다. 당신은 향후 3개월 동안의 시장 하락을 우려하고 있다. 다음의 표에는 주식 수, 가격, 베타와 함께 12월 31일의 가격이 나타나 있다.

주식	주식 수	베타	10/1 가격	12/31 가격
R.R. Donnelley	10,000	1.00	19.63	27.38
B.F Goodrich	6,200	1.05	31.38	32.88
Raytheon	15,800	1.15	49.38	53.63
Maytag	8,900	0.90	55.38	77.88
Kroger	11,000	0.85	42.13	47.88
Comdisco	14,500	1.45	19.38	28.63
Cessna	9,900	1.20	29.75	30.13
Foxboro	4,500	0.95	24.75	26.00

10월 1일, 당신은 승수가 $500인 특정 주가지수 선물계약을 사용하여 헤지를 실행하기로 결정했다. 3월물 선물계약 가격은 376.20이다. 12월 31일, 3월물 선물계약 가격은 424.90이다. 헤지의 결과를 결정하시오.

15. 3월 1일, 한 증권분석가는 General Cinema 주식을 초여름에 좋은 매수 종목으로 추천했다. 포트폴리오 운용자는 6월 1일에 그 주식 20,000주를 매입할 계획이지만 시장 전체가 향후 3개월 동안 강세를 보일 것을 우려하고 있다. General Cinema의 주가는 현재 32.88이고 베타는 1.10이다.

주식시장 전체의 움직임으로부터 보호할 수 있

는 헤지를 구성하시오. 3월 1일 가격이 375.30이고 승수가 $500인 9월물 주가지수선물을 사용하시오. 6월 1일 선물가격이 387.30이고 General Cinema의 주가가 38.63인 경우 헤지 결과를 평가하시오.

16. 올해 첫 6개월 동안 장기국채 수익률은 약 100bp 하락했다. 당신은 금리 하락이 끝났다고 믿으며, 금리 상승에 투자하는 것에 관심이 있다. 그러나 당신은 많은 위험을 감수하고 싶지 않기 때문에 시장 내 스프레드를 하기로 결정한다. 다음 정보를 사용하여 7월 15일 장기 재무부채권 선물 스프레드를 구성하고, 11월 15일 포지션이 종료될 때의 이익을 결정하시오.

7월 15일
12월물 선물가격: 76 9/32
3월물 선물가격: 75 9/32

11월 15일
12월물 선물가격: 79 13/32
3월물 선물가격: 78 9/32

17. 11월 1일, Computer Sciences라는 회사를 연구해 온 한 분석가는 그 회사가 연말 전에 주요 발표를 할 것이라고 믿고 있다. Computer Sciences의 현재 가격은 27.63이며 베타는 0.95이다. 이 분석가는 시장이 움직이지 않으면 주식이 약 10% 상승할 수 있다고 믿는다. 이 분석가는 시장이 최대 5%까지 하락하여 주식 수익률이 0.10 + (-0.05 × 0.95) = 0.0525가 될 것이라고 생각한다. 10% 알파 전부를 포착하기 위해 그 분석가는 특정 주가지수선물의 매도를 추천한다. 3월물 계약의 현재 가격은 393이다. 투자자가 해당 주식 100,000주를 소유하고 있다고 가정하자. 적절한 선물계약 수를 결정하여 거래를 설정하시오. 그런 다음 12월 31일에 주식이 28.88에 매도되고 선물계약 가격이 432.30이며, 승수가 $500인 경우 주식의 실효수익률을 결정하시오. 결과를 설명하시오.

18. 당신은 $9,448,456의 가치를 지닌 액면가 $1,000만의 채권 포트폴리오 운용자이다. 포트폴리오 수익률은 12.25%이고 듀레이션은 8.33이다. 당신은 6개월 후에 포트폴리오를 청산할 계획이며 포트폴리오에 손실을 가져올 금리 상승에 대해 우려하고 있다. 당신은 포트폴리오 듀레이션을 5년으로 줄이고자 한다. 적절한 만기를 갖는 장기 재무부채권 선물계약의 가격은 72 3/32이며, 액면가는 $100,000, 내재수익률는 12%, 그리고 내재 듀레이션은 8.43년이다.
   a. 선물을 매입해야 하는가, 매도해야 하는가? 얼마나 많은 선물계약을 사용해야 하는가?
   b. 6개월 후에 포트폴리오 가치가 $8,952,597로 떨어졌다. 선물가격은 68 16/32이다. 거래 이익을 결정하시오.

19. 당신은 $10,500,000의 가치를 지닌 주식 포트폴리오의 운용자이다. 그 포트폴리오 베타는 1.15이다. 당신은 다음 3개월 동안 시장이 약 5% 하락하는 조정장을 예상하고 있다. 따라서 당신의 포트폴리오는 약 5.75%(베타 1.15의 5% 배) 하락할 것으로 예상된다. 당신은 베타를 1로 낮추고자 한다. 적절한 만기를 가진 특정 주가지수 선물계약의 가격은 425.75이고 승수는 $500이다.
   a. 선물을 매입해야 하는가, 매도해야 하는가? 얼마나 많은 선물계약을 사용해야 하는가?
   b. 3개월 후에 포트폴리오 가치가 $9,870,000로 떨어졌다. 선물가격은 402.35로 떨어졌다. 분기에 걸친 이익 및 포트폴리오 수익률을 결정하시오. 당신은 원하는 결과에 얼마나 근접했는가?

20. 베타가 1.10인 2천만 달러 규모의 국내 주식 포트폴리오 운용자는 국제적으로 분산투자를 시작하

고 싶어 한다. 그는 500만 달러어치의 국내 주식을 팔고 500만 달러어치의 해외 주식을 사고자 한다. 그는 해외 주가지수에 대한 선물계약을 사용하여 이를 수행할 수 있음을 안다. 이 지수는 달러로 표시되므로 환위험이 없다. 그는 새로운 해외 자산군의 베타가 1.05가 되기를 원한다. 국내 주가지수 선물계약의 가격은 $250,000이며, 베타는 1.0이라고 가정할 수 있다. 해외 주가지수 선물계약의 가격은 $150,000이며, 베타 역시 1.0이라고 가정할 수 있다.

a. 이 목표를 달성하기 위해 거래해야 할 각 유형의 선물계약 수를 결정하시오.

b. 국내 주식이 2% 증가하고, 국내 주식 선물계약이 1.8% 증가하며, 해외 주식이 1.2% 증가하고, 해외 주식 선물계약이 1.4% 증가하는 경우, 포트폴리오의 가치를 결정하시오.

21. (개념 문제) 이 장에서 논의한 바와 같이, 선물은 주식 포트폴리오의 체계적 위험을 제거하는 데 사용될 수 있으므로, 본질적으로 그것은 위험이 없는 포트폴리오가 된다. 그러나 포트폴리오 운용자는 주식을 매도하고 그것을 단기 재무부채권(T-bill)으로 대체함으로써 동일한 결과를 얻을 수 있다. 다음의 주식 포트폴리오를 고려하자.

주식	주식 수	가격	베타
Northrop Grumman	14,870	18.13	1.10
H.J. Heinz	8,755	36.13	1.05
Washington Post	1,245	264.00	1.05
Disney	8,750	134.50	1.25
Wang Labs	33,995	4.25	1.20
Wisconsin Energy	12,480	29.00	0.65
General Motors	14,750	48.75	0.95
Union Pacific	12,900	71.50	1.20
Royal Dutch Shell	7,500	78.75	0.75
Illinois Power	3,550	15.50	0.60

포트폴리오 운용자가 이 포트폴리오를 한 달 동안 무위험 포트폴리오로 전환하려고 한다고 가정하자. 승수가 $500인 특정 주가지수 선물의 가격은 369.45이다. 각 주식을 매도하려면 주문당 $20에 더해 주당 $0.03의 비용이 든다. 각 회사의 주식은 별도의 주문을 이룬다. 선물계약은 왕복으로 계약당 $27.50의 비용을 수반한다. T-bill 구매 비용은 T-bill 수에 관계없이 거래당 $25이다. 이 운용자의 목표는 한 달 동안 포트폴리오를 무위험 포지션으로 전환한 다음 다시 원래대로 전환하려는 것이다. 이를 달성할 수 있는 비용 측면에서 가장 효율적인 방법을 결정하시오.

22. (개념 문제) 당신은 Swiss International Airlines 주식 1,000주를 매입할 계획이다. 현재 가격은 SF950이다. 현재 환율은 $0.7254/SF이다. 당신은 그 주식에 투자하는 것에 관심이 있지만 환위험을 감수하고 싶지는 않다. 당신은 6개월 동안 포지션을 유지할 계획이다. 적절한 선물계약은 현재 $0.7250에 거래되고 있다. 헤지를 구성하고, 6개월 후 주가가 SF926.50, 현물환율이 $0.7301, 그리고 선물가격이 $0.7295인 경우, 당신의 투자가 어떻게 될지 평가하시오. 스위스 프랑 선물계약 규모는 SF125,000이다. 거래의 총이익을 결정하시오. 그런 다음 그 이익을 주식의 성과로부터만 얻은 금액, 주식을 보유하는 동안 환율 변동으로 인한 손익, 그리고 선물거래의 손익으로 구분하시오.

23. (개념 문제) 강세 및 약세 스프레드에 대해 배웠던 옵션에 관한 장들을 상기해 보시오. 시장 내 선물 스프레드도 강세 및 약세 스프레드로 간주된다. 무엇이 장기 재무부채권 선물의 강세 스프레드라고 생각하는지 설명하시오. 당신의 추론을 설명하시오.

참고문헌

이 장의 일부 헤징모형의 기초가 되는 이론은 다음 논문들에서 찾아볼 수 있다:

Johnson, L. L. "The Theory of Hedging and Speculation in Commodity Futures Markets." *Review of Economic Studies* 27 (1960): 139–151.

Stein, J. L. "The Simultaneous Determination of Spot and Futures Prices." *American Economic Review* 51 (1961): 1012–1025.

헤징 효과성에 관한 실증 연구는 다음 논문들에서 찾아볼 수 있다:

Ederington, L. H. "The Hedging Performance of the New Futures Market." *Journal of Finance* 34 (1979): 157–170.

Figlewski, S. "Hedging Performance and Basis Risk in Stock Index Futures." *Journal of Finance* 39 (1984): 657–669.

Figlewski, S. "Hedging with Stock Index Futures: Theory and Application in a New Market." *Journal of Futures Markets* 5 (1985): 183–199.

다음 논문들은 기업의 헤징 및 위험관리 활동에 대한 근거와 증거를 제공한다:

Froot, K. A., D. S. Scharfstein, and J. C. Stein. "Risk Management: Coordinating Corporate Investment and Financing Policies." *Journal of Finance* 48 (December 1993): 1629–1658.

Nance, D. R., C. W. Smith, Jr., and C. W. Smithson. "On the Determinants of Corporate Hedging." *Journal of Finance* 48 (1993): 267–284.

Smith, C. W., and R. M. Stulz. "The Determinants of Firms' Hedging Policies." *Journal of Financial and Quantitative Analysis* 20 (1985): 391–405.

부록 B는 도서, 논문, 기타 자료와 같은 좀 더 광범위한 참고문헌을 포함하고 있으며, 이 책의 동반 사이트에 있다. 접속하려면, www.cengagebrain.com을 방문하여 ISBN 9781305104969를 검색한 후 "Free Materials", "Access Now" 탭을 차례로 클릭하라.

INDEX

ㅂ

ㅅ

ㅌ

ㅍ

ㅎ

A-Z

기호